草牧业分析报告

全国畜牧总站　编

中国农业出版社
北　京

编委会成员单位

主持单位：

全国畜牧总站

参加单位（排名不分先后）：

山西农业大学动物科技学院

中国农业大学动物科技学院

河南农业大学牧医工程学院

福建省农业科学院农业生态研究所

甘肃农业大学草业学院

河北省农林科学院农业资源环境研究所

内蒙古大学经济管理学院

中国农业科学院植物保护研究所

中国农业科学院农业经济与发展研究所

中国农业科学院草原研究所

编　写　组

主　编：李新一　刘　彬

副主编（按姓氏笔画排序）：

王成章　王国刚　王俊宏　刘忠宽　许庆方

李　平　杨　帆　周振明　鱼小军　钱贵霞

涂雄兵

编写人员（按姓氏笔画排序）：

王　芳　王加亭　王兆风　王晓欣　王晓敏

尹国丽　尹晓飞　田　欣　冯　伟　刘振宇

刘晓辉　齐　晓　闫　敏　杜桂林　李　霜

李彦忠　李润林　杨艳涛　吴　尧　吴　浩

吴亚楠　佟莉蓉　应朝阳　宋莉莉　张　琳

张晓霞　张德敏　陈　俊　陈志宏　陈敏艳

邵麟惠　赵恩泽　赵鸿鑫　侯丽薇　俞斌华

姜慧新　娄春华　秦文利　徐国忠　唐川江

渠　晖　塔　娜　董永平　韩成吉　智　荣

智健飞　谢　楠　潘　凡

审　核：王俊宏　刘　彬　吴　浩　姜慧新　张晓霞

唐川江　张绪校　韩成吉　王晓欣

审　校：唐国策

前　言

随着经济社会的发展，我国人民的食物消费逐步向多元化和品质化发展，人均口粮消费下降，牛羊肉等草食畜产品消费上升。2014年，时任国务院副总理汪洋同志主持召开国务院专题会议，研究草原生态保护建设和草食畜牧业发展问题，创新提出了"草牧业"这一概念，随后2015年中央1号文件明确要求加快发展草牧业。

草牧业是在传统畜牧业和草业基础上提升的新业态，以饲草资源的开发利用为基础，涵盖了饲草及畜产品生产加工等环节，顺应了当前生态文明建设和畜牧业绿色发展的大趋势，对促进农业供给侧结构性改革、实施乡村振兴战略具有重要的意义。

2019年，全国畜牧总站组织中国农业大学、山西农业大学、河南农业大学、福建省农业科学院农业生态研究所、河北省农林科学院、中国农业科学院草原研究所、甘肃农业大学、中国农业科学院植物保护研究所、内蒙古大学、中国农业科学院农业经济与发展研究所等有关单位和专家学者，就草牧业内涵和外延、反刍动物生产及饲草料需求、单胃畜禽生产与饲草料需求、饲草料生产与供应、草牧业融合发展、草原畜牧业、饲草种业、饲草重大病虫害、草牧业科技贡献率、草牧业产值、草牧业政策等方面进行了专题分析，形成了分析报告，现予以编辑出版。

　　"草牧业"提出时间较短，产业尚处于探索发展阶段，书稿参编人员克服了工作繁忙、经验不足等困难，多次修改完善，付出了大量心血和汗水。在此成书之际，谨对各位专家学者、编写人员的辛勤付出及相关单位的大力支持表示诚挚的谢意！

　　由于参考资料搜集渠道和参与编写人员理论研究水平有限，本书对相关专题的分析还不够深入，仅供读者参考。希望借此能够多给大家一些启示，引导和鼓励更多的专家学者和从业人员关注、支持和参与草牧业发展工作。因时间仓促，理论分析、意见建议和文字表述尚有很多不足之处，敬请批评谅解。

本书编委会

2019 年 11 月

目 录

CONTENTS

前言

第 1 章

草牧业内涵和外延

1.1 草牧业之大研讨

一个语词的出现，往往会引起大众的热议，当语词升格为概念，更加引人热评，当普通概念引申为产业概念时，必将在行业内外掀起广泛的研讨。"草牧业"从词语的出现、概念的提出，一样引起了业内外人士的广泛关注与评论。我们通过管理部门、资深从业者的解读、研判，从概念上分析产业，可以凝心聚力、统一认识、形成合力。

1.1.1 高层重视

1. 国家领导人观点

早在 1927 年毛泽东同志在湖南考察农民运动时就指出："牛，这是农民的宝贝"。1942 年又指出："牧草是牲畜的生死问题，……牲畜的最大敌人是病多与草缺，不解决这两个问题，发展是不可能的。……再则牧草不足，又极大地阻碍牲畜的繁殖，……边区牲畜大多数是放牧，牧草不佳，容易生病。因此应该普遍推广苜蓿的种植，……此外应动员农民，秋季大量割野草，贮备冬用，不但可免牲畜因吃冷草生病，而且可免农民因无冬草卖掉牲口。"

邓小平同志在 1979 年 8 月天津市委扩大会议上谈到发展牧业问题时说："种草比种树容易，种草可以防止水土流失，也可以养牛养羊，比种地富足，还可以吃肉嘛。"

1985 年 10 月 1 日起，我国施行《中华人民共和国草原法》。《国务院关于发展高产优质高效农业的决定》（国发〔1992〕56 号）提出，将传统的"粮食—经济作物"二元结构，逐步转向"粮食—经济作物—饲料作物"三元结构。

1999 年 8 月，朱镕基同志在陕西考察工作时指出："治理水土流失，要采取退田还林（草）"。

2000 年 4 月，胡锦涛同志在内蒙古考察工作指出："把发展畜牧业的着力点放在改良品种、改良草种、提高质量、提高效益上。"

2001 年 11 月，江泽民同志考察了河北省黄骅市苜蓿基地，充分肯定了调整产业结构的做法。

2014 年 1 月 27 日，习近平总书记亲临锡林浩特市毛登牧场饲草基地牧草颗粒加工车间了解牧草深加工，1 月 28 日又到和信园蒙草抗旱绿化股份有限公司视察。

2012 年，时任广东省委书记的汪洋同志应邀率团出访新加坡、澳大利亚和新西兰后，提出："随着人民群众生活水平提高之后对动物蛋白需求的增加，应该借鉴新西兰的做法，重视发展畜牧业并加强草场建设，从而减少对耕地保护的压力。要认真研究广东有多少地方可以作为草场，在不适合作为耕地的半山坡等区域种草，发展畜牧业，增加动物蛋白供应，政府要在政策上给予支持。"

2. 国家政策

从国家层面的高度，2011 年启动草原生态保护补助奖励政策，2012 年启动"振兴奶业苜蓿发展行动"，2015 年启动粮改饲试点工作。

1.1.2 部门解读

1. 国家层面

2015 年中央 1 号文件中，虽然未对草牧业的概念进行界定，但是解释了草牧业发展内容，即：支持青贮玉米和苜蓿等饲草料种植，开展粮改饲和种养结合模式试点，促进粮食作物、经济作物、饲草料三元种植结构协调发展。之后，在原农业部发布的促进草牧业发展指导意见中，提出了草牧业的产业组成是以饲草资源的保护利用为基础，涵盖了草原保护建设、饲草及畜产品生产加工等环节。

草牧业的产业组成既包括牛羊等草食畜牧业，也包括饲草料产业和草原生态保护建设事业，实施内容是要大力发展牛羊肉生产、振兴中国奶业、挖掘饲草料资源潜力、积极推进粮改饲试点工作、切实做好草原这篇大文章（韩长赋，2015）。

发展草牧业具有重要的作用。作为现代农业的重要组成部分，加快发展草牧业既是调整种植业结构的重要切入点，又是优化畜牧业结构的重要抓手；既是农牧结合的现实路径，又是促进农业可持续发展的战略选择。当前，加快发展草牧业的实施内容（即重大任务）是：现代饲草料生产体系、草食畜牧业、草原生态保护、畜禽牧草良种选育推广、改革创新、政策法规支持（于康震，2015）。草牧业具体的发展内容可进一步细化为：立足农牧结合，根据发展指导意见的区域布局，充分发挥各自区域资源禀赋，突出北方、东北和农牧交错带独特优势，实现差异化生产，培育特色产品；应立足生产各环节，从实现源头生产环境控制、过程投入品控制和产品安全控制着手，确保产品全环节可控、品质优良；应立足提高劳动生产率，依靠科技、装备、服务等投入，提高生产精细化、集约化管理水平；应立足产业发展前端及末端，切实做好草原生态资源保护和粪污资源化利用，综合考虑当地生态保护实际和自然资源承载能力，合理布局发展规模，突出草畜配套和农牧结合，大力发展生态养殖（于康震，2016）。基本表达了畜牧业＞草牧业＞草原畜牧业的意味。要贯彻农业供给侧结构性改革和生态文明建设的决策部署，着力加强草原生态保护建设，推动草原畜牧业转型升级，打造发展现代草产业，完善草牧业产业体系，提升草牧业科技支撑水平，为建设生态文明和全面建成小康社会做出应有贡献。草原是牧民最基础的生产资料，草牧业是牧民脱贫致富的支柱产业。算清生态账、打好草畜牌，转变传统生产经营方式，大力发展现代草牧业，促进一二三产业融合，实现可持续发展和脱贫增收。

草牧业的产业体系包括三个层次：第一层次是草原保护及草产业，是立足点；第二层次是发展草食畜牧业，是着力点；第三层次是融合第一二三产业的草畜生产、加工和服务业的完整产业链，是落脚点（杨振海，2015）。草牧业的发展要依托科技，找准对策，抓好措施（负旭江，2017）。

草原是草牧业发展的物质基础，草牧业发展主要包括：草原生态保护、草产业发展、草原畜牧业、试验试点 4 个方面（李维薇等，2017）。

最早以产业管理部门的身份对草牧业概念进行界说的是李新一等人，2016 年 6 月发表的《对草牧业的理解与认识》一文中，从产业组成上对广义草牧业和狭义草牧业进行了界说：广义的草牧业包括草业和畜牧业，这种理解有利于保护草原生态环境，提高草业经济发展水平，开发利用多种饲料资源，为生猪、家禽、牛羊等畜禽生产提供充足的饲草料供应；狭义的草牧业包括饲草料生产和牛羊等草食畜禽生产相结合的产业，即草业和畜牧业的交集部分。指出草牧业的核心要务是利用农业结构调整出的耕地，以及农闲田和南方草山草坡等资源，加快青贮玉米、紫花苜蓿等优质饲草料生产，解决我国饲料供给问题。2015 年 7 月召开的全国畜牧（草原）站长工作会议上，就提出了知识密集型的草牧业的概念，指出了如何建设知识密集型的草牧业：在牛羊等草食畜禽品种改良、草原鼠虫害生物防治、草牧业统计、秸秆青贮微贮等方面有新的进展和突破，为建设知识密集型的草牧业贡献力量。

2. 各级部门

内蒙古：通过大力发展草牧业，可以形成粮草兼顾、农牧结合、循环发展的新型种养结构，加快推进农村牧区产业融合发展速度，形成草、奶、肉、皮革、纺织等多个产业链条，让农牧民分享产业延伸带来的红利。内蒙古发展草牧业的标志是以草为中心的畜牧业，是现代农牧业科学技术的体现，体量合适的生产经营单元，实现机械化，不断优化管理，草牧业的产品包括：草产品、畜产品、美化环境。

甘肃：立足实际，充分发挥资源优势，按照农牧结合、草畜配套、循环发展的要求，大力推进牧草生产加工和牛羊规模养殖，建立以草食畜为核心的现代草牧产业体系，草牧产业收入占到农民家庭经营收入的 20%，成为农民脱贫致富奔小康的支柱产业。为了发挥草牧业的重要作用，重点实施项目为：饲草料资源开发、牛羊标准化规模养殖、龙头企业培育、融资模式创新。

海南：草牧业政策在海南省畜牧业转型升级和循环农业发展中发挥了重大作用，也是农业供给侧结构性改革的重要内容。草牧业政策不是一个技术问题，而是一个战略问题。规模养殖层次循环农业（大循环），农村散养层次种养合作。草牧业的核心是草业问题，所以应高度重视农区草业发展。草牧业政策是对畜牧业政策的完善和补充，而不是否定。草牧业应该成为现代农业建设的大工程，把现代农业建设成为"种植业—畜牧业—草业—微生物"四个功能车间，循环起来，通过资源循环利用降低成本，提高效益。草牧业就是发展和实现现代农业的出发点。

河北：通过改善农牧结合的养殖模式，建立资源高效利用的饲草料生产体系，积极发展地方特色产业，大力发展标准化规模养殖，加快草食家畜种业建设，加快草种保育扩繁推广一体化进程，着力培育新型经营主体，提供物质装备水平，促进粪污资源化利用等举措，促进草牧业转型升级。

河南：通过为养而种、以养促种、以养定种、种养结合的草牧业创新发展，大力发展河南饲草产业，在确保优质草畜发展的基础上，保障优质草畜产品供应（张晓霞等，2019）。

青海：制定发展规划、夯实发展基础、强化支撑体系、优化财政支农，从而促进青海省经济的可持续发展。经过草牧业政策的实施，草牧业呈现良好发展势头，财政投入力度空前加大，饲草生产加工能力大幅提升，基础设施水平明显提高，草地生态治理成绩斐然，融资平台建设初见成效，综合效益十分显著。

安徽："现代草牧业"是在传统畜牧业和草业基础上提升的新型现代化生态草畜产业，是通过现代的理念、科技和装备实现传统草牧业的"弯道超越"。安徽"现代草牧业"应包括：牛羊等草食畜牧业、饲草料产业和草原生态保护三大部分。

云南：着力促进草产业发展，加快建设现代饲草料产业体系；着力转变草食畜牧业发展方式，形成规模化生产、集约化经营的产业发展格局，为草牧业发展贡献力量。

重庆：通过加大畜禽牧草良种选育推广力度，加快建设现代饲草料生产体系，加快发展草食畜牧业，发展生态、绿色、循环和有机草牧业。

湖北：大力发展人工种草、草食家畜生产、农作物秸秆饲料化处理和利用，培植了一批龙头企业发展草牧业。

山西：朔州着力构建粮经饲统筹、种养加一体、生态循环的草牧业示范区。草牧业即草食畜牧业，指利用牧草喂牛羊等食草动物获取畜产品的生产系统（王杰，2015）。

1.1.3　专家释义

1. 院士箴言

任继周院士于 2015 年 5 月撰文，抒发了其对"草牧业"一词的欣然之情：草牧业核心含义是在 18 亿亩[①]耕地红线以内可种植玉米、苜蓿等饲用作物，给草业在农耕地区发展开了绿灯，也为农业结构调整提供了新机遇，而调结构正是十八大以来大国崛起的重大步骤。支持农区的草业，

---

① 亩为非法定计量单位，1 亩≈667 平方米。下同

自然含有在农耕地区发展牧业，尤其草食家畜，以带动全国的草业和牧业的含义。将草业与牧业结合而简称为"草牧业"，即"草业"和"牧业"的复合词。"草牧业"这一词汇在实践中有其特殊重要意义，将助推草牧业产业达到新高度。

方精云院士于 2015 年 6 月刊文认为，草业是发展畜牧业的基础，畜牧业是发展草业的出口。草业和畜牧业的发展相辅相成，需要统筹考虑、系统发展。"草牧业"一词不是"草地畜牧业"的简称或缩写，而是在传统畜牧业和草业基础上提升的新型现代化生态草畜产业。这对"草牧业"进行了初步定义，并且阐述了草牧业发展的总体思路。2016 年 1 月，方精云院士又撰文，认为"草牧业"一词从字面理解上来看，与"农牧业"造词颇为相似，"草牧业"是草业和畜牧业结合而简化的复合词，而"农牧业"是农业和畜牧业的复合词。不同的是，农牧业的内涵与字面意思一致，是对农业与畜牧业的统称，而"草牧业"在其内涵上有显著的拓展和深化。"草牧业"一词并非"草地畜牧业"的简称或缩写，而是在传统畜牧业和草业基础上提升的新型生态草畜产业，适用于草原畜牧业和耕地畜牧业。

刘旭院士 2018 年在大小凉山彝区草牧业发展与产业扶贫高层研讨会上认为，发展以牧草和饲料作物为主的营养体农业，加之养殖草食家畜，草畜结合，就是草牧业。

2. 其他学者建言

2015 年 5 月 9 日，南方草牧业发展论坛在南京农业大学举办，时任中国草学会理事长马启智提出，要抓住机遇，最大限度地发挥南方草山草坡的优势，把草牧业做大做好。

2015 年 5 月 30 日，中国草学会组织 30 余位专家教授，就草牧业概念的内涵与外延等进行了讨论。与会学者一致认为，草牧业首先是现代农业的重要组成部分，没有草牧业，现代农业的概念是不完善的；要实现畜牧业现代化，就要加快草牧业现代化，不能让草牧业拖农业现代化的后腿；推进草牧业发展需要以科技为支撑；草业要扩大概念，比如玉米、小麦和草一样可用于饲喂牛羊，也应该划入草业的范围；中国草地畜牧业应在汲取国外发展经验的基础上寻找适合中国国情的发展道路；要推动草牧业的发展，就要推动耕地农业向草地农业转型，即进行农业结构调整，草牧业的发展可促进农业结构调整；要重视草地生态的重要作用，注重不同学科之间的交叉融合；应从政策、技术、法律、管理这四个方面来讨论草牧业的问题，草牧业的发展要找准定位，从理论和实践方面都应有自己系统的阐述。

2016 年 1 月，方精云院士组织编写《生态草牧业理论范式与技术体系》专辑，刊发 13 篇文章，对草牧业问题进行了梳理。2016 年 9 月，西部地区农牧结合发展草牧业研讨会召开，围绕"强化农牧结合、发展草食畜牧业"的主题进行研讨，与会者认为，发展草牧业有利于增加畜产品的有效供给，减少对粮食的过分依赖，而且也可以改良农田土壤，实现"藏粮于草、藏粮于肉、藏粮于奶"。2017 年 9 月 6 日，国家牧草产业技术创新战略联盟和定西市政府主办"定西建设中国'西部草都'加快草牧业发展推进大会"。2017 年 10 月 12—14 日，中国科学院科技促进发展局和呼伦贝尔市主办第一届"草牧业论坛"，主题为"草牧业科技与示范区建设"。2017 年 11 月，中国科学院植物所举办的"农区草牧业学术专题研讨会"。2018 年 4 月，中国科学院学部和中国科学院植物所共同举办"生态草牧业高端研讨会"。2018 年 6 月，《科学通报》刊发了"草牧业理论体系与实践"等相关文章 13 篇。2018 年 10 月 20 日，大小凉山彝区草牧业发展与产业扶贫高层研讨会在凉山召开。

卢欣石教授先后在会议交流或者公开撰文中认为，草牧业涵盖饲草产业、草食畜牧业和草原生态建设保护，草业与牧业要协同发展，草业与牧业地位同等。草牧业的产业发展包括：饲草产业的专业化生产水平、商品草质量标准、草种企业自主创新能力、草地农业产业化模式、技术体系平台对产业的支撑等，而草牧业试点应着重建立更加科学合理、一体化的畜牧业发展构架，要推进草牧产区由草原区向农耕区延伸。

草牧业的概念是"草业＋草食畜牧业＋相关延伸产业"。草牧业是以植物营养体的生产和利用为基础，将饲草生产、草食动物生产、加工等延伸产业融合和耦合为一体，创造高效和高附加值的生产效益和生态效益的新型产业。草牧业是一个基础明确、产业关系明确、由内而外渐次扩展的"三合一"产业形式。草是基础，畜是第二性生产，加工及其他延伸产业是外延。草牧业的"三合一"概念，实际上与任继周院士关于草业的"前植物生产层、植物生产层、动物生产层、后生物生产层"四层次理论及钱学森先生的知识密集型草产业理论是一脉相承的，只是在产业组分形式上更具体化，更突出了农业要素通过重组整合而形成新的高效优质的产业形式。因此，结构重组是草牧业发展的关键，发展草牧业是大农业"转方式、调结构"的最典型模式和最主要方向。草牧业是新时代国家战略实施的重要支撑产业，要走以创新为第一驱动力的草牧业发展道路（侯向阳，2015）。

其他业界专家认为，"草牧业"是"草业"与"草食畜牧业"的总称，但更强调两者的融合与协调，"草畜结合"才是草牧业的内核。在农区可以推行草田轮作制度，实施草业良种工程和饲草储备配送体系建设工程，发展草牧业（李向林等，2016）。农区草牧业要树立"藏粮于草、藏肉于草、藏奶于草"的理念，像重视粮食一样重视种草，像种粮一样种草，舍得用良田种草，舍得投入，集约经营，才能真正把草牧业做成一个大产业；牧区草牧业加快建设现代饲草料生产技术体系和标准化规模养殖；农牧交错带草牧业促进发展地区的优势产业，把这一地区建设成为中国奶牛养殖和肉牛肉羊育肥及畜产品深加工能力的集约化的畜牧业生产基地（昝林森等，2016）。在草原畜牧业中，"草"是指天然牧草；而在耕地畜牧业中，"草"指的则是饲草料。在牧业为主的草原地区，"草"的发展是首要任务，在此基础上，"草"与"牧"相互依存、不可分割、共同发展。"草牧业"强调"自然—经济—社会复合系统"的协同发展，突出草地生产功能和生态功能的合理配置与协调发展，最终目标是实现草原牧区健康持续发展（包正义，2017）。

草牧业的核心内涵就是，加强饲草作物种植，优化种植结构，以支持草食家畜的发展，实行植物生产和动物生产的系统耦合。草牧业通过建立多样化的农业系统，从而肥沃土壤，减少环境污染，延伸农业产业链、创造种类和数量更多的农产品以及就业机会，在新形势下将为我国农区草牧业发展带来光明的前景。具体到河北省，有专家提出了"草牧业东移战略"构想：河北省环渤海唐山、沧州滨海区沿海20千米范围内的重度盐碱地建立养殖基地、加工厂，在距养殖基地50千米范围内以及黑龙港雨养区的旱薄中低产田发展优质饲草为核心的现代草食畜牧业。

农区草牧业的核心是强化饲草在畜牧业中的地位和作用，草牧业应该有更广义的内涵，应涵盖猪、鸡、鱼等单胃动物。多年来的研究表明，首蓿在猪鸡饲粮中应用，不仅能提高其生产性能、产品品质和动物的健康，还能节约大量饲料粮。

1.1.4 从业体会

草牧业的具体措施即实施内容包括：整建制推进草牧业样板建设，形成大型国有企业为主导的草牧业产业模式和运行机制，促进区域农业结构调整和高质量发展，提高畜牧业在企业总收入中的占比，推动草畜配套和产业化，实现产好肉、产好奶，增强竞争力，更好地满足人们对绿色、优质、安全畜产品的需求。同时，提高草地生态功能，带动农牧区旅游等草原文化产业发展。

从草牧业产业链来看，只有玉米做饲料对养殖业来说太过单一，草业不仅有大禾本科牧草，还有很多小禾本科牧草。草业要发展，食草动物养殖必须快速跟进，才能形成稳定的产业，草畜平衡才能让草牧业的路走得更快更好更稳。"种养加"一体化在秋实草业、现代牧业和旗帜乳业得到了充分的体现。

阴山南北部草牧业发展要根据气候、地形、土壤、植被的地域分异规律，以草原类型为基础，综合考虑草原经营发展、草原利用培育措施等方面的一致性，对阴山南北部区域草原进行生态分区，分区选择相应的草种进行生态修复，放牧或者饲草加工贮藏，分别饲养羊、奶牛、骆驼等动物。

1.1.5　理论升华

1. 草牧业语词

"草牧业"一词，最早见于 1994 年贾志宽等人在剖析宁南山区农业发展的困境与出路时提出，认为草牧业包括草业和畜牧业两个方面，其草业的意义超脱于传统的种草养畜概念，除了包含该层内容外，更重要的是面向国内国际饲料市场，通过种植优质牧草，加工草粉、草饼等制成品，形成宁南独具特色的效益型行业（贾志宽等，1994）。

为了统筹草牧业发展，2003 年辽宁省农业科学院经院党组研究决定，在原辽宁省农业机械化耕作栽培研究所基础上集草业、畜牧业和作物耕作栽培等专业组成草牧业研究所，设有牧草、草坪、畜牧、耕作栽培等 5 个专业研究室、1 个综合办公室和辽宁百成草牧科技发展有限公司共 7 个机构。2010 年 12 月 16 日，原农业部副部长洪绂曾教授为四川省草原科学研究院题写了"青藏高原草牧业科研高地"，远见卓识了"草牧业"一词。

方精云院士代表其研究团队在 2011 年由中科院植物研究所举办的生态草业研讨会上提出了"草牧业"一词。此后，其研究团队组织召开一系列跨学科、跨部门、跨区域的研讨会，对其科学内涵进行了广泛、深入的讨论和科学论证。2014 年 9 月，方精云院士等向国务院提交的《建立生态草业特区，探索草原牧区发展新模式》的咨询报告中，再次使用了该术语。

2. 草牧业概念

汪洋同志在 2014 年 10 月召开的草原工作专题研讨会上，采纳了方精云院士咨询报告中"草牧业"的提法，随后"草牧业"一词被写入 2015 年中央 1 号文件而广泛传播开来（方精云等，2015）。当年的《2015 年畜牧业工作要点》（农牧办〔2014〕4 号）、《农业部关于进一步调整优化农业结构的指导意见》（农发〔2015〕2 号）、《农业部关于促进草食畜牧业加快发展的指导意见》（农牧发〔2015〕7 号）、《农业部办公厅关于印发〈农业部贯彻落实党中央国务院有关"三农"重点工作实施方案〉的通知》（农办办〔2015〕22 号）、《全国农业可持续发展规划（2015—2030 年）》（农计发〔2015〕145 号）中都使用了该词，而且在《2016 年畜牧业工作要点》（农办牧〔2016〕4 号）、《全国草食畜牧业发展规划（2016—2020年）》（农牧发〔2016〕12 号）等文件中继续使用了该词，并且出台了《关于促进草牧业发展的指导意见》（农办牧〔2016〕22 号）。

2018 年，方精云院士撰文，对草牧业界说为：草牧业（grass - based livestock husbandry）是通过天然草地管理和人工种草，经合适的技术加工，获取优质高效的饲草料，进行畜牧养殖和加工的生产体系，包括种草、制草和养畜（含畜产品加工）三个生产过程（方精云等，2018）。

1.2 草牧业之大背景

草牧业是在我国居民消费结构从以粮食为主向以畜产品为主转变、天然草原保护形势依然严峻、人工草地建设相对薄弱、农村人口加速转移、新的经营主体加快形成、农业生产方式大调整等一系列背景下提出来的，其发展不单单是草业和畜牧业的产业融合问题，而是与农业结构调整、经营主体培育、农牧结合发展、环境污染治理密切相关的系统工程，是我国从传统农业迈入现代农业的重要举措（李新一、孙研，2016）。

1.2.1 综合国力大增强

综合国力是"一个国家通过有目的之行动追求其战略目标的综合能力，国家战略性资源是其核心组成因素和物质基础"。1992 年，党的十四大报告首次提出了"判断各方面工作的是非得失，归根结底，要以是否有利于发展社会主义社会的生产力，是否有利于增强社会主义国家的综合国力，是否有利于提高人民的生活水平为标准"。20 世纪 90 年代以来，我国领导人始终把提高综合国力视为国家发展的核心目标，同时又视为评价国家发展绩效的重要核心指标，而实现这些目标又采取了"台阶论"的路线图，即每隔 5 年（指每个五年计划或规划）上一个大台阶，特别是中国综合国力及 9 大类战略性资源占世界比重，都是每隔五年上一个大台阶。综合国力包括 9 大类国家战略性资源：经济资源、人力资源、能源资源、资本资源、科技资源、政府资源、军事资源、国际资源、信息资源。

2000—2015 年，从中国 9 大类战略性资源占世界比重看，其中有 8 大类战略性资源占比呈持续上升趋势。中国崛起不只是经济崛起，而是全面的崛起，中国主要指标（14 个）占世界总量的上升，是全面上升，许多是大幅度上升。中国综合国力占世界总量比重从 9.11% 提高至 19.68%（胡鞍钢等，2017）。

1.2.2　膳食结构大变化

国力增强，人民生活水平提高，居民膳食结构发生变化，人均口粮消费减少，畜产品消费增加，特别是牛羊肉、奶等食草动物产品需求显著增长。据国家统计局统计，2011 年我国城镇居民平均每人全年购买粮食 80.71 千克，比 1990 年减少了 38.3%，购买肉类、鲜蛋、鲜奶分别为 35.17 千克、10.12 千克、13.70 千克，分别比 1990 年增长了 39.8%、39.6%、195.9%；2011 年农村居民家庭平均每人消费粮食 170.74 千克，比 1990 年减少了 34.9%，消费肉及制品、蛋及制品、奶及制品分别为 23.30 千克、5.40 千克、5.16 千克，分别比 1990 年增长了 85.1%、124.1%、369.1%，农村居民畜产品消费增长速度明显快于城镇居民。除了奶及制品人均消费量快速增长外，牛羊肉等其他草食畜产品消费增长速度也明显加快。据《中国畜牧业统计》，2010—2012 年农村居民人均畜产品消费量，猪肉连续 3 年保持 14.4 千克；禽肉从 4.2 千克增加到 4.5 千克，增长了 7.1%；牛羊肉从 1.4 千克增加到 2.0 千克，增长了 42.9%（李新一、孙研，2016）。

中国疾病预防控制中心营养与健康所抽样调查了 1992—2012 年中国居民膳食能量、蛋白质、脂肪的食物来源构成及变化趋势，虽然摄入蛋白质的食物来源主要是谷类食物，但是谷类食物蛋白质摄入比例呈下降趋势，1992 年、2002 年和 2012 年分别为 61.6%、52.0% 和 47.3%，而优质蛋白质（动物性食物＋豆类）摄入比例呈增长趋势，分别为 24.0％、32.6％ 和 37.0％，其中动物性食物蛋白质摄入比例分别为 18.9％、25.1％、30.7％，30 年来显著增长（琚腊红等，2018）。未来草牧业在保障食物安全中将发挥更大的作用。

1.2.3 草牧产品大生产

小草是大事业，我国草业已进入新的历史机遇期，草业的年产值已超过 3 000 亿元。2015 年，全国保留种草面积 3.5 亿亩，较上年增加 4.9％；牧草种子生产量 9.03 万吨，较上年增加 9.5％。从商品草生产看，2015 年以紫花苜蓿和羊草为主的商品草产量达 783 万吨，苜蓿商品草捆产量达 180 万吨，商品草产量保持稳定发展态势。从草产业标准制定看，近几年，草产业领域共制定发布了国家标准 9 项，行业标准 31 项，涵盖草业生产技术、草产品检测和牧草保种等多个方面，行业发展逐步规范。从草种质资源保护看，截至 2015 年共收集保存种质资源达 5.2 万份，居世界前列，其中 67 种 406 份中国特有种填补了世界收集保存空白。同时，在种质资源保存技术、鉴定评价、品种选育等方面也取得了积极进展。适度规模化养殖稳步推进。2015 年，奶牛存栏 100 头以上的规模养殖比重达 42.8％，较上年增加 3.6 个百分点。内蒙古全区肉羊年出栏 100 只以上规模养殖场发展到 6.8 万个，规模养殖水平达 67.9％，同比提高 6 个百分点。2015 年，牛、羊肉和奶类产量分别达到 407 万吨、303 万吨和 2 694 万吨，分别比上年增加 5.3 万吨、7.6 万吨和 25.7 万吨。羊毛羊绒产量达 44.4 万吨，占全国产量的 91.7％。积极发挥一二三产业融合的乘数效应，以"互联网＋草牧业"为抓手，探索发展草牧业产品电子商务，积极推进草牧业产品生产、流通、消费的全方位变革（于康震，2016）。振兴奶业苜蓿发展行动、国家牧草产业技术体系、科技部和农业农村部的科技平台对草业产值的提升起到了巨大的推动作用。

草地是草牧业发展难以替代的载体，草牧业发展使牧区和半牧区牛羊肉、奶产量占全国的比例从 2003 年的 20％增长到 2013 年的 25％。坚持加快粮草兼顾型农业发展，提高食物总体供给能力的草牧业发展与食物安全保障的战略。充分认识发展草牧业的国家战略地位，在农区重点发展以草田轮作为核心的粮草兼顾型农业，发展栽培草地，提高农区土地的生产力，发展草食家畜；在草原牧区，重点建立以人居—草地—畜群放牧单元为核心的现代草牧业，并在适宜区域发展栽培草地；发展农区与牧区相耦合的草业系统；完善草业管理和经营体系，确保草业发展、农业转型和食物安全战略目标的实现（旭日干等，2016）。

1.2.4　统筹城乡大发展

党的十六大首次提出："统筹城乡经济社会发展"。城乡统筹关键是城市带乡村，就是要让更多的农村劳动力、农村居民进入城市，让更多的资金、技术、人才流向农村。

近年来，我国农村劳动力资源呈现出从农村流向城镇，从农业流向非农产业的快速转变趋势。2003 年以来，净流出农业劳动力超过 1 亿人。根据国家统计局抽样调查结果，2013 年全国农民工总量 2.69 亿人，其中外出农民工 1.66 亿人，本地农民工 1.03 亿人，举家外出农民工 3 525 万人。2014 年，李克强总理在政府工作报告中提出，今后一个时期要着重解决好现有"三个 1 亿人"问题，即促进约 1 亿农业转移人口落户城镇，改造约 1 亿人居住的城镇棚户区和城中村，引导约 1 亿人在中西部地区就近城镇化，这将进一步加快我国农村劳动力转移就业步伐。我国农村劳动力转移就业有利于农村耕地向家庭农场、专业大户、农业合作组织等新型经营主体集中。据统计，截至 2013 年底，全国土地流转面积达到 2 267 万公顷，占耕地面积的 26%，土地流转数量和农业生产经营规模还有进一步扩大的趋势。从西方国家发展经验和农业生产特点看，家庭农场和农业社会化服务组织相结合的生产方式具有明显的比较优势，家庭农场就是一个小的生产单元，有一定数量的耕地和牲畜，耕地种植牧草和饲料作物为畜禽养殖提供饲料，畜禽粪便为耕地提供有机肥，实现了种养结合、循环发展。我国在推进土地流转、培育新型经营主体的过程中，可以借鉴西方国家的经验和做法，在保证谷物基本自给、口粮绝对安全的前提下，鼓励农牧民调整农业结构，保证粮食、经济作物和饲草料种植与畜禽养殖协调发展（李新一、孙研，2016）。

1.2.5　草原功能大调整

20 世纪末以来，我国开始调整草原的功能定位，从以生产为主向以生产生态并重、生态优先转变，先后实施了退耕还林（草）政策、京津风沙源治理工程、退牧还草工程、西南岩溶地区草地治理试点工程、草原生态保护补助奖励机制政策等重大项目措施，长期掠夺式的开发利用被制止，生态持续恶化的趋势得到了初步遏制。2013 年，天然草原禁牧面积、休牧轮牧面积分别达到 1 亿公顷和 6 598 万公顷，分别比 2001 年增长了9.3 倍和 17.2 倍，禁牧休牧轮牧面积已占天然草原面积的 41％。同时，人工草地建设步伐加快，2013 年人工种草保留面积 2 087 万公顷，比2001 年增长了 24％。其中，内蒙古、四川、西藏、甘肃、青海、新疆六大牧区年末累计种草保留面积占全国种草保留面积的比例从 2001 年的73％下降到 2013 年的 63％，减少了 10 个百分点。这些都说明我国牧区以外的其他地区更多地承担起了为草食畜牧业生产提供饲草料的任务（李新一、孙研，2016）。

党中央、国务院高度重视生态文明建设，将建设生态文明提升到"关系人民福祉、关乎民族未来"的高度。当前，群众生态保护意识日益增强，广大牧民群众对于"碧草蓝天"的期盼更为强烈，草原生态保护建设和草牧业发展迎来新机遇。草原作为我国面积最大的陆地生态系统和生态文明建设的主阵地，在涵养水源、防风固沙、固碳储氮及维护生物多样性和承载草原文化传承发展等方面具有重要功能，在推进生态文明、建设美丽中国过程中大有可为。发展草牧业必须从生态立国、生态兴邦的大局出发，进一步提高对兴草添绿重要性的认识，发挥其统筹农村牧区生态与生产的重要平台的独特作用，顺应大趋势，为建设美丽中国创造更好的生态条件（于康震，2016）。

1.2.6 农业结构大改革

随着居民消费结构变化，以及农业生产规模化、集约化、标准化水平提高，特别是良种、化肥、农药、农机等生产要素的投入，我国粮食生产能力大幅度增强，按国内产需算，近年来谷物自给率一直在 100％以上。但是，我国粮食净进口态势强劲，2014 年进口大豆 7 140 万吨，玉米 260万吨，其他谷物 1 692 万吨，薯类（主要是干木薯）867 万吨，玉米酒糟（玉米制品）541 万吨，总进口量已达 1.06 亿吨，是 2004 年的近 6 倍，占2014 年我国粮食产量的 17.5％，如果进口粮食全部由国内生产，大约需要占用 0.33 亿～0.40 亿公顷耕地。进口的粮食中除了少量稻谷、小麦、薯类用于调剂国内品种花色余缺外，其余的玉米、玉米酒糟、大部分其他谷物和薯类，以及大豆榨油后产生的豆粕共计 6 000 多万吨，基本上都用作饲料。我国粮食安全问题已从过去的保居民口粮安全转到保畜禽饲料粮安全上来。2015年中央1号文件提出促进粮食—经济作物—饲草料三元种植结构协调发展，表明新一轮农业结构调整已经开始起航。改革开放以来，我国大的农业结构调整进行了3次。其中，20世纪80年代中期和90年代中初期进行的农业结构调整，主要是解决在农产品供求偏紧的情况下，结构性和区域性不平衡问题，初步实现了粮食作物和经济作物的协调发展；20世纪末21世纪初进行的农业结构战略性调整，主要是解决在绝大部分农产品供大于求的情况下，优质化和多样化水平不高的问题，促进了一二三产业的协调发展；这一次农业结构调整，主要是解决饲草料不足问题，对草业和畜牧业发展意义重大（李新一、孙研，2016）。

推进农业供给侧结构性改革的"减法"和"加法"，都急需发挥草牧业"前拉后带"的独特作用。一方面，调减"镰刀弯"、"北方农牧交错带"等非优势区玉米种植，增加大豆、优质饲草、杂粮杂豆和马铃薯生产。草牧业应积极顺应形势，充分发挥"牵拉力"，从优质饲草种植布局、品种选择、草畜配套等方面着手，大力发展优质饲草种植，优化粮—经—饲三元种植结构，提升承接能力，打造核心竞争力。另一方面，增加绿色、有机安全和特色农产品供给，不断增加销路好、效益高的农产品生产。草牧业应把握机遇，充分发挥"带动力"，做强生态特色品牌，"种好草、养好畜、出好肉、产好奶"，满足消费者对更绿色、更丰富、更优质、更安全的草畜产品的要求，提升农业供给体系质量和效率（于康震，2016）。

2016年3月8日，习近平参加湖南代表团审议时表示："要推进农业供给侧结构性改革"。2017中央1号文件中，提出了饲料作物要扩大种植面积，发展青贮玉米、苜蓿等优质牧草，大力培育现代饲草料产业体系。

1.2.7 民族和谐共繁荣

草原不仅是人类文明的摇篮，也是牧区和半牧区（特别是边疆少数民族）农牧民赖以生存的基本生产资料。充分发挥草地生态功能和提高草地生产力将促进草原牧区的社会发展，对弘扬中华草原文明、保障民族团结起到重要作用（旭日干等，2016）。

2010年12月16日，农业部副部长洪绂曾教授听取了四川省草原科学研究院在高寒地区开展牧草种质资源创新与育种应用、退化草原治理、牦牛藏绵羊遗传改良、草畜结合等科学研究与产业服务进展后，挥笔题写了"青藏高原草牧业科研高地",对四川省草原科学研究院扎根青藏高原和民族地区给予了极大的肯定（白史且，2018）。

习近平总书记多次强调，小康不小康，关键看老乡。全面建成小康社会，最艰巨最繁重的任务在农村，特别是牧区。我国草原约占国土面积的2/5，分布着全国70%以上的少数民族和70%以上的国家扶贫开发重点县，畜牧业是广大牧民就业增收的主渠道（韩长赋，2015）。

1.3 草牧业之广关联

在管理部门、业界同仁的一致释义和界说下，草牧业概念逐渐被业界接受和认同。目前，与草牧业相关的概念比较多，既有作为物质基础的牧草、饲料作物、草原等，又有以产业名词存在的草业、草地农业、营养体农业、畜牧业、农业等。

1.3.1 与草有关概念

牧草（forage，herbage）是指供家畜采食的草类，以草本植物为主，包括：藤本植物、半灌木和灌木，栽培的牧草主要是禾本科牧草和豆科牧草。牧草有狭义和广义之分。狭义的牧草主要指野生或人工栽培的可供牲畜食用的草，广义的牧草包括：青粗饲料和饲料作物。

饲料作物（forage crop）是指栽培作为家畜饲料用的各种农作物，包括：粮食作物、栽培牧草、瓜果类、块根块茎类、叶菜类、水生植物等。

饲草（forage）是可为放牧家畜提供牧草饲料或用于刈割以提供给家畜饲用型储备牧草的大多数草本植物、部分灌木和半灌木植物。

饲料（feeds，feedstuffs）是指在合理饲喂条件下，能对家畜、家禽、水产动物提供营养物质，调控生理机制、改善动物产品品质，且不发生有毒、有害作用的物质。从来源上，可分为：植物性、动物性、矿物质和人工合成或提纯的产品；从形态上，可分成：固体、液体、胶体、粉末、颗粒及块状等类型；从饲用价值上，可分成：粗饲料、青饲料、能量饲料、蛋白质饲料、矿物质饲料、维生素饲料、营养性添加剂及非营养性添加剂等。

饲草料资源是畜牧业的基础部分，由植物生产的全部产品构成。对山东省规模驴场饲草料生产利用情况进行调研与分析中，饲草料既包括饲草（forage），又包括了饲料（feeds，feedstuffs）（姜慧新等，2019）。2019

中央 1 号文件中，提出饲草料是"合理调整粮经饲结构，发展青贮玉米、苜蓿等优质饲草料生产。"

2016 年，农业部颁布的《全国种植业结构调整规划（2016—2020）》中使用了饲草作物这一名词，将饲草作物与粮食、棉花、油料、糖料和蔬菜等并列，其目的是将牧草种植纳入到我国的种植业体系中，不仅可以优化种植业结构，而且也为牧草产业的发展创造空间，改善我国粗饲料的结构。该《规划》中饲草作物概念与国际通用概念相同，是指用于放牧或生产干草和青贮饲料的多年生牧草、一年生饲草及不以收籽实为目的的粮食作物等。根据生长期，可分为一年生和多年生。一年生如青贮玉米、饲用燕麦、饲用油菜、草木樨等；多年生如无芒雀麦、鸭茅、苜蓿，三叶草等。饲草作物一般分属于三大科，即豆科、禾本科和十字花科，但也有一些藜科和菊科等（张英俊，2019）。

草原（nature grassland，range，rangeland）是草业的天然生产基地，属农学范畴。生长草本植物为主，或兼有灌丛或稀疏乔木，包含林间草地及栽培草地的多功能的土地。草原是草业的重要生产基地，陆地生态系统的重要组分，是家畜和野生动物的生存和生产场所，生物多样性基地，可提供清洁水源，清新空气，打猎、垂钓、休闲等空间，具有生态服务、生产建设、文化承载基地等功能。

草地（grassland，pasture）属于农学范畴，主要生长草本植物，或兼有灌木和稀疏乔木，可以为家畜和野生动物提供食物和生产场所，并可为人类提供优良生活环境和其他多种生物产品，是多功能的土地、生物资源和草业生产基地。草地隐含人工管理成分较多。

1.3.2　草业

1. 草业语词

1982 年 7 月 13—23 日，郎业广在吉林长春召开的"第四届东北草原会议"上，提交了《中国草业科学绪论》论文，最早言及草业。

2. 草业概念

1984 年，钱学森院士创造性地提出了知识密集型草产业的概念：草业是作为产业的概念提出来的，它是以草原为基础，利用日光能量合成牧草，然后将牧草通过家畜、通过微生物，再通过化工、机械手段，创造物质财富的产业。1985 年，他进一步诠释了知识密集型草产业的含义，并提到了农区和林区的草业，奠定了完整的草业科学和草业生产范畴。1987年给草业创造了 Prataculture 这一国际名称。1990 年更具体地指出：草产业的概念不仅是开发草原，种草，还包括饲料加工、养畜、畜产品加工。最后一项也含毛纺织工业。他先后多次指出：草业除草畜同一经营之外，还有种植、营林、饲料、加工、开矿、狩猎、旅游、运输等经营活动。草业也是一个庞大复杂的生产经营体系，也要用系统工程来管理（李新一、孙研，2016）。

3. 草业产业组成及作用

草业形成了以草地畜牧业、牧草种植业、草产品加工业、草种产业、草坪产业、草原生态工程建设为主的现代草业框架体系。草业在国家经济建设和生态建设中的地位日益凸现，并将在未来的经济发展中扮演重要的角色。加强投入大力发展草业，可以大面积恢复草地植被，大幅度提高草地生产力，生产足量的饲草促进草地畜牧业的健康发展，以优质饲草替代部分饲料粮，减缓粮食压力，以草业的优质高效促进生态、经济和社会的全面协调可持续发展，使草业实用技术获得跨越式发展，为西部生态工程建设、农业结构调整、城镇绿化美化提供科技支撑，并以草业的发展推动农村脱贫、农民致富（韩建国，2006）。

发展牧草产业，对解决连年耕作导致产量递减、土壤毒化、病虫害严重和规模饲养下优质饲草缺乏导致家畜生产性能低下、疾病多等问题都有缓解作用。改善天然草地和增加人工草地为草食家畜提供足够的饲草料，合理的增加草食家畜所占的比例，降低猪禽的生产，减少畜牧业对粮食的依赖，对我国畜牧业以及农业产业结构调整，保障我国粮食安全和食物安全具有重要意义（张英俊等，2013）。

我国牧草资源丰富，在发展节粮型畜牧业中发挥着重要作用。在我国饲料粮供应有较大缺口的情况下，加大优质牧草的生产和利用力度，增加优质牧草的供应总量，提高其在家畜日粮中的比例，补充饲料粮缺口或替代部分饲料粮，是减轻饲料粮对粮食安全压力的有效途径之一（王宗礼，2009）。

1.3.3 草地农业

1. 草地农业的历史

羲娲时期，历经公元前 8000—前 6000 年时段，跨度 2000 年，原始草地农业萌芽；采集渔猎农事活动全面发展；逐水草而居，放牧畜牧业取代采集渔猎业，建立草地—家畜—人群系统；幼畜驯养为家畜。神农时期（公元前 6000—前 4500 年）原始草地农业发展，黄帝时期（公元前 4500—前 4000 年）原始草地农业大发展。之后直至 21 世纪初，处于草地农业隐形期（任继周，2012）。

2. 草地农业的提出

任继周院士在《南方草山是建立草地农业系统发展畜牧业的重要基地》一文中提到，草地农业是现代化农业的一个重要特征。较长时期以来，它也被叫做有畜农业，曾经被极其简明地概括为这一农业（生态）系统：土地—植物—动物"三位一体"（任继周，1984）。就是把牧草（含饲用作物）和草食家畜引入农业系统，把耕地和非耕地的农业用地统一规划，把牧草作为基质，除了天然草地以外，在耕地上实施草粮结合、草林结合、草菜结合、草棉结合、草蔬结合等，以草田轮作、间作、套种等技术系统，充分发挥各类农用土地的生产潜势。它是一个多层次的现代化综合农业系统，突破了"以粮为纲"的思维定式，使草业与林业、农田等其他农业系统耦合，成为大农业系统（王堃，2018）。

3. 草地农业的理解

草地农业是指以"草地生态—生产系统"为对象，以生态学、区域经济学、系统工程学理论为指导，以现代农业科技与经营理念为支撑，通过对区域资源、物流、市场的优化配置与系统耦合，最终达到草食畜牧业高效发展、草地生态服务功能稳步提高、社会和谐发展的目标。其内涵主要包括：草地畜牧业与种植业的多样融合，综合提高系统生产力和生产效益；通过加大投入，有效遏制草地退化趋势，提高和恢复草地生态服务功能；通过对低产粮田进行"退耕还草"，将粮食、秸秆畜牧业调整为草食畜牧业，缓解粮食压力，确保食物安全；通过疏通物流渠道和建立健全市场流通体系，提高经济效益（侯向阳，2009）。

1.3.4　营养体农业

1. 营养体农业的提出

营养体农业（vegetative agriculture）是指以生产植物茎、叶等营养体器官为主要目的的农业系统。如牧草、青饲料、蔬菜、花卉、根茎类及纤维作物等农业生产系统。在 1998 年中国草原学会年会上，任继周院士首次提出了营养体农业的概念，它是相对于传统农业，即籽实农业（seed agriculture）提出来的，与传统农业的主要区别是收获目的物不同（负旭江，2002）。

2. 营养体农业的概念

广义的营养体产业是指以收获营养器官为目的的植物生产业，如薯类、麻类、用材林、饲草、蔬菜和烟草生产等都属于营养体产业。但狭义的营养体产业主要是指，种植业中以收获根茎叶等营养器官为对象，再通过草食动物将其转化为动物食品，即以作物茎叶生产为初级目标，以肉食生产为次级目标的农牧耦合生产系统。由于这一产业是以植物根茎叶生产为目标，作物无需进行生殖生长，所以在实际生产中有许多优势表现在：引种上，无严格的地理限制；栽培上，缩短了生育期、简化了农事操作；抗逆上，抵御各种不良环境的能力增强；投入上，可以大大减少农药甚至化肥的使用；光能利用效率上，可以显著提高；产量上，由于收获次数增加而增加，蛋白质产量成倍提高（王道龙等，2001）。

1.3.5 畜牧业

1. 畜牧业萌芽

畜牧业从狩猎业发展而来，经过了驯服动物和驯养动物等阶段。远在中国文字没有创造之前，中国畜牧业就已经萌芽。相传在公元前 3000—前 2700 年，伏羲氏发明了结网的方法，用网打猎和捕鱼，从此中国便开始了初期的畜牧业。在畜牧业初出现的时候，牲畜所有的刍料，只有野草，所以当时是逐水草而居的。但畜牧业繁盛之后，野草已不敷用，牧人就开始了刍秣的种植，于是真正的农业便逐渐出现。正像恩格斯所指出的："……禾谷类植物的耕种，首先是由于家畜对饲料的需要而引起的，而仅在以后才变为人类营养上重要的东西。"

2. 畜牧业概念

有的词典将牧业与草原放牧相联系，如《资源环境法词典》将其解释为以草原资源为基本生产资料，以放牧饲养牛、马、羊等牲畜为劳动内容，以畜产品为劳动产品的产业，而更多人将牧业理解为畜牧业。各方面对畜牧业的解释还是比较一致的，即利用畜禽等已经被人类驯化的动物，或者鹿、狐、貂、水獭、鹌鹑等野生动物的生理机能，通过人工饲养、繁殖，使其将牧草和饲料等植物能转变为动物能，以取得肉、蛋、奶、羊毛、山羊绒、皮张、蚕丝和药材等畜产品的生产部门。根据饲料来源和动物种类不同，又出现了草地畜牧业、草食畜牧业、节粮型畜牧业、耗粮型畜牧业等说法，主要是从不同畜禽品种对粮食需求的差异而提出来的，一般没有特别明确的概念，如有的专家将草食畜牧业理解为以牛羊生产为主的畜牧业（李新一、孙研，2016）。

畜牧业产业化应是以满足社会需求为目的，通过建立有利于资源合理配置和利益合理分配的运行机制，实现产加销各环节的有机联系与协调发展，提高畜牧业整体生产能力和科技水平及经济效益的综合经营系统。

3. 秸秆畜牧业

以秸秆为基础饲料饲养牲畜（主要是草食家畜）发展畜牧业生产，可称为"秸秆畜牧业"。正如"草地畜牧业"并不意味着牲畜只吃牧草一样，"秸秆畜牧业"也不意味着以秸秆为唯一饲料。饲喂秸秆时，常常还要补饲一些精料补充料或其他农作物副产品，使其营养比较平衡，以获得较好的饲喂效果。秸秆畜牧业是整个畜牧业的一部分，而不是它的全部。提倡秸秆畜牧业，目的是发展农区的草食家畜生产，而草地畜牧业主要是发展牧区的草食家畜生产。两者不是互相排斥，而是互为补充。

《农业部办公厅关于印发〈全国节粮型畜牧业发展规划（2011—2020年）〉的通知》（农办牧〔2011〕52 号）中，对节粮型畜牧业做出了说明：节粮型畜牧业是指充分利用牧草、农副产品、轻工副产品等非粮饲料资源，在减少粮食消耗的同时达到高效畜产品产出的畜牧产业，主要包括奶牛、肉牛、肉羊、绒毛羊、兔和鹅等。

4. 生态畜牧业

生态畜牧业是在环境与经济协调发展的思想指导下，按照生态系统内物种协调共生、物质高效循环、能量有效利用的原则，因地制宜，适度经营，规范化生产，无害化利用，实现畜牧业优质高效持续发展及生态效益、经济效益和社会效益相统一。生态畜牧业是与生态农业平行的生态产业概念，是生态农业体系的进一步扩展与延伸，目的是实现植物生产层与动物生产层紧密连接，从而大幅度地提高草原生态产业的多重效益和服务价值。在生态畜牧业类型划分方面，有学者提出草原生态畜牧业、城郊型生态畜牧业、农区生态畜牧业和山区生态畜牧业等类型。草原生态畜牧业是生态畜牧业的主要组成部分。发展草原生态畜牧业，就是要综合考虑草原生态经济复合系统的结构和功能、草原生态要素特点，整体地保护和恢复生态，科学永续地利用草原，优质高效低耗地发展草原畜牧产业，达到草原系统的土—草—畜—人协调统一，生态经济社会效益协调统一（侯向阳，2010）。

1.3.6 农业

1. 农业概念

农业是有生命物质的再生产，它的经济再生产过程总是同自然再生产过程交织在一起的。农业是人类依托一定的自然生态系统，利用其自然资源和人文环境为取得衣食所需和其他生活和生产资料的同时，建立自己的生存环境所必需的生态系统的社会行为所发生的产业（任继周，2012）。

农业有广义与狭义之分。广义农业是指包括种植业、林业、畜牧业、渔业、副业五种产业形式；狭义农业是指种植业，包括生产粮食作物、经济作物、饲料作物和绿肥等农作物的生产活动。

2. 农业产业链

农业产业链的构建与整合有助于提高农业产业竞争力。农业产业链是一种特殊的产业链，是使农产品生产、加工、物流、销售各个环节产生紧密联系的产业网络结构。农业产业链的概念最早由傅国华（1996）提出，他认为，农业产业链是依托市场，集中资金、土地、劳动力等生产要素对资源和农产品的合理配置，种养业、运输业、加工业、销售业围绕某"拳头产品"进行"产、加、运、销"或"产、运、销"的链状转动。

3. 农业产业结构

农业产业结构，是指在一定区域（主要指地区或农业企业、公司）范围内农业各生产部门以及各生产项目在整个农业生产中相对于一定时期和一定的自然条件和社会经济条件所构成的独有的、比较稳定的结合方式。简单地说，农业产业结构就是指农业各产业部门以及各部门内部的组成、相互之间的比例关系。农业产业结构是农业生产力合理组织、农业生产要素合理配置和开发利用方面的一个基本问题，即现在所说的农业生产资源的合理配置。

根据 2017 年国民经济行业分类，广义农业产业结构包括：农业（种植业）、畜牧业、林业、渔业及农、林、牧、渔专业与辅助性活动 5 大产业。世界各国农业产业结构基本上有 2 种类型：一种以农业（种植业）为主，另一种以畜牧业为主。

种植业和畜牧业是农村经济中两大基础产业。人们通常称种植业为第一性产业，畜牧业为第二性产业。传统概念中，畜牧业在农业生产系统和生态系统中，一般是以肥料、畜力支持种植业；而种植业则为畜牧业提供饲料、饲草。事实上，发展畜牧业的重要性，还在于它能把种植业提供人类可直接利用的多余粮食和不可能直接利用的各种农副产品，如糠麸、饼粕等转化成人类生活必需的肉、蛋、奶等优质动物食品和其他产品。

传统农业是粮食作物和经济作物二元结构，以种植业为主。现代农业是三元结构，加上饲料作物，以畜牧业为主。实现农业现代化，必须把种植业和畜牧业这两大基础产业进行有机的结合，实行农牧并重发展策略。

1.4 草牧业之厚历史

张仲葛先生言道，远在中国文字没有创造之前，中国畜牧业就已经萌芽。而任继周院士认为草业还要早于畜牧业，只是由于历史原因，草地农业处于了隐形发展状态。所以说，草牧业的产业概念可能并没有及早提出，但是草牧业产业的活动行为，应该贯穿于我国先民的日常生活中。即便没有概念的提出，但是可以从相关汉字的演化和产业的推进中，窥见草牧业的厚重历史。

1.4.1 文字演化

1. 草

象形字典中对"草"的解释是这样的：甲骨文中的"草"字就是一棵小草的图画，接下来在商周时期，"草"字是两颗小草在一起的图形，再后来就出现了"草"字的篆体，后来人们为了更方便地读出这个字，就在它的下方加了一个表示读音的部件"早"，篆体字形中弯曲的笔画被拉直，写成了四画的"艹"，再后来草字头简化成了三画，就这样现在我们所看到的"草"字就形成了。从事农业种植的人应该都知道，杂草是最让人头疼的，在庄稼还没长出来的时候，杂草就已经先长出来了，它就是比农民想种的庄稼要"早"，这是杂草自我进化的表现，农民最早发现了这个规律，所以在造字时，上面是"草"的象形，下面是"早"，表明它比庄稼要早出来。因为草对农民来说显然不是很重要的，所以有"不正式的、轻率的"意思，杂草生长不像庄稼那么正式，到处长，所以又有"随意地"含义。汉字是农耕文明的代表，必须要用农业知识才能真正彻底地解释清楚。

2. 牧

象形字典中对"牧"的解释是这样的：甲骨文中"牧"的写法就是手持荆条鞭赶牛群的一个图像。造这个字的本意就是放养牛群的意思。金文基本继承了甲骨文的字形，只是调整了一下结构顺序，而篆体直接继承了金文的字形，再然后就是隶书中的"牧"字，在隶书中之前的牛角形象消失，就这样现在我们所看到的"牧"字就形成了。

3. 秣

象形字典中对"秣"的解释是这样的："秣"是个形声字。"禾"表意，表示禾谷一类的饲料。甲骨文中的"禾"像是垂穗儿的庄稼，"木"形代表植物，植物末梢上是下垂的穗子；有的甲骨文将下垂的穗子形象简化成一曲笔。造"禾"字的本意就是结穗的谷类作物的总称。金文和篆体基本继承甲骨文的字形，而隶书有所变形，就成了现在所见的"禾"字。"末"表声，有细碎之意。金文中的"末"在"木"（树）的上端加一横指事符号，表示树梢。造"末"字的本意就是树梢部位。在篆体中将短横写成长横，隶书略有变形，树的枝、根形象消失，就形成了现在所见的"末"字示。所以秣就表示这类喂牲口的饲料是细碎的。本意是喂马的饲料，泛指喂牲口的饲料。

4. 刍

象形字典中对"刍"的解释是这样的：刍在甲骨文中是由两个"屮"（代表草丛）再加上表示又和抓的另一部分组成这个字。刍的造字本义是动词表示采集嫩草饲养牲口。金文承续甲骨文的字形。而篆体则将金文字形中的"又"写成两个"勹"，隶化之后楷书将篆体的"刍"字进行改变。简体楷书"刍"省去正体楷书字形中的一半，将另一半中的"勹"写成刍的上半部分，并误将表示牧草的"屮"写成"彐"（"又"的变形），至此甲、金、篆字形中与本义相关的"屮"形完全消失，就形成了现在所看到的"刍"。古籍中常常"刍"、"豢"并提，用草料饲养牲口为"刍"，圈养繁殖家畜为"豢"。

5. 牲

象形字典中对"牲"的解释是这样的：生，既是声旁也是形旁，表示鲜活的。"牲"在甲骨文中由表示羊的象形字，表示口、圈套的象形字和表示生、活的象形字所组成，表示颈脖上套着绳索的活羊。古人将活的牛羊牵到祭祀现场，作为献给神祇的礼物，以全牛全羊代替零星的肉块，以示对神祇或祖先的最大敬意。金文中用"牛"代替甲骨文字形中的"羊"的表示，而有的金文就将"牛"简写了。"牲"的造字本义是名词，用于祭祀的鲜活全牛全羊等动物。篆体承续金文的字形，隶化后楷书的"牲"将篆体"牲"中的"牛"写成"牛字边"，并且将篆体"牲"的另一半写成"生"，就这样形成了我们现在所看到的"牲"字。

6. 畜

畜在甲骨文中由表示系、绑的象形字和表示田间谷物的象形字组成，表示圈系动物，以谷物饲养。"畜"的造字本义是动词，表示将动物系在栏圈里，用谷物或嫩草饲养，以备家庭对肉食的不时之需。金文承续甲骨文字形。有的金文将"幺"误写成"玄"。篆体承续金文的字形，再后来就有了我们现在所看到的"畜"字。在现代汉语中经常"牲畜"并用，用以敬神的鲜活家畜叫"牲"；家庭饲养、储备的鲜活动物叫"畜"。

1.4.2　草食畜牧业

草食动物是指可消化利用饲草中粗纤维的动物，如牛、羊、鹿、兔、鹅、火鸡等。种草养畜就是根据所养动物的消化特点，种植适合某种动物采食、消化吸收和利用的某些牧草，饲喂草食动物，生产优质畜产品的畜牧生产技术。草食动物提供的畜产品种类有肉、蛋、奶、皮、毛和绒等，远比杂食动物的猪和鸡多，而且质量好。

任继周院士 1962 年在《新疆草原工作的两个前提与一个核心问题》中提到，草食牲畜要注意放牧问题，不同的饲料基地适应不同的家畜。草甸草原、干草原、荒漠草原以发展羊、肉牛、骆驼等为主，青藏高原草地发展藏绵羊、牦牛等，农牧交错带草山区粮草畜并进，饲养奶牛、肉牛、羊等，中部南部亚热带热带草山草坡养殖牛、羊、兔、鹅等。

《农业部关于印发〈全国草食畜牧业发展规划（2016—2020 年）〉的通知》（农牧发〔2016〕12 号）中，对草食畜牧业奶类、牛羊兔鹅肉、毛绒的供给保障，泌乳牛单产、牛羊胴体重、科技贡献率的生产技术，奶牛存栏、肉牛羊出栏、废弃物利用的标准化规模养殖，青贮玉米、苜蓿、秸秆、种草的饲草料保障均提出了发展指标，所以目前草食畜牧业是与草业有关畜牧业中内涵最小、外延最大的畜牧业概念。

1.4.3 草地畜牧业

利用草地直接放牧牲畜，或将草地作为饲草刈割地以饲养牲畜的畜牧业即为"草地畜牧业"（方精云等，2018）。草地畜牧业是草地生产经营与畜禽生产经营密切结合的产业，通过对草地资源的保护建设及合理利用，更多地生产畜产品，增加农民收入，保护和改善生态环境（张智山，1997）。草地畜牧业是现代畜牧业的必要组分，现代畜牧业有舍饲畜牧业和草地畜牧业两大分支。它们在生产中经常被交叉运用，使效益更趋完善（任继周，2004）。

农业部办公厅和财政部办公厅《关于做好2014年南方现代草地畜牧业发展工作的通知》（农办财［2014］61号）中，对南方草地畜牧业的建设主体为"牛羊肉生产基地"，所以草地畜牧业更多地体现在牛羊身上，尤其是肉用牛羊。由此可见，草地畜牧业是在草食畜牧业的基础上，限定了牛羊与草业有关的畜牧业。

1.4.4 草原畜牧业

《中国大百科全书·农业》（1990）中，将牧区畜牧业和农区畜牧业区分为："因饲料来源的不同而逐渐分化为以天然牧草饲料为主的牧区畜牧业和以栽培作物饲料为主的农区畜牧业"。

前中共中央农村工作部部长、国务院副总理邓子恢在1957年11月召开的牧区畜牧业生产座谈会上，将我国经营畜牧业的地区分为三种类型：北方草原牧区、南方山地牧区、农业区。牧区逐步改游牧为定居放牧，实行农牧业结合（首先是饲料生产）兼营畜产品加工等副业生产，发展以牧业为中心的多种经营。草原牧区和山地牧区不仅要发展牲畜，而且要外调牲畜，不仅要供应肉类和畜产品，而且要对农业区畜力不足的地方提供耕畜和役畜。通过建立购销转运机构、草料站、骡马店，牧区设立畜产品加工企业，发展牧区山区交通运输事业等措施，促进畜牧业的发展。

广义的草原畜牧业即草食畜牧业：草原畜牧业是指以草原（包括天然草原、草山草坡、人工草地）为基础，进行草食家畜生产的畜牧产业（刘加文，2009）。叶培忠先生1953年就提出草田轮作、植草作业，有计划地培植西北草原发展畜牧业。

狭义的草原畜牧业特指牧区的草原畜牧业：草原畜牧业是以草原为基础，主要采取放牧的生产方式，利用草原牧草资源饲养家畜而获取畜产品的畜牧业。游牧畜牧业是通过牧民的放牧劳动，随季节变化以游牧的方式有效利用牧草资源，并使其转化为畜产品的一种草原畜牧业形式。其特点是，以轮牧或半轮牧的方式随季节变化，有效利用草场和牧草资源。定居畜牧业是指失去游牧条件的牧民，在定居点周围比较有限的草场上，通过早晨放牧、晚上归牧的方式，利用牧草资源并生产畜产品的一种草原畜牧业形式。

草原畜牧业是以牧草的第一次生产和草食牲畜的第二次生产的能量转化，为社会提供各种畜产品的产业。草原畜牧业是草业和畜牧业的有机结合，体现了草原生产系统、畜牧技术系统、畜牧业经济系统网络结构之间的物质、能量、产品和价值的变换关系，在变换关系的形态、性质、数量、时间、空间等要素上是有序的，存在一定的比例和平衡关系。

1.5　草牧业之广地域

草牧业所涉产业在我国草业、农业与畜牧业的发展过程中都有体现，从全球视域来看，是否有与之匹配的国际或他国概念及语词呢？

1.5.1　欧盟

1. 欧盟整体

（1）产业情况。2017 年公布的 2015 年欧盟土地利用情况表明，草地面积占 20.7%，仅次于林地和耕地。2017 年，欧盟总的牛肉产量为 780 万吨，包括成牛肉和小牛肉。小牛肉产量 102.5 万吨，其中主产国是西班牙、荷兰、法国和意大利。成牛肉产量 677.6 万吨，主产国为法国、德国、英国和意大利。

欧盟的奶牛头数总体呈下降的趋势，但是牛奶产量逐渐增加。2017 年，牛奶产量 1.701 亿吨，比 2016 年增加 190 万吨。大部分的原奶运抵乳品加工厂，只有 1 150 万吨牛奶为农场自用。加工厂消耗的 1.586 亿吨原奶中，1.548 亿吨为牛奶，剩余的包括母羊奶（280 万吨）、山羊奶（230 万吨）和水牛奶（30 万吨）。2017 年，欧盟 28 国中，奶牛单产最高的是丹麦（9 569 千克/头牛）。其次是爱沙尼亚（9 143 千克/头牛）、芬兰

（8 889 千克/头牛），最低的是罗马尼亚（3 231 千克/头牛）。

（2）产业政策。欧盟执行 CAP（common agricultural policy，欧盟共同农业政策），为更好地实现 3 大长期目标：可靠的粮食生产、自然资源可持续管理和区域平衡发展。

2018 年 9 月 12 日，英国环境食品及农村事务部向国会介绍了新的农业法案（Agriculture Bill）：新的法案将会把对农民的补贴与农民应对气候变化或保护美丽风景等公共福利事业挂钩。

德国为了促进农村发展，融资基本上是通过 "die Gemeinschaftsaufgabezur Verbesserung der Agrarstruktur und des Küstenschutzes（GAK，改善农业结构与海岸维护共同任务法）" "den Europäischen Landwirtschaftsfondsfür die Entwicklung des ländlichen Raums（ELER，欧洲农村发展农业基金）" 和 "Förderungen der Bundesländer（联邦各州的促销活动）"。

西班牙农业复合保险（Agroseguro），主要包括：畜牧保险、农作物保险、森林保险这 3 个方面。其中，畜牧保险主要承担在保险合同范围内所确定的疾病或者意外造成的损失；农作物保险主要承担干旱、冰冻、火灾、冰雹、飓风霜冻、雪灾以及病虫害等自然灾害。

在荷兰，《民法典》第二卷的《法人法》（Beok Ⅱ，het Burgerlijk Wetbook）是规定合作社成立与运行的最重要的法律文本（1992 年最后一次大规模修订）。荷兰大约 90% 以上的乳业以及乳制品生产由菲仕兰公司掌控。菲仕兰合作社拥有近 1.4 万个成员牧场，约 1.9 万名奶农。菲仕兰公司的利润中，45% 留存作为发展资金，35% 作为奖励发给会员奶农，余下的 20% 以固定利率债券的形式发给奶农。

2. 代表性国家

（1）英国。英国具有悠久的草业历史，堪称欧洲草地畜牧业的典范。英国的草地按生产能力可以分为 3 类：第一类是粗放管理的放牧地，面积约 560 万公顷，约占国土面积的 16%，主要分布在山区或荒原。受地形、地势和排水等地理条件制约，这类草地没有施肥等投入，属于产出很低的粗放管理的放牧地，仅适合于放羊，不能用于肉牛和奶牛等对饲草料数量和质量要求高的家畜生产。第二类是永久性草地，这类草地是指建成后合理放牧利用，在 5 年内没有补播或翻耕的草地。英国大部分的永久性草地是通过对粗放管理的放牧地加以改良逐步建成的，例如：建设排水设施，实施有计划地施肥等。这类草地约占英国土地面积的 25%，是英国草业的基础，用于饲养绵羊、肉牛和奶牛。第三类草地是轮牧草地，面积约 120 万公顷，占英国土地面积的 5%，主要是一些作物种植和家畜饲养兼营农场。这类草地是通过草田轮作制度，在一定年限内翻耕种植牧草。牧草产量高，多用于制作青贮饲料，适合于养殖高产奶牛。草田轮作还有利于增加土壤有机质，提高土壤肥力（王赟文、全景，2013）。

从 2014—2018 年看，英国草地与放牧地的面积占农业用地的比例保持在 66% 以上，尤其是长期草地一直维持在 52% 以上。在欧盟 28 国中，仅有爱尔兰的草地面积比位于英国之前。从 2014 年以来，英国奶牛单产整体呈增加的趋势，牛奶产量逐渐提高。牛羊肉产量，尤其是牛肉产量也是逐渐增加。

（2）德国。德国位于欧洲中部，属温带气候，水资源较为丰富，境内大小河流纵横交织，年降水量 500～1 000 毫米。温和的气候、丰富的水资源为农牧业生产提供了良好的自然条件。2016 年，德国农业用地 1 671 万公顷，约占德国土地面积的一半。其中，耕地面积 1 182.2 万公顷，占农业用地的 70.7%，草地面积 469 万公顷，占 28%，其余为苹果园、葡萄园等。

1900 年，农业就业人数占就业总人数的 38.2%，1950 年下降到 24.3%，而今只有 70.6 万，占 1.6%；农业 GDP 占比也从 1900 年的 29%，下降到 1950 年的 11.3%，到 2016 年降到了 0.8%。1900 年，1 个农民可以养活 4 人，而现在 1 个农民可以养活 150 人。农业各项比重虽然不断下降，经济性却非常高。德国现有 75 万个农业综合企业，雇用了约 450 多万员工，创造价值达 4 120 亿欧元。

德国雨水丰沛，日照少，山地和沼泽地多，适于牧草或饲料作物生产，畜牧业生产发达，是德国大多数家庭农场重要的收入来源。畜牧业主要为饲养乳用、肉用牲畜。从畜产品产量上看，德国牛奶产量居欧盟首位；牛肉产量仅次于法国，居欧盟第 2 位。

虽然农场数量在减少、奶牛群体数量也在逐渐下降，但是产奶量却在逐步增加。还有一个显著的生产特征是，德国的有机牛奶产量，从 2017 年来逐渐增加。

（3）西班牙。西班牙在欧洲，领土面积仅次于俄罗斯、乌克兰和法国，占地约 50.53 万平方千米。其中，农业土地面积占到近 60%，草地及牧场占 35.82%。长期以来，西班牙是以农业为主的国家，其畜牧业发展历史悠久。从 20 世纪 70 年代起，畜牧业总产量在西班牙农业总产量中的比重基本维持在 40% 左右。

西班牙作为全球仅次于美国的第二大苜蓿草出口国，是欧洲主要的苜蓿生产国，其脱水苜蓿年产量约 156 万吨，其中 70%～75% 用于出口；位居全球牧草出口第三大国（前三位依次是美国、澳大利亚、西班牙）、苜蓿出口第二大国（前三位依次是美国、西班牙、加拿大）。目前是阿联酋苜蓿第一大供应国。

（4）荷兰。荷兰虽然国土面积小，仅有 4.186 4 万平方千米，但是奶牛养殖业非常发达，占比农业总产值的 20%，而且绝大部分奶牛都以户外放牧的方式（每年放牧不少于 120 天、每天不低于 6 小时）饲养。荷兰的出口收入中，约 10% 来自乳业，乳制品的年出口额超过 70 亿欧元。

1.5.2 北美

1. 美国

美国农业推行"作物—家畜"农场或家畜饲养场（Crop - livestock systems），实行"粮草兼顾"。通过调整种植业结构，大力种草，把耕地和非耕地的农业用地统一规划，将牧草（含饲用植物）引入传统的农业系统，不仅在天然草原，同时在耕地上推行草田轮作等技术，实施草粮结合，充分发挥各类作物的生产潜势。在满足社会对粮食等基本农产品需求的同时，生产足够的饲草料，发展草食动物生产，创造更高产值。草田轮作早已成为支持美国中北部乳业的主要种植系统。美国前农业部长 Clinton Anderson 曾对草地农业系统发表见解："草类植物不单单是作物，更代表了环境保护、优良农业、繁荣与合作"（曹智，2015）。

美国是世界上的苜蓿生产大国、也是牛奶生产大国。苜蓿除了供自身利用，还是饲草中主要的出口种类。因为奶牛单产的增加，奶牛的饲养量逐渐减少，而牛奶产量则逐步增加。

2. 加拿大

加拿大改良草地的刈割面积和产量逐渐减少，但是饲料玉米逐年增加，从 1995 年只占加拿大饲草的 15% 提高至 2015 年的 32%。

加拿大牛群规模基本保持在 1 150 万头。其中，奶牛规模在 2018 年达到 97.2 万头，由于受饲料成本增加的影响，肉牛屠宰的量增大，从

2017 年的 329.5 万头增加到 2018 年的 340 万头，2019 年估计达到 340.5 万头，因而保持牛肉产量的稳步增加。

2003 年，加拿大推出了针对商业农场的商业风险管理（Business Risk Management，BRM）框架，之后历经"Going Forward"和"Going Forward 2"农业政策框架的修改完善。目前，BRM 框架是加拿大农业支持政策中最为核心的部分。2017/2018 年度是加拿大旧的农业支持政策（Going Forward 2）即将到期、新的农业支持政策在讨论制定的时间节点。

1.5.3 南美

1. 巴西

巴西 silvopastoral 或者 agrosilvopastoral（林草牧，农林草牧）：林草牧复合系统系指由多年生木本植物和牧草、牲畜有机结合（长期或短期）而成的复合经营方式。在 ICRAF 的分类中，它属于复合农林业系统的一大类，主要包括"蛋白质库"（长有专为采收饲料用的树木系统），由饲料树组成的树篱和长有乔、灌木的草地系统。

巴西气候适宜牧草生长，且草场维护和土地种植成本低，饲草和土地资源丰富，为低成本的肉牛放牧养殖提供了土地和物质基础。巴西肉牛养殖模式主要以放牧为主，管理较为精细，重视草场改良，实施测土配方施肥，自觉执行围栏放牧和以草定畜，不仅有效避免了草场退化，还实现了粪尿的自然消纳，避免了环境污染。草地围栏放牧规模一般为 100 头/栏，设有补饲槽和自动饮水设备。巴西 2017 年牧场面积 16 496 万公顷，存栏牛 22 181 万头。因出口量增加和国内消费的提振，2019 年巴西的牛肉产量预计提高 3%，达到 1 020 万吨。巴西历年来牛肉产量位居全球第二，仅次于美国，占全球牛肉产量的 16%。巴西牛肉出口量占据世界第一，占全球的 20% 以上（曹兵海等，2019）。

2. 阿根廷

阿根廷年产牛肉约 300 万吨，占世界牛肉总产量的 4.7%，排名第 6 位（含欧盟）。阿根廷总存栏 5 400 万头牛，其中 5 150 万头为肉牛。牛群在阿根廷大概分布在 3 个区域：南部区（布宜诺斯艾利斯与潘帕斯）大概占到 39%，但是这个区域的屠宰量占到全国的 80%；中部的恩特雷里奥斯、圣塔菲、科尔多瓦省，占到 38%；东北部的其他 6 个省区，存栏大约占 20%。90% 的奶牛存栏分布在布宜诺斯艾利斯、圣塔菲和科尔多瓦省。阿根廷的肉牛肥育体系所需的牛源是来自商业化繁殖母牛场的断奶犊牛。它们在断奶后进入架子牛阶段，采用放牧或放牧加补饲的粗放饲养方式，体重达到 300 千克左右，年龄大约 18 月龄，随后进入肥育饲养阶段。肥育饲养通常采用两种方式：一种是在围栏肥育场采用谷物精料催肥。肥育 3～4 个月体重达到 420～450 千克出栏，整个饲养周期为 21～22 个月。肥育所用的谷物精料主要有玉米、豆粕等，粗料有青贮玉米、牧草等，围栏肥育牛增重快，肉质好，售价高。另一种是放牧肥育方式。将架子牛放在草地上放牧，根据草场质量的不同，达到出栏体重需要肥育 12～30 个月，整个饲养周期为 30～48 个月。由于阿根廷牧场资源丰富，尤其著名的潘帕斯草原（pampas），放牧肥育是其主要的肥育方式（宋荣渊、孟庆祥，2019）。除了盛产牛肉，阿根廷每年还能够生产 1 000 多万吨的牛奶，而且近年来，牛奶产量逐渐增加。

2003 年，阿根廷出台了国家食物安全计划（National Food Security Plan，PNSA）；2008 年，实施中小生产者支持计划（Support Plan for Small and Medium Producers）；2010 年，发布参与式和联邦农业食品部门和农业工业战略计划（Participative and Federal Strategic Plan for Agri-food Sector and Agro‐industry 2010—2020）。

1.5.4 大洋洲——新西兰、澳大利亚

1. 新西兰

新西兰国土面积的一半以上为草地，其中改良草地面积为 950 万公顷，天然草原（原生植被）面积约 567 万公顷，主要分布在南岛的山区。根据地形和海拔，新西兰的草地可以简单地划分为 3 种类型：第一类是高海拔草地，位于山区，地形崎岖，冬季寒冷，草地生产能力低，仅适合毛用绵羊放牧生产。第二类是地势相对平缓或平坦的草地，全年都适合牧草生长，支持着新西兰全部的奶牛生产和集约化的绵羊和肉牛生产。第三类是丘陵草地，它的生产能力介于前两者之间。

新西兰乳制品系统以全年户外牧场放牧为基础，直接放牧占动物饲料需求的约 90%，乳制品目前占商品化农业和林业出口的 37%。新西兰是全球鹿产品的主要出口国，约占全球养殖鹿数量的 50%。主要产品是鹿肉（约 84%），其次是鹿茸（10%）和其他副产品，包括生皮和皮革，其中 90% 的鹿肉产品出口。

2019 年 5 月，新西兰气候变化响应（零碳排放）修正案"Climate Change Response（Zero Carbon）Amendment Bill"在国会通过首轮投票。

2. 澳大利亚

澳大利亚主要为混合农业（mixed farming system），包括：肉牛、绵羊等的饲养和谷物、干草及其他作物的种植。超过 50% 以上的农场、5 700 万公顷的土地，都是以混合农场的形式生产。农场主可以根据气候和其他因素的影响，优选作物和草地。

澳大利亚干草、青贮和秸秆的需求量：奶牛、肉牛、马和其他各占 62%、7%、6%、13%，干草和秸秆出口占 10%。

澳大利亚牛肉产量近年来有所下降，位列阿根廷之后。因为产量减少，出口量也从占世界份额的 19% 降低至 14%，但是仍然位居世界第三，次于巴西和印度，位列美国之前。除了牛肉产量较高以外，澳大利亚每年的牛奶产量也能够达到 900 多万吨。此外，澳大利亚干草出口量大。

1.5.5　东亚——日本

日本家庭牧场实行农牧业一体化经营（Integrated Crop‑Livestock Systems），北海道是日本农业最具有典型特征的区域，既有种植业，又有畜牧业，还有水产业，是日本主要的畜牧业基地，其畜牧业规模经营具有代表性。

日本的草地面积比较少，只占陆地面积的 1%。北海道牧草地较多，是日本主要的畜牧业基地，畜牧业包括：食草动物奶牛、肉牛和马等。北海道畜牧业产值占农业总产值的 51.5%，而全日本畜牧业产值占农业总产值约 32.2%。其中，奶牛业产值占农业总产值的 35.9%，占畜牧业产值的 69.7%。农牧业横向一体化经营即为种植业与养殖业结合经营，主业为养殖业，种植业为养殖业提供青贮玉米和牧草。酪农利用丰富的耕地资源种植玉米饲料和牧草为奶牛养殖提供饲草，奶牛的粪便沤制成肥料提供种植业有机肥，形成农牧业横向一体化产品互补优势，解决饲料饲草短缺问题，达到了酪农集约经营、家畜粪尿处理和有机肥生产的循环利用目的。日本农业服务组织具有多元化的特点，对农牧业产前、产中和产后的服务无所不包。日本农牧业经营主体除了以家庭经营为主的农户与家庭农牧场外，还有一些互利共赢的经营组织、从事产后服务的各种法律形态的公司、提供生产全过程服务的各类综合与专业协会等组织，这些组织对农业经营专业化、集约化、提高农业综合生产能力起至关重要的作用，并成为农牧业纵向一体化经营的有力保障（孙芳等，2016）。

受继任者逐步减少的影响，日本肉牛养殖量逐渐减少，但是趋向高端和牛（wagyu）的养殖。因奶牛单产的增加，虽然日本奶牛数量降低，但是牛奶产量并未因此而大量减少。2018年，牛奶产量降低的原因中，还有地震的影响（约2万吨）。

1.5.6　中东——以色列

以色列耕地94%为国家所有，由国家、犹太人国家基金会（JNF）及农业与农村发展部（MARD）分别管理，其余4%为私人所有。以色列耕地主要分布在北部滨海平原、加利利山区及上约旦河谷，农业用地38万公顷，约占国土面积的17%。其中，耕地29万公顷、草场9万公顷。以色列农业经营的组织形式主要包括集体农庄（Kibbutz，基布兹），合作社（Moshava，莫沙夫）及个体农户（Moshava）。这3种经营主体占有耕地分布为35%、33%和32%，所创造产值分别占以色列农业总产值的32%、46%和22%。

以色列奶业高度发达，特点鲜明，主要有以下特征：一是牛奶单产全世界最高。2016年以色列成母牛存栏12.5万头，牧场850家，平均单产水平达到12吨；二是生鲜乳品质突出。平均乳脂率3.71%，平均乳蛋白率3.30%，体细胞数每毫升22万～30万个，菌落总数每毫升3.1万～10.0万菌落形成单位；三是奶业生产组织形式多样化，家庭牧场是主体，2016年有598家，占全国牧场的77.26%。此外，还有162家合作社和14家学校牧场（科研院校实验基地性质的牧场）。四是奶业占农业产值比重高。2016年，以色列牛奶总产量127万吨，原奶总产值21.29亿美元，奶业产值占农业总产值达到16.5%。五是乳制品消费以奶酪为主，消费量高。2016年，乳制品消费分配中硬奶酪30%、软奶酪28%、生鲜乳制品25%、酸奶和点心15%、奶油2%。以色列人均消费的乳制品折合成原料奶每年为226.3千克（王礞礞等，2018）。

一般在冬季利用循环水种植小麦，春季调制为青贮饲料，作为奶牛主要的饲草来源，其他包括：小麦干草、燕麦干草、麦秸等，甚至棉花、番茄秸秆，保证粗饲料的自我供应（self sufficiency）。

以色列采用资源节约型模式，发展自己的农业。以色列是世界上自然资源最匮乏的国家之一，主要是水和耕地资源极其短缺。然而以色列却是世界上农业最发达的国家之一，其在中东沙漠上创造的农业奇迹已经成了世界上资源节约型农业的典范。

1.5.7　非洲——肯尼亚

肯尼亚人口密度位列非洲第 20 位，2017 人均 GDP 在非洲也是处于第 20 位，是非洲主要的农业生产国之一，拥有丰富的牧草和畜牧资源。

在肯尼亚，89% 的陆地面积是草原或者草地，包括：天然草地、灌木地、林地、湿地和荒漠。热带稀树草原（savanna grasslands/rangelands）保障了 70% 的家畜饲草，同时为 90% 以上的野生动物提供了庇护。

2009 年调查显示，肯尼亚有 1 750 万头牛、2 770 万只山羊、1 700 万只绵羊、3 百万峰骆驼。肯尼亚畜牧业生产系统包括：集约化畜牧业、半集约化畜牧业和粗放型畜牧业。大型奶牛养殖为集约化畜牧业，小型奶牛饲养、肉牛养猪为半集约化畜牧业，游牧、农场（ranching）为粗放型畜牧业。

肯尼亚年均奶产量约 52 亿升，88% 为牛奶，其余为骆驼奶和山羊奶。每年奶产量的增长幅度在 4.5%～5%，到 2030 年奶产量将达到 120 亿升。牛肉产量约 40.8 万吨，70% 的牛肉产自瘤牛（zebu），其余 30% 为奶牛。每年骆驼肉产量 2 万吨，羊肉产量 26.2 万吨，驴肉产量 192 吨。每年产皮（hides）92.4 万张，革（skins）13.9 万张。

肯尼亚农业、畜牧及渔业部目前正在执行 2018—2023 战略规划（Strategic Plan，2018—2023），其主要目标是"确保公民食物和营养安全、提供就业机会（To ensure food and nutrition security to the county citizen and job creation）"，措施是通过提升创新竞争力以及可持续的农业、畜牧业和渔业生产系统，促进农业生产力（To improve agricultural productivity through promotion of innovative competitive and sustainable Agriculture，Livestock and Fisheries production systems）。

1.6　草牧业之宏视野

居民膳食结构改善需要丰富的草食畜牧业产品，而草食畜牧业的稳定发展离不开饲草的重要物质保障作用。草食动物中，反刍动物日粮的

60％以上是饲草，所以饲草是草食畜牧业的基础。长期以来饲草产业与草食畜牧业独立发展，各自为政，只有在草原畜牧业中，草业与草食畜牧业才有序并存。为了建立草育牧、牧养草的草牧结合产业，需要理清草牧业的概念，明确其内涵与外延。

1.6.1　水—土—草—畜

1. 土地的重要性

土地是财富之母、农业之本、农民之根。土地是一切生物赖以生存和发展的物质基础，也是草牧业生产经营最基本的立地条件。21世纪以来，社会经济和科学技术进一步发展，工业化和城镇化步伐加快，农业生产水平大幅提高，人们在满足了基本的生存需求后，对肉、奶、蛋等高级食品的需求增加，农业内部产业由粮食生产向畜产品生产的调整、推进农业供给侧结构性改革、大力发展草牧业成为时代的必然要求。但是，农业生产的特性决定着农业产业对自然环境存在很强的依赖性，除采掘业之外，无出其右者。因此，土地对于农业的意义至关重要，土地整治是山地农业现代化的必由之路（王文、陈平，2017）。

2. 水的重要性

水是所有生物有机体的最基本物质之一。饲草种子和干草含水量10％～20％，生长阶段饲草含水量80％～90％。土壤中的营养元素，必须借助水分才能在植物体内运行。土壤微生物正常活动也需要适宜的土壤含水量。肉牛毛增重1千克需水3 600～5 600千克，按照净重计算，生产1吨牛肉需水8 000～10 000吨。牛日饮水50千克，羊5千克，如果供水不足，牲畜只得借助于代谢水的调节机能，分解体内脂肪和蛋白质。

在合理开发利用水资源的基础上，以水定草、以草定畜，合理确定灌溉人工饲草料基地发展规模和区域可持续载畜量，解决牲畜超载和冬春饲草不足的矛盾，实现区域性的水草畜系统平衡。

3. 水—土—草—畜

牧区"水—土—草—畜"平衡调控作用机制可按照调控要素分为水平衡调控机制、土平衡调控机制、草平衡调控机制、畜平衡调控机制以及"水—土—草—畜"系统之间的耦合调控机制。按照"以水定草、以草定畜、科学发展"的调控机制进行畜平衡的调控。牧区"水—土—草—畜"系统之间的供需平衡关系包括：水资源供需平衡关系、草畜供需平衡关系和土草供需平衡关系。农业农村部韩长赋部长提出，再造一个坝上草原，在农牧交错代畜牧业产值要占到 57% 以上。

对于农区来讲，发展草牧业，不但能利用浅山丘陵区的草地资源，而且能充分利用秸秆等非常规饲料，将传统农业中的"种植—粮食—秸秆副产物"与传统畜牧业中的"饲料—畜产品—粪尿"这两种各自单一的线性链条相衔接，形成"种植—粮食、秸草—养畜—畜产品加工—农业肥料—种植"的有机循环经济体，实现了"植物生产—动物转化—微生物还原"，推动了一二三产业融合发展（王彦华等，2015）。

全面建成"土—草—畜"良性循环，"农、牧、林、工、商"协调发展，人民生活富裕幸福的现代化大牧业生产体系。

1.6.2　草—畜—艺

1. 草原旅游

2018 年 9 月 11—14 日，全国畜牧总站草业处对阿勒泰地区草牧业试点示范工作进行实地调研，将"草牧业＋旅游"确定为"新疆模式"。原河北省省长张庆伟提出，要在张家口承德地区打造冬奥会草牧业发展示范区，发展畜牧业，将旅游和畜牧业结合起来，重点支持旅游观光。

旅游业已成为第三产业的热点，畜牧业是草原的主要收入来源。同时，草原拥有优美的珍贵资源和独具特色的生态文化，对这一宝贵资源进行大力挖掘和整合，形成特色生态文化旅游项目，依托地域文化和民族文化，将游牧文化与多种文化融合，既提升了草原文化在国内外文化产业中的地位和价值，又能推动草原区域经济发展。

2. 草原文化

在草原牧区，草业不仅有生产功能，还有文化功能，它是牧民的精神家园，更是广大少数民族重要的文化依托。整合提炼、发展传承草原传统文化的关键之一在于发展草业。了解草原文化，尊重草原民族的风俗习惯、思想观念，保护好草原地区重要历史文化遗迹和典型草原地带景观，发展推广草原文化之旅，弘扬传承草原文化，提升草业软实力。让草原成为牧民幸福生活的美好家园，更成为城乡居民和农牧民休闲度假的世外桃源、放飞心灵的精神家园。

中国草文化在草原区域体现得最为淋漓尽致，鲜明突出。草原人逐水草而居，经过了漫长的岁月，其文化生活与草息息相关。因为草原的辽阔与可变因素大，所以草原文化以尊重自然规律，与大自然和谐共处为根本特点。

3. 草坪文化、草堂文化

规模较小的草坪文化，东西方存在较大差异。欧洲人多以牧业发祥，对绿野、草坪情有独钟，因而草坪业兴盛，草坪文化浓厚。反映到信仰上也是如此，相信天国伊甸园里也是绿草如茵。在中国，由于整个文化观中偏爱红黄二色，对绿则淡而处之，于坪、院中草处于配角。从尊重传统角度讲，不需要刻意去改变，从改善人居环境，特别是城镇人居环境角度讲，推动草文化的发展，有助于增加绿地。

草堂文化也许是中国的特色，草堂与文化的有机结合便具有特殊的生机，文化是主，草堂是辅。杜甫草堂以诗取胜，卧龙草堂以智取胜。

为展示我国奶业发展成效，引导国产乳品消费，促进一二三产业融合发展，助力乡村振兴战略实施，农业农村部公开推介 31 个休闲观光牧场。休闲观光牧场集现代畜禽养殖示范、科普宣传、休闲观光体验于一体，是现代畜牧业的示范窗口，是畜牧业培育新动能、创造新业态、实现一二三产业融合发展的有效手段。

1.6.3 草—畜—经

1. 经济

畜牧业生产在世界现象领域内，既是一种自然现象，又是一种社会经济现象。在研究畜牧业经济结构时，除了研究畜牧业中的生产力和生产关系的辩证关系外，还既要研究其生产关系的特点、结构和规律，又要研究其生产力的特点、结构和规律。

以草地资源的持续利用为核心，环境与经济的协调发展为目标，以农、林、牧业的第一、二性生产力及加工业为支撑，充分利用国内外贸易市场加速资源的整合与优化配置，形成环境优良、生产效率高、产业链接（种、养、加、产、供、销、贸、工、牧）完整的现代化草地畜牧业（董孝斌、张新时，2005）。

从市场经济角度出发，应当说没有食品加工业就没有农业的商品化、工业化和一体化。而食品加工业的发展，主要是依靠畜牧业。畜牧业的发展，要求种植业中发展三元结构并以饲料作物为主（刘振邦，1997）。

2013 年 5 月，习近平总书记在中央政治局第六次集体学习时指出，要正确处理好经济发展同生态环境保护的关系，牢固树立保护生态环境就是保护生产力、改善生态环境就是发展生产力的理念。

2. 保险融资

草牧业产业化经营的持续发展必然需要产业链融资。草牧业产业链融资与草牧业保险协同发展有利于涉农金融机构服务水平提升，促使草牧业产业化持续健康发展。

现代草牧业进行规模化、标准化生产，市场化经营，对资金需求强烈。而这些资金难以通过自有资金和民间借贷来解决，只有有效融资才能解决这一需求。政府部门与金融部门协商，构建新型融资平台，创新金融扶持方式，放宽贷款条件、简化办事程序，满足草牧生产企业（场户）的融资需求。

鉴于牧草生产风险和市场风险高、牧草生产企业（场户）实力弱、其自身抗风险能力差等情况，建议：借鉴美国等牧草产业发达国家的保险经验，参考国内农作物保险的具体做法，建立牧草产业保险制度，将牧草列为重点受保对象，支持牧草产业的稳定发展。同时，相关部门应采用财政补贴、免征营业税和所得税等措施，引导和鼓励全国各大保险公司为牧草生产企业（场户）提供牧草产业保险；采取保费补贴、简化理赔程序等方式，调动广大企业（场户）参保的积极性（崔姹等，2018）。

1.6.4　草—畜—智

1. 试验示范区

2015 年 3 月，中科院植物所与呼伦贝尔农垦集团就"生态草牧业试验区建设"签署合作协议。

2017 年 5 月 24 日，西藏自治区科技厅下发了《关于同意筹建"西藏草牧业科技示范园"的函》，全国第一家省级专业性的草牧业科技示范区正式启动筹建。2016 年 12 月 7 日，内蒙古农牧业厅发文，成立了内蒙古自治区草牧业试点技术服务团队。

2. 信息系统

基于物联网的现代草牧业精准生产管理指挥决策系统，由大数据云计算平台、草牧业生产管理决策信息系统、草牧业精准作业技术与装备系统、电子商务和全程追溯系统四部分组成。从优化草牧业种植结构，实施"减施增效"施肥方案，确定产品销售品种与区域，协调调度人员、设备、物资、农机等生产要素等方面指导草牧业生产全过程，从而全面提升呼伦贝尔农垦集团信息化水平，最终助力现代草牧业生产模式转型升级（孙丙宇等，2018）。

从资源的精细化管理和精准化利用、产品生产的提质增效与质量溯源、消费市场风险化解、经营模式创新、社会服务体系完善以及三产融合发展等方面系统涉及利用信息化技术推动草牧业转型升级（申强等，2018）。

3. 机制创新

草牧业科技精准扶贫不只是科技成果转移转化，在产业氛围不足、商品经济发育滞后的广大农牧区，草牧业科技精准扶贫在关注技术创新的同时，更应该通过体制机制创新，建立全产业链的科技服务工作体系，创新贫困人口参与产业科技精准扶贫途径。真正发挥核心作用的不是先进品种、先进技术、先进设备，而是现代技术与传统生产要素、生产方式的融会贯通。科技精准扶贫的核心要义是灵活应用成熟适用技术，围绕技术服务提供市场信息，根据市场需求探索产品销售渠道，建立持续增收的产业发展模式（孙维等，2017）。

1.6.5　广义草牧业界说

概念是反映客观对象本质属性的思维形式，每一个概念都有一定的外延和内涵。内涵与外延是相对的，内涵是指一个概念所概括的思维对象本质特有的属性的总和；外延是指一个概念所概括的思维对象的数量或范围。

1. 广义草牧业概念

草牧业是现代农业的重要组成部分，它是基于可持续发展科学理论，集成利用现代科技成果与高新技术，按照资源能用尽用、高效利用的原则，通过科学规划、合理布局、精细管理、科技创新、龙头拉动，发展集约化、规模化、专业化的人工草地、饲草饲料企业、草食动物养殖场和草食畜产品加工厂，构建种植、养殖、加工链式循环发展体系，保障生产出绿色、优质、安全的畜产品；同时，根据地区特点，发展特色种植、特色养殖、特色秸草加工，对天然草地进行保护、恢复和适度利用，开展草原文化旅游，提升其生态屏障和文化服务功能，最终实现农牧民收入提高，生态环境改善，产业深度融合，生产、生活和生态的全面协调发展。

2. 广义草牧业内涵

草牧业，一般理解为草食畜牧业或草地畜牧业，实际上在其内涵上有显著的拓展和深化，不是传统的草食畜牧业或草地畜牧业，而是在传统畜牧业和草业基础上提升的新型现代化生态草畜产业。"草牧业"强调的是"自然—经济—社会复合系统"协同发展和一二三产业的融合发展，不但突出草地生产功能和生态功能的合理配置与协调发展，而且还包括饲草作物、秸秆、果蔬、糟渣等的高效综合利用，最终目标是实现经济社会健康持续发展（王彦华等，2015）。

3. 广义草牧业外延

包括所有的草业和与草业有关的畜牧业，以及草业和涉草畜牧业的上下游产业，其属性既包含自然再生产、经济再生产，还包含社会再生产。自然再生产过程符合自然规律，有着具体的客观环境要求，是草牧业生物与自然环境的矛盾统一。经济再生产过程是指以保持生命活力的草牧业生物为对象所进行的人的生产劳动过程，包括草牧业生产力的再生产和草牧业生产关系的再生产。草牧业生产力包括社会生产力和自然生产力 2 个方面，草牧业的经济再生产过程必须尊重客观的自然规律和经济规律。社会再生产包括物质资料再生产、人口再生产和精神再生产等 3 个部分。

1.7　草牧业之微视野

"草牧业"概念提出近 5 年来，在国家整体部署和各部门参与下，构建了产业形态、理论技术和市场价值体系，初步形成独立产业，并取得了一些成果和进步。广义草牧业是包含了草畜结合及其上下游门类繁多的产业，因此涉及多个管理部门，自然就会存在互相掣肘之可能。就目前农业农村部管理职能权限和范围而言，更需要狭义草牧业作为主抓手，促进现代农业的发展。

1.7.1　草牧业是农业中的特色产业

1. 草牧业是特色产业

农耕文化是中华传统文化的源头，农耕文明是中华文明的根。相较于农耕文化，草牧文化呈现出特色之象。扎实推进农业结构调整积极发展特色现代农业。早在《关于印发〈关于加快西部地区特色农业发展的意见〉的通知》（农计发［2002］33 号）中就指出，特色农业是指具有独特的资源条件、明显的区域特征、特殊的产品品质和特定的消费市场的农业产业。

2018 年，国家进行大部制改革。草原资源的功能划归自然资源部，对农耕产业而言，草产业自然成为了特色产业。虽然是特色产业，也要用走现代化之路。早在任职辽宁省委书记时，李克强同志就提出了"用工业的理念发展农业调整农村经济结构"。2015 年 7 月，国务院常务会议上，李克强总理再次强调"用工业的方式发展现代农业"。

2. 草牧业是种养结合产业

草牧业是现代畜牧业的重要组成部分，草地畜牧业（草牧业）是畜牧业的一个重要分支，草原畜牧业是我国畜牧业也是草牧业的重要组成部分。2016 年 8 月 29 日，时任国务院副总理汪洋在内蒙古自治区调研草牧业发展情况时强调，加快草牧业发展，是农牧民增收致富的重要途径，是农业供给侧结构性改革的重要内容，是生态文明建设的重要举措。

草畜平衡在自然界是生态系统自我调节功能产生作用的过程。草畜平衡是指在一定的区域时间内，通过草地初级生产或其他途径提供的饲草饲料量，与饲养牲畜所需的饲草饲料量大致相当。积极的草畜平衡，就是当饲草饲料生产不能满足饲养牲畜的要求时，主要是通过各种措施提高与增加饲草饲料的生产量，如技术措施中的改良退化草地、建立人工草地、提高饲草饲料的利用效率等，从而实现新的基础上的草畜平衡，这是在更高层次上的草畜平衡，它应是我国发展草地畜牧业生产的正确抉择。这种思路的基本特点是人类既要适应草原地条件、适应自然，又要改造草原、改造自然（蒋全民等，2003）。

早在 1981 年王克军曾经撰文，发表了对畜牧业经济调整问题的一点看法。以前抓畜牧业生产，总是把草和畜割裂开来，作为两个系统或两项工作来加以认识。一说畜牧业，首先想的是牲畜，而重点又放在牲畜头数上。对于饲草料资源，每个季节可能提供的饲料量、饲草量，栽培草地和天然草场的培育和改良，提高饲草料利用的效率等，则很少重视。因此，提出和树立牢固的"草畜结构"的观念。"草畜结构"，即饲草料资源与牲畜构成为一个统一的整体，是从系统工程的角度出发而确定的。饲草料资源与牲畜互相依存，密不可分。没有饲草料资源，就没有牲畜，从而也就不存在畜牧业；而没有牲畜，饲草料资源也就失去了它的价值。饲草料资源和牲畜还有互为因果的关系，即饲草料资源的改善和利用的合理，会增产畜产品；反之，饲草料资源恶化和利用得不合理，则会使牲畜少产、不产乃至于损失畜产品。牲畜的饲养状态会对饲草料资源发生反馈，牲畜的合理饲养会保护并逐渐改善饲草料资源，而牲畜的不合理饲养会破坏并逐渐恶化饲草料资源。

在《2017 年国民经济行业分类（GB/T 4754—2017）》中，直接涉及草业的，是门类 A（农、林、牧、渔业）的大类 01（农业）内的中类 018（草种植及割草），又进一步分为了 2 个小类，0181（草种植，指人工种植收获牧草）和 0182（天然草原割草，指天然草原刈割收获牧草）。从已有的产业划分看，草牧业中的基础产业——饲草产业，是在农业范畴之内。

草畜结合也即种养结合。农业部关于印发《种养结合循环农业示范工程建设规划（2017—2020 年）》的通知（农计发〔2017〕106 号）中指出，种养结合是种植业和养殖业紧密衔接的生态农业模式，是将畜禽养殖产业的粪污作为种植业的肥源，种植业为养殖业提供饲料，并消纳养殖业废弃物，使物质和能量在动植物之间进行转换的循环式农业。

1.7.2　草—乳

充分利用土壤、水源、厩肥等资源，获得饲草的高产优质和多样化，以饲草为基础日粮，饲养奶牛、奶山羊及其他泌乳性草食动物，为人们提供安全营养的乳制品。

1. 草—奶牛

根据国家奶牛产业技术体系的调研，2018 年我国存栏 100 头以上的规模奶牛养殖存栏 450 万～500 万头。主要分布在，河北、内蒙古、黑龙江、山东、宁夏、山西、辽宁、河南、陕西、新疆等省份，10 个省区存栏占比达 75% 以上。500 头以上规模牛场存栏占规模养殖总存栏的 77%，已经成为我国奶牛养殖的主体。存栏 3 000 头以上的养殖企业（或集团）超过 100 家，万头牧场 75 个，奶牛存栏达到 225 万头，日产生鲜乳 3.1 万吨。基于奶牛采食量大、饲草品质要求高的特点，在奶牛主产区，促进土地向规模牛场长期稳定流转有两点好处：一有利于促进奶牛养殖的长期性投资和技术进步，二有利于种养一体化生产模式的建立（李胜利等，2019）。

2. 草—奶山羊

2017 年，全国奶山羊存栏约 1 500 万只，奶产量大约 110 万吨（杜立新，2018）。目前，陕西省奶山羊存栏近 240 万只，羊奶产量超过 46 万吨，年产羊奶粉 6 万吨，产值达 30 多亿元。

3. 草—驴、马、骆驼

驴奶的生产主要集中在新疆、云南、内蒙古和山东等地。驼奶主要产自新疆，驼奶产量常年保持在 4 万吨左右，生产驼奶的企业仅 3 家。马奶也主要来自新疆，且多为酸马奶。因为马奶保存困难，牧民多将其发酵酿造制成酸马奶后出售。企业多是直接收购酸马奶销售，加工马奶或制成其他形式乳制品的企业几乎没有。

2005 年以来，我国奶类产量在轻微的波动中迟滞发展。《全国草食畜牧业发展规划（2016—2020 年)》目标是，2020 年奶类产量要达到 4 100 万吨。2018 年《国民经济和社会发展统计公报》显示牛奶产量 3 075 万吨，离目标还相去甚远。

1.7.3 草—肉

充分利用各种植物资源，结合优质饲草，通过加工调制及日粮配合，满足草食动物养分需求，极大发挥动物的产肉生产性能。

1. 草—肉牛

2018 年，我国屠宰肉牛头数约 2 600 万头，胴体总产量约为 703 万吨，净肉产量约 620 万吨，肉牛产值约为 4 420 亿元。2018 年，我国屠宰牦牛约 346 万头，胴体产量约为 45 万吨，净肉产量 36 万吨，牦牛产值估计为 262 亿元。低成本饲料资源提质增效技术研究，如白酒糟、马铃薯渣（秧）、辣木、红豆草和薰衣草等，以及副产物如玉米深加工副产物、氨基酸渣、棕榈仁粕等开发利用，促进了地方优势特色饲料资源的利用和肉牛低成本饲养（曹兵海等，2019）。

2. 草—肉羊

中国是世界上小反刍动物（绵羊、山羊）饲养量最多的国家。2017 年，全国羊存栏总数为 29 903.7 万只，出栏总数为 31 218.4 万只，羊肉产量为 467.5 万吨。2017 年，全国绵羊存栏总数 16 465.8 万只，山羊 13 437.9 万只。从结构上看，年出栏 100～1 000 只的养羊户占 29.6%；出栏 1 000 只以上的羊场占 9.1%；3 000 只以上占 4.7%；出栏 100 只以下的养羊户占 61.3%。一半以上的养羊场是小型、散户羊场。总体来说，养殖规模在不断扩大，羊平均年出栏率达到 104.4%（杜立新，2018）。

3. 草—驴、兔、鹅、鸡、猪

浙江省充分利用长毛兔、獭兔和浙东白鹅等特色畜禽品种资源，发掘养殖传统，打好鹅兔特色养殖牌。2013 年，浙江省出台《浙江畜牧业区域布局调整优化方案》，明确提出大力发展鹅、兔养殖，实施长毛兔等特色产业振兴计划。各地积极总结生态养殖、草畜配套的模式，推出了"鹅—沼—藕"循环的象山模式、"一枝黄花养兔"的宁波兴荣模式等，得到了广泛认可，养殖规模不断扩大。截至 2013 年底，全省兔年出栏量达543.7 万只，较 2010 年提高 14.5%，特色产业优势得到进一步发挥（杨振海等，2015）。

2018 年，肉兔指数为 112.88，比 2017 年提高 2.33。兔产业发展基本形成了"以肉兔为核心，獭兔逐步萎缩，毛兔不断支撑"的格局。2018年，兔产业产值达到 296.62 亿元，增速 17.38%，兔产业产值在畜牧业产值中所占比重在 2018 年为 1.01%，高于 2017 年的 0.86% 和 2016 年的0.99%（武拉平、秦应和，2019）。

《全国草食畜牧业发展规划（2016—2020 年）》目标是，2020 年牛肉产量要达到 800 万吨，羊肉 500 万吨，兔肉 100 万吨，鹅肉 200 万吨。2018 年，《国民经济和社会发展统计公报》显示，牛肉产量 644 万吨，羊肉 475 万吨，牛肉产量离目标也是相去甚远。

1.7.4 草—毛皮

合理利用天然草原，通过改良草地或者建立人工草地，收集各种农副产品等饲用植物资源，推进散养向集约化规模养殖转变。2018 年 7 月 14日，中国畜牧业协会毛皮动物分会成立大会在沈阳召开。2017 年，我国毛皮动物养殖数量已达近 2 000 万只，生产皮张近 6 000 万张，年产值近千亿元，已经成为带动农民增收致富的新兴产业和经济支柱。

1. 草—羊

羊毛产业是中国畜牧业的重要组成部分，也是中国边疆少数民族聚居地区的支柱产业。羊毛产业不仅关乎我国几千万边疆少数民族和广大农牧民的生产生活，而且关系到千百万从事羊毛流通、加工、制成品销售和出口人员的安置和生活。

《全国草食畜牧业发展规划（2016—2020 年）》目标是，2020 年羊毛羊绒产量要达到 55 万吨，离目标同样是相去甚远。

2. 草—兔

2018 年，我国兔产业持续调整。其中，肉兔产业走高，獭兔和毛兔则继续下滑。獭兔和毛兔指数分别为 74.40 和 75.60，二者均比 2017 年回落约 10。

1.7.5 农—草

天然草原或改良草地打贮草，农区、半农半牧区草田轮作以养带种、以种促养，挖掘农副产物资源潜力，形成特色草产品，为草食动物养殖业的饲草需求做好保障作用。

1. 牧—草

在不影响草原植物繁衍更新的适宜季节，采用刈割作业的方式，收获牧用草原植物，制备为干草、青贮、草颗粒等草产品，形成特色性草原饲草产品。

2. 农—草

《关于印发探索实行耕地轮作休耕制度试点方案的通知》（农农发〔2016〕6 号）提出，在东北冷凉区、北方农牧交错区等地开展轮作试点，实行籽粒玉米与青贮玉米、苜蓿、草木樨、黑麦草、饲用油菜等饲草作物轮作，以养带种、以种促养，满足草食畜牧业发展需要。种植牧草和饲用作物，组建草牧业专业合作组织、牧草机械服务队，草牧龙头企业带动，草牧技术推广服务等草牧产业扶贫。发展草牧业是西部半干旱地区经济可持续发展的重要支柱产业之一，水土生物等资源的限制性约束决定了应大力发展旱作栽培草地。

《农业部关于印发〈全国苜蓿产业发展规划（2016—2020 年）〉的通知》（农牧发〔2016〕15 号）中指出，预计 2020 年全国优质苜蓿总需求量为 690 万吨，预计 2020 年我国优质苜蓿总供给量为 510 万吨，缺口 180 万吨。

《农业部关于印发〈粮改饲工作实施方案〉的通知》（农牧发〔2017〕8 号）中规划，到 2020 年，全国优质饲草料种植面积发展到 2 500 万亩以上，基本实现奶牛规模养殖场青贮玉米全覆盖，进一步优化肉牛和肉羊规模养殖场饲草料结构。

3. 农副产物—草

农副产物主要是秸秆,《农业农村部办公厅关于全面做好秸秆综合利用工作的通知》(农办科〔2019〕20 号)中指出秸秆主要是早稻、中稻和一季晚稻、双季晚稻、小麦、玉米、马铃薯、甘薯、木薯、花生、油菜、大豆、棉花、甘蔗等农作物,也包括其他在本区域种植面积较大的农作物(不包括蔬菜);秸秆利用指肥料化、饲料化、燃料化、基料化和原料化。

将秸秆饲料化,调制成可为反刍动物提供能量和蛋白、并维持畜体瘤胃功能正常的饲草产品。

目前,"牧—草"和"农—草",已经列入了国民经济行业领域,分别为"0182"和"0181","农副产物—草"还有待列入。

1.7.6　狭义草牧业

2015 年 11 月 10 日,中央财经领导小组会议上,习近平主席指出:"在适度扩大总需求的同时,着力加强供给侧结构性改革,着力提高供给侧体系质量和效率。"2016 年 3 月 8 日,习近平参加湖南代表团审议时表示:要推进农业供给侧结构性改革,提高农业综合效益和竞争力。要以科技为支撑走内涵式现代农业发展道路,实现藏粮于地、藏粮于技。2017 年中央 1 号文件提出:"把深入推进农业供给侧结构性改革作为新的历史阶段农业农村工作主线"。饲草生长有明显的季节性,而畜禽营养需要则有相对稳定性,这就在饲草的"供"与畜禽的"求"之间形成了矛盾。

1. 狭义草牧业的概念

草牧业(grass-based livestock husbandry,GLiH)(forage livestock industry,FLI)是通过天然草地管理和人工种草,经合适的技术加工,获取优质高效的饲草料,进行畜牧养殖和加工的生产体系,包括种草、制草和养畜 3 个生产过程(方精云等,2018)。

2. 狭义草牧业的内涵

草牧结合为核心,草地改良、饲草栽培、加工与利用的物质生产活动。在充分尊重动物福利的基础上,采用集约化的饲养方式,本着动物生理机能需求,可持续利用土地或者草地,筛选适宜的草种,多样化栽培饲草,经刈割调制为饲草产品,或者直接放牧,动物厩肥返还土壤(表 1-1)。

表 1-1 草牧业概念的内涵和外延

概念	定 义	内 涵	外 延
狭义草牧业	通过天然草地管理和人工种草,经合适的技术加工,获取优质高效的饲草料,进行畜牧业养殖和加工的生产体系,包括种草、制草和养畜三个生产过程	饲草料生产与利用	饲草生产 草食动物养殖 饲草—动物结合
广义草牧业	现代农业的重要组成部分,基于可持续发展科学理论,集成利用现代科技成果与高新技术,按照资源能用尽用、高效利用的原则,通过科学规划、合理布局、精细管理、科技创新、龙头拉动,发展集约化、规模化、专业化的人工草地、饲草饲料企业、草食动物养殖场和草畜产品加工厂,构建种植、养殖、加工链式循环发展体系,保障生产出绿色、优质、安全的畜产品。同时,根据地区特点,发展特色种植、特色养殖、特色秸草加工,对天然草地进行保护、恢复和适度利用,开展草原文化旅游,提升其生态屏障和文化服务功能,最终实现农牧民收入提高,生态环境改善,产业深度融合,生产、生活和生态的全面协调发展	"自然—经济—社会复合系统"协同发展和一二三产业融合发展的草业与畜牧业	所有的草业和与草业有关的畜牧业,以及草业和涉草畜牧业的上下游产业

3. 狭义草牧业的外延

一是单纯的特色饲草生产。在天然草原或改良草地,或者草田轮作中配置饲草基地,形成特色化饲草产品或者放牧草地,充分收集利用可饲用的植物资源,为草食动物养殖业提供饲草保障。

二是单纯的动物养殖。根据地理、人文、经济等资源禀赋,培育特色化的草食动物养殖业,饲草产品外源供应,动物厩肥合理利用。

三是饲草—动物复合草牧业。根据动物种类、饲养目的,按需配套草原或者草地面积,耕作栽培饲草,保障饲草供应,同时草地满足消纳动物粪污需求。

第 2 章

CHAPTER 2

反刍动物生产及饲草料需求

2.1 饲草料在反刍动物中的应用与研究进展

2.1.1 饲草料营养

干草和农作物副产品等粗饲料及青贮饲料是反刍动物保持高效生产的物质基础，经反刍动物的消化，人类不能利用的粗饲料等可转变为消费者们喜爱的产品，这一过程也是能量消耗最低的形式。

1. 干草

豆科、禾本科等牧草均可以调制成干草，Field 等（2003）已经系统的对干草的制作过程进行了总结。制作干草的主要目的是降低青绿饲料中的水分，青绿饲料中水分一般为 65%～85%，而干草的水分则低于 20%。当干草贮存水分过高时，可能会因为发霉等原因而降低饲用价值。但是如果干草过于干燥，则容易造成叶片损失，而叶片中蛋白质、胡萝卜素等养分的含量要比茎秆高得多。

值得注意的是，在干草调制过程中难免会受到雨淋等自然因素的影响，可能会使干草含水量维持在适宜微生物活动的水平，这将导致干草中易碎叶片的脱落，从而降低干草的养分含量。并且，降雨会导致干草的干物质在收获、制作、贮存到饲喂过程中出现 30%～50% 的损失。例如，淋雨会导致苜蓿干草干物质产量减少 10%，细胞蛋白质和碳水化合物含量降低 10%～20%。因此，制作干草时应当注意控制干草的水分含量。为了减少干草腐烂现象的发生以及养分的损失，干草需要贮存在荫凉、排灌良好、有一定斜度的地方，并且在地面和草捆之间放置支架能够防潮、通风，可减少腐烂和损失。在贮存过程中，避免阳光暴晒，可减少干草中胡萝卜素损失，在冬季保存时间太长或贮存不当，干草发白现象很常见。

此外，干草收获时的成熟度是影响其养分组成的最重要因素之一，可以造成约 70% 的质量差异。例如，苜蓿干草的粗蛋白含量（干物质基础）未成熟期为 21.5%，开花前为 19.4%，开花早期为 18.4%，中花期为 17.1%，盛花期为 15.9%，成熟期为 13.6%。由于在达到最大生物学产量之前干草质量最好，因此所有用于饲喂幼畜的干草应该尽早收获，以充分利用饲草的营养价值。而饲喂成年动物的干草，其收获期可适当晚一些，以获得最大的生物学产量。

优质的苜蓿干草粗蛋白质、无机盐以及各种维生素的含量非常丰富，是家畜良好的蛋白质来源，也是最理想的粗饲料首选。优质苜蓿干草的粗蛋白含量几乎高于所有的禾本科干草、玉米青贮以及作物秸秆。苜蓿的粗蛋白主要分布于叶，因此不同茎叶比例的品种粗蛋白含量也不同（景鹏成，2018）。同时，随着刈割时生育期的延长苜蓿干草的粗蛋白含量逐渐下降，生产中常常在苜蓿十分之一开花期时进行刈割，此时虽然粗蛋白含量并不是最高，但单位面积的粗蛋白产量是最高的（王成杰，2003）。

燕麦干草是现代畜禽生产中的另一重要优质牧草，其产量高、适口性好、蛋白质和可溶性碳水化合物含量高，同时含有大量果胶并易被草食畜禽消化利用。不同品种的燕麦干草品质可通过干物质含量进行判断，并且在高密度播种条件下，茎秆相对较细且植株较大的燕麦品种是选育优质高产燕麦饲草的关键（周青平等，2015）。

此外，不同品种的燕麦最佳刈割期也不相同。国内研究多集中在抽穗期和开花期，国外研究则建议在乳熟期和蜡熟期进行收割（张莹等，2016）。我国作为羊草主要种植国之一，在我国东北平原和内蒙古高原东部以及华北的山区、平原和黄土高原等地区均有大量种植。相较于其他禾本科牧草，羊草茎秆细嫩、叶量多，含有丰富的营养物质，并且粗蛋白质含量高。此外，羊草绿色期较长、品质较好，营养成分含量高，且适口性强，饲喂效果好，不仅可以用于放牧还能调制干草，调制出的干草颜色浓绿、气味芳香。羊草最佳刈割时期为 7 月下旬至 8 月上旬（即抽穗期至开花期）（孙娟娟，2007）。

2. 青贮饲料

青贮饲料是将青绿饲料在密闭的青贮设施中，经直接或加入添加剂进行厌氧发酵调制而成的多汁饲料。青贮发酵过程中产生的酸可以阻止霉菌和其他腐败性微生物的生长，以达到长期保存青绿饲料的目的。青贮饲料在现代草食动物饲粮中的比例很大，这主要是因为单位土地面积种植青贮饲料的总可消化养分含量和畜产品产量均最高（Field and Taylor，2003）。

经常用来制作青贮饲料的作物包括：玉米、高粱、禾本科牧草、豆科牧草和一些小粒谷类作物。制作青贮的原料必须含有足够的可发酵碳水化合物，以保证发酵正常进行，产生足够的乳酸，从而使青贮饲料的 pH 值降到 4 以下。而有些青贮原料必须额外添加谷物才能获得良好的青贮效果。整株青贮饲料中谷物籽实的数量和水分含量对青贮饲料的价值具有明显影响。因此，这两个因素应当作为确定青贮饲料经济价值的依据。青贮饲料的水分含量一般为 60%～75%，而半干青贮饲料的水分含量（40%～60%）介于干草和青贮之间。但是在利用青贮饲料时应该谨慎对待，因为青贮饲料是养分含量变化最大的饲料种类之一，而且也是贮存过程中养分含量损失最大的饲料种类之一。以下 9 种因素的交互作用影响着青贮饲料的品质：青贮饲料的种类、气候条件、成熟期、水分、添加剂、切碎程度、青贮窖压实与密封程度、青贮窖的结构以及青贮的取用等。

3. 块根块茎

块根块茎类饲料主要包括：甘薯、马铃薯和木薯等薯类以及甜菜、胡萝卜等。甘薯、马铃薯和木薯等薯类是我国农业产业转型升级和结构调整的优势作物，其特点是水分含量高，干物质中主要为无氮浸出物，而粗蛋白质、粗脂肪、粗纤维、粗灰分等较少或贫乏。

甘薯在我国分布很广，属块茎类，是我国仅次于水稻、小麦、玉米的重要粮食作物，富含淀粉和多种功能性营养物质，但由丁新鲜甘薯及其副产品水分含量高，不易运输和贮存，易腐败变质，综合利用率低，废弃率高，使得甘薯资源饲用性存在明显的区域性、季节性和经济性限制（王春雨等，2017）。新鲜甘薯中水分高达 75% 左右，甜而爽口，因而适口性很好。

甘薯富含淀粉、多酚、花色苷素、β-胡萝卜素、黄酮、绿原酸、黏液蛋白、去氢表雄酮、果胶和膳食纤维等，对动物有独特的生理作用和较好的保健功能。鲜甘薯是良好的能量饲料，但是甘薯中粗蛋白质含量低且氨基酸不平衡，并且在鲜甘薯中含果胶和胰蛋白酶抑制因子，饲喂量需要加以控制。甘薯粉体积大，动物食用后容易产生饱腹感，故应控制其在饲粮中的用量，在牛饲料中可代替 50% 的其他能量饲料。脱水后的甘薯主要成分为无氮浸出物，含量高达 75% 以上，甚至更高，但是蛋白含量低且品质较差，有效能值明显低于玉米等谷物饲料。

甘薯渣富含微量元素和膳食纤维，具有良好的抗氧化和促肠道蠕动作用。尤其是经过合理处理的甘薯渣是优质的饲料资源，但用量需加控制。甘薯茎叶中蛋白质、纤维和果胶含量高，是良好的蛋白质、纤维和天然色素来源。此外，生物发酵技术可提高鲜甘薯渣利用率，通过逐级处理获得生物饲料，从而提高甘薯渣的营养价值，并通过增加其在饲料中的添加量达到替代部分蛋白和能量饲料的目的（王成章等，2011）。

我国是马铃薯生产大国，主要在我国东北、内蒙古和西北黄土高原栽培，其他地方如西南山地、华北高原与南方各地也有种植。马铃薯块茎含干物质17％～26％，其中80％～85％为无氮浸出物，粗纤维含量少。粗蛋白质约占干物质的9％，主要是球蛋白，生物学价值高。马铃薯可直接饲喂，也可以加工后再饲喂（雒瑞瑞等，2017）。直接饲喂时应当切碎，而加工后的脱水马铃薯块茎应当粉碎后加入到动物饲料中。马铃薯中含有龙葵素，其在马铃薯各部位含量差异很大，且随着贮存时间的延长，龙葵素含量逐渐增多。一般成熟的马铃薯毒素含量少，饲喂时不会引起动物中毒。未成熟的、发芽或腐烂的马铃薯毒素含量多，大量投喂会引起中毒，导致肠胃炎等症状。生产中，尽量避免饲用发芽、未成熟和霉烂的马铃薯；若饲用则需要将嫩芽与腐烂部分切除，加醋充分煮熟后方可。同时，饲用的马铃薯秧禾也需要进行青贮发酵，或开水浸泡，或煮熟后方可饲喂。用马铃薯粉渣饲喂时也应该煮熟。

此外，贮藏马铃薯时应选择阴凉干燥地方，以防止其发芽变绿。马铃薯茎叶是马铃薯的地上部分，其产量与马铃薯块茎相当。马铃薯茎叶作为一种青绿色的农副产品，具有一定的营养价值，但其龙葵素含量高，适口性较差（孙楼等，2018），经青贮或干燥后可饲喂家畜。新鲜的马铃薯茎叶由于其水分含量高，不易萎蔫，且可溶性碳水化合物含量低，使其青贮调制不易成功。但通过添加乳酸菌制剂、酶制剂、绿汁发酵液、糖类和富含糖分的饲料等发酵促进剂，甲酸等发酵抑制剂和禾谷类、干草、秸秆类等吸水剂，以混合青贮的方式可调制成优质的青贮饲料。新鲜马铃薯秧干燥后其毒素含量会显著下降，可晒制成马铃薯秧干草，在生产中可替代部分苜蓿干草用于饲喂动物（李文茜等，2019）。马铃薯渣是生产马铃薯淀粉后的副产物，主要成分是水，其余是细胞碎片和细小的淀粉颗粒。马铃薯渣富含碳水化合物，主要有淀粉、果胶及各种纤维素组成，一些资料显示，其中还含有肽类物质，甚至还包括阿拉伯半乳糖；其中淀粉、果胶等碳水化合物含量较高。但因其含水量高，自带菌种丰富，不易储藏和运输，极易酸败变质产生恶臭气味，从而使得薯渣的利用受限。若直接作为动物饲料，营养价值低，不易储存，利用率差（王成章等，2011）。目前，薯渣主要作为配料用于青贮饲料生产（张智慧等，2017）。

青贮中，充分利用微生物发酵马铃薯渣，不仅可以提高发酵后马铃薯渣的粗蛋白质含量，发酵后马铃薯渣中的氨基酸、微生物和各种生物酶都会相应提高，而且可以解决我国蛋白质饲料的缺乏问题，还有效延长了马铃薯渣的贮藏时间，提高马铃薯渣的利用率。此外，将马铃薯渣与其他秸秆类物质进行混合青贮，或者添加淀粉酶、纤维素酶，可以使得薯渣的结构变得松散，其中的残余淀粉更容易被动物消化吸收，并通过产生低聚糖和可溶性膳食纤维，改善畜禽肠道功能和环境，提高消化率，促进动物生长。

木薯作为良好的杂粮作物以及饲料作物，在我国南方大部分地区大量种植，其茎叶、块根及工业副产物营养物质含量较高，是一种优质的非常规饲料（崔一燕等，2018）。木薯茎叶属于青绿多汁饲料，水分、粗纤维含量以及粗蛋白含量相对较高，并且含有丰富的矿物质元素，可以作为一种高蛋白的饲草原料进行加工利用（邓干然等，2018）。淀粉是木薯块根中最主要的能量贮存形式，因此木薯块根对动物而言是一种良好的能量来源（宋增廷等，2017）。脱水后的木薯中粗蛋白含量低至 2.5%，而粗纤维含量较高，因此不易消化；但是，无氮浸出物含量高达 80%，有效能值较高，属于典型的高能量饲料。木薯渣是生产木薯淀粉和酒精后的副产物，其营养价值较低并且适口性较差，但是粗灰分和粗纤维的含量较高，为提高木薯渣的饲用价值，通常对其进行发酵处理（冀凤杰等，2016）。

值得注意的是，木薯中含有氰化物、单宁及植酸等有毒物质和抗营养因子，其中氰化物是限制木薯应用的最主要因素（王成章等，2011）。虽然木薯中含有有毒物质氢氰酸，但是脱皮、加热、水煮和干燥等措施可以除去或减少木薯中的氢氰酸。《饲料卫生标准》（GB 13078—2017）规定，饲料用木薯干中氢氰酸量必须低于 100 毫克/千克。所以在肉牛饲料中使用木薯之前，需要测定氢氰酸含量并进行脱毒处理，并将其用量控制在30% 以内。

甜菜作为主要制糖材料，在我国北方地区种植较多，也是一种饲料作物。饲用甜菜的块根、叶片都可以饲用，纤维含量低，较易于消化，干物质转化率一般都在 90% 左右，通常是玉米秸秆的 3 倍，既可与苜蓿、玉米等饲料作物搭配进行混合青贮，还可被加工成颗粒料。饲用甜菜属低温长日照作物，不耐热但耐旱，适宜昼夜温差大的冷凉气候地区，特别适合在我国的东北、华北和西北地区种植。研究证明，饲用甜菜植株中泛酸、叶酸和甜菜碱等物质含量丰富，而这些物质是畜禽代谢活动中不可缺少的生物活性物质（丁广洲等，2018）。其中，甜菜碱具有促进动物消化的生理功能，作为饲料添加剂已经在饲料工业上得到了广泛的应用。在生产实践中，通常采用自然干燥和青贮两种方法来保存饲用甜菜的茎叶，青贮能更有效地提高饲用甜菜茎叶的营养价值。饲用甜菜在养殖业饲料配比中主要起饲料的平衡供应作用，促进精饲料的吸收，增加奶牛产奶量及牛羊育肥的增重率等。

4. 农作物秸秆

农作物秸秆作为传统的低质粗饲料，主要是作物收获籽实后留下的副产品，在我国产量大、分布广，在畜牧业生产中占有重要地位。我国现代畜牧业生产中常用农作物秸秆主要包括：水稻秸秆、玉米秸秆、小麦秸秆、大豆秸秆、马铃薯茎叶、甘薯秧、棉花作物秸秆、花生秧、油菜秸、芝麻秸、胡麻秸、甘蔗叶梢、甜菜茎叶、烟草作物秸秆和麻类作物秸秆（毕于运，2010）。与牧草相比，大多数农作物秸秆品质较低，蛋白质和磷的含量较低，钙含量一般，但粗纤维和木质素含量高。以肉牛生产为例，由于农作物秸秆的代谢能相对较低，因此，当妊娠母牛能量需要低于泌乳需要时，农作物秸秆在其维持饲粮中可以被有效利用（Field 等，2003）。但是，为改善秸秆的营养价值，提高秸秆利用率，仍然需要对农作物秸秆进行加工调制。目前，我国秸秆类饲料加工方法主要包括：秸秆揉搓丝化和压块等物理方法、秸秆氨化、酸化和碱化等化学方法，以及秸秆青贮和微贮等生物处理方法。此外，汽爆技术作为一种物理化学综合的纤维质处理工艺，通过类似爆米花的加工过程达到改变农作物秸秆纤维的化学组成和结构的目的，是一种环境友好型并具备良好应用前景的处理技术（刘强林等，2015）。

2.1.2 反刍动物营养需要

反刍动物拥有一个独特的消化道结构，它能够消化诸如牧草和一些纤维类副产品等植物细胞壁类物质（李小鹏等，2016）。尽管肥育阶段在低纤维、高精料饲粮条件下能够获得很高的生产性能，但家畜的长久健康和生产力终究要取决于对饲粮纤维的消耗，以刺激其消化功能的正常。反刍动物自身并不具备降解细胞壁复合多糖的酶类。但是，它们在出生后不久便与栖居在厌氧消化道内的（即对氧有不耐受性）微生物建立起了共生关系，依赖厌氧微生物菌群分泌的酶来降解纤维类物质（刁其玉等，2017）。瘤胃作为纤维的主要消化器官，通过瘤胃微生物完成对纤维类物质的厌氧发酵。除此之外，反刍是反刍动物另外一个显著的特性，它可以保证动物迅速采食已获得的饲料，随后倒嚼和再次咀嚼，进而使饲料颗粒度降低、表面积增加，达到被微生物消化和通过瘤胃的目的。

动物、微生物区系及饲料之间的共生关系，对高效利用饲料至关重要。反刍动物的瘤胃为微生物提供了良好的栖息环境（温度为 38.5～42.0℃，pH5.0～7.5，氧化还原电位为－250～－450 毫伏）。研究表明，成年牛瘤胃中栖息的微生物包括细菌（超过 200 种，活菌数高达 10^{11} 个/毫升）、原虫（超过 25 属，其数量为 $10^4 \sim 10^6$ 个/毫升）、真菌（5 个属，真菌孢子 $10^3 \sim 10^5$ 个/毫升）和古菌（Russell，2002；Jenkins 等，2008）。噬菌体颗粒数可达 $10^7 \sim 10^9$ 个/毫升（刘开朗等，2010）。在瘤网胃内栖息的微生物对动物采食的植物性碳水化合物进行发酵，其发酵终产物成为动物体内代谢和合成过程的重要前体物质及调节物质。王惠生等（2000）研究表明，反刍动物可以将纤维类物质及品质较低劣的饲料蛋白质转化为供人类消费的优质牛肉产品。同样，反刍动物还能利用一些其他动物所不能利用的资源，如人工牧草、天然牧草、保存的牧草、纤维性副产品及非蛋白氮（NPN）饲料等。

饲料在瘤网胃的发酵为宿主动物提供了一个独特的优势。纤维类物质的发酵不仅为宿主提供了能量，而且支持了瘤胃微生物的生长；而微生物生长反过来又提供了宿主所需的氨基酸及复合 B 族微生物（李竹青等，2016；苏贵龙等，2016）。尽管如此，消化道的厌氧环境也导致了发酵终产物的不完全氧化。厌氧微生物在瘤网胃中还产生发酵终产物，如二氧化碳、甲烷、挥发性脂肪酸（VFA）及微生物细胞等（张彩英等，2010）。VFA 中主要有乙酸、丙酸和丁酸，以及少量的甲酸、异丁酸、2-甲基丁酸、异戊酸、戊酸、己酸等。此外，也产生一些其他终产物（乙醇、乳酸及琥珀酸等），但通常这些终产物的浓度很低，因为它们往往会被其他微生物作为底物所利用。

反刍动物通过进化拥有了能够消化、吸收和代谢 VFA 的能力。但是，前胃发酵仍然有一些优势。McDonald 研究表明，厌氧发酵 1 摩尔葡萄糖仅提供 3～4 摩尔 ATP 供瘤胃微生物利用，这与有氧代谢发酵 1 摩尔葡萄糖可提供 30 摩尔 ATP 相比差距很大（McDonald 等，2010）；瘤胃微生物摄取大量 ATP 用于自身生长，从而为动物提供生理代谢所需的能量和蛋白质。另外，发酵过程以产甲烷形式产生的能量、发酵产热以及不可消化的瘤胃微生物细胞壁的产生等，都属能量损失。研究表明，某些发酵底物，如淀粉、糖类及蛋白质等，在瘤网胃的利用效率要低于在小肠的利用效率（谭支良等，2000）。优质蛋白质的生物学效价在瘤网胃中会降低。瘤网胃的碳水化合物发酵并不总是可以被有效控制的，进而容易导致代谢障碍（如瘤胃酸中毒等）的发生。

根据对采食饲料的喜好情况，自然界中的反刍动物大致可被分为 3 种类型：择食精料的动物、喜食精粗适中饲粮的动物及喜食粗料的动物（Hofmann 等，1988）。尽管 3 种类型的反刍动物均有消化纤维类饲料的能力，但是喜食粗料的动物（如牛和绵羊）具有更为发达的消化系统，这样它们可以更好地采食和消化纤维含量更高的饲料。相反，择食精料的动物（如白尾鹿、麋鹿）更喜好采食易消化的饲料，如富含淀粉、糖和脂类的植物新生嫩叶和果实等；而对于喜好采食精粗适中饲粮的动物（如山羊），则更愿意采食一些含可消化植物成分与低质牧草的混合物，这类动物通常具有很强的择食性。

反刍动物本身的消化生理特点决定了其对饲草料的特殊需求，而反刍动物的实际采食量也是影响反刍动物生产性能的主要指标。由于反刍动物采食量受多种因素的共同影响和调节，例如，生理因素、品种、环境因素、饲草料的种类以及管理因素都会影响动物的实际采食量。因此，想准确的预测或者计算反刍动物的采食量仍然是实际生产中一个比较困难的事情。按国际惯例来计算的话，牛每天的采食量是体重的 2% 左右。放牧的牛每日采食鲜草量约为其体重的 10%～14%，青粗料为体重的 1.5%～3.5%，青贮料为 2.2%（罗伟宏等，2018）。但如以全日进食量计，一般采食的干物质约为体重的 2.8%～3.2%，高产牛可达 3.5%，泌乳牛每头每天平均占体重的 3.0%～3.5%，干奶期奶牛约为 2%（李春涛，2013）。除此之外，反刍动物的采食量还受环境因素的影响。研究表明，气温升高至 27℃ 以上时，肉牛白天采食量明显下降。阴雨天前夕，从长日照变为短日照时，肉牛采食量增加，环境噪音会降低肉牛采食量（徐文超，2018）。

2.1.3　饲草料在反刍动物中的应用进展

在反刍动物养殖过程中，饲草料的质量、种类以及饲草之间不同的搭配方式直接影响其健康及养殖效益。而且随着新型的饲草料研发，饲草料的种类也在不断增加，新型饲料资源不断产生，饲料的利用方式从传统的、经简单加工的单一原料发展到科学的、适宜加工的配合饲料，饲草料的利用效率显著提高。反刍动物饲草料的饲喂方式由以前的简单混合向TMR 日粮发展。现在，饲草料产业已经发展成为关系到国计民生的重要产业。

1. 饲草料的发展

我国饲草料的发展有很悠久的历史。远古时期，中国饲草料发展进程早于其他国家，发展水平也高于西方国家。据《史记》记载，公元前6000—前 2000 年的新石器时代，随着圈养牲畜的出现，我国开始有了饲料生产的萌芽。夏、商、周时期，在甲骨文中已经出现了饲料的字样，并且在饲养管理上除重视圈养之外，还采取将草切碎加上谷物喂牲畜，已经注意到粗饲料和精饲料的配合使用。到了春秋战国时代，我国已经出现了规模化的鸡场、鸭场和养马场，在马的饲养管理中，采用放牧和舍饲相结合的科学饲养方法（王成章等，2011）。新中国成立以来，我国饲草料工业经过 30 多年的发展，已经成为了国家支柱产业之一。2018 年，全国饲草料工业总产值 8 872 亿元，同比增长 5.7%；总营业收入 8 689 亿元，同比增长 6.0%。其中，全国饲料总产量 22 788 万吨，同比增长 2.8%，产品类别和品种结构呈现不同涨跌趋势（田建华等，2018）。并且随着饲草料产业的发展，饲草料的种类也不断地丰富，逐渐由单一向多元化方向发展。

长期以来，受"以粮为纲"和"猪粮安天下"等观念的影响，我国对饲草料生产和草食畜牧业发展不够重视，天然草原改良和人工草地建设满足不了畜牧快速发展的需要，导致优质饲草料供应不足，牛羊等草食家畜生产能力不强，北方天然草原由于过度放牧出现了退化。而且我国饲草料分布不平衡，其中玉米和豆粕主要集中在东北，而南方相对较缺乏。国内的草产品尤其是苜蓿草捆、草粉和草颗粒生产严重不足，大部分奶牛饲养不得不依赖秸秆加高精料的模式，产量和品质的改善无从谈起，少量苜蓿草捆的进口也只不过是杯水车薪，解决不了根本问题。我国的非常规饲料资源丰富，含有大量的非常规饲料资源如秸秆、工业废弃物等。

除此之外，饲草是发展节粮型养畜的物质基础。中国草地资源 392 平方千米，约占国土面积的 41％，仅次于澳大利亚，是世界第二草原大国。但草地生产力水平不高，全国平均每公顷草地仅生产 7 个畜产品单位，相当于世界平均水平的 30％，人工草地产草量是天然草地的 5～10 倍甚至更多。新西兰人工草地占总草地面积的 60％，加拿大占 24％，美国占 9.5％，澳大利亚占 5.8％。中国现有人工草地 800 万公顷，仅占天然草地面积的 2％左右（皇甫江云等，2012）。因此，合理利用天然草地，扩大人工草地面积，推进草业产业化发展，是推动草牧业发展的重要途径。

在草食家畜的饲养中，传统的饲草料品种较为单一，主要以农作物秸秆（玉米秸、花生秸、红薯秧）为主，再加上少量粮食（玉米、黄豆等）及加工副产物（麸皮、花生饼、豆饼等）（李启森，2000）。饲粮的精粗比不合理，没有科学系统的饲草分类方法和饲料配方。随着科学的发展，人们对饲草的认识也越来越深，饲草的分类也就越来越科学合理，对饲草的使用也逐渐由以前的单一化向多元化方向发展。目前，应用在草食家畜中的主要牧草的种类是适口性和营养价值都相对较高的豆科牧草（苜蓿、三叶草等）和禾本科牧草（青贮玉米、燕麦、羊草、巨菌草、梯牧草、狗尾草等），以及前文提到的块根块茎类（甜菜、胡萝卜等）与农作物秸秆（玉米秸、小麦秸、稻草、花生秧等）。除此之外，构树、饲料桑等一些新型的饲草种类也在逐步研发应用，这不但为因地制宜开展饲草生产，解决我国饲草短缺问题提供了更多模式，也丰富了现代饲草料种类，为饲草的多元化做出了贡献。

2. 日粮配合

传统的草食家畜养殖由于集约化程度比较低、饲料标准不完善等原因，导致饲粮配合较为简单，其主要形式为：农作物秸秆＋余粮。在该种形式下，粮食消化利用率低，浪费严重。目前，随着研究的不断深入，人们对饲料的开发和利用越来越多，饲料配合也由以前的粗放形式逐渐向精准化方向发展。

草食家畜的饲养过程中，饲草料成本占到整个养殖成本的 60％～70％（王海春等，2015）。因此，饲粮配制的合理与否，不仅会影响草食家畜的健康、生产性能的表现以及饲料资源的利用，而且直接影响草食家畜的养殖效益。随着畜牧业以及草业的发展，人们对草食家畜饲粮的配合也逐渐有了更加科学系统的认识。相对 20 世纪八九十年代的养殖业，目前饲粮的配合更加的科学、实用、经济、卫生。饲粮配合需要考虑的因素也就越来越多，主要有以下几点：

（1）更加的讲究科学。不仅要考虑草食家畜的特点，如家畜的体重、性别、品种以及家畜所处生理阶段，还要考虑家畜的营养需要以及饲料原料的营养价值和理化特性，然后经过计算，把各种不同类型的饲料合理地搭配在一起。

（2）更多的考虑实际情况。要及时掌握饲料原料的情况，选用的饲料原料种类、数量、品质、质地、容积都必须适应工业生产现状（罗艳红，2016）。

（3）更加注重经济效果。可以用几种价格便宜的原料合理搭配代替高价格的原料，或者尽量利用本地原料，减少运输的环节等都可以降低饲料成本。

（4）饲料卫生水平提高。避免使用含有有毒有害物质的饲料和发霉变质的饲料，对菜籽饼等在饲料使用中严格把控其用量，不能超过国家规定标准。

（5）除此之外，还要针对具体条件（如环境温度、饲养方式、饲料品质、加工条件等），随时监控饲料的品质，必要时进行调整。配制的饲料尽量与畜禽消化生理特点相适应，单位干物质重量的饲料容积不宜过大。

近年来，草食家畜饲草料的配合除了更加科学合理之外，饲草料的种类和配合方式也更加的多样化。人们不再单纯的饲喂一种饲草，而是将不同类型饲草配合加工后再饲喂。张瀚中（2018）研究结果表明，与紫花苜蓿单一青贮相比，紫花苜蓿和全株玉米的混合青贮随着全株玉米添加量的增加青贮的质量逐渐提高，从营养均衡和发酵品质综合考虑来看，40％的紫花苜蓿和60％的全株玉米混合青贮效果最佳。宋振宇等（2016）研究表明，将苹果渣和麦秸进行混合青贮后饲喂奶牛，可以显著提高奶牛的日增重和饲料转化效率。还有研究表明，将甜菜块根和玉米秸秆进行混合青贮，其中添加10％、20％甜菜块根的青贮品质较好，且添加量为10％时饲喂效果最好（周瑞等，2019）。

3. 饲喂方式

草食家畜的饲喂方式也随着养殖业的不断发展逐渐由之前的简单混合向 TMR 日粮转化。传统的饲喂方式中精粗料分开饲喂，不能充分发挥饲料的营养价值，而且动物挑食严重，造成饲料的浪费。随着畜牧技术的发展和养殖业集约化的进程，TMR 日粮逐渐成为主流饲喂方式。TMR 饲粮是指将粗料、精料、矿物质、维生素和其他添加剂充分混合后进行饲喂的一种方式。研究表明，TMR 饲粮可以保证家畜能够采食到精粗比例稳定、各种成分混合均匀的日粮，而且还能够稀释饲料中一些劣质和有气味的物质，从而在一定程度上避免了家畜的挑食，提高了家畜的采食量，进而提高家畜的生产性能（国卫杰等，2008）。Iqbal Z.（2019）研究表明饲喂 TMR 饲粮能够降低养殖的饲料成本。

目前，TMR 的类型主要有 3 种，分别是：

（1）散装 TMR：就是将粗料进行切割后和精料一起按照先粗后精的顺序将粗料和精料以及添加剂混合均匀进行饲喂。这种方法制作相对较简单，但是在运输过程中容易造成精粗分离。

（2）颗粒 TMR：是将揉碎的粗料、精料调制加工成颗粒状，颗粒 TMR 实现了 TMR 饲料加工的规模化、工业化，可以减少饲喂时候的浪费，可以提高经济效益和生产效率。

（3）发酵 TMR：就是将牧草、饲料作物、秸秆等原料与精料、矿物质、维生素等添加剂充分混合，利用青贮发酵的原理制作而成的发酵混合饲料。与传统 TMR 饲粮相比，其优点是营养价值高、有氧稳定性好、扩大了饲料的来源，而且可以延长饲草料的贮存周期。目前，TMR 饲粮在大型养殖场中已经普遍应用，但是由于一次性投入资金量大，后续的维修费用高，导致发酵 TMR 在小养殖户中应用受到了一定的限制。

与传统饲喂相比，全混合 TMR 日粮能够使草食家畜获得更加均衡的营养，不仅有利于动物的健康与生长繁殖，而且还能够提高畜产品的质量。研究表明，饲喂 TMR 饲粮可以提高牛奶中乳蛋白率、乳脂率和乳中干物质含量（辛鹏程等，2019）。与传统饲喂方法相比，TMR 饲粮中粗蛋白转化为乳蛋白的效率可提高 26%（徐晓明等，2011）。随着 TMR 日粮的广泛应用，其在使用中的关键点被人们所关注，主要有以下几点：

（1）要严格按照营养配方准确称重装载。在 TMR 制备过程中，工作人员要根据草食家畜的不同的生理阶段制定营养均衡的饲粮配方，再严格按照配方准确称取各组成的重量。加料的顺序要遵循先粗后精、先干后湿、先轻后重的原则，先将青贮、干草、精料装填进去后，若需要添加剂则用小磅秤称取加入（雷亚非，2016）。

（2）严格控制饲草料的质量和切割长度。饲草料质量和切割长度直接影响草食家畜的采食量（邓锐强等，2018），若切割过短，会影响反刍动物的反刍，甚至引起反刍动物的瘤胃酸中毒。如果切割过长，则不利于动物采食，且易于动物挑食，进而影响动物的生产性能，造成饲料不必要的浪费，苜蓿干草的切割长度在 2～3 厘米左右为宜（陈国宏，2010）。

（3）准确把控饲草料的水分含量。要时刻关注饲草料的干物质含量，因为动物干物质采食量是决定生产性能的重要指标。

（4）饲槽和剩料的监管和处理。时刻监控饲槽的变化，每天饲槽的空槽时间不能超过 3 小时（张新同，2013），而且在每次填料前要对饲槽进行清理，避免将新料盖在旧料上面，要让动物采食到营养成分均一的饲草料。

随着科技的发展以及养殖业规模化程度的提高，饲草料在草食家畜中的应用越来越合理，饲草料的种类越来越多样化，饲粮的配合也越来越精准化，饲喂方式也变得越来越科学。

2.2　我国反刍动物的生产布局及饲草需求

2.2.1　奶牛

1. 奶牛的生产区域布局

我国奶牛养殖业区域布局及其演变规律可从国家层面、区域层面以及原料乳的分布 3 个方面进行分析。1998—2008 年，根据奶牛养殖布局指数排名情况，我国奶牛养殖布局呈现出向部分区域集中的态势，连续排名位于前 10 名的有：新疆、内蒙古、黑龙江、陕西、山西、山东等 6 个省区，以及剧烈波动型新疆维吾尔自治区、急速上升型内蒙古自治区、稳定上升型山东省、崛起型河南省等 4 类奶源基地。从区域层面来看，我国奶牛养殖布局逐步向东北和华北的个别省份聚集，华北地区地位不断上升，南方产区和大城市周边地区的奶牛养殖比例在不断缩减。从近几年全国原料乳生产来看，我国 80% 左右的原料乳源来自北方地区，主要集中在：华北、西北和东北，包括内蒙古、黑龙江、河北、山东、河南、新疆、陕西、辽宁、山西和宁夏。反观南方地区，原料乳产量最低的省区集中在：海南、湖南、广西、贵州等地。因此，原料乳生产呈现空间集中的趋势（殷志扬等，2013）。

奶牛养殖业布局的形成往往是因为中国奶牛养殖存在区域不平衡性，

而中国奶牛养殖的区域不平衡性与地理环境、资源禀赋和气候条件以及奶牛本身的生长特性密切相关（钱贵霞等，2010）。影响各地区奶牛养殖比较优势形成、奶牛养殖业布局变迁的因素众多，其中气候条件和资源储备不容忽视，乳品加工企业的发展和布局显著影响着其周边地区农户奶牛养殖发展，交通条件的改善在促进农户奶牛养殖发展上也起到积极的推动作用（于海龙等，2012；乌云花等，2007）。

常规奶牛养殖的优势区域包括13个省市（《全国奶牛优势区域布局规划》，2009）：

（1）京津沪奶牛优势区：本区域包括北京、上海、天津3市。该区域乳品有很大的消费市场，加工技术良好，牛群品种较好，部分牛场的奶牛单产较高。区域有很高的市场优势，有一定的加工和生产技术优势。但是该区域饲草饲料资源稀缺，环境保护压力大，缺乏资源和环境优势。

（2）东北内蒙古奶牛优势区：本区域包括黑龙江、辽宁和内蒙古3个省区。区域饲草饲料资源丰富，气候适宜，饲养成本低，具有很好的资源气候和饲料优势。奶牛存栏大，但单产不高，饲养分散不集中，与主要销售区运距较远，交通不便，所以该区域生产规模化程度和生产技术较低，且市场优势较小。

（3）华北奶牛优势区：本区域包括河北、山西、河南和山东4个省。该区域地理位置优越，交通方便，有丰富的饲料资源，很好的加工基础，但区域内奶牛品种杂多，单产水平较低，奶牛品种需要改良，生产技术需要改善。

（4）西北奶牛优势区：本区域包括新疆、陕西和宁夏3个省区。该区域具有很悠久的奶牛养殖和牛奶消费历史，有很好的奶牛生产基础条件。但牛奶商品率偏低，部分牛奶不是用来销售，且奶牛品种杂，奶牛养殖技术落后，单产水平低。所以该区域比较缺乏市场优势，优良奶牛的繁殖技术和生产技术需要提高。

2. 奶牛的生产现状及发展目标

奶牛是我国奶业养殖的主体，我国奶业发展较晚，相对其他畜种，呈现起点低、发展快的势态（李胜利，2008）。奶牛品种主要有：荷斯坦、西门塔尔、褐牛等。从各畜种发展情况来看，奶牛作为乳业生产的主力军，总体增长贡献率最大，增速较快，但近几年进入产业调整升级发展期，增速有所放缓。

近年来，奶业规模化养殖发展较快。据全国规模化养殖统计，我国奶业正经历着一个新的变化，小规模养殖户逐渐退出，规模养殖场开始增加，并逐渐成为生产的重要部分，预计这种规模化标准化养殖是未来现代奶业的发展方向（张亚伟，2015）。

进入新世纪，我国奶业步入快速发展阶段。2000 年以来，我国奶类产量年均增长率都在两位数以上，乳品业成为食品工业中成长最快的产业，奶牛业占畜牧业的比重迅速增加。

保障粮食安全是我国面临的一个长期战略任务，而尽快实施人畜分粮是保障粮食安全的重要途径，在这方面反刍动物有着独特的优势。我国可用作反刍动物饲料的青粗饲料资源种类较多，饲草和酒糟、果渣、甘蔗渣、秸秆等含有可被反刍动物利用的纤维素和半纤维素，是奶牛大有潜力的饲料资源，我国目前农作物秸秆年产量高。其中，玉米秸、甘薯蔓、大豆秸、花生秧等可以用来补充奶牛粗饲料的不足，以往这些资源被作为燃料烧掉或被丢弃，造成资源大量损失并污染环境（刘成果，2006）。发展奶牛业意味着，我国丰富的粗饲料资源可被充分利用，凭借反刍动物独特的瘤胃微生物区系，将利用率低的农作物秸秆转换为营养价值全面丰富的牛奶。以较少的精料投入换取更多的动物蛋白，就成为畜牧业结构调整最现实的选择。

奶牛饲料业也存在一些问题，包括奶牛专用饲料产量不足，奶牛饲料搭配不合理，奶牛饲料工业还处在起步阶段，奶牛饲料相关体系建设滞后等。以后的发展中，可以在以下几方面进行改进（刘成果，2006）。

（1）采取多种措施，充足饲料供应，满足奶业发展的需要。增加优良牧草和饲料作物的种植，充分利用农副产品，提高粗饲料利用率。

（2）依靠技术创新，加快奶牛专用饲料的开发。培育新型粮饲兼用作物新品种，选育和推广优质高产饲草新品种，加强奶牛专用饲料添加剂的研发。

（3）完善奶牛饲料加工体系，提高奶牛饲料产业化经营水平。创建奶牛饲料的知名品牌和企业，充分发挥饲料企业与农民联系紧密的特点，加快专业饲料的推广应用。

（4）加强奶牛饲料检测、监管力度，完善奶牛饲料标准体系建设。切实抓好奶牛饲料安全监管工作，完善奶牛饲料管理法规，加大执法力度。

3. 奶牛的饲草需求

奶牛的日粮主要由粗饲料、青贮饲料和精饲料等组成，其中粗饲料包括各种青干草和农作物秸秆。青干草气味芳香，可利用纤维含量较高，含有丰富的维生素和矿物质元素，主要有各类牧草、青绿饲料、青贮料等。青绿饲料可为奶牛提供充足的营养物质，尤其是维生素和矿物质元素，并且青绿饲料对提高奶牛的产奶量有重要的作用。将青绿牧草或作物厌氧发酵，可调制成青贮饲料。青贮饲料适于长期保存，以确保奶牛场饲草全年稳定供应。饲料调制成青贮料可以长期保存，可以保证奶牛全年都能采食到青绿饲料。我国农作物秸秆资源丰富，可就近取材，合理利用可有效降低奶牛饲粮成本。

现阶段，我国奶牛养殖多采用"精饲料＋全株玉米青贮＋干草/玉米秸"的饲养模式，对全株青贮玉米和苜蓿等优质干草具有较强的依赖性。几类主要饲草料需求预测如下：

（1）玉米：根据农业农村部测算，未来我国玉米新增产量将远远超过奶牛养殖中新增饲用玉米量，玉米产量完全能满足奶牛养殖的需要。

（2）玉米秸秆：在东北、华北和中原等粮食主产区大力推进秸秆养畜，逐步提升秸秆利用率，既能提高草食家畜畜产品产量，增加农民收入，更能减少因秸秆焚烧等行为带来的环境污染。据调研，目前，我国秸秆利用方式落后，饲用秸秆大部分都用于直接喂养牲畜，导致资源大量浪费。研究发现，玉米秸秆经过黄贮、微贮、碱贮等方式处理后，其利用率比未经处理的秸秆高14％。因此，从东北和中原地区粮食主产区来看，大力发展全株玉米青贮和秸秆养畜，是提高资源利用率和保护生态环境首选。

（3）全株青贮玉米、苜蓿和优质禾本科牧草：全株青贮玉米、苜蓿和优质禾本科牧草的供给存在很大的不稳定性。

目前，玉米青贮市场已经大体供求平衡。从目前的供需情况分析来看，2019年维持国家粮改饲收贮补贴面积1 200万亩比较稳妥，不宜再扩大青贮玉米种植面积。2019年，我国奶牛养殖对商品苜蓿干草的需求量大约是125万吨，但是我国苜蓿干草供应量预测为20万吨。因此，苜蓿干草处于严重的供不应求状态。A型燕麦干草可部分替代苜蓿干草，体现出了优质禾本科牧草的经济价值。我国2019年上半年奶牛养殖对A型燕麦干草需求预计为30万吨，而我国A型燕麦干草供应量约为10万～15万吨，仍然处于供不应求状态。

因此，要满足未来奶牛养殖的优质粗饲料需求，可结合奶牛养殖的优势区域布局，有计划推进中高产田种植全株青贮玉米和苜蓿。可将苜蓿制成不同类型的饲料进行贮存，如打成草捆、制成草块或者颗粒料、加工半干青贮等。优质禾本科牧草如饲用燕麦，可通过推广冬闲田种草来扩大种植面积，满足饲草需求。另外，我国已研发推广的专用青贮玉米新品种在中高产田种植的单产也非常可观，可以满足奶牛对全株玉米青贮的需求。

2.2.2　肉牛

1. 肉牛的生产区域布局

中国幅员辽阔，不同地区之间因资源、自然环境、风土人情以及市场供需等方面的差异，肉牛产业的发展也存在着很大的差异，也就存在着很强的地区不平衡性。我国肉牛主产区可分为：中原肉牛区、东北肉牛区、西北肉牛区和西南肉牛区四大区域（表2-1）。

表2-1　全国肉牛优势区域规划分区情况表（共207个县市）

优势区	省份	县数	县市名称
中原优势区（51个县市）	河北	6	故城县、景县、无极县、南皮县、武邑县、盐山县
	安徽	4	怀远县、临泉县、五河县、颖上县
	山东	14	曹县、高唐县、惠民县、济阳县、嘉祥县、乐陵市、陵县、牡丹区、平阴县、齐河县、商河县、阳信县、禹城市、章丘市
	河南	27	邓州市、方城县、扶沟县、淮阳县、鹿邑县、洛宁县、泌阳县、内乡县、平舆县、确山县、汝州市、商水县、社旗县、睢阳区、唐河县、宛城区、西华县、夏邑县、襄城县、新蔡县、新野县、鄢陵县、叶县、伊川县、永城市、虞城县、柘城县
东北优势区（60个县市）	辽宁	15	本溪县、桓仁县、朝阳县、喀左县、法库县、新宾县、阜新县、康平县、普兰店市、昌图县、开原市、铁岭县、西丰县、瓦房店市、新民市
	吉林	16	德惠市、东丰县、东辽县、扶余县、公主岭市、桦甸市、蛟河市、九台市、梨树县、农安县、舒兰市、双辽市、通化县、通榆县、伊通县、榆树市
	黑龙江	17	阿城区、拜泉县、宝清县、北林区、宾县、勃利县、海伦市、集贤县、克山县、龙江县、穆棱市、讷河市、尚志市、双城市、望奎县、依安县、肇东市
	内蒙古	7	阿鲁科尔沁旗、多伦县、科左后旗、科左中旗、西乌旗、扎鲁特旗、正蓝旗
	河北	5	丰宁县、康保县、隆化县、围场县、张北县

（续）

优势区	省份	县数	县市名称
西北优势区 （29个县市）	陕西	2	凤翔县、临渭区
	甘肃	9	甘州区、泾川县、崆峒区、凉州区、灵台县、碌曲县、玛曲县、宁县、夏河县
	宁夏	2	彭阳县、原州区
	新疆	16	阿克苏市、阿克陶县、阿勒泰市、布尔津县、莎车县、疏附县、叶城县、奇台县、沙湾县、托里县、新源县、尼勒克县、巩留县、伊宁县、昭苏县、兵团农四师
西南优势区 （67个县市）	四川	5	巴州区、古蔺县、南江县、平昌县、叙永县
	重庆	3	丰都县、彭水县、石柱县
	云南	35	昌宁县、楚雄市、大姚县、凤庆县、富宁县、广南县、会泽县、景东县、隆阳区、泸西县、禄劝县、麻栗坡县、勐海县、弥勒县、南华县、南涧县、丘北县、师宗县、双柏县、腾冲县、巍山县、新平县、宣威市、寻甸县、砚山县、漾濞县、彝良县、永德县、永平县、玉龙县、元阳县、云龙区、云县、镇雄县、镇沅县
	贵州	9	毕节市、黎平县、纳雍县、盘县、思南县、镇宁县、织金县、遵义县、大方县
	广西	15	八步区、桂平市、环江县、靖西县、柳江县、鹿寨县、融水县、三江县、武鸣县、武宣县、象州县、忻城县、兴宾区、宜州市、钟山县

资料来源：农村养殖技术（2009）。

  我国的中原肉牛区所辖区域如表2-1所示，主要集中在河北、安徽、山东、河南四省的51个县市，即我国最大的粮食主产区。相较于以牧区为主的传统肉牛生产的萎缩，以粮食为主的农区自20世纪80年代以来，在肉牛产业的发展上进步快速，而由此出现了肉牛产业从牧区向农区迁移的大趋势（贾茂辉，2012）。究其原因，该区域每年可产3 860多万吨各种农作物秸秆，拥有1 320万亩天然草场，其中94%的草场都可以加以利用。大量的饲料来源奠定了中原肉牛区的优势基础。从牛品种资源来看，我国南阳牛、鲁西黄牛这两大优良地方黄牛品种资源更是产生于此。因此，得天独厚的资源优势足以支撑中原肉牛区的目标定位——建成为"京津冀"、"长三角"和"环渤海"经济圈提供优质牛肉的最大生产基地。

  东北肉牛区是我国肉牛业发展较早、近年来成长较快的一个优势区域，包括吉林、黑龙江、辽宁、内蒙古和河北5省区的60个县，该区域肉牛生产效率较高，平均胴体重高于其他地区。近年来，品种的选育和改良步伐进一步加快，育成了著名的"中国西门塔尔牛"，成为区域内的主导品种。该区域目标定位为满足北方地区居民牛肉消费需求，提供部分供港活牛，并开拓日本、韩国和俄罗斯等周边国家市场。

西北肉牛区是我国最近几年逐步成长起来的一个新型区域，包括新疆维吾尔自治区、甘肃省、陕西省和宁夏回族自治区 4 个省区的 29 个县市。拥有新疆褐牛、陕西秦川牛等地方良种。近年来，引进了美国褐牛、瑞士褐牛等国外优良肉牛品种，对地方品种进行改良，取得了较好的效果。该区域目标定位为满足西北地区牛肉需求，以清真牛肉生产为主，兼顾向中亚和中东地区出口优质肉牛产品，为育肥区提供架子牛。

西南肉牛区是我国近年来正在成长的一个新型肉牛产区，包括四川省、重庆市、云南省、贵州省和广西壮族自治区 5 个省市区的 67 个县市。该区域目标定位为立足南方市场，建成西南地区优质牛肉生产供应基地。

我国肉牛养殖向西南、西北、东北区域转移，其中西南肉牛区最具发展潜力。屠宰加工随养殖产区的变化而变化，西北、东北和中原肉牛区依然产能过剩。但西北和东北肉牛区的整体产能过剩与新生育肥地区缺乏屠宰加工设施之间的矛盾较为突出。西南肉牛区整体的屠宰加工能力不足，"规模小而精、功能多而全"的"厨房型"屠宰加工设施是与西南区养殖特点相适宜的建设方向。"北牛南运"造就了以广东和上海地区为代表的南方地区是"重屠宰、轻养殖"的屠宰加工产区，在发挥稳定牛肉供给辅助作用的同时，抬高了南方牛肉市场价格（曹兵海，2019）。各产区的功能与商业模式逐步分化：西北和东北区直接供应大宗市场活牛和牛肉；西南肉牛区就地生产、就近销售活牛和差异化、特色化牛肉；中原肉牛区购牛育肥并向大宗市场销售牛肉。

未来，面向大宗市场的东北部、西北部和中原肉牛区的母牛养殖模式、集约化育肥模式以及屠宰加工技术和模式变化不大。但西南区的母牛养殖、育肥、屠宰加工模式继续"随市场需求变化"而变化，表现在饲养上灵活调整规模、进一步就地就近降低饲料和饲养成本，加工上将屠宰加工功能融合于中央厨房，产品上针对南方市场突显"特色化、差异化"，从养殖、加工到市场向形成独特的南方肉牛产业模式的方向逐渐演变。以"北牛南运"为代表的跨区域活牛长途运输模式，尽管有诸多严重弊端并产生着巨大的隐性风险和直接损失，但 2019 年以广东和上海为代表的

"屠宰外来活牛"的模式还会继续。然而，随着调整养殖业结构步伐的加快，保证生物安全力度的加大，以及消费者关注度的提高，在可预见的将来，必将实施活牛划区禁运、定区定点屠宰、牛肉产品全国流通的全产业链现代化、规范化管理。牦牛的草原放牧繁殖模式和"恶性循环"依然如故，继续每年损失70万吨左右的牦牛肉。但牛肉的市场需求，将促使集约化育肥模式在半农半牧区进一步扩大，并且突破"海拔3 000米以下不能饲养牦牛"的这一缺乏科学证据的观念，根据当地气温环境安排育肥时间，加速向低海拔、草料资源丰富的地区扩散。由此将逐步催生育肥牦牛（肉）南运模式并固定下来（曹兵海，2019）。

2. 肉牛的生产现状及发展目标

我国肉牛产业基础弱、起步晚，但发展快、势头强。随着国民经济和生活水平的提高，消费者对于牛肉的需求与日俱增。牛肉产品已成为我国城乡居民重要的"菜篮子"产品，更是部分少数民族群众的生活必需品。近年来，我国牛肉产量一直保持增长势头，肉牛标准化养殖稳步推进，生产技术明显提高，产业化水平大幅提升。总体来看，当前我国肉牛产业发展呈现以下五个特征（孙彦琴等，2018）：

（1）肉牛生产形势平稳，生产基础条件不断增强。整体上看，肉牛存栏量、屠宰量和牛肉产量稳步增加。从肉牛生产来看，我国肉牛养殖基础不断加强，养殖技术大幅提高。目前，我国肉牛养殖方式以舍饲为主，以规模养殖为主导，四大肉牛养殖生产区，不断探索绿色、健康、可循环农牧结合模式，充分利用当地农作物、农副产品资源，科学搭配精饲料和饲料添加剂，不断改善肉牛舍饲环境，养殖效益逐步好转。

（2）肉牛标准化规模养殖加快，产业发展质量显著提升。近年来，国家不断加大畜禽标准化规模养殖推进力度，出台各项政策措施，补贴母牛繁育和肉牛标准化生产，推动肉牛标准化、产业化发展。特别是在支持适度规模肉牛养殖场改造升级，推广肉牛不同饲养阶段不同营养调控技术，加强粪污处理设施设备安装和使用，引导发展农牧结合、草牧配套，充分利用当地不同种类粗饲料资源，倡导绿色生态循环肉牛养殖等方面取得积极成效，肉牛养殖效率不断提高，饲养成本有效降低，肉牛由散养向适度规模养殖有序转变，产业发展质量大幅提升。同时，机械化自动化养殖、精准营养配制、信息化管理、优质牧草青贮等技术普及，口蹄疫等重大疫病和布病、结核病等人畜共患病得到有效控制，肉牛生产技术取得显著进步。

（3）选育卓有成效，良繁体系建设不断完善。品种是肉牛生产的主要制约因素。多年来，我国先后从德国、奥地利、意大利等国家引进了 10多个乳肉兼用型和肉用型的种公牛品种，与我国本地黄牛如秦川牛、南阳牛、鲁西牛、延边牛和晋南牛等品种进行杂交改良，培育出许多优秀的新品系或新品种，使黄牛从单一的役用生产向乳、肉、役兼用生产方向转变。配合国家政策引导和支持，肉牛主产区不断加强良种繁育体系建设，逐步建立起了省级肉牛育种站、市级贮氮站、县级冷配站、乡镇品改站的品改网络体系；积极进行良种引进、改良与推广，突出抓好肉牛冷冻精液配种，冷配比重逐年提高。随着全基因组测序和生物育种技术的广泛应用，肉牛品种持续得到改善。不同地域肉牛良繁表现出各自的特点：东北地区，主要用西门塔尔牛和夏洛来牛进行杂交改良，以提高生长速度；中原地区，着重地方良种黄牛的选育力度，提高肉牛品质；西部地区，用瑞士褐牛和安格斯肉牛进行改良，以提高对环境的适应性。经过多年的杂交改良，我国肉牛优势产区肉牛良种杂交改良的比重不断提升。

（4）牛肉进口数量不断增加，市场需求和影响集中度高。近年来，我国牛肉进口持续增长。2017 年，我国牛肉进出口总量（不含牛下水等产品）约 62.15 万吨，比 2016 年同期增加 9.68 万吨，同比增长 18.4%，牛肉进出口贸易额 27.25 亿美元，贸易赤字 27.09 亿美元。2017 年，进口牛肉62.06 万吨，出口牛肉不足 0.1 万吨，进口额 27.17 亿美元，进口均价每吨7 509.18 美元。进口牛肉对我国肉牛生产和牛肉消费的影响越来越大。

（5）肉牛产业政策持续发力，产业发展格局初步形成。国家高度重视肉牛产业发展，相继出台了肉牛良种补贴、"菜篮子"产品支持、基础母牛扩群增量补贴、南方现代草食畜牧业发展、牛羊大县奖励等扶持政策，持续加大肉牛标准化规模养殖场建设、良种工程、秸秆养畜等工程项目投资力度，大力推动肉牛养殖、牛肉供给和生产方式的转变。产业扶持政策是我国肉牛牦牛产业转型攻坚阶段的重要推动力。未来，地方政府要继续实施"肉牛良种补贴""基础母牛扩群补贴""畜牧发展扶持资金""粮改饲"等各类项目性补贴政策，并专门设计实施适宜农牧结合模式的配套政策，整合碎片化产业政策和"项目性和运动性"补贴。部分省区从精准扶贫使农牧民脱贫致富等国家战略大局和我国肉牛产业发展出发，可能跨越"基础母牛扩群补贴"头数等门槛，通过建设母牛耳标登记系统，实现普惠性"基础母牛扩群补贴"全覆盖。

　　未来，我国肉牛业从产区布局发展上需要巩固发展中原产区，稳步提高东北产区，优化发展西部产区，积极发展南方产区。加快推进肉牛品种改良，大力发展标准化规模养殖，强化产品质量安全监管，提高产品品质和养殖效益，充分开发利用草原地区、丘陵山区和南方草山草坡资源，稳步提高基础母牛存栏量，着力保障肉牛基础生产能力，做大做强肉牛屠宰加工龙头企业，提升肉品冷链物流配送能力，实现产加销对接，提高牛肉供应保障能力和质量安全水平（《全国草食畜牧业发展规划》，2016）。

3. 肉牛的饲草需求

　　农业部制定的《全国草食畜牧业发展规划 2016—2020 年》中提到，肉牛产业布局要巩固发展中原产区，稳步提高东北产区，优化发展西部产区，积极发展南方产区。加快推进肉牛品种改良，大力发展标准化规模养殖，强化产品质量安全监管，提高产品品质和养殖效益，充分开发利用草原地区（表 2 - 2）。

表 2 - 2　不同地区的肉牛饲草料需求量

单位：万吨

地　区		饲草需求量	排序
重点牧区	西藏	14 472.75	8
	内蒙古	31 668.35	1
	新疆	17 494.2	3
	青海	12 695.55	9
	四川	15 960.4	5
	甘肃	15 565.85	6
东北	辽宁	11 067.1	12
	吉林	9 533.65	13
	黑龙江	12 682.35	10
华东	上海	215.95	31
	江苏	2 012.2	24
	浙江	668.25	28
	安徽	4 174.75	19
	福建	945.7	27
	江西	3 943.75	20

（续）

地　区		饲草需求量	排序
华北	北京	604.9	30
	天津	661.45	29
	河北	12 570.1	11
	山西	4 220.25	18
华中南	山东	14 905.7	7
	河南	18 639	2
	湖北	4 621.15	17
	湖南	6 322.65	15
	广东	2 030.9	23
	广西	3 071.55	22
	海南	1 060.75	26
西南	重庆	1 973.35	25
	贵州	6 815.5	14
	云南	17 244.85	4
西北	陕西	5 024.75	16
	宁夏	3 365.3	21
全国总计		256 232.8	

资料来源：张英俊（2014）。

中原肉牛区有天然草场面积 1 320 万亩，其中可利用草场面积 1 240 万亩。该区域是我国最大的粮食主产区，每年可产 3 860 多万吨各种农作物秸秆，目前秸秆加工后饲喂量达 1 360 万吨左右，仍然有约 50% 的秸秆没有得到合理利用。

东北肉牛区有天然草场面积约 11.8 亿亩，其中可利用草场面积 8.85 亿亩。该区域同时也是我国的粮食主产区，每年可产约 5 900 万吨各种农作物秸秆，目前秸秆加工后饲喂量达 1 600 万吨，但仍有 50% 以上的秸秆没有得到充分利用。该区域具有丰富的饲料资源，饲料原料价格低于全国平均水平。

西北肉牛区有可利用草场面积约 1.2 亿亩，各种农作物秸秆 1 000 余万吨，约 40% 的秸秆没有得到合理利用。该区域天然草原和草山草坡面积较大，其中新疆被定为我国粮食后备产区，饲料和农作物秸秆资源比较丰富。该区域牧区要重点发展天然草地改良，人工放牧场建设，加强基础设施建设，提高防灾减灾能力，实现草畜平衡。

西南肉牛区拥有天然草场面积超过 1.4 亿亩，每年可产 3 000 余万吨各种农作物秸秆，其中超过 65％的秸秆有待开发利用。该区域农作物副产品资源丰富，草山草坡较多，青绿饲草资源也较丰富。同时，三元种植结构的有效调整，饲草饲料产量将会进一步提高，为发展肉牛产业奠定了基础。该区域要推广甘蔗梢等农副产品的利用、农闲田种草、青绿饲草青贮、天然草地恢复、草山草坡改良等技术模式。

2.2.3 羊

1. 羊的生产区域布局

我国养羊业历史十分悠久，改革开放后尤其是 21 世纪以来，我国养羊业发展更为迅速。绵羊、山羊的养殖量以及羊肉、山羊绒、羊皮和羊肠衣的产量均居世界首位，是名副其实的世界第一养羊大国。目前，我国羊只生产的区域性特征十分明显。根据国家统计局公布的统计数据，2017年底，全国羊只总存栏量约为 3.02 亿头。其中，山羊约为 1.38 亿头，绵羊约有 1.64 亿头。羊只存栏千万头以上的省份有 10 个，包括：内蒙古（20.22％）、新疆（14.28％）、甘肃（6.09％）、山东（5.80％）、河南（5.56％）、四川（5.29％）、青海（4.59％）、云南（4.10％）、河北（4.06％）和西藏（3.66％）等省区，总存栏约占全国的 73.65％。山羊养殖分布的相对较为分散，存栏量千万头以上的省份包括：内蒙古（12.26％）、四川（10.32％）、河南（10.22％）和云南（8.31％），排名前十的省份的存栏量约占总山羊存栏量的 69.45％。

绵羊养殖分布相对更为集中，仅西部的内蒙古（26.92％）、新疆（22.83％）、甘肃（8.79％）、青海（7.36％）、西藏（4.37％）和宁夏（2.48％）六个省区就饲养了全国 72.75％的绵羊，其余的绵羊养殖多集中于华北和东北等农区省份，而福建、江西、两湖和两广地区则几乎没有绵羊养殖的存在。

就羊肉生产量来看，2017 年全年全国羊肉产量 471.07 万吨，全国各省、直辖市和自治区均有羊只的屠宰加工。而内蒙古和新疆依旧是羊肉产量最高的两个地区，分别占总产量的 22.10％和 12.36％，加上山东、河北、四川、河南、甘肃、云南、安徽和湖南，排名前十的省份约占全国羊肉总产量的 75.19％。

　　经过多年的布局和发展，羊只养殖产业区域化布局基本形成。羊只生产不断向中原地区、中东部农牧交错区、西北地区和西南地区这四大优势区域集中。其中，中东部农牧交错区和西南地区的集聚化趋势明显。从省际间变动来看，羊只生产在牧区不断向内蒙古、新疆和甘肃集中，农区不断向河南、山东、河北和四川集中。从区域变动影响因素的分析来看，虽然各影响因素对不同区域羊只生产的作用方向和影响程度不尽相同，但综合来看，除了自然条件这一传统重要影响因素外，区域经济发展水平、非农产业发展和政府的政策支持力度都是影响我国羊只生产区域变动的关键因素。总体看来，我国羊只生产已逐步向自然条件适宜、农村经济发展水平较低、非农产业发展相对落后的地区转移和集中。

2. 羊的生产现状及发展目标

　　根据国家统计局年度数据，近 20 年来，我国羊只的年末存栏量始终维持在 2.79 亿~3.11 亿头的水平，但出栏量稳中有升，从 2000 年左右的 1.97 亿头增加到了 2016 年的 3.07 亿头。2017 年年底，羊存栏量约为 3.02 亿头，其中山羊约为 1.38 亿头，绵羊约有 1.64 亿头。2017 年，全国羊肉产量 471.07 万吨，绵羊毛产量约为 40.94 万吨，山羊毛产量约为 3.29 万吨，而细羊毛、半细羊毛和羊绒产量分别约为 12.79、13.35 和 1.79 万吨。综合来看，近 10 年来，我国羊毛、羊绒产量基本保持稳定，但羊肉产量逐年递增，羊产业的主导结构逐渐从以毛用为主向以肉用为主转变。

　　尽管羊肉的产量在逐年增加，但仍远远低于国民的需求量，羊肉进出口贸易逆差不断扩大。2017 年，全年羊肉出口 5 158.4 吨，出口量同比增长 27.05%；2013—2017 年国内进口量均保持在 22 万吨以上，而 2017 年全年羊肉进口量 24.9 万吨，同比增长 13.1%；2017 年，全年羊肉出口金额 4 555.22 万美元，进口金额 8.78 亿美元，贸易逆差同比增加 54.62%。

　　关于现阶段羊产业的发展目标，《全国牛羊肉生产发展规划（2013—2020 年）》指出：到 2020 年，全国牛羊肉总产量达 1 304 万吨，比 2015 年增加 142 万吨，年均增长 2.3%。其中，羊肉产量达 518 万吨，比 2015 年增加 73 万吨，年均增长 3.1%。全国羊只出栏率达到 110% 以上，羊只年出栏 100 只以上规模养殖比例达到 45% 以上。

3. 羊的饲草需求

　　羊的合群性好，放牧采食能力强，适宜放牧饲养。放牧养羊既符合羊的生物学特性，又可节约粮食，降低饲养成本和管理费用，提高生产效益。因此，无论是我国还是世界上，羊的放牧饲养在羊养殖业中仍占主导地位。但是，由于我国天然草场的载畜潜力远远不足以满足国民对羊肉等羊产品的需求，严重制约着我国羊产业的发展，而农区有着丰富的农作物秸秆等饲草料和饲粮资源。故在此基础上，我国羊产业逐渐形成牧区、农区和半农半牧区三种类型的羊只养殖模式。

牧区以草场放牧饲养为主，农区则以秸秆或青贮饲料舍饲为主，半农半牧区则兼具两者的特点。在青绿饲草生长旺盛的春、夏、秋季节，各地可根据当地饲草种植和生长情况进行放牧或舍饲。然而，无论是牧草还是农作物，均具有季节性生长的特点。因此，在无青绿饲料可供羊采食的冬季，无论是农区、牧区还是半农半牧区，都必须储备足量的饲草料，采取半舍饲的饲养方式，才能维持羊只的正常生长和生产。其原则是，根据羊的营养需要和饲养标准，在越冬期根据本区域的饲草料资源情况，拟定饲粮配方，再根据配方中各饲草料用量和羊群的规模以及越冬期的时长来储备足量的饲草料。

对于牧区而言，每年须有计划的保留一部分草场、草坡用于牧草收割储存。从抽穗到初花期的牧草的蛋白质含量均很高，而粗纤维相对较低，是牧草收获的最佳时期。牧草收获后，可制成干草贮存起来备作冬用。除晒制青干草外，还可快速烘干制成易于保存和运输的干草粉和干草块，以最大限度的保存牧草的营养价值。

对于农区和半农半牧区，可供选择的饲草料资源相对更为丰富。各种块根、块茎及瓜果类农作物产品，食品工业的副产品如麸皮、稻糠、糖粕，以及糟渣类饲料如酒糟、甜菜渣和豆腐渣等，均可作为羊只养殖的粗饲料来源。此外，还可将花生秧、豆秸、甘薯藤和树叶等农副产品加以收集和贮存，用作羊只的非常规饲草料储备。

2017 年，全国羊只总存栏量约为 3.02 亿头，到 2020 年羊的数量将增加 2.3%，预计将达到 3.09 亿头。羊采食粗饲料一般占体重的 2.5% ~ 3%，假设整个育肥期历经 3 个阶段：即 10~20 千克、20~30 千克和 30~60 千克，则每头羊整个育肥阶段需要粗饲料 130~171 千克，则主要羊养殖区大概需要粗饲料用量为（百万吨）：内蒙古（8.12~10.68）、新疆（5.74~7.55）、甘肃（2.45~3.22）、山东（2.33~3.07）、河南（2.23~2.93）、四川（2.13~2.80）、青海（1.84~2.43）、云南（1.65~2.17）、河北（1.63~2.15）和西藏（1.47~1.93）。

2.3　国外反刍动物营养与饲草料需求

2.3.1　国外反刍动物营养及饲草料需求情况

1. 北美地区

北美地区肉牛业无论是生产方式、服务体系、产品质量均处于世界领先水平，其牛肉产量可占全世界的 1/4 以上。根据美国农业部数据显示，2017 年美国牛存栏量为 93 705 000 头，羊存栏 5 250 000 只，干草年产量为 131 455 000 吨，除了天然草场生产干草外，美国每年还有超过 450 万吨的农作物秸秆在谷物收获后作为粗饲料被使用。加拿大农业部统计数据显示，截至 2019 年 7 月，加拿大牛存栏量为 11 450 000 头，羊存栏量为 842 300 只。

北美肉牛产业以美国和加拿大为主导，建立了完整的规范的生产体系，主要分为 3 个阶段：育犊母牛饲养、架子牛饲养和围栏育肥饲养。育犊母牛和架子牛环节能够利用在不适于农作物生长的土地上生产的大量高纤维类牧草。母牛和架子牛采食的饲粮通常有粗饲料（一年生或者多年生牧草、干草、饲草青贮和作物秸秆）以及能量、蛋白质、维生素和矿物质饲料组成并按需要配合满足动物营养需要。带犊母牛的饲养方式为散养，在这一生产体系中，养殖用地大多是遍布于不适于谷物籽实和其他经济作物生产的土地，其养殖规模也随着地理位置的不同差异较大，以中小型为主，平均牛群大小为 46 头，由农民在业余时间兼职经营。青年母牛和公犊牛作为后备牛通常会饲喂高纤维饲粮，以促进骨骼发育和瘦肉组织的生长，并最大限度地降低脂肪沉积。

架子牛养殖环节是犊牛断奶过渡到围栏育肥饲养的"桥梁"阶段，通常让牛只在牧草生产季节更多地放牧或者采食收购的牧草，在冬季则更多饲喂储存干草。在美国北部平原、中西部地区以及加拿大通常将牧草以干草的形式或者青贮加工后进行饲喂。架子牛饲养阶段通过饲喂饲草及青贮饲料等来提高瘦肉和骨骼的生长，这对后期育肥十分重要。

肥育牛阶段则主要依靠谷物及少量牧草、农副产品、微生物和矿物质等组成的营养富集型饲粮来完成，饲草等粗饲料在夏季饲粮中平均占 8.3%，在冬季饲粮中则平均占 9%。通常，全株玉米青贮为饲粮主要成分，其次是苜蓿干草，以及棉籽壳、棉桃壳和苏丹草等。大多数肉牛育肥场采取围栏舍饲的方式，初入育肥圈的前几天或几周日粮中谷物所占比例比较低，大约为40％～50％，最后逐渐增加到70％～85％。谷物比例提高的速度和育肥饲粮饲喂时间由牛的大小和年龄来决定。通常肉牛育肥时间为90～150天。根据美国市场监管局（NRBC）对北美地区传统肉牛生产体系进行总体评估得出的结论，一头育肥牛所需的全部饲料中，粗饲料占比约为80.9％。

2. 欧洲地区

欧盟各国享有共同的农业政策，严格控制欧盟市场畜禽和产品的质量安全问题，加强食物安全的保障措施，保证畜牧生产可持续，并在生产全过程中提高动物福利。西欧的肉牛生产主要是放牧体系，而中东部地区和地中海区域主要是谷饲系统，并且欧盟大多数肉牛饲养都是在规模相对较小的家庭式牧场完成的。

以爱尔兰为例，天然的草地生产体系、强大的可追溯系统以及先进的基因组计划使得爱尔兰肉牛产业世界闻名。爱尔兰农业部2017年的统计结果显示，爱尔兰牛存栏量为670万头，其中奶牛约100万头，2018年饲草生产总值为13亿欧元。爱尔兰Teagasc国家牧场调研小组对爱尔兰注册在案的约80 000家牧场调查报告显示，超过73 000家牧场从事肉牛生产，其中包括超过40 000家肉牛专业生产牧场。爱尔兰肉牛生产体系主要包括：犊牛断奶体系、犊牛架子牛体系、犊牛育肥牛体系、架子牛育肥牛体系、奶公犊育肥体系和混合体系等6个类型。犊牛断奶体系利用带犊母牛放牧形式饲养出生至断奶的犊牛，适用于爱尔兰大部分土地类型，在春季不需为产犊牛群提供青贮饲料，精料摄入水平低，冬季补饲计划简单，能够满足爱尔兰活牛出口市场需要，但是人工要求较高并且群体规模扩张相对较难。犊牛架子牛体系和犊牛育肥牛体系包括犊牛出生至肥育屠宰整个周期，是阉牛育肥和公牛繁育两个生产体系的组合，牧场盈利依赖于整个畜群的优良繁殖力和高生长性能。架子牛育肥牛体系通过购买架子牛进行育肥后进行销售，市场的收购和出售价格以及动物生长效率决定着利润，并且不同牧场可根据不同采购商的需求来调整胴体性状。奶公犊育肥体系则是后欧盟配额时代导致爱尔兰全国奶牛群体扩张的产物，可用于肉牛生产的奶公犊数量预计持续增长，该生产体系利用这部分资源进行育肥牛的生产。但奶公犊属于次优级肉用动物，在相同生产水平下存在屠宰年龄延长和精料补充增加的潜在影响。

3. 巴西

巴西作为南美洲第一大国,其肉牛业发展较早,20 世纪 60 年代初期肉牛存栏量便达到了 5 570 万头。随着工业化程度的快速推进,巴西肉牛数量经历了两次大幅度的增长,分别是 1961—1971 年牛群数量增长 45.6%,使存栏量达到了 8 110 万头;随后 10 年,牛群数量以历史最快增速 46.4% 涨至 1981 年的 1.5 亿头;之后,群体数量依然以较慢速度稳步上涨,2017 年肉牛存栏量在 2.27 亿头左右。

巴西肉牛生产主要分布在北部、东北部、南部、东南部和中西部等 5 个地区,以草原放牧为主,辅以矿物质补充和冬季补饲,大部分牧场都独立完成带犊母牛饲养、架子牛饲养和育肥饲养等生产环节,只有少数专业化肉牛肥育场,2012 年育肥场肉牛存栏数量为 400 万头,仅占牛群总数的 2%,约占肉牛总屠宰量的 5%～7%。同时,随着育肥场规模不断扩大,肉牛育肥料的精料比例大幅增加,甘蔗渣成了育肥肉牛的主要纤维来源。巴西气候湿润,光合作用强,适宜牧草生长,在稀树草原带,草原坡度缓、连成片,草场维护和土地种植成本低,饲草和土地资源丰富,人均可利用于肉牛养殖的草地、饲草料资源是我国的 10 余倍,从而为低成本的肉牛放牧提供了土地和物质基础。同时,巴西还大力种植饲草,在 2.25 亿公顷的草原中,有 6 000 万公顷是经过改良或者人工种植的草地,政府也支持科研单位开展牧草和饲料作物的筛选工作,选育适宜不同地区种植的优质牧草和饲料作物。牧草和饲料作物生产主要以禾本科牧草、饲料玉米、高粱单播或禾本科与豆科牧草混播等方式进行。

2.3.2 国外反刍动物生产中饲草料利用对我国的启示

1. 充分利用区域优势,降低生产成本

畜牧业发达的国家在反刍动物饲养过程中,均充分利用当地的地理优势,以廉价的生产成本和高效的饲养管理推动产业的快速发展和最大程度的盈利。例如,美国肉牛养殖过程中带犊母牛和育肥牛分别分布于牧区和玉米带,有利于合理和充分的利用资源,降低成本,提高专业化生产水平。其中,带犊母牛生产是美国肉牛产业的基石,母牛带犊放牧又是重中之重,在田间、牧场进行放牧,不仅降低冬季母牛饲养成本,同时可以提高犊牛成活率,降低犊牛成本;美国肉牛肥育多在中西部各州的玉米生产带,国家对玉米种植实施政策补贴,土壤测土配方施肥,玉米产量较高,

用谷物饲喂肉牛，饲养成本较低；对于草饲的肉牛，虽然饲养周期变长导致成本增加，但是市场上对草饲牛肉价格定价高于谷饲牛肉，则草饲牛肉也具有一定的盈利优势。

我国地域辽阔，气候多变，已形成了多样的饲草饲料生产模式，可因地制宜推行架子牛和育肥牛分阶段分区域饲养模式，在北方牧区进行带犊母牛和架子牛的放牧饲养，这种方式可以增加牛只运动，减少疾病发生，同时降低饲料及人工成本；在南方或者农区进行谷物肥育，将生产的谷物自产自销，减少饲料流通环节的各项成本。

2. 精准饲喂，提高生产性能

在美国，每个地区的奶牛场都会充分发挥超强的畜群管理能力来实现全年不间断产奶，即不论地理位置和畜群规模如何，美国奶农都深知，健康的奶牛在精心的照料下饲喂科学合理的饲料才能够持续产出安全优质的牛奶。因此，美国奶农与动物营养学家及兽医紧密合作，确定出饲料原料的合理配比以满足奶牛的营养需要。稳定且优质的饲草料，保证了营养成分组合和饲喂量不受季节变化的影响，最终带来了稳定的牛奶供应。同样，澳大利亚养牛场会针对养殖的实际技术问题与协会或科研单位共同申报研究课题，让肉牛养殖技术研究密切结合生产实际。此外，澳大利亚肉牛生产商会制定一套全面的营养计划，包括：草场放牧、集约化育肥、补饲喂养和干旱喂养等。通过选用优质谷物饲料，主要为玉米、高粱、大麦等精饲料，实现牛的最佳生长速度并达到最大程度的盈利。

在我国，精准饲喂仍然是一个有待全面推行的技术，目前施行的"粮改饲"计划，也是立足种养结合循环发展，引导种植优质饲草料，发展草食畜牧业，推动优化农业生产结构，可实现种养双赢的良好政策。此外，我们也应该结合各地的饲草料生产特点，因地制宜，制作出成本低、营养、高效的优质饲料，保证畜群营养精确供给，充分发挥动物生长潜能，推动我国畜牧业向优质、稳定、高产的方向发展。

3. 借助科学技术，稳定饲草产量

科学就是第一生产力，畜牧发达国家在这方面的做法也值得我们借鉴。例如，巴西政府高度重视科技在农业生产中的推广和应用。巴西的农牧业科研机构分国家和地方两级，国家设立了农牧科学研究院，地方分别设立农牧科研所或站，由国家和地方农牧行政部门管理。此外，大专院校也设立了专门从事农牧科学研究发展的机构和实验基地。国家农科院主要从事农牧高新技术研究，地方农科所（站）则主要研究农（牧）场的实用技术，大多数基础研究主要在大专院校进行。农牧科研单位的人员工资由政府提供，但是科研经费由农场主或私人公司提供，农（牧）场主或私人公司根据生产、经营中存在的关键性技术难题，与有关科研院所和大专院校签订协议，出资进行研究，其研究成果直接应用于出资者，迅速转化为生产力，从而避免了技术推广的延后性。我们在这方面也应该更加重视农牧科学研究，要在牧草育种与栽培、草原生态保护、草地农业、家畜良种培育等方面有所提高，形成一批有影响的成果，为生态建设和草地畜牧业发展提供强有力的技术支撑。

4. 适度多样化养殖规模，扩大畜群整体数量

欧洲一些国家由于土地资源有限，虽然不能进行大规模养殖，但是仍然保持较高的畜牧生产水平。例如，法国山区较多，很多肉牛养殖场收益普遍较低，政府就出台相应法规，对山区肉牛养殖者提供各种政策性补贴包括母牛补贴，以维持山区畜牧业的发展，不仅促进了肉牛产业的健康发展，而且也在一定程度上保证了畜产品质量安全，增强环境保护意识。法国还因地制宜，采用多样化的生产模式，充分利用当地人力资源和饲料资源发展肉牛产业。我国肉牛和奶牛养殖也有很多的家庭农场或散户，这类养殖场通常由于技术含量不高，市场优势不明显，其发展空间和利润均受到限制，很多的小规模养殖场不得不面临着退市的局面。

我国也可像法国一样，倡导和支持多样化的畜禽养殖模式，这样不仅能使我国不同地区的气候和饲草料条件与不同养殖模式相适应，而且还能充分发挥不同养殖模式之间的互补性，提高产业的抗市场风险能力。具体来说：一方面，发展规模化、集约化养殖，以稳定生产、促进先进技术的普及；另一方面，也要兼顾发展中小农户粗放的养殖模式，以稳定牛源的市场供给，为草食畜牧业健康发展提供动力。

2.3.3　我国反刍动物饲草料需求预测

1. 反刍动物对青贮饲料需求预测

青贮饲料在我国畜牧业生产中发挥着越来越重要的作用，青贮玉米是应用最广泛的一种，用量占青贮饲料的 97.7%。好的青贮饲料一年四季均可饲用，反刍动物饲养中对其具有较强的依赖性和不可替代性。

我国奶牛养殖主要集中在华北、西北和东北。南方地区奶牛饲养量总体呈下降趋势。从近几年全国原料乳生产和奶牛存栏量来看,排名居前10位的省区有:内蒙古、黑龙江、河北、山东、河南、新疆、陕西、辽宁、山西和宁夏;原料乳产量最低的省区有:海南、湖南、广西、贵州,原料乳生产呈现空间集中的趋势。按2015年全国奶牛存栏量1 507万头计算,我国奶牛青贮玉米潜在需求量为1.36亿吨。以山东地区全株玉米平均亩收贮量3.5吨计算,全国奶牛养殖需要种植青贮玉米3 890万亩,其中内蒙古、新疆、河北、黑龙江、山东和河南等奶牛养殖大省(区)的需求量最大,都超过2 000万吨,需要的青贮玉米种植面积分别应在1 383万亩、1 247万亩、1 144万亩、1 127万亩、777.5万亩和628.3万亩。

我国的肉牛养殖主要分布在四大区域:分别是中原肉牛区、东北肉牛区、西北肉牛区和西南肉牛区。按2015年肉牛存栏7 372万头计算,青贮玉米潜在需求量为5.9亿吨,青贮玉米面积需求在1.69亿亩左右。按照比例来计算的话,那么中原肉牛产区实际的潜在青贮玉米需求为1.475亿吨,东北肉牛产区潜在的青贮玉米需要量为1.480亿吨,西北肉牛产区实际的潜在青贮玉米需求为2.212亿吨,西南肉牛产区实际的潜在青贮玉米需求为0.735 7亿吨。

我国羊只生产的区域性特征也比较明显,也是分为四个产区:中原产区和中东部农牧交错带、中原产区、西北产区和西南牧区。其中,中原产区和中东部农牧交错带主要包括:内蒙古中东部、东北三省、山西和河北部分养羊县。中原肉羊优势区域包括:河北、山西、山东、河南、湖北、江苏和安徽等7省共56个县(市、区、旗)。西北肉羊优势区域包括:新疆(含生产建设兵团)、甘肃、陕西、宁夏4省区44个县市,其中新疆(含生产建设兵团)22个县。西南肉羊优势区域包括:四川、云南、湖南、重庆、贵州等5省市21个县市。根据国家统计局公布的统计数据,2017年底,全国羊只总存栏量约为3.02亿只,预计2020年羊的数量将增加2.3%,达到3.09亿只。其中,山羊约为1.38亿只,绵羊约有1.64亿只。如果按照每5只羊折合1头牛的青贮玉米需求量来计算,青贮玉米潜在需求量为4.832亿吨左右,需要青贮玉米种植面积1.38亿亩左右。

根据对未来我国人均肉蛋奶消费量预测以及养殖技术水平的提高,对未来我国饲草料需求进行预测,2035年我国青贮玉米需求总量为5.09亿吨。其中,肉牛、肉羊和奶牛的青贮玉米需求分别为0.156 5亿吨、0.113 8亿吨和4.828亿吨;青贮玉米单产为4吨/亩,总种植面积为 1.27 亿亩。

2. 反刍动物对干草的需求预测

近几年，我国饲草业也在不断地发展，全国牧草种植面积稳定增加，粮改饲试点步伐加快，优质高产苜蓿示范基地建设成效显著，饲草料收储加工专业化服务组织发展迅速，粮—经—饲三元种植结构逐步建立。2015年，全国种草保留面积为 0.22 亿公顷，比 2010 年增加 3.4%，干草年产1.7 亿吨，优质苜蓿种植面积 20 万公顷，比 2010 年增加 5 倍，产量达180 万吨；草产品加工企业达 532 家，产量达 180 万吨，商品草产量 770万吨；秸秆饲料化利用量达 2.2 亿吨，占秸秆资源总量的 24.7%。另外，根据《2019 年中国草业形势分析报告（第二季度）》来看，干草类粗饲料中苜蓿占 10.43%，羊草占 6.50%，燕麦干草占 2.6%。

奶牛产业的发展对牧草，特别是优质干草的需求量不断增加，为满足国内优质牧草的需求，苜蓿等的进口量逐年增加，2014 年超过 100 万吨，达到 100.4 万吨；2016 年更是达到 168 万吨。根据奶牛规范、科学的养殖需求，平均每头奶牛每年消耗干草 2 吨左右，按 1 500 万头奶牛计算，全国优质干草年消耗量为 3 000 万吨，按每亩单产 0.6 吨计算，需要5 000 万亩的种植面积。

目前，国内肉牛的饲粮结构可归纳为 3 种。模式 1 为：精饲料＋玉米秸（含黄贮等），该模式目前采用率在 75% 左右，预计 2020 年将降至45% 左右；模式 2 为：精饲料＋全株玉米青贮＋玉米秸（含黄贮等），该模式目前采用率在 22% 左右，预计 2020 年将增至 47% 左右；模式 3 为：精饲料＋全株玉米青贮＋苜蓿＋羊草（燕麦干草），该模式目前采用率在3% 左右，预计 2020 年将增至 8%。

国内肉用绵羊的饲粮结构可归纳为 3 种。模式 1 为：精饲料＋玉米秸秆（含黄贮等），该模式目前采用率在 75% 左右，预计 2020 年将降至40% 左右；模式 2 为：精饲料＋全株玉米青贮＋玉米秸（含黄贮等），该模式目前采用率在 24% 左右，预计 2020 年将增至 55% 左右；模式 3 为：精饲料＋全株玉米青贮＋苜蓿＋羊草，该模式目前采用率在 1% 左右，预计 2020 年将增至 5% 左右。

与此同时，国内肉用山羊的饲养模式也可归纳为 3 种。模式 1 为：精饲料＋玉米秸秆（含黄贮等），该模式目前采用率在 80% 左右，预计 2020年将降至 40% 左右；模式 2 为：精饲料＋全株玉米青贮＋玉米秸秆（含黄贮等），该模式目前采用率在 19％左右，预计 2020 年将增至 55％左右；模式 3 为：精饲料＋全株玉米青贮＋苜蓿，该模式目前采用率在 1％左右，预计 2020 年将增至 5％左右。

因此，根据牛羊存栏量和饲养模式来计算的话，我国优质干草需求总量约为 4 815 万吨，按照优质饲草单产 0.6 吨/亩，需要优质饲草种植面积约为 8 026 万亩。如果使用中高产田种植饲草料的话，到 2020 年约需新增种植用地 9 585 万亩，其中玉米 3 660 万亩、大豆 5 355 万亩、全株青贮玉米 450 万亩、苜蓿 90 万亩、禾本科牧草 30 万亩。

2.4 我国反刍动物饲养存在的问题与建议

2.4.1 存在的问题

1. 缺乏优质草畜品种

我国牧草种质资源有待挖掘，把现在育种技术加快应用到草业领域，同时，加快集约化、规模化的草畜良种繁育基地建设。以牧草为例，美国有 220 个苜蓿品种提供给用户，而我国大面积推广的苜蓿品种相对较少，且其用种量的 80％以上来自于进口。在畜牧育种方面，我国同国外的差距更大，进口品种主导着我国的种畜禽产业。近年来，广泛养殖的生猪良种杜洛克、长白、大白等三元杂交猪主要来自欧洲和美国，肉牛良种西门塔尔、安格斯来自于德国、北美、澳洲，原产于南非的波尔山羊从德国等国引进，肉鸡 AA、罗斯来自美国，蛋鸡罗曼来自欧洲，"樱桃谷"鸭来自英国，愈来愈多的"洋品种"正在取代中国传统品种，随着规模化经营的发展，这种状况将进一步加剧，资源保护和现代育种将更加脱节。从国家长远利益考虑，重复、大批量的引进品种不仅带来资金的大量流失，而且可能限制我国选育水平和发展动力，导致畜牧业发展根基不稳。

2. 饲喂体系不健全

虽然我国反刍动物饲养历史悠久，但是饲养的方式相对畜牧业发达国家还比较落后，尤其是在我国农村地区，反刍动物的饲养还依然沿用传统的方式，不仅效率低下，还造成一定的环境污染。另外，由于缺乏配套的养殖设施及技术规程指导，更多的养殖户对于粗饲料的选择依然是被动的，缺乏一套标准的饲粮配比系统。尽管一些规模牧场在有目的的使用一些优质饲草料，但是由于缺乏良好的饲养管理体系，饲喂的饲草料并没有发挥其应有的价值，最终导致家畜生长速度缓慢，生产性能下降，健康状况不佳，直接降低了养殖户的经济效益。

3. 饲草料营养评价体系落后

目前，我国反刍动物饲料评价在养殖环节中相对落后，虽然我国饲草料资源丰富，但是并没有实现充分利用。我国现有的饲草料评价体系尚不成熟，美国等一些畜牧业发达国家的饲草料评价体系能提供很好的借鉴标准。反刍动物饲养过程中出现的各种问题，均与饲料营养成分不均衡相关，建立符合我国实际情况的饲草料评价体系，对于充分利用饲草料资源以及提高反刍动物饲养效益至关重要。

2.4.2　应对策略与措施建议

1. 切实做好宣传及科技推广培训工作

针对广大种养户传统观念根深蒂固的问题，相关部门应充分利用多种传播方式进行广泛宣传，采取印发宣传材料、设置宣传专栏、召开动员会议等形式，使其充分了解草牧业发展的意义，营造良好氛围，促进企业、种养户之间的经验交流，加强企业示范带动作用。针对管理人员及种养户（企业）种养观念及技术落后等问题，政府应通过各种形式对县级及以下生产经营管理及技术人员强化技术培训，以指导种植、管理、收割晾晒、打捆、草产品加工等全过程，提高草业科技贡献份额；同时，应以科研试验示范基地为基础，以科技推广中心为依托，通过各种形式宣传和推广科研成果，向种养企业（场户）推广先进适用的种养技术；在技术推广和培训中，更多采用现场观摩的形式，号召种养企业（场户）向人工放牧草地发展好、草产品加工发展较好的企业或者基地实习，逐步提高其对发展草产业、实施种养结合技术和技能的认识。

2. 切实做好草畜良种建设，提高草牧业研究水平

研究优质牧草和优良家畜品种的生理学、生态学、遗传学及作物学特征和规律，开展重要的优质牧草和畜禽品种的全基因组测序，研究牧草高效基因组编辑技术，为牧草和家畜品种选育和改良，提高生产力及优质性状提供坚实的生物学基础。在我国草地资源清查的基础上，构建国家牧草种质资源库和野外基地，应用现代分子生物学技术，结合传统育种选种技术和方法，强化草畜良种的选育工作，加强良种繁育基地建设。另外，需要针对我国草产品加工技术落后的现状，建立一套规范的草产品加工与贮藏体系，在不同地区建立规模化的草牧业试验示范基地，更好地将实用技术通过示范和培训的方式传播出去。

3. 全力推进草畜紧密结合

各地结合当地实际，因地制宜，在生产及销售环节采取措施扎实推进草畜紧密结合，发展各具地方特色的草牧业。生产环节，在北方土地资源相对丰富的地区，重点推进奶牛、肉牛和肉羊养殖配套饲草料地建设；国家种草养畜财政扶持政策，如标准化规模养殖、母畜扩群增量项目、"粮改饲"试点项目等，向具有配套饲草料地区的牛羊养殖户予以倾斜，特别是对养殖场户流转的饲草料地予以重点倾斜。

在南方牧草资源开发利用不足的草山草坡地区，重点推进人工放牧草场建设或天然草山草坡改良工作，结合母畜扩群增量项目、南方现代草地畜牧业推进行动项目等，重点对拥有草山草坡资源或建设人工放牧场的牛羊养殖场户予以倾斜；同时，对实施草田轮作，利用冬闲田种草，并与种草农户签订稳定供草协议的养殖场户予以优惠支持。销售环节，政府相关部门应该推进畜产品优质优价市场机制的建立和良性的流通体系建设，实现饲用优质牧草生产的畜产品一定比饲用秸秆生产的畜产品价格高，从而由市场直接引导草畜紧密结合。

第3章

单胃畜禽生产与饲草料需求

3.1 单胃畜禽对饲草需求的营养研究与应用进展

3.1.1 单胃畜禽的消化生理特点

不同动物的消化道结构不同，决定其对饲料营养物质消化、吸收及对营养需求的不同特点。

单胃动物分为单胃杂食类（猪）、草食类（马和驴、兔、鹅）和鸡鸭等禽类。由于各种单胃动物的消化器官结构和在生理方面的差异，因此不同品种和生长阶段畜禽对饲草料的适应性和敏感度均不同。

以猪为代表的单胃杂食类动物具有简单的消化道，其胃和小肠等前肠没有消化粗纤维的能力，后肠即盲肠和结肠能够利用饲草料中的一部分纤维，纤维在前肠没有被消化而是到后肠消化，但其消化器官容积小，微生物发酵活动和对饲草料的利用程度有限，因此不能大量使用饲草，过高的饲草量会降低其饲料消化率和生长、生产性能。杨玉芬等（2002）研究发现，饲粮中纤维水平高于10%～15%就会降低母猪的生产性能；Perez等（1993）研究表明，饲粮纤维水平增加会降低养分和能量的消化率。并且更多的研究发现，成年猪消化道内纤维分解菌相数量当于生长猪的8倍。因此，生长猪饲粮中应降低饲草的比例为5%～10%，仔猪对饲草的利用量更少，一般占干物质3%为限。

以马、驴为代表的单胃草食类胃容积较小，但盲肠和结肠十分发达。马盲肠容积可达32～37升，约占消化道容积的16%，而猪和牛仅占7%左右。盲肠中的微生物种类与反刍动物瘤胃相似。食糜在马盲肠和结肠中滞留时间能长达72小时以上，其盲肠中含有大量微生物包括纤维分解菌和半纤维分解菌，饲草中40%～50%的粗纤维被微生物发酵分解为挥发性脂肪酸、氨和二氧化碳，其消化能力和瘤胃相似。兔的盲肠和结肠也很发达，从而保证了微生物对粗纤维的充分消化。因此，这类单胃动物饲粮中饲草料占有较大的比例。陈继红和孙宇等研究表明，饲粮中添加 50％苜蓿草粉能够提高其生产性能，改善鸡肉品质。

禽类（鸡、鸭、鹅）等单胃动物消化系统较为特殊，消化道短、容积小、食糜在肠道内通过速度快，这一特点直接限制其对饲草的利用率。因此，在禽类等单胃动物饲粮中应限制其添加比例。美国和加拿大的相关研究表明，在鸡饲粮中添加 1％～3％的脱水苜蓿可降低无精卵率，提高孵化率，并且还能提高 21 日龄斗鸡的生长性能。蒋永清等（2008）研究发现，在绍兴"越州 1 号"肉鸡饲粮中使用 3％的苜蓿草粉可显著提高肉鸡的日增重和饲料转化率。

与单胃动物不同，反刍动物有 4 个胃，称为复胃。其中，前胃（瘤胃、网胃、瓣胃）以微生物消化为主，主要在瘤胃内进行；第 4 个胃为皱胃（真胃），其功能和小肠的消化与单胃动物相似，主要是酶的消化。饲料经口腔和食道进入瘤胃后，在瘤胃内经过微生物充分发酵，其中70％～85％的干物质养分和 50％的粗纤维被消化；其余部分进入皱胃和小肠，进行酶的消化。当食糜进入盲肠和大肠时又进行第二次微生物发酵消化。饲料中的粗纤维经过两次发酵，消化率显著提高，这也是反刍动物能大量利用粗饲料的营养基础。

3.1.2 单胃畜禽对饲草的应用进展

单胃动物对饲草的需求和利用有较长的历史，大体经历了远古、近代和现代 3 个不同的发展时期，它是一个相当漫长的过程。

1. 古代原始阶段

远古时期，我国饲草业发展进程早于其他国家，发展水平也高于西方国家。据史料记载，公元前 2 000 年—前771 年的夏、商、周时期，在甲骨文中已出现了饲料的字样，并且在饲养管理上除重视圈养外，还采用将草切碎加上谷物喂牲畜，已经注意到粗饲料和精饲料的配合使用。公元前771—前221 年春秋战国时期，我国已出现了规模化的鸡场、鸭场和养马场等。在马的饲养管理中，采用放牧和舍饲相结合的科学饲养方法。公元前221—220 年秦汉时期，汉武帝派张骞出使西城时，带回了紫花苜蓿种子，首先在黄河流域试种，继而推广到全国，这可能是我国人工种植牧草的开始。这一中国饲草史上的重要事件，对推动草食家畜的发展做出了巨大的贡献。从这个时期开始，人们对饲草的加工调制和饲料资源的开发利用给予了高度重视。《国民月令》中有五、七、八月"刈当荽"的记载，即在夏秋青草丰盛季节，将青饲料刈割、晒制、贮存起来，作为冬春牲畜的饲料。在《神农本草经》中有用梓叶、桐花喂猪"肥大易养三倍"的记载。但当时人们对饲草的认识是感性的、非常肤浅的，尤其对饲草中的营养成分和营养原理不了解，因此畜牧业生产水平很低。

2. 散养阶段

1978 年改革开放以前，在我国以粮为纲、口粮严重不足的大背景下，农村以生产小麦、玉米、水稻等农作物为主，且主要用于口粮，畜牧业被作为一种副业。单胃畜禽以一家一户饲养为主，以农副产品为主要饲料，有啥喂啥，杂草在畜牧业中有较大程度利用，基本无人工种草。

在这个阶段，饲养周期长，肉用牲畜出栏慢，蛋用禽类产蛋少，生产水平低下。以猪为例，其食物品种为：人类的剩饭、剩菜和刷锅后的泔水，田间拔除的禾本科杂草如马唐、狗尾草、牛筋草、野燕麦等，被间苗的玉米、高粱、芝麻等农作物幼苗，以及花生秧、红薯秧、豆秸、稻秸、玉米秸等秸秆，几乎不用粮食作为饲料，甚至有用野生饲草把猪养大的成功案例。在鸡的饲养上，采用的是剩饭、剩菜和泔水拌麸皮的方式，有时撒一把玉米、一把小麦，或鸡四处采食野草和昆虫为食，以土鸡（即人们说的柴鸡）为主。这种饲养方式，猪需要 2 年左右出栏，出栏率低但肉质好；蛋鸡年产蛋量只有 50～70 枚，但蛋黄色泽好。猪、鸡是农民的主要经济来源之一。草原放牧是马的主要饲养方式；农区主要以玉米秸、红薯秧、稻秸等秸秆为主喂马，补饲少量精料，是使役的主要工具。驴在农区的饲养方式和马相似，但拉磨和驮运是其主要劳作方式。

总的来说，从新中国成立到改革开放，畜牧业作为副业职能的情况下，单胃猪禽的饲草利用比较多，其在饲料中的比例较高，但创造的产值低。

3. 规模化养殖阶段

1978 年改革开放之后，随着我国工业饲料的兴起，按照动物的营养需要和饲养标准，以玉米、豆粕、棉粕、菜粕、麸皮、添加剂等作为主要原料制成配合饲料进行饲喂逐步替代把猪禽作为副业、有啥喂啥的传统畜牧业，配合饲料（或称全价饲料）在猪、禽、兔养殖中的份额逐渐增多，全混合饲粮（TMR）在马驴中的应用逐渐广泛，并且传统的单胃动物散养模式逐渐下降。1978 年，我国猪鸡等配合饲料总产量仅几十万吨；2018 年，中国成品饲料年度总产量达到 18 131.58 万吨。其中，猪料 7 036.38 万吨，禽蛋料 3 133.06 万吨，肉禽料 5 210.09 万吨，水产料 1 549.08 万吨，反刍料 800.60 万吨，其他料 402.38 万吨。

这一阶段也是我国秸秆畜牧业的旺盛发展阶段。我国每年约生产 7.0 亿吨农作物秸秆，在秸秆资源研究和利用上有重大进展，通过推广秸秆氨化、微贮等技术，改善了秸秆饲料的营养价值、适口性和消化率，因而产生了良好的饲喂效果。20 世纪 80 年代中期，联合国粮食及农业组织（FAO）派专家亲临我国指导秸秆氨化、青贮。1992 年以来，国家开始投入专项资金实施秸秆养畜项目，经过 10 多年的努力，我国秸秆利用规模和效率大为提高，节约了大量粮食，推动了节粮型畜牧业的发展。由于全国牛羊业的大发展，极大地提高了牛羊肉的产量，改善了肉类的结构。1978 年，猪、牛、羊肉的比重分别是 94.3%、2.2% 和 3.6%，到 2007 年，猪、牛、羊和禽肉的比重分别为 64.3%、8.9%、5.6% 和 23.0%，牛羊肉比例上升到 14.5%。尽管苜蓿等优质牧草的种植和利用得到了一定程度的发展，但主要限于饲喂奶牛，国家秸秆和饲草项目也仅限于牛羊。马、驴、兔等单胃动物很少能利用苜蓿等饲草，在猪、禽配合饲料中几乎不被利用，其作用和功能也很少有人研究。

4. 生态养殖阶段

近几年来，在单胃动物尤其是猪禽的饲养上，由于饲粮中缺乏优质纤维而出现的胃肠道健康水平低下和疾病增多、母畜繁殖性能障碍、育肥畜禽肉质下降和鸡蛋品质不高等问题，单胃动物尤其是猪禽利用饲草等纤维源饲料的潜力逐渐被挖掘，优质饲草被赋予了许多新的功能。过去，单胃动物猪禽饲料中的纤维成分被认为是一种抗营养因子，其利用能降低饲料的消化率和增加能量消耗。现在发现，猪发达的盲肠和结肠等大肠微生物区系含有高活性的纤维分解菌和半纤维分解菌以及其他数量丰富的微生物，在后肠消化纤维的功能与反刍动物瘤胃相似，能够提高动物的胃肠道健康，纤维在后肠发酵产生的短链脂肪酸能为机体供能，并增加畜禽免疫力和哺乳母猪的繁殖力。过去，仅知道苜蓿等牧草中的皂苷能引起反刍动物的瘤胃鼓胀病。现在，明了其在单胃动物中是一种能降低肉蛋中胆固醇的功能性成分。研究还表明，鸡、鹅等禽类不能分泌纤维素和半纤维素消化酶，但通过肌胃的研磨作用和盲肠微生物的发酵作用对饲草也具有一定的消化能力，故其饲料中加入适量苜蓿等饲草是可行的。苜蓿中的皂苷、黄酮、多糖等功能性物质和高含量的亚麻酸能提高肉的品质。随着动物营养科学技术的进步，饲草在单胃动物中的作用将逐步被发现，单胃动物利用饲草的比例将逐步增加。

随着我国对环保问题的重视，饲草在消纳粪污、生态养殖中的作用也日益凸显。牧草种植—猪、马、驴、兔、禽的饲养—粪污还田、走循环农业的道路已成为饲草的新职能。种植苜蓿、全株青贮玉米建立其稳定的饲草料生产基地，同时反刍动物和单胃动物进行草畜结合，进行生态养殖将成为我国畜牧业发展的新方向。

3.1.3 饲草料在单胃畜禽中的应用进展

1. 日粮配合

目前，在单胃动物上应用较多的饲草主要为紫花苜蓿，且主要集中在猪、鹅、兔上，在马、驴、鸡等单胃动物上的应用较少。紫花苜蓿是苜蓿属多年生豆科牧草，具有草产量高、品质好、营养丰富、适口性好等特点，具有"牧草之王"的美称。研究表明，紫花苜蓿含有 16%～22% 的粗蛋白质，且其蛋白质含有任何动物全部的必需氨基酸，氨基酸的组成和比例与豆粕相似，平衡好，其中蛋氨酸 0.32%、赖氨酸 1.06%、缬氨酸 0.94%、苏氨酸 0.86%、苯丙氨酸 1.27%、亮氨酸 1.34%，还含有瓜氨酸、刀豆氨基酸等稀有氨基酸，很容易被动物机体消化吸收利用。此外，紫花苜蓿中矿物质含量丰富，有利于促进动物生长发育，提高机体免疫力。其中，铁 230 毫克/千克、锰 27 毫克/千克、锌 16 毫克/千克、铜 9.8 毫克/千克。在母猪饲粮中，使用适量紫花苜蓿能有效改善其繁殖性能，但对经产母猪和初产母猪的效果不同，成年母猪和后备母猪不同，这主要是由于成年母猪大肠中含有的纤维分解菌比生长猪高 6～7 倍，因而更能有效利用纤维饲粮。纤维在猪大肠不仅能提供 8%～20% 的能量，还能改善肠道内环境，促进有益菌的增殖，抑制病原菌，从而提高其对营养物质吸收的能力。

此外，紫花苜蓿中还含有丰富的苜蓿黄酮、苜蓿多糖、叶酸、维生素 E 等天然生物活性成分，能对母猪的繁殖性能产生有益影响。由表 3-1 可知，目前在经产母猪饲粮中，苜蓿鲜草可占日粮的 30% 左右；在初产母猪妊娠期饲粮中，苜蓿草粉可用到 10%～20%；在后备母猪饲粮中用

5%苜蓿草粉的效果较好。但也有报道，苜蓿草粉用量超过20%就会对其繁殖性能产生负面效应，主要是因为苜蓿中含有类似于雌激素的物质。与母猪相比，生长育肥猪对纤维性饲粮的利用效率较低，且生长阶段和育肥阶段对纤维利用的能力亦不相同。在猪生长阶段，由于胃肠道仍然在发育，其对纤维的利用能力较弱，因此为不影响猪的生长性能，在其饲粮中苜蓿草粉的用量应不超过10%，以5%或7.5%的效果最佳；在育肥阶段，苜蓿草粉的用量适当提高到20%左右，不仅不会影响其生长性能，还能有效改善猪肉品质；在生产上断奶仔猪常因腹泻而死亡，在其饲粮中应用3%～5%的苜蓿草粉能促进其胃肠道发育，显著降低腹泻率，从而降低死亡率，但因其胃肠道发育不完善，对营养物质的消化吸收能力还很弱，所以苜蓿草粉等纤维性饲料的用量不宜过多，以免出现负面效应（表3-1）。

表3-1　紫花苜蓿在猪上的应用研究

作者	使用形式	对象	使用量	使用效果	时间
彭宝安	苜蓿鲜草	经产母猪	30%	窝产活仔数和断奶活仔数分别提高1.6头和1.5头	2010
王腾飞	苜蓿草粉	初产母猪	20%	窝产活仔数提高0.45头	2018
Peter等	苜蓿干草	经产母猪	300克/天	窝产仔数和断奶仔猪数提高，母猪哺乳期体重损失降低、采食量和仔猪日增重提高	2008
齐梦凡	苜蓿草粉	后备母猪	5%	后备母猪发情率提高1.55%，随后的妊娠期产仔数提高0.52头	2018
Wang J. W.	苜蓿草粉	生长猪	10%	平均日增重提高16g/d，改善肠道微生物菌群，增强肠道对短链脂肪酸的吸收能力	2018
Thacker	脱水苜蓿草粉	生长猪	7.5%～30%	随着苜蓿草粉增多，日采食量和日增重逐渐下降，饲料转化效率也逐渐下降	2008
吕先召	苜蓿草粉	育肥猪	20%	瘦肉率，肌肉中蛋白质、鲜味氨基酸、必需氨基酸、多不饱和脂肪酸的含量显著提高	2018
Liu BS	苜蓿草粉	断奶仔猪	5%	断奶仔猪死亡率减低1.8%，腹泻率显著降低	2018

近年来，青贮苜蓿逐渐兴起，但其主要的应用对象仍为反刍动物，在猪上的应用研究报道很少，其在猪等单胃动物上的应用技术及应用效果尚不明确，还需要大量的研究探讨。

由表3-2可知，在鸡饲粮中使用适量的苜蓿草粉，不仅能提高其生长性能，还能改善其胴体性状和肉品质，但鸡的后肠即盲肠和结肠不发达，对纤维的消化能力差，使用量应控制在5%左右，否则将产生负面影响；而且植物纤维中由戊聚糖组成的半纤维素能使食糜黏度提高，导致代谢率下降，抑制生长性能。鸭对纤维具有一定的利用能力，在其饲粮中使用5%～10%苜蓿草粉具有良好的作用。纤维是鹅饲粮中不可缺少的成分，其对各种饲草纤维的利用能力都很强，对高丹草、狼尾草、苜蓿、黑麦草等饲草都能适应，通常饲草在鹅上的应用多为自由采食，保证充足的饲草纤维供应对提高鹅的生产性能和肉、蛋品质具有重要意义。

表3-2 紫花苜蓿在家禽上的应用研究

作者	使用形式	对象	使用量	使用效果	时间
熊小文	苜蓿草粉	母雏鸡	5%	显著提高15～21天体重和日增重	2012
郑文明	苜蓿草粉	肉仔鸡	4%	显著提高皮肤和胫的颜色	2005
张学东	苜蓿草粉	蛋鸡	6%，8%	提高大肠、小肠、盲肠绒毛高度	2011
杨耀翔	苜蓿多糖	肉仔鸡	1 000毫克/千克	改善屠宰性能和肉品质	2017
Laudadio	苜蓿草粉	蛋鸡	15%	对生产性能没有不利影响，但对蛋黄的质量有显著改善	2018
袁旭红	苜蓿草粉	蛋鸭	5%	提高蛋鸭产蛋性能并改善蛋品质	2013
陶晓东	苜蓿草粉	肉鸭	6%～9%	促进鸭生长，改善肉品质	2009

总之，在单胃动物生产中推广苜蓿等饲草对实现畜牧业的可持续发展是必要的，且随着饲草资源的开发，饲料桑、构树等木本饲料正在兴起，但其在单胃动物生产中的应用研究还很欠缺，需要充分的研究后方可推广。

2. 饲喂方式

（1）鲜喂。饲草鲜喂是一种最佳的利用方式，主要因为很少有落叶损失，养分保存好，尤其是蛋白质和维生素等养分含量丰富。在改革开放之前，农村有啥喂啥的年代，主要用中耕除草和田间、地头刈割的杂草饲喂猪、鹅、兔、马、驴等动物，尤其是一家一户养猪，杂草直接投放到猪圈鲜喂是其主要的利用方式；农村生产队常有田间地头种植苏丹草鲜喂耕牛的习惯；对于马、驴、兔等草食动物，除了鲜喂饲草外，有多余的饲草时，多因陋就简利用地面、墙头、树杈等晒制青干草以备冬春利用。现代农村小型养殖场，如养猪、鹅和兔，有种植苜蓿等饲草鲜喂的方式，效果很好。但在规模化养殖场中，由于青绿饲料每天的刈割和切碎加工需要大量的人力、物力，利用青饲料已不是主要的方式。

（2）草粉和草颗粒。大型规模化养猪场、养禽场和兔场，主要采用青绿饲料风干后加工的草粉或草颗粒产品作为玉米—豆粕型配合饲料的一种原料使用，简单易操作，是目前利用饲草的主要方式。以紫花苜蓿为例，由于草粉体积大、运输不便，常打成高密度干草捆运输，在养殖场加工成草粉。近年来，苜蓿草粉在养猪场的利用中发现，由于苜蓿草粉体积大，在配合饲料中用量大时容易结拱，导致下料困难，故直接将苜蓿加工成密度大的草颗粒使用。

（3）青干草和青贮饲料。青干草是马、驴的主要粗饲料供应形式之一，在其 TMR 日粮中占据一定量比例。但在我国北方夏秋季多雨季节和南方多雨潮湿地区，加工干草有困难，调制青贮饲料也是饲草利用的主要方式之一。传统的动物营养学观点认为，青贮饲料非蛋白氮含量高、单胃动物对非蛋白氮利用效率很低，不适宜在猪禽等单胃动物中利用。近年来，随着科学技术的进步和单胃动物营养研究的进展，传统的动物营养学理论有可能被改写，某些单胃动物的某些生长发育阶段饲喂饲草青贮饲料成为可能，因为已有的科学试验表明，在母猪饲粮中利用苜蓿青贮饲料效果欠佳，但在育肥猪的饲粮中使用占配合饲料 10% 比例时，不仅提高了采食量和增重，而且提高了肉的营养价值和风味。

（4）功能性成分提取物。随着科技的发展，以饲草为原料提取其天然生物活性成分，如皂苷、黄酮、多糖、醛类等越来越广泛，不仅能促进饲草深加工产业在提高畜产品质量、提高人类健康方面的贡献，并且由于天然抗生素物质在某些牧草中含量高，故在无抗饲料开发方面也具有重要意义。

3.2　我国单胃畜禽的生产布局及饲草需求

我国单胃动物以猪、禽为主，其畜产品在人们的食物构成中占有较大的比重，经济占畜产品总量的份额较大；其次为兔，马、驴饲养量较少。这些对人们的食物构成和经济的影响都很小。单胃动物对饲草的需求量很大，其在草牧业中的作用和地位应引起高度重视。

3.2.1　猪

我国既是养猪大国，又是猪肉消费大国，生猪饲养量和猪肉消费量均占世界总量的 50% 左右。"十二五"期间，我国生猪生产总体保持稳定增长，生猪存栏量、出栏量和猪肉产量稳居世界第一位，有力保障了城乡居民猪肉消费需求。猪肉占肉类总产量的比重 64% 左右，始终是肉类供给的主体。

3.2.1.1　生产分区布局

2018 年末，世界生猪存栏量 78 128.3 万头。其中，前六位的国家和地区分别为：中国、欧盟、美国、巴西、俄罗斯和墨西哥（图 3-1）。在我国，生猪饲养区域广泛，除新疆、青海、宁夏、西藏和海南等地饲养量较少外，其余省份均有不同规模和数量分布。从地域上分，四川盆地、黄淮流域和长江中下游是三大生猪主饲养区，同时亦是我国传统的粮食主产区。2017 年末，中国生猪存栏 44 158.92 万头，居世界第一位。其中，河南、四川、湖南、山东、云南、湖北、广西、广东、河

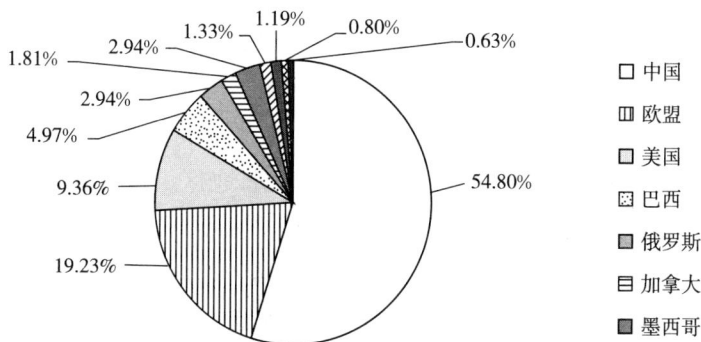

图 3-1　2018 年世界生猪存栏情况

数据来源：美国农业部。

北、江苏是我国生猪饲养前十大省份，生猪存栏量约占全国总出栏量的66.59%（图3-2）。

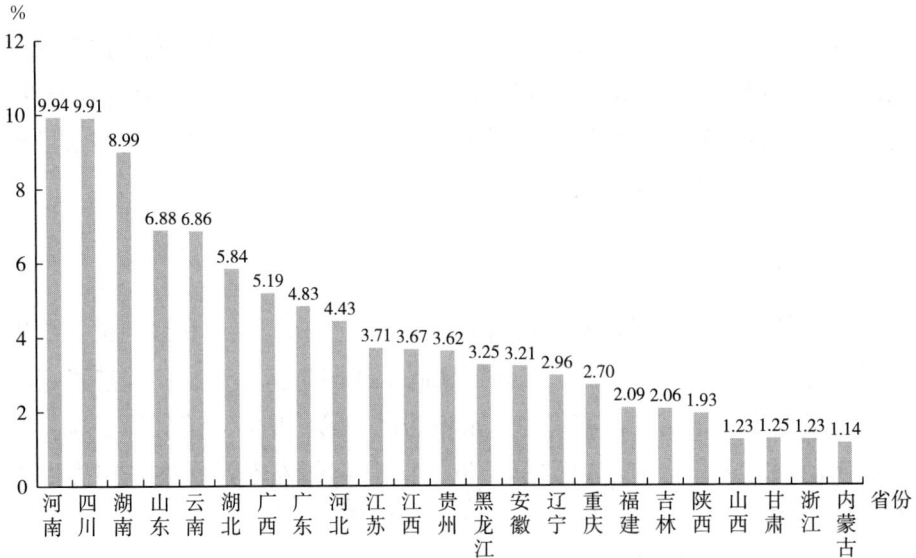

图3-2　2017年中国生猪存栏分布情况

根据农业部印发的《全国生猪生产发展规划（2016—2020年）》，我国将综合考虑环境承载能力、资源禀赋、消费偏好和屠宰加工等因素，充分发挥区域比较优势，分类推进重点发展区、约束发展区、潜力增长区和适度发展区生猪生产协调发展。

重点发展区包括：河北、山东、河南、重庆、广西、四川、海南等7省市。2017年，7个省猪肉产量2 087.38万吨，占全国的38.29%。作为我国传统生猪主产区，该区域养殖总量大、调出量大。在满足本区域需求的同时，还要供应上海、江苏、浙江和广东等沿海省份，预计年均增长1%左右，成为稳定我国猪肉供给的核心区域。

约束发展区包括：北京、天津、上海等大城市和江苏、浙江、福建、安徽、江西、湖北、湖南、广东等南方多水地区。2017年，猪肉产量2 041.38万吨，占全国的37.44%。该区域受资源环境条件限制，生猪生产发展空间受限，未来区域养殖总量保持稳定。

潜力增长区包括：辽宁、吉林、黑龙江、内蒙古、云南、贵州。2017年，该区域猪肉产量1 070.13万吨，占全国的19.63%。该区域发展环境好，增长潜力大，一批产业化龙头企业在区域内建立了生产和加工基地。

适度发展区包括：山西、陕西、甘肃、新疆、西藏、青海、宁夏等7个省区。2017年，猪肉产量252.9万吨，占全国的4.64%。该区域地域辽阔，土地资源和农副产品资源丰富，农牧结合条件较好，但是生猪养殖基础薄弱，部分省区水资源短缺，未来要积极引导大型企业集团建设养殖基地，推进适度规模养殖和标准化屠宰，推广先进高效适用养殖技术，提高生产水平。

3.2.1.2　饲草需求

猪的胃和小肠与其他单胃动物相似，但其大肠（盲肠、结肠、直肠）十分发达，含有包括所有优势纤维素分解菌在内的完整的微生物区系，具有类似"瘤胃"发酵罐的功能，完全具有利用部分饲草的能力。给猪饲喂适量的纤维素饲料，通过盲肠和结肠的蠕动，使食糜在肠道中能存留更长时间，增进对纤维素的消化吸收，并为微生物创造良好的发酵环境。肠道微生物将纤维素发酵分解为乙酸、丙酸、丁酸等短链脂肪酸可为猪提供5%~30%的能量，但不同年龄和类型的猪对纤维素的利用能力不同，与生长猪相比，成年公母猪对纤维素的利用能力强。

1. 不同生长阶段猪饲粮中饲草的配比

按生长阶段划分，猪分为仔猪、生长猪（育肥猪）、种猪（种公猪、后备母猪、能繁母猪）。猪是杂食性单胃动物，采食量大，要求饲粮富含碳水化合物和蛋白质，粗纤维含量低。猪用饲草主要包括：紫花苜蓿、饲用玉米、多年生黑麦草和一年生黑麦草、高丹草、籽粒苋、苏丹草、菊苣等草本植物，以及构树、饲料桑、饲料槐等木本植物。除农户和小规模养殖场适合饲喂青绿饲草外，规模较大养殖场通常将饲草加工成草粉、草颗粒配制成全价饲料饲喂，使用比例一般为5%~30%，部分饲草的使用比例可更高，但应根据猪饲养过程中的不同状况和不同生产用途进行适量调整。例如，对普遍采用限量饲喂的繁殖母猪，饲草在其日粮中的使用比例可达到20%；而对生长前期的生长猪，其能量需求大，饲草使用比例不宜过高，一般以5%~10%为宜，否则会影响其消化率；后期的育肥猪，尤其以提高肉质为主要目的的育肥猪，在饲粮中的比例可达到20%以上（表3-3）。对于以放牧为主的藏猪或我国地方猪种，耐粗饲的能力强，可适当增加饲草的用量，但对饲草在配合饲料中的适宜比例缺乏研究。

表3-3 饲草在猪饲粮中的比例（风干料约含90％的干物质）

类别	阶段	饲草比例（％）	备 注
仔猪	0～6.0千克	0	不喂饲草
	6.0～20千克	0～5.0	断奶后，使用适量高蛋白、低纤维饲草，如：首蓿
生长猪	20～70千克	3.0～5.0	
	70～110千克	5.0～30.0	
母猪	后备期	3.0～10.0	和生长猪相似，前期使用3.0％～5.0％，自由采食；后期使用5.0％～10.0％。一般限饲
	初次妊娠	5.0～20.0	使用蛋白质和能量含量高、纤维含量低的优质干草，如：首蓿、三叶草等
	哺乳期	5.0～10.0	注意使用营养丰富、易消化、适口性好的优质饲草，但不宜过多，以免影响采食量
	经产母猪	15.0～30.0	与初次妊娠相似，但对饲草的耐受范围更大，可适量加大使用比例
公猪	后备公猪种公猪	尚无报道	

2. 生猪产业对饲草料的需求（中国总需求量）

2018年，我国生猪出栏69 382万头，生猪出栏体重约为110～120千克，平均出栏体重115千克。按在日粮中平均使用15％饲草、饲料转化效率2.8∶1计算，则饲草需要量为3 351.15万吨。2018年，我国能繁母猪期末存栏3 397万头，以每头母猪全年平均日采食量3.0千克。饲粮中饲草使用量15％计算，则全年饲草需要量为557.97万吨。总计年饲草需要量约为3 909.12万吨，按10％～20％的猪能吃上首蓿等饲草，需求量为390万～780万吨。

3. 生猪产业对饲草料的需求（区域需求量）

华中地区：华中地区包括，河南、湖南、湖北三省，是我国传统的生猪主产区，也是最大的粮食生产区之一。粮食连年丰收，农产品供给充足，为该地区养猪业的蓬勃发展奠定了坚实的基础。人口数量继续增长，对优质猪肉的需求潜力巨大。随着东南沿海发达地区实施禁养和产业梯度转移，为养猪业的发展提供了新机遇。但养猪业的快速发展势必消耗大量的粮食资源，使人畜争粮的矛盾不断激化。该地区水热资源丰富，饲草产量高，如能扩大人工种草面积并进行适当的开发和利用，必然能缓解这一矛盾。

2017 年，华中地区生猪出栏 1.67 亿头，占全国总出栏量的 27.78%，饲草需要量为 806.61 万吨。能繁母猪存栏 1 048.07 万头，约为全国总存栏量 1/3，全年饲草需要量为 57.38 万吨。合计全年饲草需要量为 863.99 万吨，按 10% 的猪利用饲草，约需要 90 万吨饲草。以省为单位计算，2017 年河南、湖南、湖北生猪出栏量分别为 6 220 万头、6 116.3 万头、4 448.02 万头，能繁母猪存栏分别为 440.5 万头、367.1 万头、240.47 万头，年饲草需要量分别为 324.55 万吨、315.52 万吨、228.01 万吨；按 10% 的猪能吃上饲草，需要量分别为 32.4 万吨、31.5 万吨和 22.8 万吨。

华东地区、西南和华南地区：华东地区包括：上海、江苏、浙江、安徽、福建、江西、山东等省市。该地区养猪业发达，规模化区域化程度高。2017 年，华东地区生猪出栏 1.14 亿头，约为全国的 19.71%，饲草需要量为 550.62 万吨；能繁母猪存栏数量比华中地区略少，以 800 万头存栏量计算，年饲草需要量为 43.80 万吨。合计年饲草需要量 594.42 万吨。西南地区包括：四川、贵州、云南、西藏、重庆等。华南地区包括：广东、广西、海南。2017 年，这两区域生猪出栏量为 1.75 亿头，约为全国的 30.12%，年饲草需要量为 845.25 万吨，能繁母猪存栏量与华中地区相似，则合计年饲草需要量为 902.63 万吨。华东、西南和华南三地区累计对饲草的需求量达 1 500 万吨；按其 10% 的猪能利用苜蓿等饲草，需要量达 150 万吨。但这 3 个地区水网密布，养猪业粪污处理和环境污染防控压力极大，除山东和四川外，其他各地均处于约束发展区，未来养殖规模基本保持稳定。2017 年，山东省生猪出栏 5 180.69 万头，能繁母猪存栏 300 万头，则年饲草需要量为 266.66 万吨；四川省生猪出栏 6 579.1 万头，能繁母猪存栏约 440 万头，则年饲草需要量为 342.67 万吨。合计两省饲草需求量达 600 万吨，按 10% 的猪能吃上优质饲草，需求量达 60 万吨。但山东省、四川省处于重点发展区，未来养殖规模会进一步加大。因此，饲草需求量也会扩大。

东北、华北、西北地区：东北地区包括，黑龙江、辽宁、吉林、内蒙古；华北包括，北京、天津、河北、山西以及内蒙古部分地区；西北地区包括，陕西、甘肃、青海、新疆、宁夏。这 3 个地区养殖规模较小，2017 年，生猪出栏量 1.14 亿头，年饲草需要量为 550.62 万吨；按需求量的 10% 计算，需要 55 万吨。但东北地区生猪养殖增长潜力巨大，该区天然草地面积达 4 115.8 万公顷，盛产苜蓿、羊草等优质饲草，历来是我国畜牧业最为发达的地区之一。2017 年，东北四省（黑、吉、辽、内蒙古）生猪出栏量分别为2 090.45 万头，2 627.2 万头、1 691.71 万头、918.96 万头，年饲草需要量分别为 100.97 万吨、126.89 万吨、81.71 万吨、44.39 万吨。未来，随着国家政策的倾斜和南方水网区生猪产业的转移，该地区的养殖规模可能迅速扩大，饲草需求亦会随之大大上升（表3-4）。

表3-4　主要省份出栏生猪饲草需求量计算表

单位：万头，万吨

省份	出栏量	饲草需求	省份	出栏量	饲草需求
河南	6 620.0	319.75	辽宁	2 627.2	126.89
四川	6 579.1	317.77	黑龙江	2 090.2	100.96
湖南	6 116.3	295.42	贵州	1 825.2	88.16
山东	5 180.7	250.23	重庆	1 751.1	84.58
湖北	4 448.0	214.84	吉林	1 691.7	81.71
云南	3 795.1	183.30	福建	1 606.1	77.57
广东	3 712.0	179.29	陕西	1 141.0	55.11
广西	3 355.1	162.05	浙江	1 022.4	49.38
江苏	3 180.5	153.62	其他	4 440.5	214.48
安徽	2 828.9	136.64	合计	70 202.1	3 390.76

注：生猪存栏数据为2017 年国家统计局数据，各省份能繁母猪数据统计不全，故忽略不计。

3.2.2　马

3.2.2.1　产业布局

我国是世界上养马历史最悠久的国家之一。马品种资源丰富，分蒙古马、西南马、河曲马、哈萨克马、西藏马等五大类型，现有地方马种 29 个，近现代培育品种 13 个。自夏王朝中期以来，我国养马业就与军事、农耕、食用和娱乐等紧密相关。但近年来，随着我国农业规模化和机械化发展，机械耕作和运输逐步替代了畜力，军马也大量退出历史舞台，使得我国马存栏量从 1977 年的 1 145 万匹（世界第一）锐减到 344 万匹（图3-3）。与此同时，马术运动、赛马、休闲骑乘和乳肉生产发展迅速。据《马术》杂志不完全统计，2008 年中国有各类马术俱乐部近 100 家，到 2016 年底这一数字超过 900 家，2017 年达到 1 452 家，俱乐部拥有马匹数量达 12.8 万匹，占全国存栏量的 3.7%。马肉发展稳定，1996—

2002 年马肉产量稳定在 15 万～17 万吨，居世界首位（图 3-4）。马奶、生物制品等功能产品开发有较好的起步。2013 年，《新疆现代马产业发展规划纲要》中指出，乳用马的平均年产值可达 2 万元/匹，生物制品用马 7 万元/匹。2009 年，调查的 21.5 万匹马中，乳用马占比 9.3%、生物制品用马占比 2.3%。现代马产业作为集经济、文化、体育及休闲娱乐为一体的新型第三产业正朝着新的方向发展。

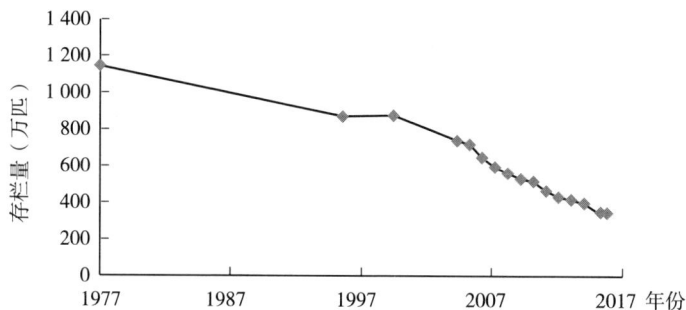

图 3-3　全国历年马匹存栏量

数据来源：中国统计数据年鉴等。

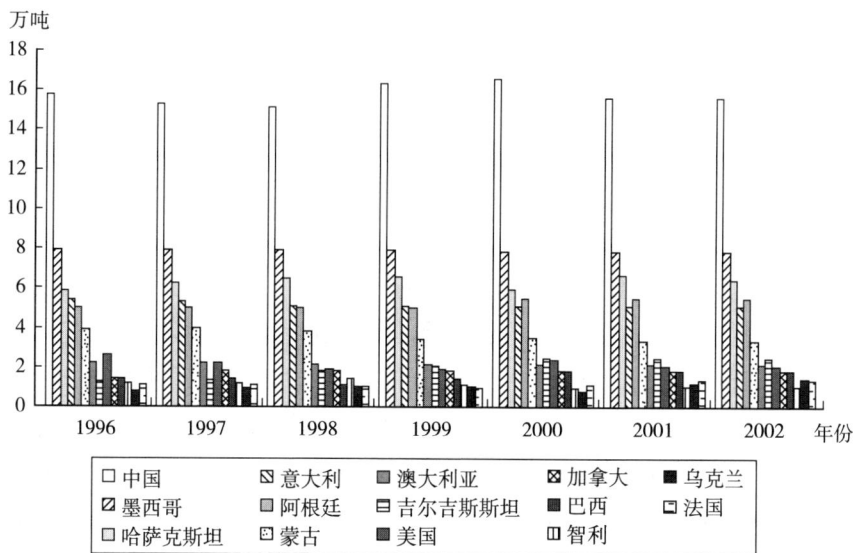

图 3-4　世界主要马肉生产国产量情况

注：图片为青岛农业大学孙玉江教授整理。

3.2.2.2　区域分布

我国北纬 23°～50°的东北、华北、西南、西北地区都有马种分布。

在《2018—2024 年中国马饲养行业市场运营态势及发展前景预测报告》中显示，我国马匹主要分布在：四川、新疆、内蒙古、西藏、广西、黑龙江、云南、甘肃、贵州、青海等。据 2017 年统计显示，全国存栏马匹 344 万匹。其中，排名前 5 位的地区分别是：四川、新疆、内蒙古、西藏、广西，存栏量分别为 75.5 万头、68.6 万头、64.4 万头、28.2 万头和 22.0 万头，占全国的 75%（图 3-5）。

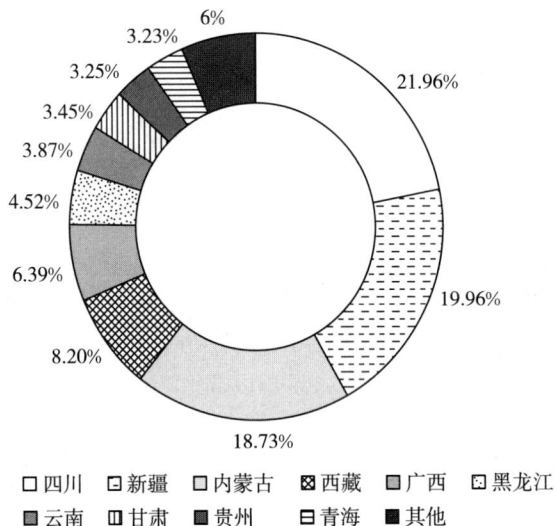

图 3-5　中国 2017 年马匹主要分布情况
数据来源：2018 年中国统计数据年鉴。

《全国草食畜牧业发展规划》中指出，马、驴、兔等特色畜禽要坚持市场导向，因地制宜积极推进优势区域产业发展，支持贫困片区依托特色产业精准扶贫脱贫。从天然资源上看，我国是一个适合发展马产业的国家，特别是新疆和内蒙古地区，有广阔的大草原，养马历史悠久（孙卓，2015）。按照《规划》，马产业布局重点将放在传统主产区（内蒙古、新疆、青海、甘肃、四川、云南、贵州），以文化旅游、民族赛马、休闲骑乘、城市周边骑马健身和运动比赛为主，积极开拓旅游经济带和城市郊区的马产品市场，弘扬马文化。同时，利用现有品种资源，改良和培育适合市场需求的品种（品系），开发特色乳制品和生物制品，完善产业链条。

3.2.2.3　饲草需求

马是单胃草食家畜，其盲肠和结肠发达，需要摄取一定含量的纤维以满足其肠道微生物的需要。放牧是最经济有效的传统养马方式，符合马的生物学特性，新疆等牧区绝大部分马匹养殖主要为分散饲养。然而，Hoskin 研究指出，马只喜欢禾本科、豆科及莎草科草类组成的草地，是最浪费草地的草食家畜，所以有必要给马调制适当的青干草。马日粮中常用的优质干草有：羊草、猫尾草（即梯牧草）、黑麦草、高羊茅、狗牙根、紫花苜蓿及白三叶等，在日粮中的比例不能低于50%。其中，猫尾草具有纤维质量好，蛋白含量相对较低，家畜大量采食不易长膘，在国外和国内俱乐部赛马中有普遍饲喂。我国的内蒙古、湖北等地区马场建有猫尾草种植基地，并在甘肃岷县形成了"草种繁育、牧草种植、商品草加工"系列产业链，为中国香港、日本、韩国等市场提供优质的长纤维干草。

1. 不同生长阶段马匹饲粮中饲草的配比

马可以分为：幼驹、青年马、成年马阶段。各阶段均以饲草料为主，占饲粮的70%～80%，运动强度高的赛马能量需求较高，饲粮中精料所占的比重稍高，为40%～50%。马各阶段饲粮中饲草需求情况见表3-5。

表3-5 马的日采食量

单位:%

类　　型		粗饲料		精料①		粮占体重百分比
		占体重	占饲粮	占体重	占饲粮	
成年马	维持	1.5～2.0	80～100	0～0.5	0～20	1.5～2.0
	妊娠后期母马	1.0～1.5	65	0.5～1.0	35	1.5～2.0
	哺乳早期母马	1.0～2.0	45	1.0～2.0	55	2.0～3.0
	哺乳后期母马	1.0～2.0	60	0.5～1.5	40	2.0～2.5
使役马	轻役	1.0～2.0	65	0.5～1.0	35	1.5～2.5
	中役	1.0～2.0	40	0.75～1.5	60	1.75～2.5
	重役	0.75～1.5	30	1.0～2.0	70	2.0～2.5
幼驹	3月龄②	0	20	1.0～2.0	80	2.5～3.5
	6月龄断奶	0.5～1.0	30	1.5～3.0	70	2.0～3.5
	12月龄	1.0～1.5	45	1.0～2.0	55	2.0～3.0
	18月龄	1.0～1.5	60	1.0～1.5	40	2.0～2.5
	24月龄	1.0～1.5	40	1.0～1.5	60	2.0～2.5

注：①自然干燥的饲料（含约90%的干物质）；②不包括吃奶所吸收的营养。

数据来源：侯文通：《现代马学》2013.

2. 马产业对饲草料的需求量

总需求量：2017 年，全国存栏马 343.6 万匹。按照 40% 的成年马和

60%的马驹计算，成年马日均消耗粗饲料占体重的1%～2%，马驹日均消耗粗饲料占体重的1%～1.5%，成年马体重180～430千克，马驹体重100～230千克，估算年饲草需求量为300万～500万吨，预计苜蓿、羊草等需求150万～300万吨以上，其他粗饲料需求150万～200万吨。其中，我国马养殖主要省份饲草需求量估算如下：

新疆：新疆地区养马业历史悠久，马种质资源丰富，马文化底蕴深厚。现有马品种6个，2016年马存栏量89.4万匹，近年来居全国第一、二位，主要有哈萨克马（55万匹）、焉耆马（3.3万匹，平均体重318千克）、巴里坤马（0.58万匹，体型略小于河曲马）和柯尔克孜马等4个地方原始品种，以及伊犁马（12.04万匹，体型略大于河曲马）、伊吾马（0.04万匹，体型略大于河曲马）2个培育品种（12.04万匹，体型略大于河曲马，平均体型与河曲马接近）。新疆维吾尔自治区马的一、二、三产业全产业链总产值预计70余亿元，约为该区畜牧业总产值的10.7%，是我国的养马大区和主产区。目前，已初步建立了现代马产业发展架构和较为完善的马良种繁育体系，具备发展现代马产业的核心竞争力和可持续发展基础。马产业不仅成为区域特色优势畜牧产业，也已成为传统文化传承、特色生态旅游、城市文化建设的重要因素。马的用途不断拓展，产业科技水平大幅提升，在现代生物制品开发、传统马产品加工、马文化旅游、赛马赛事活动等方面多元化发展并取得了巨大成效，对促进农村经济发展、社会和谐稳定和固边富民发挥了重要作用。

2009年，新疆维吾尔自治区马匹总数85.01万匹。其中，生产母马39.08万匹，占马匹总数的45%；年繁殖成活马驹23.84万匹，繁殖成活率61%。按死淘率10%、公母各半估算，1～3岁公驹21.5万匹、母驹21.5万匹，各占群体的26%；成年公马0.6万匹、母马17.6万匹，分别占群体的1%、21%；1岁以下马驹占群体的28%。6～12月马驹平均按成年体重55%、1～2岁马驹按成年体重70%、2～3岁马驹按成年体重87.5%。按2009年群体结构和体重变化计算饲草需求量，2017年新疆存栏马68.6万匹，需饲草63万～107万吨。

四川、贵州、云南：西南马是一种小型山地马品种，产于中国西南地区，分布于四川、云南、贵州等省。四川、贵州、云南是我国的养马大省，2016年三省存栏量分别居全国的第三、四、五名，存栏分别为79.2

万匹、65.9 万匹、62.4 万匹。据 2016、2017 年统计年鉴数据对比，和 2016 年相比，2017 年云、贵两省存栏量分别下降达 78% 和 83%。2017 年，三省存栏量分别为 75.5 万匹、11.2 万匹、13.3 万匹。按照当地主要品种群体结构和当年存栏量估算，三省 2016 年共需饲草 132 万～221 万吨，2017 年需饲草 66 万～110 万吨。

四川省：近年来，存栏量一直名列全国前三，主要有建昌马（川马）、甘孜马（藏马）等品种。2005 年，建昌马存栏 24 万匹。其中，基础母马 9.1 万匹、种用公马 3.29 万匹；甘孜马存栏 42.24 万匹，其中基础母马 11.6 万匹、种用公马 0.93 万匹（国家畜禽遗传资源委员会，2011）；其余按 0～3 岁马驹公母各半计算。按照 2005 年群体结构估算，2016 年需饲草 53 万～88 万吨，2017 年需饲草 51 万～84 万吨。

贵州省：按贵州马体型计算，母马（215.1±33.77）千克，公马（233.27±11.14）千克。2005 年，贵州马存栏 82.5 万匹。其中，基础母马 25.93 万匹，种用公马 7.18 万匹（国家畜禽遗传资源委员会，2011），按马驹 49.39 万匹估算。按照此群体结构计算 2016 年贵州需饲草 42 万～69 万吨，2017 年需饲草 7 万～12 万吨。

云南省：云南主要地方品种及存栏情况见表 3-6，根据当年存栏量以上品种和群体结构估算，2016 年需饲草 37 万～64 万吨，2017 年需饲草 8 万～14 万吨。

表 3-6 云南主要地方品种及存栏情况

年份	品种	成年体重（千克）		存栏量（匹）			
		母马	公马	总数	占比%	基础母马	种公马
2008	大理马	235.15	238.08	15 800	6.7	5 800	1 100
2005	腾冲马	205.45	272.75	12 135	5.2	2 316	200
2005	文山马	184.94	199.58	67 600	28.7	18 200	1 200
2005	乌蒙马	229.80	246.07	127 300	54.1	47 665	3 618
2005	永宁马	252.40	219.90	4 520	1.9	2 340	240
2009	云南矮马	142.50	145.53	1 180	0.5		
2005	中甸马	252.61	277.57	6 770	2.9	1 946	84

数据来源：国家畜禽遗传资源委员会.《中国畜禽遗传资源志·马驴驼志》2011.

内蒙古：马一直都是蒙古文化、草原文化的核心，马业曾是蒙古族人民生产生活的支柱产业，内蒙古曾是我国马业较发达的地区之一（张坤，

2011）。内蒙古自治区马匹存栏量一直稳居全国前三，主要类型是蒙古马，数量多、分布广，因各地自然生态环境条件不同，逐渐形成了一些私营草原、山地、沙漠等条件的优良类群比较著名的有乌珠穆沁马、百岔马、乌审马、巴尔虎马等，体重318～352千克。根据2005—2006年群体类型结构（国家畜禽遗传资源委员会，2011）估计饲草产量。2016年，存栏量80.5万匹，估算需饲草71万～121万吨。2017年，存栏量64.4万匹，需饲草57万～97万吨。

西藏：西藏马为高原小型马品种，简称藏马。体尺因产地不同而相差较大，藏北所产的体格较大，藏南的较小；成年公母马平均体重分别为258.7千克、245.5千克，按2007年群体结构基础母马占存栏量34.6%估算，推算成年公马占4.9%，马驹率为60.5%。按2016年存栏量30.6万匹，需饲草21万～36万吨；2017年，存栏量28.2万匹，需饲草19万～33万吨。

其他省区：根据全国饲草需求量平均水平推算，2017年广西存栏量22万匹，需饲草19万～33万吨；黑龙江存栏量15.5万匹，需饲草14万～23万吨。根据当年统计年鉴数据计算的各省份饲草需求情况见图3-6。

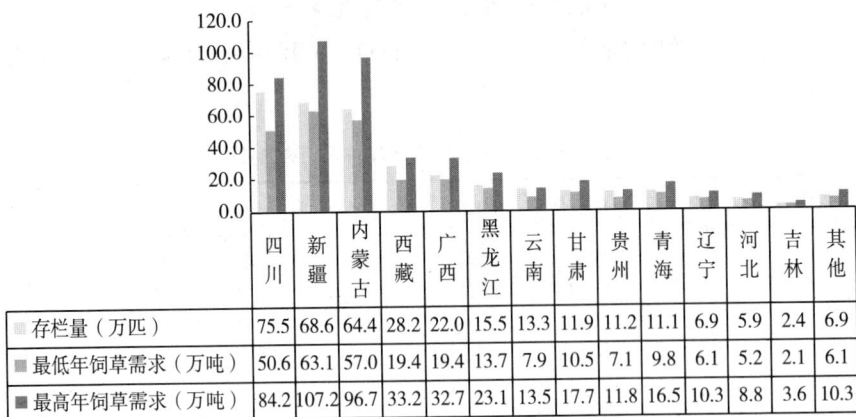

	四川	新疆	内蒙古	西藏	广西	黑龙江	云南	甘肃	贵州	青海	辽宁	河北	吉林	其他
存栏量（万匹）	75.5	68.6	64.4	28.2	22.0	15.5	13.3	11.9	11.2	11.1	6.9	5.9	2.4	6.9
最低年饲草需求（万吨）	50.6	63.1	57.0	19.4	19.4	13.7	7.9	10.5	7.1	9.8	6.1	5.2	2.1	6.1
最高年饲草需求（万吨）	84.2	107.2	96.7	33.2	32.7	23.1	13.5	17.7	11.8	16.5	10.3	8.8	3.6	10.3

图3-6　2017年各省区马匹存栏及饲草需求情况

数据来源：2018年中国统计数据年鉴。

3.2.3　驴

1. 产业发展

我国驴品种资源丰富、数量多、地理分布广、品质好，是世界主要的养驴国家之一，驴存栏量曾长期居于世界首位。由于现代农业机械化生产不断扩大，以及交通设施及工具的快速发展，驴的役用功能逐渐退出历史舞台，全国驴存栏量也呈不断下降的趋势（图 3-7）。统计显示，2018 年全国驴存栏量为 253.28 万头，自 2009 年来，毛驴存栏量年复合增长率为 -7.87%。

万头

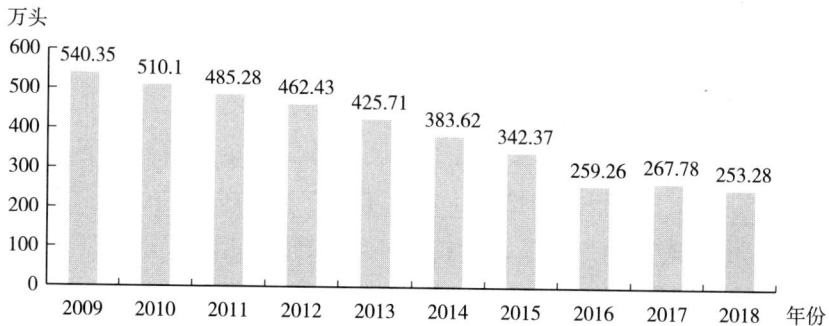

图 3-7　全国历年驴存栏量

尽管驴的役用功能在消退，但其皮用、肉用、奶用、药用功能在不断开发。目前，以驴皮熬制阿胶发展最为突出，仅阿胶及系列产品年产值达 400 多亿元，利税 50 多亿元，山东省内阿胶深加工企业众多，拥有药字号阿胶 9 家、健字号 20 家，阿胶系列产品达 100 多家。其中，东阿阿胶、福字阿胶、宏济堂等均为享誉国内外的知名品牌。驴肉加工发展迅速，仅山东就创建了山东天龙食品有限公司、山东驰中集团公司、山东高唐潘家驴肉、山东驴帮餐饮管理有限公司等一批驴肉加工企业。同时，驴奶、生物制品、骨胶等活体开发产品正在起步。毛驴功能的多元化开发，促使驴产业链条不断延伸，形成了以饲养繁育为基础的养殖业，以驴皮、驴肉、驴奶等畜产品加工为主要内容的加工业，以及以孕驴血清、雄性激素、驴胎盘等生物制品为主的创新型技术密集产业。农业部在 2016 年 8 月出台《全国草食畜牧业发展规划（2016—2020）》，首次将驴列入特色产业予以支持，将在山东、甘肃、辽宁、新疆、内蒙古核心区域，推进建设示范性驴产业基地，巩固发展驴皮、驴奶、驴肉等传统产品，积极研发生物制品，延伸产业链条。全国驴产业呈现回暖态势，并展现新的发展动力。

随着驴养殖从役用向皮用、肉用、奶用、药用等方向转变，养殖模式也从农户散养逐步向规模化、集约化和标准化方式转变。作为驴养殖重点区域的山东省，毛驴养殖80％以上为规模化舍饲。2016年统计显示，存栏量500头以上的大规模养殖场占20.1％，100～500头中等规模养殖场占41.9％，10～100头的小规模养殖场占38.1％。在规模化进程中，各地逐步探索建立了多种养殖模式，如由合作社、家庭农场、养殖大户组成"政府＋金融＋龙头企业＋合作社＋养殖场"的金融租赁养殖模式，"公司＋合作社＋农户"模式及"生态养驴＋合作社＋安全驴产品"模式与毛驴希望乡村模式等。

全国扶贫工作开展后，毛驴养殖因耐粗饲、少疫病、易管理的特性而成为了畜牧业扶贫的重要途径。在东阿阿胶等龙头企业的带动下，毛驴养殖与各地的扶贫工作很好的结合，形成了毛驴扶贫的"白银模式""吴忠模式""皮山模式"和"敖汉旗模式"，带着农牧民走上致富之路，被誉为扶贫路上的"排头兵"。

2. 区域分布

我国驴养殖主要集中在，蒙东辽西、晋冀蒙交界、陕甘宁交界、南疆四大区域，辽宁、甘肃、新疆、内蒙古4省区合计占全国驴存栏量的60％以上。2017年统计数据显示，全国驴存栏量为267.8万头。其中，内蒙古、辽宁、甘肃、新疆4个省区驴存栏量分别为75.5万头、49.9万头、36.6万头、20.8万头，4个省区驴存栏量占全国驴存栏总量的68.3％（图3-8）。这些地区养殖历史悠久，畜牧产业特色明显，土地及生态环境优势突出，饲料资源丰富，形成了我国驴养殖的主要区域。

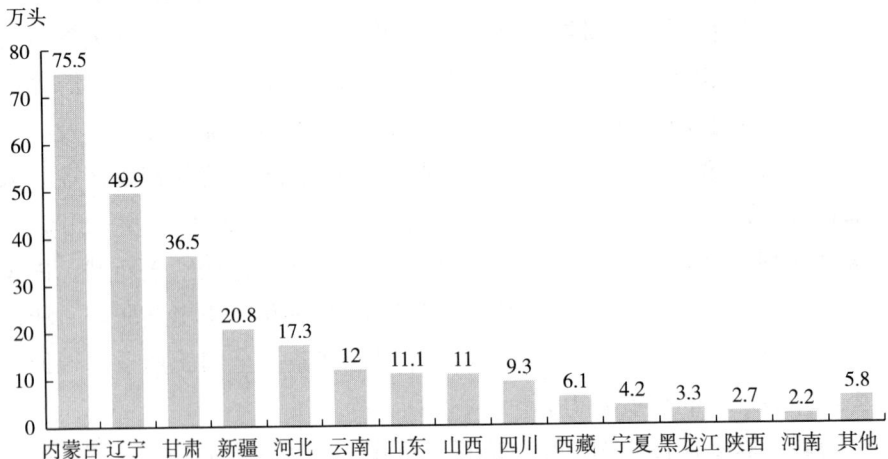

图3-8 部分省区市驴存栏数

我国养驴主要在西北地区，但阿胶加工在山东，阿胶、驴肉等产品消费主要在京津冀、河北、山东、河南等东部地区以及南方的大中城市。大多数养驴的地区交通不便，而消费的地区养驴少甚至不养驴，造成驴及其产品运输，销售和交易不畅，饲养和消费上呈现"西驴东运、北驴南运"的特点。

3. 饲草需求

驴是草食动物，传统养殖多以青、粗饲料为主，辅以少量精料。牧区以天然草场放牧为主，而农区多饲以农作物秸秆、青干草、糠麸及加工副产品。随着毛驴养殖的规模化发展，饲草料越来越受到养殖场（户）的重视。姜慧新（2019）对山东部分驴场调研显示，玉米青贮、花生秧、豆秸是驴日粮的主要成分，少部分驴场饲用干玉米秸和小麦秸，一些地源性的饲草资源如杨树叶、白酒糟等已在毛驴养殖中应用，优质牧草苜蓿和墨西哥玉米等也随"粮改饲"的深入推进而进入毛驴日粮，合理筹划和安排饲草料已成为规模驴场重要的日常工作。驴是利用盲肠发酵的草食家畜，在不考虑生长生产需要的前提下单喂青粗料仅可以维持自身的基本营养需要，但在以获取驴肉、驴皮、驴奶等养殖目标下，仅饲喂青粗料不足以满足生产需要。因此，驴场普遍添加饲用玉米（包括玉米面和玉米压片）、麦麸、豆粕、豆饼、花生饼和精料补充料，即在日粮组成上以"青粗饲料＋精料补充料"为主。

驴无反刍生理特性，采食后咀嚼时间长，采食速度较慢，每天采食时间约为10～15小时。一般认为，驴日采食干物质量是自身体重的3%左右，但Pearson等（2001年）通过对小马和驴的比较饲喂研究后指出，驴的干物质采食量范围是自身体重的0.83%～2.60%。根据《中国畜禽遗传资源志·马驴驼志》记载，成年母驴体重为105～331千克，公驴体重为123～335千克，按照日采食干物质占毛驴体重的3%计，成年母驴日采食干物质3～10千克，成年公驴日采食干物质4～10千克。按照驴日粮中饲草占50%计，日需饲草量为1.5～5千克，年需饲草0.5～1.5吨。2017年，全国毛驴存栏量267.7万头，预计采食饲草130万～400万吨。

在毛驴主要养殖区域，配合我国毛驴规模化生产需要，可充分利用当地农副资源，积极开展农作物秸秆饲料化利用技术示范推广。同时，积极响应国家"粮改饲"政策，因地制宜开展青贮玉米、谷草等优质饲草的人工种植，提升优质饲草料的供应能力，满足驴产皮、产肉等生产需要。并大力支持各类饲草营养成分及饲用价值的研究，建立青粗料养分数据库，加快推广符合毛驴生理需要和消化特点的日粮配制及饲喂方式，推动驴产业的发展。

3.2.4 兔

1. 产业发展

我国家兔养殖已经有两千多年的历史，前期以庭院养殖为主，发展缓慢。1990 年后，家兔进入规模化养殖阶段，全国家兔出栏量持续上升（图 3-9）。自进入 21 世纪以来，我国养兔业发展迅速，规模化水平逐步提升，养殖技术水平不断提高，产品供应能力持续增强，兔业产值在整个畜牧业产值中的比例越来越显著。兔的存栏、出栏和兔肉的出口在国际兔产业中的地位也日益提升。据 2016 年全国畜牧业统计数据，全国年末家兔存栏 2.02 亿只，全年出栏 5.37 亿只，兔肉总产量 86.9 万吨。

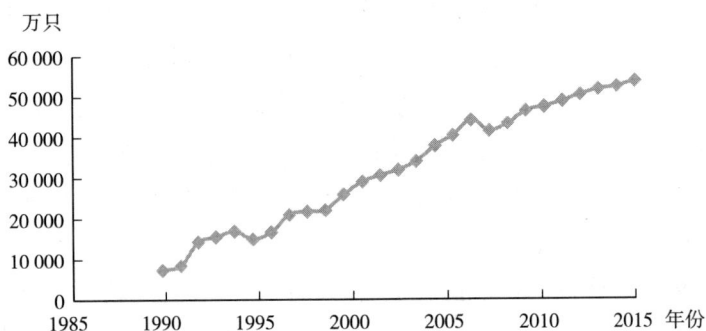

图 3-9　全国历年家兔出栏量

新世纪以来，我国兔业持续快速发展。2013 年，兔肉产量达到 78.5 万吨，2001—2013 年的年均增速达到 5.96%，是肉类平均增速的两倍多（肉类产量年均增速 2.73%），远高于猪肉和牛肉产量，也高于羊肉和禽肉。根据国家兔产业技术体系产业经济岗位对兔产业产值的估计，包括兔肉、兔毛和兔皮在内，2013 年我国兔业产值约为 360 亿元，占同年畜牧业总产值的 1.25%。同时，兔的存栏、出栏和兔肉的出口在国际兔产业中的地位也日益提升。家兔的出栏量和兔肉产量占全球的比重，从 1991 年的约 10% 左右迅速上升到 2010 年的 40%，兔肉的出口也自 2001 年我国加入 WTO 以后快速增加，在国际市场的份额不断提高，由 2001 年的不到 10% 稳步提高到 2013 年的 21.3%。并随着兔业科技的进步，企业的不断壮大和其他大型企业的积极参与，以青岛康大集团、四川哈哥集团、重庆阿兴记集团和济阳阳光兔业等为代表的一批兔业产业化龙头企业成长壮大，对兔业产业化发展推动作用明显。

近年来，我国把家兔养殖放在重要的地位。在《全国畜牧业发展第十二个五年规划》中提出，要立足地方资源优势，坚持市场导向，因地制宜发展特色养殖，重点发展兔、马、驴等特色养殖。家兔产业因具有"短""平""快"的特点，在草兔一体化发展中成绩显著。各地充分利用当地饲草及粗饲料资源，在农户庭院或者山地、丘陵等非耕地进行养殖，因地制宜开展了"养兔—种藕—养鱼—种草"、"养兔—种树—种草"、"兔—沼—菜（果）—草"等循环养殖模式，对生态环境保护和提高养殖经济效益起到良好的示范推动作用。

2. 区域分布

家兔产业经过近30年来的快速发展，主要分布区域已逐步形成。作为全国家兔主要养殖类型的肉兔，主要集中在四川、重庆等西南地区，山东和河南等地规模也不小；獭兔主要在山东、河北、河南和山西等中部和北部区域；而毛兔主要在山东、浙江、江苏、河南和四川等省份。近年来，陕西、甘肃和内蒙古肉兔以及东北地区毛兔养殖也得到较快发展。2016年统计数据显示，家兔出栏排前5位的省份为：四川、山东、重庆、河南和江苏，出栏量合计占全国的80%。紧随其后的是，河北、福建、内蒙古、湖南、浙江，出栏量占全国的13%。排名前10的省份家兔出栏量占全国比重达到93%，特别是四川和山东两省合计占到全国出栏量的56.4%（图3-10）。

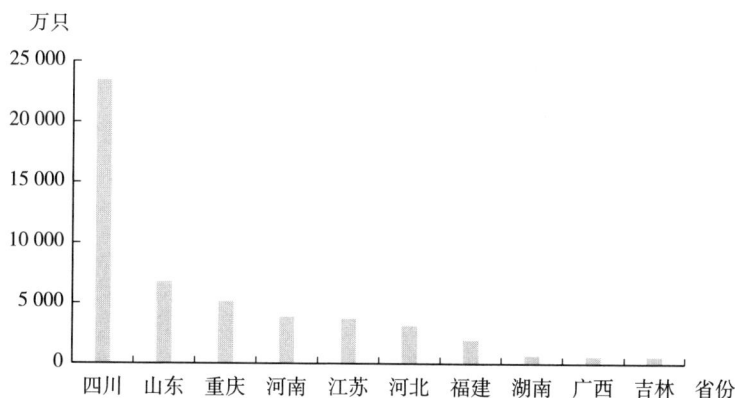

图3-10　2016年中国主要省份家兔年出栏量

按照《中国兔产业发展规划（2016—2025）》中："巩固主产地综合生产能力，引导中等发达地区扩大养殖和加工，积极扶持贫困地区、半山丘陵区发展"的思路，我国家兔产业未来将对主产区、中等发达地区、不发达地区及贫困地区分别提出发展重点和目标，以进一步优化区域布局，强化产业发展动力，促进产业升级。

Ⅰ类地区（主产区）包括：四川和山东等8个省市区，兔业发展水平较高。发展重点是加强产业的升级，强化规模化、标准化养殖，发挥兔产业发展的示范带头作用；重点加强优势家兔生产基地建设，充分发挥加工企业的龙头作用；逐步完善良种繁育体系建设，提高饲养管理和疫病防治能力，加强兔肉加工和品牌产品的研发，提升兔产业经济效益，增强市场竞争力。

Ⅱ类地区（中等发达地区）包括：山西、吉林等11个省市区，为中等发达地区。这些地区的养殖户一般规模较小，当地加工企业相对较少。该区域产业发展的重点是加强生产的组织化建设，积极发展合作社。同时强化信息服务，引导小规模养殖户科学决策，避免市场大起大落，降低产业的波动。同时，要大力发展兔产业加工业，解决兔业养殖的后顾之忧。当然，兔产品加工企业的发展要与市场的需求相适应，为此也要求企业和相关主体，积极加强宣传和推广，让消费者能够科学认识兔产品的优势，从而挖掘市场需求潜力，形成产业发展的可持续的拉动力。

Ⅲ类地区（不发达的地区）包括：福建、陕西等地区，兔产业不发达的地区。从本区域各地的比较优势来看，兔产业可能不会成为其主要产业，但是各地也应充分发挥其特有的局部优势，北京、上海、广东和天津等地具有较强的资金和技术优势，西北地区的陕西、甘肃等地具有较强的牧草资源优势，福建等地具有较多的家兔地方品种，各地要积极参与兔产业的分工，为兔产业发展提供多种支持。

Ⅳ类地区（贫困地区）：兔产业"投资少、见效快、易起步、易管理"，是产业扶贫的重要产业之一。对于该类区域，以政府扶持为基础，以加工为先导，以市场开拓为核心，拉动兔业养殖，将兔养殖作为扶贫的重要手段，利用国家的扶贫开发资金，引导农户养殖，实现脱贫致富。

3. 饲草需求

兔属于草食动物，最初的农户小规模养殖以青草、干草等及农副产品等为主要日粮组成。随着家兔规模化、工厂化、集团化发展及科学养兔意识的提高，原来以青饲料或秸秆饲料为主，辅以适当精饲料和添加剂的简单混合料，已逐渐被全价颗粒饲料所取代。伴随着中国兔业数量的迅速扩增，养兔企业规模的急速扩大，商品配合饲料将很快会完全取代传统混合饲料。

研究资料显示，家兔日采食饲料量一般占体重的 2%～5%。其中，仔兔日采食饲料量占体重的 3.5% 左右，精粗比为 5∶5 或 6∶4；成年种兔日采食饲料量占体重的 4%～5%，精粗比为 3∶7 或 4∶6。根据《中国兔产业发展规划（2016—2025）》，到 2020 年，全国肉兔存栏 2.42 亿只，出栏 5.46 亿只，预计年需要饲草料 1 200 万～1 500 万吨；至 2025 年，全国肉兔存栏 2.51 亿只，出栏 5.65 亿只，预计年需要饲草料 1 200 万～1 600 万吨。苜蓿、燕麦等饲草将是优质家兔日粮的首选，可占日粮干物质的 70% 以上，大豆秸、小麦秸、秕壳类等农副资源是日粮成分的补充，也是农副资源资源化利用的有效方式，可占日粮组成的 20% 左右。随着饲草和农副资源在家兔日粮中应用技术的研究与发展，包括饲草在内的粗饲料资源的本地化和多样化将是家兔日粮配合的发展方向。根据我国兔业发展布局，各家兔养殖区可结合当地饲草及农副资源优势，因地制宜建立供应渠道。

农区以农作物秸秆为主，结合人工种草、草粮轮作和间作套作，发展优质牧草种植，同时加大粮食和经济作物加工副产品等非粮饲草料资源的开发利用；东北羊草产区加强羊草改良，全面提升羊草产量和质量；南方饲草产区，重点发展一年生或多年生高产优质牧草。牧区以牧草为主，结合农作物秸秆及粮食和经济作物加工副产品等非粮饲草料。加强草原保护建设，积极推进人工种草，提升优质饲草供应能力。农牧结合区农区以农作物秸秆和人工牧草并重，兼顾粮食和经济作物加工副产品等非粮饲草料，积极开发利用农作物秸秆和其他植物资源。

3.2.5 草食家禽

世界上养禽比较多的国家主要为：中国、美国、印尼、巴西等（图 3-11、表 3-7）。我国是禽类的发源地之一，西南部云南等地的高原红鸡被认为是鸡的祖先，至今在云南、广西等地仍有分布。并且研究发现，距今 7 000 多年前，鸡已在我国普遍饲养，鸭和鹅的饲养也早于欧洲。随着国外市场的需求和多种养殖因素的制约，我国家禽饲养由"三鸟"发展为"五鸟"（加鹌鹑、鸽子）或"七鸟"（加珍珠鸡、鸠鸽）以至"九鸟"（加雉鸡、火鸡）。但现阶段规模化和集约化程度最高的主要为鸡和水禽，水禽主要包括鸭和鹅。并且受地形地貌、海拔梯度、供求关系、饲料资源等因素的影响，我国不同畜禽种类生产区地域各有特点，主要分布在饲料主产区和消费大省（图3-12）。

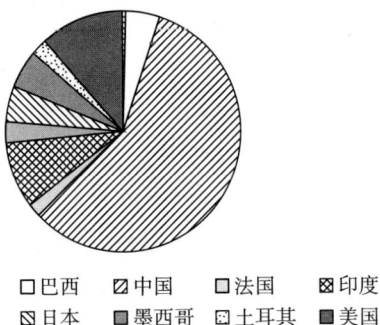

图3-11　2017年各主要国家禽蛋产量

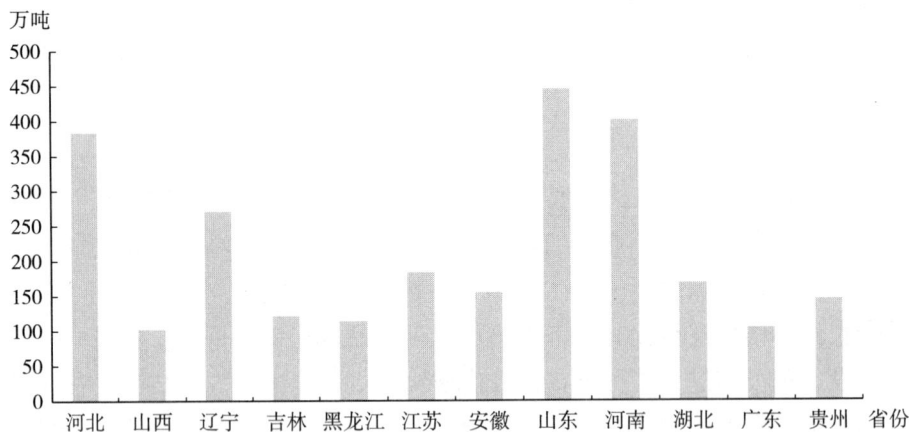

图3-12　2018年各主要省份禽蛋产量

表3-7　主要鸡生产国存栏量

单位：万只

年份	1996	1997	1998	1999	2000	2001	2002	2003	2004	2005
中国	347 455	398 396	312 037	342 211	362 301	376 949	409 891	398 055	421 475	436 024
美国	166 100	170 600	172 600	178 500	186 000	190 000	194 000	192 000	197 000	195 000
印度尼西亚	109 538	97 283	64 552	62 253	85 950	96 016	121 841	120 431	114 937	124 943

（续）

年份	1996	1997	1998	1999	2000	2001	2002	2003	2004	2005
巴西	72 809	76 062	76 522	80 458	84 274	88 289	90 802	92 132	110 000	110 000
印度	30 700	31 543	33 000	34 500	36 100	37 700	39 300	40 900	42 500	43 000
墨西哥	39 100	36 600	31 500	33 000	35 000	36 500	40 246	41 392	42 500	42 500
俄罗斯	41 640	36 648	35 470	35 017	34 250	33 043	33 536	33 703	32 834	32 893
土耳其	12 902	15 296	16 627	23 700	23 975	25 817	21 758	24 578	27 753	29 688
日本	30 877	30 735	30 302	29 625	29 579	29 244	28 740	28 394	28 371	28 300
伊朗	20 214	21 000	23 000	22 000	25 000	28 000	27 000	28 000	29 000	28 000
泰国	18 048	19 710	20 489	21 239	22 473	23 271	23 523	24 109	25 096	26 000
法国	22 293	23 149	23 760	24 115	23 297	21 944	20 274	20 084	20 500	21 500
越南	10 600	11 240	11 650	12 550	13 730	15 267	16 310	17 801	15 923	19 500
马来西亚	11 600	11 800	12 000	12 100	12 365	14 959	16 084	16 500	18 000	18 500
巴基斯坦	18 400	20 000	14 500	14 800	15 000	15 500	15 300	15 500	16 000	16 600

3.2.5.1　鸡

1. 生产分区布局

现已证实我国培育的鸡约为 109 个品种，根据用途分为：肉用型、蛋用型、兼用型、药用型。我国鸡的实际饲养分布广泛，蛋鸡规模化生产主要集中在华北地区、东北地区、长江中下游地区，华南地区和西南地区存栏量较少，但近年来牧区、城市郊区存栏量有增加的趋势。肉鸡的饲养分布受需求影响较大，主要集中在：华北地区、华南地区、东北地区、长江中下游地区。从全国畜牧业产业布局看，我国规模化养鸡业主要分布在黄淮海地区及东北三省，包括陕西、河南、河北、天津、北京、山东、江苏、安徽、辽宁、吉林和黑龙江等 11 个省市。这些地区同时也是我国玉米主产区，有得天独厚的饲料资源，且地理、气候条件适宜，交通便利，适合发展规模化养鸡业。

总体分析，主产区主要集中在：山东、河南、河北、辽宁、江苏、湖北、四川、安徽、吉林、湖南等省份；2000—2016 年，主产省分布大致稳定，但不同区域蛋鸡产量比重有所变动。中国蛋鸡养殖主体仍以万只以下的中小规模养殖场（户）为主，约占全国蛋鸡总存栏量和全国鸡蛋总产量 63％左右，"小规模、大群体"的养殖特征仍然比较突出。

2. 饲草需求

鸡饲粮中饲草的配比：鸡在我国大部分地区均有分布，其肠道较短，对饲草的利用能力非常有限，适宜添加比例为 3%～5%。近年来，关于饲草资源在蛋鸡、肉鸡、仔鸡等方面的研究有了较大的进展。李英等（2003）的研究发现，在海兰蛋鸡育雏期、育成期、产蛋期添加 2% 的苜蓿草粉具有更好的生产性能；何欣等（2001）对 33 周龄海兰蛋鸡的研究发现，在其饲粮中使用 5% 苜蓿草粉能够极显著提高蛋黄颜色，但对其产蛋性能和蛋壳质量无显著影响。这表明不同生长阶段鸡对紫花苜蓿草粉的适应性不同。Donalson 等（2005）对 70 周龄来航蛋鸡的试验表明，添加苜蓿草粉能够使蛋鸡停止产蛋，诱导换羽，并且还能提高换羽后的产蛋性能；McRevnolds（2006）对 50 周龄来航蛋鸡的研究表明，添加苜蓿草粉还能够控制蛋鸡 SE 感染，降低换羽引起的体重损失程度，显著降低料蛋比。孙耀慧等（2015）的研究发现，在 21 周龄海兰褐蛋鸡饲粮中添加 5% 苜蓿草粉能够提高蛋品质和机体免疫力。以上研究表明，不同品种蛋鸡饲粮中添加不同比例紫花苜蓿草粉都具有较好的效果。关于其他饲草资源对鸡生产性能的影响也有一些报道。

张丽英等（1999）的研究结果表明，在 36～49 日龄肉鸡饲粮中添加 1%、3%、6% 的鲁梅克斯草粉均能提高肉鸡的生产性能和饲料转化效率。张春珍等（1999）的研究表明，在产蛋鸡饲粮中添加 4% 或 6% 鲁梅克斯草粉不影响产蛋率和蛋品质。籽粒苋是另一种蛋白含量高的饲草资源，叶片中蛋白质含量约为 25%～34%。孙鸿亮等（2001）研究发现，用籽粒苋替代饲料中 17% 的玉米、2% 的鱼粉、2% 的豆饼能够提高蛋鸡的生产性能，提高产蛋率和蛋重，降低饲料消耗率。郭亮等（1997）的研究表明，用 20% 的籽粒苋替代日粮中 16% 的玉米、2% 的鱼粉、2% 的豆饼，能够提高 380 日龄迪卡沃伦蛋鸡的产蛋率、蛋重，降低料蛋比和饲养成本。串叶松香草干物质中含粗蛋白质 23.6%，粗脂肪 2%，粗纤维 8.6%，黄玉德等的研究发现，使用串叶松香草替代日粮中部分豆粕（10%、15%）和棉粕（10%、15%），不影响蛋鸡的产蛋率，但降低了饲料成本。孟翠红等（2014）的研究表明，在艾维茵雏鸡饲粮中使用 0.2% 的发酵红三叶能够较大程度的提升其生产性能，提高饲料利用率和成活率。顾艳等（2006）的研究发现，在新罗曼蛋鸡饲粮中添加 5% 和 8% 黑麦草虽然降低了蛋鸡的采食量和产蛋量，但显著提高了蛋黄颜色，提高蛋品质。

养鸡产业对饲草料的需求量：在养鸡生产中效果能够得到大家普遍公认并有较大推广价值的饲草主要为紫花苜蓿。以紫花苜蓿需求量为例，按照2017年我国养鸡产业数字，蛋鸡存栏量约为11.6亿只，紫花苜蓿的添加量按5％计算，年饲草需求量约为254万吨。2017年，我国白羽肉鸡出栏量约为44亿只，出栏体重约为2.4千克，以紫花苜蓿添加比例为5％计算，料重比为1.7：1，其饲草需求量约为897.6万吨。2017年，我国黄羽肉鸡出栏量约为40亿只，出栏体重约为1.9千克，以紫花苜蓿添加比例为5％计算，料重比为1.7：1，其饲草需求量约为710.6万吨。总计全年优质紫花苜蓿需求量约为1 862.2万吨。按照蛋鸡和肉鸡对紫花苜蓿需求量的10％～20％提供，需要生产186万～372万吨优质苜蓿草粉和草颗粒。

3.2.5.2　鸭

1. 生产分区布局

我国是世界上最大的鸭生产国家，生产区集中分布于品种原产地及其邻近地区，四川、山东、湖南、广东、广西、江苏、福建、江西、浙江、安徽和河南等11个省市区的出栏量占全国出栏总量的79％左右。鸭品种按生产类型可分为：蛋用型、肉用型和兼用型。蛋用型品种主要是麻鸭，其生产区主要分布在浙江、江苏、湖南、河南、四川、福建、台湾等地区；肉用型主要品种为：北京鸭和中国番鸭，主要分布在我国南方的福建、台湾、浙江、江西、广西和广东；兼用型品种以高邮鸭、建昌鸭、大余鸭为主，主要分布区在长江中下游、华东和东南沿海、华北地区、台湾地区（图3-13、图3-14）。

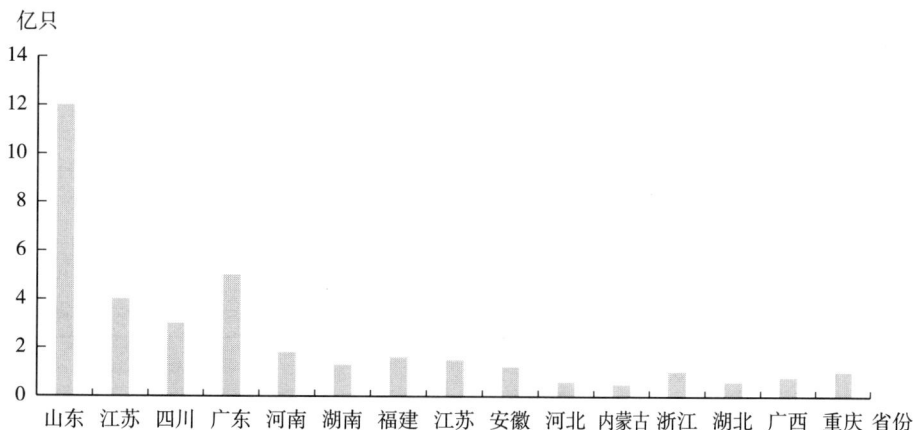

图3-13　2017年各主要省份鸭存栏量

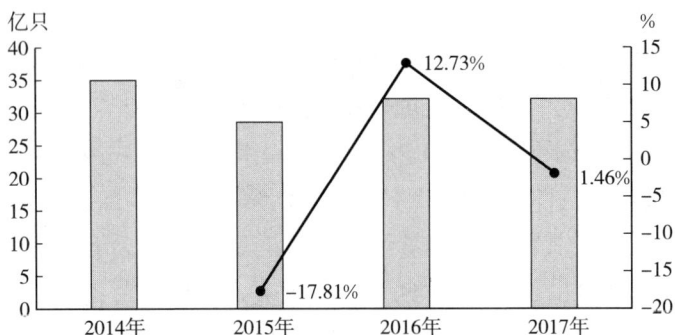

图 3-14 2014—2017 年肉鸭出栏量

2. 饲草需求

鸭饲粮中饲草的配比：生产中鸭的饲养常采取散养方式。国内外关于饲草在肉鸭和蛋鸭生产中的研究缺乏，但都证实在鸭饲粮中添加草粉能够提高其生产性能和经济效益。刘建昌等（1998）的研究证实，在白番鸭与金定母鸭杂交的后代日粮中使用草粉（野生牧草和栽培牧草）均能提高饲料的转化率，在不影响其生产性能的同时，降低饲料成本，提高经济效益。梁天义等（2010）研究发现，在樱桃谷商品雏鸭日粮中添加 4% 的龙布湖草粉可增加采食量，降低料肉比，提升经济效益。鸭生产中多使用纤维含量低的牧草和优质牧草，在蛋鸭饲粮中使用 1%～2% 的苜蓿草粉能够显著提高其生产性能。

养鸭产业对饲草料的需求：据统计，2017 年我国蛋鸭存栏量约为 1 亿只，以优质紫花苜蓿为例，蛋鸭中添加比例约为 3%～5%，其优质紫花苜蓿年需求量约为 153.3 万吨。2017 年，我国肉鸭出栏量约为 30 亿只，仍以优质紫花苜蓿为例，蛋鸭中添加比例约为 3%～4%，其年优质紫花苜蓿需求量约为 432 万吨。总优质紫花苜蓿约为 585.3 万吨。

区域需求量（以出栏量计算）（表 3-8）。如按其需要量的 10%～20% 供应，也需要 58.5 万～117 万吨。

表 3-8 我国鸭对饲草区域需求量

单位：亿、万吨

区域	出栏量	饲草需求量
山东	12	172.8
江苏、四川、广东	4.5	64.8

（续）

区域	出栏量	饲草需求量
河南、福建、湖南、江西、安徽	1.5	21.6
河北、内蒙古、浙江、湖北、广西、广东	0.8	11.52

3.2.5.3　鹅

1. 生产分区布局

我国也是世界上鹅存栏量最多的国家，主要有 26 个品种，所占比例高达 80% 以上。肉用品种主要集中在南方地区，蛋用品种主要集中在北方地区，主要生产区分布在北方，形成北养南销的产业格局。主要养殖地区有，东北地区、华北地区、湘鄂赣地区、闽粤地区、西南地区、内蒙古和新疆等地区（表 3-9）。

表 3-9　我国主要鹅品种及其分布

品种	主要分布
皖西白鹅	安徽省西部丘陵山区和河南固始一带
浙东白鹅	浙江省东部
四川白鹅	四川省温江、乐山、宜宾、永川和达县等地
太湖鹅	长江三角洲太湖地区
狮头鹅	广西和广东的饶平县溪楼村
豁眼鹅	山东莱阳地区，集中产地地处五龙河流域
武冈铜鹅	武冈全市以及沿资水两岸的城西
马岗鹅	中国第一侨乡广东江门开平的马岗镇
乌鬃鹅	广东省清远市
雁鹅	安徽省六安地区及河南省的固始等县
兴国灰鹅	江西省兴国县
溆浦鹅	湖南沅水支流的溆水两岸
伊犁鹅	新疆伊犁哈萨克自治州及博尔塔拉蒙古自治州一带
炎陵白鹅	湖南炎陵县沔水流域的沔渡、十都等地
籽鹅	黑龙江绥化市和松花江地区
闽北白鹅	属小型肉用鹅种，主产于福建省北部南平市
莲花白鹅	江西省莲花县
广丰白翎鹅	江西省广丰县
百子鹅	山东省南四湖一带

（续）

品种	主要分布
织金白鹅	贵州织金县
永康灰鹅	浙江永康市及武义
长乐灰鹅	福建长乐
奉城灰鹅	江西丰城，南昌县
阳江鹅	广东阳江
右江鹅	广西百色地区
钢鹅	四川安宁河流域

近年来的统计分析发现，我国养鹅业保持着稳步地发展态势。2014年，年出栏量4.58亿只发展到2016年的5.72亿只，占世界的92%。我国的养鹅产业，主要分布于长江流域及其以南地区。该区域内江河纵横、湖泊和沼泽众多，上海、江苏、浙江、江西、安徽、四川、重庆、福建、广东、广西、湖南、湖北等12个省份鹅的出栏数占全国出栏总数的70%以上。

2. 饲草需求

鹅饲粮中饲草的配比：我国多以散养的方式生产，主要以草食为主，能够消化较大比例的牧草饲料，缓解人畜争粮的问题。近年来，生产中和研究中发现，在鹅饲粮中添加一定比例的牧草，能够提高其生产性能。紫花苜蓿是大面积种植的优质牧草，其在鹅增重和产蛋方面的研究较为深入。王亚琴等（2008）的研究表明，在浙东白鹅雏鹅日粮中添加苜蓿草粉或苜蓿草与黑麦草混合草粉均可提高其生长速度、屠宰性能，并显著改善肉品质。史莹华等（2011）在四川白鹅仔鹅饲料中分别添加10%、20%、30%紫花苜蓿草粉，证实10%紫花苜蓿草粉能够显著提高平均日增重和饲料转化效率，并且还能显著提高仔鹅胸肌SOD活性、肝脏MDA活性。邢志远等（2008）在籽鹅日粮中分别添加5%、10%、15%、20%的紫花苜蓿草粉，结果20%草粉组料蛋比最低，具有更好的生产性能和更高的经济效益。以上研究证实，在鹅饲粮中添加苜蓿草粉均可提高其生产性能，但具体添加比例要根据品种和所处的生理阶段确定。

不同地区的优势牧草不同，除紫花苜蓿外，多种牧草能够提高鹅的生产性能和经济效益。赵立等（2003）和周秀丽（2003）的研究表明，以苜蓿、黑麦草为纤维源均能促进鹅肠道消化酶的活性，提高其生产性能。王宁等（2012）在3周龄五龙仔鹅饲粮中分别添加籽粒苋草粉、苜蓿草粉、篁竹草粉、苦荬菜草粉结果表明：苦荬菜草粉组仔鹅平均日增重最高，籽粒苋草粉组料重比最低；并且还能提高其健康水平。周卫星等（2002）研究，给肉鹅分别饲喂含鲁梅克斯饲草的全价料和1∶1、2∶1的鲜草混合精料，研究用鲁梅克斯全价料饲喂肉鹅具有更好的生产效益。张丽微等在120日龄肉鹅饲料中分别使用玉米秸秆、花生秧、发酵玉米秸秆、苜蓿草粉为纤维源，结果苜蓿草粉组料肉比水平显著降低，并且具有更好的经济效益。以上研究均证实，鹅饲粮中使用饲草能够提高其生产性能和经济效益，提高其饲粮纤维水平能够促进肠道发育和肠道消化酶活性，并且饲草中含有多种维生素和活性成分，对与促进鹅的健康状况具有积极作用。

养鹅产业对饲草料的需求量：据分析，2017年我国种鹅存栏量约为1亿只，以优质紫花苜蓿为例，种鹅饲料中添加比例为3%～5%，其年优质紫花苜蓿需求量约为730万吨。肉鹅出栏量约为5.05亿只，出栏体重约为4千克，料肉比水平5.6，其优质紫花苜蓿需求量约为1131.2万吨。共计优质紫花苜蓿需求量约为1861.2万吨；按20%～30%的鹅吃上饲草，需求量也达372万～558万吨。

3.3　我国单胃畜禽草畜结合存在的问题

近年来，优质饲草在单胃动物中的作用尤其是苜蓿在猪鸡等工业饲料中的作用逐渐被认识，苜蓿型母猪饲料、苜蓿型生长育肥猪饲料、苜蓿型蛋鸡料逐渐被研制和开发，其产生的饲喂效果、经济效益和社会效益往往是一些反刍动物所不及。但现在的问题是，各级政府部门、草业研究者和饲草生产企业主要关注饲草在反刍动物牛羊尤其是奶牛中的应用，对饲草在单胃动物中的作用不了解，对单胃动物日粮中尤其是猪鸡等工业饲料中利用优质饲草缺乏认识；对单胃动物利用饲草尤其是调控畜禽生产性能的机理研究不深入，草产品的种类少，精准的牧草型饲料配方较少；牧草产品质量低，供需缺口大；饲草种植和养殖结合不紧密，粪污处理不配套。这些都严重影响优质饲草在单胃动物中的应用、畜牧业产量和质量的提升以及经济效益的提高。

3.3.1　饲草在猪鸡等单胃动物中的重要性

《全国草食畜牧业发展规划（2016—2020 年）》提出"十三五"时期草食畜牧业发展主要目标：2015 年，奶类产量 3 870 万吨，牛肉、羊肉、羊毛羊绒、兔肉、鹅肉产量分别为 700 万吨、441 万吨、49.9 万吨、84 万吨和 140 万吨；到 2020 年，分别达到 4 100 万吨、800 万吨、55 万吨、100 万吨和 200 万吨。其中，草食畜牧业中，反刍动物规划指标为牛羊，单胃动物为兔和鹅。并且到 2020 年，全株青贮玉米生产增加到 3 500 万亩，苜蓿种植面积由 300 万亩增加到 800 万亩，其中每头奶牛每年饲喂 1.5 吨苜蓿，优质苜蓿需求量为 630 万吨，肉牛、肉羊、兔对苜蓿的需求量为 60 万吨。从这里可以看出，草食畜牧业涵盖的范围，反刍动物主要为牛羊，其中主要为奶牛；单胃动物主要为兔和鹅；猪、鸡、马、驴不在草食畜牧业规划之列。

《关于促进畜牧业发展的指导意见》（农办牧 2016 年 22 号）指出，2020 年主要目标是：草产品商品化程度不断提高，牛羊肉总产量达到 1 300 万吨以上，奶类达到 4 100 万吨以上，草食畜牧业综合生产能力明显提升。主攻方向是：着力推进草食畜牧业提质增效、转型发展，重点实施肉牛肉羊养殖大县奖励，良种补贴、标准化规模养殖扶持、肉牛基础母牛扩群增量、畜禽养殖粪污综合利用等政策，同时加大饲草产业发展扶持力度，大力实施振兴奶业苜蓿发展行动，推进粮改饲试点，夯实草牧业发展的物质基础。草食畜牧业的重点仍旧为牛羊，其中主要为奶牛。

猪产业是我国畜牧业的第一大产业，根据 2014 年统计数据，该年度畜牧业总产值为 29 000 亿元。其中，生猪 12 298 万元，占畜牧业总产值的 42.5%；家禽产值 7 394 亿元，占 25.5%；牛 3 520 亿元，占 12.2%；羊 2 378 亿元，占 8.2%；奶产品 1 541 亿元，占 5.35%。猪产业产值占我国畜牧业总产值中的比重接近一半。更为重要的是，在猪饲料中利用苜蓿等优质饲草，能达到非常理想的效果，能产生显著的经济效益，节粮增效效果显著。

在母猪饲养中，发情障碍、限饲应激、便秘、流产、泌乳量低、产仔数不高和成活率低等一直是困扰母猪生产的关键问题。广西的案例表明，在母猪饲粮中添加 3% 苜蓿草粉，其便秘、受胎率等都得到显著改善，并且母猪的配种分娩率和产活仔数有较大程度的提高，具有较高的经济效益。近年来的研究表明，饲粮中添加 10%～20% 的苜蓿草粉，无论是初产母猪还是经产母猪，能保持其正常的自然发情率，避免药物处理同期发情带来的不良影响；利用苜蓿中的优质纤维和功能性成分，在一定程度上能克服母猪的便秘（图 3-15）和流产，提高产仔数、活仔数和仔猪健康（图 3-16）；在仔猪、生长育肥猪饲粮中添加 5%～20% 苜蓿草粉，能提高胃肠道健康，显著改善肉的物理性状（表 3-10）、风味氨基酸和必需脂肪酸含量，提高肉的品质；更为重要的是，猪饲粮中添加苜蓿，能产生良好的经济效益，根据广西（表 3-11）和河南的经验，母猪饲粮中利用苜蓿投入产出比可以达到 1∶4。这些都是猪饲粮中利用苜蓿等优质牧草有别于其他动物的优势，其发展也为做强做大草产业创造了良好的条件，希望引起各级政府部门的高度重视。

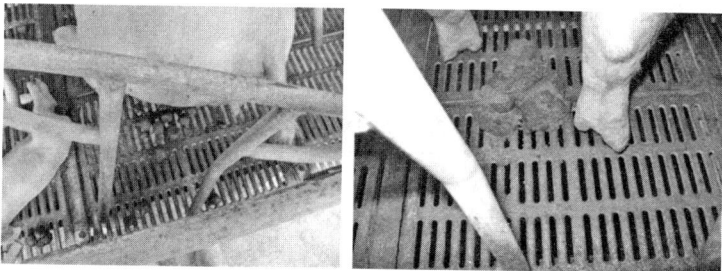

使用苜蓿草粉前母猪粪便形态　　使用苜蓿草粉后母猪粪便形态

图 3-15　口粮中使用苜蓿草粉前后母猪粪便形态变化

表 3-10　使用苜蓿草粉前后母猪繁殖性能等指标的对比

时间	母猪规模（头）	配种数（头）	分娩窝数（窝）	30天受胎率（%）	配种分娩率（%）	窝产仔数（头）	窝产活仔数（头）	胎间距（天）	总产仔数（头）	合格数（头）	每头母猪年提供断奶活仔数（头）
2009 年（使用前）	1 195	3 292	2 628	86.7	80.4	11.08	9.64	154.1	29 212	25 338	21.6
2010 年（使用第一年）	1 158	3 164	2 690	91.2	85.3	11	9.88	151.6	29 594	26 574	23.1
2011 年前三个月（使用第二年）	1 209	841	868	95.1	87.4	11.28	10.19	150.4	10 504	9 484	23.4

对照一组仔猪初生个体重分布

15%组仔猪初生个体重分布

20%组仔猪初生个体重分布

对照组仔猪初生个体重分布

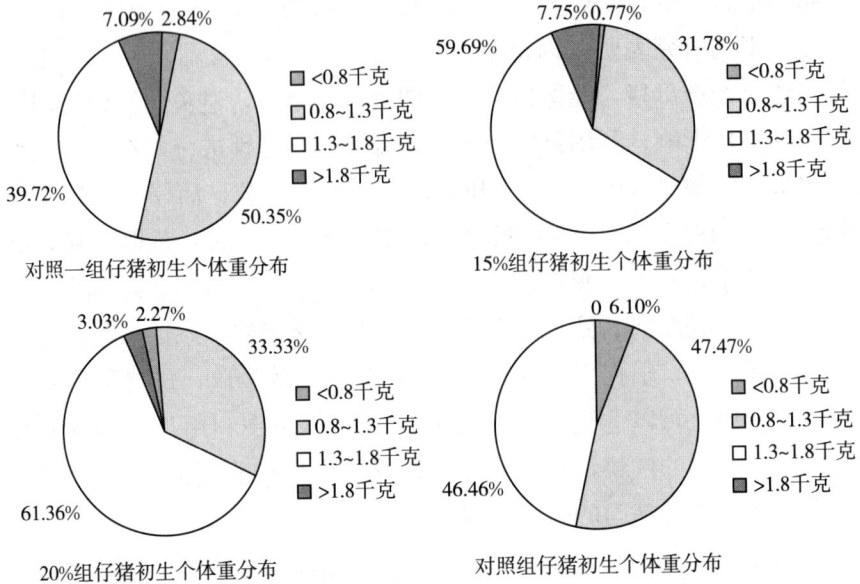

图 3-16 不同水平紫花苜蓿草粉对初生小猪体重分布的影响

表 3-11 不同水平苜蓿草粉对育肥猪肉物理性状的影响

项目	对照组	5%苜蓿草粉组	10%苜蓿草粉组	20%苜蓿草粉组	30%苜蓿草粉组
pH（45 分钟）	6.34±0.13	6.37±0.11	6.37±0.15	6.42±0.08	6.44±0.02
pH（24 小时）	5.87±0.77	5.62±0.05	5.67±0.09	5.68±0.05	5.69±0.10
滴水损失（%）	2.61±0.39	2.29±0.33	2.25±0.53	2.00±0.40	1.92±0.35
熟肉率（%）	63.38±2.49	64.93±2.69	61.85±1.81	63.54±2.53	62.69±1.47
大理石纹	3.00±0.35	3.10±0.65	3.20±0.44	3.20±0.37	3.20±0.57
肉色	2.90±0.42	3.10±0.42	3.20±0.42	3.30±0.27	3.10±0.45

3.3.2 单胃动物对饲草产品的供需矛盾大

单胃动物尤其是猪禽是畜牧业中的支柱产业。以猪为例，2018 年，我国肉类总产量 8 517 万吨。其中，猪肉产量 5 404 万吨，占总产量的 63.44%；牛肉产量 644 万吨，占 7.56%；羊肉产量 475 万吨，占 5.58%；禽肉产量 1 994 万吨，占 23.04%。禽蛋产量 3 128 万吨。肉类中，仅猪肉和禽肉占肉类产量的比重达到 86.48%；此外，还有 3 128 万吨禽蛋产量。2016 年，猪的存栏数达到了 43 506.7 万头。其中，能繁母猪 4 456.2 万头，出栏 68 502 万头；家禽出栏 1 237 300.1 万只。充分发挥单胃动物饲草利用问题，不仅能节省饲料粮，更能提高畜产品品质，为我国优质畜牧业做出新的贡献。但现在的问题是，我国饲草需求量大，但总生产量很低，主要供应奶牛，单胃动物所需要的饲草很少能得到有效供应。

例如，奶牛和猪鸡对苜蓿的需求量如下：2017 年，我国饲养奶牛1 340.4 万头。其中，成母牛和后备牛均按 50% 计算，分别为 670.20 万头，每头产奶牛每年需要苜蓿按 1 吨计算，670.24 万头产奶牛共需要苜蓿青干草 670.24 万吨。按照 2016 年的数据，该年度全国肉猪出栏 68 502万头，一头生长育肥猪按 0.3 吨配合饲料计算，需要 20 550 万吨，苜蓿草粉在生长育肥猪饲粮配方中的用量按 10% 计算，需要 2 055 万吨；2016年全国能繁母猪存栏量为 4 456.2 万头，每头存栏母猪年需配合饲料量按1.1 吨、配方中苜蓿草粉按 15% 计算，需要苜蓿 735.3 万吨。

2018 年，全国禽蛋产量为 3 128 万吨，料蛋比按 2.4 计算，共需全价配合饲料 7 507.2 万吨，苜蓿草粉在配方中的用量按 5% 计算，需要 375.36 万吨。如果 50% 的母猪饲料、20% 的生长育肥猪饲料、50% 蛋禽的配合饲料中利用苜蓿草粉，累计需要苜蓿草粉 966.33 万吨，接近 1 000 万吨。

然而，我国饲草供应却非常薄弱。2017 年，我国进口苜蓿 136 万吨，生产商品苜蓿 264.91 万吨，合计 400 万吨，尚不能满足奶牛的需要，更满足不了除奶牛之外畜禽对草产品的需要，做强做大牧草产业、使我们的大部分动物都能吃上优质牧草还有很长的路要走。因此，种植苜蓿等优质牧草、满足单胃动物对饲草的需要尤其是猪禽对草产品的需要实际上是国家优质畜牧业的一部分，要上升到国家战略高度来处理和对待单胃动物对牧草的需要。

3.3.3 草产品产业化企业科技创新能力不强，缺乏产品自主创新意识

我国草产品加工企业自主创新能力不强，产品单一。在牧草的新品种选育—栽培—加工—利用整个草产业链条中，我国无论是草业研究人员还是草产品产业化企业关注的是苜蓿等新品种选育、高产栽培技术、干草捆和青贮饲料的加工技术，对草产业链条中最关键部分——优质牧草在畜牧业中的利用关心不够。关注的主要为，奶牛生产中苜蓿、燕麦、玉米的应用，但上述饲草在奶牛产业中已进行了大量研究，"全株青贮玉米＋苜蓿青干草（或苜蓿青贮料）＋燕麦干草"已成为我国奶牛养殖优质粗饲料的

主要供应形式，且我国奶牛业对优质苜蓿、燕麦的需求有限；粮改饲政策推行以来，肉牛业和肉羊业对全株青贮玉米的利用量有较大突破，需求量提高很快，但苜蓿等优质牧草的利用仍十分有限；单胃动物猪禽尤其是母猪饲粮中利用苜蓿已成为比较成熟的技术，且投入产出比高，为生产上推广该技术创造了良好的条件。

我国草产品产业化企业缺乏单胃动物需求的牧草产品。由于长期以来我国草产品产业化企业对苜蓿等饲草在奶牛中的过度关注，缺乏不同种类不同生长阶段单胃畜禽所需要的草产品，对猪、禽、兔、马、驴等动物所需要的草产品的种类、生产工艺、粒度要求、质量标准都不了解，限制了牧草在单胃畜禽中的开发和利用，故草产业的发展一直进展不大。目前的当务之急是，尽快研发各类单胃畜禽所需要的草产品，以及相应的生产工艺，提升产品质量。

加紧培养饲草单胃动物畜禽营养的技术人才是第一要务。我国单胃动物饲草产品研发能力差和在单胃动物中草牧业生产水平低已成为制约我国草牧业发展的瓶颈，除了上级主管部门对优质饲草在单胃动物中的作用缺乏了解外，另外一个主要因素在于我国单胃动物饲草营养研究人才严重不足。单胃动物利用优质饲草的工作，主要是少数高等农业院校在进行研究，尽管在鸡、兔、鹅、鱼方面都有一些探索，但工作主要偏重于猪。要做强做大牧草产业尤其是苜蓿优质饲草在单胃动物中的应用，需要扩充饲草营养尤其是单胃动物饲草营养研发队伍。

3.3.4 饲草产品的质量有待提高

国内外饲草产品的价格差距较大。国外进口草产品有质量优势但无价格优势，国内草产品有价格优势但没有质量优势。陈文雪的研究反映了当前国内苜蓿质量现状，建议农业农村部立项调研和抽样检测全国苜蓿草捆、草粉、草颗粒的生产状况、质量状况，为今后苜蓿产业的发展提供科学依据。

饲草产品质量直接影响其价格。根据目前对进口苜蓿和全国各地生产的商品苜蓿的价格分析，进口苜蓿每吨的价格在 3 600 元左右；进口燕麦一级价格在 3 450 元左右。国产一级苜蓿价格在 2 500 元左右，二级苜蓿价格在 2 000 元左右；国产燕麦一级价格在 2 400 元左右，二级价格在 1 900 元左右。由此看出，进口苜蓿比国产苜蓿每吨价格高出 1 000 元左右，国产苜蓿一级品比二级品每吨高 500 元左右。因此，草产品生产企业只有生产出高品质苜蓿，才能产生良好的经济效益。

饲草产品质量直接影响畜禽的生产性能和产品质量。包括反刍动物和单胃动物，这也是为什么我们必须生产苜蓿等牧草优质草产品的原因。据连续对后备母猪和初产母猪用三种不同质量的苜蓿草粉进行的研究，即粗蛋白含量分别为 15.1%（低质量）、18.3%（中等质量）、20.0%（高质量）（酸性洗涤纤维含量分别为 40.3%、34.5%、28.8%；中性洗涤纤维含量分别为 50.4%、41.7%、36.2）（配方中苜蓿草粉用量均为 10%）。结果表明，中质量苜蓿草粉组后备母猪日增重高达 880 克/天，母猪初情率高达 79%，断奶返情率高达 88%，中、高质量组母猪总产仔数提高约 15%。并且提高了仔猪的增重速度和免疫力，产生了显著的经济效益。因此，在奶牛中"好草产好奶"的道理同样适用于单胃动物猪禽和马驴兔等，草产品产业化企业只有重视优质草的生产才有生命力，才能产生良好的经济效益。

我国苜蓿产品质量不容乐观。为了了解我国苜蓿干草草捆质量状况和安全状况，为畜禽尤其是单胃动物饲粮中利用苜蓿提供科学依据，2017 年 6 月 15 日至 8 月 24 日，河南农业大学研究生赴 5 个自然区域东北平原区、内蒙古高原区、西北荒漠绿洲区、黄土高原区及黄淮海平原区共 44 个具有较强代表性的大中型草业公司采样（表 3 - 12），共采集到 38 个苜蓿品种不同茬次共 95 个样品，然后在河南农业大学草学实验室和农业部饲料检测中心郑州分中心进行实验室分析。结果表明，各区域苜蓿青干草的概略养分含量见表 3 - 12；全国苜蓿干草营养成分的平均值：CP 为 16.43%、NDF 为 44.01%、ADF 为 33.22%、Ash 为 10.78%、DM 为 91.90%，参照苜蓿干草捆分级标准（表 3 - 13、图 3 - 17），达到二级干草标准。

表 3 - 12 不同区域苜蓿干草概略养分的含量

单位：%

项目	东北平原区	内蒙古高原区	西北荒漠绿洲区	黄土高原区	黄淮海平原区	平均值
粗蛋白（CP）	15.80±0.96	16.11±2.26	16.88±2.28	15.38±1.04	16.73±2.75	16.43±2.36
中性洗涤纤维（NDF）	43.79±4.79	44.48±3.31	42.49±5.91	47.74±7.00	43.88±6.50	44.00±5.75
酸性洗涤纤维（ADF）	32.02±4.21	33.92±4.01	31.58±5.01	34.43±5.72	33.65±5.64	33.22±5.09
粗灰分（Ash）	10.19±1.48	10.82±3.51	12.05±3.93	11.97±3.89	10.33±2.09	10.78±2.84
粗脂肪（EE）	1.63±0.42	1.45±0.30	1.26±0.27	1.21±0.37	1.68±0.51	1.53±0.46
干物质（DM）	90.54±0.21	90.76±0.67	91.04±0.26	91.06±0.37	93.14±2.25	91.90±1.95

表 3 - 13　苜蓿干草捆分级标准

指标	特级	优级	一级	二级	三级
粗蛋白（CP）	≥22.0	≥20.0，<22.0	≥18.0，<20.0	≥16.0，<18.0	<16.0
中性洗涤纤维（NDF）	<34.0	≥34.0，<36.0	≥36.0，<40.0	≥40.0，<44.0	≥44.0
酸性洗涤纤维（ADF）	<27.0	≥27.0，<29.0	≥29.0，<32.0	≥32.0，<35.0	≥35.0

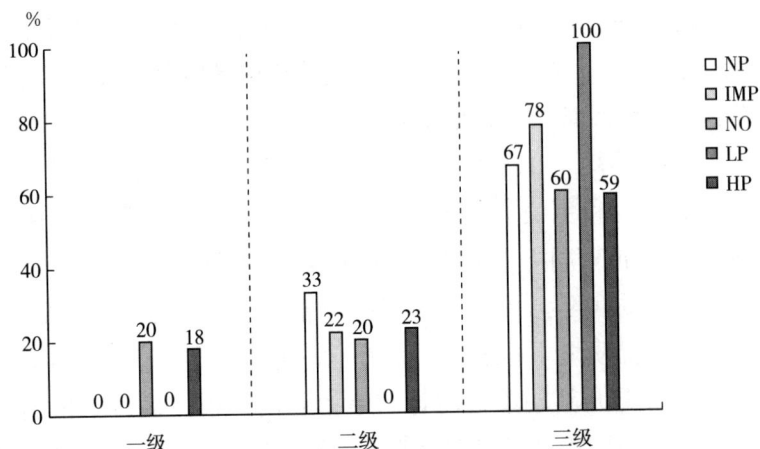

图 3 - 17　一、二、三级苜蓿所占比例

5 个区域苜蓿干草中霉菌毒素（黄曲霉毒素 B1，AFB1；呕吐毒素 DON；玉米赤烯酮 ZEN）的污染不超标，均受到微生物（细菌、霉菌）的轻度污染；除受到重金属 Cr 不同程度的污染外，其他重金属未污染到我国北方的苜蓿干草。说明中国牧草饲喂动物是安全的。

3.3.5　草畜结合能力不强

种养结合是解决畜牧业污染和循环农业的主要途径，是粮改饲和草牧业的核心内容，但有较长的路要走。2015 年中央 1 号文件——《关于加大改革创新力度加快农业现代化建设的若干意见》指出："加快发展草牧业，支持青贮玉米和苜蓿等饲草料种植，开展粮改饲和种养结合模式试点，促进粮食作物、经济作物、饲草料三元种植结构协调发展。"首次提出了发展草牧业，要进行种养结合。2016 年中央 1 号文件——《关于落实发展新理念加快农业现代化实现全面小康目标的若干意见》指出："启动实施种养结合循环农业示范工程，推动种养结合、农牧循环发展。进一步指出了种养结合和粪污治理、农牧循环发展的关系。"2017 年，农业农村部文件《种养结合循环农业示范工程建设规划》（农计发［2017］106号）指出："畜禽养殖年产生粪污 38 亿吨，2014 年全国化肥施用量达到5 996 万吨，亩均化肥量远高于世界主要国家施肥水平。仅一头年出栏万头猪的规模化养殖场每年就能够产生固体粪便 2 500 吨、尿液约 5 400 立方米，可用于生产有机肥，减少化肥的施用量。"2019 年，农业农村部、国家发改委、科技部、财政部等部委联合下发的《国家质量兴农战略规划》（农发［2019］1 号）也指出：加快发展农牧配套、种养结合的生态循环农业。同时土壤污染防治行动规划、全国农业现代化规划（2016—2020 年）、全国农业可持续发展规划（2015—2030 年）也都提出了种养结合和循环农业问题。可见，种养结合、循环农业是国家农业现代化、减少污染的必由之路。然而，单胃动物的种养结合还有很长的路要走。

3.3.6 新兴饲草推广前的技术储备不够

近年来，随着我国畜牧业的迅猛发展，新型饲草尤其以木本植物草本化为主的饲料不断涌现。其中，构树、饲料桑和饲料槐等就是在这样的背景下产生的，这些新型饲料已成为畜牧业发展中不可忽视的饲草原料之一，必须引起高度重视。

3.4 应对策略与措施建议

3.4.1 调整农业种植业结构、做大做强草产业是发展节粮型畜牧业和草牧业的根本之举

2018 年，我国粮食总产量达到 65 789 万吨。其中，稻谷 21 213 万吨，小麦 13 143 万吨，玉米 25 733 万吨，豆类 1 914 万吨。随着人们膳食结构的不断改善和城镇化速度的加快，我国口粮的需求量在稳步下降（图 3-18），口粮消费年均下降 0.76%，到 2020 年，口粮消费量约 1.93亿吨，我国人民的口粮安全无忧。

随着人们生活水平的提高和畜牧业的快速发展，饲料粮的需求在持续增长，饲料粮占粮食总产的比重逐渐加大（图 3-19）。根据中国统计年鉴数据，2013 年，我国口粮、饲料粮和工业用粮占粮食总产的比重分别为 40%、45% 和 15%。2017 年，我国口粮消费 1.81 亿吨（我国总人口

千克

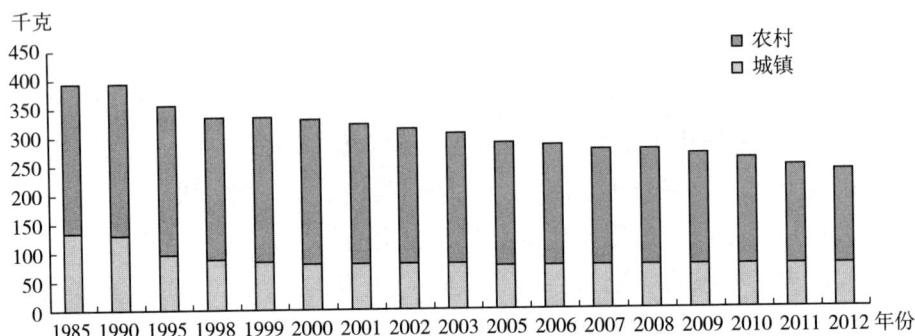

图 3-18　我国农村与城镇居民口粮消费量

139 008 万人，人均口粮 130.1 千克。其中城镇人口 109.7 千克，农村人口 154.6 千克），口粮占我国粮食生产总量的比例不足 30%；扣除 15%～20% 的制酒、制药等工业用粮消费；其余为饲料粮消费，相当于口粮和工业用粮之和。根据 2010—2014 年 5 年的数据，城市和农村人均饲料粮消费分别以年 3.4%、5.68% 的速度递增，可见调减种植业结构的粮食作物，较大幅度增加饲草的种植面积，既是现代畜牧业的需要，也是节粮畜牧业的需要。

%

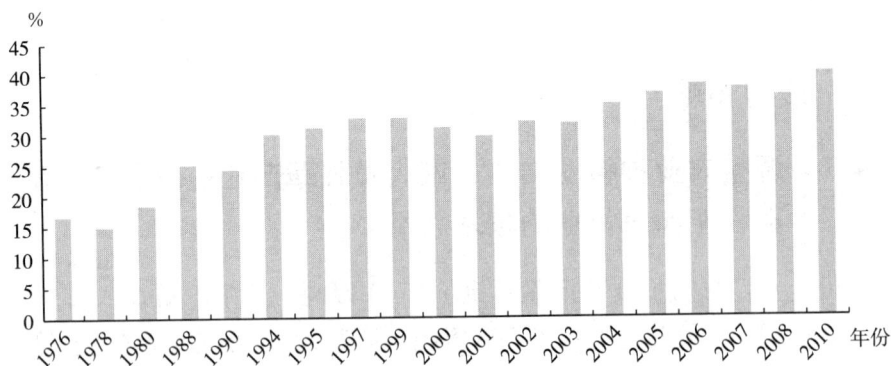

图 3-19　饲料粮占粮食总产的比重

3.4.2　加强政策的支持和加大项目投入

国家要把优质饲草的发展纳入单胃动物优质畜牧业和节粮型畜牧业发展规划，加强对单胃畜禽尤其是猪、禽利用饲草的引导和政策支持。科技部、农业农村部等单位要加大单胃畜禽草畜结合的项目投入，包括国家和省部级重大、重点研发专项，以实际行动支持做大做强单胃动物的草畜结合。

3.4.3　加强引智计划和人才培养

各高等农业院校和科研单位要加强从事动物饲草营养人员的引进和培养，重视草畜结合尤其是单胃动物草畜结合的技术研究和推广；把动物营养和饲草利用课程纳入本科生和研究生教学培养方案，重视招收饲草营养和利用方面的研究生和博士。这是做大做强牧草产业的人才基础和技术保障。

3.4.4　产品的支撑

1. 不同饲草产品营养价值和饲喂价值评定

符合单胃动物饲料标准的饲草原料是生产牧草型饲粮的基础。在对饲草草颗粒、草粉等饲草产品进行能量、蛋白质和氨基酸、脂肪酸、NDF和ADF、可溶与不可溶纤维、灰分和钙磷等矿物质养分、功能性成分（皂苷、黄酮、多糖等）等营养成分和消化率等营养价值，黄曲霉毒素、呕吐毒素、玉米赤烯酮、重金属等毒性成分评定进行大量研究的基础上，制订出适合不同单胃畜禽的饲草原料质量标准。同时，对于生长育肥猪、母猪、仔猪、蛋鸡和肉鸡、蛋鸭和肉鸭、鹅、兔等不同生长阶段单胃动物饲草草粉、草颗粒等饲草原料产品的加工粒度、制作工艺等技术进行研究，制订其生产工艺标准。为单胃动物饲草原料的生产、饲粮配制提供技术支撑。

猪、禽对不同饲草的饲喂价值：主要研究牧草中纤维、蛋白质、维生素、功能性活性成分在畜禽饲粮中的高效利用技术及机理。研究对象包括：①猪，包括后备母猪、妊娠母猪和哺乳母猪，目的研究母猪对上述成分的利用效率、高效利用技术和调控生产性能的机理。其中以苜蓿纤维为主要研究对象，研究不同纤维源（中性洗涤纤维、酸性洗涤纤维、可溶与不可溶纤维）对减轻母猪便秘和流产的效应，牧草中功能性成分（皂苷、黄酮、多糖等）在提高母猪产仔数和母子健康方面的互作效应和作用机制；无抗或低抗牧草型母猪饲粮配方技术，探讨调控动物代谢的机理。②禽，包括蛋禽和肉禽对上述成分的利用效率、高效利用技术和调控生产性能的机理，重点研究叶酸等维生素在蛋黄中的沉积机制、维生素E等维生素的抗氧化机制，以及功能性成分苜蓿皂苷等降低禽蛋胆固醇的作用机制。

幼龄猪、禽对饲草纤维源的高效利用：主要研究牧草等纤维源对仔猪和生长猪、幼禽生产性能、胃肠道发育和健康状况的影响，并采用宏基因组测序等方法，探讨不同纤维源对其肠道微生物菌群的影响及缓解仔猪腹泻的机制；研究仔猪、幼禽纤维营养对生长育肥阶段的生产性能和胃肠道健康的后续影响；研制经济实用的配方。

研制不同畜禽不同生长发育阶段饲草型精准饲料配方和产品。针对猪、禽、驴、兔等畜禽机体对有效营养物质数量和比例的需要，以及不同牧草产品的营养价值，研发牧草型后备母猪、妊娠母猪和哺乳母猪、仔猪、生长育肥猪，牧草型蛋鸡和肉鸡、蛋鸭和肉鸭、鹅、驴和兔等单胃畜禽不同饲养阶段的精准饲料配方。目前，已建立集仔猪、母猪、生长育肥猪牧草型精准饲养技术体系。

2. 饲喂牧草的优质畜产品研发（饲草型优质猪肉、禽肉、驴肉的产品研发，饲草型禽蛋生产）

重点研究苜蓿等优质牧草对育肥猪、肉鸡、肉鸭、肉鹅、肉驴和肉兔尤其对猪肉和禽肉品质的影响和有益成分在其肉中的沉积机制以及物质代谢规律，为生产高品质单胃优质肉产品提供技术支撑和理论依据。目前，该研究在饲草型优质猪肉和优质鸡蛋生产上已取得重大进展，配方技术已基本成熟，问题是怎样推广其牧草型优质畜产品。

3.4.5 饲草种植—单胃畜禽养殖—粪污还田的循环农业模式的研发和技术推广

在进行种植—养殖—粪污处理循环农业方面，美国和欧洲一些发达国家的经验值得借鉴。他们在建立一个新型的牛场或猪场时，必须有充足的土地种植饲料作物或牧草消纳粪污，美国奶牛和肉牛养殖业的粪污经过干湿分离，固体部分经烘干作为肥料还田或烘干作为垫床，尿液部分经沤制后作为肥料还田，种植籽粒玉米或青贮玉米、大豆和苜蓿等饲料作物。美国和欧洲一些国家在进行牛和猪养殖时，主要使用发酵池发酵粪尿后还田。既减轻了环境污染，又为饲料作物和牧草提供了有机肥，生产的饲料又满足了养殖业的需要，且其粪尿处理的方法简便投资少、效果好。

相比而言，我国养殖业粪污处理的主要方法是生产沼气，沼液和沼渣用来还田。但沼气生产可能存在投资大、运营成本高的问题，沼液和沼渣长期使用对农田以及农作物和牧草生长的影响尚未进行科学评估，而且多数养殖企业无地可种或地少畜多尚未形成有效的草畜一体化机制。故在我国要实行种植—养殖—粪污还田的草畜结合有效机制，还需要很长的路要走。

3.4.6　新兴饲料的评定和推广

慎重进行新型饲草的推广和应用。对新兴饲草的推广，在生产上大面积推广应用一定要以系统、科学的试验研究为基础，可进行专题立项，开展从种植技术、收贮和加工调制技术、营养价值评定和饲喂技术、饲料产品的安全性评价、经济效益评价等方面的研究。鉴于苜蓿是目前国内最具栽培和饲喂价值的主推品种，要比较新兴饲料与苜蓿等草本植物对土壤肥力的效应和消纳粪污的效应，以及产量、品质、蛋白质利用效率和饲喂效果，明确其在生产上利用的可行性，以及产品形式和功能定位；坚持种养结合，以足够量的动物群体利用为基础，确保种植后能完全利用，计算投入产出比，明确经济上的可行性，确保种养户的经济效益，形成成熟的技术体系后再大规模推广应用。

第 4 章

饲草料生产与供应

4.1　我国饲草料的来源

4.1.1　人工种草的历史及发展现状

1. 人工种草的起步与发展

（1）古代的人工种草及草产品加工。"草"字，早在甲骨文中就已经出现。我国古代以农耕文明占据主导地位，与草相关行业一直处于被歧视状态。动物的饲养和植物的栽培，都发源于旧石器时代晚期的渔猎采集活动。新石器时代，有一些地方逐步形成了比较发达的畜牧业经济，为了解决圈养时期的饲料问题，要储备相当数量的干草。《诗经·小雅·鸳鸯》中有"乘马在厩"和"摧之抹之"之句，就是说要用切碎的刍草喂牲畜，我国的饲草料加工自此开始。西周时，连秸收获谷物，然后再使穗实与禾秸分离，禾秸可利用为牲畜饲料及燃料。《齐民要术》在叙述养羊所需的饲料时，叙述了草的收获与加工，还介绍了储备干草过冬的重要意义。东汉时代的崔寔在《四时月令》中指出了收割饲草的时期。

古代农区畜牧以舍饲为主，尤其是入冬枯草期，大小家畜的饲草料储备是一项重要的农事。各地越冬饲料中还有青干草，时称"青茭"。常以大豆和大麦、小谷之类配种收储，牲口喜食且容易上膘。唐代的《政书》之中对各类饲草料储备的数量、搭配比例都有一定的标准，并按牲畜种类、性别、年龄、孕畜和泌乳等情况，有区别地配给。明代官牛的饲草料百姓供应困难，洪武二十五年起，下令北平等远处卫所，由官军自采野草备用，从此有了储存秋青草的办法。元清时期，还专门为牲畜越冬准备干草，每年春夏选择牧草茂盛的草甸，特意留在秋天收割。收获以村落为单位，将牧草地划为小块"草甸子"，就地晒干盘垛以备冬天饲用。再加上农田谷草、粮秕等农副饲料，畜群越冬饲草料就有了解决的途径。

隋、唐、五代、宋、元时期，农产品出现商品化的萌芽。但是，作为家畜饲用的饲草料，在我国古代能否自由买卖，尚待考评。元朝在京都附近养有大批马、驼，饲草料均出自民间。朝廷《劝农》诏书中，时常规定有各村"布种苜蓿"、"喂养马匹"。每年征收刍草十分严急，陕西农民在秋后要将刍粮输送京都牧监，是一项沉重的赋役。喂家畜的饲料饲草，除依靠天然草地外，还有就地生产的农副产品，如麸糠、豆类和稿秆，以及专种苜蓿作饲料。大批官畜不供耕用，饲料由政府有计划地采购、储存和分配，并作出定量供应。如唐朝太仆寺的典既署对家畜饲料定额的规定。此外，还有税草的专用量词，唐五代税草的量词，除"束"外，还有"围"和"分"。

（2）近代的人工种草及草产品加工。清末创的《农学报》上先后发表了《紫云英栽培学》《苜蓿说》《谈栽培苜蓿之有利》等译文，阐述国外牧草的优越。19 世纪 90 年代，我国的农业刊物在《绿肥植物一种》一文中，介绍了国外的一种优良牧草——阿尔发代，认为这种牧草优于紫云英、苜蓿、大豆和蚕豆，并进行了引种试验。至光绪三十三年（1907），奉天农业试验场从国外引进试种的优良牧草达 37 种之多。

抗战期间，边区为了发展畜牧业，重视发展牧草生产。1941 年，还发布了大量种贮牧草的指示，划定延安、安塞、甘泉、志丹、鹿县、靖边、定边、盐池、曲子、环县、庆阳等地为推广种植牧草的中心区域。推广种植的牧草主要有苜蓿，其次是燕麦。

我国牧草专家王栋赴英留学，于 1942 年回国后，任教于陕西国立西北农学院，一直从事牧草的栽培和贮藏研究。他于 1943—1945 年多次发表文章，指出人工种植牧草的重要性。他说："畜牧之经营以饲料为首要。若饲料缺乏或成分不合，虽有优良之种畜，亦难充分发挥其特性"，"饲料中又以牧草为家畜最经济最优美的饲料"。俗谚云："无草即无牛，无牛即无粪，无粪即无作物"，又云："肉皆是草"。这些论述为我国牧草的研究奠定了思想基础。这一时期的牧草栽培试验，主要有四川农业改进所1942 年的象草栽培试验，年亩产象草创 1.5 万千克的记录。1942 年，张仲葛在广西第四区农场进行牧草引种试验，试验结果在禾本科中以本地狗尾草发芽最快、整齐、生长发育亦优良，其次为红顶草；在菽草中，以紫花苜蓿为最优良。王栋教授在 1942—1948 年对牧草的试验主要有：草种室内与田间发芽试验比较；苜蓿新、陈种子发芽比较；牧草幼苗期根茎生长之比较；苜蓿株本增长速度的观察；牧草茎叶花实各部比例的统计；苜蓿收割次数与产量的关系等。这些试验对指导广泛的牧草种植有重要作用。

农区畜牧饲料有大麦、青稞、豆类精料，同时还有农作物茎秆枝叶，如豆茎、薯蔓、玉米秆等粗料。豆麦类精料生产多结合轮作倒茬，粗料纯属农副产品利用。除此之外，西北农区在近代继续广种苜蓿，陕甘农家一般都留苜蓿地。陕甘宁边区经常从关中运进苜蓿种子鼓励农民种植。当时，边区运盐道上缺草，严重阻碍着盐运业发展。边区政府组织群众在盐道两旁大量种植苜蓿及其他牧草，既保证了盐运业又促进了畜牧业的发展。农区养畜最大困难在饲料，每年冬春饲草料缺乏，有大量牲畜因饥饿而亡，老百姓叫"乏死"。故毛泽东同志在《经济问题与财政问题》中尖锐指出："牧草是牲畜的生死问题"，号召边区大力推广牧草的种植；除种植苜蓿外，还劝令群众种柠条、沙柳等，兼作牧草和薪柴；割芦苇、白草、冰草、沙莲等野草，储备为越冬饲料。西北多旱灾，大旱年赤地千里、寸草不生，百姓常靠挖苜蓿根救济牲口，也不失为一种应急保畜措施。苜蓿根系发达，营养丰富，后来发展成一种家畜的肥育方法。农民专用老苜蓿根"追肥"牲畜，挖过苜蓿的田地又是下茬作物增产的理想前茬。因此，苜蓿在西北农区粮草轮作中占有极重要的地位。

抗战期间，边区非常重视牧草生产。秋后发动群众及时收割牧草，要求每家每户至少存储3个月的草料。国统区进行了饲料与饲养以及牧草栽培和贮藏的试验研究。牧草贮藏主要针对牧草的干制和青贮进行研究。尤其是青贮为较先进技术，以前较少采用。我国虽早在1933年就有专文介绍，但具体试验研究不多。1945年6月，王栋教授在西北进行了一次青贮试验。他采用陕西农民所普遍栽种的苜蓿和玉米，二者配合。试验表明，此法取材便宜，制法简单，乡民皆易仿效，且西北诸省地势高燥、气候干旱，采用"窖藏法"尤为适宜。1948年，他在南京畜牧实验所再次用玉米调制青贮饲料，结果亦很好。

进入民国之后，东北牧草成为日伪掠夺的目标。滨州铁路沿线所产的牧草（主要是羊草）就曾经被日军大量征用。据"满铁"统计，1932年，由土尔赤哈（今龙江）、小嵩子（今泰康）、宋站、满沟（今肇东）火车站，发出的羊草为1.93万吨。此后逐年增加，到了1939年为2.52万吨。伪满在肇东成立了肇东羊草组合，以肇东县为中心，于满沟站、宋站、尚家、姜家设 4 个分区，1940 年征购羊草 2.23 万吨，1941 年征购 3.87 万吨。

（3）现代的人工种草及草产品加工。新中国成立后，人工草地有了全面的发展，除了面积有迅速的增加外，人工草地的类型也达到了多样化。我国人工草地的建设，在天然草原生产力不断退化的情况下，对畜牧业生产的不断增长起到了重要的支撑作用。

我国北方灌溉的人工饲草料地大幅度提高了牧草产量，并改善了牧草质量。青藏高原气温低，有一定的降水，建植的旱作人工饲草料地亦可大幅度提高牧草产量，燕麦草地在较长的营养期中，青草年产量可高达 37.5 吨/公顷。南方岩溶地区天然草地植被以禾草、蕨类和柳属灌木等占优势，牧草可利用的时间短，质量差，饲用价值很低，但这里有建植草山草坡的得天独厚的水热条件，例如，云贵高原的禾本科—豆科人工草地，产量提高 5～8 倍，粗蛋白提高 8～10 倍，2 亩人工草地可养 1 头细毛羊，年产毛 5 千克/只，或 15 亩可养奶牛 1 头，年产奶 3 000～3 500 千克，或 10 亩可养肉牛 1 头，18 个月出栏，胴体重可达 400～500 千克，这些指标已接近或达到了发达国家新西兰人工草地的生产水平（胡自治，2000）。地处广西桂北的溶岩山区，近年来用温带豆科和禾本科牧草建立了较大面积的人工、半人工草地，形成了特殊的地带性亚热带山地温性常绿草甸，牧草产量和质量都有很大的提高。广东和四川的水稻—黑麦草系统，在头年 11 月至次年 3 月的水田冬闲期种植一年生黑麦，可刈割嫩鲜草 8－10 次，鲜草产量达 7.5 吨/公顷，粗蛋白含量高达 22%～26%，不仅是草食家畜的优质饲草，也是猪、禽、鱼的好饲料，它促进了传统鱼米之乡的农牧结合，提高了经济效益，是南方水稻区农业结构优化的一次飞跃。我国人工草地在实践中发挥了极好的经济效益和生态效益，但在总体上看，发展还很缓慢。

牧草品种的选育：20 世纪 50 年代，各地在广泛开展草原资源调查中，收集到牧草种质资源近 6 000 份，发现了野生白三叶、毛花雀稗、地毯草等一批优良牧草，经过分类整理，编撰出《全国牧草、饲料作物名录》、《饲料作物志》等。同时，积极开展优良草种的驯化选育、草原改良利用、建立人工草地的研究试验工作。中国农业科学院草原研究所和吉林省农业科学院畜牧研究所等单位，经过较长时间的协作，选育出近 60 个抗寒、抗旱、耐盐碱牧草品种，研究出在干旱草原和荒漠化草原建立人工草地的综合技术措施，使干旱、半干旱地区人工草地平均亩产干草比天然草地提高 4～7 倍；荒漠化地区旱地人工草地亩产干草比天然草地提高 9～10 倍。在南方，由福建农学院、广西畜牧研究所等单位协作，利用华南野草资源优势，结合引进国外优良草种，筛选和培育出 30 多个牧草品种，提出一套南方草山草坡改良和人工草地配套技术，试行推广，已取得成效。如湖南省城步苗族自治县南山牧场，利用和改良山地草原发展养牛业，获得良好经济效益。贵州省威宁县试验点，根据南方丰产草地具有建成和退化都十分迅速的特点，提出了恢复退化人工草地和建立高产稳产人工草地的综合措施。为了推动人工草地的建设，国家已经设立了优良牧草的种子田基地，选择南北方优良牧草品种 60 多个，繁育播种面积已有 70 多万公顷，以满足发展人工草地的需要。

20 世纪 90 年代后期，因农业结构调整与国家生态环境建设的需要，饲草种植业迅速发展，全国饲草种植业格局已经初步形成。北方地区除紫花苜蓿外，沙打旺、老芒麦、披碱草、无芒雀麦、燕麦、青贮玉米等饲草作物发展迅速；南方一年生黑麦草、柱花草、红三叶、白三叶、圆叶决明、苏丹草等种植面积持续扩大。此外，伴随着奶业的发展，以玉米、杂交高粱为主的青贮饲料作物在全国各地得到了大规模推广。

牧草收获机械的发展：新中国成立后，畜牧业机械化有了一定发展。在饲草收获加工方面，1949 年收割饲草主要是用长把锻刀、草杈、马车"老三样"。20 世纪 60 年代，各地开始生产机引割草机。到 20 世纪 70 年代末，中国多种型号的机引割草机、搂草机、捆压机相继批量投产。1979 年，全国有各种型号的牧草收割机 139 万部，牧区饲草收获机械化和半机械化程度达到 60% 以上。20 世纪 80 年代后，适应青贮饲料迅速发展的需要，青贮饲料收获机械发展很快，逐步从多种机械中选出 7 种型号，向标准化、通用化和系列化方向发展。

（4）人工种草的发展现状。经过十余年努力，我国草原保护建设和畜牧业转型发展取得了积极成效，天然草原潜在生产能力明显增强，人工草地生产效率不断提高，为我国饲草料生产的快速发展打下了较好基础。在京津风沙源治理、退牧还草、西南岩溶地区草地治理工程和草原生态保护补助奖励机制的支持下，我国人工草地建设取得了明显成效（李新一，2015）。

种植面积：2001 年以来，在当年新增种草面积中，一年生牧草（含青贮青饲类饲用作物，下同）种植面积呈逐年增加趋势，从 2001 年的 225 万公顷增加到 2017 年的 447 万公顷，增长了近 1 倍；多年生牧草（含饲用灌木和半灌木，下同）种植面积从 2001 年的 324 万公顷增加到 2006 年的 392 万公顷，此后回落到 300 万公顷左右，2017 年为 165 万公顷，比 2001 年减少了 49%。年末累计种草保留面积从 2001 年的 1 689 万公顷增加到 2007 年的 2 324 万公顷，此后在 1 951 万公顷至 2 135 万公顷之间徘徊，2017 年为 1 970 万公顷，比 2001 年增长了约 17%（表 4 - 1）。

表 4 - 1　2001—2017 年人工种草情况

单位：万公顷、万吨

年份	年末累计种草保留面积	当年新增种草面积			全国种草总产量
		合计	一年生牧草	多年生牧草	
2001	1 689	549	225	324	8 819
2002	1 957	653	292	364	9 563
2003	2 027	758	359	400	11 042
2004	2 247	778	389	389	12 280
2005	2 151	729	403	326	14 034
2006	2 246	812	420	392	14 415
2007	2 324	735	434	302	14 502
2008	2 119	773	472	301	15 269
2009	2 064	704	444	260	16 428
2010	2 135	7 450	454	296	18 292
2011	1 951	744	465	279	16 791
2012	1 981	695	433	262	16 038
2013	2 087	769	459	310	18 939
2014	2 201	719	478	241	18 000
2015	2 309	638	378	260	17 427
2016	2 056	653	435	218	16 410
2017	1 970	612	447	165	17 595

数据来源：《中国草业统计》。

牧草种类：2017 年，多年生牧草年末累计保留面积 1 523 万公顷，比 2001 年增长了 1 倍。其中，紫花苜蓿（Medicagosativa）、披碱草（Elymusdahuricus）、多年生黑麦草（Loliumperenne）、三叶草属（Trifolium）、狼尾草（Pennisetumalopecuroides）、冰草（Agropyroncristatum）

等15种优质牧草种植面积较大,占多年生牧草年末累计保留面积的比例从2001年的85%增加到2017年的94%,增长了9个百分点。紫花苜蓿是种植面积最大的多年生牧草,2017年末累计保留面积383万公顷,比2001年增长了34%,占多年生牧草累计保留面积的26%,比2001年提高了7个百分点;披碱草、多年生黑麦草、三叶草、冰草、狼尾草年末累计保留面积也分别比2001年增长了4.3倍、4.4倍、1.3倍、6.2倍、3.1倍,5种牧草占全国多年生牧草累计保留面积的比例从2001年的7%提高到2017年的15%。天然草原实施禁牧休牧轮牧措施后,适宜沙化草地种植的沙打旺(Astragalusadsurgens)、沙蒿(Artemisiadeserto Rum)面积减少,2017年末累计保留面积分别比2001年下降了78%和66%。2017年,种植面积超过1万公顷的一年生牧草种类有17个。其中,青贮青饲玉米(Zeamays)、多花黑麦草(L. multiflorum)、燕麦(Avenasativa)等15个主要饲草料品种,种植面积从2001年的178万公顷增加到2017年的414万公顷,占一年生牧草种植面积的比例从78%增长到90%,提高了12个百分点。青贮青饲类饲用作物种植面积增长较快,2017年青贮青饲玉米231万公顷,比2001年增长了2.3倍,占一年生牧草种植面积的52%,比2001年提高了27个百分点;青贮青饲高粱(Sorghumbicolor)种植面积24万公顷,是2001年的近12倍(图4-1)。

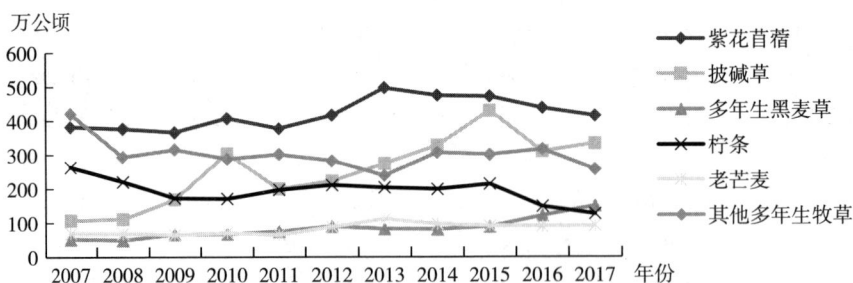

图4-1 2007—2017年全国几种主要多年生牧草保留面积
数据来源:《中国草业统计》。

牧草产量:由于人工草地向雨热水肥等立地条件较好的半农半牧区、农区和草山草坡区转移,且在草原保护建设工程项目和草原生态保护补助奖励机制的推动下,紫花苜蓿、多年生黑麦草和青贮青饲玉米等优质高产牧草饲料作物种植比例提高,人工草地生产效率和增产能力显著增强。2017年末累计种草保留面积仅比2001年增长了17%,但是饲草料产量达到 17 595 万吨，比 2001 年增长了 1 倍（图 4 - 2），17 个省区人工草地饲草料产量占全国总产量的 82％～86％，从 2001 年的 7 621 万吨增加到 2017 年的 16 213 万吨，增长了 113％，六大牧区人工草地饲草料产量从 2001 年的 5 938 万吨增加到 2017 年的 10 187 万吨，增长了 72％，占全国总产量的比例从 2001 年的 67％减少到 2017 年的 54％，下降了 13 个百分点。人工草地饲草料产量增加，促进了饲草料生产方式转变和产业结构调整，提升了草食家畜养殖水平。2017 年，肉牛、奶牛、羊规模饲养比例分别达到 27％、41％和 31％，比 2003 年分别提高了 14 个百分点、29 个百分点和 11 个百分点；牛羊肉、牛奶产量分别达到 1 081 万吨和 3 531 万吨，比 2001 年分别提高了 39％和 224％。

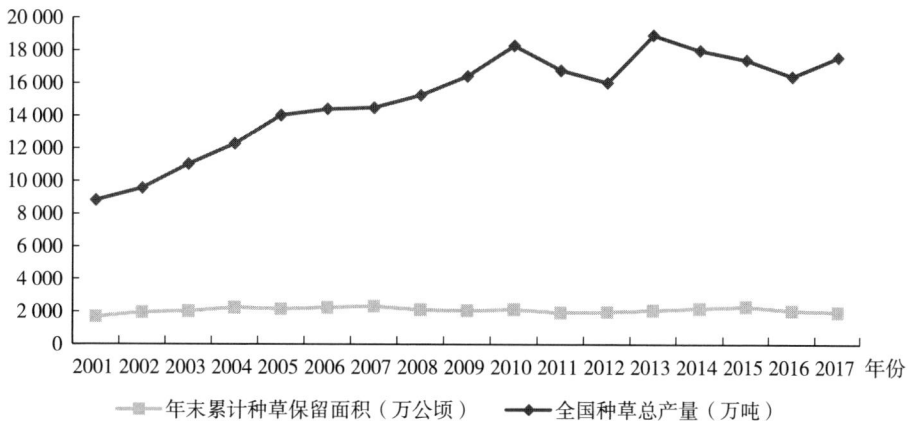

图 4 - 2　2001—2017 年我国种草面积与产量变化

数据来源：《中国草业统计》。

我国饲草料生产的总体形势：2002—2017 年的 16 年间，有 9 年人工草地饲草料增加量弥补了天然草原的减少量，且有不同程度的富余，最多的 2005 年为 2 204 万吨，最少的 2006 年为 76 万吨；有 3 年饲草料总产量比上一年下降，最多的 2011 年减少 3 430 万吨。六大牧区饲草料生产形势相对严峻，2001—2017 年饲草料产量有 11 年比上一年增加，5 年比上一年减少。

近年来，国家对一些种草政策进行了调整。主要有：一是调整了新一轮草原生态保护补助奖励政策内容，取消了牧草良种补贴；二是停止了飞播种草项目；三是在新一轮退牧还草工程中提高了补播改良种草标准，但总资金量没有增加，种草任务量相应减少。另外，在内蒙古、新疆等种草地区受干旱、倒春寒等灾害气候的影响，加之畜禽年末存栏量整体呈下降趋势、草产品价格持续低迷，种草保留与新增面积皆有所下降。2017年，全国种草保留面积、新增面积同比分别下降4.2％和6.3％。其中，改良种草保留面积、飞播种草保留面积、新增改良种草面积和新增飞播种草面积分别下降了9.4％、24.1％、37.7％和82.6％。

2. 饲草料基地的建设运行情况

(1) 饲草种植基地建设。近年来，随着一大批草原生态保护与建设重大工程和特色农牧业产业化项目建设的实施，我国的饲草料基地建设有了较大的进展，并且有力地带动了饲草料生产的发展，初步形成了草产业、饲料加工业和草种业加工体系。《全国节粮型畜牧业发展规划（2011—2020年）》指出，围绕"一带两区"发展布局，大力发展人工种草。"一带"指苜蓿产业带，几乎与我国农牧交错带相重叠，主要分布于新疆东部、甘肃、宁夏、陕西、山西、河北、山东、内蒙古南缘、辽宁、吉林、黑龙江等地，该产业带目前已基本成为东北、华北和西北草产品加工优势产业带；"两区"主要指羊草生产区和南方饲草生产区，羊草生产区主要分布在东北、内蒙古东部。随着饲草产业的进一步发展，未来将在海河低平原、黄河沿岸、黄河三角洲、苏北沿海平原和淮北平原区的盐碱地、滩涂地等区域形成规模化、集约化和产业化的饲草生产。2008年，全国草产品加工企业300余家，其中年加工5万吨以上的有33家，累计人工种草面积999.8万公顷。其中，耕地种草面积342.3万公顷，年产干草6 039.5万吨，不及国内正常需求量的1/10（王明利，2012）。

中国的饲草种植基地主要在西北，这些地方是传统牧区，畜牧业发达，对饲草需求量大。2013年，内蒙古阿鲁科尔沁旗种植苜蓿草107万亩，年产优质苜蓿草40万吨，优质燕麦草20万吨。进驻的上市企业达到23家，是目前国内集中连片种植苜蓿草面积最大的一个旗县，2013年阿鲁科尔沁旗被中国畜牧业协会草业分会命名为"中国草都"。

西部大开发以来，甘肃省已成为全国重要的饲草生产基地（王朝霞，2013）。2011年，人工种草达2 212万亩，连续十多年保持在全国第二位，紫花苜蓿留床面积915万亩，占全国种植面积的1/3，稳居全国第一位。草产品加工企业发展到60多家，草产品加工能力达153万吨，生产的草粉、草颗粒、草砖、草块、草捆等优质草产品，畅销国内外。

(2) 国家扶持饲草料基地的政策措施。我国从1999年开始实施退耕还林（草）政策、风沙源治理、西南岩溶地区草地治理等草原保护建设工程和草原生态保护补助奖励机制政策。通过人工种草、飞播饲草、围栏封育、草种基地、建设牲畜棚圈、购置饲草料加工机械、建设青贮窖和贮草棚等措施。一方面，恢复天然草原植被、保护草原；另一方面，促进人工饲草料基地的建设，转变畜牧业生产方式。

2011 年，国家启动草原生态保护补助奖励政策，我国每年有 20 多亿元的饲草良种补贴资金，将人工饲草料基地建设纳入退牧还草工程实施范围，每亩投资 160 元；2012 年，财政部和农业部启动实施"振兴奶业苜蓿发展行动"。中央财政安排一定的补助资金，在苜蓿优势产区和奶牛主产区建设高产优质苜蓿示范片区，重点在东北、华北、西北三大区，主要推行苜蓿良种化、生产标准化，改善生产条件、提升质量水平。每亩补助600 元。补助对象为农民饲草专业生产合作社、饲草生产加工企业和奶牛养殖企业（场），优先扶持农民饲草专业生产合作社。

各省市区在国家政策的扶持下，结合本地实际，进一步加大草原生态保护建设和畜牧业发展力度。如宁夏回族自治区从 2003 年开始全区禁牧，并整合资金在农区和农牧交错区大力发展人工种草；甘肃省把发展饲草料生产列为促农增收的"六大行动"；青海省不断完善草原生态保护补助奖励和人工草地建设工作；东南部省份积极采取措施加强草山草坡和农闲田的开发利用。

4.1.2　秸秆饲草化利用的主要方式及发展现状

4.1.2.1　秸秆饲草化的发展历程

秸秆是指农作物及饲草料收获种子以后残留的营养体，包括茎秆、皮壳和枯叶等，将饲喂家畜所用的秸秆称为"秸秆饲料"，将秸秆加工为秸秆饲料的过程为"秸秆饲草化"。中国作为农业大国，长期"以粮为纲"的农耕模式产生了大量农作物秸秆，秸秆产量居世界第一。同时，"大国小农"是我国农业的基本国情，我国小农户、散户养畜比例很高，秸秆饲草化比较普遍。

1. 新中国成立前的缓慢发展

早在西周时，谷物的收获已从先收禾穗的方法进展到连秸收获的方法，"连秸收获"后，再使穗实与禾秸（即稿秆）分离，禾秸可利用为牲畜饲料及燃料，这是秸秆饲草化有文字记载最早的利用方式。在古代，饲喂家畜的饲料饲草，除依靠天然草地外，还有就地生产的农副产品，如麸糠、豆类和稿秆，以及专种的苜蓿，农副秸秆在饲喂马、牛、羊中广泛应用。

农副秸秆普遍的利用方式是青贮。据考证，青贮技术起源于古埃及文化鼎盛时期，以后传至地中海沿岸。十八世纪末由北欧传到美国，并由此传入英国。在我国，据历史资料记载，远在南北朝时期（距今约1500年）就开始采用很完备的干草调制和贮存方法。早在600多年前元代《王祯农书》和清代《幽风广义》中记载有苜蓿、马齿苋等青饲料的发酵方法，其实就是青贮原理的应用。

我国最早关于青贮饲料的实验研究报道是发表于《西北农林》的"玉米窖贮藏青贮料调制实验"（李那，1944）。西北农学院首次进行带棒玉米窖贮藏青饲料（王栋、卢得仁，1943年），并向陕西及全国推广。

2. 新中国成立后的快速发展

新中国成立后，青贮技术在我国正式列入科研计划项目是在20世纪50代年初期，华北农业科学研究所（1953年）曾将收获后玉米秸的青贮技术列入科研计划，并与山东省农业科学研究所、浙江省农业科学研究所合作，就玉米秸的适时收获、营养价值评定、青贮技术等进行研究。随后，我国对青贮秸秆饲料的研究、推广做了大量工作。一般国营畜牧场（如奶牛场）均应用青贮玉米秸作为奶牛等草食家畜的主要粗饲料。刚刚兴起的青贮玉米秸技术，由于受"文革"影响曾一度中断。

20世纪80年代，由于青贮秸秆技术有了新的发展，大力推动了秸秆饲草化进程。1987年，农牧渔部畜牧局在河南周口地区召开青贮饲料及氨化秸秆经验交流会。农业部自1992年起，在全国开展秸秆养畜示范工程的农业综合开发项目。到1996年，已在全国29个省市区建立了3大肉牛带、12个示范大区、208个国家级养畜示范县。1992—1996年，全国共青贮秸秆3.31亿吨，氨化秸秆8 619万吨。1997年，已建的213个国家级秸秆青贮养畜示范县达到全国县总数的9.9%，秸秆饲用率达48.1%。1997年，全国秸秆青贮利用1.84亿吨，全国青贮秸秆饲用率已经超过30%。2005年，全国青贮秸秆达到1.75亿吨。

进入21世纪，秸秆饲草化进入快速发展期。为了合理引导和大力支持秸秆资源的开发与利用，国家发展改革委、财政部、农业部、国家环保总局等部门先后出台了《国家发展改革委、农业部关于印发编制秸秆综合利用规划的指导意见的通知》(发改环资〔2009〕378 号)、《国务院办公厅关于加快推进农作物秸秆综合利用的意见》(国办发〔2008〕105 号)、《财政部关于秸秆能源化利用补助资金管理暂行办法》(财建〔2008〕735 号)、《国家发展改革委、农业部、财政部关于印发"十二五"农作物秸秆综合利用实施方案的通知》(发改环资〔2011〕2615 号)等政策和文件,通过政策引导和资金支持,基本建立较完善的秸秆田间处理、收集、储运体系;形成布局合理、多元利用的综合利用产业化格局。2009 年,农业部在宁夏贺兰县举行秸秆养畜青贮技术现场会。2010 年,农业部在河南永成市召开青贮技术培训现场会。至此,秸秆饲草化在全国全面推广。

3. 近年来的稳定与产业化发展

近 10 年来,由于秸秆饲草化技术不断进步,秸秆饲草化进入稳定发展期。2015 年,国家发展改革委、财政部、农业部、环保部联合印发了《关于进一步加快推进农作物秸秆综合利用和禁烧工作的通知》,2015 年农业部发布了《关于促进草食畜牧业加快发展的指导意见》,要求大力推广青(黄)贮和微贮等处理技术,积极支持开展秸秆饲料化示范工程。2016 年,国家发展改革委办公厅、农业部办公厅联合下发了《关于印发编制"十三五"秸秆综合利用实施方案的指导意见的通知》文件中,要求各地统筹规划,坚持市场化的发展方向,在政策、资金和技术上给予支持,围绕秸秆代木、饲草化等秸秆综合利用重点领域开展工程建设和示范推广,实现到 2020 年全国秸秆综合利用率达到 85% 以上的目标。秸秆饲料化利用是"十三五"重点实施领域,"秸秆是牛羊粗饲料主要来源,要把推进秸秆饲料化与调整畜禽养殖结构结合起来,在粮食主产区和农牧交错区积极培植秸秆养畜产业,鼓励秸秆青贮、氨化、微贮、颗粒饲料等的快速发展。""十三五"期间,农业部将在秸秆资源丰富和牛羊养殖量较大的粮食主产区,扶持秸秆青(黄)贮、压块颗粒料、蒸汽喷爆等饲料专业化生产示范建设,重点支持建设秸秆青贮氨化池、购置秸秆处理机械和饲料加工设备,增强秸秆饲用处理能力,保障畜牧养殖的饲料供给。

为推进秸秆产业发展,2017 年 12 月,在科技部、农业部等六部委支持下,成立了国家秸秆产业联盟,由秸秆控股集团有限公司担任理事长单位,现有会员企业 3 000 余家,总资产 1 600 亿元。该联盟以"创新秸秆理念,促进产业发展"为宗旨,建立产学研体系、开展技术合作、抱团取暖、形成合力,为产业规范发展、资源整合起到引领示范作用。进一步扶持开展秸秆养畜联户示范、规模场示范和秸秆饲料专业化生产示范，重点支持建设秸秆青黄贮窖或工业化生产线，购置秸秆处理机械和加工设备，改造配套基础设施，增强秸秆处理饲用能力，加快推进农作物秸秆饲料化利用。2018 年，农业部办公厅推介发布秸秆农用十大模式。其中，第七种模式为"秸—饲—肥种养结合模式"，农作物秸秆通过物理、化学、生物等处理方法，添加辅料和营养元素，制作成为营养齐全、适口性好的牲畜饲料。秸秆饲料经禽畜消化吸收后排出的粪便经过高温有氧堆肥、发酵等处理方式作为有机肥还田，从而实现种植业和养殖业的有机结合。

4.1.2.2 秸秆饲草化的主要品种及方式

1. 主要品种

秸秆饲草料按照原料的不同分为：谷物秸秆、豆类秸秆、油料作物秸秆和其他类。

谷物秸秆饲料：谷物秸秆主要是稻秸、玉米秸和麦秸，这些秸秆资源量约占秸秆总资源量的 78.6%。秸秆产量最大的是稻秸，约占总秸秆产量的 29.93%；其次是玉米秸秆，约占总秸秆产量的 27.39%；小麦秸秆的产量占农作物总秸秆产量的第三位，约占 18.31%。玉米秸的营养价值在禾谷类秸秆中是最好的。玉米秸外皮光滑，质地坚硬，牛对其粗纤维的消化率较高。同一株玉米秸的营养价值，上部比下部高，叶片比茎秆高，而玉米穗苞叶和玉米芯营养价值很低，玉米秸可利用率为 0.92。麦秸的营养价值低于玉米秸，可利用率为 0.65。麦秸中木质素含量很高，消化率低，质量较差。小麦秸在麦类秸秆中数量最多，质量最差，能量含量低，适口性也差。大麦秸的蛋白质含量高于小麦秸，春小麦比冬小麦好，燕麦秸饲用价值最高，经氨化处理后可提高蛋白质含量和消化率。稻草为水稻收割后的茎叶，经晒干而成，是我国南方农区的主要粗饲料来源。能量低于玉米秸、谷草，优于小麦秸，灰分含量高，由于表层覆盖许多二氧化硅的硅细胞阻碍了家畜对营养物质的吸收，且钙、磷含量较低，氨化或碱化处理可提高其消化率和含氮量，可利用率为 0.8。

油料秸秆饲料：油料秸秆主要是油菜、花生、芝麻和向日葵的秸秆，油料作物秸秆约占秸秆总量的 7.99%。油菜秸秆粗蛋白的含量明显高于小麦秸、豆秸和玉米秸，而粗脂肪含量仅低于豆秸而高于其他两类，是一种具有开发潜能的秸秆饲料。

豆科秸秆饲料：豆科秸秆的种类较多，所占比重最大是大豆秸秆，约占秸秆总量的 5.06%。其他豆科秸秆，蚕豆秧、花生秧、豌豆秧比例很小。豆科作物成熟收获后的秸秆，由于叶子大部已凋落，维生素已分解，蛋白质减少，茎多木质化，质地坚硬，营养价值较低。但它与禾本科秸秆相比，蛋白质含量较高。豆科秸秆中以蚕豆秧为最好，粗蛋白质含量为14.6%，其优劣顺序为：蚕豆秧＞花生秧＞豌豆秧＞大豆秸秆。豆科秸秆共同的营养特点是粗蛋白质和粗脂肪含量高，粗纤维含量少，钙、磷等矿物质含量较高。豆类秸秆的可利用率为 0.56。花生秸秆的可利用率为 0.83。

其他类秸秆饲料：主要是薯类、棉花和麻类作物的秸秆，约占总量的8.35%，其中薯类秸秆可利用率为 0.73。

2. 我国主要农作物秸秆分布情况

根据《中国统计年鉴 2012》中公布的主要农产品产量统计资料，该数据包括 2002—2011 年主要农作物经济产量；2011 年全国 31 个省市区主要农作物经济产量。我国主要农作物包括：稻谷、小麦、玉米、其他谷类、豆类、薯类、棉花、甘蔗、花生、油菜籽、芝麻、其他油料作物、黄红麻、其他麻类、烟叶和甜菜等 16 类作物，根据秸秆系数测算秸秆产量，分别统计了 2002—2011 年中国主要农作物秸秆（表 4-2）。

由图 4-3 可见，中国农作物秸秆总产量从 2002 年的 59 886 万吨增加到 2011 年的 74 153 万吨，增加 23.8%，年均增加 2.38%，呈现稳定缓慢上升趋势，说明我国主要农作物产量保持稳定并缓慢增加，但 2003 年和2009 年秸秆产量较前一年略有下降趋势，主要原因可能是因为气候环境变化或种植面积变化导致稻谷、小麦和玉米等主要农作物产量下降。

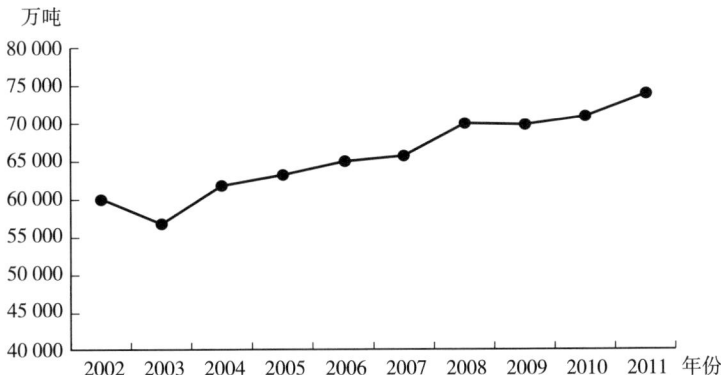

图 4-3　2002—2011 年中国农作物秸秆总产量变化趋势

表 4 - 2 2002—2011 年中国主要农作物秸秆产量

单位：万吨

秸秆种类	2002 年	2003 年	2004 年	2005 年	2006 年	2007 年	2008 年	2009 年	2010 年	2011 年
稻草	17 453.9	16 065.6	17 908.8	18 058.8	18 171.8	18 603.4	19 189.6	19 510.3	19 576.1	20 100.1
麦秸	10 563.9	10 119.1	10 758.4	11 401.1	12 690.5	12 787.9	13 158.3	13 468.5	13 476.2	13 735.9
玉米秸	12 616	12 046.3	13 549.8	14 494	15 766.7	15 839.2	17 255.1	17 053.3	18 433.5	20 049.2
其他谷类秸秆	1 896.2	1 810.1	1 639.4	1 657.8	1 472.8	1 390.6	1 312	1 179.4	1 309.4	1 313.8
豆秸	3 585.9	3 404	3 571.4	3 452.3	3 205.9	2 752.2	3 269.3	3 088.5	3 034.4	3 053.4
薯藤	2 089.6	2 002.6	2 027.9	1 977	1 539.7	1 600.4	1 698.7	1 707.4	1 775	1 865.6
棉柴	1 474.8	1 458	1 897.2	1 714.2	2 259.9	2 287.2	2 247.6	1 913.1	1 788.3	1 976.7
甘蔗秸	3 874.6	3 880.1	3 863.5	3 725.4	4 175	4 856.9	5 338.5	4 970.2	4 763.9	4 920.7
花生秸	1 689.3	1 529.9	1 635	1 635	1 469.1	1 485.1	1 628.6	1 676.7	1 783.4	1 829.2
油菜秸	3 028.4	3 277.5	3 783.2	3 745.9	3 147.2	3 034.5	3 473.3	3 919.6	3 754.5	3 853.3
芝麻秸	179.9	119.2	141.5	125.6	133.1	112	117.8	125	118	121.6
其他油料作物秸	541.4	535.4	486.4	550.4	377.6	306	510.8	511.2	597.8	598
黄红麻秸	30.2	19	16.5	15.8	16.5	18.8	16	14.3	13.1	14.3
其他麻类秸秆	136.9	128	167.8	173.7	136.7	106.9	92	53.2	42.2	37.4
烟叶秸秆	173.7	160.2	170.8	190.5	174.4	170	201.5	217.7	213.3	222.4
甜菜秸	551.3	265.8	251.9	338.9	322.8	384	431.9	308.7	399.7	461.4
合计	59 886	56 820.8	61 869.5	63 256.4	65 059.7	65 735.1	69 941	69 717.1	71 078.8	74 153

数据来源：郭冬生、黄春红：《近 10 年来中国农作物秸秆资源量的时空分布与利用模式》，西南农业学报，2016 年 29 卷 4 期。

在中国传统农业种植结构中，稻谷、小麦、玉米和豆类等是主要的农作物种植品种，因此，稻草、麦秸、玉米秸和豆秸也是我国主要的秸秆资源，这4类资源约占总秸秆量的80%以上。图4-4为2002—2011年4类秸秆资源产量变化趋势，可以看出，稻草、玉米秸和麦秸呈现缓慢增加趋势。其中，玉米秸增加趋势更明显，豆秸略呈下降趋势，同年度4类秸秆产量分别呈现稻草＞玉米秸＞麦秸＞豆秸。2002年，中国秸秆总产量为59 886万吨。其中，稻草17 453.9万吨、玉米秸12 616万吨、麦秸10 563.9万吨、豆秸3 585.9万吨。2011年，中国秸秆总产量为74 153万吨。其中，稻草20 100.1万吨、玉米秸20 049.2万吨、麦秸13 735.9万吨、豆秸3 053.4万吨。2002年和2011年相比较，4类秸秆中仅有豆秸产量呈下降趋势。

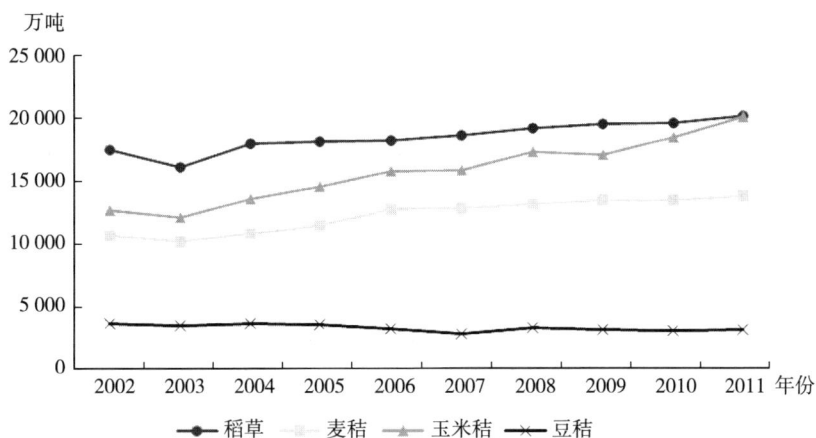

图4-4　2002—2011年中国4种主要农作物秸秆量变化

3. 秸秆饲草化方式

农作物秸秆纤维素含量高，而且含有一定数量的蛋白质。因此，在反刍动物特殊的瘤胃消化生理特性下可被有效利用，利用秸秆资源大力发展养牛和养羊业前景广阔，也符合我国大力发展养牛业和养羊业的畜牧业产业结构调整趋势。秸秆由于适口性差，营养不平衡和利用率低，秸秆养畜的饲草化加工方式主要包括三大类：物理处理法、生物学处理法和化学处理法。

（1）物理处理法。利用水、机械、热力等作用，使秸秆软化、破碎、降解，便于家畜咀嚼和消化利用。常用的方法有：切短、粉碎、揉碎、浸泡、蒸煮、热喷膨化、γ射线和制作成型饲料等。

切短和粉碎：切短和粉碎是处理秸秆最简便有效的方法。经过切短或粉碎处理后，秸秆会便于家畜咀嚼，减少采食耗能，同时也可提高采食量，并减少饲喂过程中的饲料浪费。此外，切短和粉碎后的秸秆还易于和其他饲料进行配合，是生产实践上常用的方法。实验表明，秸秆经切断和粉碎后饲喂家畜，采食量可增加20%～30%，日增重提高20%左右。而且切得越细，消化率就越高。

揉碎处理：随着秸秆资源的大力开发，揉碎机得到广泛应用。它集中了铡草机和粉碎机等机型的优点，是一种新型饲草加工机具。该机具主要是在锤片式粉碎机的结构基础上改进的，以固定齿板或齿条代替筛片，在高速旋转的转子和齿板作用下，可将农作物秸秆或藤蔓、饲草等揉成丝状短段。

浸泡：将农作物秸秆放在水中浸泡一段时间后饲喂家畜能提高适口性。此外，浸泡处理也可改善饲料采食量和消化率，提高秸秆的利用效率。在生产中，一般先将秸秆切细后再加水浸泡并拌上精料进行饲喂，可显著提高秸秆的利用率。

蒸煮：将农作物秸秆放在具有一定压力的容器中进行蒸煮处理可以提高秸秆的消化率。蒸煮处理的效果依据条件不同而异。例如，谷物类秸秆在170℃下煮60分钟，消化率提高到59%，然而煮90分钟，其消化率仅为57%。由此可见，蒸煮处理并不是时间越长越好，生产中应根据原料的不同选择合适的蒸煮时间。

热喷膨化：热喷膨化技术是一种热力效应和机械效应相结合的物理处理方法可以改善粗饲料的适口性，增加家畜的采食量，从而提高粗饲料的利用率。

射线照射：研究表明，利用γ射线照射可提高饲料的饲用价值。材料不同，处理的效果也不尽相同，一般都会增加体外消化率和瘤胃挥发性脂肪酸产量。例如，谷物类秸秆、甘蔗秸秆和向日葵秸秆未处理前，消化率分别为37%、27%和17%，经照射处理，谷物类秸秆的消化率可提高到42%～61%，甘蔗秸秆的消化率提高到37%～59%，向日葵秸秆的消化率提高到22%～49%。

颗粒化：颗粒化技术是将秸秆揉切粉碎，与其他优质饲草或精料混合后进行制粒的工艺技术。秸秆颗粒饲料的特点是很容易将维生素、微量元素非蛋白氮和添加剂等成分加入颗粒饲料中，可以提高营养物质含量，并使各种营养元素含量更加平衡，改善适口性，提高家畜采食量及生产性能。随着饲料加工业和秸秆畜牧业的发展，秸秆饲料颗粒化方面有了很大进展，秸秆饲料颗粒化成套设备相继问世，秸秆颗粒饲料喂牛已开始用于生产。和制作草颗粒类似，实际生产中需要进一步提高加工设备的效率，降低颗粒饲料的成本。

（2）生物学处理法。生物学处理法的实质是利用微生物活动来处理秸秆饲料。主要有秸秆青（黄）贮和真菌处理。

秸秆青（黄）贮法：生物处理法中应用最广泛、操作简单的方法是秸秆青（黄）贮法。在青贮过程中，往往根据作物本身的特点选用添加剂。常用添加剂主要有：微生物制剂、酶制剂、抑制不良发酵的添加剂、营养添加物等 4 类。

真菌处理：近年来，秸秆研究的重点放在如何消除木质素对秸秆营养物质消化吸收的限制上。从 20 世纪 80 年代以来，研究发现了很多能够分解纤维素的真菌，并且发现了它们对木质素降解的机理。如白腐真菌，通过其分泌的胞外氧化酶来降解木材中的木质素的，且不产生色素，被认为是主要的木质素降解微生物，近年来应用较为广泛。

（3）化学处理法。包括如下方式：

氨化处理：秸秆氨化是处理各种黄干秸秆（玉米秸、麦秸、稻草、秕壳、劣质干草等）比较理想的方法，已在国内外得到广泛应用。制作原理是通过适量氨的碱化、氨化、中和作用，提高秸秆的蛋白质含量，并使秸秆的结构疏松，木质素和纤维素软化分离，从而达到提高营养含量、适口性好和利用率的目的。研究表明，黄干秸秆经氨化处理后消化率提高 10%～15%，蛋白质含量提高 1.7 倍，如麦秸氨化后其粗蛋白质的含量由原来的 4% 左右提高到 9.5% 左右，粗纤维的含量可降低 10% 左右。黄干玉米秸秆氨化后，纤维素的消化率提高 11.58%。氨化秸秆可以作为草食家畜，特别是反刍家畜优质的饲料来源。秸秆氨化的制作比较简单，添加适当的氨源，可采用堆垛氨化、装窖氨化和氨化炉氨化。少量的秸秆可用缸或塑料袋氨化，秸秆可切短也可不切短，氨化后可长期贮存饲用。

碱化处理：碱化处理就是借助于碱类物质使饲料纤维内部的氢键结合变弱，破坏酯键或醚键，使细胞壁中纤维素和半纤维素与木质素之间的联系削弱，纤维素分子膨胀、疏松，增大瘤胃微生物附着的面积，提高纤维素的降解率。半纤维素和一部分木质素溶解，有利于反刍动物瘤胃中的微生物发挥作用，从而提高秸秆的消化率，改善适口性，增加采食量。根据处理效果和实用性，碱化处理主要采用氢氧化钠和石灰水处理这两种方法。

碱化处理简单易行，成本低廉，虽能有效地提高秸秆利用率，但用碱量大，需用大量水冲洗，易污染环境且营养损失严重。

生化发酵处理：将秸秆经粉碎机粉碎后，加入发酵调制剂搅拌均匀，填入塑料袋、水缸或水泥池内压实密封，使其软化、熟化。秸秆在生化发酵过程中可使粗纤维得到有效降解，并合成氨基酸、脂肪酸、菌体蛋白及维生素等，改良秸秆的适口性和营养价值。

氧化处理：氧化处理主要包括秸秆的二氧化硫处理法、碱性过氧化氢处理法和臭氧处理法。氧化剂处理秸秆可使纤维素间的空隙度增加，纤维酶与细胞壁结构型多糖间的接触面积增大，从而使秸秆的消化率提高。虽然氧化处理也可以提高秸秆的消化率，但对处理条件要求较高，生产上的可行性有待进一步研究。

酸处理：秸秆的酸化处理包括：硫酸、盐酸、磷酸和蚁酸等。酸处理秸秆的原理基本上与碱处理相同，酸能破坏秸秆纤维物质的晶体结构，提高秸秆饲料消化利用率，但是由于成本过高，酸处理没有碱处理应用得那样普遍。

4.1.2.3 秸秆饲草化的发展现状

1. 秸秆饲草化现状

我国是农业大国，也是秸秆资源最为丰富的国家之一，进入 21 世纪以来年产量超过 6 亿吨，且随着农作物单产的提高，秸秆产量也将随之增加。长期以来，约 30% 的农作物秸秆被作为草食家畜的主要粗饲料"过腹还田"，约 1 亿多吨的秸秆直接在田野焚烧。大多数农作物秸秆饲喂家畜时可消化能力严重不足，蛋白质的含量和质量很低，有些动物消化麦秸所得到的能量甚至为负值。秸秆资源的利用，涉及整个农业生态系统中土壤肥力的维持、水土保持等农业可持续发展问题，是发展可持续农业的重要方面。

2011 年 11 月，国家发改委、农业部和财政部联合发布的《"十二五"农作物秸秆综合利用实施方案》中显示，2010 年全国农作物秸秆理论资源量为 8.4 亿吨，全国农作物秸秆饲料化利用率为 31.9%。其中，玉米高达 92%、花生 83%、水稻 80%。2011 年 12 月，农业部印发《全国节粮型畜牧业发展规划（2011—2020 年）》中预计，2020 年，中国奶类产量达到 6 400 万吨，牛肉产量达到 740 万吨，羊肉产量达到 470 万吨。大力推广农作物秸秆饲料化利用，不仅能高效科学地利用农业废弃物、减少秸秆焚烧、保护大气环境，而且能为奶牛、肉牛和肉羊生产提供充足的粗饲料，保障"节粮型"畜牧业的发展，以达到"不与人争粮、不与粮争地"的目的。

根据《国家发改委、农业部印发编制"十三五"秸秆综合利用实施方案的指导意见》，2015 年，全国秸秆理论资源量为 10.4 亿吨，可收集资源量约 9 亿吨，利用量约为 7.2 亿吨，秸秆饲料化占 18.8%。

农作物秸秆饲料化利用与评价研究方面，方放等通过分析黄淮海五省市秸秆潜在利用途径，预测该地区农作物秸秆饲料化利用作为农作物秸秆利用途径之一，为奶牛、肉牛和肉羊饲养提供充足的粗饲料，能保障"节粮型"畜牧业的发展。该文以中国 31 个省市区的农作物秸秆饲料为研究对象，对 2008—2013 年各省市区农作物秸秆饲料化利用量、反刍动物农作物秸秆饲料需求量进行计算，并求出农作物秸秆饲料化满足度和优势度。

结果表明：①2008—2013 年，中国农作物秸秆饲料化利用量和反刍动物农作物秸秆饲料需求量均呈现增长趋势，2013 年分别达到 16 895.1 万吨和 12 568.4 万吨。东北地区、黄淮海地区、长江中下游地区和六大牧区中内蒙古和四川为农作物秸秆饲料化利用量高的地区。东北地区、黄淮海地区、西南地区和六大牧区中内蒙古、四川、西藏、甘肃和新疆为反刍动物农作物秸秆饲料需求量多的地区。②2008—2013 年，中国农作物秸秆饲料化满足度呈波动增长的趋势，2013 年满足度达到了 134.4%，意味着从全国范围来看，农作物秸秆饲料化利用量满足反刍动物秸秆饲料需求，但呈现"东高西低"情况。六大农区中的黄淮海地区和东北地区、六大牧区中的内蒙古和四川农作物秸秆饲料化利用与其他地区相比更具有优势。③在六大农区中，黄淮海地区和东北地区为农作物秸秆饲料化利用发展核心地区。其中，黄淮海地区需稳固推进秸秆饲料化事业的发展，东北地区秸秆饲料化存在较大的发展空间。在六大牧区中，内蒙古和四川是农作物秸秆饲料化利用发展的核心地区。

国家高度重视秸秆饲料化利用，从资金投入来看，自 1992 年以来，中央就设立了秸秆养畜项目，大力推进秸秆饲料化利用工作。截至目前，中央财政累计投入资金 16.99 亿元，建设秸秆养畜示范县 900 多个。在项目的示范带动下，秸秆养畜成为农区和半农半牧区牛羊养殖的主要模式之一。

2. 秸秆饲草化存在的主要问题

当前，秸秆的主要利用方式是：饲喂家畜和作为农村生活能源利用。此外，还有部分秸秆用来造纸和制造生物能源。目前，即使是奶业发展比较好的地区，由于优质饲草供应紧张且价格较高，很多养殖户依然选择用秸秆作为主要的粗饲料饲养奶牛。秸秆的总能一般在 15.5～25.0 兆焦/千克，与干草相近，但是直接饲用时其营养价值远远不能与干草相媲美。主要有五个方面的因素制约了家畜对秸秆养分的利用。

秸秆的纤维素类物质含量高：谷类作物秸秆的中性洗涤纤维（NDF）高于 60%，酸性洗涤纤维（ADF）高于 40%，且木质化程度高。木质素不但不能为家畜提供营养，还阻碍家畜对纤维素和半纤维等营养物质的吸收。

粗蛋白含量较低：尤其是谷物秸秆，在谷物生长后期全部营养都将供给种子，种子成熟后，茎叶等营养体的使命已经完成，营养物质几乎消耗殆尽。此时，秸秆的粗蛋白含量一般为 2%～5%，而优质干草的粗蛋白含量一般为 10%～20%。与干草相比，秸秆饲料不仅粗蛋白含量极低，而且过瘤胃蛋白几乎为零，不能够满足家畜尤其是反刍家畜对蛋白质的需求。生产上通过添加非蛋白氮来克服秸秆蛋白质不足的问题。

维生素缺乏：植物细胞死亡后，原生质膜的渗透性提高，维生素和可溶性营养物质外渗，植物体内开始进行有酶参与的生化过程进入自体溶解阶段。这一过程会将秸秆中几乎全部维生素破坏，所以秸秆中几乎不含有维生素，胡萝卜素的含量也仅为 2～5 毫克/千克。生产上，应将秸秆与青绿多汁饲料（青贮饲料）等维生素含量高的饲草饲料搭配饲喂。

钙磷含量低且比例不协调，硅酸盐含量高：钙磷比例不适宜将会严重影响家畜生产性能和健康。此外，秸秆存在大量的硅酸盐类物质，不利于其他营养物质的消化吸收

消化率低：虽然总能与干草相近，但是秸秆的消化率却低于 50%。不同畜禽之间还存在差异，牛、羊为 40%～50%，马为 20%～30%，猪为 3%～25%，鸡几乎不能消化利用。由此可见，将秸秆直接用来饲喂家畜的效果并不理想，通过物理、化学和生物等调制方法提高秸秆的消化率，改善秸秆的营养品质是秸秆饲料发展的必由之路。

4.2 饲草料生产利用状况

4.2.1 饲草料种类及特征

　　饲草包括牧草和饲料作物，即可用于饲喂家畜的草类植物和栽培用作家畜饲料的作物（董宽虎，2003）。适合我国种植栽培的牧草种类众多。按照生育特征划分，分为一年生、越年生、多年生饲草。按照植物分类系统划分，主要有豆科牧草、禾本科牧草、菊科及其他科。按照温度适应性划分，可分为暖季型、冷季型和过渡型。在董宽虎等编著的《饲草生产学》中，按照豆科、禾本科、禾谷类饲料作物、豆类饲料作物、块根块茎及瓜类饲料作物、叶菜类饲料作物和水生饲料作物等对常见饲草进行了分类介绍。由全国畜牧总站主编的《中国草业统计》按照生育特征进行划分，将多年生草本牧草种类28种、灌木或半灌木7种，一年生草本牧草种类28种，饲用作物6种纳入统计范围（表4-3）。

表4-3 常见牧草种类

分类系统	分类方法		常见牧草
	生育特征	温度适应性	
豆科	多年生	暖季型	银合欢、葛藤、截叶胡枝子、大翼豆、柱花草
	多年生	冷季型	紫花苜蓿、黄花苜蓿、沙打旺、红豆草、扁蓿豆、百脉根、白三叶、红三叶、羊柴
	一年生	暖季型	野大豆
	一年生	冷季型	紫云英、野豌豆、秣食豆、毛苕子、天蓝苜蓿、草木樨
禾本科	多年生	暖季型	狗牙根、地毯草、象草、卡松古鲁狗尾草、盖氏虎尾草、伏生臂形草、巴哈雀稗
	多年生	冷季型	草地早熟禾、鸭茅、无芒雀麦、草芦、苇状羊茅、猫尾草、羊草、赖草、中华羊茅、多年生黑麦草、老芒麦、披碱草
	一年生	暖季型	湖南稷子、谷子、黍、马唐、高粱、苏丹草、高丹草、稗子
	一年生	冷季型	一年生黑麦草、大麦、燕麦、黑麦、小黑麦、一年生早熟禾、狗尾草

《中国草业统计》资料显示，2017 年，全国种植面积较大的饲草种类按排序分别为紫花苜蓿、披碱草、青贮专用玉米、多年生黑麦草、柠条、沙打旺、燕麦、多花黑麦草、羊草、三叶草，10 种饲草作物种植总面积21 806.8 万亩，占全国各类种草总面积的 73.8%（表 4-4）。

表 4-4 2017 年栽培面积前 10 位的牧草种类及种植面积

单位：万亩、%

序号	牧草种类	总面积	占全国各类种草总面积的比例
1	紫花苜蓿	6 225.2	21.1
2	披碱草	5 006.9	16.9
3	青贮专用玉米	3 462.8	11.7
4	多年生黑麦草	2 249.1	7.6
5	柠条	1 895.8	6.4
6	沙打旺	794.8	2.7
7	燕麦	629.9	2.1
8	多花黑麦草	583.9	2.0
9	羊草	516.0	1.7
10	三叶草	442.4	1.5
11	合计	21 806.8	73.8

1. 紫花苜蓿

豆科，苜蓿属，多年生草本植物。最适发芽温度为 25～30℃，当温度超过 37℃时发芽停止；生长最适温度为 15～20℃，气温超过 35℃或低于 5℃生长停止。适宜紫花苜蓿生长的年降水量为 600 毫米，但在年降水量 300～800 毫米的地区均可种植，低于 300 毫米必须有灌溉条件才能适应，年降雨量超过 1 000 毫米的地方一般不宜种植。最适宜在土层深厚、富含钙质、含盐量在 0.1% 以下、pH 7～8 的土壤中生长。

蛋白质含量高，一般为干物质的 18%～24%；动物必需氨基酸含量丰富，其中赖氨酸的含量是玉米籽粒的 3～4 倍，色氨酸和蛋氨酸的含量都显著高于玉米；富含糖类、矿物质和维生素，开花期紫花苜蓿干物质中总能约为 17.7 兆焦/千克，胡萝卜素的含量为玉米籽粒的 30 倍，核黄素的含量为玉米籽粒的 8～10 倍。畜禽饲料中添加适当的苜蓿干草或草粉，能促进畜禽健康，改善肉蛋奶品质等，降低生产成本，提高经济效益。

我国紫花苜蓿的栽培历史悠久，长期以来形成了许多适应当地气候、土壤条件的优良地方品种。如西北地区的关中型、陇东型、陇中型、河西型、新疆大叶型和小叶型；华北地区的晋南苜蓿、蔚县苜蓿；东北地区的公农一号；淮河流域的涟水苜蓿（赵海福，2013）。新中国成立以来，我国科研工作者成功培育出了35个苜蓿新品种（杨青川，2016），其中种植面积较大的育成苜蓿品种有：中苜1号、2号、3号，甘农1号、2号、3号，公农1号、2号，草原2号等（杨青川，2011）。

2. 披碱草

禾本科，披碱草属，中生多年生牧草。披碱草对水、热条件要求不严，适应环境能力强，是我国披碱草属中分布最广、最为常见的种类。披碱草适应性较强，具有抗寒、耐旱、耐碱、耐瘠薄、抗风沙等特点。种子萌发的最低温度为5℃，最高温度为30℃，适宜温度为20~25℃。

披碱草具有中等饲料品质，营养较为丰富。披碱草叶量少，仅为地上部总重量的1/4左右，且茎秆所占比例大，质地较硬，尤以开花后更差，是影响饲料品质的主要原因，故在抽穗期至开花期刈割为宜。据测定，茎占草总重量的50%~70%，叶占16%~39%，花序占9.5%~19.0%。分蘖期及孕穗期各种家畜均喜采食，抽穗期至开花期刈割所调制的青干草，家畜亦喜采食，迟于盛花期刈割调制的干草，可食性下降、利用率降低，披碱草刈割后再生草产量较低，为一次刈割型牧草。

披碱草在全世界约有20余种，多分布于北半球的温带和寒带，我国有10余种，广泛分布于草原及高山草原地带，具有饲用价值。其栽培历史不到百年，我国自1958年先后在河北、新疆、青海和内蒙古等地，对披碱草进行驯化栽培。现在我国东北、华北、西北等地区广泛分布，东北三省、内蒙古、河北、甘肃、宁夏、青海等省区广泛栽培。此外，云南昆明附近也有发现。目前，栽培较多的有披碱草、垂穗披碱草、肥披碱草等。目前，在东北、西北和内蒙古等地的干旱草原地区有较大面积栽培，在草地建设、生态环境改善和防风固沙方面发挥着作用。

3. 青贮玉米

禾本科，玉蜀黍属，一年生草本植物。青贮玉米也叫青饲玉米，是指收割玉米鲜嫩植株或收获乳熟期至蜡熟期的整株玉米或在蜡熟期先采摘果穗，然后再把青绿茎叶的植株割下，经切碎后直接或贮藏发酵后用作牲畜饲料的玉米。国内一般将青贮玉米分为三种类型：青贮专用玉米、粮饲兼用玉米、粮饲通用玉米（胡顺勇，2007）。中、早熟品种需有效积温为1 800～3 000℃，而晚熟品种则需 3 200～3 300℃。青贮玉米植株高大，生长迅速，产量高，专作青贮密植栽培时，乳熟期至蜡熟期可产鲜草5 万～6 万千克/公顷；青刈栽培可产鲜草 2 万～6 万千克/公顷。

青贮玉米营养丰富，茎含糖量高，玉米籽粒淀粉含量高，维生素和胡萝卜素丰富，适口性好，饲用价值高，适于做青贮饲料和青饲料。但是玉米籽实中钙、铁和维生素 B_1 含量不足，缺乏维持畜体发育的某些氨基酸（如赖氨酸和色氨酸等），所以在饲喂时应掺和其他富含这些营养元素的豆科饲料，以发挥蛋白质间的互补作用。

4. 多年生黑麦草

禾本科黑麦草属多年生草本植物。黑麦草是世界温带地区最重要的禾本科牧草之一，多年生黑麦草适合温暖、潮湿的温带气候，不耐高温、严寒，适宜在夏季凉爽、冬无严寒、年降雨量 500～1 500 米的地区生长。生长的适宜温度为 20～25℃；在 10℃时亦能较好生长；遇 35℃以上的高温生长受阻，甚至枯死；遇－15℃以下低温越冬不稳，或不能越冬。在我国南方夏季高温地区不能越夏，但在凉爽的山区，夏季仍可生长。抗寒性较差，在我国东北和内蒙古地区不能稳定越冬。遮荫对生长不利，光照强、日照短，温度较低，对分蘖的发生有利，温度过高则分蘖不再发育或中途死亡。对土壤要求较严格，在肥沃、湿润、排水良好的壤土和黏土上生长良好，也可在微酸性土壤上生长，但不宜在沙土或湿地上种植。适宜土壤 pH 为 6～7。

多年生黑麦草营养生长期长，草丛茂盛，尤其是早期收获的饲草叶多茎少、质地柔嫩，适于青饲、晒制干草、青贮及放牧，营养丰富，经济价值高，是饲养马、牛、羊、猪、禽、兔和草食性鱼类的优良饲草。在美国冬季温和的西南地区常用来单播，或于 9 月与红三叶等混种，专供冬季放牧利用。放牧时间可达 140～200 天。如将黑麦草干草粉制成颗粒饲料，与精料配合作为牛肥育饲料，效果更好。

5. 柠条

豆科锦鸡儿属，灌木，生长于海拔 900～1 300 米的阳坡、半阳坡。柠条对环境条件具有广泛的适应性，耐旱、耐寒、耐高温、耐盐碱，是干旱草原、荒漠草原地带的旱生灌丛。土壤 pH 6.5～10.5 的环境下都能正常生长。

柠条枝叶的营养价值很高，含粗蛋白质 22.9%、粗脂肪 4.9%、粗纤维 27.8%；种子中含粗蛋白质 27.4%、粗脂肪 12.8%、无氮浸出物 31.6%。柠条一年四季均可放牧利用，尤其在冬春枯草季节和遇特大干旱或大雪即"黑白灾"，柠条更是一种主要的饲草饲料，称为"救命草"。生长 5 年以上的柠条草场，其可食的枝叶部分折合成干草为 200 千克/亩。放牧利用是利用柠条的主要方式。骆驼四季均喜食；羊在春季采食嫩枝叶，夏秋仅采食花，霜后喜食嫩枝；马、牛采食少。

6. 沙打旺

豆科黄芪属多年生草本。沙打旺抗逆性强，适应性广，具有抗旱、抗寒、抗风沙、耐瘠薄等特性，且较耐盐碱，但不耐涝。

沙打旺作饲料的营养价值较高，可直接作马、牛、羊、骆驼、猪、兔子等大小牲畜青饲料，适口性较差。也可制成青贮、干草和发酵饲料。直接喂饲可在天然草场和人工草场放牧，也可割草喂饲。

沙打旺防风固沙能力强，在黄河故道等风沙危害严重的地区，种植沙打旺可减少风沙危害、保护果林、防止水土流失和改良土壤。

7. 燕麦

燕麦为禾本科燕麦属一年生草本植物。喜冷凉湿润气候，对温度的要求较低，但生长季炎热而干燥对其生长发育不利。干旱缺雨、天气酷热，是限制燕麦生产和分布的重要因素，在干旱地区种植燕麦一定要注意灌溉保墒工作。燕麦对土壤适应性强，耐瘠薄、耐适度盐碱，是治理盐碱地的"先锋植物"。

燕麦营养丰富，与其他谷物相比，燕麦含有不饱和脂肪酸（亚油酸等）、多种必需氨基酸、可溶性纤维（β-葡聚糖）、皂苷素以及多酚类抗氧化物质（如肉桂酸衍生物、对香豆酸、对羟基苯甲酸、邻羟基苯甲酸、香草醛、儿茶酚等），可以调节血脂和血糖、改变胃肠功能、提高免疫力和延缓衰老等。此外，燕麦含有的微量皂苷，可与植物纤维结合，吸收胆汁酸，十分有益于身体健康。全世界生产的燕麦有 74% 用来饲喂家畜，燕麦是中国高寒山区的主要粮饲兼用作物。其中，裸燕麦的种植面积约占燕麦总面积的 92.0%，皮燕麦约占 8.0%（赵桂琴，2007）。

我国燕麦栽培历史悠久，主要分布于东北、华北和西北的高寒牧区。其中，以内蒙古、河北、甘肃、山西种植面积最大，新疆、青海、陕西次之，云南、贵州、西藏和四川山区也有少量种植。近年来，随着人工草地的建立，燕麦开始在牧区大量种植，发展迅速，已成为高寒牧区枯草季节的重要饲草来源。

8. 多花黑麦草

多花黑麦草为禾本科一年生或短寿多年生草本植物，别名一年生黑麦草、意大利黑麦草。耐旱和抗寒性较差。适于生长在温和、湿润的地区，亦能在亚热带地区生长，耐寒不耐热，昼夜温度分别为 27℃ 和 12℃ 时生长最快。喜壤土或沙壤土，亦适于黏壤土，在肥沃、湿润且土层深厚的地方生长极为茂盛，鲜草产量很高，耐湿和耐盐碱能力较强，最适土壤 pH 6.0～7.0。最适宜在年降水量 1 000～1 500 毫米的地区生长，但不耐长期积水。

多花黑麦草营养物质丰富，虽茎多叶少，但茎质并不十分粗糙，质量较一般禾本科牧草为优，适口性好，宜青饲、调制干草、青贮和放牧，是饲养马、牛、羊、猪、禽、兔和草食性鱼类的优质饲草。据报道，草鱼每增重 0.5 千克，需多花黑麦草 11 千克，而苏丹草则需 10～15 千克。多花黑麦草耐牧，在重牧之后仍能迅速恢复生长。长江以南地区利用稻田冬闲时间播种多花黑麦草，为秋冬提供青饲，效果良好。

多花黑麦草在我国长江流域以南地区，江西、湖南、江苏、浙江等省均有人工栽培。在北方较温暖多雨地区，如东北及内蒙古自治区等也引种春播。

9. 羊草

禾本科赖草属多年生根茎性禾草。羊草喜温耐寒，种子发芽的最低温度为 8℃，20～25℃ 时出苗快且整齐，从返青到种子成熟所需积温为 1 200～1 400℃。为中旱生植物，在年降水 300 毫米的草原地区能良好生长，但不耐水淹，长期积水地方常常引起羊草大量死亡。对土壤条件要求不甚严格，对于瘠薄的土壤具有较好的适应性，但它喜欢生长在排水良好、通气、疏松的壤土及肥沃、湿润的黑钙土、暗栗钙土中，对土壤的酸碱度适应性强，适应的土壤 pH 5.5～9.0，其中以 6.0～8.0、含盐量不超过 0.3%、钠离子含量低于 0.02% 的碱性土壤为最适宜。

羊草营养丰富、茎叶繁茂、草质优良、产量高、适口性良好，营养生长期长，种子成熟后茎叶仍保持绿色，可放牧、割草。因此，羊草被称为牲畜的"细粮"。抽穗期刈割调制干草颜色浓绿、气味芳香，是各种牲畜的上等优良饲草，也是我国出口的主要牧草产品之一。春季可使牲畜恢复体力，夏、秋季可抓膘催肥，冬季青干羊草有补料作用，对于幼畜的发育、成畜的育肥、种畜繁殖效果较好。我国著名的三河牛、三河马和乌珠穆沁羊等优良家畜品种，就是长期放牧在羊草草原上而育成的。

天然羊草草地是我国重要的饲料基地，在我国的畜牧业发展中，特别是在奶牛业的发展中，起到举足轻重的作用。现已成为我国北方地区建立永久性人工草地的主要草种。

10. 白三叶

白三叶为豆科三叶草属多年生草本植物。喜温暖湿润气候，生长适宜温度为 15～25℃。耐热、抗寒性较红三叶、杂三叶强，能耐－15℃甚至－20℃以下的低温。白三叶是一种喜光植物，在强光条件下生长繁茂，竞争力强。对土壤要求不严，只要排水良好各种土壤皆能生长，尤喜富含钙质及腐殖质的黏质土壤。耐瘠、耐酸，适宜土壤 pH 5.6～7.0，在土壤 pH 4.5 的地区仍可生长。耐盐碱能力差。白三叶是一种放牧型牧草，耐践踏，再生性好，并能以种子自行繁殖。茎匍匐，能蔓延生长，叶柄长，草层低矮，故在放牧时多采食的是叶和嫩茎。白三叶茎叶柔软，营养丰富，饲用价值高，适口性好，营养成分及消化率均高于紫花苜蓿、红三叶，为所有豆科牧草之冠，其干物质的消化率一般都在 80% 左右，是各类家畜的优质青绿多汁饲草。白三叶属刈牧兼用型牧草，但由于低矮，产量低，适于放牧羊、猪、鸡、鹅等小家畜。因白三叶含有一些特殊化学成分，量大时影响牛羊健康，应注意控制采食量。

我国自 20 世纪 20 年代引种以来，已遍布全国各地栽培，尤其在我国湖南、江苏、广西、云南、贵州等地大面积种植，生长情况良好，是南方广为栽培的当家豆科牧草。南方近些年来种植的经验表明，白三叶是改良我国南方草山的最重要的豆科牧草，高产奶牛可以从白三叶草地上获得所需营养的 65% 以上，肉牛在白三叶草地上放牧时不需补饲精料。白三叶作为绿肥可改良农田土壤肥力，特点是腐烂分解快、增肥效果好。白三叶也是近年来养鱼业中，解决 4—6 月青饲料的主要草种，其饵料系数为 22，也是最主要的蛋白质饵料之一。此外，白三叶枝叶茂盛、固土能力强，是风蚀地和水蚀地理想的水土保持植物。白三叶草姿优美，叶绿细密，绿色期长，也是城市、庭院绿化与水土保持的优良草种。

4.2.2　饲草料区划与产品布局

4.2.2.1　饲草料区划及生产状况

1. 饲草料的区划

为充分挖掘饲草的生产潜力，提高饲草供应能力，国内专家学者对我国饲草区划做了大量研究。早在 1984 年原农业部畜牧总局下达牧草区划重点项目，1989 年完成区划。区划以自然规律为主、与农业经济规律结合，要求统一栽培区内自然条件、农牧业发展方向、布局和措施基本一致，同一区划范围保证地域连片，尽可能与行政界线一致。赵晓倩等根据气候、经纬度和海拔分布将我国分为三个农业气候大区，即东南部季风型农业气候大区、西北干旱型农业气候大区和青藏高原型农业气候大区；并进一步将三个农业大区划分为 7 个亚区，即东北部地区、内蒙古及长城沿线地区、黄淮海平原、黄土高原、长江中下游平原和华南地区、西南地区、青藏高原地区。张新全等综合考虑气候、土壤、畜种等，根据不同的气候区域将饲草栽培区划分为 9 类，即东北羊草、苜蓿、沙打旺、胡枝子栽培区，内蒙古高原苜蓿、沙打旺、老芒麦、蒙古岩黄芪栽培区，黄淮海苜蓿、沙打旺、无芒雀麦、苇状羊茅栽培区，黄土高原苜蓿、沙打旺、小冠花、无芒雀麦栽培区，长江中下游白三叶、黑麦草、苇状羊茅、雀稗栽培区，华南宽叶雀稗、卡松古鲁狗尾草、大翼豆、银合欢栽培区，西南白三叶、黑麦草、红三叶、苇状羊茅栽培区，青藏高原老芒麦、垂穗披碱草、中华羊茅、苜蓿栽培区和新疆苜蓿、无芒雀麦、老芒麦、木地肤栽培区。辛晓平等人综合考虑自然条件和生产经济等因素，以及行政边界的完整性，重点借鉴任继周等的中国草业生态经济区划和洪绂曾等的中国多年生栽培草种区划方案，历时 12 年，完成中国主要栽培牧草适应性区划，将我国分为 9 个一级区和 42 个亚区。其中，一级区包括：东北牧草栽培区、内蒙古牧草栽培区、西北牧草栽培区、青藏高原牧草栽培区、黄土高原牧草栽培区、华北牧草栽培区、长江中下游牧草栽培区、西南牧草栽培区、华南牧草栽培区。

此外，国内专家学者对不同地区和不同牧草品种的种植区划也有一定的研究。由杨青川教授主编的《苜蓿种植区划及品种指南》，将中国苜蓿品种区划为：东北苜蓿种植区、内蒙古高原苜蓿种植区、黄淮海苜蓿种植区、黄土高原苜蓿种植区、青藏高原苜蓿种植区、新疆苜蓿种植区等 6 个区域。2007 年，西南大学博士生张健在黄建国教授的指导下完成对三峡库区牧草种植的区划《三峡库区牧草种植区划及适生牧草栽培利用技术研究》；张新全教授等对四川地区牧草种植进行了区划。刘剑芳等在1996年就对河北多年生牧草进行了区划，以生物与环境的统一学说为依据将全省多年生栽培牧草分为6个区；孙学钊等以自然规律为主，把自然规律与农牧业经济规律结合起来，采用地理方位、地形与当家草种相结合的方法将全省分为5个区。

本文将结合畜禽需求，按照我国行政区划分析饲草生产情况（表4-5）。

表4-5　我国牧草区划现状

来源	大区	亚区	区域	适宜种植牧草
赵晓倩等	东南部季风型农业气候大区	长江中下游平原和华南地区	长江中下游平原西起巫山，东抵海滨，北到汉中、淮河，南至南岭、武夷山一带。中部平原包括江汉平原、洞庭湖平原、鄱阳湖平原，下游平原包括长江沿岸平皖中平原以及长江三角洲。华南地区包括江西和湖南南部地区、福建省、广西壮族自治区、广东省、海南省	紫花苜蓿、白三叶、狗牙根、苏丹草、菊苣、多年生黑麦草、鸭茅、雀稗、大翼豆、一年生黑麦草、杂交黑麦草、多年生黑麦草、猫尾草、象草、狼尾草、柱花草
		黄淮海平原	以黄河为轴线，往南到淮河，北至燕山山麓，西迄太行山麓，东北为沂蒙泰山区，西部为伏牛山区	紫花苜蓿、多年生黑麦草、一年生黑麦草、无芒雀麦、猫尾草、鸭茅、串叶松香草、白三叶、红三叶
	西北干旱型农业气候大区	黄土高原	东起太行山，西至乌鞘岭，南连秦岭，北抵长城	紫花苜蓿、沙打旺、沙生冰草、扁穗冰草、小叶锦鸡儿、胡枝子、红豆草、无芒雀麦、披碱草、老芒麦、苇状羊茅、多年生黑麦草、鸭茅、草木樨、木地肤、驼绒藜
		东北部地区	包括我国寒温带、温带湿润半湿润地区，以湿冷的森林和草甸草原景观为主，从我国最北端起，形成向南开口的三个半环状条带，即辽河平原、松嫩平原和三江平原，南临渤海、黄海，东临日本海	紫花苜蓿、草地早熟禾、紫羊茅、猫尾草、一年生黑麦草
		内蒙古及长城沿线地区	该区北起锡林郭勒沿蒙古国交界线，经过阴山山脉直到阿拉善荒漠区，南部从张家口以北沿长城一线到达嘉峪关以北地区	紫花苜蓿、羊草、无芒雀麦、沙打旺、赖草、新麦草、老芒麦、披碱草、草木樨、扁穗冰草、沙生冰草、沙生针茅、黄芪、锦鸡儿等

（续）

来源	大区	亚区	区域	适宜种植牧草
赵晓倩等	青藏高原型农业气候大区	青藏高原地区	青藏高原	紫羊茅、苔草、垂穗披碱草、草地早熟禾、无芒雀麦、猫尾草和鸭茅
		西南地区	包括青藏高原东南部、四川盆地、秦巴山地和云贵高原大部	苏丹草、狼尾草、一年生黑麦草、菊苣、鸭茅、紫花苕子、紫云英、多年生黑麦草、鸭茅、猫尾草、苇状羊茅
张新全等	东北羊草、苜蓿、沙打旺、胡枝子栽培区		包括黑龙江、吉林、辽宁三省及内蒙古东部	苜蓿、羊草、沙打旺、无芒雀麦、二色胡枝子
	内蒙古高原苜蓿、沙打旺、老芒麦、蒙古岩黄芪栽培区		地处内蒙古高原，包括河北坝上地区	苜蓿、沙打旺、老芒麦、蒙古岩黄芪
	黄淮海苜蓿、沙打旺、无芒雀麦、苇状羊茅栽培区		北京、天津、河北、山东、苏北、豫东和皖北	苜蓿、沙打旺、无芒雀麦、苇状羊茅及葛藤、二色胡枝子、鸭茅、长穗冰草
	黄土高原苜蓿、沙打旺、小冠花、无芒雀麦栽培区		包括山西、河南西部、陕西中北部、甘肃中东部、宁夏南部和青海东部	苜蓿、沙打旺、小冠花、无芒雀麦及苇状羊茅、鸭茅、红豆草、扁穗冰草
	长江中下游白三叶、黑麦草、苇状羊茅、雀稗栽培区		包括江西、浙江、上海及湖南、湖北、江苏、安徽4省的大部及河南小部	白三叶、多年生黑麦草、苇状羊茅、小花毛花雀稗、宽叶雀稗、狗牙根、鸭茅、红三叶
	华南宽叶雀稗、卡松古鲁狗尾草、大翼豆、银合欢栽培区		包括海南、广东、广西、福建及云南南部	圭亚那柱花草、有钩柱花草、大翼豆、银合欢、宽叶雀稗
	西南白三叶、黑麦草、红三叶、苇状羊茅栽培区		包括秦岭、大巴山及其间汉水上游河谷地，分属陕西南部甘肃东南部、湖北西北部及四川、云南北部、贵州和广西部分地区	白三叶、红三叶、多年生黑麦草、苇状羊茅、苜蓿、鸭茅、白花草木樨、草高粱、野大麦、燕麦、饲用甜菜、白豌豆、多花黑麦草、紫云英、黄香草木樨、紫羊茅、短柄鹅观草、糙毛鹅观草、黑麦、串叶松香草、牛鞭草、百脉根、多花黑麦草、圆草芦、紫穗槐、草地早熟禾

（续）

来源	大区	亚区	区域	适宜种植牧草
张新全等	青藏高原老芒麦、垂穗披碱草、中华羊茅、苜蓿栽培区		包括西藏全部、青海大部、甘肃的甘南、四川西部、云南西北部	老芒麦、垂穗披碱草、中华羊茅、无芒雀麦、苜蓿、沙打旺、扁蓿豆、红豆草
	新疆苜蓿、无芒雀麦、老芒麦、木地肤栽培区		新疆地区	苜蓿、无芒雀麦、老芒麦、木地肤、沙枣、红豆草
辛晓平等	东北牧草栽培区	大兴安岭区、小兴安岭区、东部山区、三江平原区、松嫩平原区、松辽平原区、辽西低山丘陵区	东北牧草栽培区包括黑龙江、吉林、辽宁三省，东北部隔黑龙江、乌苏里江与俄罗斯相望，西北部与俄罗斯、蒙古共和国交界，西南与内蒙古、河北相连，东南部隔鸭绿江与朝鲜为邻，南到渤海、黄海之间。境内含大兴安岭山地、小兴安岭山地、东部山地以及三江平原、松辽平原（松嫩平原和辽河平原）	羊草、披碱草、老芒麦、野豌豆、紫花苜蓿、草木樨、沙打旺、无芒雀麦、胡枝子、三叶草、冰草
	内蒙古牧草栽培区	西部干旱荒漠草原区、中西部黄河流域平原丘陵区、中北部锡林郭勒及周边草原与农牧交错区、东部西辽河—嫩江流域平原丘陵区、东北部大兴安岭岭北呼伦贝尔草原区	内蒙古牧草栽培区位于我国北部边疆，自东北向西南呈弧状。东、南、西依次与黑龙江、吉林、辽宁、河北、山西、陕西、宁夏和甘肃8省毗邻，跨越"三北"（东北、华北、西北），靠近津京。北部自西至东依次与蒙古国和俄罗斯接壤，东部距海较近，西部则深居内陆	苜蓿、无芒雀麦、羊草、杂种冰草、老芒麦、披碱草、燕麦、蒙古冰草、沙打旺、羊柴、柠条、青贮玉米、苏丹草、箭舌豌豆、草木樨、沙蒿、驼绒藜、毛苕子、箭舌豌豆、赖草、梭梭、沙拐枣、花棒、中间锦鸡儿、柠条锦鸡儿、草谷子等
	西北牧草栽培区	北疆高山盆地区、南疆高山盆地区、河西走廊山地平原区、宁中北山地平原区	西北牧草栽培区包括新疆、甘肃武威市以西、宁夏吴忠市以北的区域，该区主要位于我国的第二级阶梯	紫花苜蓿、草高粱、燕麦、青贮玉米、苏丹草、冰草、羊柴、青饲青贮高粱、老芒麦、垂穗披碱草、无芒雀麦、草木樨、披碱草、冰草、猫尾草等
	青藏高原牧草栽培区	藏南高原河谷区、藏东川西河谷地区、青南藏北区、环湖甘南区、柴达木盆地区	青藏高原牧草栽培区位于我国西南部，包括西藏、青海（除东部黄土高原外）、甘肃甘南、四川西北部	老芒麦、垂穗披碱草、苜蓿、红豆草、白三叶和沙打旺

（续）

来源	大区	亚区	区域	适宜种植牧草
辛晓平等	黄土高原牧草栽培区	晋东豫西丘陵山地区、汾渭河谷区，晋、陕、甘、宁高原丘陵沟壑区，陇中黄土丘陵沟壑区，海东河谷山地区	黄土高原牧草栽培区位于我国中北部，西起青海日月山，东至太行山，南达秦岭、伏牛山，北抵长城，包括山西全部、河南西部、陕西中北部、甘肃中东部、宁夏南部、青海东部	苜蓿、燕麦、沙打旺、红豆草
	华北牧草栽培区	北部、西部高原山地区，华北平原区、黄淮平原区，鲁中南山地丘陵区，胶东低山丘陵区	华北牧草栽培区包括北京、天津、河北、山东和河南大部。北接内蒙古和辽宁，西邻山西和陕西，南部与湖北、安徽和江苏相连，东邻渤海和黄海	紫花苜蓿、青贮玉米、饲用高粱、苏丹草
	长江中下游牧草栽培区	中、高山地区，中、低山丘陵区，冲积平原及沿海滩涂区	长江中下游牧草栽培区位于我国中东部，沿长江自西向东至出海口，包括湖北、湖南、安徽、江西、江苏、浙江和上海共6省1直辖市。该区东临东海，南接华南牧草栽培区，西为西南牧草栽培区，北为华北牧草栽培区	多年生黑麦草、多花黑麦草、鸭茅、苇状羊茅、白三叶、红三叶、青饲（贮）玉米、狼尾草、牛鞭草、狗牙根、巴哈雀稗、苏丹草、墨西哥类玉米、黑麦、燕麦、大麦、紫花苜蓿、紫云英、菊苣、多花木蓝、胡枝子、野豌豆、毛苕子、饲用甘蓝
	西南牧草栽培区	四川盆地丘陵平原区、云贵高原区、秦巴山地区、滇西热带河谷区	西南牧草栽培区包括贵州、云南、重庆、四川（除西北高原外）、甘肃陇南地区及陕西秦巴山地，此区北接黄土高原，西靠青藏高原，南接越南、缅甸、老挝等国家，东临长江中下游地区和华南地区，是一个自然条件复杂多样的地区	一年生黑麦草、紫花苜蓿、光叶紫花苕、杂交臂形草、杂交狼尾草、非洲狗尾草、高丹草、菊苣、饲用甜高粱、多年生黑麦草、白三叶、红三叶
	华南牧草栽培区	桂、粤、闽南部低山丘陵区，桂、粤、闽北部中山区，海南区，台湾区	华南牧草栽培区位于中国最南部，北与长江中下游地区相接，南与菲律宾、马来西亚、印度尼西亚、文莱等国相望。该区包括广西、广东、福建、海南、台湾5个省区	矮象草、宽叶雀稗、小花毛花雀稗、杂交狼尾草、桂闽引象草、合萌、柱花草、大翼豆、银叶山蚂蟥、绿叶山蚂蟥、银合欢、山毛豆、狼尾草属牧草、紫花苜蓿、紫云英、埃及三叶草、苏丹草、燕麦、多花黑麦草以及青饲玉米

2. 饲草料生产的现状

新中国成立以后，随着经济的发展、学科理论的深入和科学技术的推广，特别是 20 世纪 80 年代以来提出立草为业，发展饲草料生产，对我国的草牧业发展起到了一定的推动作用（王勇，2004），已经初步形成了集种子繁育、牧草种植、产品加工、贮运和销售等各环节联结的产业链条。

我国人工草地面积为 1.6 亿公顷，仅占全国天然草地面积的4.68%。各省份面积不一，但均有分布。以多年生苜蓿和一年生饲草全株青贮玉米为主，多为轮作模式。栽培草地产量高，品质好，在畜牧业生产中起着不可替代的作用（陈玲玲，2014）。2008 年的"三聚氰胺"事件，使"种好草、养好牛、产好奶"成为社会共识，苜蓿产业开始快速发展，国内对优质饲草在奶业生产中的应用研究达到高潮，全株青贮玉米、燕麦、羊草等一批优质牧草得到大面积推广，带动全国饲草种植面积不断扩大。据统计，截至 2017 年年底，全国保留种草面积 29 557万亩。其中，人工种草 18 034 万亩、改良种草 10 711 万亩，飞播种草812 万亩；从牧草类型来看，多年生人工牧草保留面积 22 858 万亩，占全国保留种草面积的 77.3%；一年生人工牧草面积 6 699 万亩，占全国保留种草面积的 22.7%。全国主要牧草产量 17 594 万吨，其中多年生牧草产量 9 031 万吨，一年生牧草产量 8 563 万吨；苜蓿产量 2 459 万吨，燕麦产量 805 万吨。从省份来看，内蒙古、甘肃、四川、新疆、青海、云南、陕西和宁夏等省区为种草保留面积超过 1 000 万亩的主要牧草种植省区，2017 年末保留种草面积共计 1 563.8 万公顷，占全国种草总面积的 76.1%。

近年来，在饲草栽培面积迅速扩大的同时，人工草地类型趋向多样化发展。如青藏高原地区以燕麦为主的旱作割草型人工草地、北方半农半牧区紫花苜蓿与无芒雀麦混播放牧饲草地、南方溶岩地区禾本科—豆科人工草地、长江中下游地区、珠江流域地区的水稻和一年生黑麦草轮作系统等（胡自治，2000）。不同区域水热地理条件不同，栽培牧草种类和方式不同，以我国常用地域特征划分为例对饲草料生产状况分析如下：

东北地区：东北地区包括黑龙江省、辽宁省和吉林省，是我国重要的商品粮生产基地，主要栽培作物以玉米种植面积最大（李鹏，2006），也成为国家"粮改饲"首批试点省份。该区畜牧业发展历史悠久，清末已经

试种苜蓿，1963 年驯化种植羊草，截至 2017 年，该区饲草种植面积
1 846.6 万亩，占全国种草保留总面积的 6.25%，干草总产量 997.0 万
吨。其中，多年生牧草 1 360.4 万亩，干草总产量 245.5 万吨；一年生饲
草种植面积 486.2 万亩，干草总产量 751.6 万吨。统计显示，羊草为该区
域种植面积最大的牧草，种植面积 490.6 万亩，占多年生种草总面积的
36.1%，干草产量 51.1 万吨；紫花苜蓿种植面积 316 万亩，占多年生种
草总面积的 23.2%，干草产量 97.5 万吨；沙打旺种植面积 241.2 万亩，
占多年生种草总面积的 17.7%，干草产量 57.5 万吨。一年生饲草中，青
贮专用玉米种植面积 461.7 万亩，产量（干重）735.9 万吨，占一年生种
草总面积的 95.0%；燕麦种植面积 15.2 万亩，占一年生种草总面积的
3.1%，产量（干重）7.8 万吨（表 4-6、表 4-7、表 4-8）。

表 4-6 东北地区 2017 年末保留种草面积

单位：万亩

东北地区	合计	人工种草	改良种草	飞播种草
黑龙江	592.8	363.1	229.8	0
吉林	494.5	298.4	196.1	0
辽宁	759.4	217.4	542	0
合计	1 846.7	878.9	967.9	0

数据来源：《中国草业统计 2017》。

表 4-7 东北地区 2017 年多年生牧草生产情况

单位：万亩、万吨

牧草种类	辽宁		吉林		黑龙江		合计	
	面积	产量	面积	产量	面积	产量	面积	产量
紫花苜蓿	167.6	59.7	80.0	15.7	68.4	22.2	316.0	97.5
沙打旺	241.2	57.5					241.2	57.5
羊草	12.0	3.7	198.6	12.2	280.0	35.2	490.6	51.1
柠条	83.4	5.5					83.4	5.5
披碱草	29.9	3.2			14.1	2.3	44.0	5.5
聚合草	0.9	1.4					0.9	1.4
菊苣	0.2	0.12					0.2	0.12
胡枝子	4.2	0.6					4.2	0.6

（续）

牧草种类	辽宁		吉林		黑龙江		合计	
	面积	产量	面积	产量	面积	产量	面积	产量
冰草	3.2	0.6					3.2	0.6
串叶松香草	0.3	0.6					0.3	0.6
沙蒿	0.3	0.2					0.3	0.2
无芒雀麦			14.8	4.4	1.0	0.4	15.8	4.8
碱茅			11.0	0.8			11.0	0.8
其他多年生牧草	121.6	17.7	26.7	0.9	1.0	0.6	149.3	19.2
合计	664.8	150.8	331.1	34.0	364.5	60.7	1 360.4	245.5

注：该区多年生牧草种植面积 1 360.4 万亩，总产量 245.5 万吨。

表 4-8　东北地区 2017 年一年生饲草生产情况

单位：万亩、万吨

牧草种类	辽宁		吉林		黑龙江		合计	
	面积	产量	面积	产量	面积	产量	面积	产量
青贮专用玉米	92.2	150.1	141.2	332.2	228.3	253.6	461.7	735.9
青贮青饲高粱	1.10	1.4					1.1	1.42
籽粒苋	0.40	0.7	0.2	0.23			0.6	0.9
稗	0.40	0.5					0.4	0.5
燕麦	0.03	0.06	15.2	7.8			15.2	7.8
墨西哥类玉米	0.04	0.04					0.0	0.04
饲用块根块茎作物			6.70	4.4			6.7	4.4
苦荬菜			0.03	0.03			0.0	0.03
其他一年生牧草	0.4	0.6					0.4	0.6
合计	94.6	153.4	163.3	344.6	228.3	253.6	486.2	751.6

注：该地区一年生饲草种植面积 486.2 万亩，总产量 751.6 万吨。

华北地区：包括北京、天津、河北、山西以及内蒙古。截至 2017 年，该区饲草种植面积 6 446 万亩，占全国种草保留总面积的 21.8％，饲草总产量 4 334.7 万吨。其中，多年生牧草 3 946.8 万亩，干草总产量 807.6 万吨；多年生牧草中柠条的种植面积最大，为 1 645.7 万亩，其次为紫花苜蓿 1 203.8 万亩，二者占多年生种草总面积的 72.2％。一年生饲草种植面积 2 499.2 万亩，干草总产量 3 527.2 万吨。其中，青贮专用玉米种植面积最大，为 1 528.6 万亩，占一年生种草总面积的 61.2%。

该区种草面积最大的省份为内蒙古，2017 年内蒙古年末保留种草面积 5 525.3 万亩，占华北地区种草总面积的 86.4%，占全国种草保留面积的 18.7%。其中，人工种草 4 332.6 万亩、改良种草 762.9 万亩、飞播种草 429.8 万亩。多年生牧草种植面积 3 312.4 万亩，干草产量 586.0 万吨。其中，柠条种植面积 1 521.4 万亩，占多年生牧草种植总面积的 46%；紫花苜蓿种植面积 814.6 万亩，占多年生牧草种植总面积的 24.6%。一年生饲草种植面积 2 212.94 万亩，折合干草产量 3 235.2 万吨。青贮专用玉米种植面积 1 268.5 万亩，占一年生饲草种植总面积的 57.3%（表 4-9、表 4-10、表 4-11）。

表 4-9　华北地区 2017 年末保留种草面积

单位：万亩

华北地区	合计	人工种草	改良种草	飞播种草
天津	8.5	8.5	0	0
河北	323.2	271.0	31.7	
山西	589.1	460.2	128.8	
内蒙古	5 525.3	4 332.6	762.9	429.8
合计	6 446.1	5 072.3	923.4	429.8

表 4-10　华北地区 2017 年多年生牧草生产情况

单位：万亩、万吨

牧草种类	天津		河北		山西		内蒙古		合计	
	面积	产量	面积	产量	面积	产量	面积	产量	面积	产量
紫花苜蓿	5.0	3.1	92.1	36.9	292.1	143.2	814.6	230.9	1 203.8	414.2
沙打旺			12.2	2.8	6.7	2.1	39.9	10.5	58.8	15.5
羊柴							250.5	24.3	250.5	24.3
柠条					124.3	12.3	1 521.4	226.1	1 645.7	238.4
披碱草			50.6	11.5			128.8	21.1	179.4	32.7
冰草			5.5	1.0			36.8	3.3	42.3	4.3
无芒雀麦			20.3	2.8			1.3	0.1	21.6	3.0
鸭茅					0.1	0.005			0.1	0.005
羊草							20.5	0.5	20.5	0.5

（续）

牧草种类	天津		河北		山西		内蒙古		合计	
	面积	产量	面积	产量	面积	产量	面积	产量	面积	产量
老芒麦			16.1	3.1			10.9	1.0	27.0	4.1
胡枝子			2	0.6					2.0	0.6
猫尾草							0.2	0.04	0.2	0.04
沙蒿							191.5	15.5	191.5	15.5
其他多年生牧草			6.7	1.8	0.7	0.3	296	52.5	303.4	54.7
合计	5.0	3.1	205.5	60.6	423.9	157.9	3 312.4	585.90	3 946.8	807.6

表 4 - 11　华北地区 2017 年一年生牧草生产情况

单位：万亩、万吨

牧草种类	天津		河北		山西		内蒙古		合计	
	面积	产量	面积	产量	面积	产量	面积	产量	面积	产量
青贮专用玉米	2.8	2.5	113.4	123.7	143.9	155.5	1 268.5	2 327.3	1 528.6	2 608.9
大麦							8.9	3.0	8.9	3.0
草木樨			1	0.4			6.8	2.3	7.8	2.6
箭舌豌豆					1.4	0.5	5	0.8	6.4	1.3
青贮青饲高粱					1.8	1.1	192.5	398.3	194.3	399.4
饲用块根块茎作物							63.9	64.9	63.9	64.9
苏丹草					0.2	0.08	3	2.0	3.2	2.1
燕麦	0.7	0.2	0.3	0.1	3.9	1.5	131.5	63.6	136.4	65.4
草谷子					2.1	0.9	76.1	34.2	78.2	35.1
多花黑麦草					1.0	1.0			1.0	1.0
籽粒苋							0.4	0.4	0.4	0.4
青莜麦			3.0	1.2	8.7	2.8	121.7	39.6	133.4	43.7
墨西哥玉米							81.2	54.6	81.2	54.6
苦荬菜							0.04	0.1	0.0	0.1
其他一年生牧草					2.1	0.4	253.4	244.2	255.5	244.6
合计	3.5	2.7	117.7	125.4	165.1	163.9	2 212.94	3 235.2	2 499.2	3 527.2

西北地区：西北地区包括陕西、甘肃、青海、新疆、宁夏。截至 2017 年，该区饲草种植面积 11 160.9 万亩，占全国种草保留总面积的 37.8%，饲草总产量 5 189.8 万吨。其中，多年生牧草 9 450.5 万亩，干草总产量

3 303 万吨；多年生牧草中紫花苜蓿的种植面积最大，为 4 273.7 万亩，其次为披碱草 2 148.2 万亩，二者占多年生种草总面积的 68%。一年生饲草种植面积 1 708.9 万亩，干草总产量 1 886.9 万吨。其中青贮专用玉米种植面积最大，为 885 万亩，占一年生种草总面积的 51.8%。其次为燕麦，全区种植面积 404.9 万亩，其中青海和甘肃种植面积分别为 192.7 万亩和 157.9 万亩，二者占全区燕麦种植总面积的 86.6%。

该区为我国饲草主产区，种草面积均超过 1 000 万亩。其中，甘肃 3 839.5 万亩、新疆（含兵团）2 768.3 万亩、青海 2 138.5 万亩、陕西 1 337.3 万亩、宁夏 1 077.3 万亩。甘肃在 20 世纪 80 年代响应党中央"种草种树、发展畜牧"的号召，大力发展人工种草。近年来，在国家牧草种子基地建设项目带动下，全省建立各类种子基地 50 余万亩，成为我国重要的牧草种子生产基地。甘肃多年生饲草以紫花苜蓿为主，种植面积 1 232 万亩，占全省多年生种草面积的 36.2%。新疆多年生牧草种类主要有紫花苜蓿、冰草、红豆草，2017 年种植面积分别为 1 450 万亩、90.5 万亩和 84.7 万亩，紫花苜蓿种植面积为其他多年生种草面积的 2.4 倍。青海种植面积最大的多年生牧草为披碱草，2017 年种植面积 1 342 万亩，占全省多年生牧草种植面积的 71%，占有绝对比例。陕西牧草栽培历史悠久，最早可追溯到公元前 126 年左右的张骞出使西域带回苜蓿在长安种植。迄今为止，苜蓿仍然是陕西种植面积最大的牧草，2017 年种植面积 1 004.8 万亩，占全省饲草种植面积的 75.1%。宁夏引黄灌区年降水量小，空气干燥，适宜生产苜蓿干草，苜蓿种植面积 525.2 万亩，占多年生牧草种植面积的 59%（表 4 - 12、表 4 - 13、表 4 - 14）。

表 4 - 12 西北地区 2017 年饲草生产情况

单位：万亩

项目	合计	人工种草	改良种草	飞播种草
陕西	1 337.3	1 023.2	312.2	2
宁夏	1 077.3	711.7	365.6	0
青海	2 138.5	775.5	1 361.0	2
甘肃	3 839.5	2 421.8	1 405.6	12.1
新疆	2 541.2	1 266.5	1 041.7	233
新疆兵团	227.1	136.6	90.5	0
合计	11 160.9	6 335.3	4 576.6	249.1

表4-13 西北地区2017年多年生牧草生产情况

单位：万亩，万吨

牧草种类	陕西		宁夏		青海		甘肃		新疆（含兵团）		合计	
	面积	产量	面积	产量	面积	产量	面积	产量	面积	产量	面积	产量
紫花苜蓿	1 004.8	454.0	525.2	328.9	61.5	26.4	1 231.9	665.7	1 450.32	623.8	4 273.7	2 098.8
沙打旺	102.6	30.0	151.3	8.7			234.8	85.0	6	3.0	494.7	126.7
羊柴			6	0.5							6.0	0.5
柠条	79.6	25.3					87.1	16.5			166.7	41.8
披碱草					1 342.1	203.5	806.1	151.5			2 148.2	355.0
聚合草							0.7	0.4			0.7	0.4
红豆草							274.2	116.7	84.7	36.1	358.9	152.8
菊苣	0.1	0.03					0.1	0.08			0.2	0.1
冰草			170.5	10.0			124.5	30.7	90.5	6.4	385.5	47.0
沙蒿			24.3	1.3			222.4	18.8			246.7	20.2
无芒雀麦					5.0	1.4	23.3	6.4			28.3	7.8
碱茅									0.5	0.2	0.5	0.2
旱熟禾					1.0	0.2	72.0	18.7			73.0	18.9
老芒麦					338.2	55.2	231.4	68.9			569.6	124.1
小冠花	0.2	0.1									0.2	0.1
红三叶							54.2	21.6			54.2	21.6
白三叶	4.8	1.9					6.6	2.3			11.4	4.1
多年生黑麦草	1.6	1.0					18.8	8.9			20.4	9.9
狼尾草	4.5	3.6									4.5	3.6
猫尾草							11.4	7.2			11.4	7.2
其他多年生牧草	11.6	4.6	13.6	0.7	142.9	20.9	1.8	0.5	425.8	235.4	595.7	262.1
合计	1 209.8	520.5	890.9	350.1	1 890.7	307.5	3 401.3	1 219.8	2 057.8	905.0	9 450.5	3 303.0

表 4-14　西北地区 2017 年一年生饲草生产情况

单位：万亩、万吨

牧草种类	陕西 面积	陕西 产量	宁夏 面积	宁夏 产量	青海 面积	青海 产量	甘肃 面积	甘肃 产量	新疆（含兵团）面积	新疆（含兵团）产量	合计 面积	合计 产量
青贮专用玉米	82.7	74.1	60.6	86.4	154.2	175.7	23.7	21.0	563.8	922.2	885.0	1 279.5
大麦	0.7	0.3			1.8	0.6			0.7	0.1	2.5	0.7
草木樨									24.3	8.9	25.0	9.2
箭筈豌豆					23.9	10.7			2.7	0.8	26.6	11.5
青贮青饲高粱	2.1	1.9	48.6	97.6	30.9	25.9			24	60.6	105.6	186.0
饲用块根块茎作物	2.3	1.3			4.0	1.3	3.0	3.0	63.2	53.3	72.5	58.9
饲用青稞	0.1	0.1			3.5	1.4	5.0	1.8	0.2	0.1	8.7	3.2
苏丹草			8	0.8	0.1	0.0		0.0	4.3	6.7	12.5	7.6
燕麦	12.5	12.2	36.6	15.2	157.9	81.8	192.7	134.0	5.2	2.1	404.9	245.4
草合子			18.1	4.4	25.8	12.1					43.9	16.5
冬牧 70 黑麦	1.1	0.8	4.6	3.0	5.2	2.5					10.9	6.3
多花黑麦草	0.9	0.6			0.0	0.0	6.0	2.4			6.9	3.0
毛苕子	0.4	0.2			2.5	1.3					2.9	1.4
小黑麦	0.03	0.02			11.2	9.0					11.2	9.0
籽粒苋						0.0					0.0	0.0
青饲麦						0.0	15.0	12.0			15.0	12.0
墨西哥玉米	0.9	0.5									0.9	0.5
紫云英	0.02	0.01									0.0	0.0
其他一年生牧草	24.1	10.6	10	8.0	17.6	8.8			22.1	8.7	73.8	36.1
合计	127.9	102.5	186.5	215.5	438.6	331.2	245.4	174.2	710.5	1 063.5	1 708.9	1 886.9

西南地区：包括四川、贵州、云南、西藏、重庆。该区畜牧业历史悠久。2017 年，种草面积 7 370 万亩，占全国种草面积的 24.9%。西南地区以种植披碱草、多年生黑麦草、老芒麦等多年生牧草为主，2017 年多年生牧草种植面积 6 203.1 万亩，占西南地区种草总面积的 84.2%。其中，披碱草种植面积 2 635.2 万亩，主要集中在四川省，面积为 2 449.6 万亩。多年生黑麦草种植面积 995.8 万亩，以云南种植面积最大，为 617.7 万亩；其次为四川和贵州，面积分别为 234.8 万亩和 126.8 万亩。

该区一年生牧草以多花黑麦草、毛苕子（非绿肥）和青贮玉米为主，种植面积分别为 349.9 万亩、189.5 万亩和 167.7 万亩。四川省多花黑麦草种植面积为 158 万亩、云南为 101.7 万亩、贵州 64.5 万亩（表 4 - 15、表 4 - 16、表 4 - 17）。

表 4 - 15　西南地区 2017 年饲草生产情况

单位：万亩

项目	合计	人工种草	改良种草	飞播种草
四川	4 313	1 486	2 798.1	28.9
贵州	454	335.7	118.2	0
云南	2 164.9	1 279.2	861.2	24.5
重庆	117.2	101	16.2	0
西藏	321.2	145.4	175.8	0
合计	7 370.3	3 347.3	3 969.5	53.4

华中地区：包括河南、湖南、湖北三省。该区域是重要的粮食生产基地。长久以来，畜牧业发展主要依靠农副秸秆资源。截至 2017 年年底，该区年末保留种草面积 1 780.3 万亩。其中，人工种草面积 1 546.8 万亩，占总种植面积的 86.9%，产干草总量 1 177.7 万吨。三省尤以湖南牧草种植面积最大，2017 年各类种草面积 1 351.5 万亩，占该区域的 75.9%。

该区域以多年生牧草种植为主，种植面积 1 509.9 万亩，占总面积的 80.0%。其中，多年生黑麦草占有绝对比例，种植面积为 1 207.7 万亩，占多年生种草面积的 80%。其次为白三叶、紫花苜蓿和红三叶，种植面积分别为 63.2 万亩、49.3 万亩和 47.1 万亩。

表 4-16　西南地区 2017 年多年生牧草生产情况

单位：万亩、万吨

牧草种类	四川 面积	四川 产量	贵州 面积	贵州 产量	云南 面积	云南 产量	重庆 面积	重庆 产量	西藏 面积	西藏 产量	合计 面积	合计 产量
紫花苜蓿	73.4	82.6	32.5	26.0	153.9	124.2	4.5	3.7	76.4	19.7	340.7	256.2
披碱草	2 449.6	770.8							185.6	46.7	2 635.2	817.5
木豆					6.5	4.1					6.5	4.1
旗草					45.1	33.3					45.1	33.3
老芒麦	748.9	251.4							19.1	5.4	768.0	256.8
白三叶	28.5	29.3	46.6	27.9	137.8	74.1	20.6	9.7			233.5	141.0
多年生黑麦草	234.8	274.9	126.8	216.0	617.7	442.1	16.5	13.5			995.8	946.5
狗尾草	0.0	0.1			80.7	66.7	0.5	0.5			81.2	67.3
红豆草	17.6	1.9									17.6	1.9
红三叶	1.4	2.1			6.2	3.7	8.4	5.5			16.0	11.3
菊苣	19.6	19.7	13.3	21.8	38.2	30.5	1.4	1.0			72.5	73.0
聚合草	1.1	0.8					1.0	1.0			2.1	1.8
狼尾草	36.6	104.1	6.1	18.2	15.0	11.8	5.6	13.7			63.3	147.8
木本蛋白饲料	5.3	5.3	3.6	1.4	0.4	0.3					9.3	7.0
牛鞭草	13.5	15.7	5.0	10.1	0.4	0.3	1.4	1.2			20.3	27.3
苇状羊茅	0.8	0.7	5.3	6.5	5.5	4.2	2.5	2.3			14.1	13.7
鸭茅	4.5	4.8	23.8	20.5	456.3	314.8	1.1	1.0			485.7	341.1
杂交酸模	0.2	0.3					0.1	0.1			0.3	0.4
多花木兰	1.0	0.5									1.0	0.5
雀稗			5.3	2.3	7.0	4.9					12.3	7.2
狗牙根					0.8	0.5					0.8	0.5
银合欢					0.8	0.5					0.8	0.5
柱花草					5.5	4.4					5.5	4.4
串叶松香草							0.6	0.5			0.6	0.5
其他多年生牧草	17.6	22.2	54.4	82.9	290.9	202.3	0.5	0.6	11.5	2.9	374.9	310.9
合计	3 654.4	1 587.2	322.7	433.6	1 868.7	1 322.7	64.7	54.3	292.6	74.7	6 203.1	3 472.5

表 4-17 西南地区 2017 年一年生饲草生产情况

单位：万亩、万吨

牧草种类	四川		贵州		云南		重庆		西藏		合计	
	面积	产量	面积	产量	面积	产量	面积	产量	面积	产量	面积	产量
燕麦	45.8	66.8			6.6	5.1	0.9	0.5	17.4	4.9	70.7	77.3
青贮专用玉米	64.8	87.3	36.4	74.5	51.7	63.1	9.0	10.4	5.8	2.0	167.7	237.3
饲用青稞					2.0	1.2			2.3	0.8	4.3	2.0
饲用块根块茎作物	39.9	26.5	2.5	1.3	17.6	9.6	6.6	4.2			66.6	41.6
多花黑麦草	158.0	193.4	64.5	67.8	101.7	83.9	25.7	29.4			349.9	374.5
大麦	1.9	1.0	1.4	1.0	13.2	9.2			0.1	0.0	16.6	11.2
箭筈豌豆	13.2	27.4	6.3	5.6	1.1	0.7			1.9	0.4	22.5	32.1
小黑麦	0.0	0.1	1.8	0.3	4.5	4.0			0.4	0.1	6.7	4.5
冬牧70黑麦	10.8	12.9	0.5	0.6	0.4	0.4	0.3	0.2			12.0	14.1
苦荬菜	0.3	0.3									0.3	0.3
毛苕子（非绿肥）	132.1	161.4	0.4	0.2	57.0	34.2					189.5	195.8
墨西哥类玉米	15.0	10.7	1.0	0.9			0.5	0.7			16.5	14.3
青饲青贮高粱	20.2	31.7	12.5	28.5	0.8	0.8	5.6	7.4			39.1	68.4
苏丹草	7.5	10.7	0.2	0.5			1.0	1.5			8.7	12.7
籽粒苋	8.1	5.4					0.2	0.1			8.3	5.5
紫云英（非绿肥）	4.2	1.7	1.4				0.2	0.2			5.8	2.6
马唐			0.5	1.2			0.1	0.1			0.6	1.3
其他一年生牧草	137.9	218.5	1.3	2.0	39.4	32.4	2.3	2.2	0.8	0.2	181.7	255.3
合计	659.7	855.8	130.7	185.1	296.0	244.6	52.4	56.9	28.7	8.5	1167.5	1350.8

一年生牧草种植面积 270.6 万亩。种植面积较大的为青贮专用玉米、多花黑麦草，种植面积分别为 121.4 万亩和 67.3 万亩，二者占一年生牧草种植总面积的 70%。在"粮改饲"项目的推动下，河南青贮玉米种植面积不断扩大，2017 年种植面积 93.8 万亩，占该区域青贮专用玉米总面积的 77.3%。受畜禽分布影响，多花黑麦草的种植主要集中在湖南和湖北，种植面积分别为 38.1 和 28.9 万亩（表 4 - 18、表 4 - 19、表 4 - 20）。

表 4 - 18　华中地区 2017 年饲草生产情况

单位：万亩

项目	合计	人工种草	改良种草	飞播种草
河南	129.1	120.6	4.6	4
湖南	1 351.5	1 223.8	77.8	49.9
湖北	299.7	202.4	95.8	1.5
合计	1 780.3	1 546.8	178.2	55.4

表 4 - 19　华中地区 2017 年多年生牧草生产情况

单位：万亩、万吨

牧草种类	河南		湖南		湖北		合计	
	面积	产量	面积	产量	面积	产量	面积	产量
紫花苜蓿	23.6	17.2	8.2	10.1	17.5	20.2	49.3	47.5
沙打旺	0.2	0.1					0.2	0.1
牛鞭草			12.9	27.9	0.1	0.2	13.0	28.1
串叶松香草			1.7	4.2			1.7	4.2
苇状羊茅			0.1	0.1	1.1	0.7	1.2	0.8
早熟禾					0.1	0.0	0.1	0.0
菊苣			0.6	1.2	0.1	0.3	0.7	1.5
多花木兰					0.0	0.1	0.0	0.1
鸭茅			2.3	2.8	8.9	10.7	11.2	13.5
杂交酸模					0.1	0.3	0.1	0.3
老芒麦			2.0	3.0			2.0	3.0
红三叶	0.2	0.1			45.1	80.7	45.3	80.8
白三叶	1.1	0.5	20.5	19.0	41.6	61.1	63.2	80.6

（续）

牧草种类	河南		湖南		湖北		合计	
	面积	产量	面积	产量	面积	产量	面积	产量
狗牙根	0.4	0.2					0.4	0.2
多年生黑麦草	5.1	3.5	1 117.7	151.5	84.9	123.5	1 207.7	278.5
狼尾草	0.4	0.3	55.9	129.0	1.7	0.9	58.0	130.2
木本蛋白饲料	1.4	1.0	1.6	2.4			3.0	3.4
狗尾草			5.3	10.8	0.4	0.5	5.7	11.3
其他多年生牧草	0.3	0.2	31.3	49.1	15.5	21.3	47.1	70.6
合计	32.7	23.1	1 260.1	411.1	217.1	320.5	1 509.9	754.7

表 4 - 20 华中地区 2017 年一年生饲草生产情况

单位：万亩、万吨

牧草种类	河南		湖南		湖北		合计	
	面积	产量	面积	产量	面积	产量	面积	产量
青贮专用玉米	93.8	104.8	12.2	21.7	15.4	32.0	121.4	158.5
大麦					2.1	2.1	2.1	2.1
青贮青饲高粱	0.2	0.2	3.8	6.2	0.7	1.7	4.7	8.1
饲用块根块茎作物			1.9	3.0	0.2	0.1	2.1	3.1
苏丹草	0.8	0.6	6.9	14.4	8.3	16.1	16.0	31.1
燕麦	0.5	0.4	1.7	2.7	0.4	0.2	2.6	3.3
苦荬菜					0.8	1.6	0.8	1.6
冬牧 70 黑麦	0.3	0.2	0.9	1.5	1.1	2.1	2.3	3.9
多花黑麦草	0.3	0.2	38.1	63.8	28.9	54.8	67.3	118.8
毛苕子			0.0	0.1	0.3	0.9	0.3	1.0
籽粒苋	0.5	0.9					0.5	0.9
虎尾草					0.1	0.1	0.1	0.1
墨西哥玉米	0.1	0.1	13.4	30.2	4.8	12.2	18.3	42.5
紫云英			9.7	18.7	6.7	7.0	16.4	25.7
其他一年生牧草			2.9	5.0	12.8	17.3	15.7	22.3
合计	96.5	107.5	91.5	167.3	82.6	148.2	270.6	423.0

华东地区：包括上海、江苏、浙江、安徽、福建、江西、山东。截至
2017 年年底，该区年末保留种草面积 700.5 万亩。其中，人工种草面积
646.6 万亩，占总种植面积的 92.3%，产干草总量 760.7 万吨。其中，江

西种草面积 269.1 万亩，山东 240.4 万亩，安徽 114.7 万亩，福建 48.3 万亩，江苏 28 万亩。

该区域以一年生牧草种植为主，种植面积 508.4 万亩，占总面积的 70.0%。青贮玉米种植面积 287.2 万亩、多花黑麦草种植面积 128.1 万亩，分别占一年生种草面积的 56.5% 和 25.2%。青贮玉米主要集中在山东，种植面积为 212.1 万亩。多花黑麦草主要集中在江西，种植面积 105 万亩。

多年生牧草种植面积为 192.3 万亩。其中，狼尾草占有绝对比例，种植面积为 100.5 万亩，主要集中在江西。2017 年江西种植狼尾草 91.9 万亩。其次为紫花苜蓿，种植面积为 25.9 万亩，主要集中在山东。再次为安徽，种植面积分别为 16.8 万亩和 6.5 万亩。雀稗、白三叶、苇状羊茅、早熟禾和多年生黑麦草也有少量种植（表 4-21、表 4-22、表 4-23）。

表 4-21　华东地区 2017 年饲草生产情况

单位：万亩

项目	合计	人工种草	改良种草	飞播种草
江苏	28.0	28.0		
安徽	114.7	103.8	11.0	
福建	48.3	48.3		
江西	269.1	238.1	31.0	
山东	240.4	228.4	10.0	2.0
合计	700.5	646.6	52.0	2.0

华南地区：包括广东、广西、海南。该区域种草起步于 20 世纪 80 年代初，其中广西在 1980 年开始由新西兰援建黔江示范牧场；广东 1981 年从澳大利亚新南威尔士州引进优良的牧草种子、设备和技术，聘请澳大利亚专家在海南东方县兴办了东方示范牧场，开创了广东人工种植牧草的新局面（陈三友，2000）。截至 2017 年底，该区域各类种草面积 233.2 万亩，干草产量 271.6 万吨。大部分为人工种草，面积 191.4 万亩，占各类种草总面积的 82%。该地区牧草主要为多年生牧草，种植面积为 162.5 万亩，占全区种草面积的 70%。面积较大的多年生牧草为狼尾草，种植面积 99.8 万亩，占多年生牧草种植面积的

表 4－22　华东地区 2017 年多年生牧草生产情况

单位：万亩、万吨

牧草种类	江苏		安徽		福建		江西		山东		合计	
	面积	产量	面积	产量	面积	产量	面积	产量	面积	产量	面积	产量
紫花苜蓿	2.4	2.2	6.5	4.3	0.1	0.0	0.1	0.1	16.8	7.0	25.9	13.6
木本蛋白饲料									0.7	0.5	0.7	0.5
牛鞭草											0.0	0.0
串叶松香草							0.1	0.1			0.1	0.1
苇状羊茅			3.0	0.6			2.6	1.1			5.6	1.7
旱熟禾							0.5	0.1			0.5	0.1
菊苣	0.5	0.5	2.7	1.1			0.9	0.7			4.1	2.3
雀稗					1.6	1.5	11.4	5.3			13.0	6.8
鸭茅			0.9	0.2			5.1	2.4			6.0	2.6
胡枝子					0.3	0.1					0.3	0.1
象草					0.2	1.1					0.2	1.1
红三叶							1.1	0.6			1.1	0.6
白三叶	1.4	0.9	5.7	1.3			4.0	1.7			11.1	3.9
狗牙根			0.8	0.1			1.0	0.4			1.8	0.5
多年生黑麦草	0.8	0.7	1.8	1.0	1.3	1.7	0.0	0.0	0.0	0.0	3.9	3.4
狼尾草	0.0	0.1			8.6	8.2	91.9	147.2			100.5	155.5
猫尾草					0.3	0.2					0.3	0.2
狗尾草			0.7	0.3	0.5	0.1					1.2	0.4
其他多年生牧草	0.1	0.1	0.2	0.0	0.1	0.1	1.7	1.5	3.8	5.3	15.9	7.0
合计	5.2	4.5	22.3	8.9	23.0	13.0	120.4	161.2	21.3	12.8	192.3	200.4

表4-23 华东地区2017年一年生饲草生产情况

单位：万亩、万吨

牧草种类	江苏		安徽		福建		江西		山东		合计	
	面积	产量	面积	产量	面积	产量	面积	产量	面积	产量	面积	产量
青贮专用玉米	7.4	10.4	55.7	70.1	4.8	21.2	7.2	9.8	212.1	225.5	287.2	337.0
大麦	0.8	0.5	2.3	0.6							3.1	1.1
稗					0.2	0.0					0.2	0.0
青贮青饲高粱	2.0	2.7	6.1	9.9	2.0	0.1	6.6	7.5	1.5	1.8	16.2	21.9
饲用块根块茎作物	0.6	0.2	0.2	0.2			0.8	1.2	0.2	0.2	3.8	1.9
苏丹草	0.7	0.7	4.9	8.2			6.1	5.9			11.7	14.8
燕麦	0.0	0.0			0.2	0.1			0.3	0.3	0.3	0.3
苦荬菜			1.0	0.4			0.5	0.4			1.7	0.9
冬牧70黑麦	1.0	1.3	1.0	0.7							2.0	2.0
多花黑麦草	5.7	5.5	14.6	11.8	2.8	1.1	105.0	111.7			128.1	130.1
毛苕子							0.3	0.2			0.3	0.2
小黑麦	0.4	0.4	2.4	1.4					1.4	0.8	4.2	2.6
籽粒苋							0.3	0.3	0.0	0.0	0.3	0.3
墨西哥玉米	0.5	0.5	1.2	1.9	0.9	0.4	4.8	4.6	1.2	1.0	8.6	8.4
紫云英			3.1	1.6	11.3	13.2	16.0	7.9			30.4	22.7
其他一年生牧草	3.6	4.3			3.0	5.7	1.3	1.6	2.4	4.5	10.3	16.1
合计	22.7	26.5	92.5	106.8	25.2	41.8	148.9	151.1	219.1	234.1	508.4	560.3

60%；主要分布在广西，种植面积为 75 万亩（表 4 - 24、表 4 - 25、表 4 - 26）。

表 4 - 24　华南地区 2017 年饲草生产情况

单位：万亩

项目	合计	人工种草	改良种草	飞播种草
广东	59.1	57.8	1.3	
广西	155.8	115.3	38.7	1.8
海南	18.3	18.3		
合计	233.2	191.4	40.0	1.8

表 4 - 25　华南地区 2017 年多年生牧草生产情况

单位：万亩、万吨

牧草种类	广东		广西		海南		合计	
	面积	产量	面积	产量	面积	产量	面积	产量
紫花苜蓿			0.3	0.2			0.3	0.2
木本蛋白饲料			0.1	0.1			0.1	0.1
木豆			1.0	0.8			1.0	0.8
任豆树			4.0	2.4			4.0	2.4
柱花草	3.4	3.2	1.5	1.1	0.1	0.1	5.0	4.4
银合欢			3.9	2.2			3.9	2.2
菊苣			1.9	1.3			1.9	1.3
雀稗			2.4	1.4			2.4	1.4
旗草			0.0	0.0			0.0	0.0
红三叶			0.2	0.1			0.2	0.1
白三叶			6.7	3.0			6.7	3.0
羊草					0.8	1.1	0.8	1.1
多年生黑麦草			21.2	11.8			21.2	11.8
狼尾草	24.8	50.7	75.0	119.9			99.8	170.6
圆叶决明			0.1	0.0			0.1	0.0
狗尾草	1.0	1.0	9.4	8.3	1.7	1.7	12.1	11.0
其他多年生牧草	2.0	1.7	1.0	0.6			3.0	2.3
合计	31.2	56.6	128.7	153.3	2.6	2.9	162.5	212.7

表 4 - 26　华南地区 2017 年一年生饲草生产情况

单位：万亩、万吨

牧草种类	广东		广西		海南		合计	
	面积	产量	面积	产量	面积	产量	面积	产量
青贮专用玉米	4.1	7.4	7.3	7.5			11.4	14.9
青贮青饲高粱	0.2	0.2	0.6	0.6			0.8	0.8
苏丹草			0.0	0.0			0.0	0.0
苦荬菜			0.1	0.1			0.1	0.1
冬牧 70 黑麦	5.4	6.4	0.5	0.3			5.9	6.7
多花黑麦草	16.5	16.6	14.2	11.7			30.7	28.3
毛苕子			0.9	0.8			0.9	0.8
小黑麦	0.1	0.1	0.4	0.3			0.5	0.4
虎尾草					1.0	0.0	1.0	0.0
墨西哥玉米	1.3	1.6	2.5	2.5			3.8	4.1
紫云英	0.5	0.3	0.1	0.1			0.6	0.4
其他一年生牧草	0.0	0.0	0.3	0.3	1.6	2.2	1.9	2.5
合计	28.1	32.6	26.9	24.2	2.6	2.2	57.6	58.9

4.2.2.2　饲草加工利用及地域分布状况

近年来，受国内市场的拉动及牧草综合利用技术的发展、农业产业结构的调整、西部大开发、退耕还林还草及生态环境的建设等项目的实施，使饲草生产在全国范围内迅速发展。截至 2017 年底，全国饲草种植面积 29 557 万亩，草牧业发展呈现高度种养结合（图 4 - 5）。

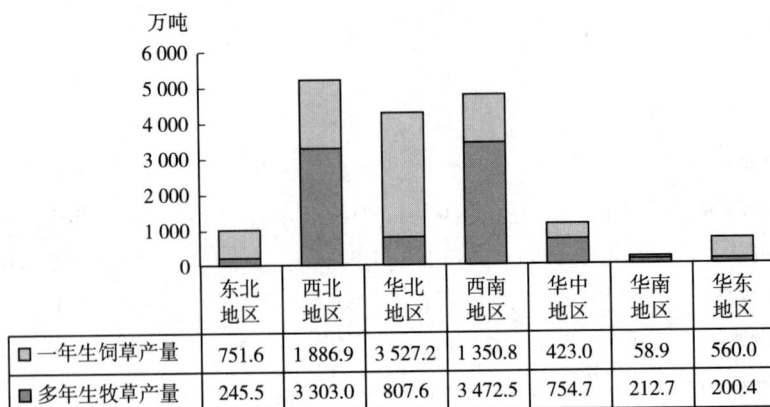

万吨	东北地区	西北地区	华北地区	西南地区	华中地区	华南地区	华东地区
□ 一年生饲草产量	751.6	1 886.9	3 527.2	1 350.8	423.0	58.9	560.0
▨ 多年生牧草产量	245.5	3 303.0	807.6	3 472.5	754.7	212.7	200.4

图 4 - 5　不同区域多年生牧草和一年生饲草产量（干重）

从种植面积和产量分布来看，西北地区、华北地区和西南地区是我国饲草生产集中优势区。全国草产品加工企业主要集中在：甘肃、内蒙古、宁夏、山东和黑龙江等地，具体规模、产量在本书商品草部分有详述。

从加工的产品类型上看，主要有草捆、草块、草颗粒、草粉和裹包青贮等，产量分别为 381.8 万吨、56.9 万吨、55.9 万吨、26.5 万吨和217.2 万吨，分别占总产量的 51.8%、7.7%、7.4%、3.6% 和 29.5%。从加工饲草种类上看，主要有紫花苜蓿、青贮专用玉米和燕麦，产量分别为 259.1 万吨、255.9 万吨和 78.1 万吨，占总量的 67.5%。

4.2.2.3　饲草料区域发展的思路与策略

饲草料区域化发展的最终目标是草畜平衡。潘国艳等研究认为，不同类型区域牧草产业的发展应综合考虑水源、土地、畜种及农耕传统。如，在农业高产稳产区，大中城市密集。农业主要靠抽取地下水灌溉，粮食产量对地下水的依存度占 80% 左右。奶业发展较快，应发展集约化畜牧业，发展优质青绿饲料；海河低平原农业受干旱、渍涝、盐碱和咸水等自然条件限制，作物产量低而不稳定，深层地下水严重超采，存在沙漠化的潜在威胁。饲草主要分布在中低产田贫瘠地，盐碱地和荒地上，应栽培抗性强且能改良土壤的饲草；沿黄河地区，土地资源丰富，有引黄灌溉条件，是粮棉高产地区，也是重要的牛羊生产带，应结合中低产田改造，发展饲用玉米、紫花苜蓿、黑麦草、冬牧 70 黑麦等，充分利用冬闲田、低产田，实行粮草轮作。倪印锋等运用区位基尼系数、产业集中率、全局和局域莫兰指数 4个指标对 2001—2005 年我国牧草产业地理急剧的变化特征进行统计分析，发现在自然资源条件形成牧草产业地理集聚初始格局的基础上，牧草比较收益、生产性土地面积比重、草食家畜养殖量、机械化水平和政策通过对牧草种植面积、种类、区域等方面进行不断优化调整，共同成为影响中国牧草产业地理集聚的主要因素。董平祥认为，气候是决定牧草种类结构、形态特征和经济性状的重要因素，区域划分应根据气候特点和牧草的生长特性，结合畜种综合分区，已解决草畜分离问题。气候地理条件不仅对饲草种类进行了自然选择，更对畜种的分布进行了最初分配。因此，饲草区域发展应着重考虑气候地理条件，结合当地发展现状，因地制宜合理规划。2016 年，农业部办公厅印发了《关于促进草牧业的指导意见》中将我国草牧业发展分为 4 个气候区域：北方干旱半干旱区、青藏高寒区、东北华北湿润半湿润区、南方区。

北方干旱半干旱区，位于我国西北、华北北部以及东北西部地区，涉及河北、山西、内蒙古、辽宁、吉林、黑龙江、陕西、甘肃、宁夏和新疆等10个省区。围绕"提质、增效、绿色"的基本方针，引导流转整合草场、牲畜等生产要素，发展家庭农（牧）场和农牧民合作社，走规模化养殖、标准化生产、品牌化经营的产业化发展道路。推介企业"立草为业、创新开拓、融合发展"的"互联网＋草业"模式和特色家庭农（牧）场适度规模经营的"轮牧＋补饲"模式等。

青藏高寒区，位于我国青藏高原，涉及西藏、青海全境及四川、甘肃和云南部分地区。以科学合理利用草地资源为基础，通过培育公司、合作社、家庭农（牧）场等多种经营主体，探索推行股份制合作社为主的规模经营方式，优化配置草场、饲草料地、牲畜等基本生产要素，适度发展高原生态特色畜牧业。推介行业协会带农户的"打通信息、渠道、技术三平台"发展模式；村级合作社的"草场、牲畜、品种、劳力重新分配和统治、统种、统购、统办、统分五统一"模式等。

东北华北湿润半湿润区，主要位于我国东北和华北地区，涉及北京、天津、河北、山西、辽宁、吉林、黑龙江、山东、河南和陕西等10省市。通过挖掘饲草料生产潜力，积极探索"牧繁农育"和"户繁企育"的养殖模式，发挥各经营主体在人力、资本、饲草等方面的优势，实现牧区与农区协调发展，种植户、养殖户与企业多方共赢。推介综合性龙头企业的"种好草、养好畜、重环保、出精品"的"种养加一体化"模式和"公司＋合作社＋基地＋农户"的种养结合发展模式等。

南方区，位于我国南部，涉及上海、江苏、浙江、安徽、福建、江西、湖南、湖北、广东、广西、海南、重庆、四川、贵州和云南等15省市区。依托青绿饲草资源优势，大力推广粮经饲三元结构种植和标准化规模养殖，因地制宜发展地方特色草食畜牧业。推介天然草山草坡改良、混播牧草地建植、农闲田种草养畜的"工程项目＋公司＋合作社"统筹发展模式和"公司＋家庭农（牧）场"的产业化经营模式等。

4.2.3 饲草料种植状况

1. 饲草料种植规模及区域分布状况

在推进草牧业试验试点、粮改饲试点和振兴奶业苜蓿发展行动等一系列项目示范和带动下，各地紫花苜蓿、燕麦和青贮玉米等优质饲草种植比例增加明显（图4-6）。2017年，全国紫花苜蓿种植面积6 225万亩。其中，牧区2 137万亩，农区4 088万亩。主产区有新疆（含兵团）、甘肃、陕西和内蒙古4省区，种植面积分别为1 450万亩、1 232万亩、1 005万亩、815万亩，共计4 502万亩，占全国72.3%（图4-7）。燕麦草消费日益增强，进口增长率高达38%以上。随着国内牧场对燕麦草的重新定位，燕麦在国内的种植面积不断扩大，种植面积为630万亩，同比增长25.1%，其中牧区375万亩、农区255万亩；燕麦主产区有青海、甘肃和

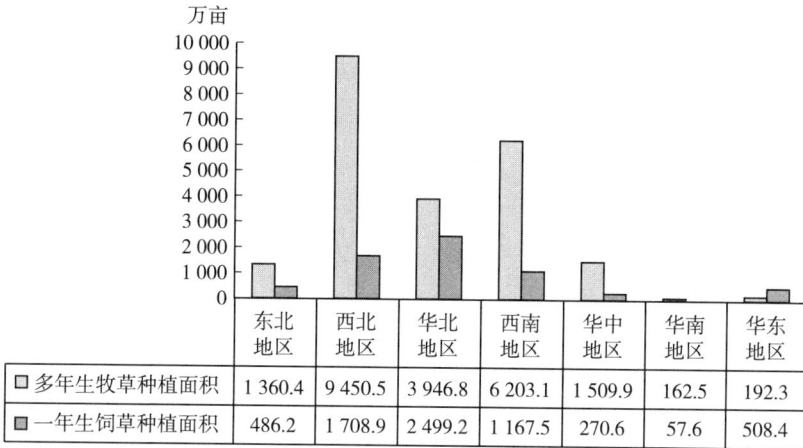

万亩

	东北地区	西北地区	华北地区	西南地区	华中地区	华南地区	华东地区
多年生牧草种植面积	1 360.4	9 450.5	3 946.8	6 203.1	1 509.9	162.5	192.3
一年生饲草种植面积	486.2	1 708.9	2 499.2	1 167.5	270.6	57.6	508.4

图4-6　各区多年生和一年生饲草种植面积

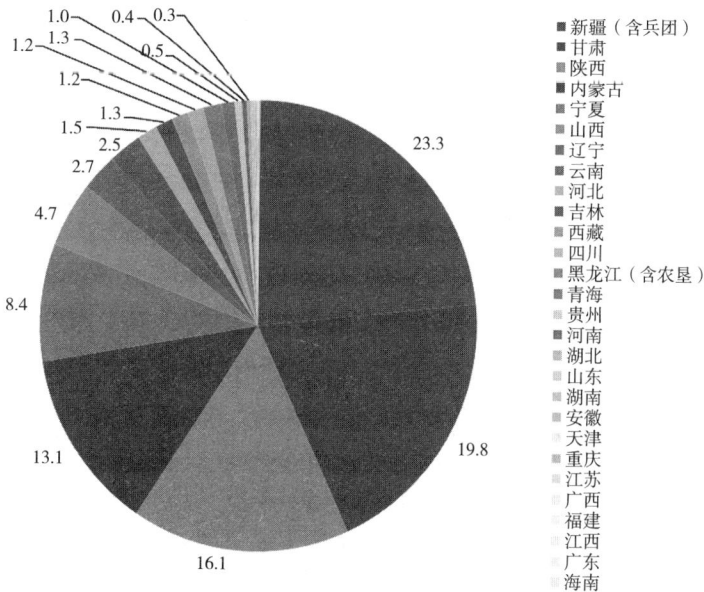

图4-7　全国各省市区紫花苜蓿种植面积占总面积的比例（%）

内蒙古，种植面积分别为 193 万亩、158 万亩、132 万亩，占全国的 76.7%。青贮玉米种植面积 3 463 万亩，同比增长 1.8%，其中牧区 1 468 万亩，农区 1 995 万亩；青贮玉米主产区有内蒙古、新疆、黑龙江和山东，种植面积分别为 1 269 万亩、534 万亩、228 万亩和 212 万亩，占全国的 64.8%（图 4-8）。

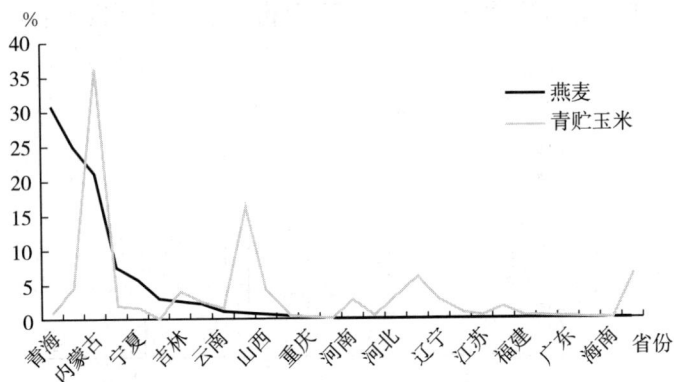

图 4-8　全国各省区燕麦和青贮玉米种植面积占各自总面积的比例

2. 饲草种植的区域发展状况（多年的变化）

我国的牧草生产布局，既存在受市场拉动和资源支撑影响的"草随畜走"和"畜随草走"形态。如山东、河南因畜牧业发展而兴起的牧草产业，宁夏因牧草产业发展而兴起的奶牛产业等。也存在受自然气候条件影响的以草产业发展为主的业态，如内蒙古赤峰的阿鲁科尔沁旗苜蓿草基地和甘肃定西的苜蓿草基地。我国牧草生产的"一带两区"格局基本形成，"一带"即北方苜蓿产业带，"两区"即东北羊草生产区和南方饲草生产区（张英俊，2012）。

从区域布局优化调整来看，各地区的草牧业发展更趋合理。

在 108 个牧区县为主的牧区形成以天然草原放牧为主，适度发展人工种草的业态，该区域以生态保护优先，严格落实草原禁牧和草畜平衡制度，不断加大改良种草和飞播种草力度，从农区和半牧区调运饲草料和农副资源解决冬季饲草不足的问题。不断加快生产方式转变，提升基础设施建设，推进"暖牧冷饲"和"牧繁农育"模式，加快牲畜出栏，持续提升生产力水平，这为保障国家生态安全、维护边疆稳定和打赢扶贫攻坚战作出了积极贡献。2017 年，牧区县新增人工种草面积、改良种草保留面积，分别为 1 021 万亩、4 896 万亩，同比增加 5.2%、7.3%。人工种草产草量为 339.5 万吨，可饲喂牲畜 0.2 亿羊单位，同比增长 18.8%。天然草原草畜平衡区产草量为 7 071.9 万吨，理论载畜量为 1.05 亿羊单位，同比增长 2%。牛羊实际饲养量为 1.75 亿羊单位，同比减少 1.1%。由此可见，牧区饲草量缺口大约在 4 725 万吨，需要从天然打草场打贮草，并从半牧区、农区调运牧草和农作物秸秆等农副资源来填补空缺。

在 160 个半牧区县为主的农牧交错带区，形成以舍饲圈养为主，为养而种、种养结合的发展业态。牧草生产以人工种草为主，牧草生产除满足本区域牲畜养殖外，剩余部分外调到牧区抗灾保畜和农区养殖企业。该区域草畜养殖方式主要以自繁自育和专业化育肥为主，生产效率和经济效益较高。2017 年，半牧区县新增人工种草面积、改良种草保留面积，分别为 2 402 万亩、2 756 万亩，同比增加 2.7%、−29.6%。人工种草产草量为 3 881 万吨，可饲喂牲畜 0.57 亿羊单位，同比增长 11.8%。天然草原草畜平衡区产草量为 2 695.9 万吨，理论载畜量为 0.4 亿羊单位，同比增加 2.6%。牛羊实际饲养量为 2.34 亿羊单位，同比减少 3%。由此可见，该区域的饲草料缺口大约在 9 247.5 万吨，需要充分利用周边地区的农作物秸秆等农副资源来饲养草食家畜。

在广大农区形成以种草养畜、舍饲圈养、专业化育肥为主，来打造饲草产业带和规模化养殖基地的业态。北方农区主要种植苜蓿、燕麦、青贮玉米等牧草，南方地区主要种植黑麦草、杂交狼尾草等牧草。2017 年，农区新增人工种草面积、改良种草保留面积，分别为 4 799 万亩、3 059 万亩，同比减少 0.3%、8.6%。人工种草产草量为 8 895.2 万吨，可饲喂牲畜 1.32 亿羊单位，同比增长 6.5%。天然草原产草量为 16 562.2 万吨，理论载畜量为 2.45 亿羊单位，同比增长 3.8%。牛羊饲养量为 9.53 亿羊单位，同比基本持平。由此可见，农区的饲草料缺口大约在 38 880 万吨，应加大农作物秸秆资源化利用和人工种草面积，提高优质牧草供给能力。

4.3　国内商品草生产情况

4.3.1　企业

4.3.1.1　从事商品草生产的企业及区域分布状况

1. 商品草生产企业分布状况

据统计调研数据显示，截至 2017 年底，全国已登记的草产品加工企业 848 家，年加工草产品 732.7 万吨。企业集中在，甘肃、内蒙古、黑龙

江、山东、宁夏、青海、河南等省区，年生产量分别为 270.2 万吨、69.2
万吨、56.9 万吨、50.3 万吨、47.7 万吨、36.9 万吨、30.4 万吨，分别
占全国总产量的 36.89％、9.45％、7.77％、6.87％、6.51％、5.04％、
4.15％，七省份总产量占全国 76.67％（图 4-9）。

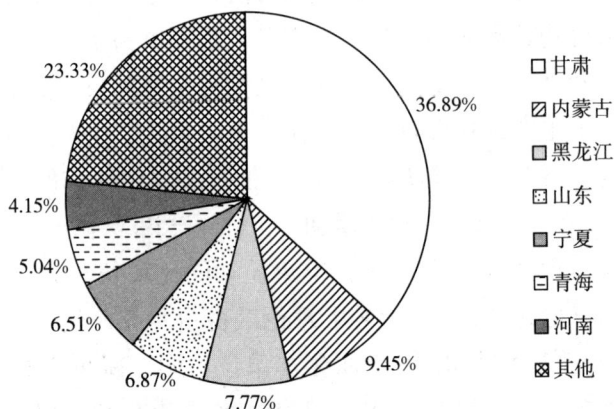

图 4-9　2017 年全国主要省份草产品生产加工量占比

　　国内商品牧草产品主要种类是，紫花苜蓿、羊草、青贮玉米、燕麦
等。其中，以紫花苜蓿为主，2017 年产量 359 万吨；其次是青贮专用玉
米，2017 年产量 301 万吨；第三是羊草，2017 年产量 74 万吨，主要是由
于羊草主产区气候干旱所致；燕麦是近几年快速发展的一种商品牧草种
类，产量已经从 2010 年 2 万吨增加到 2017 年的 62 万吨，国产燕麦草逐
步得到牧场认可（表 4-27）。

表 4-27　2017 年全国各地规模化商品牧草生产企业基本情况

单位：个、万吨

地区	企业数量	年生产量	主要种类
甘肃	306	270.2	苜蓿、燕麦、青贮玉米、三叶草
内蒙古	117	69.2	苜蓿、燕麦、青贮玉米、羊草
黑龙江	31	56.9	苜蓿、青贮玉米、羊草
山东	42	50.3	苜蓿、青贮玉米、秸秆
宁夏	61	47.7	苜蓿
青海	50	36.9	燕麦、青贮玉米
河南	30	30.4	苜蓿、青贮玉米、青贮高粱、黑麦

（续）

地区	企业数量	年生产量	主要种类
湖北	15	25.6	苜蓿、青贮玉米、其他一年生牧草
河北	11	24.3	苜蓿、青贮玉米、其他一年生牧草
安徽	8	21.8	苜蓿、燕麦
湖南	34	15.9	青贮玉米、高丹草、秸秆
新疆	13	15.4	苜蓿
吉林	21	13.6	羊草、玉米秸秆
四川	13	10.6	狼尾草、燕麦、老芒麦、披碱草
山西	17	10.2	苜蓿
陕西	38	10	苜蓿、青贮玉米
贵州	21	6.1	苜蓿、多花黑麦草、狼尾草
辽宁	1	4	苜蓿、燕麦
新疆兵团	2	3	苜蓿
江西	3	2.8	苔草、多花黑麦草、青贮玉米、象草
重庆	7	2.8	菊苣、青贮玉米
广西	1	2	青贮玉米、狼尾草、象草、黑麦草
云南	3	1.8	苜蓿
黑龙江农垦	2	0.8	苜蓿
广东	1	0.16	
合计	848	732.46	

注：新疆与新疆兵团分别统计，黑龙江与黑龙江农垦分别统计。

数据来源：全国畜牧总站《中国草业统计》。

2. 目前已形成的商品草产业集群

近几年，随着产业化规模水平提升，国产草生产已经形成以甘肃河西走廊、内蒙古阿鲁科尔沁区、甘肃黄土高原区为代表的 8 大产业集群。8 大集群总种植面积 346 万亩，年产能 130 万吨（不含青贮玉米），占全国商品草产量的 18.1%（不含青贮玉米商品草产量 718 万吨）。

其中，甘肃河西走廊商品牧草种植面积 70 万亩，年产能 60 万吨；宁夏黄河灌区种植面积 20 万亩，年产能 15 万吨；内蒙古阿鲁科尔沁种植面积 60 万亩、鄂尔多斯高原区种植面积 8 万亩，拥有企业 19 家，年产能 30 万吨；甘肃黄土高原区种植面积 150 万亩、宁夏黄土高原区种植面积 25

万亩，拥有企业 20 家，年产能 15 万吨；安徽蚌埠五河区种植面积 10 万亩，拥有企业 1 家，年产能 15 万吨青贮产品（折合干草约 8 万吨）；陕北榆林风沙区种植面积 3 万亩。

4.3.1.2 企业主要经营范围及发展状况

近年来，企业在摸索过程中逐步探索出一条种植、加工、销售的产业化之路，但是商品草规模化生产种类仅包括苜蓿、燕麦草，青贮玉米以牧场合作种植、自己加工为主，企业集中在甘肃、宁夏、内蒙古、安徽等省区。

1. 企业发展经验

在国家粮改饲、草牧业、振兴奶业苜蓿发展行动等一系列政策的推动下，牧草产业取得长足发展，企业生产水平得到质的提升，国产牧草（苜蓿、燕麦）也逐步在牛场中与进口草分占半壁江山。

我国商品牧草产业逐步形成以甘肃河西走廊、内蒙古东部、宁夏灌区为主的苜蓿产业带，内蒙古赤峰、河北塞北等国产 A 型燕麦草主产区，以甘肃山丹军马场、青海、内蒙古霍林郭勒等地主产区的 B 型燕麦草主产区。

产品种类不局限于干草，更多需要根据收获时天气状况来决定进行干草、青贮还是其他种类草产品的生产。

逐步形成以华北、东北、西北"三北地区"为主的国产牧草供应区。

国产牧草产品质量显著提高，部分草产品可达到进口草标准，逐步与国际接轨。

2. 企业发展中形成的典型模式

县域模式：中国草都——内蒙古阿鲁科尔沁旗、中国西部草都——甘肃定西。阿鲁科尔沁旗把牧草产业作为县域经济产业发展的典型范例，苜蓿种植区集中在以绍根苏木为核心的 3 个苏木，有沙地草原 420 万亩，建设前 90％以上存在着不同程度的沙化退化。2008 年以来，阿鲁科尔沁旗发展节水灌溉人工草地 70 万亩，2016 年种植苜蓿 45 万亩，燕麦 25 万亩，有专业化草产品生产企业 25 家，流转建设面积 41 万亩，合作社或联户建设面积 5.9 万亩，253 牧户建设面积 23.1 万亩。

2016 年，定西市提出打造中国"西部草都"加快草牧业发展目标，把草牧业作为特色优势产业和脱贫攻坚的富民产业来培育。截至 2016 年底，定西市财政投入草牧业发展专项资金 2.2 亿元，全市多年生牧草留床面积达 320 万亩，各类畜禽饲养总量达 2 800 万头（只），草产量达 800 万吨，饲草加工能力达 150 万吨，建成了民祥牧草、现代草业、天耀草业等一批"公司加基地、基地联农户"的牧草加工龙头企业，初步形成了立草为业、草牧并举、草畜一体化的循环发展格局。2016 年，定西市草牧产业总产值达 120 亿元，农民人均产业收入达 1 700 元。

种养结合、与牧场建立战略合作发展模式：种养结合就地转化是核心，以秋实草业和现代牧业合作为例，通过牧场和草业企业紧密结合，是牧草产业实现优质高效、生态安全、健康发展的最佳选择。以首蓿为例，亩产干草 0.8 吨，每吨 1 600 元，扣除生产成本 850 元，可获亩纯收益 430 元。通过首蓿青贮、就地转化，既可减少损失，又可规避阴雨风险，化不利为有利。

"草牧肥一体化"发展模式：运用先进生物技术形成生产循环体系，以正时农业"草牧肥一体化"发展模式为例，通过利用生物技术与蚯蚓养殖办法将农牧废弃物及粪污资源化利用，形成保护环境、改善生态、零污染零排放的闭环式牧草产业发展模式。

第三方加工服务发展模式：国内牧场建设受环保压力影响，面临饲草基地保证、粪便消化率问题，新建牧场都必须有足够土地配套：饲草料保证、粪便资源化利用。如果牧场自己流转土地种植牧草，需要配套专业技术团队，带来很多麻烦。

如果与专业第三方专业公司建立战略合作，需注意两个方面问题：一方面，牧场流转土地解决了粪便压力；另一方面，双方合作过程中每年年初根据牧场需求制定详细合作计划并按照合同执行。这样可以保证年度内供应与牧场需求基本吻合。

"公司加基地、基地连农户"发展模式：甘肃定西在建立打造"中国西部草都"发展过程中，确定龙头企业为民祥牧草，并通过采取"公司＋基地＋农户"的形式，与农户签订合同。既保障优质牧草供应，又为群众带来了可观的经济效益，带动定西市安定区草产业发展。

多品项择优发展模式：鄂尔多斯在实施内蒙古自治区"高产优质首蓿示范建设项目"中，为全面提升草牧业生产水平，在对奶牛主产区和首蓿商品草产区进行集中投入的同时，对规模肉牛肉羊养殖企业和合作社也给予扶持，对专业化草种企业进行扶持，加大国产优质首蓿品种的原种扩繁力度，推进了草种业的发展。

表4-28 2017年全国主要苜蓿生产企业的生产能力情况

企业序号	产量（万吨）	面积（万亩）	收获茬次	平均单产（千克/亩）
1	27.6	25	4	800
2	11	13	3～7	800
3	4	10	1～3	400
4	4	7	3～4	800
5	2.5	3		
6	2.4	3	3	800
7	2.1	3		
8	1.8	1.8	4	1 000
9	1.71	1.8	3	950
10	1.7	2.3		750

表4-29 2017年全国主要饲用燕麦生产企业的生产能力

企业序号	产量（万吨）	面积（万亩）
1	12.5	20
2	7	
3	5	13
4	3.5	7
5	3	3
6	1.7	1.8
7	1.45	2.3
8	1.4	2.7
9	1.3	1.5
10	1.2	1.2

4.3.2 能力

1. 牧区商品草的种植生产能力

截至2017年，全国牧区商品草种植面积181.1万亩，平均产量415千克/亩，总产量75.2万吨；牧区商品草生产其中以紫花苜蓿、燕麦草及羊草为主，种植面积占牧区商品草种植总面积94.7%，产量占比75.1%。

紫花苜蓿种植面积66.6万亩，产量34.8万吨，占全国紫花苜蓿面积及产量比例分别为10.6%、9.7%；其次为燕麦草，种植面积32.1万亩，产

量 25.9 万吨，占全国比例分别为 33.4%、41.8%；羊草 72.8 万亩，产量
5.8 万吨，占全国比例分别为 9.2%、7.8%；其他为青贮专用玉米、草谷子、
老芒麦及其他一年生牧草占比较少，总种植面积 9.6 万亩，产量 8.7 万吨。

2. 农牧交错带商品草的种植生产能力

截至 2017 年，全国农牧交错带商品草种植面积 943 万亩，平均产量
224 千克/亩，总产量 211.1 万吨；农牧交错带商品草生产以紫花苜蓿、
羊草及燕麦为主，种植面积占农牧交错带商品牧草种植面积 86.7%，产
量占比 71.1%。

紫花苜蓿种植面积 146.2 万亩，产量 72.7 万吨，占全国紫花苜蓿面
积及产量比例分别为 23.3%、20.2%；其次为羊草 644.2 万亩，产量
62.4 万吨，占全国比例分别为 81.5%、84.3%，羊草生产以农牧交错带
为主；燕麦草种植面积 27 万亩，产量 14.8 万吨，占全国比例分别为
28.1%、23.9%；其他为青贮专用玉米、多年生黑麦草、红三叶、猫尾草
及牧草占比较少，总种植面积 125.6 万亩，产量 61.2 万吨。

3. 其他区域商品草的种植生产能力

其他区域商品草种植面积 778 万亩，产量 734.8 万吨，分别占全国
43.9%、72.3%；其中，商品草加工企业 512 家，产量 524.7 万吨，分别
占全国 64.4%、71.6%。

紫花苜蓿种植 413.2 万亩，产量 251.5 万吨，占全国比例分别为
69.0%、70.0%，紫花苜蓿生产以农区等为主；青贮玉米种植 167.9 万
亩，产量 269.4 万吨，占全国比例分别为 90.3%、89.5%，青贮玉米生
产以农区为主；燕麦草种植 36.9 万亩，产量 21.3 万吨，占全国比例分别
为 38.5%、34.3%。

4.3.3　产品

草产品加工种类主要是，干草、草块、草颗粒、草粉、青贮及其他草
产品。2017 年，产量分别为 381.8 万吨、56.9 万吨、54.9 万吨、26.5 万
吨、217.2 万吨；占总量的 52.1%、7.7%、7.5%、3.6% 和 29.6%。近
几年，商品草生产时受雨热同季影响，部分商品草生产企业逐步增大青贮
饲料生产量以减少雨淋损失提高运营效率。

1. 干草生产量及发展状况

干草是生产量最大的草产品种类，通过将牧草进行适时收割、晾晒加

工后以干草捆形式贮藏。2017年，干草产量达381.8万吨。其中，干草生产以甘肃、内蒙古、黑龙江、宁夏、湖北为主，产量分别为143.2万吨、54.6万吨、39.9万吨、22.6万吨以及21.5万吨，分别占比37.5%、14.3%、10.4%、5.9%及5.6%。

干草因为加工周期长且需要在田间进行7～10天晾晒才能打捆，打捆过程中叶片损失较多也会影响干草产品营养价值。近些年，干草研究主要集中在添加剂使用、高水分打捆以及夜间打捆保持更多的叶片等方面。

2. 草块生产量及发展状况

草块主要用于家畜的基础饲料，干草块成型加工的基本工艺包括：原料机械处理、化学与处理、添加营养补充料、调制、成型和冷却等，成型草块一般为截面30毫米×30毫米的方形或者直径30～32毫米的圆柱形。

2017年，全国草块产量56.9万吨，占比7.8%。其中，草块生产以黑龙江、甘肃、河北、内蒙古、青海等西北地区为主，产量分别为16.4万吨、11.9万吨、7.4万吨、5.5万吨及4.7万吨，分别占比28.8%、21.0%、13.0%、9.6%及8.2%。

3. 草粉生产量及发展状况

草粉主要用于配合饲料生产，是一种良好的蛋白质及维生素补充料来源。2017年，全国草粉产量为26.5万吨，占全国比例为3.62%。草粉生产以甘肃独大，2017年甘肃草粉生产17.0万吨，占全国64.0%。

与欧美国家相比，目前我国草粉生产尚处于起步阶段。虽然研究表明在猪鸡日粮中添加草粉，可以提高生产速度，改善肉质、提高日增重。但我国草粉生产仍存在加工规模化程度较低、质检体系不完善等问题亟待解决，尚未大范围推广。

4. 草颗粒生产量及发展状况

草颗粒是目前配合饲料中使用最广泛的一种成型草产品，占配合饲料饲喂总量的60%～70%，具有营养均衡、易贮存等特点，可根据不同动物生产阶段的需求进行组合配置。

2017年，全国草颗粒产量54.9万吨，占比7.5%。草颗粒生产以甘肃、内蒙古、新疆为主，产量分别为25.2万吨、6.8万吨及7.1万吨，分别占比45.9%、12.4%、13.0%。

草颗粒生产因存在水稳性较差、硬度低、含粉率高等问题而不能满足市场需求，生产水平与发达国家相比存在较大差距。

4.3.4　市场

1. 国内商品草的市场区域分布状况

据对全国规模牧场调研数据显示，调研数据包括 2018 年 212 个牧场，牛群 83.1 万头，成母牛 44.1 万头；2017 年，260 个牧场，牛群 94.5 万头，成母牛 48.4 万头；2016 年，300 个牧场，牛群 98.3 万头，成母牛 49.3 万头；2015 年，580 个牧场，牛群 133 万头，成母牛 67.4 万头。

其中，苜蓿草用量：2018 年，进口 37.8 万吨，国产 7.97 万吨、青贮 8.23 万吨；2017 年，进口 43.6 万吨，国产 19.3 万吨；2016 年，进口 53.1 万吨，国产 50.8 万吨；2015 年，进口 66.2 万吨，国产 32.5 万吨。

燕麦草用量：2018 年，进口 13.7 万吨，国产 12.45 万吨，青贮 2.42 万吨；2017 年，进口 13.3 万吨，国产 10.5 万吨；2016 年，进口 12.2 万吨，国产 10.7 万吨；2015 年，进口 12.6 万吨，国产 14.7 万吨。

据调研数据显示，国产草价格与进口草价格差别为 300～500 元/吨；同时"三北地区"是中国奶牛主产区，商品草生产也以内蒙古、西北为主，物流成本低，进口牧草主要使用于南方牧场。

表 4-30　2019 年 1 月国内规模牧场苜蓿草监测价格

牛场名称	存栏（头）	产奶牛（头）	平均日单产（千克）	苜蓿（元/吨）	
				进口	国产
直辖市					
重庆天友牧场	3 700	1 700	31	3 300	2 800
东北					
沈阳金秋实牧业	655	286	32.86	3 250	2 000
吉林牧硕养殖	7 629	3 295	29.8	2 650	
黑龙江青冈山东屯荷斯坦奶牛场	812	298	37.1	3 100	
华北					
河北创辉奶牛场	2 000	750	34.5	3 100	
河南郑州绿麒麟奶牛场	1 300	515	30	3 300	
河南济源惠龙牧业	1 700	800	33.5	3 300	
山东得益高青示范牧场	1 900	1 180	36.5	3 300	

（续）

牛场名称	存栏（头）	产奶牛（头）	平均日单产（千克）	苜蓿（元/吨）	
				进口	国产
山东济南佳宝一场	2 676	1 231	30.9		2 510
山西大同四方高科牧场	5 438	2 310	32.5	3 250	
西北					
陕西泾阳晨辰牧场	432	200	28		2 700
陕西澳美慧乳业	3 009	1 730	34.5	3 600	
新疆天康南山示范牛场	457	206	32.2		1 650
甘肃天辰牧业	800	360	29		2 670
牧丰牧业	2 640	1 330	33.5	3 320	
华东					
浙江一景乳业牧场	3 698	1 675	泌乳牛 33.07	3 120	
江苏申福二场	2 000	1 200	泌乳牛 43.3	3 100	
南京卫岗盱眙牧场	1 596	742	33.64	3 200	
长富第 33 牧场	2 046	924	33.1	3 450	
湖北黄梅现代乳业					
华中					
湖南常德湘闽牧场	1 100	460	28	3 600	
江西阳光乳业第六牧场	700	400	泌乳 31	西 3 700	
华南					
广东佛山澳纯乳业	1 430	610	泌乳牛 34	美 3 300～3 400	
广西来宾绿健牧业	1 413	746	25.05	西 2 800	
西南					
贵阳三联龙岗奶牛一场	2 860	1 230	成母牛 22	3 000	

2. 国内商品草的市场流通状况

与进口草相比，国产草（苜蓿、燕麦草）在集团牧场中用量较少，使用对象集中在宁夏、甘肃、陕西、内蒙古等地中小型私人牧场。

国产苜蓿用量前十位牧场仅占国产商品苜蓿 12.6%，用量 18.9 万吨；使用牧场以新疆、宁夏、甘肃、陕西、河北等为主，国产苜蓿用量前十位牧场存栏 51.8 万头（进口苜蓿用量前十位牧场占进口苜蓿比例 25.9%，用量 36.2 万吨，总存栏 43 万头）（图 4-10）。

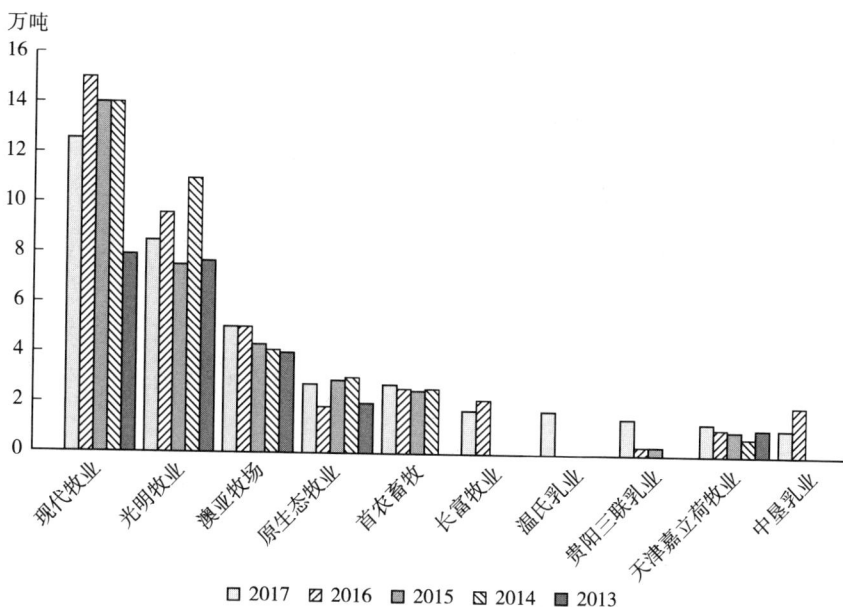

图 4 - 10　2013—2017 年国产苜蓿用量前十位牧场

国产燕麦用量前十位牧场仅占国产燕麦总产量 9%，用量 9.64 万吨，总存栏 58.9 万头（进口燕麦用量前十位牧场占进口燕麦 40.92%，用量 12.6 万吨，总存栏 65.0 万头）（图 4 - 11）。

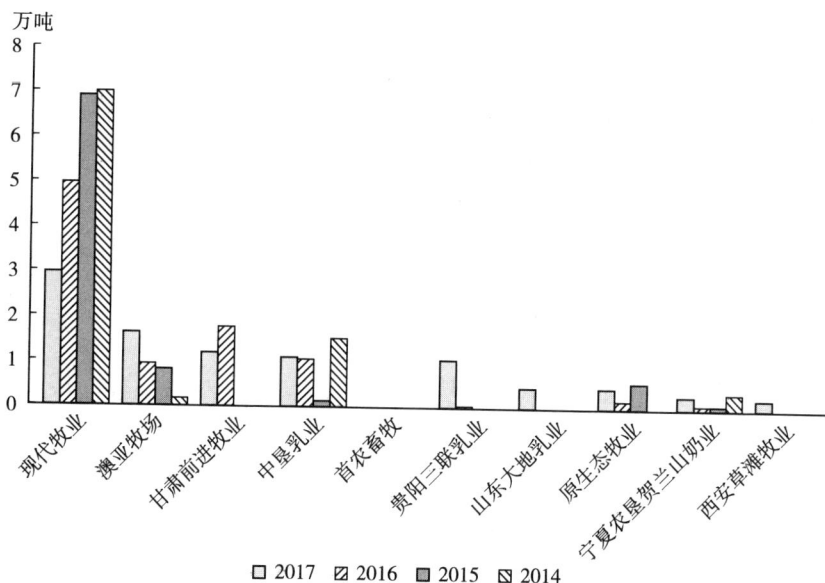

图 4 - 11　2013—2017 年国产燕麦用量前十位牧场

4.4 饲草国际贸易情况

4.4.1 全球饲草供需情况

1. 全球饲草生产及分布状况

牧草主产区基本上是草牧业发达的地区，如欧洲、美国、阿根廷、新西兰等国家或地区。相关统计数据显示，在全球牧草生产中，北美最大占比 62%、欧洲占比 22%、亚洲占比 12%。但是全球苜蓿产量呈下降趋势，过去 10 年中下降约 20%，中国商品苜蓿产量约 350 万吨/年。

苜蓿是主要的饲草品种，此外燕麦草、梯牧草、黑麦草、甜高粱等产量相对较少，麦草、稻草、花生秧、红薯藤等粮食作物的副产物也得到广泛的应用。

2. 全球饲草需求及发展状况

饲草的生产以满足本地需求为主，少量出口，这构成了饲草的总需求。欧盟 2018 年苜蓿干草产量估计超过 4 000 万吨，但出口量只有 154 万吨，出口只占其产量的 3.8%；美国苜蓿干草 5 263.4 万吨，出口量只有 255 万吨，出口只占其产量的 4.8%。

4.4.2 全球饲草贸易情况

1. 全球饲草贸易的基本特点

牧草年贸易 1 000 万吨，出口地区主要是牧草主产国（地区），进口地区主要是国土面积较小或干旱缺水的地区，如日本、韩国和中东一些国家。我国虽然国土面积较大，但适合种植作物的土地有限，而且以粮食生产为主，优质牧草产量较低。近年来，苜蓿、燕麦草进口量较大，成为主要的进口地区之一。

全球牧草贸易明显活跃，年牧草贸易量在 1 000 万吨左右。其中，日本是最大的牧草进口国，中国是第二大牧草进口国，进口量约 170 万吨。就苜蓿来讲，美国是最大的苜蓿出口国，年出口量 255 万吨；中国是最大的苜蓿进口国，年进口量约 140 万吨。

2. 全球饲草贸易的区域发展状况

全球主要国家美国、欧盟 28 国、加拿大、澳大利亚 2018 年干草出口

755 万吨。其中，苜蓿出口 416.3 万吨，占比 55%，燕麦出口 105.7 万吨，占比 14%（图 4-12）。

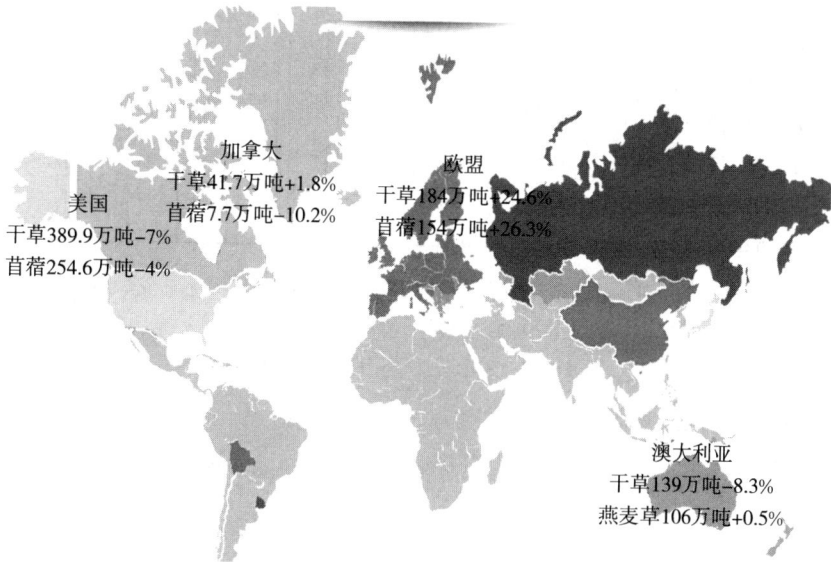

图 4-12　2018 年全球主要牧草出口国出口变化

数据来源：FAO、欧盟干草协会等。

4.4.3　主要国家饲草生产和进出口情况

1. 美国饲草生产和进出口情况

美国 USDA 数据显示，美国主要饲草种类包括：苜蓿、豇豆秧、花生秧、胡枝子、大豆秸、梯牧草、天然草等。但除了苜蓿外，其他品种牧草没有生产数据，只有总的牧草和苜蓿生产数据。

2018 年，美国牧草总收获面积 3.2 亿亩，产量 1.2 亿吨。其中，苜蓿收获面积 1.0 亿亩，占牧草总收获面积的 31.4%，苜蓿草产量 5 263.4 万吨，占牧草总产量的 42.6%（图 4-13）。

美国苜蓿出口，10 年间由 92 万吨增加至 255 万吨，增长 177%，主要增长国为中国。传统出口国日本和韩国，需求 10 年间相对平稳；沙特需求自 2013 年之后猛增（图 4-14）。

2018 年，美国苜蓿出口量占干草总出口量 61%。主要出口国为：中国、日本、沙特、阿联酋及韩国（图 4-15）。

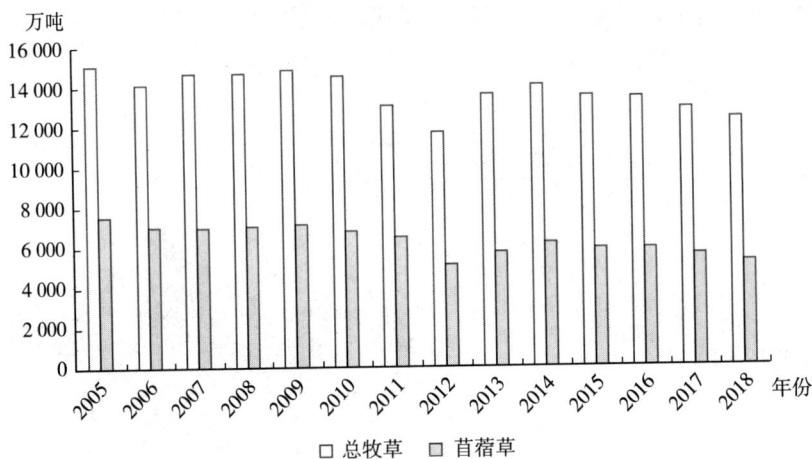

图 4-13　2015—2018 年美国牧草产量

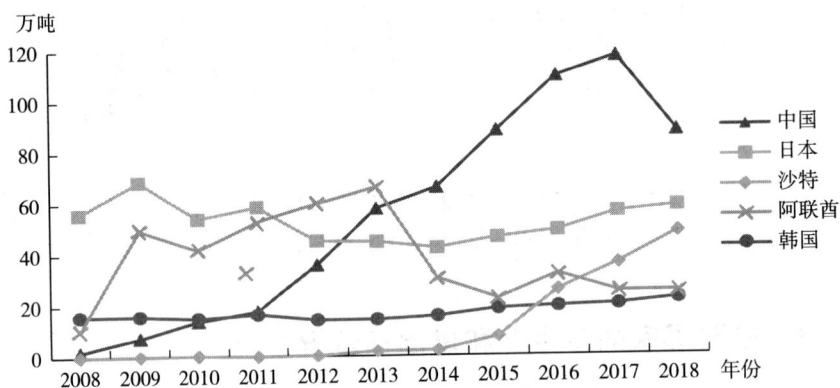

图 4-14　2008—2018 年美国苜蓿干草主要出口目的国

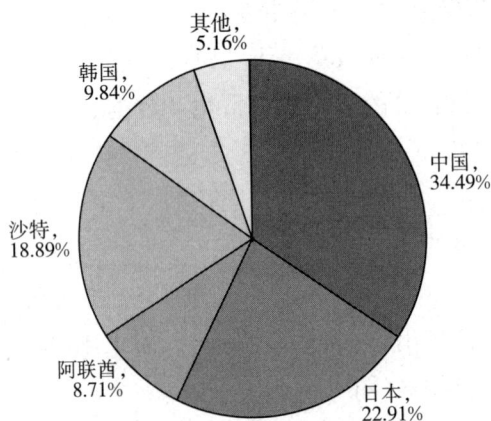

图 4-15　2018 年美国苜蓿干草主要出口目的国

2. 欧洲饲草生产和进出口情况

欧洲的气候非常适合牧草生长，牧草品种也较多。根据 FAO 的统计数据，欧盟牧草主要有：苜蓿草、三叶草、收获的新鲜豆科作物等。除了苜蓿外，其他作物因收获时比较新鲜，产量非常大。以下仅分析欧盟的苜蓿草产量。

欧盟的苜蓿草产量统计中，也有很多成员国没有数据或近年来没有数据，只能根据其曾经的生产情况估算。2018 年，欧盟苜蓿草收获面积约 3 200 万亩，苜蓿草产量约 4 000 万吨（图 4 - 16）。

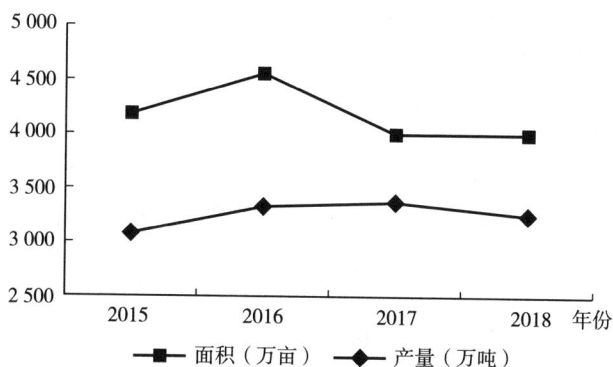

图 4 - 16　2015—2018 年欧盟苜蓿草生产

根据 FAO 数据统计，欧盟苜蓿草主要生产国有：意大利、法国、西班牙、匈牙利、罗马尼亚、保加利亚、捷克、波兰、德国等，生产份额见图 4 - 17（意大利、法国、波兰、德国、爱沙尼亚、荷兰为估计数）。

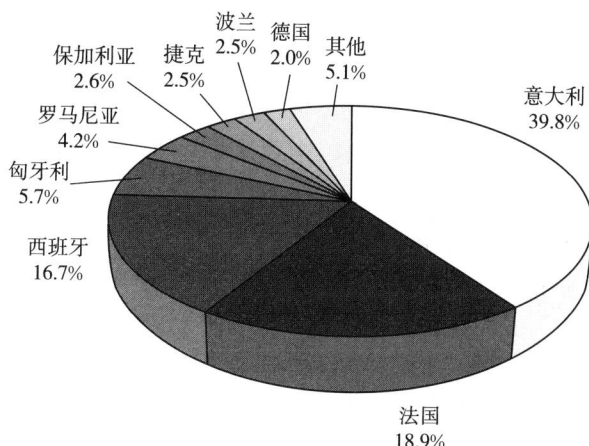

图 4 - 17　2018 年欧盟苜蓿草生产分布

欧盟苜蓿出口（不含欧盟内部交易），10年间出口量由33万吨增加至154万吨。2018年，苜蓿出口占总出口37%。主要出口国为西班牙，占欧盟28国总出口57%。主要目的国为中国，2018年出口至中国的脱水苜蓿占西班牙出口量的近60%（图4-18）。

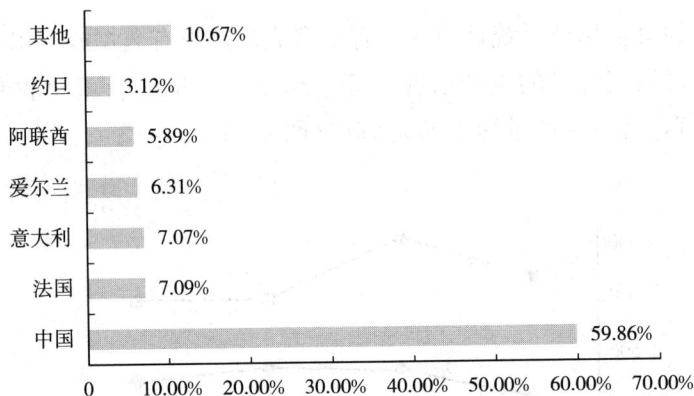

图4-18 2018年西班牙苜蓿出口目的国占比

3. 新西兰饲草生产和进出口情况

新西兰是全球最大的乳品出口国，其牧草用地较多。除了天然草外，种植的牧草主要是黑麦草和白三叶等，主要用于放牧，很少出口。

4. 阿根廷饲草生产和进出口情况

阿根廷号称"世界肉库"，其牧草产量也较高。其中，苜蓿种植约320万公顷（4 800亩），2017年阿根廷苜蓿干草总产量830万吨，出口5.45万吨。阿根廷苜蓿种植约60%是单一种植，主要用于奶牛饲喂；其余约40%与禾本科牧草混播，用于肉牛饲喂。2017年，阿根廷苜蓿干草总产量830万吨，产值2 717亿美元，均价316美元/吨。出口量5.45万吨，出口额1 300万美元，主要出口国为沙特阿拉伯、阿联酋及中国。

5. 澳大利亚饲草生产和进出口情况

澳大利亚燕麦草出口，10年间由56.6万吨增加至105.7万吨，增长86.7%，增长贡献主要来中国；日本需求10年间保持稳定，年需求量约46万吨（图4-19）。

吨

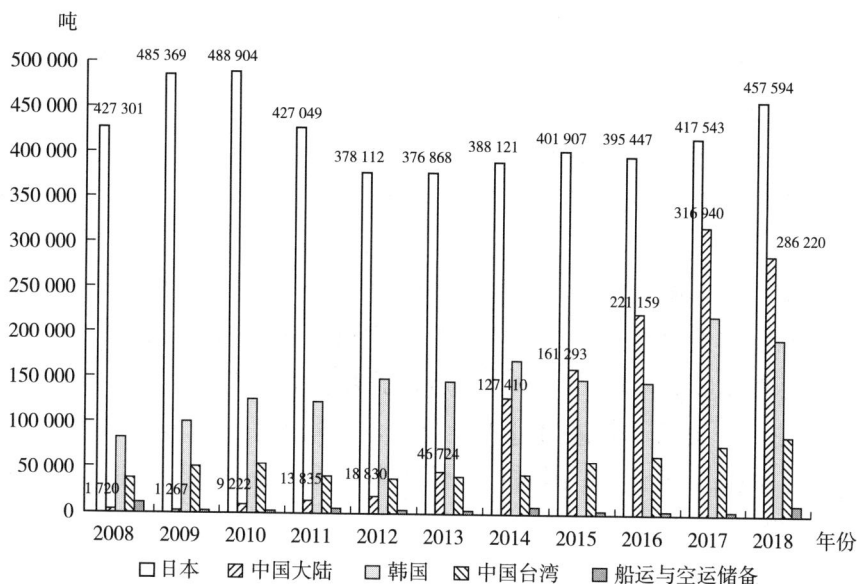

图 4 - 19　2008—2018 年澳大利亚燕麦草出口主要目的地

4.4.4　我国饲草进出口情况

1. 我国饲草进出口的特点

从 2009 年开始，随着国家对乳制品安全的不断重视以及奶牛单产的提高，对优质饲料原料需求不断增加。在此期间，来自美国、澳大利亚、西班牙等国家的优质苜蓿、燕麦草进口量 10 年翻番。10 年间，年度进口量由 8 万吨增加至 168 万吨，成为除日本外第二大进口国。10 年总进口量达 934.9 万吨，进口额 26.6 亿美元。

目前，进口苜蓿来源国：美国、西班牙、加拿大、意大利、阿根廷、罗马尼亚、保加利亚等。美国占统治地位，占比约 90%。西班牙 2014 年底开始进入，2015 年占比 11.2%，2016 年断崖式下跌，2018 年重获青睐占比 12.4%。新获批来源国有：意大利（2019 年 3 月）、南非、哈萨克斯坦（2018 年 12 月）等。

燕麦草进口唯一来源国是澳大利亚，10 年间进口量由 0.14 万吨增加至 29.36 万吨；2013 年进口开始急增；2019 年首次进口出现下降，进口量 29 万吨。

天然草进口逐步回归理性。

2. 我国饲草进出口发展状况

（1）苜蓿。苜蓿是我国进口主打干草产品。以美国为主，增速呈现逐步放缓趋势。

据海关统计，2009 年之后，苜蓿干草进口量急增；2009 年，我国苜蓿干草进口 7.42 万吨；2010 年进口苜蓿干草 21.82 万吨，增长率 194%；2010—2013 年为苜蓿干草进口急速上升期，2013 年，我国进口苜蓿干草已达到 75.56 万吨；2013 年，随着中国振兴奶业苜蓿发展行动的实施，国产苜蓿供应能力提升；2014 年之后，进口苜蓿增速放缓；2016 年，进口苜蓿干草 138.8 万吨；2016 年之后，随着奶价持续低位以及散户推出；2017 年之后，苜蓿干草进口进入稳定期，中国苜蓿干草年进口量稳定在 140 万吨左右；2018 年中国进口苜蓿干草 138.4 万吨，同比减少 1.11%（图 4-20）。

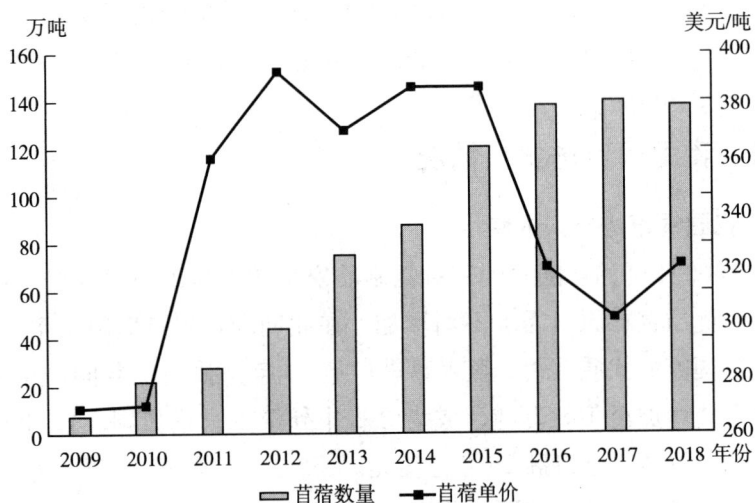

图 4-20 2009—2018 年中国苜蓿进口的年度变化情况

从进口来源国看，目前与中国签订贸易协议、可以向中国出口苜蓿干草的国家有美国、西班牙、加拿大、法国、意大利、阿根廷、罗马尼亚、保加利亚等。但仍以美国为主，美国占据进口苜蓿统治地位，占比约 90%（图 4-21）。

但 2014 年底，西班牙脱水苜蓿进入中国之后，2015 年西班牙苜蓿市场份额增加，但由于未了解中国市场需求，2016 年西班牙脱水苜蓿进口断崖式下跌；2018 年由于中美贸易战爆发，来自美国的进口苜蓿在原来

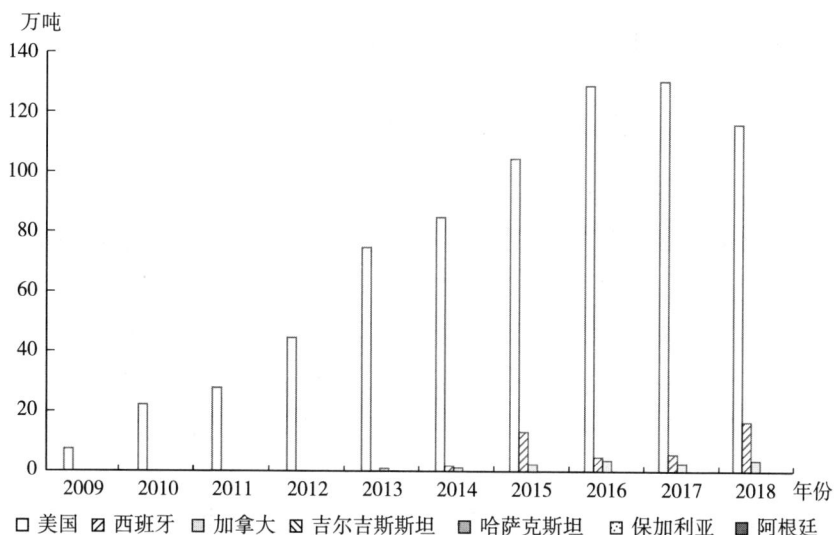

图 4-21　2009—2018 年中国苜蓿进口主要来源国情况

7%关税基础上增加 25%惩罚性关税，加上人民币贬值影响，来自美国进口苜蓿价格上涨约 1 200 元/吨，美国进口苜蓿统治地位首次撼动。2018 年美国进口苜蓿占总进口量 83.76%，但贸易战爆发之后，2018 年 7—12 月影响明显。随着其他国家库存的减少，2019 年上半年，美国苜蓿进口呈抬头趋势。

（2）燕麦。进口燕麦干草主要来自澳大利亚。随着国内牧场对燕麦干草利用率提高，进口燕麦干草 10 年间出现大幅上升，进口量从 2009 年 1 448 吨提高到 2018 年 29.36 万吨，增长 201 倍。

2013 年随着国内振兴奶业苜蓿发展行动推进以及规模牧场扩建投资。2014 年开始，燕麦草进口出现大幅上涨。据海关统计，2014 年，中国进口燕麦草 12.73 万吨，同比增长 182.52%；2015 年，进口 17.52 万吨，同比增 25.25%；2016 年，进口 22.27 万吨，同比增 47%；2017 年，进口 30.81 万吨，同比增 38.34%。

2018 年由于澳洲本土干旱，澳洲燕麦草产量有所下降且本土价格上涨，贸易企业将部分用于出口的燕麦草转内销；同时受人民币贬值影响，仅由汇率变动带来的成本增加近 200 元/吨。因此，2018 年中国进口燕麦草 10 年首次出现下降，进口量 29.36 万吨，同比降 4.71%；进口金额总计 7 972.62 万美元，同比降 7.54%；平均到岸价 271.51 美元/吨。

4.5　我国饲草料生产供应的主要困难与问题

4.5.1　饲草料生产区域发展不平衡

近年来，我国牧区饲草料生产发展面临着突出问题，气候寒冷、无霜期短、降水量少等不利自然条件。这些成为限制牧草生产的主要因素。自然灾害频发及人为因素导致人工饲草料地严重退化，可利用饲草料面积总体呈下降趋势，牧草质量和承载力大幅下降。半牧区饲草料地类型以干草原为主，半牧区种植业生产水平偏低，且由于春旱秋涝等自然灾害频发，加上"重农轻牧"观念和人口膨胀压力的影响，人们不断将大面积水热条件较好的草地开垦为耕地，进行着广种薄收的农业生产。长期形成的草地土壤肥力逐渐丧失，草地碱化、沙化和贫瘠化现象严重，引起饲草料生产力水平持续下降，阻碍了农牧业生产的发展和农牧民生活水平的提高。农区由于自然地理条件、历史沿革等原因，"以粮为纲"的生产思想深深植根于农区人们心中，加上政府对种粮的补贴措施和政策倾斜，一直以来农区缺乏对饲草业的全面认识，目前农区仍沿袭着传统的农户小规模种草模式，种植地块分散，苜蓿等草种植和奶牛生产存在着"不对称"的布局。如，甘肃省苜蓿种植面积最大的庆阳市，种植苜蓿占全省的40％以上，但存栏奶牛仅占全省的5％。而存栏奶牛占全省79％的10个市州，种植苜蓿仅占全省的28％。

4.5.2　饲草料收贮技术和饲喂技术薄弱

我国人工草地规模小、产量低、品质差，并缺乏现代饲草料生产的技术集成。2012年我国实施"振兴奶业苜蓿发展行动"以来，全国苜蓿种植面积迅速扩大。但受苜蓿收获贮藏技术的限制，我国80％以上的苜蓿产品质量为一级以下，而美国70％以上为一级品苜蓿。我国草场存在不同程度的退化，由此导致生产力低，生态效益差。同时，缺乏有效的管理模式和快速恢复的技术体系。草产品种类单一，加工技术落后，收获贮藏损失大，饲喂效率低。我国草产品主要是紫花苜蓿和羊草，其中紫花苜蓿占90％以上。产品结构中，草捆占77％、草块占2％、草颗粒占8％、草粉占7％、其他草产品占6％。由于牧草收获时期不能及时有效地收获并贮存足够的牧草供应牲畜过冬。据统计，每年机械化收获的牧草占可收贮牧草的比例不足 10%，大量的牧草不能收回，致使草牧业抵御自然灾害的能力脆弱。

4.5.3　饲草料生产过程产业化、机械化程度较低

我国的饲草产业已取得了很大发展，饲草作为主要的、传统的能量饲料，其生产和供给有举足轻重的地位。但是农牧民种植的苜蓿、青贮玉米等饲草绝大多数是自产自用，还没有形成规模化种植，专业化生产的格局，加工转化率和商品率较低，饲草饲料种植与企业加工所需脱节，没有形成企业和农牧户之间的利益联结机制，农牧民对饲草饲料产品的使用积极性不高，种植牧草的范围较小，规模有限。没有形成一定规模的牧草产品加工产业，没有有效利用牧草的经济价值和商品化优势。发达国家的饲草商品化、规模化生产是由发达的机械化支撑的。

我国在饲草加工技术方面，通过引进消化及自行研制取得了一定进展。但总体而言，存在产量低、能耗高、质量标准低等问题。目前，使用比较普遍的收获、打捆等机械设备仍主要依赖进口。在国外牧草机械有百年的发展历史，已经是从单项作业机具到联合作业机具的大发展时期，然而在我国牧草种子加工机械的产业化仍然处于起步阶段。与国外牧草生产机械化技术相比，我国的牧草生产机械化面临的问题仍有许多。例如，机械设备型号单一，配套性差，牧民使用选择性较小等。牧草种植环节对机械化技术作业要求很高，大部分牧草种子颗粒又很细小，而且破土能力较差，能够高精细操作的成熟播种机械比较少，并且部分牧草属于多年生种类。松土、中途耕作和施肥作业次数较多，目前的机械状况很难满足。此外，由于牧草刚收获时其水分含量较高，为了防止腐烂，割收后必须及时翻晒，保证收割及收割后的处理工作及时、高效地完成才能够储存运输，而就我国目前牧草收获机械化配套水平是达不到该要求的。虽然近年来国内已有一些企业在研制牧草种子加工机械方面取得了长足的进步，但是我国与国外发达国家在理论技术和制造工艺等方面依然存在着巨大的差距。此外，由于整体技术水平和开发能力有限，缺乏对引进技术的充分消化和二次开发创新能力，这也严重制约着牧草产业配套机械的长远发展，实现产业化。

4.5.4　饲草生产企业的数量、规模、及生产能力均有待提高

我国虽然在饲草生产过程中培育了一定数量的牧草种植生产、饲草加

工利用的龙头企业，但是缺少规划和布局，还未建立牧草种植优势区、粮草轮作产业区，产业集中度不高、机械化生产程度低、草产品工业化加工少、产品质量和价值低、未真正激活草产品市场化大流通，草产业环节效益和整体效益低。龙头企业培育缓慢，规模小、实力弱，辐射带动能力不强。尽管五大牧区经过多年的培育，扶持和培植了一些在国内外享有盛名的大型企业，对部分地区的草地畜牧业发展起到了积极的带动作用，但是从总体上看，绝大部分龙头企业都属于中小企业，规模小、实力弱，市场竞争能力弱，辐射带动能力不强，抵御风险的能力也比较差企业科技和缺席创新能力不足，技术装备落后，产品科技含量不高，畜产品加工量占畜产品生产总量的比例低，加工层次低，增值效益差，加上经营管理不善，贸工农、产加销脱节，使龙头企业缺乏带动区域经济发展的活力。此外，龙头企业布局不尽合理，特别是体制隶属关系不同的企业布局在同一区域，极易产生通过不合理行为争夺市场份额，难以形成区域内一体化。

4.6 应对策略及措施建议

4.6.1 不同饲草料生产区的发展策略及指导思想

牧区只有大力发展草牧业，才能带动畜牧业的健康发展，促进牧区经济的持续稳定增长。因此，牧区饲草料生产发展的重点应该放在人工饲草料地的建设上，针对不同的类型及现状制定建设规划，加强对天然草地的保护开发和人工草地的建设。在各类劣质草场，应采用施肥、松耙及补播等有效措施逐步将其改良成优质高产饲草料地。在自然条件较好、人口集中的地区，增加人力、物力及资金投入建设人工草地，从而提高草地的生产力。在水热条件好、距离定居点近的地区建立割草场及存储库，以便牧民进行牧草的管理、收储和使用。同时，应不断加强牧草的流通体系建设，扩宽和理顺流通渠道，提高商品草的流通效率；半牧区鼓励人工种草、舍饲半舍饲和种草养畜相结合是半农半牧区实现草畜平衡的主要途径。

首先，应加强对天然草地的管理和改造，恢复其生产能力。其次，建立大面积优质高产的人工草地。由于半牧区土地复种比较频繁，建议：对区域进行合理规划，在撂荒地、低产贫瘠地进行退耕还草，建立一部分持久性人工草地，进行牧草和粮食作物轮换种植，以促进农业生态系统的良性循环。可在农业比重较大的中南部地区，实行草田轮作，以草养地，在发展农业生产的同时增加牧草资源的供给；在长江以北地区建立人工饲料场和商品畜基地，实现草牧业的集约经营。

此外，提高农作物秸秆的加工数量和质量，增强对草食家畜的补饲作用。农区大多是我国重要的商品粮生产基地，确保国家粮食有效供给的地位不会动摇，占用耕地种植饲草料的途径不太现实。因此，缓解农区饲料粮短缺、加快畜牧业发展的可行措施是对种植业内部进行改造或外部进行扩展。采取种植业内部改造办法，指农区种植业结构由"粮—经"的二元结构调整为"粮—经—饲"的三元结构，在保证粮食作物和经济作物生产水平的基础上，将牧草引入传统耕地农业，充分利用光、热、水、土等自然资源，增加优质饲草资源供应。种草养畜、发展草牧业是外部扩展方式，即利用间隙地、贫瘠地等非适宜耕地种草，并与草食畜禽养殖、渔业发展等有机结合。例如，在我国南方广大农区，在不影响主要粮油作物生产的情况下，选择适宜的牧草品种通过补播、轮作、间作、混播等种植模式将牧草与粮食作物结合种植，既可明显延长供青时期和有效解决冬春季饲草料不足的问题，又能使农户种草效益实现最大化。同时，重视和引导农户家庭种养实现规模化和集约化发展，在充分利用剩余劳动力的同时，还能有效增加农牧民收入。

4.6.2 努力提高饲草料生产加工技术、提升饲草料产品品质

牧草的产后收储大多采用传统的手工方式，导致牧草收割不及时，霉变、发黄的现象经常发生，失去了其应有的营养价值，甚至对牲畜造成毒害。因此，标准化生产是饲草料生产健康稳定发展的保证。从饲用草产品加工原料的种植、收割时期、收割次数、留茬高度，到原料粉碎、混合、压制、贮藏等环节的技术研制，结合电脑智能化控制，制定标准化生产控制体系，从简单的工艺组合向更为专业化、流水作业发展。同时，质量检测是保证草产品质量安全的重要手段．分析内容应从过去简单的营养指标向营养、加工和卫生指标多因素结合，分析手段逐渐向现场快速测定和实验室准确鉴定相结合的方向发展。

根据种植牧草的种类不同和贮藏环境的特殊性等，探索饲草原料最佳的贮存及青贮加工方式。选育适于不同种类草料青贮加工的活力强、产酸高、稳定性好、耐低温、降解纤维素或具益生功能的微生物菌种，并研究

其最佳的发酵生产工艺，研制及生产高效青贮微生物复合菌剂，并应用于高品质青贮饲料产品的加工。

我国草产品主要以草捆、草颗粒为主，青贮饲料正在逐步推广中。草产品结构单一，再加上加工工艺落后，导致我国草产品市场竞争力不足。因此，国家应针对草产品供应的季节限制性、地域不平衡性、营养不稳定性，合理的开发多类型、多元化的优质全价草产品、天然牧草青贮产品，开展青鲜草颗粒加工工艺、植物性添加物的研究，研发非常规饲草及饲草型混合日粮等。特别是应因地制宜，根据当地饲卓原料以及需求特点，有针对性的开发相应的优质草产品，全面推进我国草产品加工水平。

4.6.3　饲草生产关键技术研发及应用推广

饲草生产要以创新技术为依托，以各类项目和体系建设为载体，以解决实际问题为根本出发点，从以下方面为着力点：①引进培育优质高产饲草新品种，大力建设饲草试验示范田，推广高产栽培技术及饲草加工技术，提高饲草生产科技水平；②积极培育饲草种植专业合作社、大户、企业，促进饲草产业协会发展，加强饲草种植生产主体的合作化组织建设，提高饲草生产的专业化程度；③增加饲草种植机械化技术研究和机械设备引进投入，加强机械化技术的示范推广，提高饲草生产的机械化程度，增加饲草种植效益；④充分利用弃耕地、闲散地发展饲草种植业，提高土地利用率，增加农民经济收入，促进生态环境的改善；⑤积极培育草产品加工龙头企业，提高草产品加工能力，促进饲草产业的市场化发展；⑥积极建设饲草良种繁殖基地，提高饲草良种率，提高饲草产量和品质，推动饲草产业的大发展。

提升农机装备水平，发挥农业机械在结构调整中集成技术、节本增效、推动规模经营的重要作用。开展新型高效农业机械研发，推广一批适宜不同区域、不同作物、不同环节的新机具。促进农机农艺融合，饲草生产机械装备研发和示范应用，提高生产机械化水平。推进主要草种生产全程机械化，探索总结全程机械化的技术路径、技术模式、机具配套、操作规程及服务方式。

4.6.4　大型饲草生产企业的发展与壮大

为进一步推动和促进饲草产业的发展，应针对饲草生产发展的企业出台系列优惠政策。通过政策的制定和实施来推动我国饲草草生产企业的快速发展。积极培育加工龙头企业，龙头企业在牧草产业的发展中具有十分重要的意义。牧草种植户需要寻找到稳定的市场需求，同时，也需要优良的牧草品种。这就要求龙头企业扮演重要的服务角色，龙头企业可以根据市场需求将牧草加工成为各种草产品，在解决农户牧草销售的同时提高牧草产业的经济价值。同时，也需要根据市场需求，为农户提供优良的牧草种子。

建立产加销一体化的产业链条，要从两方面入手：一是要建立牧草龙头企业与农户的合作模式，进一步开发订单模式。在牧草产业的发展过程中，农户与龙头企业签订牧草生产加工协议，进一步明确各方在牧草产业中的任务。二是要大力发展农业合作社，推动牧草产业种植的规模化发展，采取统种、统管、统收、统售，在牧草种植的过程中发展机械化和规模化。

第 5 章

草牧业融合发展

5.1　理论基础与产业融合

5.1.1　相关概念

1. 产业融合

产业融合，是指不同产业或同一产业内的不同行业相互渗透、相互交叉，最终融为一体，逐步形成新产业的动态发展过程（厉无畏，2002）。国内外学者主要从技术、产品、产业、其他等视角来诠释产业融合的内涵。

（1）技术视角：产业融合研究最早是从技术融合研究开始，所谓技术融合是指迄今为止不同产业分享共同的知识和技术基础的过程。从技术视角把"融合"界定为新技术不断替代以前技术的过程，从而从根本上改变以前独立的产业或市场边界，合并形成一个新的竞争环境等（Bally，2005）。Gambardella 和 Torrisi（1998）指出，技术融合只是产业融合的第一阶段，要完成产业融合的全过程，还需经过业务与管理融合、市场融合这两个阶段。如果只有技术融合，而缺乏管理融合特别是市场融合，产业融合并不能实现。岭言（2001）认为产业融合并不是几个产业的简单相加，某些技术扩散到一系列产业中，相互融合，产生新的增长点，达到"1+1＞2"的效果。

（2）产品视角：一定数量的、有相同或相近特性的企业构成了产业，产品是这种相同或相近特性的重要表现形式。因此，有研究者以产品为出发点来研究产业融合。因为不同的产业使用了相同的技术，这些产业的产品在性能、构造等方面呈现出相同的特征，出现了所谓跨产业的产品。以需求的视角考察，可以将基于产品的产业融合细分成替代型产业融合、互补型产业融合两种表现形式（Greenstein Shane、Khanna Tamn，1997）。

Yoffie（1997）着眼于数字技术的发展，认为产业融合是通过数字技术将不同产业的产品整合起来。

（3）产业视角：从产业之间的关系看，产业融合使得原本处于非竞争关系的不同行业的企业处于竞争状态，通过技术革新和放宽限制来降低行业间壁垒，加强各行业企业间的竞争合作关系（Malhotra，2001；植草益，2001）。从产业边界看，产业融合就是以数字融合为基础，为适应产业增长而发生的产业边界的收缩或消失（Greenstein Shane、Khanna Tarun，1997）。

（4）其他视角。一些学者从创新视角来定义，产业融合是指梯形创新，包括技术、产品、生产经营、组织层、产业层和制度层等（何立胜，2005）。产业融合也是一种模块化过程（朱瑞博，2003），是产业组织结构变迁的一种动态过程（余东华，2005），意味着现有价值链的解体、产业边界的变化及新竞争空间的创造（Hacklin、Adamsson、Marxt，2005）。

国外学者对于产业融合理论与实证研究主要集中在信息通信产业领域，很少涉及农业与相关产业的融合。产业融合理论主要在日本、韩国、美国、荷兰等国的农业发展中得到较多应用。日本的今村奈良臣教授1996年提出了"六次产业"的概念，韩国借鉴日本农业发展的经验，高度重视一二三产业在农村的整合。我国对农村一二三产业融合研究起步较晚。自2004年开始，国内的有关学术领域研究重点逐渐向农业与相关产业融合发展的方向倾斜。2015年中央1号文件围绕加快农业现代化主题提出"推进农村一二三产业融合发展"的政策措施；2016年1月发布的《国务院办公厅关于推进农村一二三产业融合发展的指导意见》，农村产业融合政策的提出既是主动适应经济发展新常态的重大战略举措，又是农业发展模式的创新探索，为打造中国特色农业现代化指明了新方向。农村产业融合是促进现代农业发展的新方式，通过产业融合可以促进新型产业的产生，并可以将多个产业或行业间的经营成本内化，从而提高生产经营效率，增强产业或行业的综合竞争力。

目前，关于农村一二三产业融合的界定还比较模糊。国内的研究一般认为，农村一二三产业融合发展是以农业生产为基础的第一产业，通过产业联动、产业集群、制度创新等方式，把资本、技术和资源要素进行跨界、跨区整合配置，综合发展农村的第二产业和第三产业，实现农村各产业有机融合，使农户能够达到分享价值链融合的增值收益。国内研究主要集中在农村一二三产业概念界定（马晓河，2015）、理论研究（张来武，2015）、农业产业化角度（于刃刚，2003；周振华，2003）、农业多功能视角（李俊岭，2009）等方面研究农村产业融合问题。通过借鉴产业融合的基本理论、日本第六产业概念、前人的研究以及当下一二三产融合发展的实践，本研究对一二三产业融合进行了如下界定：农村一二三产融合指的是以农业为基本依托，以农民及相关生产经营组织为主体，借助产业联动、产业集聚、技术渗透、体制创新等方式，通过第一产业各相关产业间联合及第一产业向第二、三产业延伸，实现农业产业内部及与第二、三产业之间的融合渗透，将农业生产、加工、销售、休闲农业及其他服务业有机整合，推动农业产业链条的延伸和农业多功能性不断延展，带来农业生产方式和组织方式的深刻变革，激发农村发展的新活力。

2. 产业边界

产业边界是由产业经济系统诸多子系统构成的与其外部环境相联系的界面。Nicholas Negroponte（1975）指出随着先进要素的进步和发展，在3个不同圆圈之间出现交叉、重叠和包含，表明产业边界已经模糊、互相渗透甚至消失。吴广谋、盛昭渤从组织生命周期角度考察了组织边界的动态性，认为产业的动态边界是产业作为短时间尺度的、实现产业目标的决策变量。周振华在对传统的电信、广电、出版等产业以及工业生产行业的特性进行分析后，用技术、业务、运作、市场四个纬度来界定产业边界。

边界是系统理论中的基本概念。边界存在的范围非常广泛，在系统与环境之间扮演着双重角色，是人们对于系统和系统与环境之间关系的未来演化进行预测和决策分析的重要依据。将系统理论中的边界概念引入产业组织理论研究，由此而得到"产业边界"的概念。传统意义上，产业的定义很清晰，随着技术的渗透，产业之间的边界就已经不是很清晰了，产业边界开始模糊化。正因为各产业在已有的分类中，各产业存在明显的产业边界，随着发展，才会出现跨过边界，实现产业融合，产业分工和产业边界既是产业融合的基础，又与产业融合形成必然辩证统一，没有产业分工与产业边界就不存在产业融合，没有产业融合，各产业分离发展，就无法形成产业新业态，社会也将停滞不前。

3. 产业分工

产业分工促进了一二三产业的分离发展，而随着技术进步、产业交叉重组、产业渗透，一二三产业的发展又带来了产业融合发展。早在古希腊时代，就出现了对分工的思考。柏拉图在其著作《理想国》中，较早论述了分工和职业化、专业化对增进社会福利的意义。柏拉图认为分工可以促进生产力的提升，若一个人专心一种生产，所生产的东西必然数量较多、质量较优。

柏拉图认为分工取决于人的先天秉性，在其《理想国》著作中，分析指出某些人天生适合从事体力劳动，而某些人天生适合从事脑力劳动。希腊历史学家色诺芬的分工思想远远超越了柏拉图和亚里士多德，从使用价值角度分析了社会分工问题，他认为一个人不可能精通一切技艺，所以劳动分工是必要的。社会分工能使产品制作更加精美，更能提高产品质量，他不仅肯定了分工的必要性，而且把分工和专业化同城市的发展联系起来，最早意识到分工受到市场规模的限制。

分工和专业化，是对同一个事物的两种不同的表达。分工，通俗地讲，就是不同的人干不同的事情；而专业化，是分工的另一种表达，意即同一个人专注于干同一件事情（胡永佳，2007）。亚当·斯密在《国民财富的性质和原因的研究》一书中，以扣针制造为例，对分工作过细致的描述。他详尽的描述到："一个人负责抽铁线，一个人负责拉直，一个人负责切截，一个人负责削尖线的一端，一个人负责磨另一端，以便装上圆头。要做圆头，就需要有二三种不同的操作。装圆头，涂白色，乃至包装，都是专门的职业。这样，扣针的制造分为十八种操作。有些工厂，这十八种操作分由十八个专门工人担任。固然，有时一人也同时兼任二三门。"亚当·斯密的这一论述，既谈到了分工的技术性，也谈到了分工的社会性，基本说明了分工最本源、最实质的特征，就是不同的操作由不同的人去执行、去担任。

进一步推广，一个国家的产业与劳动生产力的增进程度如果是极高的，则该国各种行业的分工一般也都将达到极高的程度。反过来说，如果一个国家各行业的分工程度很低，那么这个国家的产业发展水平和生产力发达程度也不会高。分工是为了更好的专业化，有分工与专业化，才会出现界限比较清晰的多产业，但随着多种先进要素的出现与进步，为了交易、为了节约成本，分工基础上各产业主体又必将寻找合作的机会，为一二三产业融合发展提供了最原始的基础。

4. 产业集群

产业集群（Cluster）是某一产业领域相关联企业及其支撑体系在一

定地域内的发展，并形成具有持续竞争优势的经济群体。产业集群不是众多企业的简单堆积，企业间的有机联系是产业集群产生和发展的关键。产业集群突破了企业和单一产业的边界，着眼于一个特定区域中，具有竞争和合作关系的企业、相关机构、政府、民间组织等的互动。这样使他们能够从一个区域整体来系统思考经济、社会的协调发展，来考察可能构成特定区域竞争优势的产业集群，考虑临近地区间的竞争与合作，而不仅仅局限于考虑一些个别产业和狭小地理空间的利益。产业集群观点更贴近竞争的本质，要求政府重新思考自己的角色定位，要求政府专注于消除妨碍生产力成长的障碍，强调通过竞争来促进集群产业的效率和创新，从而推动市场的不断拓展，繁荣区域和地方经济。产业集群在强化专业分工、发挥协作配套效应、降低创新成本、优化生产要素配置等方面作用显著，提升产业竞争力强。

集群现象和理论适应了许多国家分权化改革后地方政府发展地方经济的需要，使得集群发展战略得到了各国和各级地方政府的认同。但由于缺乏统一的集群概念和一致的理论，以及实证研究的混乱，使得集群发展战略缺乏一个统一的框架（谢贞发，2005）。作为一种介于市场与科层企业之间的组织模式，提供了一个思考、分析国家和区域经济发展并制定相应政策的新视角，适应了经济发展和政府决策者的需要，吸引着各国学者的关注，有着自身独特的竞争优势。从产业范围上看，农业一二三产业融合发展属于农业范围内的整合、重组与延伸。而产业集群涉及多行业多领域的产业集聚与整合。从产业形态上看，农业一二三产业融合发展既有产业之间的整合、重组，产业链的延伸，也有新产业形态的形成，这是农业一二三产业融合区别于其他产业形式和模式的本质区别。

5.1.2　理论基础

1. 产业融合理论

产业融合（Industry Convergence）是指不同产业或同一产业不同行业相互渗透、相互交叉，最终融合为一体，逐步形成新产业的动态发展过程。产业融合是在经济全球化、高新技术迅速发展的大背景下，产业提高生产率和竞争力的一种发展模式和产业组织形式。技术创新是产业融合的内在驱动力，技术创新开发出了替代性或关联性的技术、工艺和产品，然后通过渗透扩散融合到其他产业之中，从而改变了原有产业的产品或服务的技术路线，因而改变了原有产业的生产成本函数，从而为产业融合提供了动力。同时，技术创新改变了市场的需求特征，给原有产业的产品带来了新的市场需求，从而为产业融合提供了市场空间。竞争合作的压力和对范围经济的追求是产业融合的企业动力，企业在不断变化的竞争环境中不断谋求发展扩张，不断进行技术创新，不断探索如何更好地满足消费者需求以实现利润最大化和保持长期的竞争优势。

当技术发展到能够提供多样化的满足需求的手段后，企业为了在竞争中谋求长期的竞争优势便在竞争中产生合作，在合作中产生某些创新来实现某种程度的融合。放松管制为产业融合提供了外部条件，不同产业之间存在着进入壁垒，这使不同产业之间存在着各自的边界，美国学者施蒂格勒（1998）认为，进入壁垒是新企业比旧企业多承担的成本，各国政府的经济性管制是形成不同产业进入壁垒的主要原因。管制的放松导致其他相关产业的业务加入到本产业的竞争中，从而逐渐走向产业融合。产业融合的结果于是出现了新的产业或新的增长点。农村一二三产业通过融合发展，将出现诸如休闲农业、观光农业、采摘农业、工业化农业、信息化农业等新产业形态，实现产加销一体化、农工贸一条龙等新产业模式，提供更多就业岗位，延伸农村产业价值链，让农村产业增值空间最大化。

2. 产业链理论

产业链最早的思想来源于亚当·斯密关于分工的卓越理论，马歇尔将分工扩展到企业与企业之间，被公认为是产业链理论的真正起源。随着产业化发展，产业价值在不同生产、流通、销售等部门的分割转变为不同产业链节点上的分割，体现了价值增值效应，来自于产业链的乘数效应。随着对产业演化的深入研究，发现产业链不仅仅是一个产品链，还是功能链和信息链。一般来说，技术变化、需求增长、产品生命周期、创新影响、企业发展战略、知识扩展及政府政策都是产业链演化的重要因素。从知识创新角度而言，产业链演化过程是知识创新、扩散、分工深化与整合的过程。在产业链的整合过程中，一般呈现出水平整合、垂直整合和混合整合三种方式。垂直整合是指产业链上下游企业在前向合并和后向合并中组建成新的企业，经由一体化的合约约束，通过产量和价格控制实现纵向的产业链垄断利润最大化。不管哪种方式整合，共享资源，谋求市场势力，攫取垄断利润都是产业链整合的目的。产业链的整合，无论哪种形式，技术变化、需求增长、创新影响、企业发展战略都是产业链演化的重要因素，但归根结底，基于竞争优势的获得，谋求更多利润是产业整合的终极目的。

3. 产业集群理论

产业集群在某种程度上可以为产业融合提供发展所需的资源集聚和物理空间等必不可少的条件。反过来，产业融合的发展对于产业集群现象的产生以及发展起到一定的推动作用。因此，产业集群理论可以成为除分工理论之外，产业融合问题的另一个比较重要的理论基础。美国哈佛大学教授迈克尔·波特（2005）提出："产业集群是指某一特定领域内互相联系的、在地理位置上接种的公司和机构集合"。同时，J. A. Theo，Rolelandet 和 Pimden Hertog（1998）认为产业集群是为了获取新的互补技术、从互补资产和知识联盟中获得收益，加快学习过程，降低交易成本，克服或构筑市场壁垒，取得协作经济效益，分散创新风险和相互依赖性很强的企业、中介机构和客户通过增值链相互联系形成的网络。

马歇尔以亚当·斯密的分工理论为基础，成为最早比较细致并全面的研究产业集群现象的学者。马歇尔（2009）将"外部规模经济"和"内部规模经济"作为规模经济的两大类，其中外部规模经济主要是指由于产业集群发展而导致的企业生产成本下降。马歇尔认为，产业集群现象主要是由于外部规模经济的而带来的结果。指出生产或销售同类产品的企业集中在某一特定区域会产生很高的生产效率，并由此形成"外部规模经济"，在这种高效率的驱使下一些中小型企业纷纷涌入某一特定的区域，并形成所谓的"产业区"。只有形成产业区，企业才能获得外部规模经济所带来的好处，即外部规模经济和产业集群之间是互为因果的关系。产业集群在一个或多个产业方面的专业化缔造了区域经济发展的主导，使得生产要素与人才实现有效汇聚，进而形成分工合理、协调发展的内部机制，实现规模生产，最终通过资源获取优势、市场效率优势、创新创业优势和市场扩展优势表现出强劲的竞争优势。产业集群带来的企业生产成本最低，专业化劳动力资源与销售市场的共享，分散风险，使得规模经济利益均沾。同时，部分企业为了更多的获取市场优势，不断进行技术管理创新，实现更大范围内生产要素的重新分配，并加速与相关产业的融合发展。

4. 创新理论

创新理论来自于 1912 年熊彼特的《经济发展理论——对于利润、资本、信贷、利息和经济周期的考察》。他认为，创新即建立一种新的生产函数，把一种从来没有过的关于生产要素和生产条件的新组合引入生产系统。新组合包括：引入新产品、引进新工艺、开辟新市场、控制原材料的新供应来源、实现企业的新组织。其中，以技术为核心是熊彼特新概念的主要内容。随着越来越多的经济学家和管理学家不断对该概念进行深入研究，逐步将多重理论和方法应用到技术创新研究领域。产业融合的组织方式体现着熊彼特的市场创新模式，即通过新的组织方式，新的要素融合，以创造性产业升级，来实现资源的更有效利用。索罗（1951）在《资本化过程中的创新：对熊彼特理论的评价》中提出技术创新成立的两个条件分别为前阶段新思想的来源及后阶段技术的实现，它被公认为技术创新界定研究的里程碑。诺思（1962）将技术创新定义为集中行为综合的结果。曼斯菲尔德（1973）强调技术创新是一个技术的、工艺的和商业化的全过程，它导致新产品市场实现和新技术、新工艺和商业化的应用。德鲁克（1970）将创新概念引入管理领域，认为只要是赋予资源以新的创造财富能力的行为都是创新，其中包括技术创新和社会创新。技术创新成长作为非线性的动态过程，不是一个从新思想，经由研究开发、工程建设和制造到市场的简单循序渐进的过程，而是一个战略集成的较为复杂的并行过程。Freeman（1997）提出的产业创新过程理论的启发，这位产业创新研究的权威认为，产业创新的过程主要包括：技术和技能的创新、产品和工艺流程的创新以及管理和市场的创新等阶段。

创新理论对于产业融合的研究能够发挥重要的指导作用，创新已成为促进产业融合实现的重要推动力。产业融合程度的提升关键在于创新思想和创新意识的指导作用。产业融合本质上就是一种产业演进方式的创新性发展，包括：产品创新、制度创新、市场创新和组织创新等，在有效推进产业融合的过程中，要依靠各种创新资源，借助各种创新条件，利用制度、组织及管理创新途径，借助企业、政府的有力支撑，逐步实现产业内部和产业间生产要素的有效整合。

5. 产业竞争力理论

竞争力是指行为主体间争夺资源与市场的能力。竞争力理论是对传统贸易理论中比较优势理论的发展和突破。竞争力所研究的主要是竞争主体在竞争中的获胜能力，能产生这种能力的不仅有比较优势，还有竞争优势。因此，指导产业发展和决定产业竞争力的两个基本因素是：比较优势和竞争优势。比较优势理论是由古典经济学的开山大师亚当·斯密和集大成者大卫·李嘉图二人奠定的，其后经过一系列经济学家如穆勒、赫克歇尔、俄林等的发展，演变成较完备的比较优势理论。它包括四种基本理论：比较成本理论、资源禀赋理论、贸易条件理论和动态优势理论。

20 世纪 80 年代波特提出的竞争优势理论则以不完全竞争市场为理论前提，从动态的、全面的观点考察分析一国的国际竞争能力，是对比较优势理论的超越，对当代国际贸易现实的逼近。波特第一次明确地把国际竞争力定位于产业层次，一国兴衰的根本原因在于其产业能否在国际市场中取得竞争优势，竞争优势形成的关键在于能否使主导产业具有优势，优势产业的建立有赖于提高生产效率，提高生产效率的源泉在于企业是否具有创新机制。产业竞争力是一国比较优势与竞争优势的综合体现，比较优势从资源禀赋视角决定主体国家的国际分工和角色，而竞争优势决定在国际市场冲突中主体国家的竞争能力，比较优势与竞争优势共同决定主体国家在国际市场中的地位和能力，即比较优势与竞争优势共同决定主体国家的产业竞争力。金碚（2003）认为成本优势、差异化和领先策略是企业竞争优势的主要来源。在国际市场中，一国的某一产业的目标与企业的目标相似，追求资源的最优配置和利润最大化，也可以把成本优势、差异优势和领先优势作为产业竞争力的来源。在实际竞争过程中，生产效率、技术进步和产业组织结构的改变可以形成成本优势、差异优势和领先优势，从而形成产业竞争力。

生产效率对产业竞争力的决定机理。生产效率重点测度单位时间生产主体所实现的劳动成果，或者是生产者在产品生产过程中全部产出与所有投入的比，生产效率实际反映了企业间相同投入的产出能力。生产效率对产业竞争力的决定作用可以从国际贸易理论和 X-效率等理论进行分析。技术进步对产业竞争力的影响机理。罗伯特·索洛（1956）的经济增长理论认为，当劳动和资本达到一定程度后，经济增长的关键因素就是技术进步。波特（1990）认为产业发展阶段对产业竞争力具有密切关系，要素驱动竞争力阶段以后主要就是技术驱动竞争力阶段。雷蒙德·弗农（1966）认为技术差异决定国际贸易流向，技术是一国国际贸易的基本来源。产业组织结构对产业竞争力的影响机理。产业组织与市场绩效研究最集中的理论体系就是 SCP 框架。产业绩效是产业竞争力的结果，追溯结果可以到市场结构和市场行为。产业的生产效率还受产业内企业之间分工与合作的影响，即产业的组织效率的高低对产业竞争力有影响作用。

因此，比较优势是产业竞争力的基础性决定因素，而竞争优势是直接作用因素。比较优势是产业国际分工的基础，也是竞争优势形成的基础，但比较优势原理却不能直接用来解释产业竞争力水平的高低，而竞争优势原理作为一种研究思路和分析方法，可直接用于解释产业竞争力的形成机理。通过以上分析，本研究以比较优势和竞争优势理论为基础，借鉴国内外学者、专家的研究结果，草牧业竞争力表现为两个方面：一方面，是以比较优势理论为基础的成本竞争优势，其主要因素包括直接影响生产成本的土地、劳动、资本、自然资源等生产要素；另一方面，是以竞争优势理论为基础的市场竞争优势，其影响因素主要体现为质量因素、技术因素、组织因素等。对于草牧业来说要提高竞争力，获得竞争优势，应从草牧业竞争力的主要核心方面——组织、价格、技术、市场等进行分析。

6. 六次产业化理论

日本今村奈良臣较早提出产业链整合、融合的发展理念。他认为，提高农民收入必须采取产业链整合的方式，1994 年他提出农业的"六次产业"概念，即第一产业＋第二产业＋第三产业＝六次产业，后来他又提出，六次产业＝第一产业×第二产业×第三产业。日本政府吸收了"六次产业"的发展思想，2008 年制定《农工商促进法》，支持农工商开展合作。2010 年 3 月，日本内阁会议通过新的《食品、农业和农村基本计划》，提出通过发展"六次产业"增加农民收入，创造新商业模式，将农业"六次产业"与环境和低碳经济结合在一起，在农村创造新产业。当年日本农林省还相继颁布了《六次产业化：地产地销法》和相关纲要文件，提出了多项推进"六次产业"发展的政策措施，建立推进委员会，实施融资优惠政策，设立投资基金，完备农业农村基础设施，支持中小企业与农业生产者合作，支持农民自己开发新产品、新产业、新市场，支持农业技术创新。日本推行农业"六次产业"之后，农业活力得到增强，农民收入也得到明显增加。

韩国的金容烈、金光善等学者指出，农业"六次产业化"就是指农村地区各产业的深度融合，以农业生产的第一产业为中心，与农产品加工、特色产品开发等第二产业，加上直销店、餐饮业、住宿业、观光业等第三产业，在农村地区结合并开展，增加附加值，创造更多工作岗位。无论是农业产业化还是日韩大力推进的农业"六次产业化"的共同目标都是提高农民收入。但是，光靠小规模经营的纯农业收入，农民增收是非常有限的。还必须寻求"农业经营以外"的收入，可在农村地区为农民提供就业收入功能，走加工、制造的路子，把生产出来的东西深加工，直销给消费者和观光游客，通过一二三产业的"垂直整合"来提高农民收入。农民实现了增收，更有利于推进农业"六次产业化"。

5.1.3 产业融合

5.1.3.1 产业融合的研究历程

1. 研究起始

产业融合作为一种新的经济现象，是市场经济作用和信息技术变革的必然产物。20世纪70年代国外大量学者开始研究产业融合，最初的研究对象主要集中在电信、广播电视、出版业之间，以及由融合所引起的新兴业态。随着研究的深入，研究领域逐渐延伸到信息、工业、农业等领域，研究内容主要包括：对产业融合内涵、产业融合类型、产业融合动力、产业融合机制、产业融合效应以及产业融合过程等方面。理论界最早对产业融合进行定义的是美国学者卢森伯格（Rosenberg，1963），在对美国机械工具产业发展历史的研究中，他认为当相似的技术应用于不同的产业时，独立、专业化的机械工具产业出现了，并将此过程称为技术融合。1977年，日本的NEC公司首次导入了"电脑与通信"的公司口号，预测产业融合时代即将到来。其后，美国麻省理工学院媒体实验室的尼葛洛庞蒂（Nicholas Negro Ponte，1978）用3个重叠的圆圈来描述计算、印刷和广播3大产业之间的技术融合现象，认为3个圆圈的交叉处将成为成长最快、创新最多的领域，指明技术融合可以显著改变同一产业或不同产业的产品形态、竞争形式和价值创造过程，是数字融合的开端，也是学术界对产业融合研究的开端。1994年，美国电信公司的合并促成了"产业融合"一词的正式应用。日本学者植草益（1988）在其著作《产业组织理论》中，讨论了产业融合现象对市场范围的影响，之后植草益（2001）又进一步对产业融合进行了深入研究，认为产业融合是通过技术革新和放宽限制来降低壁垒，加强企业或者行业间的竞争合作。随着技术进步、放松管制、市场开放，新理论和新方法的应用，对产业融合特别是信息技术与其他产业的融合研究从二维拓展到了三维，从理论阐述演绎到了实证计量。欧洲委员会（European Commission，1997）发表的绿皮书（Green Paper），是产业融合问题研究中一份很有影响力的文献。绿皮书深入分析了融合现象，认为电信、广播电视、出版以及其他信息技术产业之间的融合不仅仅是一个技术性问题，更是涉及服务以及商业模式乃至整个社会运作的一种新方式，并把产业融合视为新条件下促进就业与增长的一个强有力的发动。

国内最早对产业融合进行比较系统研究的是于刃刚（1997），在其著作《三次产业分类与产业融合趋势》一文中，提出在第一产业、第二产业、第三产业之间出现了产业融合现象。周振华（2003）也是国内对产业融合研究比较全面和系统的学者之一，认为产业融合是信息化进程中发生的一种新经济现象，是在数字融合的基础上，通过政府放松管制和企业创新而发生在电信、广播电视、出版产业的边界，意味着传统产业的边界模糊化和经济服务化。

卢森伯格（Rosenbers，1963）、尼葛洛庞蒂（Nicholas Negro Ponte，1975）、缪勒（Mueller，1997）、尤弗亚（Yoffie，1997）、植草益（2001）、岭言（2001）、卢东斌（2001）、马健（2002）等人或组织从技术发展渗透、产品整合创新、产业融合过程、产业边界变化、产业竞争关系、综合因素等方面对产业融合的内涵进行深入分析解释。

2. 农业产业融合发展研究

应用产业融合理论的基本思想，学术界提出了"农业产业融合"这一新概念，典型的界定有二：一是突出融合的目标，认为农业产业融合就是要让农业与其他产业在技术、产品、服务、市场等方面相互融合，创造另一种形式的的价值体（何立胜、李世新，2005）。二是强调融合的过程，将农业产业融合界定为发生在具有紧密联系的产业或农业产业内部不同行业之间，原本各自独立的产品或服务在同一标准元件束或集合下，通过重组完全结为一体的整合过程（王昕坤，2007）。

5.1.3.2　产业融合的动力机制

1. 产业融合的动力机制研究

Lei（2000）、Australian Convergence Report（2000）等人从技术创新、市场需求、市场供给、综合因素等4个方面对产业融合的动力进行了分析研究。Greenstein 和 Khanna（1997）、植草益（2001）、乔纳斯·林德（Jonas Lind，2005）等人从技术、产品、价值链、产业结构、产业形成、产业自组织等6个层面对产业融合机制过程进行了理论阐述。

张磊（2001）在其《产业融合与互联网管制》一文中，对产业融合现象作了初步的介绍和分析，着重研究了融合条件下的互联网管理问题。张磊认为，推动产业融合的动力主要是半导体、软件和数字通信技术，政府放松管制，管理创新。马健（2006）在其专著《产业融合论》中，提出技术革新是产业融合的内在原因，给产业融合带来了必要性和可能性，经济管制的放松则是产业融合的外在原因，管制的放松导致其他相关产业的业务加入到本产业的竞争中，从而逐渐走向产业融合。胡永佳（2007）在其著作《产业融合的经济学分析》一书中，提出产业融合的实质是产业分工内部化，对产业融合的思想演进、产业融合条件、产业融合的效应进行了论证与分析。李林（2008）结合产业融合理论，提出产业融合的结构优化升级、产业效率提高、产业联系增强及人力资源带动等作用，从技术、业务和微观组织角度分析了信息化与工业化融合的机制。孙永波、王道平（2009）分析了产业融合的动因，演进方式，提出了促进产业融合的政策措施。胡汉辉、邢华（2003）认为产业融合产生的前提是技术融合、业务融合、市场融合以及产业管制环境变化。陈柳钦（2008）从分析产业融合的动因、产业融合的演进方式、产业融合的效应着手，分析中国产业融合应该采取的措施。谢康、李礼（2009）认为信息化与工业化融合是技术效率的表现，提出的融合机制效率模型，较好地解释了融合的动力，对促进信息化与工业化融合具有促进作用。

概括起来，国内外对产业融合发展的动力机制分析主要有技术创新说、市场需求说、市场供给说、综合因素说等 4 种观点，主要从技术演进、产品融合、价值链整合、产业结构演变、产业形成、产业自组织等 6个层面对产业融合动力机制进行了分析研究。

2. 农业产业融合的动力机制研究

国内学者主要从农业产业化的路径演变及农业与相关产业融合发展的动因两个视角进行了分析。在产业化的路径演变上，认为产业融合是农业产业化的新路径（何立胜、李世新，2005）、新内涵（王昕坤，2007）。传统农业产业化走的是一条高度依赖于龙头企业的纵向一体化发展道路，在中国广大农村地区并不具备大规模培植龙头企业的条件下，农业产业横向一体化经营的发展，导致了农业一二三产业的融合（何立胜、李世新，2005），现代农业是由市场化农业及与其相关的产业构成的农业产业化高端形式（曹利群，2007）。从技术供给的角度，认为高新技术革命促进了农业与其他产业的渗透融合（王昕坤，2007）。从社会需求的角度，认为多功能农业需求，导致了农业与相关产业融合发展（席晓丽，2007），产业融合使现代农业的功能不断拓展（李俊玲，2009）。梁伟军（2010）基于交易成本理论视角对我国现代农业产业融合发展机制进行了研究，揭示了现代农业纵向和横向产业融合发展机制，分析了中国农业与相关产业融合发展的宏观环境，揭示了农业与相关产业融合发展的内在机制，建立了农业与相关产业融合度测评体系。王琪延、徐玲（2013）基于产业关联视角对北京旅游业与农业融合发展进行了研究，得出旅游业发展的间接影响大于直接影响，两个产业间缺乏主动互相融合的动力。段海波（2014）对农业产业融合机制与农业产业化的脉络和基本概念进行了理清。

5.1.3.3　产业融合的质量效应

1. 产业融合的质量效应分析

近年来，European Commission Brussels（1997）、Mueller（1997）、Nils Stieglitz（2003）、植草益（2001）、Yoffie（1997）等从产业融合与产业绩效关联程度、产业融合与产业创新、产业融合与产业升级、产业融合与经济一体化、产业融合与企业发展战略调整方面对产业融合效应进行了研究。

2. 农业产业融合的质量效应分析

王昕坤（2007）运用产业融合理论进行定性分析，认为农业产业融合有利于技术扩散、产业结构升级、合理配置资源，形成了生态型农业、休闲观光农业等新型产业业态。李学坤、赵鸭桥（2013）对云南农业产业进行了融合发展研究，提出通过战略性新兴产业与现代农业产业在相关领域内的相互融合，拓宽了战略性新兴产业的发展空间，促进了云南农业结构升级。李志勇、于萌（2014）对旅游产业融合视角下欠发达地区经济发展路径进行了探索研究，研究利用旅游产业融合发展方式带动区域经济健康成长。乌东峰等（2009）以湖南湘潭市为例，认为农业产业融合发展有助于多功能农业的形成。上述分析尽管通过理论逻辑推理得出了农业产业融合发展的一些效应，但存在明显的不足：一方面，未建立起科学的分析框架，进而对融合的宏观和微观效应进行系统评价；另一方面，缺乏实证研究，难以进行深入的分析。

5.1.3.4　产业融合的类型模式

1. 产业融合的类型模式分析

Nils Stieglitz（2002）、Greenstein 和 Khanna（1997）等人从产品融

合的视角、技术融合的视角、市场供需的视角对产业融合的类型进行了分类与研究。Nils Stieglitz（2003）、Jonas Lind（2005）、Ono R and Aoki K（1998）等人对产业融合的过程进行了研究，构建了简单产业融合类型与产业动态演进理论框架。谢康（2005）提出了基于条件趋同与无条件趋同来研究信息化带动工业化，工业化促进信息化的规范研究模型。谢康、肖静华等人（2006、2012）构建了完全竞争条件下和不完全竞争条件下的信息化与工业化融合模型，并对工业化与信息化融合的质量进行了实证分析。

2. 农业产业融合的类型模式分析

农业与相关产业融合发展的分类并不统一，代表性的有两种划分标准：一种是根据农业产业融合的界定及 2003 年国家统计局三大产业划分标准，将农业产业融合划分为产业内融合和产业间融合（王昕坤，2007；席晓丽，2007）。另一种是根据不同的融合型产业业态，划分为延伸型融合、交叉型融合、重组型融合和改造型融合等 4 种类型（何立胜、李世新，2005）。两大分类均有一定的科学依据，其不足在于未能建立起基于产业经济学理论基础之上、学术认同的分类体系。段海波、曾福生（2014）对农业与相关产业融合的基本类型及促进措施进行了研究，将农业与相关产业的融合发展分为 3 种基本类型：农业与第 3 产业（服务业）之间的交互型融合，高新技术对农业的渗透型融合，农业产业内部的整合型融合。从内涵、外延、机理以及结构类型、实例分析等角度，对 3 种类型的产业融合方式进行了简要的分析和探讨，并提出了相应的促进措施。田运海、蒋才芳（2013）对武陵山武陵源区域旅游产业与生态农业融合发展进了研究，提出以产业融合理论为基础，从旅游产品供给与市场需求的角度来探索陵源区域生态农业与旅游产业的融合发展，从技术、产品、市场 3 个方面建立产融合模型，实现生态农业与旅游产业的融合发展。肖建中（2012）基于浙江省对现代农业与服务业融合发展进行了研究，对现代农业与服务业的融合发展进行了研究，对现代农业与现代服务业关联融合的基本问题以及现代农业与现代服务业的融合发展趋势和模式进行了系统的研究和探讨。赵航（2012）对我国休闲农业发展进行了理论与实践研究，认为休闲农业是贯穿农业一二三产业，融合生产、生活和生态功能，紧密连接农业、农产品加工业、服务业的新型农业产业形态。

5.1.3.5　农业三产融合

1. 农业"六次产业化"的提法与研究

日本在第二次世界大战后，积极改变农业发展战略，推动了包括农地等一系列改革，颁布了一系列法律法规，在这些措施的保障下，日本用较短的时间实现了农业的复苏，提高了农业现代化水平。但进入 21 世纪后，日本农民收入大幅度减少，2008 年农户收入的绝对值（294 万日元）不到 1995 年的农户收入（689 万日元）的一半（徐哲根，2011）。加上日本人口向城市集中，农村青壮年劳动力流入城市，农业生产主体以老龄者和妇女为主，农村出现了老龄化和农业的"过疏化"现象，从事农业人员不断减少，从 1965 年的近 900 万减少到 2009 年的 191 万。同时，放弃耕作的耕地面积也在逐年增加，农产品自给率逐年降低，农民收入不断下降，日本农业进入到了艰难时期。为了摆脱这些困境，日本政府开始采取一系列措施，吸引青壮年劳动力回流农村，其中农业"六次产业化"是当时学者和政府大力推崇的模式。日本全国上下通过短短十几年时间对农业"六次产业化"的实施，其农业发展取得了一定成效，在推行农业"六次产业化"后，日本农业发展的活力得到激发。

日本著名农业问题专家今村奈良臣认为，提高农民收入必须采取产业链整合的方式，在 1994 年首次提出农业的"六次产业化"概念，认为农业的"六次产业化"是农村地区各产业之和，认为农业不仅为传统意义上的农林牧副渔的生产，还包括与农业相关联的以农产品加工和食品制造为主的第二产业和以农产品流通、销售、信息服务和休闲农业为主的第三产业。其后（今村奈良臣，1996）又对这一提出进行了修改，提出六次产业应该为农村地区各产业乘积之和。今村奈良臣指出，依靠农业中三次产业的简单相加没有体现三次产业的相互延伸和融合的深层含义，比起相加，相乘不但蕴含着积累的过程，也体现了农业中三次产业间相互依存、相互依赖、互相制约的紧密联系，更能充分概括"六次产业化"的涵义。此外，用的不是相加，而是相乘，侧重强调农业（第一产业）的基础性和重要性，如果没有农业作为支撑，那么整个农业"六次产业化"将化为零，这样就会引起政府和社会组织对基础农业的重视与支持，让农户更多分享第二、三产业的利润，保持农业的可持续和多功能性发展。随后，佐藤正之（2012）、室屋有宏（2013）分别分析了农业"六次产业化"，得出日本农业"六次产业化"的现状：地域差异大、地域空间不足、参加农工商联盟的企业数量增加、产业化多样性不够、缺少长期计划。通过研究，佐藤正之还得出传授农业技术、保证农业用地空间、确保劳动力、筹措资金经费、开拓营销渠道、经营管理等都是发展农业"六次产业化"亟须解决的问题。

随着产业融合思想的提出以及日本农业"六次产业化"的实施，经过十多年日、韩等农业发达国家的探索与实践，农村产业融合越来越受到我国农业研究学者及政策顾问的重视。国内学术界对农业"六次产业化"研究起步较晚，直接针对农业"六次产业化"研究甚少，对农业"六次产业化"的研究，分布在2006年以后，但多停留在分析日本的农业"六次产业化"的现状上，如何与我国农业产业有机结合起来，建设性意见少。崔振东（2010）综合分析日、韩农业"六次产业化"的特点、农村发展模式、发展途径后，得出农业"六次产业化"强调农村发展理论的内生性发展理念，推动主体是农民组织而非单个农户，建议以"地产地销"为原则来推进地域振兴。

祝金水（2010）在分析日韩农业"六次产业化"的先进经验和模式后指出，农业"六次产业化"是完善利益联结机制的新探索。他认为农业"六次产业化"对现代农业发展的理念进行了创新，农业的基础地位加以凸显、农业产业化经营的内涵得到了丰富，三方面的创新与丰富，对于建立"风险共担、利益共享"的利益联结机制，让广大农户分享加工增值利润，对优化、调整农业生产布局，转变农业生产方式有重要启示意义。邓爱华（2011）结合日韩农业"六次产业化"提出通过农超对接、培育多元化经营主体、建立健全工商服务系统，全面负责农产品的生产、流通、加工、进出口以及生产原料的供应，建立稳定的产销关系，降低工商企业进入农业的成本，让农户能以合同形式稳定分享产业链中的增值利润。张照新、宋洪远（2014）指出六次产业是未来农业、农村新的增长空间。

2. 我国农业三产融合发展历程

随着2015年中央1号文件的颁布，我国开始探索农业一二三产业融合发展之路。崔振东（2010）论述一二三产业融合发展是解决如何组织化生产，怎样设计地区农业，如何把生产中的加工、销售与商业统一经营，农业发展内生化的过程。徐哲根（2011）提出推进农业一二三产业融合发展应充分有效地利用农村地区资源，以第一产业的农业为基本，综合发展农产品加工等第二产业和农产品直销、饮食业、休闲农业等第三产业，让农业各产业有机整合的过程。蓝建中（2011）提出农民不仅可以从事农林水产等第一产业，还可以入驻食品加工、肥料生产等第二产业以及流通、销售、信息服务等第三产业，形成生产、加工、销售、服务一体化产业链。李华（2014）提出将农业一二三产业融合发展，使第一产业的农业变身综合产业，使农产品增值，让农民和农业产业化企业增收。姜长云（2015）提出以农业一二三产业之间的融合渗透与交叉重组为路径，通过产业链延伸、产业范围拓展和产业功能转型，实现农业产业发展和发展方式转变。

5.1.3.6 产业融合启示

综上所述，产业融合是一个动态过程，是在技术进步、竞争合作、放松管制等多重推动因素作用下，产业边界逐渐模糊，产业之间出现交叉、渗透、整合的现象，并伴随着产业新形态的形成和附加值的增加。产业融合研究在国际国内越来越受到学者们的重视，特别是近年来，产业融合研究日益成为产业经济研究的热点，研究角度不断增多，研究深度也不断提高，研究领域不断拓宽。通过文献回顾发现，目前产业融合的研究领域已经从原始的信息产业辐射到了工业、旅游业、金融业、农业产业等众多领域。在研究层面上，目前主要有现象分析，对策建议，个体案例研究。在研究方法上，主要有文献分析，简单计量分析。多数文章主要是介绍国内外产业融合发展的渊源、产业融合的相关概念以及产业融合应用到的基础理论和方法。而分析融合对产业的分工合作、对产业结构的调整、对实现经济跨越式发展以及融合将引起的产业布局与结构调整的路径等研究较少。可以看出，国内外学者对产业融合的研究较多，特别是对信息化和工业化之间的融合研究颇多。对产业融合、农业产业与相关产业融合、农业"六次产业化"等方面也有大量的研究与论证，广泛涉及了产业融合的内涵、动力、路径、机制、效应、过程、趋势、融合度测评、政策管制等方面。在某些方面，例如技术的发展对产业融合的促进、信息产业与相关产业的渗透融合、旅游业和服务业与相关产业的融合、农业与旅游业融合、技术融合与产业融合的关系等问题上，取得了较丰富的研究成果。已有的研究及成果将对本研究提供丰富的参考。

农业产业化、农业"六次产业化"以及农业一二三产业融合发展，都直接或间接的强调三次产业的有机联系，但也有区别。农业"六次产业化"是以当地农户和当地资源禀赋为基础，通过农业第一产业的发展向二三产业延伸，主要关注农业的内生发展和农业的多功能性。农业产业化主要强调龙头企业的辐射带动作用，本质是依靠龙头企业的嵌入实现农业外生性发展。农业产业化尽管实现了农工商、产供销一体化，但仍属于单一、线性的农业发展，并未形成新的产业形态，故不属于产业融合。

与农业产业化、农业"六次产业化"相比，农业一二三产业融合发展的异同主要体现在：①内涵更为宽泛，既可以当地农民或农民合作组织等中间组织为基础向产业链下游延伸，也可以依托外部的龙头企业向上游生产环节挺进，其精髓在于不管以何种方式实现各主体和各产业的联结，都必须让农业产业得到稳定发展、让农民得到真正实惠，各经营主体分享融合利润。从这一视角讲，农业一二三产业融合发展是农业产业化的升级版。②与农业产业化相比较，农业一二三产业融合发展，形成了新的产业业态，拓展了农业增值空间和农业产业链，不仅能够促进农业产业纵深发展，从纵向上延长农业产业链，且在横向上和空间上形成新的农业产业形态和农业产业链。农业一二三产业融合发展的目标在于形成一个纵向上延长、横向上和空间上趋于拓宽的农业产业带，增加农业产业附加值，提高农业在整个国民经济中的地位。

在工业反哺农业的大背景下，农业经济不断发展，农业产业不断调整优化，伴随着产业融合的兴起与研究的深入，特别是信息化与新型工业化融合的提出与实践，让产业融合理论延伸到农业产业领域。通过众学者研究得出，作为基础产业的农业与二、三产业联系紧密，农业范围内农业与其相关产业融合发展，不仅在提质增效上有益，在调整产业结构，转变农业发展方式，改善民生，加速推进农业现代化，推进城乡一体化发展具有重要的意义。

但仍存在以下不足：研究内容上，侧重于对产业融合发展现象描述、内涵阐述的初步探讨上，整体处于研究的起步阶段。

就农业产业融合发展动力机制方面。大多研究停留在综述分析上，停留在农业产业融合发展的表象层面，农业产业融合发展在实践上远未达到信息产业融合发展、信息与新型工业融合发展的程度，未对其发展趋势进行充分论证。众多研究尽管分析了农业产业融合发展模式、类型、动力、融合度、融合效应等，但未应用经济学的分析方法结合经济学基础理论，转变范式，构建融合的一般分析框架，未对融合的动力进行推理证明，局限于就现象或者案例的单一分析，未能从经济学的角度解释分析产业融合的内在逻辑。

就农业产业融合发展质量方面。融合质量分析上，尽管借鉴了赫芬达尔指数、相关系数、灰色关联度等常用测评方法，未建立农业产业融合效应的评价体系，来对融合效应进行系统评价，未对融合路径进行演绎证明，缺乏计量论证，难以进行深入的分析。

就农业一二三产业融合发展方面。通过梳理发现，虽日、韩等国对农业"六次产业化"有久远的提法与探讨，但上升到经济学的角度，提炼为一个科学问题，运用经济学成熟的基础理论，构建融合分析框架和评价体系还未涉猎。对农业一二三产业融合发展研究更是我国最新的提法与探讨，还是一个新课题。

就理论创新和政策建议上，因众多研究未规范分析融合的动力、融合的模式、融合的效应，主要侧重于农业产业化和产业渗透，即将农业产业融合发展看作农业产业化和产业渗透的新路径，将农业产业融合等同于农业产业化的分析思维，所以理论创新不足。现有研究尽管存在上述不足，但已触及融合特别是农业产业融合发展的有关问题，研究成果对开展草牧业融合发展研究具有十分重要的参考价值。

5.2　相关国家农业产业融合做法与启示

5.2.1　亚洲国家农业产业融合做法——以日本、韩国为例

1. 日本推进农业三产融合发展的做法

日本发展现代农业从严格意义上讲是从第二次世界大战后开始。日本在二战后，经济经历了 20 世纪 50—70 年代的高速增长，用较短的时间实现了农民收入的大幅度提高。但进入 21 世纪后，特别是与 20 世纪的最高水平比，农民收入大幅度减少，加上日本人口向城市集中，农村出现了老龄化和农业的"过疏化"现象，从事农业人员不断减少，从 1965 年的近 900 万减少到 2009 年的 191 万。同时，放弃耕作的耕地面积也在逐年增加，农产品自给率逐年降低，农民收入不断下降。形成这一结果的重要原因是，许多农产品主要成为加工原料输出，或是通过批发市场及超市销售，但随着零售市场势力的不断增大，超市向农民压级压价的现象日益突

出，降低了农业农村应有的增值空间和就业机会，结果是农业生产者大量的利润空间被挤占。同时，大量农村人口特别是青壮年劳动力向大城市和城市圈转移，导致农村人口老龄化和以町村为主的严重过疏化问题，加之本来的农村之间、区域之间的不平衡发展，使日本农村从20世纪80年代后，陷入了"停滞的20年"，农村人口老龄化和过疏化问题继续严重，农村弃耕和后继无人问题进一步加剧，农村地区越来越缺乏活力。农业生产环境和兼业机会越来越少，单纯的农业经营让农民无利可图，人口逐步外流导致农村过疏化问题进一步加重。同时，日本的自由化贸易和农产品进口的压力逐渐深化加大，也是促进日本农业危机的重要因素，影响了农业农民收入的增长。

日本政府采取一系列措施，提出农业应该保持自己的主体性，把第二产业和第三产业剥夺的附加值要尽可能的内留在农业领域、内留在农村，促使传统生产性农业向现代综合性农业转变。其中，日本社团法人JA综合研究所所长、著名农业问题专家今村奈良臣的有关农业"六次产业化"发展理念是当时学者和政府大力推崇的模式。今村奈良臣发现日本生产的农产品与日本国民消费的农产品之间存在着巨大的价值差。这种价值差主要是通过农产品加工和流通等环节外溢，从而农业产业的增值收益未能留在农业生产者手中，制约了农民收入的增长。今村奈良臣认为，提高农民收入必须采取产业链整合的方式，逐渐形成集农业生产、农产品加工、农产品销售、农业服务于一体的完整农业产业链条，将过去外溢到城市、工业等农业农村外部的就业岗位、附加收益等农业产业红利内部化，为农业生产者能够获得更多农产品加工、流通、消费和农业旅游服务环节的附加值创造条件，借此增加农民收入、提升农业农村发展的活力。日本政府吸收了农业"六次产业化"的发展思想，开始注重将农产品生产与加工、销售、消费及相关服务业结合起来，形成经营多样化、链条化和规模化发展格局。2009年11月，日本农林水产省制定了《农业六次产业化》白皮书，该书提出了增加农产品在产地的附加值、帮助农户实现经营多元化、促进销售符合消费者需求的产品、发展农工商合作、扩大出口、缩减农业成本等诸多措施来支持农业"六次产业化"。2010年3月，日本内阁会议通过新的《食品、农业和农村基本计划》，提出要通过发展"六次产业"增加农民收入，创造新商业模式，还要将农业"六次产业化"与环境和低碳经济结合在一起，在农村创造新产业。日本各地方政府也非常重视发展农业"六次产业化",纷纷制定了推进农业"六次产业化"的措施,通过培训等方式,培养了一大批农业骨干人才,成立了专门负责的部门。日本在推行农业"六次产业化"之后,农业活力得到增强,农民收入也得到明显增加。日本政府还设定了推进农业"六次产业化"的发展愿景。中期目标是把 2010 年的 1 万亿日元的农业"六次产业化"市场规模提高到 2015年的 3 万亿日元,远期目标设定为 2020 年的 10 万亿日元(李中华等,2015)。可以分析得出,在各阶段,日本当局政府推行农业"六次产业化"不是凭空产生,而是根据日本国内农业产业的实际情况和困境,日本政府为解决农业农村发展问题出台的诸多政策举措的延续和发展。也真正意义上为解决日本的农业产业困局找到了突破口,为后面日本经济的增长找到了新的增长点。

2. 韩国推进农业三产融合发展的做法

韩国是亚洲除日本以外,农村现代化事业卓有成效的一个国家。从20 世纪 70 年代的"新村运动"到 20 世纪 80 年代的"汉江奇迹"再到 20世纪 90 年代的"IMF 危机"和如今的"外资撤退潮",韩国经济的大起大落和成败经验让世人瞩目。作为新兴工业化国家,韩国不仅在工业化道路上取得了骄人的成绩,而且在加快农业现代化进程和缩短城乡差距方面卓有成绩。

韩国农村经济研究院金泰坤研究员提出通过农业"六次产业化"将农业生产、加工、销售的一体化,并将农村观光、城乡交流、身体治愈和农村福利等特有的新领域逐步商业化,以农村地区的就业岗位增加和农业附加值的提升来振兴地区农业,激发农村活力。如韩国庆尚北道清道郡在发展柿子产业的过程中,就通过"涩柿子生产×柿子加工×柿子酒地道(观光资源化)"的深度融合,除柿子初级产品而外,还衍生出柿子酒等有诸多延伸产品,通过生产、加工、观光之间的连接,增加农民收入。在韩国的 Dweeungbark 古村,则通过"种豆农民×Dweeungbark 古村×体验及餐饮",将酱类销售、体验、收购、酱类公园、农家菜、培训学校等"复融合",吸引越来越多的人前来体验,极大地带动了对传统酱类产业的宣传。进行农村地区各产业的深度融合,以农业生产的第一产业为中心,与农产品加工、特色产品开发等第二产业,加上直销店、餐饮业、住宿业、观光业等第三产业,在农村地区结合并开展,增加附加值,创造更多工作岗位。韩国农村一二三产业融合发展就是将农村产业的生产、加工、销售一体化经营的过程，并在实施农业"六次产业化"过程中创造出新的就业岗位和附加值，振兴地区农业和农村经济的发展。

韩国农村一二三产业融合发展区别于一般农业产业化的新意。一是将农业和农村中所产生的附加值内部化。近年来，农业或在农村地区所开展的食品制造业、食品流通业、户外饮食业、观光等产业正在引起社会关注。但是，这样的产业在过去基本都分布在城市的制造业或服务业的领域，致使农业中所发生的附加价值均被流出到农业的外部，结果使农业和农村经济陷入了萎缩或停滞状态。因此，以地区农村和农民为主体设计六次产业，将流出到城市等外部的就业岗位和附加价值内部化。二是提供老龄者或女性适合的就业岗位。为了振兴地区农业，提高农村的活力，考虑充分利用农业内部老龄者或女性丰富的人力和物力资源的商业化方案，为老龄者或女性开发并提供适合的就业岗位，为充分利用地区资源，提高附加价值，引入除生产以外的加工或销售模式。三是为了创造出新的价值，开拓新产品或新市场，以地区农村为中心开发农业和与之相互联系的食品制造业、食品零售业等其他新产业和新市场，创造出新的价值。

5.2.2 欧洲国家农业产业融合做法——以法国、荷兰为例

1. 法国推进农业三产融合发展的做法

法国的农业产量、产值均居欧洲之首，是世界上仅次于美国的第二大农产品出口国和世界第一大农产品加工品出口国。法国农业的发展起步于二次世界大战之后。二战前，法国农业的发展一直非常缓慢，而且落后于其他西欧国家，农业社会还呈现出传统农业景象。二战后初期，法国经济面临严重困难，整个国民经济基本处于瘫痪状态。其中，农业生产存在着土地分散经营，机械化程度低下。农业技术力量落后，劳动力生产率低下等问题。

这些问题是法国现代农业发展必须解决的重大问题。在这一时期，法国政府实施了一系列发展农业经济的措施，如著名的"莫内计划""伊尔斯计划"等。从20世纪50年代开始，法国政府就引导农业调整生产结构和产品结构，使粮食作物和经济作物、种植业和养殖业合理布局，平衡发展，逐步实现农业生产区域化、专业化，为农业产业化经营创造了良好条件。比如法国划分了22个农业大区，有的以生产玉米、小麦等谷物为主，各有特色。20世纪70年代以来，法国政府颁布一系列文件，要求大力发

展食品加工业，使农产品对外贸易发展很快。在此基础上，法国的农产品加工业得到了长足发展。法国政府通过制订农业指导法、对老年农民实行退休金制度、以低地租鼓励农场扩大经营规模等政策和法律，促进农业生产和资本的集中，扩大了农场的平均经营规模。通过各方面的政策设计与支持，法国在粮食、酒类、奶类、蔬菜、水果等产业方面实现了一体化经营，延伸了农业产业链，促进了产业融合发展。农业机械、科学技、农业教育等渗透型融合得到迅猛发展，从1950年开始，随着耕地规模化集中和务农人口的大量减少，农业机械化也便随之迅速推进，到1970年完全实现了机械化。农民购买农机具，不仅享受价格补贴，还能得到5年以上低息贷款。与其他许多市场经济国家不同，法国政府直接插手农业生产资料的生产，为保证农机质量及其使用方便，政府颁发"特许权证"，制定专门企业，在各地建立销售、服务网点，使得农用机械价廉物美，售后服务有保证，受到农民的极大欢迎。农业机械化和自动化提高了农民的劳动生产率，减轻了劳动强度，使农民有能力开展多种经营。

2. 荷兰推进农业三产融合发展的做法

三产融合发展高度发达的农业产业化是荷兰农业的一大特色。作为地少人多、国土面积小、农业资源匮乏的国家，荷兰在发展农业方面采取了比较优势的原则，进口国内不具备生产优势的粮食、饲料等，大力发展能够集约使用土地的园艺业、畜牧业。荷兰政府的农业管理体制也为农业产业的一体化融合发展提供了组织支撑。荷兰农业部实行一体化行政管理，职能涵盖了农产品的生产、加工、销售、国际贸易、农业环境保护、农业教育、科研推广等全产业链方面，构建了针对农业的完整社会化服务体系。此外，荷兰政府重视市场体系建设，制定了严格的市场准入制度和公平的交易制度，形成了农产品产前、产中、产后的营销链。为了解决农业产业化发展中的资金约束问题，荷兰高度重视合作金融制度。早在1896年，荷兰就成立了世界上较早的农民合作银行。目前，荷兰农民90%以上的信贷都来自农民合作银行。在此基础上，荷兰形成了花卉、奶业、蔬菜水果等产业的一体化经营。

5.2.3 北美国家农业产业融合做法——以美国为例

美国的特点是，地广人稀，人均土地资源丰富。这一资源禀赋特征，使得相对土地而言，劳动力显得更为昂贵，因而农场主不得不用土地和机械动力替代人力。由于对农业发展存在的主要制约因素判断准确，使得美国很早就开始迈向农业机械化。美国农业先后经历了以农业机械化、农业电气化和农业化学化为标志的三次革命。从 20 世纪 70 年代以后，农业经济的发展便由劳动力和资本投入为主逐步变为以知识投入为主，并且与政府的宏观调控和国际农业市场紧密结合在一起而发挥作用，从而提高了农业生产效应和农产品总量。美国现代农业完全建立在现代科学技术基础上，以现代工商业和新科技为依托，形成了一种高科技含量、高资本投入、低劳动投入、高消耗、高产出、高商品率和高度社会化的农业。从学科部门角度看，它涉及生物学、化学、物理学、地理学、气象学、生态学、经济学、社会学等诸多自然科学部门和社会科学部门。从产业部门角度看，它又涉及农业的产前、产中和产后部门，涉及农业生产、工业制造、商业流通、信息服务、金融支持等诸多产业部门，凸显了农村一二三产业融合发展的特点。

美国现代农业已经完全商品化，由农业范围进入交换领域，除各种农产品以外，还有各种中间产品、劳务和消费品以及其他农业生产要素，形成了农产品要素市场共同发展的格局。与此同时，现代农业中的社会分工已经深入到生产过程的主要工序。原来由农场完成的耕地、播种、收获、灌溉、运输、仓储、农产品初加工和农场建筑等，分别由各专业公司来完成。同时，农民的生活消费也全部成为商品性消费。于是，在农业与第二、第三产业以及消费者之间，形成了多层次的市场交换关系。因而，直接从事农业生产的单位和人员越来越少，而从事农用物资等供应的产前部门，以及从事农产品运销加工等业务的产后部门与人员则越来越多，从而形成一种倒"金字塔"形结构。同时，随着现代农业机械进一步普及，现代管理技术、通讯和信息技术，特别是计算机得到普遍采用，现代生物（包括遗传育种）技术也已广泛应用于农业，自动化技术、精准农业技术开始走进大农场，对农业进行渗透型融合，使农业生产效应进一步提高。

5.2.4 大洋洲国家农业产业融合做法——以澳大利亚为例

家庭农场是澳大利亚经营生态农业的最主要的经营方式。它的主要特征是由一个家庭单元拥有和运作，由于其机械化程度高，农作物产量有大幅的提高。它的主要特点有：一是规模效益优势。虽然澳大利亚的家庭农场是由一个家庭单元拥有和运作的，但是其发展规模却很可观。由于土地和资本的逐渐相对集中，家庭农场不断地合并，家庭农场的规模也在逐渐扩大，家庭农场的数量也在逐渐减少，呈现向大农场化发展。二是政策优势。澳大利亚为促进家庭农场的发展发布了一系列政策，使一些债务风险高、生产能力不足的农场主动退出，并施行税收优惠政策，在农场管理储蓄计划中，对于农民 12 个月以上的存款项目提供免税政策等。三是专业化经营优势。其农场在经营方面以单一专业化的农场为主，主要包括种植业农场、畜牧业农场等生产农场。绝大多数家庭农场只生产一种产品，如大米、棉花、葡萄、牛奶、牛肉、羊肉、甘蔗等农产品。由于专业化经营模式，各种农产品的产量近年均有所提高。

注重农业产业价值链纵向融合延伸。澳大利亚农业产业价值链的发展已经相当成熟，其绝大多数农户都是企业和家庭农场，"企业＋家庭农场"是其主要的农业产业链发展模式。澳大利亚的农业产业价值链管理主要包括农业的集中化和专业化、服务社会化、利益分配等问题。其农业组织链的主要特点是家庭农场之间联合形成大的业务联盟，由联盟集体进行联合管理，以此来节约成本。有部分农场为了延长农业产业价值链，结合生产与运作中的供应链管理，从品种研发、原料生产、采购、仓储运输、农产品的生产、深加工、订单的处理、冷藏仓储、冷链运输、批发、零售、品牌的打造等，并采用先进农产品深加工技术对农产品进行加工，如计算机视觉识别与分级技术对农产品进行检测、膜分离技术对农产品进行提纯、浓缩等、超高压加工技术、功能保健食品加工技术等。

积极推进休闲农业产业链横向融合拓展。澳大利亚的农产品不仅在第一产业发展成熟，还与第二、三产业融合发展，形成独具特色的农业旅游产品。澳大利亚农业旅游业并不是简单的农业旅游区或者景点的开发，而是在农业旅游的基础上增加独具新意的创新。一是葡萄酒主题旅游。葡萄酒主题旅游主要是以葡萄酒工业厂区、农业园区为吸引物，结合参观、学习、娱乐、购物于一体的专项旅游活动。澳大利亚酿酒厂中有 78％涉及旅游业务，其提供的产品主要包括：葡萄酒科技旅游产品、葡萄酒体验旅游产品、葡萄酒节庆旅游产品、葡萄酒文化旅游产品等。二是农场休闲旅游。澳大利亚的家庭农场风格各异、规模大小不等。既有传统的欧洲农场，也有现代化农场，不少农场已经开发了度假村，在休闲农场不仅可以体会到澳大利亚农庄生活和澳大利亚传统文化，还可供旅游者参观表演的项目，如剪羊毛、骑马、牧羊犬表演、挤牛奶、袋鼠和考拉、参观澳式住宅等。三是特色主题旅游。澳大利亚旅游局为了使澳大利亚农业旅游业得到更大的发展，为游客提供了倾城恋曲特色主题旅游、追踪大堡礁特色主题旅游、小动物大讲堂特色主题旅游等一系列特色主题旅游，实现了城市与农村、工业与农业的休闲农业旅游有机融合。

5.2.5 国外农业产业融合做法对我国农业产业融合的启示

1. 加大政策扶持

通过制定一系列政策法规支持农业的发展，切实保护农民的合法权益。纵观世界上各农业发达国家，农业的发展、农民的致富，离不开政府的重视和政策的倾斜。要确定以支持农民收入为农业政策的主要目标，并拨付专项资金，设立专门机构，从农业资金、粮食、储备、农产品加工与销售等方面实行支持和保护本国农民利益的政策。

2. 加强农业基础设施建设

从农业发达国家的情况来看，各国都十分重视农业基础设施的建设。美国大规模基建投资是从 20 世纪 30 年代开始的，灌溉设施建设一般由州政府或私人灌溉公司承办，其资金来源是政府安排的灌溉基金和向农场主收取的水费。政府灌溉资金的来源是出卖公有土地收入。法国政府的农业基础设施建设主要包括：水利工程和土壤改良、道路建设、自来水、农村用电等。韩国的农村基础设施建设主要得益于"新村运动"。

3. 重视农业科技和农业职业技术教育

目前，世界农业科学技术对农业增长的贡献率已经高达 80% 以上。我国农业科技贡献率在 55% 左右，离世界水平还有一定的差距。加强农业科技创新，重视新技术、新成果的转化、示范和推广，加大农业科研的投入力度，形成系统的、长期稳定的制度安排、法律保障和运行机制。发展农业科技的同时，也必须大力发展农业职业技术教育事业，只有提高农业从业人员的文化水平和综合素质，才能更好地利用科学，有效地推进、落实各项"扶农、利农"政策措施，从最广泛、最基础的平台上推进我国现代农业建设和高质量发展。

4. 加大新型农业经营主体培育及其组织模式创新

各种经营性、非营利性农业合作组织在农业服务体系中占重要地位，是联结农民与市场，推进农业产业化经营、专业化生产的重要纽带，是发展现代农业的重要推进力量。我国发展现代农业必须重视和推进家庭农场、合作社、产业联盟、产业协会、龙头企业、产业联合体等新型农业经营主体培育及其组织模式创新，通过集中加工、贮运、销售，不仅把增值的加工、销售利润给了农民，提高了农业自身的经济效益，而且农民组织化生产与大市场有机地联结起来，大大提高了农民在市场经营中的谈判地位和竞争能力。

5. 立足农业资源禀赋谋划农业产业融合

为了保证农业融合发展的可持续性，首先需要发掘地区优势农业资源，然后将其开发为商品，即利用地区固有的农业资源开发社会所需求的商品或服务，保证产业利润。为了避免地域固有的农业资源与其他地区的竞争，农产品应该具有一定的差别性。对于发掘出来的农业资源，组织是否具有产业化的可行性进行评价，将评价结果按升序排列，按顺序开发利用。农村地区与城市地区比较具有丰富的农业资源或传统资源，如何充分利用这些资源创造收益是开发的关键。"地域农业的模式设计"尤其重要，如考虑保证老龄者就业岗位或者创造全年的就业岗位，则应采取以地域为单位的务农方法，促进单一农品种为主的主产地为中心模式向"主产品＋多数的辅助农产品"或"多农产品综合务农"模式的转换尤为重要。我国在推进农业产业融合发展的过程中，聚焦农村应该引导农业生产、农产品初加工、特色加工和旅游消费型经济的发展。

6. 延长农产品产业价值链

延长农产品产业价值链模式有两种形式：一种是打造产业战略联盟，延长产业价值链，从而减少中间环节，降低成本，提高产品附加值，增加利润。另一种是进行农产品深加工，将原料生产、采购、仓储运输、农产品生产、深加工、订单处理、仓储（冷藏）、运输（冷链）、批发、零售、品牌的打造等环节的资源进行整合，从而延长农产品产业价值链。

7. 挖掘农业多功能性，发展休闲农业产业融合模式

在休闲农业产业融合模式中，主要是促进农业一二三产业融合发展，形成独具特色的农业旅游产品。其农业旅游产品并不是简单的农业旅游区或者景点的开发，而是在农业旅游的基础上增加独具特色的创新，融合第一、二、三产业的发展，形成专项旅游、休闲旅游、特色主题旅游等休闲农业旅游模式，增加农民就业渠道，实现农民增收、农业增效。

8. 创新农业产业融合发展的市场环境

从国际农业发达国家经验来看，在推进农业产业融合发展的过程中，由于资源、资金、理念和营销渠道的限制，单靠本土化的经营主体推动农业发展，往往非常缓慢。我国在推进农业产业融合发展的过程中，应该扬长避短，合理利用工商资本，引进农业新型经营主体，发挥引领、示范作用，增强农业融合发展的能力，更好地推动农业产业融合发展。我国在推行新型城镇化过程中，应该主要将农民就地就近城镇化，这不仅有利于规避异地城镇化带来的"993861部队"①问题，还可以缓解类似于日本的农村人口老年化和农村过疏化对农业农村发展的负面影响，有利于培育农业产业融合发展的市场环境和乡村经济新的增长点。

5.3 基于产业竞争力视角的产业融合分析

5.3.1 产业竞争力内涵及研究评述

1. 产业竞争力的内涵及研究概况

诺贝尔经济学奖获得者、竞争理论大师乔治·斯蒂格勒在《新帕尔格雷夫经济学大辞典》中是这样解释竞争的："竞争系个人（或集团）间的角逐；凡两方或多方力图取得并非各方均能获得的某些东西时，就会有竞争。"美国竞争战略之父迈克尔波特教授首次从产业层面对竞争力进行研究，认为竞争的基本研究单位是产业。国际竞争力实际上就是产业竞争力问题，从产业竞争力出发，波特建立了以企业和产业层面的竞争力研究基础，即在给定产业结构、市场结构及产业竞争力情况下，企业会采取低成本策略或差异化战略获取竞争优势，通过关注竞争力来源，研究竞争优势，波特"钻石模型"用于决定竞争力来源，包括要素供给条件、需求条件、战略结构、竞争威胁和替代产业，企业基于其中一种或两种要素，获得竞争优势。波特教授还提出了产业链分析法，认为生产经营中的各个环节都可以创造价值，而通过对各个环节的价值增值来确定产业间差异性，以价值链的差异获得竞争优势。在迈克尔·波特"钻石模型"下，国外关于产业竞争力的研究大多是围绕其包含的五大因素以及支撑指标进行的实证分析检验（Fagerberg J.，1995），之后考虑到农业对于本国经济、社会

---

① 99指老人，38指妇女，61指儿童。

的重要性，国外很多专家开始把研究的注意力转移到关于农业竞争力等方面（Kennedy et al，1998），认为要提升农业竞争力，关键在于农业生产要素的不断积累、技术应用、产业部门间的联合、机械化技术的推广、完善产业链以及提高要素生产率等（McPhee，J. E. and Aird，P. L，2013），以此来提高农业产业的竞争力。

目前，国内学者对于产业竞争力的研究主要从 4 个方面出发：产业国际竞争力、产业间竞争力、产业区域间竞争力、产业自身发展竞争力。产业竞争力最初是由国家竞争力延伸而来，因此，国内许多学者以此为基础，进而对各个产业国际间竞争力比较进行研究。农业产业方面，利用显示比较优势法对中国谷物、果品、生猪等产业在国际上竞争力情况进行分析，并提出提高农业产业竞争力的对策建议（卡特、钟甫宁，1991；厉为民，1999）。目前，针对我国具体农产品竞争力提升的研究，研究对象集中在大豆（钟金传，2005）、稻米（朱希刚，2003）、花生（肖嵘，2010）、棉花（罗英姿，2003）、玉米（张彬，2010；齐涛，2011）和蔬菜（赵海燕，2003；王方舟，2011）上。部分学者通过产业间的比较对产业竞争力进行研究，如稻谷、小麦、玉米之间的比较（钟甫宁等，2000），来确定哪种农业产业更具比较优势，这些研究对农业产业发展竞争力优势比较和进一步研究提供参考价值。

2. 产业竞争力影响因素

迈克尔·波特对产业竞争力提出著名的"钻石模型"理论，对产业竞争力的影响因素进行系统研究。此后，国内外众多学者在这个理论基础上，通过对不同国家的猪肉产业（Marvin Hayenga et al，1998）、谷类农产品（F. S. Thorne，2005）、糖业（Kennedy et al，1998）、油菜籽产业（Edamwen and Kenneth，2001）等不同产业的竞争力影响因素、生产成本等进行分析，发现产业组织及产业内部创新、生产力水平、技术水平、产品差异化、外部环境、产品质量、产品价格等是影响产业竞争力的主要因素，并对不同产业以及相同产业不同国家的竞争力进行了模型分析与比较。黄季焜（1999）、程国强（1999）等都对农业和农产品的比较优势问题进行有益探索。周孝味（1996）首次将农产品竞争力分为质量竞争力、价格竞争力、品牌竞争力、销售竞争力、包装设计竞争力等方面，并引进技术竞争力作为产业竞争力分析函数的变量因素。根据目前对产业竞争力的形成机理与我国产业所处的工业化发展阶，杨明强（2004）认为决定我国产业竞争力变动的几种主导因素即产业结构、市场结构、企业战略、技术创新以及制度环境等。王秀清（1999）在分析中国粮食的国际竞争力时，认为生产成本是决定一国粮食国际竞争力的关键。朱晶、陈建琼（2005）通过模拟税费改革的不同力度和水平，分析了农业税费改革对我国主要粮食产品的成本构成和竞争力可能带来的影响。

3. 产业竞争力评价方法

国外学者主要采用成本最小化作为判断标准，即成本越小，竞争力越强（F. S. Thorne，2005）。很多学者在研究不同国家、区域产业比较优势时，都是通过计算国内资源成本系数和显示性比较优势，这两种方法来进行比较分析的。穆荣平等（2000）在对高技术产业国际竞争力评价时，认为可以从现实竞争力（竞争实力）、潜在竞争力（竞争潜力）、竞争环境和竞争态势4个方面对高技术产业国际竞争力进行分析。国家发改委宏观经济研究院产业发展研究所课题组认为产业国际竞争力包括竞争实力、竞争能力、竞争潜力、竞争压力、竞争动力、竞争活力等6个方面的内容（王昌林，2001）。从产业竞争力的构成出发，指标体系主要包括生产竞争力、市场竞争力、技术竞争力和资本竞争力4个方面（朱春奎，2002）。国内学者在对产业竞争力评价时多选用主成分分析法（范中起，2006；曲晓娟，2013）、层次分析法（姜彤彤，2011；孙才志，2014）、聚类分析法（范中起，2006）、基于市场占有率分析的评价方法、产业竞争力评价的DEA/GRA模型（何瑜，2013）、结构方程方法（余胜华，2011）。

5.3.2 产业融合发展对产业竞争力的影响机理

国外学者关于产业融合研究，更多集中在产业融合概念以及与产业演化之间的关系等领域，很少有从产业融合对产业竞争力的影响这个角度进行深入研究的。有关产业融合对产业竞争力的影响，国内学者研究也并不多，并且多数集中在理论研究，没有从定量的角度对其影响进行深入研究。产业融合对于生产要素优化配置起到重要作用，帮助不同产业实现资源共享，提升自身及相关产业的竞争力，在市场上占据优势位置，在国际竞争中脱颖而出。与此同时，在技术创新的大环境影响下，人们的消费观念也发生变化，从而产业结构也随之改变。产业融合推动着产业结构的优化升级，更多优质的融合性产品、新产业不断改善人们生活，从而创造出更多市场需求，使不同产业原本分立的产业价值链实现部分甚至完全融合，形成新的产业价值链，使得融合后的产业更具优势和上升空间，可以为消费者提供更加符合其预期的产品或服务。因此，随着需求趋势的转变，产业竞争力也得到提高。在产业融合影响下，不同企业竞争战略发生不同程度变化，进而通过变革企业竞争关系来提高其竞争优势，最终提升产业竞争力。

杨明强、李世新等（2004）认为产业融合对于产业结构的优化升级起到一定的促进作用，从而提升产业竞争力；产业价值链的融合促进企业行为的转变，从而使得市场结构不断合理化；何立胜（2005）认为产业融合的最终结果是形成新的产业形态。王忠文（2007）提出，产业融合有助于提升产业竞争力。张海燕和王忠云（2010）指出产业融合通过资源整合功能、技术创新功能和结构优化功能提升文化旅游产业的竞争力。产业融合涉及跨产业之间的关系和行为，实现合理配置企业内部资源，选择具有核心优势的横向产业是社会生产力进步和产业结构高度化的必然趋势，微观层面会影响产业绩效，宏观层面会改变产业结构、提高产业竞争力。产业融合促进传统产业创新，进而推进产业结构转换和升级。一个企业很难在产业链的各个环节都具有竞争力，在产业融合发展趋势的驱动下，企业并购从纵向并购向横向并购或混合并购转变，企业组织由纵向一体化逐步向横向一体化、虚拟一体化演进（陈柳钦，2007）。吴晓（2016）认为在推进农村产业融合发展的过程，就是要把传统分散的小农生产经营转变为规模化、集约化、标准化的现代农业，要将新技术、新业态和新模式引入农业，用现代理念引领农业，用现代技术改造农业，提高农业竞争力。戴双兴（2004）认为产业竞争力的形成是一个动态的过程，产业竞争力的提升需要不断优化企业的技术创新过程、业务活动过程及管理过程。而产业融合是在经济全球化、高新技术迅速发展的大背景下提高产业生产率和竞争力的一种发展模式和产业组织的形式。产业实现融合化发展，可以突破产业间的条块分割，加强产业间的竞争合作关系，减少产业间的进入壁垒，降低交易成本，最终形成持续的竞争优势。产业融合对提升产业竞争力的作用主要体现为：产业融合成为传统产业创新的重要形式和手段；产业融合有利于产业结构转换和升级；产业融合有利于整合资源，避免重复建设，实现资源共享，提高产业的整体经济效益；产业融合增强了市场的竞争性及新市场结构的塑造。

综上所述，产业融合通过改善或影响钻石模型的主要因素，以达到提升产业竞争力的目的。由此可以得出产业融合对产业竞争力的影响机理图，如图 5-1 所示。

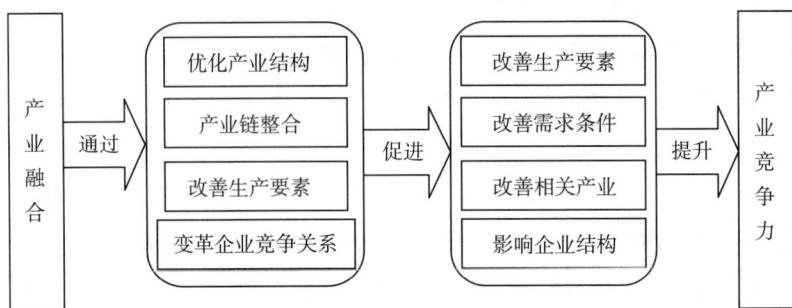

图 5-1　产业融合对产业竞争力影响机理

产业融合过程也是资源整合的过程，随着技术、产品、企业、市场的不断融合，产业的技术、资源、人才、信息等方面的共享和优化配置，丰富了产业的内容，也大大提升产业整体竞争力。波特教授认为产业竞争力其实就是企业竞争力在概念上向更高层次延伸，其源泉和实质是企业竞争力。只有各企业竞争力增强了，才能提升整个产业的竞争力。产业融合使原属于不同产业的各企业通过整合业务、组织、管理等资源，创新产品、降低成本、延展企业价值链，既增强了企业的竞争力，进而提升整个产业的竞争力。

5.3.3　产业融合发展对产业竞争力的影响效应

产业融合改变了原有产业企业之间的竞争合作关系，从而导致产业界限的模糊化，甚至重划产业界限（植草益，2001），这对产业发展、产业组织和产业结构都产生深刻影响，迫使企业面临新技术、新顾客和新需求。产业融合对经济增长、产业组织、企业战略等方面的深刻影响日益受到关注（Pennings，2001）。对于产业融合效应，国内外学者用不同的方法从不同角度进行探讨，国外学者更多的是基于案例进行分析，国内学者更多的是基于理论层面进行分析。产业融合使得创新过程从积累性转变为高突破性（Hacklin，2005），并且在产业融合的过程中寻求低成本与高效率（Niedergasselr，2007）。

产业融合对产业竞争力的影响主要通过促进传统产业创新、改善产业绩效、优化产业结构来完成（马健，2002）。从微观层面来看，是产业融合能够促进新产品和新服务的出现，减少企业成本，改善产业绩效（马健，2006）；从中观层面来看，产业融合将引起产业结构演变、产业间关联性、产业组织形态、产业区域布局和产业发展基础等方面发生变化（周振华，2003），将推进动产业结构跨越式优化升级以及促进各产业部门多头并进式发展（唐昭霞、朱家德，2008），进而促进产业竞争力提升、加剧市场竞争、拓展产业价值链、催生新的合作形态以及推动经济一体化发展等效应（陈柳钦，2007）。

此外，有学者提出产业融合还有以下效应：企业发展战略调整（Yoffie，1997）；竞争性能力效应、竞争性结构效应、创新性优化效应、消费能力效应、组织性结构效应以及区域效应（王忠文，1997）；推动经济一体化发展（郑明高，2010）。国内一些学者研究产业融合带来的影响，如对产业发展、产业结构升级、产业组织、市场竞争性、新市场的塑造等影响（李晓丹，2003；戴双兴，2004）。产业融合是一种新的产业创新方式，它拓宽了产业发展空间，丰富了产业发展的形式和内容，通过产业的不断分化来推动产业的发展。产业融合造成的边界模糊和消失可以使其他产业转换到高新技术产业中，以不同的方式演进，促成整个产业结构的高度化、合理化，并经过产业融合和产业创新的连锁反应，使得一国的产业结构得以转换和升级，从而提高产业的国际竞争力。对产业组织的影响按照哈佛学派产业组织的研究对其进行分析，对市场结构、企业行为、市场绩效三方面加以阐述。

现有文献都是定性描述，没有应用相应的数学模型进行数理分析，从而影响到理论的影响力与解释力。

5.3.4　草牧业竞争力分析

草牧业提出较晚，目前对草牧业竞争力研究基本上是空白，但对草食畜禽业、牧草产业竞争力已有较多研究。

草食畜禽业的发展水平被用来衡量牧区、农牧交错带及农区农业发展的综合水平，在一定意义上体现代农业的发展程度。西方发达国家大多都把草食畜禽业作为农业的主导产业，尤其是美国、澳大利亚、欧洲等国家和地区，畜牧业占农业的比重均在50％以上，其中草食畜禽业比重最大，而且机械化、规模化程度非常高，与国内相比具有很强的竞争力。近年来，随着我国经济社会迅猛发展，人民健康意识不断增强，引起了民众膳食结构的改变，不再是从前荤菜为主，猪肉占全桌，而是转向对牛羊肉需求的增加，相应的牛奶供应也大幅提升。因此，这样的消费结构促使了以牛羊为代表的草食畜禽业发展崛起。对于草食畜禽业竞争力，前人做过很多的研究。崔晓等（2015）研究认为，影响草食畜禽业竞争力的因素主要有生产要素、技术环境、市场需求等方面。从具体指标体系构建上来看，薛强等（2016）研究报道，农村机械总动力、人均 GDP、农村固定性资产投资等因素，极大地影响着草食畜禽业竞争力的发展。戴健等（2007）从互联网普及率、移动电话普及率、从业人员受教育程度等方面构建了现代草食畜禽业竞争力影响因素的指标体系。张弦等（2015）通过中国草食畜禽业的发展状况、发展历程等多方面的分析，从专业化、规模化、产业化等方面来不断促进畜牧业的发展，能够有效的加快草食畜禽业的转型升级和产业结构的优化，是发展生态畜牧业的必然道路。闫旭文等（2012）通过对澳大利亚畜牧业的发展背景、发展特点、发展现状、国家对畜牧业发展政策各方面的分析，阐述了澳大利亚从加强对牧草品质的培育、保护草地以及畜牧业发展的法规等多方面来促进草食畜禽业的可持续发展。朱聪等（2015）通过对英国牛羊产业规模以及发展趋势、影响因素等方面得到的启示，探讨我国未来牛羊产业如何在养殖、农牧民的素质、对草场的保护和牛羊产业相关制度建设方面来促进我国草食畜禽业竞争力的提高。樊宏霞等（2011）运用 DEA 评价方法对内蒙古肉羊产业竞争力的影响因素进行了研究分析，表明相关产业竞争力的提高将会提高内蒙古肉羊产业的综合竞争力。肖海峰等（2014）通过羊毛的市场占有率、显示性比较优势指数等进行了中国羊毛国际竞争力的测算分析，得出影响中国羊毛竞争力的因素是生产力要素、生产经营方式、市场的需求、国家政策的补贴等。吴应蔚等（2012）运用钻石模型分析内蒙古肉羊产业的竞争力、探索能够促进内蒙古肉羊产业发展的新路径，为肉羊产业发展战略的制定提供参考依据。叶云等（2015）运用面板 Tobit 估计方法分析了畜牧业产业链对畜牧发展的影响，研究结果表明，针对产业链的横向、纵向的整合以及加强对企业的关联度、政府对公共设施的投入，畜产品的加工环境的改善，能够防治过度的整合对畜牧业产业链经济效益的影响。陈俊科等（2015）运用因子分析法，借助 Spss 软件对新疆畜牧业区域竞争力差异变化的研究结果中得出，社会经济的快速发展对现代畜牧业竞争力的强弱发挥着极其重大的作用。崔晓等（2015）对畜牧业竞争力影响因素的研究中，对草食畜禽业竞争力的影响因素从宏观、中观、微观 3 个层面界定，并且从产业的角度、产业发展的外部环境、企业的角度选取 12 个影响因素进行分析，为草食畜禽业竞争力的影响因素研究提供了一定的参考价值。

　　牧草产业是我国草牧业发展的重要组成部分，牧草产业快速发展是畜牧业尤其是草食畜禽业稳定健康发展的重要基础。加快推动牧草产业发展，有助于推进我国农业供给侧结构性改革，提升区域经济发展水平及农牧民增产增收能力，全面落实乡村振兴战略，建成小康社会。长期以来，国家十分注重牧草产业发展，制定并出台了系列政策措施。总体来看，我国牧草产业发展面临良好的政策环境，牧草产业在政策和市场引导下逐步发展。牧草产业作为新型产业，发展过程中遇到诸多难题。如，地方政府重视力度不够、老百姓牧草种植观念落后、牧草生产基础设施不足、社会化服务体系不健全国际市场冲击力度大等，尤其是牧草在种植、刈割、运输、储存和销售过程中面临诸多风险，直接影响经营者牧草生产的积极性，不利于我国牧草产业持续稳定健康发展，制约着牧草产业国际竞争力的提升（王明利，2015；赵云等，2017）。近年来，我国草产品进口总体呈现出急剧增长的态势，在弥补国内市场供需缺口的同时，对我国牧草产业发展形成巨大冲击；相反，我国草产品出口则一直处于较低水平。如何提高我国牧草产品国际竞争力已成为业界关注的焦点（汪武静等，2015）。刘亚钊等（2011）基于 1992—2008 年数据，借助国际市场占有率、贸易竞争力指数和显示性对称比较优势指数对苜蓿草粉及颗粒以及其他草产品国际竞争力进行评价，并采用 CMS 模型分析了牧草贸易的影响因素。江影舟等（2016）基于国际市场占有率、显示性比较优势指数和贸易竞争力指数对苜蓿国际竞争力进行评估，研究表明，我国苜蓿国际竞争力较弱。总体来看，国内对牧草产业国际竞争力的研究还有待加强，目前仍存在如下两方面的不足：一是较早的研究无法反映近期牧草产业发展及草产品贸易新形势，二是草产品品种细分不够。

　　针对以上问题，石自忠等（2018）系统研究了我国草产业的市场竞争力问题，提出：①我国草产品生产环节短板较多，与生产大国存在差距。总的来看，近年来我国牧草总产量高于美国，但苜蓿等优质牧草生产及牧草商品化程度还与美国存在较大差距，这也在一定程度上影响国内牧草产业国际竞争力的提升。②就牧草单位产量这一指标来看，我国与牧草生产大国美国相比，存在一定优势，但苜蓿等优质牧草生产成本较高。近年，我国牧草生产成本总体维持在较高水平。2016 年，我国苜蓿生产成本为

10 952.40 元/公顷，美国则相对较低，为 9 943.97 元/公顷。③我国苜蓿等牧草生产机械化程度相对较低、规模化程度不够。总体来看，该对比能在一定程度上说明我国苜蓿等牧草生产在成本方面缺乏竞争优势（石自忠等，2017），制约着牧草生产成本降低。④与美国等发达国家相比，虽然目前我国牧草产业短板较多，但国内现有资源禀赋、经济环境、扶持政策等优势可为牧草产业进一步发展提供坚定保障。同时，草产品市场需求对牧草产业发展具有强烈推动作用。因此，未来我国牧草产业国际竞争力提升空间巨大。

5.4 我国草牧业融合类型与现状

5.4.1 草牧业融合的内涵

草牧业融合是农业产业融合的一个具体形态，是草牧业三产、草产业三产、草食畜禽业三产、草产业与草食畜禽业、农业与草食畜禽业间相互渗透、相互交叉、相互连接，最终融为一体，逐步形成草牧业新产业的动态发展过程，草牧业融合兼具两个不同产业间的融合属性和同一产业三产融合的属性。所以，草牧业融合包含 5 个层面的内容：草牧融合、草产业三产融合、草食畜禽业三产融合、农牧融合、草牧业三产融合。

1. 草牧融合

草牧融合属于一产的融合范畴，即草畜结合、草畜一体化、草畜平衡的高级化形态，其实质是以饲草种植业与草食畜禽养殖业融合为核心，按照"以畜定草，以草促牧，草畜平衡"的原则，优化调整农业结构，逐步建立"粮—经—饲"三元种植业结构，大力推进"草畜结合、草畜平衡、循环利用、生态种养"的融合发展模式。一是草产业通过优质草产品向草食畜禽提供饲草料，保障草食畜禽业健康发展；二是畜禽粪便通过肥料化向饲草提供有机肥，实现饲草生产化肥减施增效和培肥土壤。草牧融合存在两种基本类型：一是特定地域草牧生产系统中草牧生产之间的内部融合；二是不同地域草牧生产系统之间的草牧空间融合。

草牧融合的生命力在于它具有经济、社会和生态效应的统一性。生态效应是草牧融合能长期存在的依据，社会效应是草牧融合存在的前提条件，而经济效应决定了草牧融合的具体形式及发展变化趋势。这种客观统一性的形成又因为它有着以下几种特殊功能：确保国家粮食安全战略实现的有效途径；增加农户收入的重要渠道；进一步挖掘农田生产潜力；优化农业生态环境。

2. 草产业三产融合

草牧业三产融合是指饲草种植业、饲草产品加工业、饲草产品流通业及草地观光旅游业等新型业态培育与三产融合，包含草产业一二产融合、一三产融合、二三产融合及一二三产融合。

一二产融合，是饲草种植业与草产品加工业的融合，是最传统也是最常见的，以草产品加工为代表的二产促进一产通过二产连接上三产。一三产业融合，是饲草种植业与饲草产品流通业及草地观光旅游业的融合，以草产品流通业、休闲牧草业、体验牧草业等为代表的三产促进一产连接二产带动三产。一二三产业融合，是饲草种植业、草产品加工业与饲草产品流通业及草地观光旅游业的融合，基于草产品"产加销游一体化""农工贸一条龙"的产业链条不断延伸，通过草产品加工业为代表的二产业促进饲草种植业为代表的一产业通过二产连接上三产。

3. 草食畜禽业三产融合

草食畜禽业三产融合是指草食畜禽养殖业、草食畜禽产品加工业、草食畜禽产品流通业及现代草食畜禽观光旅游业等新型业态培育与三产融合。包含草食畜禽业一二产融合、一三产融合、二三产融合及一二三产融合。

一二产融合，是草食畜禽养殖业与草食畜禽产品加工业的融合，是最传统也是最常见的，以草食畜禽产品加工为代表的二产促进一产通过二产连接上三产。一三产业融合，是草食畜禽养殖业与草食畜禽产品流通业及现代草食畜禽观光旅游业的融合，以草食畜禽产品流通业、现代草食畜禽观光休闲、草食畜禽产品美食体验等为代表的三产促进一产连接二产带动三产。一二三产业融合，是草食畜禽养殖业、草食畜禽产品加工业与草食畜禽产品流通业及现代草食畜禽观光旅游业的融合，基于草食畜禽产品"产加销游一体化""农工贸一条龙"的产业链条不断延伸，通过草食畜禽产品加工业为代表的二产业促进草食畜禽养殖业为代表的一产业通过二产连接上三产。

4. 农牧融合

农牧融合是指农业（种植业）、畜禽与土壤之间的相互融合的过程，不仅仅是字面意义上所体现的将农业（种植业）、畜禽业融合在一起，国际上则称为农牧系统科学（Science of Crop‑livestock System）。因此，农牧融合实际上是包括土壤在内的由农业（种植业）、畜禽与土壤相互耦合共同构成的农牧业系统。

种植业与畜禽业的关系，是对立统一的关系，二者相互依赖，相互促进而又相互制约。农牧融合是土地、种植业、畜禽业三位一体的农牧业生产系统中，综合利用自然资源，提高资源利用率和产出率，促进种植业与畜禽业协调发展的根本途径，是求得最佳经济效益、社会效益和生态效益，增加农民收入，改善人民生活，推动社会主义新农村的建设的重要途径。按照社会对农畜产品数量和品种的需要，种植业根据畜禽的发展需求，生产出充足的饲草饲料；畜禽业在生产肉、蛋、奶等产品的同时，做好有机肥料的积造，并使饲草料与肥料能够科学、合理和充分利用，以保证农牧业协调和持续发展，这成为研究和搞好农牧融合的实质性问题。

农牧融合的生命力在于它具有经济、社会和生态效应的统一性，生态效应是农牧融合能长期存在的依据，社会效应是农牧融合存在的前提条件，而经济效应决定了农牧融合的具体形式及发展变化趋势。这种客观统一性的形成又因为它有着以下 4 种特殊功能：确保国家粮食安全战略实现的有效途径、增加农户收入的重要渠道、进一步挖掘农田生产潜力、优化农业生态环境。

5. 草牧业三产融合

草牧业三产融合是草产业、草食畜禽业、农业及其他相关产业、先进要素相互渗透、相互交叉，最终融为一体，逐步形成"草牧业综合体"、"草牧业联合体"等高级化产业模式的动态发展过程。主要包含 3 个层面的含义：

第一，草牧业产业链延伸型融合，其核心是积极发展草牧产品产地初加工和精深加工，培育草牧业新业态。草牧业一二三产业融合发展，随着技术的进步和社会的发展，草牧业产业出现了新的趋势，基于草畜产品"产加销游一体化""农工贸一条龙"的产业链条不断延伸，通过草畜产品加工业为代表的二产业促进草畜种养为代表的一产业通过二产连接上三产。以农牧民合作社、龙头企业、家庭农牧场为代表的新型草牧业经营主体的不断壮大发展，推进草牧业一产向二三产业自然延伸，让农牧民分享融合发展中的成果。草牧业产业链延伸型融合的结果表现为以龙头企业为引领，大力发展草畜产品加工、储藏、保鲜、运销等草牧业产业多功能，建设产加销一体化经营、一二三产业融合发展的现代草牧业产业体系，实现产业链和价值链的拉长与延伸、草牧业产业功能的拓展和草畜新产品的形成。随着草畜产品数量的丰富和功能的拓展，以草牧业产业链为主的新型草牧业业态、新型的草牧业产业模式形成，让农牧民从产业链条中分享收益，实现草牧业的提质增效、农民增收和高质量发展。

第二，草牧业与其他产业交叉型融合，其核心是挖掘草牧业的休闲、教育等多功能性，推进草牧业与旅游、文化、健康等产业进行融合，大力发展休闲草牧业、乡村旅游和创意草牧业等新兴业态。草牧业与其他产业交叉融合会激发草牧业的多种功能，挖掘生态休闲，旅游观光，文化教育，草牧业体验，农村服务业等草牧业的多功能，让草牧业一二三产业融合发展成为农耕与草原文化的传承体。草牧业与其他产业交叉融合体现了草牧业与其他产业间的相互改变过程。因此，交叉融合的本质原因就是同时来自于草牧业与其他产业。草牧业的多功能性及其他产业的某一无形要素跨越草牧业与其他产业间的产业边界基于共用平台使草牧业的多功能性和该无形要素同时得到应用和发展，从而促进草牧业和其他产业间的交叉融合。草牧业与其相关产业交叉融合体现了草牧业与另一产业间的相互改变过程。其结果表现为两产业链上的创新。草牧业与旅游产业的交叉融合中，草牧业改变旅游产业产业链的创新结果表现为旅游休闲草畜产品的生产及基于此而逐渐形成的休闲、观光、体验草牧业新业态。旅游产业改变草牧业产业链的创新结果主要表现为草畜产品开发中注重对旅游资源的挖掘，草畜产品销售上能够满足游客对乡村文化内涵需求。这种基于交叉融合产业资源基础的草畜产品拓展了现有草畜产品的类型，同时也改变了交叉融合产业原有产品的功能。在该新型草畜产品的基础上，逐渐衍生出与草牧业相关配套的服务，拓展草牧业的多功能性。

第三，先进技术要素对草牧业的渗透型融合，先进技术要素对草牧业的渗透型融合是其他产业改变草牧业产业链的过程。该融合过程主要是其他产业的无形要素跨越其产业边界并基于共用平台应用到草牧业对相应功能模块进行创新的过程。如信息技术特别是物联网、大数据、"互联网＋"、云计算、众筹等先进技术要素对草牧业的渗透。草牧业与信息产业融合主要是信息技术在草牧业中的渗透和扩散，使草牧业应用信息技术的模块得以创新的过程。但随着信息技术逐步渗透到草牧业中，将与草牧业之间进行快速的融合发展，催生草牧业"新产品"和"新业态"，改变草牧业的营销模式和服务质量。先进技术要素对草牧业的渗透型融合，表现为先进技术要素的创新、扩散、发展与融合，带动传统草牧业发生变化和创新。先进技术要素应用的广泛程度和深度影响着对草牧业创新的力度，草牧业对先进技术要素的吸收能力和与先进技术要素的关联程度也影响着产业间技术融合的程度。比如信息技术的快速推广应用，既模糊了一产与二产、三产业间的边界，也大大缩短了草牧业供给与草牧业需求双方之间的距离。信息技术融入到草牧业产业链的不同环节，得到了不同的功能创新。信息技术的渗透性、带动性、倍增性、网络性和系统性等特点推动了信息产业带动草牧业的融合发展。这就使得"互联网＋草牧业"、草牧业电商、草牧业众筹、在线租赁等方式成为可能。信息产业的先进技术要素在草牧业产业链中的应用主要带来了草畜产品的加工处理与营销模式的变革，而旅游要素在草牧业产业链中的应用主要带来了草牧业资源中乡村旅游潜质的挖掘和提升。

总体而言，先进技术要素对草牧业的渗透融合结果主要体现为草牧业产业链上应用其他产业先进要素的功能模块的创新及草牧业新业态的形成，信息技术、物联网、"互联网＋"等先进要素对草牧业的渗透融合是智能草牧业，是继传统草牧业、机械化草牧业、自动化之后草牧业更高版本。

5.4.2 草牧业融合进展

1. 草牧融合

草牧融合经历了草畜结合、草畜平衡、草畜一体化等发展历程，目前基本形成了同一地域草牧生产系统中草牧生产之间的内部融合和不同地域草牧生产系统之间的草牧空间融合两大类融合发展模式。在此过程中，草牧融合经营机制也不断创新，尤其是草畜联营合作社、草畜企业联合体、种草养畜兼营企业等不断涌现，进一步促进提升了草牧融合发展水平。

随着我国土地流转、种植业结构调整、养殖业粪污无害化资源化利用等实际要求和生态环境建设约束，草牧融合的广度和深度将进一步加强。这不仅有利于实现草产品的就地饲喂转化增值，而且也解决了养殖企业粪污无害化肥料化利用问题。"草畜结合、草畜平衡、循环利用、生态种养"的草牧融合发展模式在我国南北方迅速形成。

2. 草产业三产融合

国家进一步加强改革顶层设计和完善"强草惠牧"政策，遵循草原牧区生态优先的原则，草原生产力稳中有升。2016 年，全国天然草原鲜草总产量 103 864.86 万吨，载畜能力较上年增加 0.93%；草原植被状况明显改善，全国草原综合植被盖度达到了 54.6%。粮改饲工作稳步推进，饲草料产业体系逐步形成。2015 年，全国保留种草面积 3.5 亿亩，饲草生产加工产量 936.7 万吨，牧草种子产量较上年提高 9.5%；截至 2015 年底，优质苜蓿种植面积达 300 万亩，饲草产品加工企业增加到 532 家。初步实现了全产业链的机械化，到 2014 年我国拥有草业机械设备 610 万台。其中，牧草收获和打捆机械设备与技术都达到了国际水平。饲草产业化规模水平不断提升。目前已形成以甘肃河西走廊、内蒙古阿鲁科尔沁区、甘肃黄土高原区为代表的 8 大产业集群，总种植面积 346 万亩，年产能 130 万吨（不含青贮玉米），占全国商品草产量的（不含青贮玉米）18.1%。同时，以草地（草原）观光旅游、草业技术培训、草地美食为特色的草产业一三产融合发展模式发展迅速，显著提升了草产业收益水平。

3. 草食畜禽业三产融合

我国草食畜禽生产力显著提高，基本形成了集育种、繁育、屠宰、加工、销售为一体的产业化发展模式，产业链条逐步延伸完善。截至 2015 年底，国家级草食畜禽标准化示范场达 1 063 家，占畜禽标准化示范场总数的 27.1%；以草食畜禽为主要经营业务的农业产业化国家重点龙头企业 105 家，占畜牧业龙头企业比重为 18%。"龙头企业＋基地""龙头企业＋合作社""龙头企业＋家庭农（牧）场"等产业化经营模式稳步发展。截至 2015 年底，我国奶牛存栏 100 头以上、肉牛出栏 100 头以上、肉羊出栏 100 只以上的规模化养殖比重分别达到 45.2%、27.5%、36.5%，分别比 2010 年提高 17.2、4.3、13.6 个百分点，对推进草食畜禽标准化规模养殖发挥了重要引领作用；牛肉、羊肉、奶类、羊毛羊绒总产量分别达到 407 万、303 万、2 694 万、44.4 万吨。同时，以畜禽养殖、畜禽技术培训、观光旅游与畜禽产品美食为特色的草食畜禽业一三产融合发展模式提速，显著提升了草食畜禽业收益水平。

4. 农牧融合

农牧融合是发展有中国特色的农业可持续发展的重要战略举措。自新中国成立以来，农区一直在积极提倡和推进农牧结合，在促进农业和畜牧业生产水平上起到了重要作用。尤其是自进入 21 世纪以来，我国农区畜牧业的发展速度迅猛异常，畜牧业生产水平与 20 世纪 90 年代以前相比有了大幅度提高，畜禽结构、饲养规模、饲养周期、饲料报酬、饲料用量及质量等方面都得到了极大地改善，这得益于农牧融合水平的进一步提高。农牧融合在我国形成了非常丰富的模式，目前生产上广泛应用的基本上可以概括为 8 大模式：粮—饲—经三元种植结构，以农养牧、以牧促农的农牧融合模式；利用冬闲田种草，发展草食畜的农牧融合模式；草田轮作，以草养畜，治理盐碱沙荒地农牧融合模式；种养复合式农牧融合模式，即有多种动植物参加形成生态农业复合循环系统；农林牧多方位融合，走生态农牧业之路模式；以沼渣沼气为纽带，养猪、养鸡、种菜（果）四位一体的庭院生产模式；利用农副产品饲料化，发展草食畜禽的农牧融合模式。

5. 草牧业三产融合

随着技术进步和社会发展，草牧业三产融合出现了新的趋势，基于草畜产品"产加销游一体化""农工贸一条龙"的产业链条不断延伸，通过草畜产品加工业为代表的二产业促进草畜种养为代表的一产业通过二产连接上三产。以农牧民合作社、龙头企业、家庭农牧场为代表的新型草牧业经营主体的不断壮大发展，推进草牧业一产向二三产业自然延伸。到 2015 年底，以草牧业为主要经营范围的农业产业化国家重点龙头企业 64 家，占畜牧业龙头企业总数的 11%。此外，以"草牧业＋互联网"为抓手，探索发展草牧业产品电子商务渠道，积极推进了草牧业产品生产、流通、消费的全方位变革。同时，积极拓展草牧业的多功能性，通过引导发展草原旅游，推进草牧业与旅游、教育、文化、健康等产业的深度融合，大力发展休闲草牧业、乡村旅游和创意草牧业等新兴业态，使农牧民获得了更多增值收益，提升了草牧业可持续发展能力和高质量发展基础。

5.4.3 草牧业融合典型案例

1. 草牧业一产融合模式

以河北省沧州市中捷临港经济技术开发区现代农业示范区"种养循环型草牧业融合发展模式"为代表。中捷现代农业示范区三企业（中捷农业发展有限公司、河北景明农业开发公司、河北犇放牧业有限公司）将"饲草种植与加工""奶牛养殖""奶牛粪便肥料化利用"三节链条有机串联，搭建起了一座种养结合、循环利用的绿色现代草牧业种养体系，构筑了三方企业协同共赢的产业链，实现了草牧业高质量发展。

2. 草牧业一二产融合模式

以河北省邢台市威县"种养加循环型现代草牧业融合发展模式"为代表。邢台市威县"种养加循环型现代草牧业融合发展模式"由河北乐源牧业有限公司、威县君乐宝乳业有限公司、河北艾禾农业科技有限公司共同融合组成，将"饲草种植与加工""奶牛养殖""奶牛粪便肥料化利用""乳品加工"四节链条有机串联，搭建起了一座种养加一体、循环利用的绿色现代草牧业生产体系，成功构筑了三方企业协同共赢的草牧业全产业链，实现了草牧业高质量发展。

3. 草牧业一三产融合模式

以湖北丰联佳沃农业开发有限公司枝江市"牛郎山肉牛主题文化休闲观光小镇"为代表。湖北丰联佳沃农业开发有限公司依托枝江市夷陵黄牛资源，以肉牛养殖产业园为核心，以放牧草场升级改造为基础，打造了"牛郎山肉牛主题文化休闲观光小镇"。该小镇以肉牛养殖为主体，同时融合了饲草种植加工、种牛繁育、肉羊良种繁育与改良、牛羊粪便肥料化加工、农牧业技术培训、休闲旅游与牛肉美食等产业，该公司还在宜昌市开设了 2 家夷陵黄牛主题餐饮店、2 家牛肉直营店和 2 家牛肉面馆。

4. 草牧业一二三产融合模式

以广西壮族自治区南宁九点国际贸易有限公司"田野牧歌草牧业一二三产融合融合发展模式"为典型代表。该企业以青秀区田野牧歌肉牛产业示范区为核心，以南方现代草地畜牧业项目为助推，将种植业、养殖业、饲草料加工业、休闲旅游、科技培训、肉牛良种繁育、肉品加工与销售等一二三产业有机融合，打造成"集约化种植＋现代化养殖＋精品休闲旅游＋优质畜产品加工＋现代化流通销售"现代草牧业产业集群，实现了生态经济社会的高度协调发展。

5. 草牧业与旅游业交叉融合模式

以湖北省宜昌百里荒生态农业旅游开发有限公司草牧业与旅游业交叉融合融合发展模式为代表。百里荒生态旅游区位于湖北宜昌市夷陵区，因古代方圆百里、荒无人烟而得名。百里荒以"草原风光、天然荒凉"为特色，是三峡区域独有的最原生态的旅游区。除观光避暑外，配套旅游项目有农家餐、骑马、滑草、射箭、帐篷、蒙古包、宾馆、篝火等。宜昌百里荒生态农业旅游开发有限公司，主要开展旅游业开发与经营。

宜昌百里荒生态农业旅游开发有限公司子公司宜昌百里荒农业综合开发有限公司，依托百里荒旅游业与草牧业资源，开展两项工作：一是利用草场进行牛羊放牧，发展草地畜牧业；二是利用牛羊开发出了丰富多彩的草食畜产品及主题活动，实现了绿色畜牧、休闲农业、度假旅游融合发展。

5.4.4　草牧业融合存在的困难与问题

1. 草牧业发展水平相对落后，草牧业融合的产业基础薄弱

长期以来，受传统思想和政策导向的影响，我国草牧业多为小规模生产经营，投入不足，生产力水平低下，相应草畜产品商品化程度不高。近年来，国家高度重视，连续出台相应奖补政策，我国草牧业发展取得了一定成效。但无论与国内种植业、饲料工业还是国外的草食畜牧业和草业相比，我国草牧业在产值、生产水平以及产业链发展等方面仍然处于相对落后的水平，尚未形成一个相对系统和完整的综合产业。主要表现在以下 6 个方面：

（1）草牧业产业发展动力不足。对草牧业在生态文明建设、推进农业供给侧结构性改革中的战略地位认识不深刻。数千年来，"以粮为纲"的农耕文化根深蒂固，"草地农业"观念却没有受到国家政策和民众的足够重视，使草牧业产业从概念传播、政策创制和落实再到产业发展都举步维艰。草地种植初期投入高、效益低，需要国家长期稳定的支持与政策保障，促进我国种植业从传统的"粮—经"二元结构向"粮—经—饲"三元结构转变。我国草牧业产值仅占农业产值的 5% 左右，而草牧业发达国家一般占 60%～70%，远不能满足我国经济发展、生态文明建设和居民生活需求。此外，耗粮型的猪肉生产仍然是我国畜产品的主体，牛、羊肉产量仅占肉类总产量的 14% 左右。

（2）草牧业规模化、专业化、标准化生产水平不足。我国肉牛年出栏50 头以上、肉羊 100 只以上的规模化养殖比重仅为 30%，奶牛存栏100 头以上的规模养殖比重也仅为 40%；国家级草食畜禽标准化示范场达1 063 家，仅占畜禽标准化示范场总数的 27.1%；我国饲草产品生产加工企业 530 余家。其中，设计年加工能力 1 万吨以上的不足 30%，5 万吨以上的不足 10%，10 万吨以上的不足 2%；以草牧业为主要经营范围的农

业产业化国家重点龙头企业 64 家，仅占畜牧业龙头企业总数的 11%。同时，我国草牧业企业专业化、标准化生产水平也普遍不高，亟待加强。

（3）草牧业发展所需的优异动植物品种不足。草畜良种繁育滞后、生产水平低、成本高。草牧业发展的命脉掌控在他人之手，我国的草畜品种数量和性能均与国际水平存在较大差距，主要牧草种子、优质种牛精液和胚胎依赖国外进口。牧草种子生产田的基础设施和土地条件均没有达到生产要求，经营模式单调，市场机制发挥不充分。据统计，我国每年的草种需求量约 30 万吨，但国内草种供给量仅占 40% 左右。其中，近 100% 的草坪草种和 80% 的苜蓿草种依赖进口。

（4）草牧业产业发展技术水平落后。草畜耦合性差、生产方式落后、系统转化效率低。我国草畜转化效率为 1%～2%，仅为世界发达国家的 1/8。畜场建设、舍饲圈养、饲草种植加工与调配、草食畜产品冷链运输、互联网营销等技术严重滞后，规模化和标准化程度低，农牧民增收不显著。

（5）草牧业生产效率和生态效益低。草牧业种养结合不紧密，尚未形成因地制宜的草牧业发展模式和生产经营模式，产业上下游衔接不紧密，牧草栽培、家畜养殖、产品加工、销售和服务等融合不深入，种植户、养殖户和加工企业之间长效联结机制亟待巩固。

（6）草畜产品质量低、成本高，市场竞争力弱。国产苜蓿质量普遍较低，市场价格仅为美国进口苜蓿的 60% 左右。近年来，我国牧草生产成本总体维持在较高水平。2016 年，我国苜蓿生产成本为 10 952.40 元/公顷，美国则相对较低，为 9 943.97 元/公顷。2017 年，我国苜蓿干草进口量达 140 万吨，燕麦干草进口量为 31 万吨，进一步冲击着国产牧草商品体系。由于国产优质饲草料供应不足，且草食畜牧生产质量监督、检测和管控机制不健全，国产肉奶产品质量难以得到保障，限制了我国草牧业及产品的竞争力。

2. 土地流转难度大、成本高，草牧业规模化生产和草牧业融合困难重重

传统的小规模分散化经营已经无法适应现代草牧业发展的需求。现代草牧业要求生态化、多功能化、融合化、可持续化的发展，中国的土地经营模式严重束缚了现代草牧业的健康发展。土地流转制度不完善，流转难、流转成本高、流转使用不稳定等问题制约着草牧业融合深度和广度的发展，而现代草牧业的发展要求成片的、有一定规模的土地。

一方面，土地流转制度不完善，土地流转困难，使得草牧业融合的发展规模受到限制；另一方面，城市化的不断推进和土地资源的不可再生性，使得土地流转的成本上升。例如，耕地租金的上升也会影响土地的正常流转。土地规模化流转难度大、流转成本高、流转使用不稳定这些问题，严重制约了草牧业规模化生产和草牧业融合发展。

3. 草牧业融合的利益机制创新不够，草牧业融合发展任重道远

草牧业融合既涉及不同产业间、行业间的利益分配，又涉及不同利益主体间（企业、合作社、农户等）的利益分配。在草牧业融合过程中，只有处理好各方间的利益分配与保障，才能健康持续推进草牧业融合发展，实现草牧业高质量发展。

从我国草牧业融合发展的实践来看，草牧业融合发展过程中各方的利益联结机制、利益分配机制、利益保障机制目前创新还不够，有的甚至是空白，致使草牧业融合发展中"利益相悖"现象普遍存在。如乳品加工企业、奶牛养殖企业、饲草生产企业间"利益相悖"现象更加严重，这极大制约了我国全奶产业（乳品加工业、奶牛养殖业、饲草产业）的健康高质量发展。因此，为加快草牧业融合、提升草牧业高质量发展水平，亟待进行草牧业融合发展过程中各方的利益联结机制、利益分配机制、利益保障机制的创新。

4. 草牧业融合的关键接口技术创新滞后，技术支撑不够

技术创新是支撑草牧业融合和提升融合发展质量的关键要素，尤其是产业间、产业内部不同行业间的接口技术创新。从我国草牧业融合发展实践来看，草牧业融合发展的关键接口技术创新与支撑还远远不够，主要表现在以下5个方面：一是区域资源特色的草食家畜经济高效饲草型日粮体系建设滞后，很大程度上制约了"地域草牧业"模式创新与高质量发展；二是饲草产品高效饲喂利用转化技术创新不足，造成饲草产品饲喂转化效率与草食家畜饲喂效果效益低；三是畜禽粪便无害化肥料化利用技术创新与应用滞后，不仅导致养殖业污染问题加重，而且也造成大量有机肥料浪费，加重对化肥的依赖；四是农牧结合模式及配套关键技术创新水平低。我国畜禽产品主要来源于农区，农牧结合模式及配套技术创新水平直接决定了草牧业发展质量和农业发展水平。从目前来看，我国农牧结合模式及配套关键技术创新水平还较低，没有真正形成农牧互依互促的发展格局；

五是人工及改良草地放牧利用模式及配套关键技术创新不足。放牧利用是最经济的草地利用方式，是生产高质量畜产品最直接有效的途径，建立人工及改良草地高效放牧利用模式及配套关键技术，不仅可以提高饲草生产效益，也可以提升畜产品质量和养殖效益，可以实现种养紧密结合、畜禽粪便就地还田，是构建草牧业高质量发展、绿色发展的最有效途径。

5. 草牧业融合主体发展不平衡，带动引导能力弱

从目前草牧业融合的实践来看，各经营主体在草牧业融合中发展不平衡。作为推动草牧业融合主导力量的龙头企业发展规模总体偏小，虽然国家政策大力支持龙头企业的发展，龙头企业的数量也逐渐增多，但大多数的企业的规模较小，带动作用弱。同时，由于我国区域经济发展不平衡，更多的龙头企业偏向于向经济较发达地区投资，西部地区的龙头企业的数量和规模明显小于东部和中部地区，草牧业的发展也呈现区域不平衡的趋势。而对于草牧业合作社来说，部分合作社的自我发展能力弱，在生产和管理方面都不及现代企业的发展，在草牧业"三产融合"合作中也处于弱势地位。从整个草牧业产业来看，草牧业内部的发展也是不平衡的。除了乳业和绒业已经形成一定规模和品牌效益之外，其他产业的龙头企业数量和知名品牌较少，发展缓慢。

6. 草牧业科技管理水平低，缺乏复合型人才

现阶段，草牧业融合缺乏科学的管理方法，特别是缺乏一套科学的管理融合模式。单一的融合模式使得经营主体之间地位不明确，统筹管理能力弱。由于第一产业产出的附加值低于二、三产业，大量的农村劳动力涌入城市，而最后留守在农村的主要以妇女、小孩和老人为主，文化程度低，且生产效率低都制约着草牧业现代化和高质量的发展。同时，草牧业融合发展缺乏专业的技术人员和管理人员。一方面，缺乏对草牧业专业人员的培养和重视；另一方面，农村经济的发展对人才的吸引力不强，导致草牧业融合与高质量发展进程放缓。

5.5 我国草牧业融合的总体思路与建议

5.5.1 总体思路

1. 重要意义

随着产业结构升级，产业融合成为产业发展新趋势，尤其是在技术创新引领下，许多产业开始交叉并融合，不仅能够提升产业效率，实现产业创新，还将催生新的产业形态和商业模式，增加创富机会，产业融合已经成为提升国家核心竞争力的重要因素。推进农业三产融合发展和草牧业发展，是2015年中央农村工作会议作出的重大部署，是三农工作理念和思路的又一重大创新，是我国经济发展进入新常态下农业转型发展的根本选择，是顺应农业产业发展新趋势的必然要求，是农业供给侧结构性改革的重要载体。推进草牧业融合发展有助于草产业和草食畜牧业的整合，草牧业产业链的延伸，草牧业多功能的拓展，草牧业新业态的丰富；有利于促进管理、技术、资本、信息、人才等要素更多更紧密地渗透到草牧业、融入到草牧业，提升草牧业发展质量；有助于提升草牧业资源利用水平，降低草牧业交易成本，提升草牧业效益；有助于扩大草牧业规模，拓展农民就业增收空间，有利于促进草牧业提质增效、农民增收致富，实现我国草牧业高质量发展。

2. 指导思想

全面贯彻落实党的十九大精神和新时代发展理念，坚持"永远把人民对美好生活的向往作为奋斗目标"作为草牧业融合发展的根本宗旨。按照党中央、国务院的决策部署，坚持"四个全面"战略布局，牢固树立"创新、协调、绿色、开放、共享"的发展理念，主动适应经济发展新常态，用融合理念发展草牧业，以市场需求为导向，以完善利益联结机制为核心，以制度、技术和商业模式创新为动力，以乡村振兴与新型城镇化为依托，推进农业供给侧结构性改革，着力构建一二三产业交叉融合的现代草牧业产业体系，形成草牧业融合发展新格局，促进草牧业增效、农民增收和农村繁荣，为国民经济持续健康发展和全面建成小康社会提供重要支撑。

按照"基在农业，利在农民，惠在农村"的思路，以促进草牧业增效和农民增收为核心，以草牧业产品加工为引领，以草牧业产业化联合体为载体，在主体联结、要素联结、产业链接、利益联结上做文章，推动草牧业主要产品生产、储藏、初加工、精深加工、综合利用、销售、餐饮、休闲旅游等一体化融合发展，让农牧民更多更真切的分享到草牧业融合发展增值收益。

3. 基本原则

（1）在夯实草牧业产业基础上下工夫。拓展草牧业多重功能，提升技术、信息、管理等要素催化能力，充分挖掘草牧业资源的价值优势，推动草牧业与休闲旅游、饮食民俗、文化传承、教育体验、健康养生等产业的嫁接融合。以市县为单位，因地制宜，因产制宜，积极引导产城、产镇融合，促进草牧业集群发展，着力推进技术集成、要素集聚、企业集中，打造领军型草牧业融合发展企业，带动产业链前延后伸，发挥草牧业融合引领作用。大力促进草牧业有机对接，接二连三，做优做绿草牧业第一产业，做实做强草牧业第二产业，做精做活草牧业第三产业，推动草牧业资源融合、技术融合、功能融合、价值融合，促进草牧业纵向融合、横向融合、交叉融合。

（2）坚持以市场需求为导向。新时代促进草牧业融合发展，必须处理好政府和市场的关系。要使市场在资源配置中起决定性作用，坚持依靠市场主体、围绕市场需求发展草牧业，利用市场手段和价格信号，自主选择要素投入规模和水平、草牧业发展方向和布局、融合发展方式和路径，立足质量兴农、品牌强农战略，不断发挥区域优势、资源优势、产业优势，实现差别化、品牌化发展，提升草牧业比较效益、综合效益。要更好发挥政府作用，着力深化草牧业制度改革、促进要素市场化配置，着力弥补市场失灵、科学制定发展规划、健全公共政策、优化市场环境，为草牧业融合发展提供更多更好的公共服务和公共物品。

（3）坚持以草牧业科技进步为支撑。草牧业融合和现代草牧业发展的关键在于科技进步和创新。新时代促进草牧业融合发展，必须增强数字化思维，用好信息化手段。要高度重视以信息、生物、新材料、新能源技术等为代表的新一轮科技革命和产业革命，为我国草牧业融合发展创造后发优势。要推进信息技术与生产、加工、流通、管理、服务和消费各环节的技术融合与集成应用，提升技术装备水平，完善草牧业融合发展的互联网基础设施和物流体系，为草牧业融合发展奠定坚实的信息化基础。

（4）坚持以草牧业绿色发展为引领。坚持人与自然和谐共生，走草牧业绿色发展之路，必须处理好经济发展和生态环境保护的关系。要把绿色发展贯穿于草牧业融合发展各环节、草牧业兴旺全过程，以绿色发展引领草牧业融合，节约集约循环利用各类资源，大力发展草牧业绿色加工，优化草牧业布局，推动草牧业产品从种养到初加工、精深加工及副产物利用无害化，鼓励支持草牧业产品加工与休闲、旅游、文化、康养等产业深度融合，努力构建草牧业绿色发展的生态链、产业链、价值链，使绿色成资源、有价值、可开发、增效益、促增收。

（5）在完善草牧业公共服务上下工夫。积极打造服务平台，依托草牧业融合发展集聚区、优势区和实力主体，加大财政支持力度，组建研发、开发中心等，打造一批标准高、服务优、作用强的草牧业融合发展公共服务平台。切实提高服务水平，培养引进专业服务管理人才，高质量开展政策咨询、政务宣传、区域品牌推广、草牧业产品市场与价格信息提供、人才推介、质量监管等公共服务。充分发挥孵化功能，与高等院校、科研院所密切合作，在技术、人才、标准开发上用力，加大项目资金支持力度，健全草牧业融合发展服务体系。

（6）坚持以利益共享为目标。新时代促进草牧业融合发展，根本目的是让农牧民更多分享二、三产业增值收益。要坚持农牧民主体地位，充分尊重农牧民意愿，切实发挥农牧民在草牧业融合发展中的主体作用，把维护好农牧民群众根本利益、促进农牧民共同富裕作为出发点和落脚点。要坚持"基在农业、利在农民、惠在农村"的总要求，以利益共享为目标，构建多样化、多元化、多形式的草牧业融合发展利益联结机制，促进农牧民和现代草牧业发展有机衔接。对欠发达地区，要制订特殊政策引导和支持更多农牧民加入到草牧业融合发展的过程之中，按照让农牧民付出劳动、创造价值、分享利润的要求，把劳动就业嵌入到草牧业全产业链，将家庭经济融入于草牧业全价值链，使农民收入体现在草牧业全利益链。

（7）在健全草牧业政策体系上下工夫。围绕草牧业融合发展的目标，加强政策和制度建设，明确政策支持重点，增强政策的系统性、精准性、有效性。特别要围绕草牧业融合发展基础设施和公共服务平台建设、新型职业农牧民和新型草牧业经营主体带头人培育、技术装备水平提升、草牧业资源保护和废弃物资源化利用等方面，创新规划、用地、财税、信贷、保险等政策制度，加大支持力度。着力打造草牧业融合发展平台，依托草牧业生产功能区、现代草牧业产业园等"三区三园一体"平台，推进政策衔接，整合项目资源，推动草牧业全产业链发展。

5.5.2　目标任务

1. 加快推进草牧高效融合，构建草畜一体化协同发展模式

按照草畜结合、种养结合、草畜平衡、农牧结合等发展理念，突出饲草产品就地就近转化、畜禽粪便就地就近资源化利用，因地制宜地加快推

进草牧高效融合，构建草畜一体化协同发展模式，发展各具地方特色的生态草牧业。

北方地区，重点围绕奶牛、肉牛和肉羊集中养殖区，按照草畜平衡配套建设规模化标准化人工饲草料基地，重点开展干草产品、青贮产品生产加工；开展畜禽粪便无害化处理与饲草经济安全高效利用推进工程，实现畜禽粪便肥料化利用、饲草化肥减施增效。在南方地区，重点利用草山草坡地区，推进人工放牧场建设或天然草山草坡改良与放牧利用，围绕牧场就近发展青贮饲料种植基地。立足于本区域农业资源特色，以不同草食家畜营养需求和饲喂目标为依据，积极开展农作物秸秆、农产品和食品加工副产物饲料化利用推进工程，配合优质饲草建立区域特色的粗饲料体系，开展畜禽粪便无害化处理与农作物经济安全高效利用推进工程，实现畜禽粪便肥料化利用、农作物化肥减施增效，构建我国广大农区种养紧密结合的农牧业耦合生产体系。

加快探索建立草牧融合的创新模式与机制。一是加快实施土地流转，让养殖企业自建规模化饲草种植基地，实现企业内部草畜一体化；二是通过土地入股、土地托管等新型机制，由养殖企业统一进行饲草种植生产，农民按股份或托管合同分红，促进养殖企业种养一体；三是按照"养殖企业＋饲草合作社"或"企业＋饲草基地＋饲草种植农户""养殖企业＋饲草企业"的方式，养殖企业与饲草生产企业或饲草合作社签订饲草供销、畜禽粪便肥料化利用等协议，实现养殖企业与饲草种植企业或合作社的有效结合。

2. 提升饲草种植规模化水平，打造三产融合的现代饲草产业

加快探索建立饲草规模化生产的创新模式与机制。一是加快实施土地流转，让企业自建规模化饲草种植基地，农民通过土地流转获租金，通过到草企业打工挣薪金；二是通过土地入股、土地托管等新型机制，由企业统一进行饲草种植生产，农民按股份或托管合同分红，同时通过到草企业打工挣薪金；三是按照"饲草合作社或企业＋饲草基地＋饲草种植农户"的方式，本着"五统一分"的原则，饲草生产企业或饲草合作社与农户签订饲草收购协议。

改善融资环境，改变草牧业企业融资难、融资慢、融资成本高的问题。地方政府部门应积极与金融部门协调商议，构建新型融资平台，创新金融扶持方式，建立草牧业发展基金，放宽贷款条件、简化办事程序，及时满足草牧业生产企业（场户）的融资需求。推动饲草产业保险的实施，加大保险支持力度。鉴于饲草生产风险和市场风险高、饲草生产企业（场户）实力弱、其自身抗风险能力差等情况，建议：借鉴美国等草业发达国家的保险经验，参考国内农作物保险的具体做法，建立饲草产业保险制度，将饲草列为受保对象，支持饲草产业的稳定发展。

积极利用国家三产融合资金，整合农牧业相关项目资金，重点支持饲草规模化种植、初加工、深加工、观光休闲等三产融合发展的饲草生产企业，打造饲草规模化生产、三产有机融合和饲草产业高质量发展的饲草企业集群，进而更好地推进我国饲草产业规模化标准化发展，提升我国饲草产业服务草食畜禽业健康发展的水平和国际市场竞争力。

3. 优化升级草食畜禽产业链，打造三产融合的现代草食畜禽业

坚持用工业化思维谋划，以促农增收为中心任务，以全产业链开发为主线，以新型经营主体培育为平台，以利益联结机制创新为纽带，瞄准专业化、标准化、规模化、集约化方向，着力构建现代草食畜禽产业体系，加快实现草食畜禽产业转型升级，努力打造一批全国知名的畜牧产品品牌。

一是要大力加强草食畜禽良种培育、引进和扩繁，研发培育具有地方特色的优良草食畜种，形成与现代畜牧业快速发展相适应的良种繁育推广能力。

二是以现代草食畜禽业建设发展为契机，支持养殖大户、养殖场、家庭牧场、专业合作社等新型农业经营主体快速发展，走集约经营的路子，按照"五化"要求，加快建立我国草食畜禽养殖标准体系，推进标准化进程，力争把标准化规模养殖覆盖至现代草食畜禽业示范县所有规模养殖场户。

三是提升草食畜禽产品精深加工和品牌打造能力，以现代草食畜禽业全产业链试点建设为依托，率先在试点市县大力加强草食畜禽产品深度开发，提高精深加工水平；完善草食畜禽产品质量标准体系、检验检测体系和质量安全可追溯体系，确保草食畜禽产品质量安全；加强畜禽产品批发市场、零售市场和冷链物流体系建设，增强我国在草食畜禽产品销售上的话语权和定价能力，打响绿色、安全、优质草食畜禽产品品牌。

四是大力加强科技创新和技术推广，鼓励科研院所、龙头企业和各类经济合作组织，以多种形式开展联合协作，建立科研与生产紧密结合的新机制，培育多元化的草食畜禽业技术推广服务体系；在草食畜禽业重点地区建立研发推广和示范基地，搞好成果转化和科技服务；分层次突出抓好基层科技人员、示范户、村级防疫员、农牧民培训，培养造就更多有文化、懂技术、会经营的新型农牧民。

五是着力抓好资源循环利用和环境保护。统筹考虑环境承载能力和污染防治要求，科学确定草食畜禽品种、规模、密度和总量，做到因地制宜；加强养殖废弃物的合理利用，形成种植、养殖、加工的循环链条；探索一条规模生产、资源节约、环境友好、优质安全的现代草食畜禽业发展新路子。

六是积极利用国家三产融合资金，整合农牧业相关项目资金，重点支持草食畜禽规模化养殖、初加工、深加工、观光休闲等三产融合发展的草食畜禽生产企业，打造草食畜禽规模化生产、三产有机融合和草食畜禽产业高质量发展的草食畜禽企业集群，进而更好地推进我国草食畜禽产业规模化标准化发展，提升我国草食畜禽健康发展水平和国际市场竞争力。

4. 提升农牧融合水平，实现农牧互促与高质量协同发展

农牧融合实质上是指种植业、畜牧业、土壤三者之间的有机结合，而不是从"农牧融合"字面上所表现出的种植业、畜牧业两者之间的结合。因此，在一个农牧生态系统中，农牧融合好坏的评判标准，一是饲草料生产是否适应畜牧业生产的需求。即是否根据畜（禽）生长、繁育、生产对营养的需要，确立了适宜的饲草作物播种面积、种类、高产技术；二是畜牧业生产是否与饲草料生产状况相适应，即是否根据种植业饲草料生产的实际情况，确立了最佳的畜种结构、饲料配方、饲养规模；三是畜牧业生产的有机肥是否尽可能地返还到农田中，是否解决了以种植业某一产量指标为目标的、与畜牧业生产水平（决定有机肥的数量和质量）相适应的化肥合理投入问题。

因此，要按照"以种带养、以养促种"的种养结合循环发展理念，以就地消纳、能量循环、综合利用为主线，构建集约化、标准化、组织化、社会化相结合的农牧融合发展模式，促进农牧业可持续发展。农牧融合重点要做好 3 个方面工作：一是加大农副产品饲料化利用，充分利用农区丰富的农副产品（农作物秸秆及籽实附属物、农产品加工副产物、食品加工副产物等），通过揉丝、发酵等方式加工饲草产品，实现农副产品饲料化利用。二是加快开展畜禽粪便及其他废弃物无害化与肥料化利用推进工程，实现畜禽养殖粪便及其他废弃物零排放和农作物种植有机肥替代化肥，提高农田土壤肥力，增强农牧业绿色发展水平。三是加大优化草田耦合种植制度，积极发展草田轮作、粮（经）草套种、粮（经）草间作、林草间作等，充分挖掘利用季节性闲田种草，构建耕地用养结合型草田耦合高效种植模式，实现改土增粮增草。

5. 推进草牧业产业融合，培育"草牧业综合体"与"草牧业联合体"等高级化产业模式

第一，延伸草牧业产业链，培育草牧业新业态，提高草牧业附加值。要依据当地资源特色，紧随市场动向，积极发展草牧产品产地初加工和精深加工，促进草牧产品就地加工，健全草牧业市场体系，创新营销模式，加快草牧业生产由生产环节向前、后延伸，打造完整的产业链条，促进草牧业集群发展，着力推进技术集成、要素集聚、企业集中，打造领军型草牧业融合发展企业，培育"草牧业综合体"与"草牧业联合体"高级化产业模式，将草牧业生产收益完全内化，促进农民增收和农村经济发展。要立足特色优势，推进特色草牧业品牌建设，发挥品牌效应，建设一批精品草牧业产品基地，加强一村一品、一乡一业的发展建设，形成特色草牧业品牌，提升草牧业产品的软实力。

第二，积极开发草牧业的多种功能。要挖掘草牧业的休闲、教育等功能，推进草牧业与旅游、文化、健康等产业进行融合，大力发展休闲草牧业、乡村旅游和创意草牧业等新兴业态，建设一批具有历史文化底蕴和民俗特质的草牧业旅游村镇，打造形式各异、特色突出、功能多样的草牧业休闲旅游产品，充分发挥草牧业多功能性。

5.5.3 建议意见

1. 加快推进提升我国草牧业融合发展的配套建设

现代草牧业发展和草牧业融合的重要条件就是配套的跟进，包括基础设施建设和社会化服务体系的构建。不仅转变了传统的草牧业生产经营模式，有利于现代草牧业发展和草牧业融合，更加速了城镇化进程。其中，草牧业基础设施建设包括农田水利投资、电网改造、草牧产品仓储和物流配送、草牧业技术研究推广等。社会化服务则包括了草牧业产前、产中、产后的一系列服务，以及农牧民社会保障体系建设等。草牧业社会化服务实现了现代草牧业的产业化发展，将更有效促进草牧业融合发展。我国的草牧业配套建设长期落后于经济发展水平，加强配套建设是提高现代草牧业保障能力的重要路径，不仅提高了草牧业综合生产能力，而且统筹城乡发展、改善农牧民生活的重要基础。

2. 培育草牧业新型经营主体，夯实草牧业融合的产业主体基础

草牧业融合发展需要具有较高水平和管理能力的新型农业经营主体为支撑，而目前我国新型草牧业经营主体发育比较缓慢，需要加快培育一批技术装备水平高、示范带动能力强的新型草牧业经营主体。

第一，拓宽家庭农牧场和专业大户的经营结构，提高参与融合能力。支持家庭农牧场和专业大户发展产地初加工和草牧产品直销，鼓励其利用空房等闲置资源发展乡村旅游，提高家庭农牧场和专业化的组织程度和经营管理水平，带动普通农户参与草牧业融合发展。

第二，支持和规范发展草牧业专业合作社，充分发挥多种职能。鼓励草牧业专业合作社向加工、物流配送、销售等领域拓展，支持符合条件的草牧业合作组织向联合型、多功能性的综合服务型草牧业经营组织发展。要从政策优惠和财政补贴等方面加大对草牧业专业合作社的支持力度，充分发挥草牧业专业合作社在提供技术支持、扩大产业规模、抵御市场风险等方面的重要作用。要推进草牧业专业合作社的规范化建设，提高经营管理水平，使草牧业专业合作社真正为农牧民服务，真正让农牧民增收致富。

第三，培育壮大草牧业龙头企业，发挥引领示范作用。要充分利用草牧业龙头企业在资金、人才、管理、技术等方面的优势，通过对其加强财税、金融、人才等方面的支持，鼓励草牧业龙头企业拓展产业链，支持其发展农牧产品精深加工和营销，建设规模化的原料生产基地，带动农牧户发展适度规模经营，引导其与农牧户、草牧业专业合作社等主体相互合作、利益共享，充分发挥其在草牧业融合发展中的引领示范作用。

第四，鼓励社会资本投入。要在完善社会资本参与草牧业融合行为规制前提下，逐步消除对社会资本下乡的一些歧视性政策，国家出台的相关扶持政策要同等对待各类社会资本投资项目，要加快健全社会资本下乡服务体系，对于能够商业化经营的领域，要向社会资本开放，积极引导社会资本参与草牧业融合发展。

3. 健全完善草牧业融合发展利益联结机制

推进草牧业融合发展的落脚点是富裕农牧民，需要建立健全而紧密的利益联结机制，以保障农牧民生产者的利益。第一，创新发展多形式利益联结形式，建立紧密的利益联结机制。要创新发展订单草牧业，在坚持平等互利原则的基础上，引导企业和农牧民签订农牧产品购销合同，进一步规范订单合同内容，严格合同管理，建立监督约束机制，强化违约责任，建立风险共担、利益共享的利益联结机制。要鼓励发展股份和股份合作制，要逐步开展土地和集体资产股份制改革，将土地承包经营权确权登记颁证到户，将集体经营性资产折股量化到户，探索建立以土地经营权入股的股份合作社和股份合作制企业。此外，农牧民还能以劳动、资本、技术入股，形成按股分配企业利润的分配机制。第二，强化工商企业的社会责任，保障农牧民利益。鼓励参与草牧业融合的工商企业优先聘用流转出土地的农牧民，为其提供技术、就业培训等方面的服务，引导工商企业机构、专家、企业的合作与交流，建立农牧业人才实习实训基地和创业孵化基地，加强产学研一体化，培养出一批推动草牧业融合发展的经营管理人才、科技领军人才和技能人才，尤其是培养一批复合型人才，为草牧业融合发展提供人才支撑。

4. 突破草牧业融合发展的土地金融要素瓶颈制约

要推进草牧业融合发展，就要突破要素瓶颈制约，激活土地、资金、保险等多种要素，培育草牧业融合发展的新动能。

完善土地流转机制。土地流转是发展草牧业规模化经营的重要手段，规范农村土地承包经营权的流转制度，对于推进现代草牧业的规模化经营，实现草牧业经营的产业化有着十分重要的意义。目前，我国农村的土地流转还以租赁和转包为主，缺乏大户经营、合作、入股等形式，难以实现现代农业的价值导向。在家庭承包经营的基础上，积极探索土地入股、土地托管等新型土地流转方式，健全农村土地流转服务体系和市场调节手段的土地流转机制，使得土地流转法制化、规范化、程序化。

改善融资环境，改变草牧业企业融资难、融资慢、融资成本高的问题。地方政府部门应积极与金融部门协调商议，构建新型融资平台，创新金融扶持方式，放宽贷款条件、简化办事程序，及时满足草牧业生产企业（场户）的融资需求。要积极发挥银行等融资机构的作用，增大对草牧业融合主体的信贷力度，设立针对草牧业融合发展的专用资金，为融合经营主体提供补贴，扩大其经营资本，营造利于主体发展的融资环境。积极推进农村土地承包经营权和农民住房财产权抵押贷款试点，探索开展宅基地使用权、农业生产设施抵押贷款业务，丰富贷款抵押方式。积极推动涉草牧业企业对接资本市场，支持符合条件的涉草牧业企业通过发行债券、资产证券化等方式融资，大力发展一些真正立足草牧业、面向农牧民的小微型金融组织，不断拓宽融资渠道。

推动牧草产业保险的实施，加大保险支持力度。鉴于草牧业生产风险和市场风险高、草牧业生产企业（场户）实力弱、其自身抗风险能力差等情况，建议：借鉴美国等草牧业发达国家的保险经验，参考国内农作物保险的具体做法，建立草牧业保险制度，将牧草、草食畜禽列为重点受保对象，支持草牧业的稳定发展。同时，相关部门应采用财政补贴、免征营业税和所得税等措施，引导和鼓励全国各大保险公司为草牧业生产企业（场户）提供草牧业保险；采取保费补贴、简化理赔程序等方式，调动广大草牧业企业（场户）参保的积极性。

5. 大力提高现代草牧业科技水平，加速草牧业高质量融合

在现代草牧业的发展过程中，科技也起着至关重要的作用。因此，必须不断提高现代草牧业的科技水平和创新能力，将高新技术用于草牧业生产。重点是增加对草牧业的科研支出。一是加大对草牧业科学研究方面的支出：一方面，有利于增加科研人员对草牧业方面的研究兴趣，提高他们对新产品、新技术研究的积极性，培育出新的产品、创造出新的技术，以此来提升草牧业的发展质量；另一方面，有助于农牧民降低投入成本，减少物质性投入，增强他们投入草牧业发展的热情和动力，持续发展草牧业。二是建立生态草牧业科技示范园区，将草牧业新技术、新品种、新产品、新模式、新机制等集中在示范园区进行展示，加速草牧业科技成果有效转化，进而带动我国现代草牧业科技水平的提升。三是要着力构建"产学研用"有机融合的草牧业科学技术创新体系，推广农科教、产学研模式，支持草牧业企业、科研机构、大专院校实行多种形式的联合，鼓励专家和学者与新型草牧业经营主体对接，加强草牧业科研成果的转化和推广，为草牧业融合发展提供科技支撑。

着力培养草牧业专业人才，打造支撑草牧业融合发展的人力资源基础。政府要正确引导，提供资金支持，充分利用教育资源，加强对农牧民的职业教育，使他们掌握先进的草牧业技术以及现代化的管理知识，提高他们的文化素质和技能水平，培育出一批有文化、懂技术的新型职业农牧民。要加大政策扶持力度，鼓励和吸引各类科技人员、大中专毕业生等到

草牧业行业创业，通过完善知识产权入股参与分红的方式激励科研人员到草牧业合作社、草牧业企业任职兼职。要健全草牧业人才培养培训体系，创新草牧业人才的培训形式与内容，支持各地成立"农牧民大学"，加大对从事草牧业生产的农牧民的职业技能培训。

5.5.4 研究展望

草牧业融合是一个新兴而又复杂的系统工程，兼具自然属性、经济属性和社会属性，研究难度比较大，研究基础十分薄弱。存在着草牧业融合概念界定不清；动力机制、效应研究不够深入，特别是动力机制研究欠缺理论性；实证研究不足等。今后，应该在以下几个方面加强研究和突破：草牧业融合概念内涵界定、草牧业融合动力机制与实质的理论研究、草牧业升级与草牧业融合的关系、草牧业融合中企业战略研究、草牧业融合中政府政策体系研究等。

第6章

CHAPTER 6

草　原　畜　牧　业

6.1　我国草原概况

6.1.1　草原及相关概念

在地理学范畴内，草原被认为是温带和热带干旱区中的一种特定自然地理景观。在农学范畴里，草原具有更广泛的含义。我国习惯上视"草地"、"草原"和"草场"为近义词。我国现代草原科学奠基人王栋先生将草原定义为：凡因风土等自然条件较为恶劣或其他缘故，在自然情况下，不宜于耕作农作，不适于生长树木，或树木稀疏而以生长草类为主，只适于经营畜牧业的广大地区（王栋，1955）。草地学家胡自治教授提出，草原是主要生长草本植物，或兼有灌木或稀疏树木，可为家畜和野生动物提供生存场所的大面积土地（胡自治，1997）。我国草地学家贾慎修教授认为，草地是草和其着生的土地构成的综合自然体，土地是环境，草是构成草地的主体，也是人类经营利用的对象（贾慎修，1985）。而王栋教授定义草地为：生长或栽培牧草的土地，无论植株高低，单一或混生。

在全国首次草地资源调查中，对草地范畴给出了准确的界定：一是植被总覆盖度超过 5% 的各类天然草地、改良草地和人工草地；二是以牧为主的树木郁闭度小于 0.3 的疏林草地和灌丛郁闭度小于 0.4 的疏灌丛草地；三是撂荒超过 5 年的次生草地；四是沼泽地、沿海滩涂；五是植被覆盖度大于 5% 的高寒荒漠、苔原、盐碱地、沙地、石砾地；六是 5 年内未更新的伐林迹地、火烧迹地或造林未成林地；七是宽度大于 1～2 米的田埂等以多年生草本植物为主的各种空闲地。

2002 年 12 月修订通过的《中华人民共和国草原法》提出，草原是指天然草原和人工草地。1996 年，原农业部畜牧兽医司主编的《中国草地资源》定义：草地是一种土地类型，是草本和木本饲用植物与其所着生的土地构成的具有多功能的自然综合体（中华人民共和国农业部畜牧兽医司，1996）。

世界各地对草原和草地有不同的认识和定义，涵盖的定义范畴包括，草地、草原、草场、草山草坡、牧地、牧野等（Grassland、Range、Rangeland、Pasture、Meadow）。国际草原管理学会将天然草原（Rangeland）定义为，原生植被为草类植物和似草类植物或灌木的作为自然生态系统管理的土地，包括天然草地（Natural grassland）、萨瓦那（Savannas）、灌丛带（Shrublands）、荒漠（Deserts）、冻原（Tundra）、高山群落（Alpine communities）、沼泽地（Marshes）和草甸（Meadow）（Society for Range Management，1998）。即使同一地区，在不同的生产发展阶段，因各自的自然经济特点，对草原的定义也有变化。H. Gyde Lund 在 IPCC 及 FAO 的基础上，将草地定义为任何面积不小于 0.5 公顷、宽度不小于 20 米、在 1 年中至少有 2 个月的植被覆盖达到 10％的旱地。其中，非耕作的树木覆盖区（树木可为任何不低于 5m 的多年生植物）小于 10％（Lund，2007）。

根据以上定义分析，草原和草地（Grassland）具有相近的范畴，均包含天然和人工草地。不同之处在于，草原侧重于地理属性，而草地侧重于资源属性。因此在我国已有的文献中，二者的概念经常混用。参照《草原法》和我国草地调查的定义，草原（草地）是由天然或人工原因形成的、符合一定植被条件的各类旱地的总称。本文在总结时保留原作者所使用的名词，即原作者使用天然草地的，在本文中也继续使用天然草地，原作者使用天然草原的，本文中仍使用天然草原。

6.1.2 草原的面积

关于我国草原的面积，在不同时期不同部门有不同的调查结果（中国科学院综考会，1996）（沈海花等，2016）（王思远等，2001）。按照 1982 年、1991 年的 1∶400 000 中国植被图和 1979—1990 年的第一次草场普查结果，我国天然草原面积分别为 406 万、349 万和 393 万平方千米，占国土总面积的 40.9％～44.9％；按照 1996 年的中国草地数据、1996 年的 1∶4 000 000 草地资源图、1999 年的中国陆地卫星影像和 2001 年的中国土地利用图，我国的草场面积分别是 355 万、360 万、349 万和 331 万平方千米，占国土总面积的 36.4% ～ 37.5%；基于 NOAA/AVHRR（8 千米）全球植被覆盖数据、2000 年 1：10 000 土地利用覆盖数据、2001 年 MODIS 草地覆盖数据估算的我国天然草地面积分别为：167 万，185 万和 225 万平方千米，占国土总面积的 17.4% ～ 23.4%。

　　两方面原因导致草地面积统计数据的差别：一是改革开放以来，我国草场面积逐渐缩小，造成不同时期统计数据的较大差异。二是不同定义范围造成的结果差别。比如，中国植被图中草地主要指以草本植物占优势的植物群落；而第一次草场普查中草地包括了灌木和稀疏乔木的饲用植物地，遥感资料则更缺乏统一的分类系统。再比如，前人在估算天然草原面积时，有时指广义的天然草原，有时仅仅指天然草地。因此，造成天然草原面积数字的差异。由于不同统计口径的结果差距较大，当前，普遍认可和使用的草原面积是第一次草场调查后提出的 393 万平方千米，约等于 4 亿公顷。

6.1.3　我国草原的分类

　　草地类型是在一定时空范围内，反映草地发生和演替规律，具有一定自然特征和经济特征的草地单元。草地类型的形成受草地植被环境条件和人类活动的综合影响。因世界各地自然条件、生产力水平和科学技术条件的差异，各国学者提出了各自草地类型划分的方法和系统。国内不同学者对我国草原资源分类与分布的观点大致可总结为：植物群落学分类法、土地—植物学分类法、植物地形学分类法、气候—植物学分类法、植被—生境分类法、气候—土地—植物综合顺序分类法等。

　　在吴征镒 1980 年主编的《中国植被》中，将中国主要草地依据植物群落学分类法划分为：草原（包括草甸草原、典型草原、荒漠草原、高寒草原），稀树草原，草甸（包括典型草甸、高寒草甸、沼泽化草甸、盐生草甸），草本沼泽，灌草丛（包括温性灌草丛、暖性灌草丛），荒漠（包括灌木荒漠、半灌木、小半灌木荒漠、垫状小半灌木荒漠）等植被型（吴征镒，1995）。

　　20 世纪 80 年代，全国首次草地资源调查以植被—生境学分类法划分草地类型，该分类法是由"依据草地植被特征和生境因素（气候、地形、土壤等）相结合作为草地类型划分的标准"为基础演变而来。几经实践、修改和补充被确定为《中国草地类型的划分标准和中国草地类型分类系统》，该法分类、组、型 3 级单位。根据这一标准，将覆盖全中国的天然草地划分为：18 个类、21 个亚类、128 个组、813 个型。18 类草地类型分别为：温性草甸草原类、温性草原类、温性荒漠草原类、高寒草甸草原类、高寒草原类、高寒荒漠草原类、温性草原化荒漠类、温性荒漠类、高寒荒漠类、高寒荒漠草原类、暖性草丛类、暖性灌草丛类、热性草丛类、干热稀树灌草丛类、低地草甸类、山地草甸类、高寒草甸类、沼泽类（孙鸿烈，2000）。

原农业部畜牧业司 2016 年制定的《中华人民共和国农业行业标准》（NY/T 2997—2016），规定了草地分类标准，将全国具有相同气候带和植被型组的草地分为 9 个类，分别是：温性草原类，主要分布在我国温带干旱、半干旱和半湿润地区，是以多年生旱生草本植物为主的天然草地；高寒草原类，主要分布在亚寒带与寒带半干旱地区，是以耐寒的多年生旱生、旱中生或强旱生禾草为优势种，有一定数量旱生半灌木或强旱生小半灌木的草地；温性荒漠类，主要分布在温带极干旱或强干旱地区，以超旱生或强旱生灌木和半灌木为优势种，为有一定数量旱生草本或半灌木的草地；高寒荒漠类，主要分布在亚寒带与寒带极干旱地区，是以极稀疏低矮的超旱生垫状半灌木、垫状或莲座状草本植物为主的草地；暖性灌草丛类，分布在我国暖温带地区，是以喜暖的多年生中生或旱中生草本植物为优势种，有一定的灌木和乔木的草地；热性灌草丛类，主要分布在我国亚热带和热带地区，是以热性多年生中生或旱中生草本植物为主，有一定的灌木和乔木的草地；低地草甸类，主要分布在河岸、河漫滩、海岸滩涂、湖盆边缘、丘间低地、谷地、冲积扇扇缘等，受地表径流、地下水或季节性积水影响而形成，以多年生湿中生、中生或湿生草本为优势种；山地草甸类，主要分布在温性山地，是以多年生中生草本植物为优势种的草地；高寒草甸类，主要分布在高山亚寒带与寒带湿润地区，是以耐寒多年生中生草本植物为优势种，有一定数量的中生灌丛草地（中华人民共和国农业部，2017）。

任继周等根据气候—土地—植被综合顺序分类法划分草地类型，以量化的气候指标—热量级和湿润度为依据，将具有同一地带性农业生物气候特征的草地划分为类，类是基本分类单位。若干类依据湿润度归并为类组；类以下，以土壤、地形特征划分亚类；亚类以下，以植被特征划分为型，同一型表示其植被具有一致的饲用价值及经营管理措施。该分类法将中国草地划分为 37 个类，归并为 10 个类组。包括冻原高山草原、冷荒漠草原、半荒漠草原、温性干草原、温带湿润草原、温带森林草原、亚热带森林草原、热带森林草原、热荒漠草原和热带稀树草原。其中，面积最大的类型是冻原高山草原，约占现存天然草原总面积的 40.6%，主要分布于青藏高原高海拔地区；其次为半荒漠草原在准噶尔盆地、内蒙古高原和黄土高原西部有较多分布，沿着天山和昆仑山脉的山前也有零星分布；温带森林草原分布于东北地区的大兴安岭、小兴安岭和长白山等地区；亚热带森林草原分布于我国南部地区；温带湿润草原和温性干草原主要分布于我国的东北地区、内蒙古地区、太行山以西部分区域；冷荒漠草原主要分布于西北地区；热带森林草原、热带稀树草原和热荒漠草原零星分布于南部沿海地区（任继周等，1980）。

沈海花、方精云等基于草原植被类型、土壤类型、水热条件等，根据 1:1 000 000 中国植被图，将我国天然草地划分为草原、草甸、草丛和草本沼泽四大类，分别占草地总面积的 50.4%、36.6%、10.7% 和 2.3%。4 个草地类型与气候、土壤及地形因素结合，又进一步分为 12 类草地：高寒草甸（24.4%）、高寒草原（22.9%）、温性草原（16.2%）、亚热带热带草丛（8.7%）、荒漠草原（8.1%）、盐生草甸（5.6%）、山地草甸（4.4%）、草甸草原（3.3%）、沼泽化草甸（2.3%）、寒温带温带沼泽和温带草丛（2.1%），高寒沼泽（<1%）（沈海花等，2016）。

结合草原分布的地理区位及管理利用特点的分类法，倾向于在草原自然资源禀赋的基础上结合阜原分布大区和区域特点对草原进行分类。因此，基于此类方法的分类便于指导草原的管理利用。但在这种分类法下，不同学者的草原分类或分区意见也不同。

梁天刚等根据草原资源大类的分布将全国草原资源划分为 7 个区域：蒙宁区、西北区、青藏高原区、东北区、中原区、西南区、东南区（梁天刚，2011）。

高鸿宾、卢欣石等依据农业部 2007 年编制的《全国草原保护建设利用总体规划》，根据我国草原的区域性特点、存在的主要问题和保护建设利用的需要，将我国草原划分为：北方干旱半干旱草原区、青藏高寒草原区、东北华北湿润半湿润草原区和南方草地区四大区域（高鸿宾，2012）。

许鹏在草地资源分区的基础上，依据草地的自然、社会与经济属性，提出了草地资源区划，以草地类型和草地资源分区为基础，以生物因素和非生物因子，特别是水热的地带性规律，以及区域内社会因素的一致性和草业发展方向的共同性为区划原则，将我国草地资源区划分为了 7 个区域：东北温带半湿润草甸草原和草甸区，蒙宁甘温带半干旱草原和荒漠草原区，西北温带、暖温带干旱荒漠和山地草原区，华北暖温带半湿润、半干旱暖性灌草丛区，东南亚热带、热带湿润灌草丛区，西南亚热带湿润性灌草丛区，青藏高原高寒草甸和高寒草原区（许鹏，1985）。

6.2 我国草原畜牧业发展历史

游牧与农耕是中国古代并存的两大经济文化类型。由于各地自然条件不同，我国西北、西南部分高寒地区只能利用天然草场放牧牲畜，便在狩猎经济的基础上发展为纯牧业区。公元 9—10 世纪，嫩江流域，内蒙古、新疆、青海的畜牧业已经具有一定水平，出现了牲畜圈养、饲养牛羊、牲畜组群放牧、计数和印记、去势与驯化等方面的技术。但是，直到晚清和民国时期，我国传统牧区的畜牧业经济仍是不发达的、属于半自然经济半商品经济状态。中华人民共和国成立 70 多年来，我国先后制定了一系列发展畜牧业的方针和政策，草原畜牧业在探索中前进，在曲折中发展，走出了一条具有中国特色的草原畜牧业发展道路。

6.2.1 新中国成立前

据地质学家和古气候学家推测，我国北方草原作为一种连续的地貌类型形成于公元前 4500—前 2500 年，据《史记》、《剑桥中国史》等史籍记载，早在公元前 2000 年以前，獯鬻、猃狁、山戎等游牧部落就在我国西北草原上游猎。公元前 1000 年前左右，我国的西北草原地区便形成了以游牧经济为主的经济体。在成吉思汗统一草原之前，犬戎、林胡、娄烦、匈奴、乌桓、鲜卑、高车、柔然、契丹等多个游牧部落在草原上逐水草而居。史书关于游牧部落之间的战争以及游牧部落与中原王朝战争的记载中，虏获牲畜数量动辄数十万上百万。比如，《史记》记载，公元前 200年，白登山之围中，冒顿纵精兵"四十万骑"；公元前 127 年，卫青北击匈奴右贤王，得"畜产数千百万"。《汉书》记载，公元前 71 年，在一次战争中，汉校尉获匈奴马牛羊驴骆驼 70 余万头。可见这一时期草原地区已经形成了一定的草原畜牧业规模。另据肖爱民考证（肖爱民，2007），在匈奴时期已经形成了通过分群饲养控制羊的繁殖时间的技术，并且一直在草原地区传承下来。

南北朝时期，北魏出现了群牧的牧场化管理，建立了官营牧场。据《食货志》记载，其中河西牧场规模"马至二百余万匹，橐驼将半之，牛羊则无数"。北魏还设立了管理牧群的机构，如典牧令等。至辽国时期，在群牧制度的基础上采取分牧方式管理畜牧业，牲畜管理具有了统一管理的性质，建立了"群牧簿籍制"，出现了专门负责牲畜数量统计的部门和人员。

蒙元至明清时期，草原畜牧业仍以游牧为主。元代非常重视畜牧业经济的发展，不仅设置了十四道官牧场（国营牧场），还设置了专门负责草原畜牧业管理的机构，如群牧寺、群牧监、经正监，苜蓿园等；制定了保护畜牧业发展的相关法律，有力地促进了草原畜牧业的发展。在这一时期，不仅牧场规模更大，专业分工也进一步的多样化。清朝时期，清政府在内蒙古草原地区实行盟旗制度，划定了游牧区域和范围，对于减少因放牧边界之争引起的畜牧业损失起到了一定作用。然而清中后期，开放蒙地的屯垦政策，给草原造成了极坏的影响。据王金朔等考证，由于开垦活动，在整个清朝时期，农牧交错带东段向北移动了 700 千米，中段向北移动了 200 千米，西段向北移动了 100 千米。大量水草丰美的草原被开垦为农地（王金朔，2015）。

在漫长的历史过程中，草原上的先民们摸索形成了草原畜牧业生产技术，发展了一定规模的畜牧业经济。然而，在很长一段时间内，草原畜牧业生产和发展受气候条件影响及制约非常显著。《汉书》记载，匈奴雪灾发生时，"人畜冻死，还者不能十一"。《旧唐书》记载，贞观元年突厥遭遇大雪，"羊马皆死"；贞观二年，"频年大雪，六畜多死"。除了气候影响，部落之间的战争也往往会导致家畜死亡和家畜生产的波动。

清末民国时期，我国传统牧区的畜牧业经济有所发展，但是不发达，体现在工具简陋、自然分群、自然放牧，一般不储备冬草，"有圈无棚"，无改造草原的工程，也无防治虫兽害和其他灾害的措施，"夏饱、秋肥、冬瘦、春死"很常见。晚清政府闭关锁国，农业科技不能与时俱进，当时的传统牧区仍沿用牲畜自然交配，繁殖率低，牲畜种群退化严重。民国时期的畜牧业有所发展，牲畜数量大增，但又加重了草原负担，草场超载现象严重。总体上看，近代以来，我国原始的畜牧业生产经营方式开始走向近代化进程，但传统牧区仍以自然经济为主，在牧民的分散的个体经济生产力水平下，生产剩余极少，甚至入不敷出。这是新中国成立之前的传统牧区畜牧业的基本特点。

6.2.2 中华人民共和国成立以来到改革开放前

新中国成立之初，由于经过长期战乱，加上广大牧区自然灾害严重、家畜匮乏、牲畜养殖科技水平落后、畜禽疫病流行等因素，我国草原畜牧业生产力十分低下，主要牧区的畜牧业生产凋敝。四大传统牧区的畜牧业发展全部处于低起点，畜牧业生产力降到历史最低水平。1952 年，内蒙古自治区畜牧业产值仅为 1.88 亿元，西藏、新疆、青海均不到 1 亿元（以 1950 年不变价计），传统牧区的畜牧业生产没有大的发展（刘志国，2007）。

新中国成立后，我国颁布了一系列方针政策恢复农业生产。通过改进放牧方法和饲养措施，在牧区、半农半牧区推行"保护牧场，禁止开垦"以及"人畜两旺"的政策方针，牧区畜牧业生产不断发展，经营范围不断扩大，畜牧业发展方式不断变革。1947—1952 年，内蒙古大牲畜和羊从841.90 万头上升到 1 601.90 万头，增幅近 1 倍。1957 年，中央批转了农业部《关于发展畜牧业生产的指示》和中央民委《关于牧业社会主义改造的指示》，进一步完善了在牧区进行社会主义改造和发展生产的一系列方针政策。1957 年，我国大牲畜年末存栏量为 8 382 万头，比 1949 年增加了 2 380 万头，增长了 39.65%；其中牛增加了 1 967 万头，占到大牲畜增加总数的 82.65%（李其木格，2011）。

但到人民公社后期（1966—1978 年），在"农业要上，牧业要让""农业下滩，牧业上山""牧民不吃亏心粮"等口号影响下，牧区开垦又有抬头，有利于牧区畜牧业发展的方针政策被忽视。1978 年，内蒙古牧区大牲畜和羊的总头数比"文化大革命"前的 1965 年减少 24.2%。十几年中，畜牧业发展总体徘徊，牲畜头数在 3 500 万头上下波动。从全国情况看，这一阶段牲畜头数大起大落，发展极不平衡：1949—1957 年，牲畜数量年均递增 9.2%；1958—1965 年，牲畜数量年均递增 5.1%；1966—1976 年，牲畜数量年均递减 0.1%。1966 年到改革开放前，牧区牲畜总头数几乎没有增长（内蒙古自治区统计局，1991）。

6.2.3　改革开放到 20 世纪 90 年代初

中共十一届三中全会之后，内蒙古、西藏等自治区确立了"以牧为主，农林牧结合，因地制宜，多种经营，发展商品生产"的方针，加快发展畜牧业，实行免征牧业税，提高畜产品收购价格，在 1985 年取消了畜产品派购，实行多渠道流通。1987 年，《全国牧区工作会议纪要》指出，牧区要实行以牧为主、草业先行、多种经营、全面发展的方针。20 世纪 80 年代，牧区经济体制改革使畜牧业生产发生了历史性变革。随着"牲畜作价归户，私有私养"以及"草场承包到户 50 年不变"的"草畜双承包"责任制的贯彻落实，牧民家庭成为相对独立的经济实体，用于畜牧业生产经营方面的支出开始逐年增加，棚圈、草库伦等基础设施建设日益完善，草原畜牧业走上圈舍养畜的发展道路。牧区重点推广草原围栏保护、划区轮牧、草场改良、人工种草、飞播牧草、建设配套草库伦，引种入牧，发展饲草料生产，家畜改良配种高新技术在生产中开始应用。农区和半农半牧区实行引牧入农、农牧结合、引草入田，逐步建立"粮—经—饲"三元种植结构，加强农作物秸秆利用，为农区畜牧业发展建立牢固的物质基础；发展牲畜数量与提高牲畜质量并重，建立起提高母畜比重、加速繁殖、扩大出栏、快速周转、增加效益的生产模式。各大牧区在推动畜牧业向商品化、现代化方向发展，实现生产与经营结合，提高畜牧业经济效益方面都做了大量工作。我国四大牧区的"五畜"（山羊、绵羊、牛、马、骆驼）总头数在改革开放初期的十余年里得到快速增长，1978—1990 年，"五畜"总头数增加了 3 686.4 万头，增长了 48.5%。其中，西藏和内蒙古增长显著，分别增长了 105.1% 和 93.3%。内蒙古改良配种数量逐年增加，1990 年，全区良种和改良种五畜年末为 1 796.95 万头（只），占当年全区五畜比重的 50.08%，改良种大牲畜和羊在畜群中的比重达到 48.2%，比 1982 年增加了 15 个百分点（内蒙古自治区统计局，2001）。

6.2.4　20 世纪 90 年代初到 21 世纪初

20 世纪 90 年代初，计划经济与市场调节相结合的体制，打破了牧区经济的封闭半封闭状态，我国畜牧业开始走上蓬勃发展的快车道。各地区分别结合自身特点、发挥各自优势，实现了畜牧业领域的跨越式发展，在这一时期我国草原畜牧业的快速增长给草原生态带来了一定压力，草畜发展不平衡的矛盾在各大牧区逐渐显现。

6.2.5 本世纪以来的发展情况

进入 21 世纪以来，随着我国经济快速发展，工业化、城镇化水平和居民收入水平提高，居民消费结构已经迅速转换，需求结构升级明显，对畜产品的需求也在不断上升。2000 年以后，草原畜牧业发展取得了显著成就。畜产品产量、产值迅速增长，畜牧业结构逐渐优化，畜牧业生产经营方式逐步由靠天养畜、粗放经营的传统方式向机械化、产业化、集约化、社会化的现代畜牧业发展方式转变，促进了农牧民收入水平和生活水平的提高。在旺盛的产业需求带动下，畜牧业新模式新理念也不断涌现。生态畜牧业、循环畜牧业、有机畜牧业等概念相继提出。任继周（2004）提出系统耦合的理论，指出系统耦合可通过位差潜势、稳定潜势和管理潜势等潜势释放而提高生产能力和水平。在综合考虑区域草地生态条件、类型、生产结构相似性和互补性、可操作性的基础上，根据系统耦合效应原理，示范探讨不同景观系统的复合生产模式，异地育肥模式，草业生态经济区模式等，为草原生态畜牧业发展模式提供了理论依据。

2009 年，丹麦哥本哈根全球气候变化峰会后，低碳经济成为世界各国努力发展的模式和方向。我国草原拥有面积辽阔、类型多样、资源丰富的优势，但在低碳经济发展中的潜力和作用远未被人们所认知。加强高能效、低碳排放技术的研发和推广应用，建立高效低扰动的退化草场恢复技术体系、优质高产低耗的人工草地建设技术体系以及高效低耗的反刍动物饲养技术体系，建立节约能效、节约水资源的低碳技术体系和产业体系，是草原生态畜牧业重要的发展方向。

6.3 草原畜牧业生产分区

由于区域是一个由自然环境—生物—社会经济共同形成并协调发生作用的复杂系统，建立在不同的地域、经济、社会、自然地理、气候特点、草原类型、植被状态、土壤类型、家畜生态等资源要素基础之上，区域划分是比较复杂的系统工程。依据不同的分区原则、指标及规划目的，可在大尺度的地域性或差异性当中寻找一定区域范围内的相似性或趋同性，划分为不同草原畜牧业生产的生态类型区或经济类型区,以达到分区管理规划的目的。目前,有关我国草原畜牧业生产分区仍没有统一划分原则与指标,但2015年原农业部畜牧业司在《关于促进草牧业发展的指导意见》中提出了草牧业发展区域布局及发展重点,介绍如下:

1. 北方干旱半干旱区

该区域位于我国西北、华北北部以及东北西部地区,涉及河北、山西、内蒙古、辽宁、吉林、黑龙江、陕西、甘肃、宁夏和新疆等10个省区,草原面积15 994.86万公顷,是我国北方重要的生态屏障。气候干旱少雨,年降水量一般在400毫米以下,部分地区低于50毫米。冷季寒冷漫长,暖季干燥炎热,水分蒸发量大,一般为降水量的几倍或几十倍。草食畜牧业生产方式以"放牧+补饲"为主,经营模式多样。该区域应着力治理退化草原,改善草原生态,重点实施退牧还草、京津风沙源治理、新一轮退耕还林还草、农牧交错带已垦草原治理、牧区草原防灾减灾等工程,全面实施好草原生态保护补助奖励政策,巩固北方重要的生态安全屏障。着力推进草食畜牧业提质增效、转型发展,重点实施肉牛肉羊养殖大县奖励、畜牧良种补贴、标准化规模养殖扶持、肉牛基础母牛扩群增量、畜禽养殖粪污综合利用等政策,同时加大饲草产业发展扶持力度,大力实施振兴奶业苜蓿发展行动,推进粮改饲试点,夯实草牧业发展的物质基础。未来可围绕"提质、增效、绿色"的基本方针,引导流转整合草场、牲畜等生产要素,发展家庭农(牧)场和农牧民合作社,走规模化养殖、标准化生产、品牌化经营的产业化发展道路。推介企业"立草为业、创新开拓、融合发展"的"互联网+草业"模式和特色家庭农(牧)场适度规模经营的"轮牧+补饲"模式等。

2. 青藏高寒区

该区域涉及西藏、青海全境及四川、甘肃和云南部分地区,草原面积13 908.45万公顷,是长江、黄河、雅鲁藏布江等大江大河的发源地,是我国水源涵养、水土保持的核心区,也是我国生物多样性最丰富的地区之一。该区域以高寒草原为主,生态系统极度脆弱,牧草生长期短,产草量低。草食畜牧业生产方式以放牧为主,经营模式主要包括单户经营、联户经营以及"公司+牧户"等。由于超载过牧、乱采滥挖草原野生植物、无序开采矿产资源等因素影响,加之自然条件恶劣,鼠虫害和雪灾发生严重,致使草原退化,涵养水源功能减弱,大量泥沙流失,直接影响江河中下游的生态环境和经济社会可持续发展。该区域应着力修复草原生态系统，恢复草原植被，维护江河源头生态安全，保护生物多样性，改善农牧民生产生活条件。重点实施退牧还草、牧区草原防灾减灾、草原自然保护区建设等工程，大力实施草原生态保护补助奖励政策，加大对"黑土滩"等退化草原的治理力度，重点搞好江河源头和生态脆弱区草原保护。着力推进传统畜牧业转型发展，重点实施肉牛肉羊养殖大县奖励、畜牧良种补贴、标准化规模养殖扶持、肉牛基础母牛扩群增量等政策，同时加大饲草产业扶持力度，发展人工种草，因地制宜推进粮改饲，推进草产业发展。以科学合理利用草地资源为基础，通过培育公司、合作社、家庭农（牧）场等多种经营主体，探索推行股份制合作社为主的规模经营方式，优化配置草场、饲草料地、牲畜等基本生产要素，适度发展高原生态特色畜牧业。推介行业协会带农户的"打通信息、渠道、技术三平台"发展模式；村级合作社的"草场、牲畜、品种、劳力重新分配和统治、统种、统购、统办、统分五统一"模式等。

3. 东北华北湿润半湿润区

该区域主要位于我国东北和华北地区，涉及北京、天津、河北、山西、辽宁、吉林、黑龙江、山东、河南和陕西等 10 省市，草原面积 2 960.82 万公顷。水热条件较好，年降水量一般在 400 毫米以上，是我国草原植被覆盖度较高，天然草原品质较好、产量较高的地区，也是草地畜牧业较为发达的地区，发展人工种草和草产品加工业潜力很大。当前，草食畜牧业生产方式主要是夏秋放牧、冬春舍饲，经营模式以家庭牧场和联户经营并存。该区草原主要分布在农牧交错带，开垦比较严重，水土流失加剧，部分地区草原盐碱化、沙化。该区域应着力加强草原监督管理，遏制乱开滥垦、乱采滥挖等违法行为。大力推广人工种草，积极发展草产业，拓宽农牧民增收渠道。重点实施京津风沙源治理、农牧交错带已垦草原治理、新一轮退耕还林还草等工程和草原生态保护补助奖励政策。开展人工种草，推行粮改饲试点和振兴奶业苜蓿发展行动，加快种养业结构调整。推进草食畜牧业提质增效，重点加强畜牧良种补贴、标准化规模养殖、肉牛基础母牛扩群增量、畜禽养殖粪污综合利用等扶持，提高畜牧业发展质量和效益。通过挖掘饲草料生产潜力，积极探索"牧繁农育"和"户繁企育"的养殖模式，发挥各经营主体在人力、资本、饲草等方面的优势，实现牧区与农区协调发展，种植户、养殖户与企业多方共赢。推介综合性龙头企业"种好草、养好畜、重环保、出精品"的"种养加一体化"模式和"公司＋合作社＋基地＋农户"的种养结合发展模式等。

4. 南方区

该区域位于我国南部，涉及上海、江苏、浙江、安徽、福建、江西、湖南、湖北、广东、广西、海南、重庆、四川、贵州和云南等15省市区，草原面积6 419.12万公顷。该区气候温暖，水热资源丰富，年降水量一般在1 000毫米以上，牧草生长期长，产草量高。草食畜牧业生产方式传统上散养散放，草畜不配套，发展潜力大。该区草资源开发利用不足，垦草种地问题突出，部分地区草地石漠化严重，水土流失加剧。该区应合理开发利用草地资源，减少水土流失，积极发展草地农业和草地畜牧业。重点实施退牧还草、岩溶地区石漠化草地综合治理、新一轮退耕还林还草等工程，推进实施草原生态保护补助奖励政策，加大草原生态保护力度。加快草食畜牧业转型发展，重点实施南方现代草地畜牧业推进行动、畜牧良种补贴、标准化规模养殖、肉牛基础母牛扩群增量、畜禽粪污资源化利用等政策，同时大力发展人工种草，推行草田轮作，因地制宜推进粮改饲，强化草畜配套，推进草食畜牧业发展。依托青绿饲草资源优势，大力推广"粮—经—饲"三元结构种植和标准化规模养殖，因地制宜发展地方特色草食畜牧业。推介天然草山草坡改良、混播牧草地建植、农闲田种草养畜的"工程项目＋公司＋合作社"统筹发展模式和"公司＋家庭农（牧）场"的产业化经营模式等。

除了以上官方草原畜牧业生产区域布局，学者们也提出了一些不同的观点。其中，以饲料资源及畜种资源为依据的分区方法，主要有两种：一是20世纪80年代初，中国农业科学院根据饲料资源、自然生态环境、饲养技术、社会需要四个因素，将中国畜牧业划分为7个畜牧业地域类型区：青藏高原区、蒙新高原区、黄土高原区、西南山地区、东北区、黄淮海区、东南区（邹范文，1985）。与前面所述四分区相比，该七分区的划分方法，不仅仅考虑草食畜牧业或草原畜牧业，还包含了农区畜牧业的部分。另一个是，周道玮等（2013）利用全国各省2004—2008年草食牲畜（牛、羊）生产要素关联的统计数据，并根据粗饲料类型和牛羊生产比例及产量，将全国草食牲畜生产模式区划为6类：林地畜牧业区、林地—秸秆畜牧业区、草地畜牧业区、草地—秸秆畜牧业区、秸秆畜牧业区、秸秆—林地畜牧业区。

以草地生态条件和草地类型为依据的分区方法大概有 3 种：一是任继周等（1999）提出的 7 个草业生态经济区，即蒙宁干旱草业生态经济区，西北荒漠灌丛草业生态经济区，青藏高寒草业生态经济区，东北森林草业生态经济区，黄土高原—黄淮海灌丛草业生态经济区，西南岩溶山地灌丛草业生态经济区，东南常绿阔叶林—丘陵灌丛草业生态经济区。二是侯扶江等（2016）根据草原综合顺序分类法提出的 8 个放牧系统类型，即高寒放牧系统（也称冻原和高山放牧系统）、荒漠放牧系统、半荒漠放牧系统、亚热带森林灌丛放牧系统、典型草原放牧系统、草甸草原放牧系统、温带森林灌丛放牧系统、热带森林灌丛放牧系统。三是侯向阳（2016）根据不同区域自然生态和社会经济条件，提出的 5 个生态类型区，即蒙宁干旱半干旱草原生态类型区、东北半湿润草甸草原生态类型区、西北荒漠生态类型区、青藏高原高寒草原生态类型区、农牧交错带生态类型区。

6.4 草原畜牧业发展模式与技术

6.4.1 现代草原畜牧业发展模式

当前，我国畜牧业从总量上已经越过了供不应求的发展阶段，到了产量、结构、质量并举，效率、环保、创新并重的发展阶段。在资源环境、市场环境双约束下，草原牧区的传统畜牧业发展道路已经难以为继，必须转变发展方式，走出一条产出高效、产品安全、资源节约、环境友好的新型畜牧业发展道路。在这个关键时期，草原牧区各地根据自身资源条件、经济社会发展水平、消费习惯和畜牧业发展提质增效的客观需要，探索出了一些草原畜牧业发展新模式。

陈洁等（2018）总结梳理了传统牧区草原畜牧业发展方式转变的 3 种模式。

1. 以水利为先导，立草为业，通过牧区水利建设推进传统畜牧业转型升级

2002 年 9 月，国务院出台《关于加强草原保护与建设的若干意见》（国发〔2002〕19 号）。这个文件不仅提出了以建立基本草地保护制度、实行草畜平衡制度、推行划区轮牧、休牧和禁牧制度、实施已垦草原退耕还草等为主要内容的草原保护制度，同时将转变草原畜牧业经营方式作为一个专门的问题提了出来，要求大力推行舍饲圈养方式，并给予粮食和资金补助。推行舍饲圈养，一个基本的前提条件就是解决饲草料的来源问题。该《意见》明确要求，要积极建设高产人工草地和饲草饲料基地。

2011 年起，在内蒙古、新疆、青海等地进行的牧区水利建设试点中，灌溉饲草料地亩产一般可达 1 000 千克以上，相当于 40～50 亩中等天然草原的产草量；建设 1 亩灌溉饲草料地可使 20～100 亩天然草原得到保护。内蒙古鄂尔多斯市位于毛乌素沙地腹地，因浅层地下水富集，绝大多数牧民都拥有规模不等的灌溉饲草料基地。毛乌素沙地通过发展灌溉饲草料基地保护天然草原，已使草原植被覆盖率由 20 世纪 70 年代的 25％提高到了现在的 55％以上，部分地区达到了 80％以上。在连年干旱的情况下，畜牧业和牧民收入稳步增长。

2. 以围封禁牧、舍饲休牧和划区轮牧制度为主的草原利用和保护模式

内蒙古草原类型丰富，根据各地的自然条件和社会经济状况，采取了不同的草原保护和建设措施，形成以围封禁牧、舍饲休牧和划区轮牧为主的草原保护和建设模式。围封禁牧，是把严重退化地区和生态异常脆弱地区的草原围封保护起来，禁止放牧，让草原恢复重建。舍饲休牧，是在春季牧草刚刚返青时和秋季牧场结实期实行季节性休牧或不放牧，在此期间，牧民对牲畜进行圈养舍饲，使牧草正常生长和繁殖。划区轮牧，是根据天然卓场类型将草场划成若干小区，测算出每块小区草地的载畜能力，根据测算结果，控制牲畜头数和有计划地在每个小区轮流放牧。季节轮牧按照草场的多少分为两季营地、三季营地和四季营地，对应的分别有两季轮牧、三季轮牧和四季轮牧。

内蒙古锡林郭勒盟西乌珠穆沁旗从 1996 年开始在 280 万亩草场上实施划区轮牧，划区轮牧后每亩干草产量增加 10 千克，每户年平均增加收入 1.3 万元。

3. 以牧区繁育、农区和半农半牧区育肥为主的农牧结合、区域分工模式

在我国部分省区，利用农区的资源，调整和优化草原畜牧业布局，逐渐形成了牧区搞繁育，农区和半农半牧区搞育肥的生产格局。牧区主要以优良品种的选育和繁殖为主，加快牲畜的出栏速度，减轻草场压力，打破牛羊肉供给季节性不平衡的局面；农区以农业结构调整为契机，利用农区饲草料丰富的资源条件，大力发展育肥，增加畜产品供给。牧区繁育、农区和半农半牧区育肥的模式，挖掘了不同地方的资源优势，将畜牧业不同生产环节放到牧区、半农半牧区、农区等不同地区进行，牧区主要承担繁育环节的任务，促进了草原畜牧业区域布局的调整，转变了草原畜牧业的生产经营方式，在短时间内提高了农牧民经济收入，有利于使他们摆脱贫困落后的局面，走上致富之路。

4. 三产融合发展模式

2016 年 1 月 4 日，国务院印发《关于推进农村一二三产业融合发展的指导意见》，明确提出："以新型城镇化为依托，推进农业供给侧结构性改革，着力构建农业与二三产业交叉融合的现代产业体系"，并就发展产业融合方式、培养产业融合主体、完善产业融合服务等方面作了全面部署。农业的"三产融合"，是将传统的三大产业理念注入农业这个"狭义"的产业内循环之中，将农业生产、农产品加工业、农产品市场服务业深度融合，纳入全产业链的"工业化""产业化""市场化""专业化"流程，不断拉长农业产业链，延伸农业价值链和效益链，通过产业间的相互补益和全面开发而放大系统性效益能量，从而提高经营者的收入和效益。

董荣奎（2015）研究表明，内蒙古农牧业产业化龙头企业协会通过对区内重点龙头企业的广泛调研发现，一二三产业的相互交集、相互渗透、相互融合成为新的产业发展趋势，许多以前单一的产业，逐步向三产融合转化。特别是一些大型龙头企业，通过整合上下游资源形成完整的产业链。在乳品、肉牛、肉羊、羊绒、马铃薯、杂粮等产业链中，有的企业从农畜产品加工起步逆向融合农业；有的从工业制造业、矿产能源、房地产等产业横向融入农业；也有以种养业为基础，向农产品加工业、农村服务业纵向延伸，建立农产品直销店、发展农业旅游等。龙头企业通过重组融合，综合各方面的资源优势，形成农工商结合、产供销一体化的产业链，融入发展的快车道。如，大牧场、小肥羊、小尾羊等由餐饮业投资肉类食品加工业，继而建立养殖基地，把养殖业、加工业、餐饮业、零售业组合成产业链条。如，蒙羊牧业从肉羊加工起步，一边更新设备扩大产能，打造企业品牌，一边建立养殖基地，形成自己的产业链。这类模式的优势是能够保证原料品质，通过加工生产提高产品附加值，有利于创立品牌，自有门店直接面对终端客户，可以根据顾客需求迅速调整产品结构。

5. 新常态下"公司＋合作社（协会）＋农（牧）户"模式的创新

新型合作经营组织的创新发展，提升了养殖者的主体地位，提高了他们的市场竞争力，增加了养殖效益。把企业优势和养殖户优势结合起来，既有资金优势、加工销售优势，信息和技术优势，品牌优势，也有养殖资源优势、成本低廉的优势，是比较好的发展模式。如，锡林郭勒盟锡华盖羊育肥牧民专业合作社自成立以来，积极探索"公司＋合作社＋牧户"的产业化发展模式，促进饲养、加工和销售等各个生产环节内部分工和专业化的形成，外与龙头企业对接，形成产供销一体化和专业化发展，实现了生态增绿、牧民增收、合作社发展的多赢效果。内蒙古赛诺草原羊业有限公司以优良品种为基础，以技术为核心，通过牵头组建肉羊联合社（育种专业合作社、肉羊繁育专业合作社、肉羊育肥专业合作社），形成了"公司＋合作社＋牧户"的肉羊生态养殖模式，带动全旗及周边近 2 000 养殖户增收，同时使合作养殖户草场载畜量下降到过去的三分之一，实现了经济、社会和环境可持续发展。蒙羊牧业公司通过整合"农牧民、合作社、公司、银行、担保公司、保险公司"，实施"六位一体"模式。2015 年，屠宰羊单位 115 万只，生产羊肉产品 13 000 余吨，销售额突破 14 亿元。扎鲁特旗邦杰公司肉牛养殖"六合一"模式：政府规划养殖用地、提供技术培训，实施对畜产品质量监管；龙头企业向养殖户提供饲料、技术服务、担保和贴息收购牛羊；农牧民投资建设肉牛育肥舍，向企业出售产品；金融机构对牧民或合作社发放贷款，贷款封闭运行，专款专用；担保机构负责信用调查和信用增级，负责牧民贷款担保；保险公司为标准化育肥舍和牛羊疫病提供保险。

6. 特色型家庭牧场模式

青藏高原畜牧业生产的专有性和不可替代性，决定了牧区生产是经济价值、生态价值、文化价值高度统一的生产系统。泽柏（2015）指出，在尊重牧区生产生活方式与文化传统的前提下，依靠政府支持引导，充分发挥少数民族地区本土、天然、绿色、环保等优势，做精做强，走小而精、小而强、小而优的特色产业发展之路。如，青海省海西州天峻县快尔玛乡阳龙村牧民吴堡有 8 300 亩草场，放 80 头牦牛、800 多只羊，出售牦牛、牛犊、羊羔及羊毛等各项收入近 32 万元。2005 年开始，他在哈熊沟旅游区开办牧家乐旅游。旅游区草场租金为第 1～2 年每年 2 万元，第 3～4 年每年 3 万元，第 5～10 年每年 4 万元。在旅游区，他主打特色藏族餐饮，每年旅游旺季经营 3 个月。2014 年，其旅游毛收入达 10 万元。

7. "互联网＋"畜牧业发展模式

2015 年，李克强总理在《政府工作报告》当中首次提出"互联网＋"发展计划，农业作为我国基础产业，积极加入到了"互联网＋"计划。"互联网＋"畜牧业就是通过对云计算、大数据及互联网等先进的信息技术，以一种跨界的方式与畜牧业相融合，以此来达到提升畜牧业服务水平、管理水平、经营水平的目的，积极构建更为完善的新型畜牧业生产经营管理体系，形成精细化、智能化、物联化、感知化、便利化及网络化的现代化畜牧业新模式。

目前，"互联网＋"草原畜牧业模式尚在初级发展阶段，需要构建更加完备、系统化的现代草原畜牧技术服务体系，完善诸如物流体系、移动网络覆盖及有线宽带等互联网基础设施的建设，加快建设草原特色农畜产品的输出。甘肃省利用"互联网＋"的经济发展模式，开展农社对接、农超对接、农企对接和农校对接等"互联网＋农牧业"的新型草牧业发展模式，支持合作社开展无公害农产品、绿色食品、有机农产品及地理标志农产品"三品一标"认证和商标注册，创建自己的品牌，提升草牧业合作社信息化水平和综合竞争能力。内蒙古利用现代物联网，加快建设绿色畜产品输出工程，构建"电商平台＋展示直销中心＋零售体验店"一体化的绿色畜产品展示、体验和销售平台，拓展销售渠道。目前，"蒙优汇"农牧业电商平台已上线运行，北京、上海展示直销中心在建设中。

上述几种现代草原畜牧业发展模式的实践经验说明，无论哪种模式都是在草原生态环境与牧区经济发展之间寻找均衡点。他们的共同之处和总的目标是通过转变草原畜牧业的生产经营方式，实现牧区经济、社会、生态协调发展。

6.4.2　现代草原畜牧业技术体系

现代草原畜牧业技术体系包括：天然草原保护恢复与合理利用技术体系、现代草产品加工技术体系、放牧管理技术体系、放牧加补饲育肥技术体系、基于"3S"及物联网技术的草原畜牧业信息化管理技术体系等。

1. 天然草地保护恢复与合理利用技术体系

该技术体系包括：退化草地封育技术、退化草地浅耕和松耙技术、退化草地补播技术、划区轮牧技术、季节性休牧技术、割草地轮刈技术、沙地治理技术等。其中，草地封育是最有效的退化草地恢复技术之一，也是其他恢复技术实施的前提；浅耕对于以根茎禾草为主的草地效果良好，而松耙更适合于相对干旱的大针茅和冷蒿建群的草地；草地补播既可以在不破坏草地植被的情况下通过散播进行，又可以结合浅耕和松耙进行；而划区轮牧技术是天然草地合理利用的中心环节。

2. 现代草产品加工技术体系

该技术体系包括：干草产品加工技术（含干草调制和草捆加工技术）、草粉加工技术、成型草产品加工技术、青贮加工技术、草产品深加工技术、草产品质量检测技术等。干草加工技术的关键是干燥过程，主要采用自然干燥、高温快速干燥或物理化学干燥技术。草捆加工技术是牧草刈割后经过晾晒，使牧草含水量降到安全含水量以下，用牧草打捆机打成形状、密度、大小不一的草捆的过程。草粉加工技术是指将刈割后的牧草切碎，置于烘干机中，经过高温空气，使牧草迅速脱水后，用锤式或筒式粉碎机将干草粉碎成粉状草产品的技术。成型草产品加工技术包括草颗粒加工技术、草块加工技术。现代青贮饲料加工技术有低水分青贮技术、添加剂（发酵促进剂、发酵抑制剂、好氧变质抑制剂、营养型添加剂和吸收剂）青贮技术、混贮技术、拉伸膜裹包青贮技术和发酵全混合日粮（TMR）饲料调制技术等。草产品深加工技术包括叶蛋白提取技术，膳食纤维制备技术，黄酮、皂苷和叶绿素提取技术等。草产品质量检测技术包括物理检测、化学分析和近红外光谱检测技术（NIRS）。近红外光谱是近年来开发的检测草产品质量的新技术，根据测量样品和测量目的不同，近红外光谱技术可以进一步分为透射光谱技术（NIT）和反射（或漫反射）光谱技术（NIR）。目前，在草产品质量检测上使用较多的是近红外光谱检测技术。该技术具有样品制备简便、高效、成本低、环保无污染、应用普遍等特点，可以快速、简便、准确地评价饲草营养价值。

3. 主要牧区放牧管理技术体系

放牧管理技术往往根据地区草原条件而异。如，在内蒙古牧区草原，从东到西放牧管理技术各有不同。呼伦贝尔草原利用分为：四季放牧、两季放牧和全年放牧等管理方式，并开辟有专门的打草场。其中，两季放牧方式最为常见，即把草地分为冬春和夏秋两季牧场。冬春季在定居点附近放牧，遇到较大降雪时，放牧加干草补饲；夏秋季在远离定居点的地方，安置临时居住点（蒙古包、帐篷或简易住房），进行轮牧或短距离游牧。锡林郭勒草原主要采用定居式自由放牧利用，大体分为 3 种放牧类型：东部草甸草原区因为水草充足，靠近大兴安岭，与呼伦贝尔草原的管理方式基本一致；沙地草地的利用基本上采用全年放牧方式，根据不同的草地地块，在四季简单轮牧；典型草原和荒漠草原区实行补饲，设有棚圈，大量外购干草是这一区域的一大特色，饲养家畜的成本也比较高。新疆由于独特的地理地貌结构，在草原利用上形成了独特的垂直移动放牧形式，以划分四季草场分区利用为显著特征。在对天然草地不同季节草场合理划分基础上形成的新疆天然草场季节休闲放牧制度，是新疆草原牧区传统放牧管理技术的核心与精华。其宗旨是在一年各季节中，畜群完全处于气候、牧草等自然条件最佳的环境和区域内放牧。在一年中，各季节草场都有固定的休闲与放牧时期，为牧草的繁衍生息创造了极为有利的时间与空间。青海、西藏牧区则在长期的实践中形成了牦牛、藏羊等特色牲畜的放牧管理技术。比如，牦牛冷季放牧时要晚出牧，早归牧，充分利用中午暖和的时间放牧，在午后饮水；"晴天无云放平滩，天冷风大放山湾"；放牧牛群应顺风方向行进；妊娠牛不宜在早晨或空腹时饮水，并要避免在冰滩放牧行走。而暖季要做到早出牧、晚归牧，延长放牧时间，让牛只多采食。天气炎热时，中午要在凉爽的地方让牛只安静卧息及反刍。甘肃草原牧区探索出了延迟放牧即提前停止冬季放牧、推迟早春放牧技术，及早期集中放牧、暖季限时放牧、隔栏放牧、畜群先后放牧等技术。四川牧区根据高山地区的特点摸索出了冬放河谷、春秋放半山、夏季放山巅（山顶、高山）的季节性轮牧技术。牧民在放牧中积累了丰富的经验，主要有"两赶"、"三看"、更替放牧和分片轮牧。"两赶"即春赶青草、秋赶草籽；"三看"即一看天气、二看草场、三看牲畜（早上看粪便，晚上看磨牙、反刍，平时看膘情）。此外，四川省草原科学研究院根据划区轮牧原理，结合高寒牧区实际，提出了草场划区轮牧"4+3"模式，将天然草场划分为 7 个区，即 5 个放牧区、1 个打草区（冬春草场）和 1 个休牧区（夏秋草场）。冬春在 2 个放牧区进行轮牧，休牧区每年在夏秋草场轮换 1 次，割草场每 5 年在冬春草场轮换 1 次。

4. 放牧加补饲育肥技术体系

该技术体系包括：集约化育肥技术体系、放牧加补饲育肥技术体系。其中，集约化育肥技术体系是充分利用犊牛和羔羊阶段发育最快和饲料报酬高的优势，选择优良的育肥牛羊品种，用科学的饲草料配方，采取最佳的饲养管理方法，用最低的成本，生产出最多的优质牛羊肉（孟和，2016）。放牧加补饲育肥技术是利用天然牧草季节性生长特点，在牧草生长的旺季，一边放牧一边通过补饲高营养的精料对家畜进行集中育肥的技术。

5. 基于"3S"及物联网技术的草原畜牧业信息化管理技术体系

信息化管理是实现现代畜牧业高效可持续发展的关键手段。近年来，在畜牧业生产、加工、流通、消费等各个环节各个层面，均出现了信息化管理技术。具体包括畜产品全产业链溯源技术、智慧牧场技术等。

畜产品全产业链溯源技术以射频识别（RFID）电子耳标为载体，以现代物联网、卫星定位、无线网络等信息技术为手段，通过家畜佩戴耳标、自动识别、跟踪定位、信息采集、数据分析与管理，实现草原放牧监管、牲畜生长周期监测、防疫监管、标准化屠宰加工、储运物流、消费查询、科技共享等各环节的信息溯源于一体的公共服务系统，实现"从牧场到餐桌的全产业链质量追溯体系"。为政府相关业务部门监管提供信息化服务和决策支持，为消费者提供全产业链溯源查询服务。通过打造草原畜产品"地理标识"品牌，使自然放牧产品实现"优质优价"，牧民"增收不增畜"，保护草原生态环境。家庭智慧牧场是运用基于现代物联网的牧区自动化养殖监管技术进行牧区智能化家庭牧场生产管理，建设畜产品安全可追溯家庭牧场。

6.5　草原畜牧业产业

草原具有独特的生态、经济、社会功能，是不可替代的重要战略资源。草原作为地球的"皮肤"，具有防风固沙、保持水土、涵养水源、调节气候、净化环境、维护生物多样性等生态功能。草原是生产、生活的资源库，不仅提供了重要的生产资料，也是民族文化生存、传承、发展的土壤。草原的多功能性造就了丰富多彩的草原产业，形成了草原畜牧业、草产业、草原旅游业、草原药材业等多个产业部门。草原产业的多元化、生态型发展必将为人类提供更多的产品和服务，提供更丰富的社会、经济和生态效益。

6.5.1　草原畜牧业

我国草原畜牧业发展历史悠久，经历了数千年的变迁，已逐步成为草原牧区农村经济中的支柱产业。从新中国成立初期到现在，受改革开放以及国家宏观政策的影响，我国内蒙古、四川、西藏、甘肃、青海和新疆等六大草原牧区的畜牧业生产发生了巨大变化。从 1985—2005 年的 20 年间，六大草原牧区的牛、马、山羊、绵羊等牲畜的总数由 13 012.7 万头（只）增加到 20 441.4 万头（只），增长了 57%。到目前，草原牧区牲畜总头数基本稳定保持在 2 亿头（只）以上。

2016 年，全国牛肉、羊肉、奶类和毛绒产量分别达到 716.8 万吨、459.4 万吨、3 712.1 万吨和 48.28 万吨。其中，全国 13 个牧业省区 268 个牧业半牧业县分别达到 158.0 万吨、158.32 万吨、809.5 万吨和 25.6 万吨，分别占全国总产量的 22.04%、34.46%、21.81% 和 53.0%，为畜产品供应市场稳定做出了贡献。13 个牧业省区牧业产值为 13 259.2 亿元，占全国牧业产值的 41.8%。其中，牲畜饲养产值为 5 084.7 亿元，占全国的 62.7%。畜牧业经济增长直接带动了农牧民收入水平和生活水平的提高。268 个牧业和半牧业县农牧民人均收入 8 746 元，较 2011 年增加了 3 362 元，增幅超过 60%，实现了农牧民持续稳定增收目标（中国畜牧兽医年鉴编辑委员会，2017）。

草原"五畜"饲养结构较 20 世纪 80 年代有了显著变化。随着机械化发展，马和骆驼等大畜作为交通工具和役畜的功能逐渐丧失，使其数量大幅度减少，而绵羊和山羊的肉用、毛用价值都很高，数量不断增长。1980—2015 年，35 年间马和骆驼呈现负增长，分别为 −35.8% 和 −39.1%；牛、山羊、绵羊的增长率分别为 37.4%、56.6% 和 57.0%，"五畜"合计增长率为 50.1%。近年来，随着现代马产业、驼产业等的兴起，马、骆驼的生产数量又有回升。特别是市场对于骆驼的耐寒、耐饥渴、耐粗饲、养殖成本低，且具有绒、肉、乳、役、皮、血、脏器等食用、生活、保健、药用用途的日益看重，骆驼产业近年来在局部地区有了较快的发展。2013 年，内蒙古的牛、马、骆驼、山羊、绵羊的头数比例关系为 10.31∶0.74∶0.15∶23.18∶65.82，马和骆驼合计比例不到 1%，而绵羊比例超过了 65%。

1. 肉牛产业

20 世纪 80 年代以来，中国肉牛生产逐渐形成了优势区域布局。其中，西北主产区包括牧业省份：内蒙古、新疆、西藏、青海、宁夏、甘肃、山西、陕西等。因其突出的天然草原优势，成为了中国肉牛养殖的主要牧区。目前，西北地区的牛肉生产主要集中在内蒙古和新疆。2017 年末，全国各地区肉牛出栏数排名前 10 的省区中，内蒙古以 363.2 万头排第三，新疆以 259.3 万头排第十；牛肉产量排名前 10 的省区中，内蒙古以 59.5 万吨排第三，新疆以 43 万吨排第七。内蒙古、四川、西藏、甘肃、青海和新疆六大草原牧区，总肉牛年末存栏量占全国总数的 38.4%，牛肉份额占有率为 30.3%。

下面以内蒙古和新疆牧区为例，从良种占比、规模化养殖、产品加工等方面介绍草原肉牛产业发展情况。

（1）良种占比。品种改良是提高畜牧业生产效率的重要途径，内蒙古大力推进牲畜"种子工程"建设，自 1970 年开始引进了西门塔尔、夏洛莱、安格斯、利木赞等优良品种改良本地肉牛，育成了中国西门塔尔牛（草原类群），构成了以西门塔尔牛和科尔沁牛及其改良后代为主，以夏洛莱牛、安格斯牛及其改良后代为辅的内蒙古肉牛品种。通过改良工作的推进，内蒙古良种和改良种大牲畜与羊的比重由 2001 年的 76.84% 提高到 2013 年的 91.41%；肉牛良种化普及的同时带来了单产的明显提高，平均产肉量高出全国平均水平 14.9 千克/头。新疆独特的地缘和气候特点，形成了丰富多样、性状独特的地方品种。如，哈萨克牛、蒙古牛、阿勒泰白头牛和新疆褐牛等。引进品种有，西门塔尔牛、安格斯牛、夏洛莱牛等。经过 40 年的努力，到 2017 年新疆的肉牛良种率达到 65% 左右，虽有了较大的提高，但肉牛生产的经济效益未达到全国平均水平。

（2）养殖规模。养殖规模是产业结构的一个主要特征，其变化意味着产业发展战略的改变。2010 年到 2014 年间，内蒙古肉牛年出栏为 1～9 头和 10～49 头的肉牛养殖场（户）数量分别减少了 23.36% 和 4.57%，年出栏为 50～99 头和 100～499 头的场（户）大量增加，增幅分别达到 81.81% 和 69.68%；2014 年全区年出栏达到 500～999 头和 1 000 头以上的场（户）数量分别是 2010 年的 2.5 倍和 1.32 倍，肉牛规模化养殖水平逐渐提高。新疆肉牛饲养的规模化水平有了较大程度的提高。各个出栏规模的户数都有不同程度的增加。年出栏 10～49 头的户数，从 2004 年的 17 910 户猛增至 2016 年的 26 953 户，增长了 48.48%；年出栏 50～99 头、100～499 头以及 500～999 头的户数，分别由 3 003 户、571 户、67 户增至 5 948 户、1 810 户、184 户，分别增长了 98.07%、216.99%、174.63%；年出栏 1 000 头以上的户数也从 6 户增至 83 户，增长了 13.83 倍。肉牛规模化养殖水平虽较从前有了明显提高，但与全国水平相比差距还是很大的。目前，新疆肉牛规模养殖比例仅为 35%，仍以家庭小规模饲养为主，90% 的养殖户都没有采用科学的饲养管理和饲喂方案。

（3）产品加工。内蒙古肉牛加工企业起步较晚，经过多年的发展，一些规模大、基础相对较好的肉牛加工企业逐步成长起来。2015 年，内蒙古销售额超过 500 万元的企业中有 73 家是肉牛加工企业，这些肉牛加工企业年产值合计 107.4 亿元，销售额为 105.4 亿元，利润和增加值分别为 6.1 亿元、30 亿元，缴纳税费近 1 亿元。当前，由赤峰市、锡林郭勒盟、通辽市、呼伦贝尔市构成了内蒙古肉牛核心加工带，承载了科尔沁牛业、大牧场、东方万旗、谷润肉业等全区重点肉牛（生产）加工企业，并引进大庄园等非本地区的优质加工企业。赤峰市现有 18 家肉牛加工企业，每年可生产 2 万吨肉牛产品；通辽市目前实现了肉牛加工企业的集群发展，每年可对 60 万头肉牛进行加工。但受起步晚、产业链不完善、区域经济整体落后等因素的限制，全区相当一部分肉牛加工企业现代技术和人才十分短缺，创新和深加工能力不足，致使其成品技术含量、副产品加工水平不高，与国内外知名肉牛加工企业相比仍存在较大差距。新疆的规模化屠宰加工企业有 50 多家，达到了每年 400 万～800 万头的设计屠宰加工能力。新疆市场的小规模屠宰场承担了超过新疆 60% 的肉牛屠宰量，虽然设备简陋，大多靠手工方式屠宰，但消费者可现场取肉，省去了冷藏运输的费用，价格更加亲民。但是由于缺乏专业的规模较大的肉牛屠宰加工龙头企业，产品不能满足全国性供应，产业化水平有待进一步提高。

2. 草原肉羊产业

中国是第一大羊肉生产国，肉羊产业也是我国草原地区的传统产业和优势产业。2017 年，全国羊肉产量为 471.1 万吨。其中，西藏、内蒙古、新疆、青海、四川和甘肃六大牧业省份总产量为 231.4 万吨，占到 49.1%。产区包括：牧区、半农半牧区和农区。由于草原肉羊产业因其所依赖的独特资源要素为天然草原，使其与农区肉羊养殖业区分开来。2006

年，我国草原地区羊的生产达到历史最高水平，存栏达到 12 871 万只；牧区县、半牧县存栏分别达到 7 499 万只、5 372 万只，均为历史最高水平。受以禁牧、休牧为主要内容的草原保护政策影响，牧区和半牧区羊产业呈现出不同的发展趋势。2006 年之后，牧区县存栏开始逐步下降，2011 年存栏数比高峰期下降 25.24%，近年来已经基本稳定下来；半牧区县存栏则一开始下降，从 2009 年开始回升，到 2011 年基本恢复历史最高水平。由于牧区和半牧区养羊的资源禀赋不一样，牧区受草资源约束较大，草原保护政策干预之后生产急速下滑，经过深度调整逐步稳定在一个较低的水平；而半农半牧区更接近种植业的秸秆等替代性资源，快速适应环境政策之后，很快恢复了增长。

总体看，草原肉羊受纯牧区存栏调整影响，生产总体回落。从羊肉产量看也是如此，2006 年牧区县和半牧区县共生产羊肉 131.0 万吨，占全国 36% 的，之后产量调整回落，到 2011 年只占全国的 30.71%，而农区羊肉产量却在不断增长。内蒙古草原肉羊产业也表现出了相同的变化规律。2000 年，内蒙古 33 个牧业旗（县）的羊肉产量占内蒙古全区羊肉产量的 66.09%。截至 2015 年，内蒙古全区 33 个牧业旗（县）的羊肉产量仅占全区羊肉产量 42.72%，肉羊年末存栏量由 64.73% 下降到了 46.98%，说明随着生态保护政策的影响，牧区肉羊产业在畜牧业中的比重逐步降低，这意味着肉羊产业的主体地位开始发生转变，牧区肉羊的生产开始更多地注重生态效益。

近年来，牧区肉羊产业在形式上创新机制，大力推动新型经营主体实施规模化经营。内蒙古牧区积极推进草牧场规范流转，整合畜牧业生产资料，引导扶持养殖能手向专业大户、联户、合作社等形式的家庭牧场方向发展。目前，内蒙古牧区过冬畜每个羊单位暖棚面积达到 1.1 平方米，全区仔畜成活率达到 98% 以上，各类家庭牧场已经发展到 3.5 万个，参与家庭牧场经营户达到 5 万户，占牧户总数的 11%。现代畜牧业技术创新也是促进牧区肉羊产业转型发展的重要推动力。自 2013 年开始，呼伦贝尔和锡林郭勒两大草原牧区依托草原绿色、无污染、有机等天然优势，大力推进牧区肉羊可追溯试点工作，尝试每年开展百万只肉羊可追溯电子耳标佩戴，通过建立肉羊可追溯体系，推动原产地地理标识和无公害、绿色、有机产品认证，扩大认证肉羊产地规模，实现全产业链可追溯管理，推动草原羊肉品牌建设，积极打造绿色有机高端品牌，增强草原羊肉市场竞争力和附加值。在 2013 年上海农畜产品博览会上，建立追溯体系的锡林郭勒苏尼特羊肉每千克售价高达 240 元。

3. 绒山羊产业

我国养羊历史悠久，早在夏商时代就有养羊文字记载。但羊绒产业是个新兴的产业，20 世纪 50 年代之前，我国山羊绒全部以原料形式廉价出口国外，直到 70 年代初，我国第一家山羊绒初加工企业在内蒙古鄂尔多斯市诞生，把山羊绒分梳成无毛绒出口。80 年代后，随着羊绒加工企业的发展壮大，我国绒山羊才得以迅速发展。经过 40 年的发展，现已经发展成为世界羊绒生产、加工和销售第一大国。产量方面，2013 年我国羊绒总产量为 1.81 万吨，约占到世界羊绒总产量 70％以上。质量方面，得益于地域优势和资源优势，我国的羊绒纤维细长，细度优，光泽度好，以白绒居多，手感较为柔软，质量明显优于蒙古、伊朗、阿富汗等国。销售方面，在世界羊绒消费市场上，3/4 以上的羊绒制成品由中国生产。中国的羊绒生产主要集中在中西部草原牧区。其中，内蒙古、四川、西藏、甘肃、青海和新疆六大草原牧区羊绒产量占到全国总产量的 60％以上，尤其内蒙古的份额就占到了 45％。因此，内蒙古羊绒在我国羊绒生产贸易中有着不可替代的地位，向来有"世界羊绒看中国，中国羊绒看内蒙古"的说法。

内蒙古十分重视对优良地方绒山羊品种的选育提高和改良工作。20 世纪 80 年代后期相继育成了"内蒙古白绒山羊（阿尔巴斯型、二狼山型和阿拉善型）""乌珠穆沁白山羊""罕山白绒山羊"3 个新品种。这些新品种的培育与推广，对全区乃至全国绒山羊的品种选育和改良提高起到了极大的推动作用。

内蒙古自治区是我国重要的绒山羊产业基地，绒山羊产业亦是内蒙古中西部荒漠、半荒漠地区畜牧业的支柱产业之一。据 2015 年 6 月末统计，全区存栏绒山羊 2 469.7 万只，羊绒产量达到 8 400 吨，约占全国羊绒产量的 45％，世界羊绒产量的 1/3，山羊存栏和羊绒产量都位居全国第一。通过品种良种化，绒山羊平均产绒量为 400 克以上，高出全国平均水平近一倍。目前，内蒙古羊绒生产加工企业超过 600 多家，规模较大的知名企业达十几家。

4. 马产业

没有马的草原，是没有灵魂的草原。马在人类漫长的历史进程中占有重要地位。人类自从有了马，历史发展就进入了快速路。马在解决社会发展动力、开疆拓土、促进经济和市场繁荣、加速社会变革和民族交融等方面发挥了重大作用。在少数民族地区，马不仅是生产生活资料，也是民族文化的重要组成部分。近年来，由于马在体育健身、休闲娱乐、生物制品开发等方面的多种功用，世界马业正呈现良好发展态势。马产业分为：传统马业与现代马业。传统马产业主要以役用和交通运输为主要功能，马主要为人类提供农耕、运输、国防、骑乘、邮政、伐木等服务；现代马产业以满足人们体育休闲娱乐以及产品消费需求为目的，为非役用马业，是一个涉及农牧业、食品、文化、体育、旅游、生物制药、休闲娱乐等多个领域的综合性产业，其内容丰富，涉及面广，主要包括赛马、马术运动、马车赛、表演马术、文化娱乐马术、休闲骑乘、旅游马术、育马、马产品、生物制品及服务行业等。目前，发达国家已完成或基本完成了传统马业向现代马业转型，中国则正处在由传统马业向现代马业的转型阶段。

蒙古马和哈萨克马是我国北方主要的地方品种，数量多、分布广，内蒙古自治区和新疆维吾尔自治区又是蒙古马和哈萨克马的主要原产地，数量居全国之首。内蒙古马文化历史悠久，底蕴深厚，被誉为"马背民族摇篮"。据历史文献记载，在汉朝时，蒙古草原就有养马的记载，而且汉代养马业的发展与匈奴地区蒙古马的输入息息相关。内蒙古拥有蒙古马、鄂伦春马、阿巴嘎黑马及锡尼河马等地方马品种，是世界公认的现代马品种的发源地。培育了三河马、锡林郭勒马、科尔沁马，是全国马品种培育最多的地区之一。近年来，又先后引进了纯血马、汗血马、阿拉伯马、温血马、矮马、花马和重挽马等品种。内蒙古马产业在国内地位举足轻重。目前，全区马存栏量达到84.8万匹，居全国第一。马业产业化处在探索阶段。新疆养马业历史悠久，马种资源丰富，马文化底蕴深厚，现有马种资源6个，有哈萨克马、焉耆马、巴里坤马和柯尔克孜马4个地方原始品种和伊犁马、伊吾马2个培育品种。2015年，马存栏量89.4万匹，占全国的14.79%；出栏马41.88万匹，占全国的31.3%；马肉产量达5.59万吨，占全国的25.32%；马匹存栏数、出栏数及肉产量均位居全国前列。马的一、二、三产全产业链总产值预计70余亿元，约为畜牧业总产值的10.7%，是我国的养马大区和主产区之一，目前已初步建立了现代马产业发展架构和较为完善的马良种繁育体系，具备发展现代马产业的核心竞争力和可持续发展基础。

5. 骆驼产业

骆驼是我国西北和华北荒漠、半荒漠地区的重要畜种资源之一，也是这一地区草原畜牧业的重要组成部分。几千年来，骆驼在这一地区，既是人们的生产资料，又是人们的生活资料，在边疆畜牧业中占据十分重要的地位，是大畜组成中数量多、比率大的一种家畜。发展养驼业，对于充分合理地利用祖国自然资源，在戈壁和半荒漠地区因地制宜地发展畜牧业生产，对于满足边疆少数民族地区人民生活的需要，加强民族团结，巩固边疆建设具有十分重大的意义。

中国是世界上双峰驼的主要分布区域之一。2016 年，中国畜牧业协会骆驼普查，据不完全统计，全国约有骆驼 36.87 万峰，主要分布在新疆、内蒙古、甘肃和青海。新疆存栏 18.94 万峰，占全国总数的51.36％；内蒙古存栏 16.56 万峰，占全国总数的 44.92％；甘肃存栏 1.1万峰，占全国总数的 2.98％；青海存栏 0.17 万峰，占全国总数的0.46％。内蒙古骆驼主要品种为阿拉善双峰驼、苏尼特双峰驼，目前分别存栏数量约为 15 万峰、1.6 万峰。其中，可繁殖母驼分别为 7.57 万峰、0.84 万峰。阿拉善双峰驼是地方优良家畜品种资源，也是阿拉善的优势畜种和地方良种，具有耐干旱、耐风沙、耐饥渴、耐粗饲、抗逆性强，一身兼有毛（绒）、肉、役、乳多种用途等特点，俗有"沙漠之舟"之美称。近年来，阿拉善盟农产品加工企业发展较快。阿拉善盟驼绒产量均约 400吨。阿拉善双峰驼绒多质好，素以"王府驼毛"著称，用其纺织的驼绒被、驼绒服饰等享誉全国，在市场上有很好的口碑和销量。驼肉是低脂高蛋白的天然绿色食品，脂肪低而蛋白质含量相对较高，饱和脂肪酸含量低于羊肉和牛肉，可以开发低脂系列肉食品。目前，由于阿拉善盟骆驼肉产品生产销售主要以买活体或初加工的鲜肉、风干肉等原料的形式为主，没有实现优质优价，附加值没有得到很好地开发和利用。阿拉善盟驼乳的开发利用起步较晚，但发展较快，以阿拉善右旗为代表，在旗政府的高度重视和阿拉善盟政府的大力支持下，内蒙古骆驼研究院、新疆旺源驼奶公司的投资建厂等，标志着阿拉善的驼奶产业进入集约化、工业化生产时代。同时，作为沙产业的一部分，在阿拉善及周边省区推动沙产业创新发展产业体系中，骆驼的创新产品也在进一步开发中，实现以创新推动产业升级发展。新疆骆驼主要品种为新疆双峰驼，目前的存栏数量约有 18.9 万峰，其中可繁殖母驼有 13.05 万峰。新疆的骆驼产业以骆驼乳为主，成为近年来骆驼产业发展的示范性产业。全疆全年驼奶产量 5 万多吨。除部分牧民零散自卖驼奶外，全疆 3 家驼奶加工企业年加工生鲜乳约 3 万吨。驼奶身价不菲，一瓶 180 克的液态驼奶售价 48 元，一罐 300 克的驼奶粉售价 588 元。目前，北京、上海、福建、浙江、江苏、河北、黑龙江、重庆、香港、台湾、澳门等地开始销售驼奶，并且有了一定的知名度，驼奶的销售空间已经初步打开，前景光明。

近年来，各地对骆驼的保种工作十分重视，加之骆驼产业的开发和利用进一步加大，骆驼的整体种群数量有较大程度的提高，越是对骆驼开发利用程度高的地区，保种效果越好，在产业开发中保护骆驼种群才是可持续发展之策。值得庆幸的是，对于骆驼产业开发程度小的地区，也越来越认识到骆驼的价值，从而加大对骆驼的保护，甘肃、青海都在不同程度上对骆驼的买卖和屠宰进行限制。

6.5.2　草产业

现代畜牧业以草业发展为先，从解决草畜矛盾入手，突破草原畜牧业发展的资源局限，以草兴牧，以草富民，这是草原畜牧业发展方向的重大转折。由于天然草地饲草不足，草原牧区开始对天然草地进行改良，实施飞播补播，使放牧条件得到很大改变。2013 年，西藏、内蒙古、新疆、青海四大传统牧区累计种草保有面积达 1 080.84 万公顷，其种草保有面积占各自可利用草地面积的比重分别为 4.0%、7.1%、3.6% 和 5.4%。随着草原补奖政策的深入实施，牧区种草和改良草原面积呈现持续增加趋势。截至 2015 年底，268 个牧区半牧区县（旗、市）保留种草面积 1 341.1 万公顷，较上年增加 8.3%，占全国的 58.1%。其中，人工种草 558.3 万公顷，较上年增加 2.1%；改良种草 731.3 万公顷，较上年增加 13.5%；飞播种草 51.6 万公顷，较上年增加 9.1%。

打草场是生产力最高的天然草原。据不完全统计，中国半干旱牧区天然打草场主要分布在内蒙古东部、农牧交错带、松嫩平原、新疆北部等水热条件较好的地段。中国半干旱牧区天然打草场面积达 800.35 万公顷。其中，内蒙古天然打草场面积居首位，面积为 688.04 万公顷，占 86%。正常年份年均天然干草生产能力达 450 万吨，主要集中在呼伦贝尔和锡林郭勒两大草原区，年生产天然商品草捆 250 万吨左右。

草牧业产业的发展，促进了草牧业机械产业的发展。我国草原畜牧业机械化始于 20 世纪 50 年代后期，最早从牧草收获环节开始。60 年代，全国第一家畜牧机械专业厂——海拉尔牧业机械厂和第一家国家直属畜牧机械科研机构——机械工业部呼和浩特畜牧机械研究所成立。但在改革开放之前，草原牧区畜牧业发展主要依赖传统技术手段，畜牧业机械化程度低，牧草收获还基本上依靠人工。进入 80 年代，通过引进吸收国外先进技术，牧区出现了简易割草机、搂草机、翻晒机和集垛机等，且逐步形成一定规模，产品逐渐增加，但总体上草原牧区机械化水平不高。

2010 年中央 1 号文件明确把牧业机械设备纳入农业补贴范围，牧机产品正式列入国家和各省区购机补贴目录。在农机补贴政策及一系列惠农政策支持下，畜牧业机械研发和制造业均获得发展，牧区机械化程度呈加速发展趋势，牧草种植机械化已经开始向草原保护与改良和人工草场建设并重的方向发展。目前，我国可自行独立生产各种畜牧养殖机械设备，包括养牛、养羊等设备，如牛栏、牛床、饲喂、拴系设备、挤奶系统、网栏等养牛设备；剪羊毛机、牛奶分离器、储奶罐设备等。其中，饲料加工储运设备包括：大、中、小型各类成套饲料加工机组、颗粒饲料压制机、饲料膨化机、青贮切碎机、饲料搅拌车、运输车等。环境设备包括：系列风机、湿帘降温系统、热风炉（燃煤、燃气）、照明系统、太阳能畜舍、暖棚圈、漏粪地板、清粪系统、粪污处理系统、病死畜禽无害化处理设备及消毒机、药浴机等消毒设备。智能化奶牛个体精料变量补饲机及具有自动推送饲草能力、自主充电，可实现远程控制的饲草推送系统等设备开始研制。牛粪清除已经采用铲斗机、固液分离机、翻堆机、筛选机、装袋机与脱臭设备。2014 年，内蒙古拥有机引牧草收割机 101 129 部，增长 7.0%；饲料粉碎机 141 959 部，增长 5.6%；机动剪毛机 5 246 台，增长 11.3%（陈洁等，2018）。

6.5.3 草原旅游业

草原旅游业是以草原风光、气候和少数民族的民俗、民情为旅游目标，以具有民族特色的歌舞、体育、餐饮、观赏、避暑等为主要内容的旅游活动，以及为这些旅游提供相关服务的经营活动，是多角度、多层次开发利用草原资源的新兴草原产业。草原特色旅游包括：草原风光观光游、野生动植物观赏旅游、草原民俗风情游、遗址遗迹旅游、疗养度假旅游、特殊地质地貌科考旅游和探险及专项旅游等几个类型。2014 年，《中国国家地理》曾刊发中国最美的六大草原，它们依次是：呼伦贝尔东部草原、伊犁草原、锡林郭勒草原、川西高寒草原、那曲高寒草原、祁连山草原。

呼伦贝尔大草原和大兴安岭相互依存，北以额尔古纳河为界与俄罗斯接壤，西同蒙古国交界，总面积 25 万平方千米，国境线长达 1 723 千米。如果把祖国的版图比作啼晨报晓的雄鸡，那么呼伦贝尔就是雄鸡冠上的一颗明珠。呼伦贝尔大草原广袤无垠，未受污染，被称之为"绿色净土"，也被人誉之为"北国碧玉"。以牧草为主的植物多达 1 300 余种，形成了不同特色的植被群落景观。

锡林郭勒草原是欧亚大陆草原区亚洲东部草原亚区保存比较完整的原生草原部分。美丽辽阔的锡林郭勒大草原旅游资源非常丰富，尤其以草原类型完整而著称于世，同时具备草甸草原、典型草原、半荒漠草原、沙地草原等不同草原类型。境内有被联合国教科文组织列为国际生物圈网络的国家级草原自然保护区——锡林郭勒草原自然保护区。每当盛夏来临，风光迷人的乌珠穆沁草甸草原是一片绿色的海洋，高贵的芍药花与美丽的山丹花争奇斗妍，片片白云在无尽的蓝天中飘游，牧人策马，牛羊游动，蒙古包上飘起缕缕炊烟，美不胜收。繁花似锦的灰腾锡勒典型草原重现风吹草低见牛羊的美景，锡林河九曲十八湾像是飘落在草原上的洁白哈达。

无论是声名在外的那拉提，还是后起之秀的唐布拉，抑或是传统的牧场巩乃斯，伊犁草原均展现出超然绝美的气质与外表。伊犁河谷是如此的卓尔不群，逶迤千里，生机无限。那拉提草原是世界四大高山河谷草原之一。那拉提意为"最先见到太阳的地方"。唐布拉草原是尼勒克县境内的喀什河峡谷草原景观的统称，是由森林、草原、急流、山石组合的自然景观区。巩乃斯，蒙语意为"太阳坡"，分布在新源境内，是新疆细毛羊的故乡，也是天马——伊犁马的著名产地，地势跌宕起伏，气象万千，这里不仅有地域广阔、水草丰美、飞流急湍的河流和遮天蔽日的森林，还有中世纪遗留下来的亚欧面积最大、最密集的野生苹果林。

西藏那曲草原在那曲县境内，位于唐古拉山脉、念青唐古拉山脉和冈底斯山脉怀抱之中。那曲地区总面积达 40 多万平方千米，人们常称之为"羌塘"。羌塘草原平均海拔在 4 500 米以上，是西藏面积最大的纯天然草原！这里有多样的地貌戈壁、草原、湖泊、山川和美丽迷人的景色。夏日的那曲草原更是一幅由蓝天、白云、彩虹、牛羊和绿色织就的锦缎画。在那一望无际的草原上，到处都是牧民赖以生存的牦牛和羊群，处处可见牧民的帐篷。牧民们在这儿创造了梦幻迷离，色彩斑斓的游牧文化。不仅有远古岩画，也有许多古象雄国的遗址，英雄格萨尔王的足迹及故事遍布藏北，玛尼堆、经幡、古塔随处可见……它们为苍茫的大草原增添了几分神秘色彩。

若尔盖大草原地处四川、甘肃、青海三省结合部，是中国五大草原之一，面积 35 600 平方千米，海拔 3 500～4 000 米，是以牧为主的藏族聚居地。若尔盖草原由草甸草原和沼泽组成。草原地势平坦，一望无际，人烟稀少。红军二万五千里长征曾多次通过这里，留下了许多可歌可泣的动人故事和革命遗址，使草原声名远播海内外。

几大草原牧区几乎涵盖了我国主要的草原类型，从热带亚热带草原、温带不同类型草原到高寒草原等，有草甸、有草原、有荒漠。各种不同类型的草原，由不同的植物组成，表现不同的结构，呈现不同的景观，多样性十分丰富，并以其辽阔、美丽、多彩而为人们所称赞。我国草原以其所处的地理位置，所具有的独特的气候、植被、生态系统特征以及社会、人文背景，具备了发展草原生态旅游的优越条件。随着人们生活水平的提高和消费观念的转变，具有自然风光特点的休闲旅游将成为热点，草原生态旅游业已成为牧区增长最快的产业或支柱性产业，牧民群众可从中增加收入。

以内蒙古为例，20 世纪 80 年代以后，内蒙古自治区政府着力打造草原文化大区工程，被称为"朝阳工业"或"绿色产业"的旅游业在内蒙古草原迅速发展，尤其是 90 年代以后逐步成为重要的第三产业。据统计，2010 年内蒙古旅游业总收入 732.70 亿元，比 2008 年总收入 468.85 亿元增长 56%。2013 年总收入达 1 403.46 亿元；到 2015 年旅游业总收入达到 1 530 亿元，比 2008 年增加了 3.26 倍。旅游业已成为内蒙古国民经济中发展最快的产业之一，在内蒙古国民经济发展中的重要产业地位得到进一步确认

6.5.4　牧区特色医药产业

藏药、蒙药与维吾尔医药同属生物药、天然药范畴。作为古老的、具有独特实践与理论的医药体系，这种在雪山、沙漠、草原、绿洲等复杂环

境中成长的神奇医药，以独特的理论为支撑，以纯天然的物产为原料，具有独树一帜的疗效。藏药、蒙药与维吾尔医药为生存在这个相当严峻乃至恶劣的环境中的人们赋予特别顽强的生命力。

1. 西藏藏药产业

西藏野生动植物资源种类丰富。经查，在西藏生长的高等植物有6 800多种。其中，药用植物1 000多种，被称为生物多样性资源的"宝库"。已有2 000多年历史的藏医药业，将传统优势与现代科技、生产工艺结合，建立了适应现代社会的藏医医疗、教学、科研和藏药生产体系，藏药生产走上了标准化、科学化的轨道。"十一五"和"十二五"期间，西藏特色优势产业快速发展，大力发展藏药特色产业，产业发展步伐明显加快。西藏全区藏药产业总产值从2005年的4.58亿元增加到2015年的14.7亿元，藏药企业35家，规模以上企业有9家，壮大了藏药产业发展。

2. 内蒙古蒙药产业

蒙医药是我国四大民族医药体系之一，蒙药是蒙医药的重要组成部分。据《内蒙古植物志》记载，内蒙古自治区有野生植物2 176种，分属于131科，720属。其中，包括药用植物1 198种，蒙药药用植物511种，可大规模开发的品种有200余种。"十五"期间，内蒙古政府将生物医药列为自治区发展的六大支柱产业之一，并将蒙药列为重点支持领域，蒙药企业在地方政府的大力支持下，取得了一定成绩，蒙药的市场份额不断增加。内蒙古现有蒙药生产企业近20家，注册蒙药品种128个，常年生产的品种近70种，并创造出"红城""丹神"等特色蒙药品牌，蒙药产品"冠心七味片"更是在全国中药非处方药（OTC）市场销售中占有重要份额，证明了蒙药产品确切的疗效和市场对蒙药的认可。

6.6 世界草原和草原畜牧业

6.6.1 世界草原资源

草原，是以草本植物为主，可为家畜、野生动物提供生存场所的地区。广义上讲，草原是世界上最大的生态系统之一。全球草原面积有5 250万公顷，占全球陆地面积（格陵兰岛和南极洲除外）的40.5%（World Resources Institute，2000，based on IGBP data）。其中，13.8%

属于热带稀树大草原，12.7%是开放和封闭的灌木丛，8.3%是非稀树草原，5.7%是苔原。

狭义上，草原可定义为以草为主的植被覆盖的土地，极少或者没有树木覆盖。联合国教科文组织将草地定义为"树木和灌木覆盖率低于10%的草本植物覆盖的土地"，而稀树大草原则定义为树木覆盖率为10%～40%（White，1983）。草原的定义和相关术语的范围涉及多个方面，具有许多特有地方法律的含义。2000年，粮农组织第二次有关协调森林相关定义的专家会议中，用11页的文字解释了草原的含义。《牛津植物科学词典》（Allaby，1998）给出了一个简明的定义："草地是发生在有足够水分供应禾草生长，但在气候和人类活动方面阻止树木生长的地方，因此草原的发生与沙漠和森林之间的降雨强度有关，并通过放牧和/或火灾在许多以前森林覆盖的广大地区形成了顶级演替。"

许多学者对草原进行了分类，主要有3种方法较为流行。第一种是Schimper在1989年提出的草原类型分别为：草甸草原、典型草原和热带稀树草原。第二种是1967年，Ellenberg和Mueller-Dombois将草原分为六类：和热带稀树草原相关的草原（热带或亚热带的稀树草原）、和典型草原相关的草原（如北美大草原）、草甸或者放牧相关的草原、莎草科或冲刷形成的沼泽、草本或者半木质的盐类沼泽、杂类草形成的草原。第三种是1979年，Laycock将草原分为：高草草原、矮草草原、混合草原、灌木草原、一年生草原、沙漠（干旱）草原和高山草原。

草原是畜牧业发展的重要保证，是获取畜产品的重要基地，如何保护和利用好草原资源，是畜牧业现代化之路上需要解决的重大问题。

6.6.2　世界草原畜牧业

草原畜牧业发达的国家主要有：美国、加拿大、澳大利亚、新西兰、德国、英国、日本等，草原畜牧业的发展过程大致分为：20世纪30年代以前的掠夺式经营、20世纪30年代至80年代边利用边治理改良阶段和80年代后可持续管理3个阶段。经过几十年的发展，这些国家已经逐步建立起了基于生态维护和经济发展的现代草原畜牧业可持续发展模式。畜牧业发达国家的草原畜牧业发展模式主要有4种：集约化农牧结合型畜牧业（以美国和加拿大为代表）、草畜平衡型畜牧业（澳大利亚和新西兰）、农户饲养型小规模畜牧业（以日本为主）和有机集约化人工草地畜牧业

（欧洲国家）。这些发展模式的共同特点是：①以家庭牧场（200 公顷以上）为主，实现了草地管理及畜产品生产规模化和集约化，单位面积草地、家畜单产和商品率水平较高；②高度重视草牧业先进技术的集成应用；③建立了较完善的公司、农户和科研单位的研发运营机制；④强化牧场合作组织、专业化生产协会和行业协会在畜牧业发展中的作用（方精云，2016）。

1. 美国

美国是草原畜牧业大国，草原面积 2.35 亿公顷，约占国土面积的40%。其中，可利用草原面积为 1.9 亿公顷，人工草地面积 0.24 亿公顷，与小麦种植面积（0.21 亿公顷）相当。畜牧业是美国现代农业的重要组成部分，占总产值的 48%，但其畜牧业主要是依靠人工草地的舍饲养殖业。美国把苜蓿、甜高粱等饲料作物列为主要的农作物范畴而不是"草"的概念，由于家畜生产主要依靠人工草地和农田的饲料作物，减小了天然草原的放牧压力，很少出现超载现象。美国草原畜牧业主要有以下特征（颜景辰，2007）：

（1）草原资源合理利用。美国有较为完善的法律、法规，依法保护草原资源，实行科学的放牧制度（如季节放牧、轮牧制、延迟放牧、休牧—轮牧制等），合理分布畜群并严格控制载畜量，及时清除灌木和杂草等。美国科技人员很少关注天然草原的产草量，更多的是关注草原生态环境保护。

（2）管理体系成熟。美国 40% 的草原为国家所有，剩下的 60% 为私人拥有。国家所有的草原主要通过租赁的方式由私人承包使用，但承包者必须严格按照规定的放牧强度进行放牧利用。政府通过鼓励草原科学利用试验研究与示范，说服私人拥有者进行技术培训和公众讨论，使他们接受草原合理利用的科学方法，进而使试验成果能够广泛推广，弥补了国家法规对私有草原管理方面的缺失。

（3）政府投入高，草原生物多样性得到保护。美国各级政府及一些非政府组织高度重视生物多样性保护，主要措施是建立不同层次、不同类型的（草原）自然资源保护区。由于 60% 的草原为私人所有，为了保护生物多样性，特别是濒危野生动物的生存环境，一般由联邦政府出资将具有重要生态功能的草原的使用权买断，价格由第三方评估确定。

2. 加拿大

加拿大是畜牧业高度发达的国家之一。地广人稀，谷物产量充裕，牧草十分丰富，为草原畜牧业的发展提供了良好的物质基础。加拿大草原畜牧业的发展主要有以下特征（杨红先，2016）：

（1）草原监管制度完善。首先，加拿大对草原载畜量严格控制，各地草场按照草原状况确定适宜载畜量标准，规定的载畜量较低，即便达到核定载畜量的上限，也不会对草原造成破坏。其次，重视草原监测，实施健康评估，编印草原健康评价手册，在实际使用中简单易用。最后，有效保护草原，加强围栏建设。加拿大90％以上的草场均建设了围栏和牲畜饮水设施。通过建设围栏将草原划分为不同区域，同时在各自区域内划定牧道，建设牲畜饮水设施，为推行禁牧、休牧和轮牧提供了基础保障。

（2）科研体系高效。一是合理确定研究重点，科学配置资源。政府根据全国19个农业研究所所在地的资源条件，统一规划研究重点，充分利用当地资源，促进科研与生产的结合。二是鼓励企业加大投入，拓宽经费来源渠道。同时由于企业对生产者、消费者的需求掌握比较准确，支持的研究项目实用性很强，极大地推动了科研成果的转化。三是鼓励农民积极参与，实现科研与生产紧密结合。农民根据自身需要，直接到研究所反映自己在实际生产中遇到的问题，科研人员针对问题进行研究，使研究成果直接用于生产。

（3）草原技术推广系统完备。加拿大共有40多个直接隶属农业与农业食品部的非盈利技术推广站。推广站负责的区域按照地理区域划分，采取现场指导、开展培训、发放技术手册、参观交流等多种方式为农民提供服务，同时利用网络、电话、面谈等手段接受农民的咨询。

3. 澳大利亚

澳大利亚地广人稀，草场资源丰富，以养羊业为主的草地畜牧业非常发达，其优质羊毛年产量几乎占世界总产量的1/3，细毛羊出口量占世界市场的80％，牛羊肉、奶制品等出口比重占到产量的50％～70％，是世界重要的畜产品生产国和出口国之一，出口值占农业出口值的近50％（联合国粮农组织数据库）。澳大利亚草原畜牧业主要有以下特征：

（1）区域化、专业化。澳大利亚根据各地的降水量、温度和土壤等条件，在全国划分了四大农业生产带，即低密度家畜放牧带、天然草地放牧带、混合农业带和高密度放牧带。其中，在高密度放牧区域，即年均降水量高于500毫米的地区兴建栽培草地，草畜结合，既做到了保护草地资源，防止土壤沙化，也实现了优化农牧业生产效益的目的。

（2）拥有独特的土地所有权。澳大利亚的土地拥有方式有两种形式：一种是大约10%的土地归私人所有、其他的土地所有权归当地政府所有。政府一般以较长的时间（一般租期为99年）把土地租给农牧民，并在租地内提供房屋、围栏以及供水系统等。这种方式不但给牧民发展畜牧业提供了便利条件，也利于加强牧民对草地的保护和持续利用。

（3）社会化服务体系完善。澳大利亚有各类生产者合作组织，由牧场主按行业组成，负责该行业产品的收购，统一定价、仓储、加工、运输、销售等。牧场主则以会员身份向合作组织交售产品，会员实现"利益均沾，风险共担"。合作社以社会化服务为宗旨，不以盈利为目的，实行民主管理，由社员代表大会选举董事会、监事会，根据合作社章程来实现其职能。这些合作组织将市场、科研、农场主有机结合，为农场主解决畜牧业生产过程的产前、产中、产后所需的各种服务，不仅使农场主可以了解到先进技术和信息，及时调整生产结构，而且增强了行业整体竞争力（黄忠伟，2017）。

（4）科研水平较高。澳大利亚的畜牧业科研服务体系较为完整，各级科研单位提高畜产品的产量和品质从事科学研究和技术成果转让。如，选育出了能耐炎热、抵抗疾病、产毛质优的美利奴羊；培育了可增加羊毛产量的优质苜蓿；研制成了自动检测羊毛长度和强度的先进仪器和清洗机等。一些牧场主还与科研单位建立了草场检测合作关系，定期对草场土质和草品质进行检测，根据不同的变化采取相应措施。

（5）采用灵活变通的农业保护政策。作为世贸组织成员国之一，澳大利亚政府对畜牧业的保护主要是畜产品补贴，即直接价格补贴和间接价格补贴。由于直接价格补贴易受到国际社会的指责，所以政府对畜产品直接价格补贴率较低，一般为2％～6％，而间接价格补贴较高，一般为4％～30％。后者可通过向消费者征税建立产业基金来补贴出口商，从而大大增强了畜产品的国际竞争力。

（6）有健全的畜牧产品安全管理机制。澳大利亚以无污染、绿色食品享誉世界，这主要归功于畜牧产品实行从生产、运输、储存、销售以及出口等全方位、全过程的质量管理机制。澳大利亚对畜牧产品的生产有着极其严格的安全检查与质量监控措施。其中，肉类生产企业必须通过严格的资格审定，达到食品安全标准，并获得经营许可证之后才能够进行生产经营。另外，澳大利亚政府还对牛肉质量制定出了一整套标准。如，在饲养、屠宰、运输等环节及疫病、污染、肉含水量、脂肪含量防控和质量指标方面都做出了严格的、明确的规定，特别是针对出口牛肉，澳大利亚政府设有专门的检疫部门对牛肉的药物残留、污染状况等进行严格检查，以确保为国际厂商提供安全、高质量的牛肉（闫旭文，2012）。

4. 新西兰

新西兰总面积 26.9 万公顷，草地面积为 1 400 万公顷。其中，940 万公顷为改良草地，460 万公顷为天然草地。新西兰的畜牧业发展时间虽然较短，仅有 160 多年的历史，但却是世界上草地畜牧业最发达的国家之一。畜牧业用地占农业用地的 96%，从事畜牧业的人口占农业人口的 80%，畜牧业产值占农业总产值的 80%以上，畜产品的出口比重高达 90%，羊毛出口量仅次于澳大利亚，居世界第二位（黄忠伟，2017）。新西兰草原畜牧业的发展有以下主要特征（张立中，2008）：

（1）重视草场的建设与改良。新西兰比较注重牧草品种的选育，根据当地土壤状况和气候条件选育最好的牧草品种。人工草场一般是以 70%的黑麦草和 30%的红、白三叶草混播。三叶草喜温暖气候，夏季生长量大，起固氮作用，而黑麦草则在冬、春、秋季都能生长。这种种植模式，不仅减少了化肥的用量，改善了土壤生态条件，增加土壤肥力，而且极大地提高了牧草的产量和品质，节省了谷物饲料等精料的用量，最终使畜产品的产量和品质大幅提升。专家估计，豆科牧草白三叶每年给新西兰创造的经济价值超过了 2 亿美元。

（2）草原投资机制合理。新西兰政府为了充分发展畜牧业，对不同地区的草场实行不同的所有制形式和投资办法。凡是自然条件比较好的地方，草场均为牧场主私人所有，投资建设草场由私人负责，草场可以自由转卖；干旱、半干旱地区的荒漠草场多为国家所有，牧场主通过合同租用，或者由国家土地开发公司建成可利用的草场后，再卖给牧场主。为了鼓励牧场主对草场进行开发和建设，国家曾经对大面积围栏、平整土地、大型水利工程等项目给予一定的投资补助，并发给低息或无息贷款。新西兰政府的这种做法改善了草原的整体状况，草原的载畜能力大幅提高。随着市场的逐步完善，近年来逐步减少或者停止了对私人草场建设的优惠，实行市场化原则，除保留少量的化肥补贴外，投资全部由私人负担。

（3）强化宏观调控与管理。新西兰政府非常重视牛羊的饲养量与草场载畜量的平衡，避免过度放牧而使草场退化；新西兰的农场主既种草又放牧，也时刻注意草畜平衡，使草场发挥最大效益。政府先后颁布了《自然资源管理法》《土地居住法》《生物制品管理法》《动物福利法》《肉类管理法案》及其配套管理条例等法律法规和有关技术标准，做到了依法治牧（草）、以法兴牧。

5. 蒙古国

草原畜牧业是蒙古国民经济的基础产业，在蒙古国民经济生产运行中占有重要地位，在为国民提供必要生活资料的同时，还为蒙古国的轻纺工业、食品加工业提供原料，是对外贸易的重要商品。蒙古国草原畜牧业经营的草场面积为1.13亿公顷，占国土总面积的72%（孟和，2016）。目前，蒙古国草原畜牧业已经实现了从集体所有制向市场经济所有制的转变，但总体上仍处于不稳定和落后的状态，与发达国家相比，草原畜牧业科技含量比较低，依然以原材料的输出为主，畜产品缺乏竞争力，发展进程比较缓慢。主要有以下特征：

（1）自然环境恶化，草原面积减少。蒙古国草原植被，尤其是戈壁、荒漠化地带草原植被非常脆弱，由于全球气候变暖、牲畜头数的快速增加，全国草原生产力逐步下降、饲草储备不足。大量矿产资源的开采，导致了草原生态环境遭到严重破坏，由于政府没有出台相关的政策标准，相关的法律法规较少，进一步加剧了不良开采行为，增加了修复的成本。

（2）产业结构不合理。第一，蒙古国的本地牲畜居多，良种较少，且牲畜中羊的比重较大，大部分牲畜生产出来的畜产品以家庭为单位，能进入市场成为商品的畜产品较少。第二，草原畜牧业占比逐渐降低。由于畜产品难以满足蒙古国人民的日常生活需要，大量草原被开垦为农田，耕地面积从20世纪60年代的1亿亩增加至80年代的10亿亩。目前，政府还在增加对种植业的投入，使得蒙古国草原畜牧业的发展受到影响。第三，由于牧区处于沟通渠道不畅，交通闭塞的阶段，导致蒙古国草原畜牧业与经济结构中的其他产业联系不紧密，难以形成开放式的发展模式，难以将畜产品产业做大。

（3）基础设施较弱。对蒙古国政府来说，要拿出相当多的资金用于草原建设、支持草原畜牧业的发展比较困难。该国的牧民收入较低，而且面临国家贷款申请难度大，申请后还贷压力大等问题。因此，牧民没有能力自筹资金用于草原畜牧业基础设施的建设和改善，导致基础设施简陋，草原植被培育不足，草原畜牧业经济效益每况愈下（恩和，2015）。

6. 英国

畜牧业是英国农业的重要产业，产值约占农业总产值的 2/3。英国草地畜牧业十分发达，其产值比种植业高 1～8 倍，畜产品 80% 由牧草转化而来。英国畜牧业的特点是以小型家庭牧场为主，机械化程度、集约化程度高，人均生产力高，管理方便。养牛业是英国最重要的畜牧业生产，是优先发展饲料和牧草产业的国家，主要依靠发展精饲料和提高草地载畜量来实现畜牧业增产（马凤江，2016）。

7. 西班牙

西班牙是传统的畜牧业国家，肉制品产量居欧盟第二位。西班牙草原畜牧业发展不断向优势区域集中。西北部沿海区由于多丘陵、山地，受季风的影响较大，降雨量较多，水资源较丰富，气候比较潮湿，有利于牧草的生长，饲养业以奶牛、猪和羊为主；内陆区由于降雨量少，气候干燥，自然条件较差，但也适合牧草的生长，是西班牙主要的牧羊区。除此之外，近年来，西班牙畜产品结构也发生了明显的变化：养猪业迅速发展壮大；养牛业发展较为缓慢，主要因为养牛业养殖周期较长，养牛业一旦遭受疫病的影响，其生产恢复至少需要 2～3 年。西班牙政府在畜牧业发展中更注重牧草资源的利用和环境卫生问题（西班牙农业部网站）。

8. 丹麦

丹麦是北欧一个农牧业高度发达的国家，农业的特点是农牧结合，以牧为主，畜牧业占农业总产值的 60% 以上。不论农业还是畜牧业都是农场经营，全国大约有 6.7 万家农场，一般的家庭农场平均拥有 40 公顷土地，87% 的农场不雇佣帮手，主要依靠家庭内部劳力。农场都是私人经营，农场主经营自己的农场并且拥有自己的机械、农田和厂房。作为合作社的成员，同时也成为合作社所属公司和合作社的业主之一（老海，2016）。

6.7 我国草原畜牧业发展思路

6.7.1 发展草原畜牧业的意义

草原畜牧业发展事关国家生态屏障的稳固，事关牛羊肉和绒毛等特色畜产品供给，事关牧民增收和边疆稳定。促进草原畜牧业发展，可以有效增加畜产品供给，保障国家食物安全。

1. 草原畜牧业是牧民赖以生存的基础产业，是牧区区域经济的支柱

受自然环境和社会经济条件的约束，草原牧区经济结构单一，部分高原牧区，粮食作物和经济作物等不能成熟，草原畜牧业是牧区经济发展的支柱产业。草原畜牧业在西藏、内蒙古、新疆、青海等省区经济中占有举足轻重的地位，产值占农业总产值的 30% 以上，草原畜牧业收入占牧民人均纯收入的 75%，是农牧民增收的主要来源和重要渠道，是牧民生活的基本来源。在草原生态补助奖励机制实施以前，畜牧业收入几乎是牧民家庭收入的唯一来源。尽管近年来随着国家牧区草原政策的调整，牧民家庭收入中转移性收入比例有所提高，但畜牧业收入仍是其经营性收入的主体，草原畜牧业仍是其赖以生存的产业。

2. 草原畜牧业是绿色优质生态畜产品的来源

美国的疯牛病、我国的三聚氰胺事件等，使人们意识到动物性食品质量安全的重要性。同时，随着我国民众生活水平的不断提高，绿色有机食品已逐渐成为人们膳食结构的重要组成部分。草原牧区受工业污染较少，广阔优质的草场，清新洁净的空气，无污染的土壤、水源，原生态的环境使之成为生产有机绿色畜产品的最佳地区。近年来，草原畜牧业已成为我国优质畜产品的重要来源，尤其是牛羊肉和羊绒在全国占有重要地位。

6.7.2　我国草原畜牧业存在的问题

在过去很长一段时间内，由于人口的不断增长，不得不靠增加牲畜头数满足人们对畜产品的需求，给草原带来巨大的生态压力。同时，过度强调畜产品产量的生产导向，给草原畜牧业的发展埋下诸多隐患。当前，在我国农业结构调整，产业转型升级的过程中，草原畜牧业发展存在以下问题亟待解决。

1. 草原生产力大幅下降，草畜矛盾仍然突出

20 世纪 80 年代以来，我国主要牧区普遍气温升高、降水量减少、蒸发量增多，导致草原退化、沙化、盐碱化严重，鼠害猖獗，草原生产力下降，严重影响到草原畜牧业的可持续发展。目前，全国中度和重度退化草原面积仍占 1/3 以上。近几年，草原鲜草产量虽较 2011 年左右有一定程度的提高，但仍然不能满足日益增长的家畜的饲草料需求，草原牧区超载过牧的现象依然普遍，草原资源压力日益增大，草畜矛盾依然突出。

2. 对草原畜牧业意义认识不深刻，供给侧结构性改革进展缓慢

对草原畜牧业在生态文明建设中的地位认识不深刻。由于近半个世纪以来超载过牧对草原退化的不良影响，导致公众甚至部分专家学者"谈牧色变"，片面地将草原畜牧业与草原生态保护对立起来，认为天然草原禁牧就是保护草原、保护生态。实际上，天然草原生态系统是一个动态演替的系统，合理的放牧不但不会破坏草原反而会促进草原植被的更新演替；利用天然草原放牧不仅是最经济的畜牧业生产方式，也是最经济、被利用最广泛的草原管理方式。同时，草原是广大牧民生活的场所，草原畜牧业是广大牧民赖以生存和生产的支柱产业。在草原牧区，草原畜牧业是草原生态文明建设不可割裂的组成部分，而不是生态建设的对立面。

对草原畜牧业在推进农业供给侧结构性改革中的战略地位认识不深刻。数千年来，"以粮为纲"的农耕文化根深蒂固，"草地农业"观念没有受到国家和民众的足够重视，使草牧业产业从概念传播、政策创制和落实再到产业发展都举步维艰。我国草地畜牧业产值仅占农业产值的 5% 左右，而草地畜牧业发达国家一般占 60%～70%，我国供给侧结构性改革仍有很长的路要走。

3. 草原畜牧业生产技术水平低、产业化程度不足

传统牧区草畜耦合性差、生产方式和技术落后、系统转化效率低。我国草畜转化效率为 1%～2%，仅为世界发达国家的 1/8。水资源的有效利用、畜场建设、舍饲圈养、饲草种植加工与调配、草食畜产品冷链运输、互联网营销等技术严重滞后，规模化和标准化程度低，制约了草原畜牧业的快速发展（赵广彬，2019）。受经济条件的制约，在草原畜牧业生产中，传统的生产方式仍占相当大的比重，畜牧业结构单一，良种化和规模化程度不高，经济效益不明显，部分牧民"等、靠、要"等懒惰思想依然存在，在牧区很难看到功能齐全、作用发挥正常的各类畜牧业养殖小区，先进适用的现代畜牧业新技术在牧区推广受到了影响（吕晓英等，2003）。

牧区二、三产业发展滞后，畜牧业产业化程度低，畜产品加工增殖能力弱、品牌建设滞后，销售手段单一落后，缺乏农、畜产品加工企业，没有龙头企业带动，牧户分散的小生产与国内国际大市场不匹配。只能在当地销售，不能外销，或者外销量极少。受生产经营范式单一粗放的限制，牧民增收始终没有摆脱"人口增长—牲畜扩增—草原退化—效益低下—牧民增收难"的困境。

4. 草原畜牧业设施设备落后、制约草原畜牧业现代化进程

近年来，牧区基础设施建设投入力度不断加大。但总体来看，草原畜牧业设施设备水平仍然较差，不足以支撑草原畜牧业高速发展。牧草收获机械化水平低，不能及时有效地收获并贮存足够的牧草供应牲畜越冬。据统计，每年机械化收获的牧草占可收贮牧草的比不足 10%，大量的牧草不能收回，致使草原畜牧业抵御自然灾害（主要为冻灾和旱灾）的能力脆弱。当前，我国牧草机械生产制造企业的产品质量低、使用故障多、可靠性差。如，往复式割草机工作半天即需磨刃，使用可靠性不到 80%。国外搂草机弹齿工作 400 公顷，断齿率仅为 4% 左右，而我国的产品在同样作业量的情况下，断齿率为 25% 左右。

5. 社会化服务体系滞后、组织化程度低

全国从事草原技术推广工作的专业技术人员仅有 1 万人，平均每 60 万亩草原拥有 1 名技术推广人员。由于对草原技术服务机构基础设施建设缺乏投入，加之牧区地方财政困难，草原技术推广机构缺乏必备的交通工具和工作设备，制约了草原技术推广工作的正常开展。而我国草原畜牧业以牧户家庭牧场生产单元为主，小牧户没有系统的市场分析能力，生产对接市场的能力差，受当前技术推广部门技术服务半径小，无法覆盖到每个牧户的条件制约，牧户因缺乏引导和技术指导而生产效率低下的情况普遍存在。

6.7.3 我国草原畜牧业发展建议

草原牧区面积广袤、人口居住相对分散，当前以及未来一段时间内将继续以零散的小牧户生产为主。因此，草原畜牧业发展应根据我国实际国情，针对我国当前草原畜牧业发展中面临的问题分层次逐步改进。

1. 加强顶层设计与引导

草原畜牧业发展事关我国数千万牧民的生计和生活保障，事关我国边疆民族区域的社会稳定，事关我国生态安全屏障的建设，是牧区乡村振兴的重要抓手。通过精准饲养、提高畜产品附加值等，提高单位家畜的生产能力和效益，是发展现代草原畜牧业的必由之路。然而，目前仅靠小农户的力量在技术和市场衔接上均无法实现上述目标。因此，需要加强宏观政策引导，通过顶层设计和政策引导，突出草原畜牧业的社会功能和绿色生态产品供给功能，通过政策和市场手段引导建立优质优价机制，实现草原牲畜少养精养、牧民减畜不减收，弱化以出栏和存栏牲畜数量为基础的畜牧业收入增加机制。

过去几十年中，我国各地摸索出了多种不同的现代草原畜牧业发展模式，世界发达国家也有些优良的模式可供我们借鉴。然而，必须正视草原畜牧业发展所依赖的自然条件的脆弱性，结合各地自然资源禀赋、市场成熟度等多种因素，制定适宜本区域的发展模式，草原畜牧业切不可不顾实际情况一味推广规模化、工厂化。

2. 把握形势进一步推动草原畜牧业结构调整

农业供给侧结构性改革的最根本目标是满足市场需求。当前，畜牧业生产已经由生产（供给）导向转向需求导向，消费者对畜产品的需求由注重数量变成注重质量。应及时出台相关政策，以粮改饲、草牧业转型升级等为抓手，通过引导鼓励草场流转、草畜一体化、适宜区域小面积免耕补播、公司＋牧户等形式促进草原畜牧业提质增效。

创新草原畜牧业资金、技术、土地、基础设施等生产要素投入保障机制，加快良种繁育与推广、优质饲草开发、动物防疫、畜产品质量监管和市场流通体系建设，为草原现代畜牧业发展提供保障。尽快建立畜产品分级、草食畜产品质量监管制度，鼓励各地采取措施培育地方品牌，探索草原生态畜牧业发展路径。

优化布局、因地制宜建立饲草种植基地。根据牧区的水热条件和资源、区位优势，充分利用已垦草原和水源条件较好的低洼地、草库伦等，发展饲草料生产基地、人工半人工草地，建立和完善防灾抗灾饲草料贮备体系。

在草原畜牧业结构调整中应区分市场与政府的功能与作用，树立和坚持市场主导、政府引导的方针，政府既要做好引导和服务保障，又要避免包办产业问题。

3. 强化草原畜牧业技术支撑和社会服务

我国草原畜牧业生产中科技支撑水平较低，社会化服务水平和能力低。应加强草原畜牧业生产技术如草原补播复壮、草库伦建设、牧草加工及家畜精准饲养等技术的研发和集成示范，通过示范和培训将科研院所和高校的相关技术成果传播落地到牧户中，提升草原畜牧业生产的科技含量。针对草原畜牧业从业专业技术人员缺少的问题，应通过培训等强化相关人员的知识技能，并及时补充草原牧区畜牧业专业技术人员。

　　针对我国草原畜牧业组织化程度较低的实际情况，亟须探索加强适宜我国草原牧区的组织化社会化服务体系。牧民虽然居住分散，但牧区存在相对成熟稳定的基层组织。如生产队、村（嘎查）等，这些基层组织在实施组织化社会化服务方面具有先天的优势。然而，在近十几年中，由于外界环境冲击，这些基层组织的组织能力有弱化的趋势，应及时采取措施予以补救，重塑牧区基层社区的功能，发挥基层组织在草原畜牧业参与社会化大生产中的作用。

第7章

饲 草 种 业

7.1 饲草种业及其战略定位

7.1.1 饲草种子的概念、种类

1. 饲草种子和品种的概念

饲草种子是指用于饲喂家畜的草本、藤本、小灌木、半灌木及灌木等饲草的籽粒、果实、根、茎、苗、叶、芽等种植材料或者繁殖材料，包括真种子、类似种子的果实、带有附属物的真种子或果实、营养繁殖器官。

品种是指经人工选育，在形态学、生物学和经济性状上相对一致，遗传性状相对稳定，适应一定的生态条件，并符合生产要求的饲草群体。我国饲草审定品种分为育成品种、地方品种、野生栽培品种和引进品种。

2. 饲草种子类型

（1）按照种子来源划分，可划分为乡土饲草种子和外来饲草种子。乡土植物也称为本土植物，是指经过长期的自然选择及物种演替后，对某一特定地区环境条件有高度生态适应性的自然植物区系成分的总称。相比于外来种，乡土植物具有明显的生态优越性，因其是经过长期的与本地环境的协同进化而保留下来的，与当地的气候、土壤、水湿条件最为适应。乡土植物经过区域极端气候条件的考验，竞争力比较强，蕴藏着大量抗病虫害、抗旱、耐寒等优良基因，其生长习性最适宜当地的自然环境条件，且不存在生物安全风险问题。

外来饲草种子是与乡土饲草种子相对的术语，指从原产地因偶然传入或有意引入到新地区并定植的饲草种子，即那些出现在其过去或现在的自然分布范围及扩散力以外地区的饲草种子。

（2）按照种子产地划分，分为境内生产和进口的饲草种子。境内生产的饲草种子，包括国产饲草种子和引进品种在国内生产的饲草种子。前者

是国内企业、机构或个人进行品种选育，通过国内品种审定委员会审定后在国内生产的饲草种子；后者是从国外引进，在国内试种成功，具有优良的性状和利用价值，通过国内品种审定委员会审定后在国内生产的饲草种子。国外生产进口到国内的饲草种子为进口饲草种子。

（3）按照遗传方式划分，分为自交系、杂交种、群体和无性系品种。自交系品种又称纯系品种，是对突变或杂合基因型经过连续多代的自交选择而得到的同质纯合群体，包括自花授粉和常异花授粉饲草的纯系品种和异花授粉饲草的自交系品种。自交系的理论亲本系数达到 0.87 或更高，即具有亲本纯合基因型的后代植株数达到或超过 87%，就是自交系品种。异花授粉植物中经多代强迫自交选择而得到的纯系，如玉米的自交系，当作为推广杂交种的亲本使用时，具有生产和经济价值，也属于自交系品种之列。

杂交种品种是在严格选择亲本和控制授粉的条件下生产的各类杂交组合的 F_1 植株群体。它们的基因型是高度杂合的，群体又具有不同程度的同质性，表现出很高的生产力。杂交种品种通常只种植 F_1，即利用 F_1 的杂种优势。

群体品种基本特点是遗传基础比较复杂，群体内植株基因型有一定程度的杂合性和或异质性。群体品种包括，异花授粉的自由授粉品种、异花授粉的综合品种、自花授粉的杂交合成群体、自花授粉的多系品种。

无性系品种是由一个无性系或几个遗传上近似的无性系经过营养器官繁殖而成的。它们的基因型由母体决定，表现型与母体相同。由专性无融合生殖如孤雌生殖、孤雄生殖等产生的种子繁殖的后代，最初得到的种子并未经过两性细胞的受精过程，而是由单性的性细胞或性器官的体细胞发育而成，这样繁殖出的后代，也是无性系品种。

（4）按照认证等级划分，美国认证的种子世代划分为：育种家种子、基础种子、登记种子和认证种子（Certified seed）4 个级别（郭常莲，2006）。加拿大认证的种子分为：育种家种子、选择种子、基础种子、登记种子、认证种子 5 个级别（毛培胜，2008）。新西兰将认证种子分为：育种家种子、基础种子、认证种子第一代、认证种子第二代（梁正华，1995）。欧盟采用欧洲经济共同体（OEEC）的种子认证等级，即前基础种子、基础种子、认证一代种子、认证二代种子和商品种子（王建华，2002）。根据《牧草与草坪草种子认证规程 NY/T 1210—2006》，我国的饲草种子认证分为 4 级，即育种家种子、基础种子、登记种子和认证种子。

7.1.2 饲草种业的概念、构成和研究进展

1. 饲草种业的概念界定

1985 年，龙钟的《适应商品经济发展要求改革种子工作》一文中出现了"种子产业"。随后，陈鸿斌在 1986 年撰写了《当今美国和日本的种子产业》一文，并提到美国种子出口第 1 位的是牧草种子，首次提到"牧草种子"一词。同年，吴铁铮翻译发表了《日本饲料作物种子产业的现状和展望》一文，国内首次出现"饲料作物种子产业"一词。1987 年，陈青发表"新西兰牧草种子产业简介"，首先使用了"牧草种子产业"一词。虽然这些文献均提到了与饲草种子有关或相近的词汇，但并没有定义或进行概念性描述。

1997 年，国家科学技术委员会编写的《中国农业科学技术政策背景资料》一书中指出，种子产业化需要解决的问题包括，选育良种、搞好区试和加快审定、重视检验和防止伪劣、繁殖原种和确保质量、精选加工和安全贮藏，可以看做是首次对种子产业进行了相似性描述。1998 年，梁彦在《深圳农业可持续发展战略》中，对种子产业化特征进行描述，认为种子产业化的特征是区域化、专业化、基地化、商品化、产供销、科工贸一条龙。2002 年，杨文钰首次对种子产业进行了概念性描述，认为种子产业就是将种子从品种选育到种子扩繁、加工、推广、销售、售后服务等形成的一体化产业，具体就是由育种、种子生产、加工、推广、营销等部门联合而成的科技先导型种子集团所从事的产业，并在 2008 年作了进一步描述，认为种子产业是以种子为对象，为农业生产提供优良商品化种子为目的，以现代农业科技成果和管理技术为手段，集种子科研、生产、加工、销售和管理于一体的产业整体。张劲柏（2009）等在此基础上将种子产业简称为种业，并进一步明确将种质资源收集、品种试验及审定、质检和包装标识等环节纳入产业范围。此后，王宏富（2010）、王宣山（2011）和张永强（2011）等不同学者相续对种子产业的概念和范围进行总结和描述，不断充实完善种子产业的内涵和外延。

韩建国在 1997 年介绍了中国饲草种子事业的进展，其实就是饲草种子产业的进展。韩建国（2000）、曾亮等（2006）、刘亚钊等（2013）、魏

波和王慧君（2016）、刘自学（2016）、徐建忠（2016）和毛培胜等（2018）分别介绍了国内饲草种子产业发展现状，内容涉及饲草品种选育、种子生产、种子加工和种子销售。

从以上文献可以看出，大多数学者认为，种子产业包含育种、种子生产、种子加工和种子贸易；也有学者认为，种子产业包含种质资源搜集保存（张劲柏等，2009）。因种质资源是培育优良饲草品种的重要素材和基因源，可直接利用野生饲草种质进行饲草料地建植或驯化选育优良草种，故大家较为认可的饲草种子产业即饲草种业，内容包含饲草种质资源的搜集保存、品种选育、种子生产、种子加工和种子贸易。

2. 饲草种业的构成

（1）饲草种质资源搜集保存饲草种质资源是现代草牧业可持续发展的重要物质基础，属于国家战略性资源，指通过异地保护和原生境保护等方式维持样本数量，保持样本生活力及原有遗传变异性的活动。饲草种植资源搜集保存是饲草种业的最基础活动。

（2）饲草品种选育饲草品种选育是人类对野生植物或现有品种进行改造，创造自然界未有的新品种的过程，其实质是人为干预下的物种进化，从而改善品种质量和提高生产效率，以满足不断发展的生产要求。饲草品种选育在种业链的控制中占有优先地位，开发新品种是种子产业化的"源头工程"。在种子市场竞争中，谁拥有了优良品种，谁就能掌握市场的主动权。随着草牧业全球化、市场化的发展，强化育种目标、材料、方法、模式自主创新，抢占种业科技战略制高点，对促进草牧业长期稳定的发展具有重要意义。

（3）饲草种子生产饲草种子生产是连接育种与饲草生产的核心，是新品种转化为生产力的关键。种子生产就是将育种家选育的优良品种，结合饲草繁殖方式与遗传特点，运用科学生产技术，在保持优良特性不变的条件下，迅速扩大繁殖，为生产提供足够数量的优质种子。只有建设稳定的饲草种子生产基地，才能保证源源不断地为草牧业生产提供优质良种。

（4）饲草种子加工饲草种子加工是指从收获后到播种前对种子所采取的各种处理，包括种子清选、精选分级、种子干燥、种子包衣、种子引发和种子包装等一系列工序。加工的目的是提高饲草种子播种质量和商品特性，保证种子安全贮藏，促进田间成苗，从而最终提高饲草产量。种子加工是饲草种子产业化的重要技术环节，对草牧业发展具有十分重要的作用和意义。

（5）饲草种子贸易通过饲草种子贸易实现种子商品功能，是饲草种业中的一个非常重要环节。根据市场需求进行饲草种子生产、销售是饲草种子企业能否生存和发展的关键。种子贸易不仅是简单的买和卖，通常还包括销售方为购买方提供的播种指导、田间管理指导、收获指导等技术服务（张雪娇等，2016）。

3. 饲草种业研究进展

对饲草种业的研究，主要集中在国内外生产情况、区域分布、产业化现状、存在问题、前景和对策探讨等方面。徐胜等（2001）、刘亚钊等（2013）、邵长勇等（2014）、刘自学（2016）、毛培胜等（2018）介绍了我国饲草种业的发展现状及对策。陈青（1987）介绍了新西兰的牧草种子产业，朱留华（2002）介绍了丹麦草种业的情况，欧阳延生（2006）、张智山等（2008）、李宝（2008）介绍了美国草种业的特点及启示。何光武（2001）提出了四川发展饲草种业的思考，于道全和杨长年（2005）提出坚持良种先行、大力发展新疆饲草种业的观点，曾亮等（2006）分析了甘肃省饲草种业发展现状及前景，杨伟光等（2011）研究了黑龙江省饲草种业现状，魏波和王慧君（2016）研究了新疆饲草种业发展现状、存在问题及对策，于徐根等（2016）研究了南方饲草种业现状并提出了发展对策，毛培胜等（2016）论述了中国北方饲草种子生产的限制因素和关键技术，谢金玉（2017）研究了广西饲草种业现状并提出了发展建议，师尚礼和曹致中（2018）分析了甘肃建成我国重要饲草种子生产基地的可能与前景。李国龙（2015）回答了我国饲草种业怎样换上"中国芯"，卢欣石（2015）提出提高饲草种业的商业化水平，刘晓倩（2015）提出饲草种业链亟待完善，刘加文（2016）提出大力发展中国饲草种业。全国畜牧总站 2018 年出版的《中国草种管理》、《牧草种子专业化生产的地域性》中，分析了我国草种业的发展现状与趋势、发展目标，确定了北方主要饲草种子的生产区。

上述研究为我国或区域饲草种子产业的发展提供了思路和基础，但尚缺乏饲草种业的系统研究，对饲草种业的概念和组成要素，我国发展饲草种子的重要性和必要性。当前，我国饲草种业的发展现状和存在问题，我国饲草种业发展面临的机遇和挑战，国内外种子产业发展存在的差距及其对发展我国饲草种业的启示，发展我国饲草种业的任务，未能系统全面梳理和总结。

中国是人口和农业大国，饲草生产的地位十分重要。虽然我国的饲草种业获得了一定的发展，但和世界种业发达国家相比还存在较大的差距。对中国饲草种业发展进行深入分析研究，总结我国饲草种业发展历程、现状及存在的问题，深入调查研究中国饲草种质资源保存、育种、种子生产、种子加工、种子贸易和种子监管等整个产业链的现状和存在的问题，剖析我国饲草种业的真实现状、国内外种业的差距，总结国外种业发展经验，总结凝练发展我国饲草种业的任务，归纳我国主要饲草种子专业化生产的区域布局，为促进饲草种子产业发展、保障我国饲草的安全生产、促进农民增收以及提高饲草种业的国际竞争力，更好地为我国草牧业的发展提供科学的理论指导迫在眉睫。

7.1.3 饲草种业的战略定位

1. 饲草种业的重要性

饲草种业是国家战略性、基础性核心产业，是提高我国草牧业生产力的物质基础。随着我国"粮—经—饲"三元种植结构优化调整的深入推进，优质饲草种子的市场需求急剧增加，饲草种业的健康发展对缓解饲料资源短缺、确保粮食及新产品稳定供给、加速农业结构调整有着十分重要的作用。

2. 饲草种业的必要性

我国对饲草种子的需求量很大，但目前国内生产量小，生产能力低，远远不能满足我国草牧业发展的需求。2015 年，我国饲草种子年产量约 9 万吨，而年商品草种的需求量约 15 万吨，约 1/3 以上从美国、加拿大、澳大利亚、新西兰等国进口，紫花苜蓿用种量的 80% 以上来自进口（刘加文，2016）。大量进口不仅持续加剧国产饲草种业发展的压力，也造成对国外饲草种子的严重依赖，且存在引发生物多样性灾害和国外病原侵入的高风险（Zhang et al.，2018；Walaa et al.，2019；刘加文，2016）。

3. 饲草种业的战略定位

我国饲草种业宜实施精品定位战略，培育、生产、加工高质量的饲草种子产品，以满足优质、绿色草牧业发展的需要。饲草种业精品定位首先应在源头上生产精品饲草种子，种子不仅品种特性好、质量高，生产过程中作业方便，还应抗倒伏、抗病虫害，低污染、低消耗（张琼琼等，2017）。

7.2 我国饲草种业的发展现状

7.2.1 我国种业发展的历史沿革

中华人民共和国成立以来，草牧业生产的每一次飞跃，都和种子工作的进步密切相关。归纳起来，我国种业的发展大致经历了 5 个历史阶段：

1. 家家种田、户户留种阶段（1949—1957 年）

新中国成立初期，家家种田、户户留种。以粮代种，种粮不分，良种繁育体系无从谈起，产量水平低下。根据当时我国农业生产的实际情况，原农业部于 1950 年召开农业技术会议，制定了《五年良种普及计划》，要求广泛开展群众性选种运动，并提出对优良品种和科研单位新育成的品种要就地繁育、就地推广。这对当时农业生产的发展起到了一定的促进作用。杂交玉米的培育和推广，是种子商品发展史上的一个里程碑。1958年 12 月，农业部颁布《全国玉米杂交种繁殖推广工作试行方案》，统一规划了全国杂交玉米良种的繁殖和推广工作。

该阶段也有农户串换种子及小规模的种子交易，但基本上是小农经济自给自足的生产方式，种子杂而乱的现象普遍存在，尤其是一些异花授粉植物，由于无法解决隔离问题，混杂退化现象严重。

2. "四自一辅"阶段（1958—1977 年）

在此阶段，农村普遍成立了农业生产合作社和人民公社，原有的家家种田、户户留种已不适应生产发展的需要。1958 年，原农业部提出了我国第一个种子工作方针，"每个农业社都要自繁、自选、自留、自用，辅之以国家必要调剂"，简称为"四自一辅"方针。同时充实了种子机构，并逐步开展了种子经营业务，实行行政、技术、经营三位一体。为配合"四自一辅"方针的实施，全国很多地方还采取了"三有三统一"措施，即生产大队要有一个种子基地、有一支供种队伍、有一个种子仓库，统一繁殖、统一保管和统一供种。

贯彻"四自一辅"方针后，种子杂乱现象有一定程度的改善，但由于缺乏专业技术指导，也没有种子加工、贮藏的专门设施，种子生产仍谈不上专业化和标准化，种子质量仍得不到保证。

3. "四化一供"阶段（1978—1994 年）

1978 年 4 月，国务院批转了原农业部《关于加强种子工作的报告》，批准在全国建立各级种子公司，并要求健全良种繁育体系，实行"四化一供"的种子工作方针。"四化一供"即品种布局区域化，种子生产专业化、品种加工机械化、种子质量标准化，以县为单位组织统一供种。在这一方针的指引下，中央、省、地（市）、县四级国营种子公司如雨后春笋般涌现，良种繁育体系逐步健全、完善，种子工作面貌大为改观。

国务院发布的《中华人民共和国种子管理条例》于 1989 年 5 月 1 日起施行，使种子工作中的新品种选育者、生产者、经营者和使用者，以及种子工作中的各类关系得到了一定程度的改善。1991 年 6 月，农业部又颁布了《中华人民共和国种子管理条例农作物种子实施细则》，以确保条例的贯彻执行。

在这一时期，虽然种子经营活动在各项政策约束下，已经趋于正常，但从总体上看，由于种子经营是以县为单位统一组织供种，种子公司的种子价格受到限制，种子经营是微利经营。种子公司一方面为农业生产提供价格较低的种子，另一方面也可以从育种单位无偿或低偿得到这些新品种的原种种子。

4."种子工程"阶段（1995—2011 年）

1995 年以前，种子行业的管理体制是完全的计划管理体制，科研、繁育、推广和经营是完全割裂的四个环节，分别由不同的部门各司其职，不利于种子行业发展。随着我国经济体制改革的深化，社会主义市场经济正逐步取代传统的计划经济，并逐步同世界经济接轨。以计划经济为主导、以行政区划为基础、以国有公司独家经营为特色的种子工作体制已和市场经济规律产生明显的矛盾。为此，1995 年党的十四届五中全会通过的《中共中央关于制定国民经济和社会发展"九五"计划和 2010 年远景目标的建设》中提出，从 1995 年开始实施"种子工程"，新中国农业发展史也随之掀开了新的篇章。

种子工程是为改变我国种子工作的落后状况，加速建设我国现代化种子产业，提高我国良种综合生产力、推广覆盖率和市场占有率，提高种子商品质量和科技含量，促进农业和农村经济持续健康快速发展的一个系统工程。主要内容包括：良种引育、生产繁殖、加工包装、推广销售、宏观管理等 5 大系统和种质资源搜集、育种、区试、审定、原种（亲本）繁殖、种子生产、收购、贮藏、精选、包衣、包装、标牌、检验、销售、售后服务等 15 个环节。

5. 现代种业阶段（2011 年至今）

2011 年 4 月 10 日，国务院下发了《关于加快推进现代农作物种业发展的意见》（国发［2011］8 号）。其中，包括加大农作物种业基础设施投入，加强育种创新、品种测试和试验、种子检验检测等基础设施建设；鼓励"育繁推一体化"种子企业建设商业化育种基地，购置先进的种子生产、加工、包装、检验和仓储、运输设备，改善工程化研究、品种试验和应用推广条件（邓光联等，2014）。这标志着我国进入现代种业发展阶段。

2012 年，国务院发布了《全国现代农作物种业发展规划（2012—2020 年）》，首次把农作物种业提升到国家战略性、基础性核心产业的高度，出台了一系列扶持种业发展的新政。国家将加大投入，鼓励科研院所和高等院校开展基础性公益性研究，鼓励种子企业大力开展商业化育种；大力扶持"育繁推"一体化企业，鼓励企业做大做强，种业集中度将不断提高；加大种业投入，实施农作物种业重大工程和重点项目。2014—2019 年的中央 1 号文件中，都提到了加快发展现代种业，这给我国种业的发展带来新机遇。

7.2.2　当前我国饲草种业的发展现状

1949 年以前，我国饲草研究工作非常薄弱，只有饲草调查、搜集及国外饲草品种的引种栽培试验。新中国成立之后，20 世纪 50 年代，草品种选育工作开始起步，并得到迅速发展；20 世纪 80 年代，国家先后在全国各地建立了 30 多个草种繁育场，并初步建立了草业技术推广体系，将草种良种推广纳入其中；1985 年颁布实施的《草原法》对草种选育、引进、推广以及审定进行了明确规定。2000—2003 年，国家先后投资 9 亿元，在甘肃、新疆、内蒙古等省区建成饲草种子基地 76 个，饲草种子企业经营开始活跃。随着草产业的发展，饲草种子经营企业数量迅速增多（刘亚钊等，2013）。2006 年，原农业部发布《草种管理办法》；2011 年，发布《草品种审定管理规定》等对我国草种规范发展起到助推作用（全国畜牧总站，2018）。

1. 草种质资源保存现状

（1）取得的成效建立了收集、评价、保存、利用为一体的饲草种质资源收集保存体系。形成了以全国畜牧总站为核心，10 个生态区域技术协作组为主体，56 个协作单位参加的全国草种质资源收集管理体系；建成

1 个中心库、2 个备份库、1 个离体库和 17 个资源圃、1 个数据库及信息管理系统组成的国家草种质资源保存体系，建立了草种质资源的标准化、数字化管理和共享利用平台，支持科研院所、高等院校、企业等社会力量参与种质创新利用（全国畜牧总站，2018）。截至 2017 年，安全保存饲草种质资源 5.6 万份，共 103 科 680 属 2 264 种。低温种质库保存 5.5 万份，资源圃保存 601 份，离体库保存 482 份。我国收集保存的草种质资源总量占世界第二位，仅次于美国（全国畜牧总站，2018）。完成 10 453 份抗性鉴定评价，累计鉴定评价 2.6 万份，筛选出高蛋白苜蓿、长穗苜蓿、饲草高产型燕麦、草料兼用高产型燕麦、籽粒高产型细叶燕麦等一批优异种质资源。累计向有关育种家和单位提供种质 1 万余份次，发掘扁蓿豆抗寒基因 6 个、紫花苜蓿褐斑病抗性 SCAR 标记 7 个、杂交狼尾草 RAPD 特异标记 1 个；创制优异新种质 19 个（紫花苜蓿 2 个、早熟禾 3 个、杂交狼尾草 5 个、象草 3 个、柱花草 4 个、黄芪 2 个）；筛选优异种质 518 份。育种家利用分发的种质材料培育饲草新品种 41 个，充分发挥了种质资源对草种业的支撑作用（全国畜牧总站，2018）。

完善了饲草种质的收集、保存、描述规范和数据标准。制定了《牧草种质资源搜集技术规程》《牧草种质资源保存繁殖更新技术》《草种质资源保存技术规程》《中期库入库标准》《农作物种质资源鉴定技术规程豆科牧草》（NY/T 1310—2007）《农作物优异种质资源评价规范——豆科牧草》（NY/T 2177—2012）《草种质资源抗性评价鉴定报告》《热带牧草品种资源抗性鉴定——柱花草抗炭疽病鉴定技术规程》（NY/T 1692—2009）《草种质资源描述规范》（NYT 2658—2014）《牧草种质资源描述规范和数据标准》《无芒雀麦种质资源描述规范和数据标准》《苜蓿种质资源描述规范和数据标准》，以及老芒麦、红三叶、羊茅属、多花黑麦草、匍匐翦股颖、梯牧草、纤毛鹅观草等 110 套主要饲草经济类群和重要饲草代表种的描述规范、数据标准及数据质量控制规范，提升了我国饲草种质资源规范化、标准化和信息化水平。

查明了我国重点保护草种质资源的种类和分布。编制了《全国主要栽培牧草的野生类型及其野生近缘植物名录》《中国饲用植物特有名录》《中国珍稀濒危饲用植物名录》等 9 个重点保护名录，包括全国主要栽培饲草野生类型及其野生近缘植物 364 种、中国饲用植物特有种 320 种、中国珍稀濒危饲用植物 60 种，明确了上述饲草种的分布区域（全国畜牧总站，

2018）。

（2）存在的问题原生境保护滞后，容易导致遗传多样性的丧失。目前，我国草种质资源保护基本采用异地保护。异地保存不利于遗传进化和多样性的发展，还可能由于遗传漂移和基因重组等原因，使有潜在利用价值的基因受到破坏或丢失（全国畜牧总站，2018）。只有利用原生境保护方式完整地保存这些遗传多样性，才能使育种者在未来的研究中，源源不断地发掘其潜在的利用价值。

资源收集种类不足。当前草种质资源本底不清，大量的资源没有得到有效收集保护，收集重点不够突出。栽培饲草的野生类型和野生近缘种、地方品种、中国饲用植物特有种、珍稀濒危草种、典型草原的优势或建群草种及生境特殊的优势草种，是我国草种质资源收集保护的核心内容。我国核心草种质资源中栽培饲草 7 科 61 属，只收集 7 科 60 属；野生近缘植物 7 科 61 属 295 种，只收集 5 科 40 属 107 种；中国饲用植物特有种 320种，目前只保存了 75 种；中国珍稀濒危草种 60 种，只保存了 11 种（全国畜牧总站，2018）。

资源保存形式单一。我国草种质资源保护利用工作起步晚，基础薄弱，经费有限，缺乏完善的种质资源保存设施，资源保存技术落后，以低温种质库保存为主，资源圃田间保存为辅，开展了少量的离体保存、试管苗保存和原生境保存，尚未建立超低温库和 DNA 库，远不能满足国家对草种质资源保存、研究和利用的战略发展需求。

表型精准鉴定滞后，基因型鉴定缓慢。开展深度鉴定评价的数量较少，草种质资源表型精准鉴定不足，缺乏适合饲草的高通量表型鉴定平台及相关技术模型，缺乏草种质资源表型精准鉴定基地。对多环境、多年系统评价鉴定的重要性认识不足，难以满足品种选育对优异新种质的需求。饲草相关基因型鉴定工作进展缓慢，仍在使用较为落后的一代、二代分子标记技术，基因型鉴定效率低、准确性难以保证。

2. 草品种选育现状

（1）取得的成效。我国草品种审定工作自 1987 年开始，至 2018 年共审定登记 559 个新品种（表 7-1）。有育成品种 208 个，引进品种 171 个，地方品种 59 个，野生栽培品种 121 个，涉及 17 个科、101 个属、183 个种。其中，禾本科审定登记 291 个，占审定登记品种总数的 52.05%；豆科审定登记 217 个品种，占总数的 38.81%（全国畜牧总站，2018）。审定登记最多的属为苜蓿属，共审定登记 103 个品种。其中，育成品种为 48 个，地方品种 21 个，引进品种为 28 个，野生栽培品种 6 个。

表 7 - 1　1987—2018 年我国审定登记草品种统计表

单位：个、%

科	属	种	品种	品种占比
禾本科	46	91	291	52.05
豆科	31	60	217	38.81
苋科	1	4	8	1.43
菊科	5	5	10	1.79
藜科	3	5	7	1.25
大戟科	1	1	7	1.25
蓼科	2	2	2	0.36
十字花科	1	2	4	0.72
蔷薇科	2	2	2	0.36
葫芦科	1	1	1	0.18
满江红科	1	2	2	0.36
夹竹桃科	1	1	1	0.18
百合科	2	2	2	0.36
旋花科	1	1	1	0.18
鸭跖草科	1	1	1	0.18
鸢尾科	1	1	1	0.18
白花丹科	1	2	2	0.36
合计	101	183	559	100

（2）存在的问题。自 1987—2018 年，我国平均每年审定登记草品种 17 个。其中，育成品种仅为审定登记品种数量的 37.2%，而引进品种占到审定登记品种总数的 30.6%。美国每年仅育成的苜蓿新品种就在 30 个以上，而我国培育的饲草新品种数量少，市场上销售的品种多以引进为主（占 30.6%），自主创新能力不强，难以满足饲草产业发展需求。常规育种与育种新技术有效结合是国际饲草品种选育发展的总体趋势，但我国饲草品种多采用传统的育种方法，表现为耗时长、效率低。

世界种业发展至今已有 100 多年，而我国饲草商业化育种不过 10 多年。我国育成饲草品种大都来自高校或研究所，企业育成饲草品种很少。孟山都每年在转基因育种方面的科研投入达 10 亿美元，国内的隆平高科比较重视科研投入，每年投入约 0.5 亿元用于科研，占销售收入的 4％。发达国家种业科研投入一般为销售收入的 8％～12％，我国有科研能力的企业不到总数的 1.5％，大多数企业没有建立起自身科技创新体系，科研经费投入平均不足销售收入的 1％（李欣蕊等，2015）。由于科研投入不足，国内种业公司本身拥有自主知识产权的品种极少，这影响到种业公司的品种优势和市场竞争力。

3. 饲草种子生产现状

（1）取得的成效。初步形成了饲草种子集中生产区。我国饲草种子生产起步于 20 世纪 50 年代，经过 60 多年的发展与实践，饲草种子生产集中区域已经初步形成。大多数饲草种子生产集中在西北地区，南方部分省区主要生产：多花黑麦草、黑麦草和一些热带饲草种子。甘肃、内蒙古、青海、四川等地是我国主要的饲草种子生产区域，年产 6.4 万吨，占国内约 76.8％（全国畜牧总站，2017）。

饲草种子产量逐步提高。经过近 60 多年的发展，我国饲草种子单产和总生产量明显增加。1989 年，全国有兼用饲草种子田 33 万公顷，种子年产量为 2.5 万吨（毛培胜等，2016）；2010 年，全国饲草种子田 18.4 万公顷，年产 7.1 万吨（邵长勇等，2014）；2016 年，全国饲草种子田 8.4 万公顷，饲草种子生产量达到了 7.8 万吨；2017 年，全国饲草种子田面积 9.7 万公顷，产量 8.4 万吨（全国畜牧总站，2017）。

饲草种子生产的机械化程度逐步提高。从 20 世纪 70 年代末开始，我国立项对饲草种子收获机械进行研究。20 世纪 80 年代起，通过引进、消化、吸收，成功研制并推广了一批种子精选、烘干、包衣等中小型成套设备。进入 21 世纪后，国家加大了科研投入和财政支持，一些科研单位和企业积极地进行饲草种子生产机械的研究，并取得了一定的成果。目前，耕地、播种、施肥、灌溉、喷药和收获等田间管理机械得到了一定程度的发展，可实现旋耕、深松、起垄、灭茬等 2 项以上的联合作业；气吸式精密播种机可实现精密播种，并能一次完成深施肥、覆膜、开沟、播种、覆土、镇压等联合作业，也可进行单项作业。排肥器施肥均匀性好，基本上能满足我国不同地区农业对化肥深施机具产品的要求。可利用无人机搭载喷药装置实现对饲草种子田进行精准的定量喷药。自走式饲草种子联合收获机，极大地提高了收获效率。随着西部大开发、环境保护和农业产业结构调整等战略，以及系列惠农政策的出台，我国饲草种子生产机械化水平逐步提高。

（2）存在的问题。饲草种子生产区划滞后，生产布局不合理、效益低下。我国饲草种子专业化生产中，仅有 4 种豆科、6 种禾本科饲草专业化生产区的论述（全国畜牧总站，2018）。已有的饲草生产基地也存在各种问题，包括：基础设施薄弱，种子基地规模化、标准化、机械化和集约化程度低，抗击自然风险能力弱，种子生产水平不高；基地布局分散，土地和人工成本上涨过快，种业基地不稳定；种业配套加工、贮藏、运输、检测等综合配套设备和服务能力薄弱，种子保障能力不强等。

饲草种子生产专业化水平低，种子严重依赖进口。目前，我国饲草种子供给市场呈非专业化生产占主流的格局。科研院所基地项目的政策性生产占 10%，种子公司生产占 20%，农户生产占 70%（刘亚钊等，2013）。占较大比重的农户生产属于非专业化生产，生产受机械价格高、利用率低、折损率高等限制，直接制约了我国饲草种子的产量和质量。

我国饲草种子产量水平和质量状况仍有待提高。种子生产过程中管理粗放、缺少系统管理，导致饲草种子产量和质量波动较大。我国 2016 年的饲草种子平均产量为 929 千克/公顷，美国在 1999 年平均种子产量就达到了 1 125 千克/公顷；我国苜蓿种子平均产量 450 千克/公顷，加拿大为 750～1 275 千克/公顷（全国畜牧总站，2018）。国内饲草种子生产水平与先进国家相比还有一定差距。据原农业部草种子质量监督抽查，抽检种子的合格率只有 50%，种子杂质含量高，部分种子发芽率低、水分含量高（张明均，2017）。

1987—2018 年，我国审定登记的苜蓿属饲草品种有 103 个。然而，"十三五"期间，我国年商品草种需求量约 15 万吨，1/3 以上从美国、加拿大、澳大利亚和新西兰等国进口，80% 以上的苜蓿用种量依赖进口（刘加文，2016）。

缺少饲草种子认证。农业行业标准《牧草与草坪草种子认证规程 NY/T 1210—2006》的颁布实施，为种子认证制度的开展确定了具体的程序要求和技术标准。但目前我国饲草种子生产未开展认证工作。

饲草种子生产中机械化程度很低。国内饲草种子生产方面的专业机械还比较缺失，大部分都基于农作物机械进行改装，被应用在饲草种子的生产中，而与饲草种子生产并不适应，导致工作效率不高，经常出现机械故障、种子浪费严重等现象。如，播种机播种密度不均匀，有芒的禾草种子容易出现不下种或下种不均匀现象。饲草种子收种机工作效率低，容易堵塞，收获的种子秸秆占 30%，收种不干净，种子浪费约 20%～30%（陈立坤等，2013）。

保育繁推脱节。目前，中国种业科研院校掌握 90% 的育种专家、90% 的种质资源和 90% 的科研经费，研发出 90% 的审定品种，而众多从事商业育种的企业仅掌握不足 10% 的资源开发出 10% 不足的审定品种，真正能够商业化推广的品种仅占 10%，而主推品种仅占 3%（李欣蕊等，2015）。我国饲草种业尚未形成保育繁推一体化的商业化育种体系，饲草新品种的选育与种子生产、种子加工、种子贸易相互分离，严重制约了我国现代饲草种业的发展。

缺乏饲草种子大型企业。随着种业市场竞争加剧，国外育种公司兼并重组加快，催生了大型集团化、专业化育种公司，形成了国际市场普遍认可的优势品牌。我国的饲草种子企业众多，但规模较小，缺乏能经得起国际竞争的饲草种子大型企业。现有企业很少有自己专门的研发团队和具自主知识产权的育成品种，创新和投入的动力不足，导致研发资金靠政府、育成品种跟不上生产需求、良种推广面积小、成果转化慢。

4. 饲草种子加工现状

（1）取得的成效。我国饲草种子加工机械化起步较晚，20 世纪 80 年代开始蓬勃发展，在引进的基础上研制并推广了一批种子精选、烘干、包衣等中小型成套设备。饲草种子加工机械还处于研发初级阶段。但在种子清选设备方面，种子清选设备较为成熟，国内有大型的清选设备制造企业，种子生产企业均配置了成套的种子清选加工线。

（2）存在的问题。与畜牧业发达国家相比，我国饲草种子机械化加工工艺尚不完善，专业化程度低、规模小、精度低，长期处于"一流的种子、二流的加工、三流的包装、四流的价格"的状态。高效低损的硬实种子处理机械、适于小种子清选、禾本科饲草种子去芒的机械等还普遍缺乏；对与饲草种子加工有关的种子生物学、力学、热特性等饲草种子加工基础理论研究不够深入（张洋等，2007）。制约了种子产后附加值的提高，阻碍了种子市场化、产业化的形成，致使种子公司即使有好的品种，也因为环节滞后，导致市场打不开，价格提不高，效益上不去。

5. 饲草种子贸易现状

（1）取得的成效。20 世纪 90 年代以来，我国饲草种子逐步进入国际流通，有了一定的出口量，但出口量不稳定，而进口量呈上升态势。1999—2004 年，饲草种子年出口量为 0.25 万吨左右，2005 年、2010 年和 2016 年出口量分别为 0.83 万吨、0.19 万吨和 0.079 万吨（刘亚钊等，2012；全国畜牧总站，2018）。我国进口的草种子主要是：黑麦草、羊茅、草地早熟禾、三叶草及苜蓿种子，进口量占总进口量的 99.96%。其中，黑麦草占 61.71%、羊茅占 23.41%、草地早熟禾占 6.10%、三叶草占 4.62%、苜蓿占 4.13%、其他占 0.04%（刘亚钊等，2012；全国畜牧总站，2018）。近年来，随着苜蓿育种的不断发展，苜蓿种子进口量有所降低，国产苜蓿种子使用率提高。通过世界种子贸易往来和国内种子市场不断完善，基本满足了饲草种植的需求。

（2）存在的问题。进口种子量大，进口途径单一，受国际种子市场波动影响较大，抗风险能力较差。我国饲草种子企业主要业务为代理美国、丹麦、加拿大等国种子公司在华的饲草种子销售，通过种子买卖经营企业。1999 年、2004 年、2005 年、2010 年和 2016 年进口量为 0.64 万吨、2.12 万吨、1.44 万吨、3.41 万吨和 3.31 万吨（刘亚钊等，2012；全国畜牧总站，2018）。其中，黑麦草、羊茅、草地早熟禾等进口种子 80% 以上都来自美国（刘亚钊等，2012），较低的自给率和高度集中的市场结构使中国饲草产业面临较高的市场风险。同时，缺乏与国际接轨的饲草种子检验和认证体系，中国饲草种子难以进入国际市场。而国内市场也存在"小、乱、差"的问题，国内饲草种子市场规模小，以零售为主，商标、包装、标签等不规范。这种状况既不利于提高种子质量和净化种子市场，又不利于种植者合理地选择购买和使用种子，也给饲草生产带来负面影响。

6. 饲草种子监管

（1）取得的成效。我国高度重视饲草种子监管，1982 年国家颁布了饲草种子检验规程，1985 年颁布了饲草种子质量分级标准，1987 年我国即成立了全国市场品种审定委员会（朱旺生等，2004）。随着饲草产业的发展，又相继修订了《中华人民共和国种子法》《中华人民共和国草原法》《草种管理办法》《草新品种审定技术规程》《草种子检验规程》（GB/T 2930.1～11—2008）《禾本科草种子质量分级》（GB 6142—2008）《豆科草种子质量分级》（GB 6141—2008）等法律法规和标准，强化了政府部门的政策指导、市场监管和行政执法职能，从种质资源利用、品种选育、种子生产、经营到市场监督各个环节的紧密衔接和高效运行体系对饲草种子市场健康发展起了重要的保证作用。

（2）存在的问题。当前，我国的饲草种子管理工作仍十分薄弱（刘加文，2016）。与农作物和林木种子相比，饲草种子法律法规体系不健全，草种行政执法体系职责不清，市场监管不到位；草品种区域试验标准不完备，站点少，装备差。草种检验机构少、人员不足，质量体系标准不完善，草品种审定工作尚不规范，饲草种子认证工作尚未启动（全国畜牧总站，2018）。草种监管经费投入不足，对违法生产经营草种的行为没能及时有效地查处和打击。

综上，我国饲草种业虽然取得了较快的发展。然而长期以来，我国饲草种子的科研、生产、推广和销售相互分离，种子企业很少搞科研，种业的科研主要由国有科研、教学单位完成，严重限制了我国育种科研技术的创新水平和转化为现实生产力的能力，形成了品种科研与推广应用、产学研与保育繁推分离的"两张皮"现象，科研与生产严重脱节，育种方法、技术和模式落后，尚未形成商业化科研育种机制，国内饲草种子供给能力不足，严重依赖进口，种子质量监管不到位，健康、稳定、可持续发展的饲草种子市场尚未形成。

7.2.3 我国现代饲草种业发展面临的机遇和挑战

1. 我国现代饲草种业发展面临的机遇

（1）国家对种子产业的扶持和重视面对跨国种业企业的严峻挑战。2011年，国务院发布了《关于加快推进现代农作物种业发展的意见》；2012年，发布了《全国现代农作物种业发展规划（2012—2020年）》，首次把农作物种业提升到国家战略性、基础性核心产业的高度，出台了一系列扶持种业发展的"种业新政"。2018年4月13日，习近平总书记强调，要下决心把我国种业搞上去，抓紧培育具有自主知识产权的优良品种，从源头上保障国家粮食安全（吴晓玲，2018）。

2014—2019年的中央1号文件提出，加快发展和推动现代种业发展，加大实施种业自主创新重大工程，开展现代种业相关研究，提升自主创新能力。2019年中央1号文件提出，加快选育和推广优质草种。2013年修订了《中华人民共和国植物新品种保护条例》，2015年修订了《中华人民共和国种子法》《草种管理办法》；2013年颁布了《草品种审定规定》；2017年修订了《草种子检验规程》。通过一系列法律法规、政策文件的制定，我国种业顶层设计基本完成，中央财政投入不断加强，现代饲草种业发展基础不断夯实。

（2）种业科技体制改革加快为了破解科研与生产结合不紧密，科研成果转化率偏低的难题。农业农村部会同有关部委从 2014 年开始，启动了种业人才发展和科研成果权益改革，重点在健全激励机制、加速成果转化、促进人才流动、深化产学研结合等方面进行了改革和探索。通过推进种业人才发展和科研成果权益改革，健全种业领域科研人员分配政策，推进种业人才分类评价，打造国家种业交易平台，深入推进科企合作，使得科研人员创新积极性明显提高，科研成果转化速度明显加快，科企间人才和技术合作明显增强。

（3）草牧业发展对优质饲草种子的需求增加。饲草产品是"从产地到餐桌"全程质量安全可追溯体系的第一环节。2015 年，中央 1 号文件提出要加快发展草牧业。2019 年中央 1 号文件指出，调整优化农业结构；合理调整粮经饲结构，发展青贮玉米、苜蓿等优质饲草料生产，草牧业的高质量发展需要大量的优质饲草种子。

（4）饲草种业企业竞争力显著提高。尽管我国饲草种业和国外先进水平相比差距还很大，但近几年发展很快。2017、2018 年，以企业为第一申报单位通过国家草品种审定的饲草品种分别为 5 个和 4 个，企业的竞争力明显提升。尽管竞争形势依然严峻、任务依然艰巨，但我国饲草种业也正面临着新一轮发展机遇。

（5）饲草种业发展的潜力巨大。目前，我国良种的科技贡献率约为 40%，饲草良种科技贡献率也很低，与美国发达国家 60% 的良种贡献率相比还有巨大的增长空间。良种商品化率世界平均水平为 70%，发达国家为 90%。我国饲草良种化和饲草种子的商品率有着很大的提高空间，饲草种业发展的科技进步潜力巨大。

2. 我国现代饲草种业发展面临的挑战

（1）跨国种业纷纷抢占中国市场，现代饲草种业发展面临国际挑战。近年来，国际种业巨头纷纷进入中国市场，投入巨资在我国本土研究适合我国的新品种。据统计，截至 2015 年，在中国注册的外资（含合资）种子企业已超过 70 家，短时间里控制了我国高端蔬菜种子 50% 以上、花卉种子 90% 以上的市场份额（李欣蕊等，2015）。近几年，国外大公司又向玉米、水稻等种业市场扩张。我国注册资本小于 500 万元的企业占种子企业的 60% 左右，无论规模还是竞争力与外企相比都存在差距。稍具实力的小部分民族种企，如不加速整合各方资源优势、进行科学发展、提高核心实力和品种市场竞争力，也将难以突围，无法避免被国际种业寡头挤出局的危险（钟婉霞，2010）。

（2）育繁推一体化面临严峻挑战。我国饲草种子经营机构数量多，但整体注册资金少、实力不强、研发投入和研发能力较低，尚未形成育繁推一体化的商业化育种体系。饲草种子的科研、生产、推广和销售相互分离，饲草种业企业研发能力不足，严重限制了我国饲草育种科研技术的创新水平和转化为现实生产力的能力，给我国现代饲草种业发展带来挑战。

（3）全球种业企业并购的挑战。一些跨国种业公司借雄厚的科技、资金和人才优势，纷纷走上了产业联合、兼并重组之路，朝着大型化和国际化的垄断方向发展。2016 年开始，陶氏并购杜邦，拜耳收购孟山都，中国化工收购先正达，丹农（DLF）并购 PGG Wrightson，丹农（DLF）收购先正达的甜菜种子业务。形成市场份额聚集，种业与农化领域的深度融合，生物技术、信息技术、智能技术的集成，农业生产领域全方位立体式的整合与控制，资本、技术、信息将加快向这些巨头聚集，形成赢者通吃的格局。在外国跨国种业公司强大的扩张和并购攻势下，民族饲草种子企业也将开始新一轮的优胜劣汰的生存之战，竞争可能会导致一些中小企业面临倒闭的窘境。

（4）潜在进口不畅带来的挑战。目前，我国饲草种子产业十分落后，草种用量的 1/3 以上需要进口，严重依赖西方发达国家出口。一旦遇到饲草种子进口不畅，造成国内饲草种子供给不足，国内草牧业生产将受到严重影响。

7.2.4 国内外饲草种业发展差距及我国饲草种业发展的启示

1. 国外现代饲草种业发展情况

（1）国外现代饲草种业基本情况。世界商品饲草种子生产主要集中在，美国西北部、加拿大西南部、丹麦西部和新西兰南岛地区以及荷兰 Polder 地区。美国以俄勒冈州、华盛顿州、爱达荷州、加利福尼亚州、内华达州为主要的饲草种子集中生产区，共有 27 万公顷的专业饲草种子生产田，每年生产 40 多万吨饲草种子，饲草种子除满足本国需求外，还出口到世界 30 多个国家（韩建国，1999）。欧洲作为世界第二大饲草种子生产区，每年生产禾本科饲草种子 14 万吨（韩建国，1997）。加拿大每年生产饲草种子约 4 万吨（韩建国，1997）；新西兰饲草种子平均年产量保持在 2.2 万吨左右（韩建国、Rolston，1994）。

（2）国外现代饲草种业发展历史沿革。国外饲草种子的生产可以追溯到 1851 年的新西兰班克斯半岛鸭茅产业的成立。从 20 世纪 20 年代开始，欧洲成立了很多饲草育种和种子生产的公司，对主要禾本科和豆科饲草进行育种，之后对育成的新品种进行种子生产。由育种公司、种子生产公司、农民组织及政府机构联合制定了各种种子质量标准，这些标准最终推进了种子法的制定（韩建国，1997）。20 世纪 30 年代释放了第一个培育的饲草品种，同期在新西兰建立了国际上第一个饲草种子真实性和质量控制系统（王明亚，2018）。

伴随着饲草品种的增多、对天然草原保护意识和饲草种子生产认识的提高，国外饲草种子生产的地域也发生了转移。美国在 20 世纪 50—60 年代，由从爱荷华、密苏里、南达克塔和内不拉斯加州的天然草原上收获种子为主的中北部转移到现在以俄勒冈州、华盛顿州、爱达荷州、加利福尼亚州、内华达州为主的西北部饲草种子集中生产区（韩建国等，2000）；加拿大的饲草种子生产区域从之前的中部和东部地区转移到现在的西南四省，即曼尼托巴省、萨斯喀彻温省、艾伯塔省和不列颠哥伦比亚省（韩建国，1997）。

伴随着世界草牧业的快速发展，饲草种业逐渐步入正轨，并发展成农业中的一个重要产业。目前，形成了以美国、加拿大、荷兰、新西兰、丹麦、澳大利亚等世界草牧业发达国家为首的饲草种子产业区，生产和销售了国际上流通的大部分饲草种子。

（3）国外现代饲草种业的特点。一是饲草种子的科研和育种现代化。无论是科研机构和大企业，国外饲草育种都广泛采用了现代遗传育种理论和高科技，饲草种子生产广泛运用了现代先进技术，实现了高度机械化、自动化、电子化。美国、俄罗斯和芬兰等国在 20 世纪 50、60 年代就开展了航天育种研究，现已经积累了丰富的经验与手段。对于转基因或分子育种在饲草育种上的应用，国外的起步也较我国早，基因枪法与农杆菌介导法已经广泛应用于转基因饲草的育种中，主要有禾本科的高羊茅、多年生黑麦草、鸭茅及早熟禾等材料（张亮等，2018）。孟山都公司、加拿大和美国国际苜蓿遗传公司间相互合作育成了抗除草剂 Roundup（草甘膦）的苜蓿新品种，同时含硫氨基酸高的苜蓿新品种也通过转基因技术在澳大利亚育成（徐春波，2013）。

二是饲草种子清选加工机械化。饲草种子从清选、包装、封签、运输、装卸等都实现了较高程度的机械化和自动化。如，北美、西欧等都非常重视饲草种子加工业，在高水平种子加工机械与种子处理技术的支持下，商品种子的精加工率达到 100%。

三是饲草种子质量标准化。要求饲草种了品种优良，而且严格检验，使饲草种子在纯度、净度、含水量、发芽率等方面，都达到国家或国际标准。如，经济合作与发展组织（OCED）主要涉及品种纯度的认证，且只有进入官方品种目录的品种方能进行生产和认证。其中，大田作物进行强制性认证，所有认证种子必须在产前和产后按照 OECD 规范进行全面检测；丹麦除了国家种子检验站外，一些大种子公司，如主要经营饲草种子的丹麦植物育种公司皆设有实验室，自行检测饲草种子的某些质量指标，力图在育种、种子繁育、加工和销售各个环节确保种子质量。

四是饲草种子商品化、专业化。美国农户所用的饲草种子彻底摆脱了自留自用的小农生产，完全由种子公司供应。饲草种子在美国已成为一个专门的产业，完全以工厂化方式生产。美国、法国、德国等国的饲草种子现代化，就是从根本改变传统种子入手，迅速发展商品种子的前提下实现的；欧美大部分国家的饲草种子公司专业性强，有自己特有的产品，如美国先锋种子公司和迪卡伯种子公司的玉米种子；丹农（DLF）专业从事饲草育种、种子生产、加工和销售。

2. 国内外现代种业发展差距

中国种业起步较晚，饲草种子产业起步更晚，底子较薄，与国际种业公司相比较，中国饲草种子企业在经营规模与绩效、业务领域、种业研发和创新等方面还存在很大差距。

（1）经营规模和绩效比较。经营规模反映了种业公司的经营实力及在行业中的地位。2015 年，中国种业前 10 强企业的市场份额为 18%，全球前 7 大种业集团合计市场份额占比 71%，中国种业公司与国际种业大公司的销售收入差距巨大（中国报告网，2018）。2014 年，孟山都和先正达（被中化收购）种业销售额分别高达约 668 亿元和 196 亿元人民币，国内种业销售额最高的隆平高科约为 15 亿元人民币（李登旺等，2016），我国企业的饲草种业销售额更低，差距十分明显。

从经营绩效来看，与国际种业公司的种子业务毛利润率相比，国内种业公司普遍偏低，不稳定。孟山都的种子业务毛利润率一直保持在 60%，先正达公司种子业务毛利润率一直保持在 45% 左右；国内种业上市公司中，登海种业种子业务毛利润率多年来一直保持在 50% 以上，其余企业的种子业务毛利润率多低于 40%，且波动较大（李登旺等，2016）。国内饲草种子企业从事饲草种子进口内销的经营模式，利润率在 10% 左右波动。

（2）业务领域比较。国内种业公司的多元化经营水平明显低于国外种业公司。先正达多元化经营水平相对较高，主要以农化产品为主营业务。2014 年，种业销售收入仅占销售总收入的 20.83%；孟山都则一直以种子产业为主要业务，2014 年种业销售收入占销售总收入的 67.75%（李登旺等，2016）。DLF（丹农）销售观饲草、观赏草、油籽、饲料、谷物、水果等的种子。相比较而言，国内涉及饲草种子的公司经营业务较为单一。

（3）经营模式比较。国际种业公司一般具有雄厚的资金实力，集品种选育、种子生产、种子加工和销售于一体。孟山都有超过 2 万人的科研团队，并在世界各地成立研发中心，开发不同产品，以求覆盖多个细分市场，借助品种专利，不断开拓销售市场，形成了完整的种业产业链。丹农（DLF）拥有全球最大的草坪及饲草研究和育种项目，在丹麦、瑞典、荷兰、比利时、英国、法国、德国、捷克、俄罗斯、中国、新西兰、美国、加拿大和阿根廷等国家都设有分支机构，通过发达的销售和服务网络为全球草种用户服务。中国饲草品种创新过度依赖公立科研院校，种业企业成立时间较短、创新能力不足，目前具有育繁推一体化能力的种业企业较少。

（4）研发投入比较。研发投入是种业科技创新和市场竞争的基础。国内种业公司在研发投入方面与国外种业公司相比差距巨大，竞争力明显不足。2014 年，孟山都、先锋等用于种业研发的投入均超过 60 亿元人民币，中国前 10 强种业公司年研发投入尚不足 6 亿元人民币（李登旺等，2016）。丹农（DLF）雇员中约 10% 从事科研工作，通过丹农科研部和遍布世界各地的育种站，不断培育出优良的品种。Jacklin 种子公司和 Pick 种子公司每年都拿出近百万美元搞科研和新品种培育，以使其在激烈的国际竞争中立于不败之地。尽管中国种业公司数量较多，但真正有自主研发能力的企业却不超过 100 家，且研发投入明显不足。

3. 国外现代种业发展对发展我国饲草种业的启示

（1）必须建立完善的种子法律制度与管理体系。世界草牧业和饲草种业发达国家，如美国、加拿大、丹麦、荷兰、新西兰、澳大利亚等，都有健全的法律制度和完善的种子质量管理机构，有《种子法》《种子检验规程》《种子审定规程》《植物新品种保护条例》等法律条规以及相应的执法或监督机构（韩建国等，2011）。美国《联邦种子法》规定了作物种子的进口入境程序，以及种子标签、农场主间种子交换、种业商业宣传以及新品种发芽测试等；《种子进口法》对进口种子净度等质量提出了严格标准。加拿大的《联邦种子法》和《种子管理条例》也对新品种研发和注册、种子质量标准与检验、种子标签管理以及种子进口等内容做出详细的规定（李登旺等，2016）。通过建立种子相关法律法规并不断完善修订，为种业市场的公平竞争提供了制度保障。强有力的新品种知识产权保护体系，保障了种业科研主体的合法权益，种业公司因此愿意投入巨资培育新品种，为种业科技进步奠定了良好的基础（李登旺等，2016）。

（2）商业化育种必须坚持常规育种与生物技术并重。跨国公司的商业化育种体系是由常规育种和生物技术两大领域构成，而且以常规育种为基础，通过生物技术提供手段和专利产品，加强新技术育种的理论创新和技术创新，弥补传统育种方法的不足（中国种子协会，2016），增强饲草遗传性状改造与利用的定向性和准确性，从而提高饲草品种选育的可操作性，这是现代饲草品种选育技术体系的核心。

（3）建立区域性饲草种子集中生产区。凡饲草种子产量较高并稳定的国家或地区，都根据饲草种子生产对气候条件的特殊要求，划定或自然形成饲草种子的集中生产区，集中生产一种或数种饲草种子，以获得最佳种子产量和质量，形成规模效应，提高饲草种子生产的经济效益（毛培胜等，2011）。如，美国饲草种子在俄勒冈州、华盛顿州和爱达荷州集中生产；加拿大在其西南四省，即曼尼托巴省、萨斯喀彻温省、艾伯塔省和不列颠哥伦比亚省集中生产。

（4）种业发展必须坚持种子企业的主体地位。从国际种业发展实践看，企业是国家种业发展的主要载体，扶持种业企业壮大是强大国家种业的必由之路。国外种业发展表明，企业强则种业兴，种业不断发展的过程就是种子企业不断强大的过程。在早期发展阶段，美国种业也是小规模企业占主导，发展速度迟缓。其后，通过实施国家创新战略计划，不断提高企业主体地位，配套建立法律法规、知识产权及贸易保护体系，并通过科研资金政策投入和税收激励，促进企业不断兼并重组，使其长期保持在全球经济中的主导地位（中国种子协会，2012）。

（5）必须坚持"保、育、繁、推、管"一体化的方向。当前，跨国种业公司拥有"从上游技术研发、中游产品物化和下游价值实现"一套功能完整衔接紧密、运转高效的产业链条（中国种子协会，2012）。我国种业的发展必须结合我国实际情况，实行"保、育、繁、推、管"一体化的产业道路，强化产业链条融合度，迅速补齐产业环节短板，提升产业创新力，提高产业质量，加快建立与国际市场接轨的监管体系，才能更好形成饲草种业优势，实现做大做强。

7.3　发展饲草种业的思路和主要饲草种子生产区划

以习近平新时代中国特色社会主义思想为指导，推进饲草种业体制改革和机制创新，构建以产业为主导、企业为主体、基地为依托、产学研相结合、与草业资源大国和用种大国地位相适应的"保、育、繁、推、管"一体化的现代饲草种业体系，以饲草种业科技创新、机制创新为核心，重点强化专业化种子生产区域布局、种子扩繁基地建设和种子生产龙头企业扶持等环节，全面提升饲草种业核心竞争力，向种子国产化大国迈进（全国畜牧总站，2018）；将种业的比较优势转化为市场竞争优势和经济效益优势，从根本上改变依赖进口的被动局面，加快占据全球种子贸易和产业的制高点，提升中国饲草种业在全球种业市场上的资源控制权、价格话语权和利润分配权。

7.3.1　我国饲草种业的发展目标

着手打造育种能力强、生产加工技术先进、市场营销网络体系健全、技术服务到位的一体化现代饲草种业集团，建立有力的饲草种子管理体系，提高优良品种自主研发能力和覆盖率，提升饲草良种供种能力，实现乡土化饲草种子为主体、进口饲草种子为补充的现代饲草种子供种体系。

1. 饲草种质资源收集与保护

提升饲草种质的保存数量和质量。加强收集力度，到 2030 年新收集资源 10 万份，新收集 2 000 种；新编目保存资源 8 万份。其中，中心库 5 万份，2 个备份库分别为 2 万份和 1 万份；完成紫花苜蓿、无芒雀麦等 30 个属种的系统收集，每个种收集 500～1 000 份，个别种达 2 000～3 000 份；加强珍稀濒危资源收集保护力度，收集完成《中国草种质资源重点保护名录》收录种的 80% 以上（全国畜牧总站，2018）。提升精准鉴定水平，针对重要性状进行表型精准鉴定，发掘重要育种价值的优异种质，对主要栽培饲草全基因组水平基因型鉴定。

2. 饲草新品种选育

构建我国饲草新品种的育种协同创新技术体系，提升品种创制的理论和技术水平，全面改善饲草育种研究和成果转化的平台条件，组建一批稳定的饲草育种团队，提升饲草育种的综合创新能力和国际竞争力。到 2030 年，建成国家 10 个长期育种创新中心和 74 个育种创新基地，建立 5 个企业自主研发中心，建设 1 个专业化饲草种业成果转化与科技服务平台，制定系列引导企业育种研发的政策措施；重点实现饲草种质创新、基因组学、蛋白质组学以及饲草分子设计育种的理论和技术的跨越式发展；创新育种材料 250 份，审定（认定）良种 200 个以上，制定育种技术标准 80 项以上（全国畜牧总站，2018）。结合市场需求和区域特点，育成一批具有重大应用前景和自主知识产权的突破性优良品种，借助饲草育种创新基地建设，扶持有一定实力的饲草种子企业向育繁推一体化方向发展。

3. 饲草种子生产

建立主要饲草种不同生态区的规模化高效制种技术体系，制定高效的良种生产综合技术标准和规范。完善饲草种子生产认证制度，全面提高饲草良种生产水平。培育一批专门从事饲草种子扩繁的企业和人才，推进中国饲草种子专业化生产，巩固和增强饲草种子创新能力。建设一批标准化、规模化、集约化、机械化的饲草种子生产基地，形成可推广的示范模式。以饲草种业科技创新、机制创新为核心，重点强化专业化种子生产区域布局、种子扩繁基地建设和种子生产龙头企业扶持等环节，全面提升饲草种业核心竞争力，向饲草种子国产化和种业强国迈进。

4. 饲草种子加工

进一步挖掘开发潜力，提高现有技术水平，完善现有工艺，重点开发研制小型化、特色化、易操作、价格较低的种子加工机械。发展饲草种子生产加工业，提高饲草种子精选率、包衣率，实现饲草种子加工国产化、专业化、优质化，彻底扭转我国饲草种子加工长期处于低水平的局面，更快地提高饲草种子质量、商品化进程和市场竞争能力。以高起点、高投入、高产出为基础，改变原来落后的加工局面，使饲草种子加工业在短期内得到较大发展。

5. 饲草种子贸易

继续加强饲草种子法律、法规、标准化建设，提高执法监督能力，净化饲草种子市场。建立饲草种业大数据平台，收集饲草种子市场数据，并定期反馈最新信息，及时满足贸易需求。构建与国际接轨的饲草种子贸易体系，更好地促进饲草种子进出口市场的发展，使饲草种子贸易进入稳定健康发展的轨道，提高国际竞争力。充分利用好全球科技资源，积极参与国际技术交流和合作，以便获取更多的种子市场贸易份额。

7.3.2　发展我国饲草种业的任务

1. 加强重点饲草种质资源的搜集、系统评价与深度发掘

尽快查清我国重点属种饲草的分布区域和生境，根据收集现状进行系统收集。通过重点属种的收集、补充收集和国外引种，提高重点属种的系统性、完整性。查明我国野生优良珍稀草种及其遗传多样性受威胁状况，抢救性收集珍稀濒危饲草种、特有种、野生近缘种和地方品种等资源。完善饲草种质资源收集国家标准或行业标准，建立和完善饲草种质保护技术体系。建立饲草种质资源评价、基因发掘与种质创新的技术体系（全国畜牧总站，2018）。通过系统评价和深度发掘，筛选具有高产、优质、抗病虫、抗逆等特性的育种材料，规模化发掘具有控制产量、品质、抗逆（病、虫）等性状的基因，为饲草品种选育提供物质基础。

2. 加强饲草新品种选育

研究主要饲草营养体产量、品质、抗逆和有性繁殖等重要性状的遗传特性，饲草雌（雄）性不育、育性恢复、杂种优势表达的遗传学基础和调控技术。进行倍性育种、远缘杂交及多因素诱变和多目标性状综合选育改良研究，形成具有自主知识产权的饲草高效育种技术体系。构建重要单产高密度全基因组遗传图谱，发掘一批与产量、品质、抗性等关键性状相关的候选基因标记。研究高通量、高密度、全基因组标记辅助选择技术和重要经济性状的多基因聚合技术，以及基因沉默、敲除、定点整合、遗传分离和高效稳定表达体系（全国畜牧总站，2018）。

针对我国饲草产业发展的需求，综合运用常规育种技术和生物育种技术，有效聚合优质、高产、抗病、抗虫、抗逆等优良性状，选育一批特性好、质量高，生产作业方便，以及抗倒伏、抗病虫害，低污染、低消耗、适应不同生态区、综合表现优于进口品种、有较大影响的饲草新品种。

鼓励骨干企业采取企业强强联合、与优势科研单位合作等方式，全力推行首席育种家负责制，组建专业化育种团队，打造不同专业分工的团队化饲草育种组织体系，建立集约化、专业化、信息化、规模化、自动化的商业育种程序。聚集各方研发资源，按照商业化育种理念和模式的要求，坚持常规育种为基础、生物技术为手段，逐步建立高通量、自动化分子标记辅助育种和生物技术转化平台，提升饲草商业化育种的效率和水平。

3. 强化饲草种子生产

（1）加强饲草种子生产技术研究。加大饲草种业基础公益性设施平台和体系建设投入，开展高产、高效的饲草新品种种子繁育各项技术研究，建立饲草良种生产综合技术标准，提升企业饲草种子专业化生产水平，全面提高饲草种子产量、质量和供种能力。

（2）科学规划专业化种子生产区。根据对饲草种子种类的需求，依据具体饲草种或品种生长发育特点和结实特性，综合自然条件和人文条件，选择最适宜的地区建设饲草良种繁育基地，进行专业化种子生产，提高种子产量和质量。加强饲草种子生产基地建设，科学规划饲草种子生产优势区域布局，培育建立相对集中、稳定的优势饲草种子生产基地，培育有核心竞争力的种子生产集团化企业。

（3）增强饲草种子生产机械化程度。积极引进先进的饲草种子生产机械产品和技术，加大国内饲草种子生产机械化装备的创新性研究，增强自主创新意识，不断提高饲草种子生产设备的科技含量。大力推广高效、安全的饲草种子生产技术及适宜的机械，保证我国饲草种子机械化装备的发展进入一个不断改进、优化老产品并推出新产品的良性循环中，从而提高饲草种子生产全过程的机械化程度，进一步提高饲草种子生产能力。

（4）严格实施饲草种子生产认证制度。制定《饲草种子生产认证管理规定》《牧草种子标识管理规定》等相关的规章制度，完善现代草种业发展配套政策，严格品种审定与保护，形成饲草种子生产管理配套的法律法规体系。加强饲草种子质量监督管理体系建设，成立饲草种子质量监督管理机构，负责饲草种子认证和生产经营的监督管理工作。加强饲草种子的标识管理，保护优良饲草品种的生产者和消费者的正当利益，保障饲草种子贸易市场的健康持续发展。

（5）饲草种子生产中的风险因素解决。应制定合理的技术规范，不定期对种子生产者进行培训。在种子生产期间要经常深入田间，发现问题、解决问题，根据当地生态条件合理调整技术规范，科学施肥、灌水、杀虫、防病，及时对农户生产进行督促指导、总结经验，最终实现降低生产成本，提高饲草种子产量和质量，提高经济效益的目标。

4. 提升饲草种子加工水平

（1）建立种子加工全程质量控制体系。按不同的用途及销售市场，分级加工成不同等级要求的饲草种子，并实行标准化包装、销售，提高种子的商品性。建立以全程质量控制为核心的生产加工体系，为实现种子生产全程可追溯、质量控制精细化提供保障。

（2）加快饲草种子加工配套机械的研制。针对饲草种子收获机械规格型号单一、通用性和稳定性差等问题，积极研发新型产品，增加机具的科技含量，提高机具的工作可靠性和通用性。加快对国外先进机械的引进、消化、吸收、利用，使其国产化，降低使用成本。增强自主创新意识，不断提高饲草种子加工的科技含量，提高我国饲草种子机械化加工装备水平。

（3）加强饲草种子包衣技术研究，提高包衣技术水平规范种子加工行为，严格按照国家标准和操作规程进行种子加工、包衣，不断提高饲草种子加工、包衣质量水平。加强饲草种子的质量监督检查，重视饲草种子质量、加工和检验相关标准的制定工作，提高种子质量、规范市场，保证种植者利益，对不符合加工、包衣标准的种子经销商予以查处，以维护市场环境、保护种植者的利益。

5. 加强饲草种子的市场营销体系建设

从贸易规模、结构、趋势等方面分析中国饲草种子的进出口现状，尽可能促进进口市场的多元化，将集中来源国进口的种子比重控制在适度范围内，加强国内研发，提高我国饲草种子供给能力，降低对进口饲草种子的依赖。建立以全方位终端服务为核心的市场营销体系，拓宽饲草种子的营销渠道，提高公司服务质量和水平。总结国外饲草种子市场营销的先进经验，树立国内饲草种子企业的全球化经营理念，将饲草种子生产、种子产品、生产资料、生产技术国际化，深入参与国际竞争。加强饲草种子企业的市场营销能力建设，努力实现从品种经营到品牌经营的转变，开发全方位品牌价值体系。通过稳定科学的布局，以科技创新为核心，努力提升品牌意识、增强服务理念，向着规模化、国际化发展，逐步加强饲草种子的市场营销体系。

6. 建立完善的"保育繁推管"一体化管理体系

围绕一体化管理体系建设，通过稳定的布局和产业链的叠加和放大效应，将保育繁推管的各方面、各环节紧密结合，保证各方面、各环节紧密结合、环环相扣，确保可持续发展，增强创新能力，保障供应的数量和质量，提高效率和拓展渠道，确保任何一项工作都会在整体协调的关系中完成，逐步构建从种质创新、品种研发、种子生产、种子加工、推广营销、售后服务、市场监管一体化的饲草种业管理体系。

7. 培育饲草种子企业，增强国际竞争能力

扶持饲草种子龙头企业的壮大和发展，从根本上解决土地分散、机械化水平低等限制问题，实现种子生产的规模化、专业化，提高饲草种子生产的经济效益。鼓励银行和保险公司为饲草种子企业提供贷款和保险服务，在产品运输、流通等环节开放绿色通道。在草种企业注册资金、固定资产、研发能力和技术水平等方面提高市场准入门槛，通过市场机制优化和调整企业布局支持大型企业通过并购、参股等方式参与饲草种业发展；鼓励饲草种子企业兼并重组，整合和优化资源配置，培育具有核心竞争力和较强国际竞争力的一体化饲草种子企业，不断提升我国民族种子企业在与跨国种业公司同台竞争中的话语权和主导权。

8. 加强饲草种子监督管理

认真贯彻落实《中华人民共和国种子法》和《草种管理办法》，加大对饲草种子生产和购销环节的管理力度，制定全国各级饲草种子质量监督抽查计划，加强饲草种子质量监督检查。严格饲草种子生产、经营行政许可管理，严厉打击生产经营假劣种子等行为。加强对入出境种子的检疫检验。充分发挥相关行业协会的作用，加强行业自律，规范生产经营行为。

7.3.3　我国主要饲草种子生产区划

饲草生产与种子生产兼顾，常常是广种薄收，造成种子产量低、质量差。饲草种子生产所需要的气候环境条件与饲草生产不完全相同。我国地域辽阔、气候多样，同种饲草在不同地区的种子产量变化很大。在饲草生产表现良好的区域，可能出现不结实或结实率极低、种子产量低的现象，难以实现规模化生产。美国、加拿大、新西兰等饲草种业发达国家的实践也证明，专业化种子生产需要选择适宜的区域，才能保证种子高产和稳产。

饲草种子生产的区域选择要由气候条件和土壤环境共同决定。农业气候条件与饲草种子生产过程中植株的生长物候期相适应，如生长季节充足、温度适宜，适宜开花的日照长度，繁殖阶段需多光少雨、种子收获期要避开雨季等。饲草种子生产区域需要选择地势开阔、通风良好、光照充足、地层深厚、肥力适中、灌排方便、杂草少、病虫危害轻的土地。异花授粉类的种子田最好邻近防护带、灌木丛以及水库近旁，以便于昆虫授粉或放置人工养殖的授粉昆虫。综合考虑区域气候条件和自然资源，采取饲草种子"西繁东用"策略，合理配置相应饲草或品种的种子生产基地，高效利用生产和加工机械。

根据《牧草种子专业化生产的地域性》（全国畜牧总站，2018）对多年生饲草种子，以及李成雄和王作柱（1985）对莜麦的论述、任清等（2011）和任长忠等（2013）对燕麦生产的论述，归纳我国主要饲草种子生产带如下：

1. 甘肃河西走廊饲草种子生产带

河西走廊冬春二季常形成寒潮天气，夏季降水的主要来源是季风。气候属大陆性干旱气候，无霜期 130～160 天，年均降雨量 50～250 毫米，≥10℃积温 2 500～3 000℃，日照时数 3 000～4 000 小时。自东而西年降水量渐少，降水年际变化大，夏季降水占全年总量 50%～60%，春季15%～25%，秋季 10%～25%，冬季 3%～16%。年均温 5.8～9.3℃，最高温可达 42.8℃，最低温为−29.3℃，昼夜温差平均 15℃左右。云量少，日照时数多数地区为 3 000 小时，西部的敦煌高达 3 336 小时。

河西走廊灌溉区是紫花苜蓿、扁蓿豆、百脉根、羊草、老芒麦、无芒雀麦、垂穗披碱草、披碱草、扁穗冰草、鸭茅和燕麦等种子生产的理想地区。在酒泉，紫花苜蓿的种子产量为 850～1 040 千克/公顷。

2. 甘肃陇中、陇东地区饲草种子生产带

陇中位于祁连山以东，陇山以西，甘南高原和陇南山地以北的甘肃省中部，年降雨量 350～500 毫米，平均无霜期 146 天；主要包括：会宁县、安定区、通渭县、陇西县、武山县、甘谷县、临洮县和渭源县北部，为中温带干旱区，日照充足，温差较大，年均气温 7~10℃，平均日照总时数 2 100~2 600 小时，无霜期 140~188 天。陇东地区主要包括平凉和庆阳，南湿、北干、东暖、西凉，年均气温 7~10℃，降雨量在 450~700 毫米，平均日照总时数 2 144~2 600 小时，无霜期 140~188 天，光照充足。

陇中地区适宜生产的饲草种子主要有：紫花苜蓿、扁蓿豆、红豆草、箭筈豌豆、垂穗披碱草、披碱草、老芒麦和燕麦；陇东地区适宜生产的饲草种子主要有：扁蓿豆、红豆草、垂穗披碱草、披碱草、老芒麦和燕麦。定西市景泉乡的雨养农业区，紫花苜蓿种子产量为 700 千克/公顷左右；通渭县红豆草种子产量为 938~963 千克/公顷；岷县和通渭县，燕麦种子产量分别为 3 690~4 451 千克/公顷和 4 964~6 972 千克/公顷。

3. 河套地区饲草种子生产带

河套地区位于北纬 37°线以北，贺兰山以东、吕梁山以西、阴山以南、长城以北之地，包括银川平原和鄂尔多斯高原、黄土高原的部分地区，分属宁夏、内蒙古、陕西各省区。河套平原属大陆性气候，无霜期 130~150d，年均降雨量 150~400 毫米，雨热同季，≥10℃积温 3 000~3 280℃，日照时数 3 000~3 200 小时。河套地区灌溉条件便利，年均温 5.6~7.4℃，西高东低。海拔 1 402~1 778 米，属温带半干旱区大陆性季风气候。该区年均气温 6.3~8.5℃，无霜期 140~170 天，年均降雨量 300~550 毫米，≥10℃积温大于 2 800℃，日照时数超过 2 200 小时，土壤类型为黑垆土、灰钙土和灰漠土。

适宜生产的饲草种子主要有：紫花苜蓿、红豆草、百脉根、羊草、老芒麦、无芒雀麦、垂穗披碱草、披碱草、扁穗冰草、鸭茅和燕麦。在鄂托克旗，紫花苜蓿种子产量为 323~604 千克/公顷；位于巴彦淖尔市乌拉特前旗的明安乡，红豆草种子产量为 1 515~1 425 千克/公顷。

4. 天山北麓、和田饲草种子生产带

天山北麓的地理坐标为东经 85°17′~91°32′、北纬 43°06′~45°38′，海拔在 650~1 100 米，无霜期 150~170 天，年均降雨量 150~200 毫米，≥10℃积温 3 000~3 500℃，日照时数 2 598~3 226 小时，年平均气温 4.7~7.0℃，冬季气温寒冷，最低温度在 −43.2~−36.0℃；夏季气候炎热，最高气温 36.0~43.5℃。和田市位于新疆最南端，全市南高北低，北宽南窄，由南向北倾斜，无霜期 170~201 天，年均降雨量 13~48 毫米，少雨干旱，灌溉便利，≥10℃积温 4 200℃，日照时数 2 470~3 000

小时；平原区年平均温度 11.6℃，在农作物成长的旺季 6～9 月，拥有非常丰富的热量，对农业生产极为有利，且温差大，有利于农作物光合产物的累积，年蒸发量达 2 450～3 137 毫米，病虫害不易发生。

适宜生产的饲草种子主要有，紫花苜蓿、红豆草、垂穗披碱草、无芒雀麦、鸭茅。在呼图壁，紫花苜蓿种子产量为 423～978 千克/公顷；在奇台县，红豆草种子产量为 1 221～1 537 千克/公顷。

5. 陕北宁南饲草种子生产带

该生产带位于东经 109°15′～109°19′，北纬 36°51′～37°36′，海拔 1 068～1 309 米。主要有陕西省榆林市榆阳区、安塞县，宁夏固原县、彭阳县。温带干旱半干旱大陆性季风气候，光照充足，温差大，气候干燥，雨热同季，四季明显。无霜期 159～180 天，年平均降雨量 316～551 毫米，年平均气温 7.9～11.3℃，≥10℃的积温 2 847.2～4 147.9℃，年日照时数 2 593.5～2 914.2 小时。

在陕北宁南沙地区适宜生产的饲草种子主要有：沙打旺、燕麦、紫花苜蓿。陕西省榆林市的黄土丘陵沟壑区，沙打旺种子产量为 446～480 千克/公顷；固原市原州区彭堡镇，燕麦种子最高产量为 4 854 千克/公顷。

6. 冀北、蒙中、晋北饲草种子生产带

该生产带包括：乌兰察布市，赤峰市的喀喇沁旗、元宝山区和宁城县，锡林郭勒盟的阿巴嘎旗、多伦县、苏尼特左旗、正蓝旗、太仆寺旗、正镶白旗，张家口市的张北县、康保县、尚义县、沽源县、察北管理区、塞北管理区及承德市的围场满族蒙古族自治县、丰宁满族自治县、隆化县，山西省的大同市。年均降雨量 297～458 毫米，年平均气温 1.0～6.9℃，无霜期 80～150 天，≥10℃积温 2 500～3 100℃，日照时数 2 700～3 200 小时。土壤为栗钙土、棕壤土、褐土等，土壤 pH 7.4～8.2。

适宜生产的饲草种子主要有：羊草、垂穗披碱草、老芒麦、无芒雀麦、扁穗冰草、沙生冰草和燕麦等。西辽河平原，羊草种子产量为 217～261 千克/公顷；内蒙古锡林郭勒盟太仆寺旗，垂穗披碱草种子产量为 958～1 016 千克/公顷；在多伦县和丰宁县，老芒麦的种子产量分别为 508～1 146 千克/公顷和 350～1 477 千克/公顷；在内蒙古宁城，无芒雀麦种子产量为 909～1 071 千克/公顷；乌兰察布、大同和坝上，燕麦种子产量分别为 2 230～3 750 千克/公顷、509～1 260 千克/公顷和 1 694～6 100 千克/公顷。

7. 东北饲草种子生产带

该生产带主要包括：辽宁省阜新市阜新蒙古族自治县、彰武县，朝阳市建平县、北票市，沈阳市康平县；黑龙江省大庆市的红岗区、大同区、肇源县、肇州县，绥化市的安达市、肇东县、兰西县、青冈县、明水县；吉林省的松原市乾安县、长岭县，吉林省西北部的白城市等。无霜期130～157天，年均降雨量400～800毫米，≥10℃积温2 000～3 300℃，日照时数2 600～2 900小时。

适宜生产的饲草种子主要有：沙打旺、高粱、羊草、无芒雀麦和燕麦。在辽宁省朝阳地区，沙打旺种子产量为547～607千克/公顷；在松嫩平原南部吉林省长岭县，羊草种子产量为86～116千克/公顷；在黑龙江省农业科学院草业研究所试验地，无芒雀麦种子产量为880～920千克/公顷；在吉林省白城市，燕麦种子产量为2 800～3 150千克/公顷。

8. 青海省东部农业区饲草种子生产带

青海省东部农业区主要分布在，水资源丰富的河谷平原地带—湟水谷地，属暖凉温半干旱区，是青海省内自然条件最为优越的地区，日照充分，光热条件好，单位面积产量高；平均气温为2.0～8.6℃，年降水量较少，为260～400毫米，南部部分区域的降水量仅为250毫米左右，雨季一般在5月上旬开始，于9月下旬结束。

适宜生产的饲草种子主要有：燕麦和无芒雀麦。在青海省东部农区山地，燕麦种子产量为3 975千克/公顷左右。

9. 青海东南部、川西北和甘南饲草种子生产带

海北藏族自治州、海南藏族自治州，年均降雨量300～500毫米，日照时数2 440～3 140小时。土壤以高山草甸土和山地草甸土为主，兼有黑钙土、栗钙土、灰褐土等，有机质含量丰富。阿坝藏族羌族自治州、甘孜藏族自治州和甘肃省甘南藏族自治州，年均降雨量300～600毫米，日照时数大于2 200小时。

适宜生产的饲草种子主要有：垂穗披碱草、老芒麦、草地早熟禾。在海北藏族自治州三角城的试验表明，垂穗披碱草种子产量为1 432～1 856千克/公顷；同德县老芒麦种子产量为610～1 050千克/公顷。

10. 西南饲草种子生产带

该生产带包括：云南省昆明市寻甸县、马龙县马鸣乡、文山州广南县、曲靖市沿江乡，贵州省毕节市威宁县、织金县，六盘水市水城县，黔

南布依族苗族自治州长顺县，惠水县、龙里县，四川省凉山彝族自治州。无霜期 210～327 天，年均降雨量 700～1 500 毫米，≥10℃积温 3 800℃，日照时数大于 2 000 小时。

适宜生产的饲草种子主要有白三叶。云南省昆明市寻甸县，白三叶种子产量为 650～692 千克/公顷。

11. 华中饲草种子生产带

该生产带包括：湖北省襄阳区、武昌区、随州市，恩施土家族苗族自治州建始县，湖南省益阳市安化县。湖北省饲草种子生产带位于东经 109°43′～114°18′，北纬 30°33′～32°0′，海拔高度为 27～555 米，属于亚热带季风性湿润气候，年均降雨量 800～1 500 毫米，年均气温 11.7～14℃，土壤类型为黄棕壤。湖南省饲草种子生产带位于东经 108°50′～111°12′，北纬 24°29′～28°22′，海拔高度为 92～1 700 米，属于亚热带季风湿润气候区，年均降雨量 1 200～1 385 毫米，年均气温 12.3～16.2℃，土壤类型为红黄壤。

适宜生产的饲草种子主要有白三叶。在襄阳地区、随州市、宜城县，白三叶种子产量为 442～496 千克/公顷。

12. 四川盆地东北部饲草种子生产带

该生产带主要包括：巴州区、通江县、平昌县、达州市、通川区、开江县、大竹县、渠县。属于温带海洋性气候，该区域海拔高度为 324～695 米，年平均气温为 16～18℃，雨水较丰富，年均降雨量为 1 172～1 474 毫米，无霜期为 285～317 大，年日照时数 1 052～1 400 小时，≥10℃积温 3 000～3 500℃。土壤类型为黏壤土、黄壤土，pH 6.6。

适宜生产的饲草种子主要有：鸭茅、黑麦草。在崇州市桤泉镇，鸭茅种子产量为 17 256～1 967 千克/公顷。

第 8 章

饲草重大病虫害

随着我国"粮—经—饲"三元种植结构调整、农业供给侧结构性改革深入推进和草牧业加快发展，在耕地、撂荒地和闲置田种植饲草的面积逐年增加，这些地区大部分与农作物种植区域交相分布，饲草病害、虫害、鼠害等生物灾害（简称饲草重大病虫害）发生范围不断扩大，危害损失日益加重，对饲草产业和草食畜牧业发展构成了严重威胁。为全面了解我国饲草重大病虫害分布和危害，充分掌握其传播扩散规律及其造成的重大经济损失。我们系统分析了我国饲草病害、虫害、鼠害等生物灾害危害情况，总结了国内外饲草病虫害防控现状与研究进展，提出了饲草重大生物灾害的防控对策，为保障饲草产业和草牧业健康发展提供理论支撑。

8.1　我国饲草病虫害发生与危害

截至 2018 年底，我国适宜种植且已审定登记的饲草品种 559 个。其中，集中连片种植规模较大的约有 10 个，种植面积超过 200 万亩。按照品种可以分为：禾本科饲草、豆科饲草等；按照种植年限可以分为：一年生饲草、多年生饲草。饲草病虫害发生和为害与气象因子密切相关，在整个生长季节均会遭受病虫害的侵袭，尤其是 5—10 月，高温、高湿环境极有利于病虫害的发生。饲草种类、饲草单播或与其他饲草混播、间作套种等生产模式均能显著影响饲草病虫害传播。

8.1.1　我国饲草病虫害发生概况

1. 饲草病害发生概况

饲草病害是指饲草在生长发育过程中受到外部因素干扰或病原生物侵染，导致其细胞和组织发生改变，最后表现为外部形态异常变化，如变色、变态、腐烂、局部或整株枯萎死亡等现象。我国幅员辽阔、饲草种类繁多、病原生物多样、病害发生因地域和年份变化大。饲草病害主要有：真菌病害、细菌病害、病毒病害、线虫病、植原体病、类病毒病等。其中，已报道的牧草真菌病害占病害总数约 95％。我国 17 科 1 313 种牧草和草坪草上，已报道了 4 569 种真菌病害。其中，禾本科占 42.52％，豆科占 22.60％，菊科占 15.41％，三科植物病害占总数的 80.5％。就病害种类而言，锈病、白粉病、黑粉病和霜霉病等四大类真菌病害分别占总数的 22.63％、9.65％、10.94％和 4.11％。

我国常见的饲草病害有 450 多种。其中，苜蓿、青贮玉米、沙打旺、三叶草、黑麦草、披碱草（老芒麦）、燕麦、鸭茅、羊草、狼尾草等主要种植饲草有 280 余种病害。病害在我国饲草所有栽培地区均有不同程度的分布，并影响饲草产量和品质，严重制约优质饲草生产，造成重大经济损失。

2. 饲草虫害发生概况

我国常见的饲草害虫有 320 余种。主要包括：蚜虫、蓟马、盲蝽类、螟蛾类、象甲、地下害虫、蝗虫（40 余种）、草地螟、沙打旺小食心虫、苜蓿籽蜂、黏虫、蝇类、芫菁等。蚜虫、蓟马等刺吸性害虫，不仅造成饲草产量损失，还传播病毒，造成叶片畸形、影响饲草品质。蝗虫、草地螟等害虫属迁飞性、暴发性害虫，不仅在饲草产区造成重大经济损失，还能远距离迁移至农田危害；不仅影响农牧业生产和农牧民生活，而且会对粮食安全构成威胁。

饲草虫害常年发生率为 30％～50％，重发生率为 10％～15％，一般年份导致饲草减产 20％以上，严重年份高达 60％以上，严重影响饲草产能，乃至造成局部绝收。虫害发生可导致饲草粗蛋白、粗脂肪等营养物质降低 20％左右。蚜虫、蓟马危害后，不仅减少饲草产量，降低了营养水平，还作为饲草病害的传播媒介，使饲草病虫害共患。此外，饲草虫害发生后，若采用的防治方法不当，会造成农药残留，对草、畜产品安全构成威胁。

不同饲草品种的害虫优势种各异，青贮玉米危害较重的害虫有：地下害虫、玉米螟、黏虫、蚜虫等。苜蓿、黑麦草、披碱草（老芒麦）、沙打旺等，危害较重的害虫有：蚜虫、蓟马、地下害虫。羊草、燕麦、三叶草、鸭茅等饲草以蝗虫、草地螟、地下害虫危害最严重。

苜蓿蚜虫、蓟马在全国苜蓿种植区常年危害，是影响苜蓿产量和品质的重要害虫；苜蓿象甲是制约新疆苜蓿产业发展的重要因素，目前尚无有效的防治措施。蝗虫是为害禾本科饲草的重大害虫，特别是在内蒙古、新疆等羊草、燕麦、鸭茅种植区，以及青藏高原东部河谷地带，亚洲小车蝗、亚洲飞蝗、西藏飞蝗等蝗虫严重制约草牧业产业发展。

3. 饲草鼠害发生概况

我国饲草种植地区分布的鼠类有 110 多种，尤以对农牧交错带最为严重。主要危害鼠种包括：高原鼢鼠、草原鼢鼠、甘肃鼢鼠、东北鼢鼠、鼹形田鼠、高原鼠兔、草原黄鼠、黄兔尾鼠、长爪沙鼠、大沙鼠、子午沙鼠、达乌尔黄鼠、赤颊黄鼠、草原兔尾鼠、褐斑鼠兔、黑线仓鼠、棕色田鼠、黑线姬鼠、黄毛鼠、黄胸鼠、鼩鼱、白尾松田鼠、褐家鼠、跳鼠等 20 余种，主要分布在：青海、内蒙古、西藏、甘肃、新疆、四川、黑龙江、吉林、辽宁、陕西、宁夏、河北、山西、山东、河南、湖北、湖南、云南、贵州、广西等省区农牧交错地带的饲草种植区域。

鼠类为杂食性动物，从饲草种植、收储和加工各环节均可为害。其主要危害表现在：一是啃食饲草。据监测，每只鼢鼠年采食饲草 90 千克，20 只鼢鼠年采食量相当于 1 个绵羊单位的年采食量。长爪沙鼠不冬眠，常年啃食饲草，平均每只年采食饲草 9 千克，200 只长爪沙鼠年采食量相当于 1 个绵羊单位的年采食量。二是破坏墒情。每只鼢鼠平均推至地面的土丘 242.1 个，推出土壤的干重平均达 1 023.8 千克，可覆盖饲草种植地 22.5 平方米。若按土丘覆盖面积推算，在高密度地区每 6 年仅土丘就可覆盖饲草地 1 次。三是威胁粮食生产。在农牧交错带，由于害鼠数量增加和种群扩散，对农作物种植构成威胁，影响粮食安全。四是传播流行疫病。害鼠可以传播多种病毒性和细菌性疾病，包括鼠疫、出血性肾综合征、钩端螺旋体病等，长爪沙鼠、黄鼠、布氏田鼠等均为疫源鼠种，高原鼠兔为泡型包虫病传播的中间宿主，鼠害发生和种群密度增加，影响农牧民生命安全和社会稳定。

8.1.2 饲草病虫害的分类及危害特征

8.1.2.1 饲草病害分类及危害特征

饲草病害按照危害部位可以分为：全株性病害、根部病害、茎叶部病害；按照病原在植株上分布又可分为：系统性病害和局部性病害。

1. 按照危害部位划分

全株性病害：全株性病害是指病原生物能够分布于整个植株的病害，即从植株根部、茎部、叶部甚至花和种子中都能分离出病原物。病害初发时常从植株个别叶片或枝条开始，随后发展至全株，以枯斑、花叶、黄化、矮缩、簇生、畸形、维管束变色、根部腐烂等最为常见。

根部病害：根部病害是指病原生物仅分布于根系及根颈部、茎基部的病害，统称为根腐病。根腐病在病原分布处产生腐烂，但在没有病原生物分布的部位也可能产生一系列的病状，主要有叶片边缘干枯、植株萎蔫、生长不良、返青期推迟甚至死亡等。但这些地上部分表现出的病状与茎叶斑点类病害不同，即病斑无规则，无霉层，也不可能镜检到病原生物。要确定饲草不健康是否为根腐病，只能进行病原生物的分离、培养、接种和再分离。

茎叶部病害：最常见的饲草病害是茎叶部病害，大多数病害为局部侵染，只侵染部分茎秆、叶片的局部。其症状表现为，病原生物的孢子落在这些部位后，萌发出芽管再侵染到组织内，这时肉眼尚看不到任何变化，当芽管侵染后生长出的菌丝在细胞之间或细胞内扩展的过程中，导致细胞死亡，开始出现肉眼可见的变化，主要出现小点，小点褪绿变黄。在这个阶段，变色的小点在体视显微镜下清晰可见。当病菌的菌丝进一步在组织中扩展的过程中，小点变成斑点，斑点的大小、形状和颜色因饲草种类、饲草受侵染组织、病原生物等方面的不同，即使同一种病原侵染同一种饲草，不同品种上的斑点也存在差异。

然而，仅根据病斑的大小、颜色、形状常无法准确诊断出具体是什么病害，即无法确定病原的属种，除非诊断者对某些病害的症状特点和病原生物的分类地位了如指掌。

除白粉病等少数病害之外，大部分菌物病害的病斑上很难观察到菌丝体。其病斑上产生霉层、颗粒状物、粉状物等病征的时间均晚于病斑产生的时间，通常在病害发生后期，病斑上通常可产生病征，镜检病征，就可确定其病原微生物的种类。具备对常见病害识别技能的人员，根据病征可初步判断出病害种类，如白粉病、黑粉病、霜霉病、锈病、白锈病等，但其病原的种属确定尚需室内镜检。

因为一些菌物病害的病斑和虫螨害的斑点在气候潮湿的条件下，容易滋生青霉菌属、芽枝霉属、链格孢属等腐生菌，镜检饲草病害的病原时，要注意杂菌（不属于研究对象，有菌物和细菌）的干扰。即使无病害的健康植株，在潮湿条件下，同样可镜检出以上杂菌。腐生细菌更是无处不在。

2. 按照病原在植株上分布的普遍性划分

系统性病害：系统性病害是指病原生物生活于饲草植株体内的病害，是一类非常特殊的病害，其病原生物分布于全株，症状呈现在全株，但其症状可能只出现在饲草某个生长阶段，主要表现为，矮化、丛枝、萎蔫、病粒等。如，苜蓿黄萎病的病原生活在植株体内，在饲草苗期的症状不明显，后期叶片变黄，叶片边缘出现叶斑，当病原生物大量繁殖，堵塞维管束，影响水分运输时，导致枝条萎蔫，植株快速死亡，但其发病植株表面难以观察到或镜检出其病原生物的菌丝和孢子，对其分离培养即可得到其病原。苜蓿霜霉病的菌丝体可在茎基部和根颈部越冬，苜蓿返青后随枝条生长而在体内扩展，造成整株矮化、叶斑，其病部产生的孢子侵染新叶后菌丝体也可扩展到整个叶片及邻近的组织部位之中，表现为系统性症状。

病毒导致的病害多为系统性病害。如，紫花苜蓿病毒病也是系统性病害。主要包括苜蓿花叶病毒（AMV），在美国（Alshahwan、Abdalla、AlSaleh，2017）、伊朗（Massumi、Maddahian、Heydarnejad，2012）、沙特阿拉伯、尼日利亚、肯尼亚、苏里南、古巴（郭木金，2012；张祥林，1994）等国家均有发生。

局部性病害：只在植株的某些部位发生，但不会发生在其他组织部位的病害，即为局部性病害。如，黄斑病、春季黑茎病、夏季黑茎病、匍柄霉叶斑病等各类叶斑病均为局部性病害。

8.1.2.2 饲草虫害分类及危害特征

根据害虫的生物学特性或为害时期可以分为：地下害虫、地上害虫；根据害虫的为害部位或为害方式可以分为：食叶类害虫、刺吸类害虫、蛀食性害虫。

（1）食叶类害虫：食叶类害虫指咬食树叶，以植物叶片为食物来源的害虫。主要包括：鳞翅目蛾类、鞘翅目叶甲类害虫。该类害虫口器为咀嚼式口器。如，苜蓿夜蛾、甜菜夜蛾、草地螟等均为食叶类害虫，是造成经济损失的重要害虫。草地螟属草原周期性、突发性迁飞害虫，主要分布在我国东北、华北和西北地区，幼虫暴食多种植物，寄主有 35 科 200 余种植物，多以大规模迁入苜蓿地造成危害。

（2）刺吸式害虫：刺吸式害虫指通过口器刺破叶皮或树皮吸取汁液为害的害虫。主要包括，蚜虫、蓟马、螨类、粉虱等。该类害虫口器为刺吸式口器。如，危害苜蓿的常见害虫包括蚜虫、蓟马、螨类。其中，苜蓿蚜虫普遍发生在全国各苜蓿种植区，属常发性害虫，对苜蓿生长早中期危害较大，严重发生时造成苜蓿产量损失达 50% 以上，排泄的蜜露引起叶片发霉，影响草的质量，导致植株萎蔫、矮缩、霉污以及幼苗死亡。苜蓿蓟马普遍发生在全国各苜蓿种植区，已成为苜蓿成灾性害虫，主要取食叶芽、嫩叶和花，轻者造成上部叶片扭曲，重者成片苜蓿早枯，停止生长，叶片和花干枯、早落等对苜蓿干草产量造成约 20% 的损失，减少种子产量 50% 以上。盲蝽类广泛存在于全国苜蓿各种植区，属杂食性害虫，吸食嫩茎叶、花芽及未成熟的种子。

（3）蛀食性害虫：蛀食性害虫指通过咬食进入叶片内、茎内为害的害虫。如，潜叶蝇，其具有舐吸式口器类型，以幼虫为害植物叶片，幼虫往往钻入叶片组织中，潜食叶肉组织，造成叶片呈现不规则白色条斑，使叶片逐渐枯黄，造成叶片内叶绿素分解，叶片中糖分降低，危害严重时被害植株叶黄脱落，甚至死苗。

（4）地下害虫：地下害虫指一生或一生中某个阶段生活在土壤中危害植物地下部分、种子、幼苗或近土表主茎的杂食性昆虫。主要包括：蝼蛄、蛴螬、金针虫等。以幼虫取食饲草根部，导致饲草生长不良、枯黄，甚至死亡，成虫也取食饲草叶片和茎。地下害虫危害随着饲草种植年限的延长呈指数增加。如，种植 7 年后的苜蓿地黑绒金龟和白星花金龟种群暴发性增长，而种植年限 5 年以下的苜蓿，这两种害虫种群增长非常缓慢。

8.1.2.3　饲草鼠害分类及危害特征

鼠类为杂食性动物，饲草从种到收全过程以及草产品贮存过程中都可能遭受其害。鼠害分为：地上鼠害和地下鼠害。地上鼠主要有鼠兔、黄鼠等，危害饲草茎、叶等，引起产量损失；地下鼠主要有鼢鼠等，危害饲草根部，并翻土掩埋地上植株，导致植株死亡。由于饲草鼠害种类繁多，常混合发生，我们按照不同区域重点害鼠种类分类如下：

（1）东北及华北农牧交错带饲草鼠害：该区域包括，黑龙江西部、吉林白城地区、辽宁西部、内蒙古通辽、赤峰、河北坝上地区、山西雁北地区、山东西北部饲草种植区，重点防控黑线仓鼠、田鼠、沙鼠、鼢鼠、黄鼠等。

（2）西北及黄土高原区饲草鼠害：该区域包括，新疆、内蒙古西部、陕西榆林、宁夏、甘肃河西走廊等饲草种植区，重点防控鼹形田鼠、黄兔尾鼠、沙鼠、跳鼠、褐斑鼠兔等。

（3）青藏高原农牧交错带饲草鼠害：该区域包括，西藏、青海、甘肃南部、四川西北部等饲草种植区，重点防控鼢鼠、鼠兔、田鼠、姬鼠、绒鼠、鼩鼱等。

（4）云贵高原农牧交错带饲草鼠害：该区域包括，云南、贵州等饲草种植区，重点防控姬鼠、黑腹绒鼠等。

8.1.3 饲草病虫害的危害

1. 饲草病虫害危害造成的直接经济损失

（1）饲草病害：饲草病害的频发重发，不仅致使饲草产量、质量下降，而且导致饲草种植田利用年限缩短。调查表明，我国北方饲草种植地饲草发病率为 20%～60%，南方达到 30%～80%，最高达 100%。据2017 年统计资料，饲草病害综合发病率达到 40%以上，危害面积 7 300多万亩，占饲草种植面积的 40.4%；严重危害面积 3 680 万亩，占饲草种植面积的 20.4%。造成饲草减产 10%～15%，严重地区高达 60%；粗蛋白、粗脂肪等营养物质降低 20%左右；多年生饲草地利用年限缩短 3～5年，还有一些饲草因发生病害，体内生化物质变化，家畜取食后导致流产不孕、中毒死亡等。按照干草 1 000 千克/亩、1 000 元/吨，平均减产10%计算，全国饲草种植地区每年因病害发生造成的直接经济损失达 73亿元。

（2）饲草虫害：据 2017 年统计资料，我国饲草种植地虫害发生面积6 190 万亩，发生率为 34.3%。其中，严重危害面积 2 150 万亩，占饲草种植面积的 12%。农牧交错带饲草种植区域蝗虫发生面积 2 940 万亩，发生率约 40%，严重发生面积 1 210 万亩，占饲草种植面积的 16%。按照干草 1 000 千克/亩、1 000 元/吨，平均减产 20%计算，全国饲草种植地区每年因虫害发生造成的直接经济损失达 124 亿元。

（3）饲草鼠害：目前，我国农牧交错带饲草种植面积 6 993 万亩，鼠害发生面积约 2 340 万亩，发生率达 33.5%，严重危害面积 1 100 万亩以上，占饲草种植面积的 15%以上。鼠害每年造成的损失，其价值相当于饲草产品价值的 20%。按照干草 1 000 千克/亩、1 000 元/吨折算，每年因鼠害造成直接经济损失达 47 亿元。

2. 饲草病虫害危害对畜牧业生产和农牧民生活的影响

饲草病虫害不仅造成直接经济损失，还能显著降低饲草品质、制约饲草供给、危害社会安全。

（1）降低饲草品质：饲草病虫害不仅造成产量损失、影响草产品质量，更为重要的是，动物取食为害后的干草，后者能产生毒素，导致家畜中毒、流产等，造成更为严重的损失。

（2）制约饲草供给：饲草病虫害不仅造成直接经济损失，更为重要的是现阶段我国饲草供给存在较大缺口，饲草病虫害危害严重制约了我国饲草供给能力。据统计，目前我国商品草产量仅 770 万吨，缺口达 1 230 万吨。以苜蓿为例，我国现阶段苜蓿种植面积约 5 000 万亩，按最低亩产 0.6 吨计算，如果能有效控制苜蓿病虫害，挽回 20% 的产量损失，仅苜蓿一种饲草，年均可增加产量 660 万吨，有效保障我国饲草自给能力。

（3）危害社会安全：鼠类可以直接把疾病传播给人类或通过体外寄生虫间接传播给人畜。因为鼠类与人类生活的关系密切，加上其数量多、分布广，迁徙频繁，所以是很多疾病发生和流行的传播媒介，能传播鼠疫、流行性出血热、钩端螺旋体病、斑疹伤寒等 30 多种疾病。饲草鼠害分布区与鼠疫自然疫源地、危害种类与鼠疫疫源种均有着较大重叠，关系到人民群众身体健康与公共安全。特别是沙鼠、黄鼠、田鼠等均为疫源鼠种，鼠疫疫情社会影响巨大。鼠害加重，增加了疫病扩散传播的潜在危害，直接威胁着农牧民的健康和生命安全。

8.2　我国主要饲草病虫害分布与危害

从不同饲草品种种植面积来看，紫花苜蓿、青贮玉米种植面积分别达 4 782 万亩、3 463 万亩，其他饲草种植面积约 8 961 万亩（2017 年底统计数据）。截至目前，仅苜蓿病虫害分布与危害已进行了较为系统的研究；青贮玉米因与籽粒玉米生长环境非常相似，仅用途不同，我们描述青贮玉米病虫害主要参考籽粒玉米病虫害分布与危害概况。其他饲草病虫害报道相对较少，按照紫花苜蓿、青贮玉米、其他饲草 3 个部分，分别阐述我国饲草主要病虫害分布与危害。

8.2.1 苜蓿病虫害分布与危害

除广东、海南以外，紫花苜蓿在全国各个省区（含新疆兵团、黑龙江农垦）均有种植。病害、虫害是造成苜蓿产量损失的重要因素，局部地区鼠害也是制约苜蓿产业发展的重要因子。

8.2.1.1 苜蓿病害分布与危害

1. 苜蓿黄萎病

苜蓿黄萎病是由轮枝孢属真菌引致植物叶片变黄、枝条萎蔫甚至植株死亡的一类病害。苜蓿黄萎病最早于 1918 年发现于瑞典，1962 年传入加拿大，1976 年传入美国，1980 年传入日本，是苜蓿上最危险的病害、毁灭性病害；从传播途径上属于种传病害，从病菌在植株体内的分布范围上属于系统性病害，因主要侵染维管束导致萎蔫，故也属于维管束病害，是我国第 276 号进境植物检疫性有害生物。在欧洲严重发病的种植地，次年可减产 50% 左右，植株生长年限大大缩短，常使一些感病苜蓿草地到第三年即失去利用价值。我国最早于 1998 年发现于新疆阿克苏地区温宿县托乎拉乡，2015 年又在甘肃省张掖市民乐县和临泽县发现该病。

该病菌可在已感染苜蓿体内、土壤和种子中存活，且以此越冬，但在土壤中存活不超过 1 年，而在干草中可存活 3 年以上，带菌的种子是远距离传播的主要方式，刈割也可造成传播，蝗虫、蚜虫、食菌蝇、切叶蜂以及土壤中为害苜蓿根部的线虫等都可携带并传播此病菌，气流或风也可使病组织碎片和分生孢子传播到较远地区，绵羊取食干草后排泄的粪肥也可传播。病原菌直接或通过伤口侵入苜蓿的根。灌溉的苜蓿田常发生严重，而旱地苜蓿发生则较轻。

因病害系统侵染到植株体内，故在植株上表现一系列症状。其中，最明显的症状为，枝条叶片变黄、茎秆枯死、植株死亡。在同一植株上，开始发病时部分或全部枝条的顶梢叶片干枯，叶片自上而下发病，但枝条不会立即变干褪绿，而在较长时间内保持绿色，茎的木质部变浅褐色或深褐色。叶片上的症状为：发病初期叶尖出现 V 形褪绿斑，后失水变干，变干的小叶常呈现粉红色，有些也保持灰绿色，脱落，常留下变硬、褪绿的叶柄附着在绿色的茎上，一些顶部小叶片变窄，向上纵卷。根维管束变黄色、浅褐色、深褐色。发病存活的组织上均不产生病菌的孢子梗和孢子，但在潮湿条件下病原菌在死亡的茎基部大量产生分生孢子梗和孢子，使茎表面覆盖浅灰色霉层。

2. 苜蓿细菌性凋萎病

该病首次于 1924 年发现于美国，后随种子传入加拿大、墨西哥、智利、欧洲、俄罗斯、澳大利亚、新西兰、日本和中亚地区。在我国，未发现此病，是一种紫花苜蓿上的毁灭性病害、种传病害、系统性病害、维管束病害。美国除西南部炎热的沙漠及雨量稀少而又无灌溉的地区以外，凡有紫花苜蓿种植的其他地区均有这种病害。细菌性凋萎病可引起植株死亡，加速草地衰败。在轻度或中等发病，尚不至死亡的情况下，也使牧草和种子产量显著下降。据加拿大资料，该病使草产量下降约 58%，苏联曾报道该病使荚果减少 41%，种子减少 54%。苜蓿细菌性萎蔫病菌为我国第 192 号进境植物检疫性有害生物。

病原菌通常在存活的根和根茎、土壤中病残体和储藏的种子上越冬。在 20～25℃的实验室条件下，干燥的病草或种子中的病原菌可存活 10 年以上，而在土壤中病残体内存活年限较短。病原菌主要从根部、根颈部的伤口侵入，伤口类型较多，包括地下害虫、线虫造成的伤口，冻伤和机械损伤等。另外，病原菌还可以从茎秆刈割断面侵入。侵入后，先在薄壁组织细胞间繁殖，然后进入维管束组织，系统扩展，缓慢发病。细菌菌体可阻塞导管，还产生糖蛋白类毒素，损害输导机能。带菌种子和带菌干草可远距离传播病害。在田间则通过土壤、风雨、灌溉水、昆虫、线虫、刈割刀片、农机具以及农事操作而传播扩散。初发田病株点片分布，症状不明显，田间菌量逐年积累，病情缓慢加重，通常在第二年或第三年就能出现明显症状。细菌性凋萎病主要在灌区发生。通常低湿，积水田块或多雨年份发病增多。根结线虫、鳞球茎线虫等地下害虫可传播病原菌，且造成较多根部伤口，有利于病原菌侵入，因而线虫或地下害虫发生较多的地块，发病也重。植株营养失衡，高氮、高磷、低钾时往往发病较重。

病株通常散布整个田块，最显著的症状是叶色浅淡，叶片斑驳，叶片稍呈杯状或向上卷曲，植株略矮。严重感染的植株明显矮化，叶片黄绿色，植株上有许多小而细弱的枝条，小叶扭曲变形。通常刈割后再生时病株最为明显。病株主根的横切面，外围维管组织先呈黄褐色，随病害发展，整个中柱变色。当剥离皮层时，中柱呈黄褐色，健株的中柱呈白色。病株根部皮层内表面常有变色。

3. 苜蓿根腐病

苜蓿根腐病有多种致病原，如镰孢菌、腐霉菌、疫霉菌、丝核菌等。其中，疫霉菌引起的根腐病在世界大多数苜蓿种植区均有发生，特别在进行漫灌，或降水量大的地区发生更为严重，因过多的土壤水分对病害发生有利。疫霉菌根腐病在加拿大、美国、澳大利亚的一些地区，是苜蓿的毁灭性病害之一。目前，该病害在中国尚无报道，是我国第247号进境植物检疫性有害生物。下面以危害最重的镰孢菌根腐病为例介绍我国根腐病分布与危害概况。

多种镰孢属真菌均可侵染紫花苜蓿，引起萎蔫、根腐等症状，主要有尖镰孢、腐皮镰孢和燕麦镰孢三种。该病害广泛发生于世界各地。在美国南部和西部，由苜蓿尖镰孢引起的萎蔫病是一种最严重的病害，是紫花苜蓿草地提早衰败的原因之一。在我国大部地区均有分布，特别是在新疆、甘肃地区发生较重。

镰孢菌根腐病病原菌以菌丝或厚垣孢子在病株残体上或土壤中越冬。厚垣孢子在土壤中可存活5～10年。种子和粪肥也可带菌作为传播方式。根的含氮渗出物刺激厚垣孢子萌发和菌丝生长。病原菌可以直接侵入小根或通过伤口侵入主根，并在根组织内定殖，小根很快腐烂，主根或根茎部位病害发展较慢，腐烂常需数月至几年。各种不利于植株生长因素的影响，会加速病害发展，加重病害程度，如叶部病害、害虫取食、频繁刈割、干旱、早霜、严冬、缺肥、缺光照、土壤pH值偏低等。根结线虫、丝核菌和茎点霉等病原物常常伴随根腐病菌发生，使病情复杂和严重化，有时难以区分根腐病发生的真正原因或者主要原因。因此，该病笼统称之为紫花苜蓿综合性根腐病或颈腐病。土壤温度介于5～30℃时，最适合此病发生，一些学者认为，干旱情况下此病的发病率反而较高。

植株感病后明显衰弱，枝梢萎蔫下垂，叶片变黄枯萎，常有褐紫色变色。因病菌仅侵害根和根颈部，而不直接侵染茎和叶，故地上表现出的症状不是直接受害产生的，而是根和根颈部受害造成的间接症状，而根和根颈部症状埋在土壤中通常观察不到。根和根颈部的主要症状有：皮层出现褐色病斑至腐烂凹陷，开裂或剥脱（主要为腐皮镰孢），中柱红褐色至暗褐色，可横切根观察、纵切根观察（主要为尖镰孢），也可观察到中柱变色。尖镰孢主要侵染中柱而不侵染皮层，而腐皮镰孢仅侵染皮层而不侵染中柱。紫花苜蓿镰孢萎蔫与根腐病在地上部分的主要症状有：苗期植株萎蔫死亡，或春季不返青，或返青时芽死亡，返青后枝条未均匀分布于植株根茎四周，而在某些方位有缺失，或植株生长衰弱，枝条稀少且纤细，叶片色淡不嫩绿，或在后期生长中个别枝条萎蔫下垂数日后干枯，萎蔫枝条上的叶片变黄枯萎，常有褐紫色变色，或全株在萎蔫数日后死亡。

该病害通常为慢性病，植株不会迅速死亡，但尖镰孢常可引致萎蔫至死亡的急性症状。春季不返青是因主根或根茎彻底腐烂，植株在越冬期间已死亡。可返青的发病植株因主根和根茎受害部位及受害程度不同，地上可出现一系列症状，仅根茎受害的植株萌发枝条的能力下降，死亡风险增大，枝条在植株四周的分布不对称，在田间容易拔出，常在根茎处断裂，而主根未变色或腐烂；仅主根受害的植株上枝条数量和分布正常，但植株衰弱，不易拔出，挖除植株可见根茎生长正常；根和根茎的皮层受害，影响地上光合产物向下运输，因而根系生长不良直至死亡，中柱受害则影响根部吸收的水分和矿物质向上运输，因而枝细叶黄，植株萎蔫直至死亡。在发病植株的主根和根颈部可观察到霉层，如腐皮镰孢。

4. 苜蓿霜霉病

紫花苜蓿霜霉病广泛分布于我国从绿洲到草原的不同海拔地区的紫花苜蓿种植区，在甘肃、宁夏、陕西、青海、内蒙古、新疆、黑龙江、吉林、辽宁、河北、山西、江苏、浙江、四川、云南、广东等地均有发生。新疆阿勒泰地区，头茬紫花苜蓿发病率近乎 100%，福海县二龄紫花苜蓿地病害平均病情指数接近 40；与健株相比，每株鲜重降低近 50%，生殖枝数降低约 60%。叶片鲜重随严重程度的增加而降低。该病害可明显降低粗蛋白、粗脂肪，增加粗纤维含量。甘肃庆阳紫花苜蓿的平均发病率超过 60%，病情指数为 20～45；武威地区的紫花苜蓿发病率也达到 50%，草产量减少 36%～58%，病株的生殖枝数及其花朵数分别为健株的 40% 和 60%。与健株相比，感病植株幼苗高度降低 40%～50%，根鲜重减少 75%，根瘤数量减少 54%。即使在海拔 3 000 米的祁连山和夏河桑科等高山草原条件下，霜霉病为害也相当严重，表现出霜霉菌对不同海拔地区的适应性。

夏季霜霉菌孢子囊萌发的适宜温度为 15～21℃，最适温度为 18℃；孢子囊在相对湿度 100% 时的萌发率为 52%，相对湿度低于 95% 时不能萌发；孢子囊萌发的适宜 pH 6.15～7.69，最适 pH 6.91。紫花苜蓿叶片汁液对孢子囊的萌发有较强的促进作用。病原菌以菌丝体在系统侵染的病株地下器官或以卵孢子在病株体内越冬，次年春天产生孢子囊对萌发的新株进行侵染。卵孢子混入种子，可远距离传播。田间孢子囊随风、雨水传播，条件有利时，5天即可形成一个侵染循环。一般有两个发病高峰期，分别在春、秋的冷凉季节，而在夏季炎热条件下，发病有减轻的趋势。该病多发生于温凉潮湿、雨、雾、结露的气候条件下。在甘肃夏河桑科草原紫花苜蓿品种适应性评价试验中，尽管海拔为 3 000 米的高寒条件，但发病率仍然很高，容易造成病害大发生。在新疆阿勒泰荒漠、半荒漠气候区的灌溉条件下，尽管极端干旱，也存在病害大流行的潜在条件。在草丛过密或阴凉潮湿的草地上可造成较大损失。

该病的症状分为：系统型症状和局部型症状两种类型。其中，系统型症状指全株的茎叶均发病，茎节缩短，植株矮化，叶片褪绿、扭曲、畸形，发病重的植株发育不良，多不能开花，因病菌在茎基部越冬，故于返青后即可表现此类症状，在田间零星分布；局部型症状指植株上仅有部分叶片发病，常首先发生于幼嫩叶片上，初期在叶片背面和正面均出现不规则的褪绿斑，病斑无明显边缘，占据大部分叶面甚至整个叶面，叶片变为黄绿色，叶缘向下方卷曲成团，最后干枯变褐，有时病斑仅局限在叶片边缘，长半圆形，发病轻者，落花、落荚，发病重者不开花，甚至枝条枯死。此为返青结束后至枯黄期的主要症状，发病植株在田间分布普遍。在两种类型的症状中，叶片背面出现灰白色、灰色、淡紫色的霉层，而叶片正面无霉层，潮湿时易产生霉层，即病原菌的孢囊梗和孢子囊。

5. 苜蓿锈病

苜蓿锈病是世界上苜蓿种植区普遍发生的病害，以南非、苏丹、埃及、以色列和土库曼斯坦等国家和地区的苜蓿受害最为严重。我国吉林、辽宁、内蒙古、河北、北京、山西、陕西、宁夏、甘肃、新疆、山东、江苏、河南、湖北、贵州、云南、四川和台湾等地均有发生。有些地区苜蓿锈病发生严重，如内蒙古、山西、陕西、宁夏、甘肃、新疆等省区。苜蓿发生锈病后，光合作用下降，呼吸强度上升，并且由于孢子堆破裂而破坏了植物表皮，使水分蒸腾强度显著上升，干热时容易萎蔫，叶片皱缩，提前干枯脱落。病害严重时干草减产 60%，种子减产 50%，瘪籽率高达 50%～70%。病株可溶性糖类含量下降，总氮量减少 30%。有报道，感染锈病的苜蓿植株含有毒素，影响适口性，易使家畜中毒。

苜蓿锈病借冬孢子在感病植株残体上越冬，也可借潜伏侵染的乳浆大戟（转主寄主）等植物地下器官内的菌丝体越冬，在冬季较温暖地区的夏孢子也能越冬。有报道认为，在美国苜蓿锈病是以夏孢子在温暖的南部地区越冬，春暖之后孢子随风向北方传播。因此，在美国中、北部地区 7 月中旬以前，很少看到苜蓿锈病。在我国中部、北部地区，苜蓿锈病发生的菌源除部分来自南方温暖地区的夏孢子，当地越冬菌源的作用亦不容忽视。如，内蒙古呼和浩特地区，在苜蓿田内及附近常可见到许多遭受侵染的乳浆大戟，于 5 月中、下旬产生孢子器和锈孢子，侵染附近的苜蓿植株，6 月上旬苜蓿锈病便开始发生。我国北方广大地区 7 月以前天气多干旱，不利于锈病的流行，所以病害流行期也多从 7 月中、下旬之后开始，至 9 月底或 10 月初结束。生长季节，该病以夏孢子进行多次再侵染，造成田间病害流行。夏孢子萌发和侵入的适宜温度为 15～25℃，最低温度 2℃，超过 30℃虽能萌发，但出现畸形芽管，到 35℃夏孢子便不能萌发。夏孢子萌发要求相对湿度不低于 98%，以水膜内的发芽率最高。在北方较干旱的地区，只有在雨季来临的 7～8 月，才能满足夏孢子萌发侵染的湿度条件。在灌水频繁或灌水量过大的地区，也可人为制造出有利于锈菌夏孢子萌发的田间湿度条件，苜蓿锈病随之严重发生。施氮肥过量，草丛稠密和倒伏，利用过迟或不刈割均可使该病害加重。

　　该病可侵染叶片正面、叶片背面、叶柄、茎秆等部位。发病初期，在侵染部位出现褪绿的小斑点，小斑点继而隆起成为圆形疱状斑夏孢子堆，覆盖疱斑的表皮破裂后，露出黄褐色粉末，用手轻轻触摸，会有砖红色至黄褐色粉末状夏孢子粘在手上，粉末物为其夏孢子，夏孢子在显微镜下为红褐色，圆形。在发病后期，多于叶背和茎上的夏孢子堆之间产生暗褐色的疱斑状冬孢子堆。病叶片在干热时易萎蔫皱缩，严重的提前干枯脱落。

6. 苜蓿褐斑病

　　褐斑病是苜蓿最常见的、破坏性最大的叶部病害之一。自 1890 年 Wendy 在澳大利亚首次从苜蓿上发现之后，南非、波兰、保加利亚、叙利亚、德国、阿根廷、美国、加拿大、日本、新西兰、塞尔维亚、俄罗斯、英国等国均出现该病害的发生报道，几乎遍布全世界所有苜蓿种植区。我国自 1956 年首次报道苜蓿褐斑病在南京发生之后，有 18 个省区相继报道发生。目前，甘肃中部山区，如榆中北山、静宁、会宁等地，以及吉林公主岭、黑龙江齐齐哈尔、河北廊坊、内蒙古阿鲁科尔沁旗等地发生较为严重。褐斑病原菌对地理、气候等生态条件广泛适应，只要具备满足孢子萌发的条件，即可侵染并造成流行。条件适宜时，叶片发病率高达72％，甚至使茎下部叶片全部脱落。苜蓿褐斑病虽然不致使全株死亡，但对植株生活力有很大影响，不仅造成牧草种子和干草产量损失，并且严重影响牧草营养成分。苜蓿褐斑病发生严重时，种子减产达50％，干草可减产40％～60％，粗蛋白含量下降16％左右，消化率下降14％。这也可使苜蓿香豆素等类黄酮物质含量急剧增加，常导致家畜采食后流产、不育等疾病，繁殖力下降显著。

病原菌以菌丝体或子囊盘的方式在病株残体上越冬，也可在收种后夹杂于种子间的残体上越冬，成为田间初侵染来源，次年侵入新生枝叶。另外，病株的残体和病株上的假盘菌很容易落到土壤表面或埋入土壤中。因此，土壤也就成为该病原菌越冬或越夏的另一个场所。当条件适宜时，病原菌及休眠的菌丝体萌发后也可成为田间的初侵染源。若土壤的温度和湿度较低，病原菌可在土壤中存活较长时间，在高温高湿的土壤中，病原菌则死亡很快。子囊孢子借助风力、雨水、昆虫或人为传播。其中风力、雨水是最主要的传播方式。如在适宜的环境下，子囊盘成熟后，1小时即可释放约6 000个子囊孢子，子囊孢子小而轻，数量大，以弹射的方式释放到植株外1～2厘米的空中，而后通过气流传播到健株上。子囊孢子落在植物表面后，在适宜条件下可萌发形成芽管。通过自然孔口（如气孔、水孔、皮孔等）、伤口或直接穿透表皮侵入。典型的侵染过程为：孢子萌发产生芽管，芽管顶端与寄主表面接触后形成膨大的附着胞，附着胞分泌黏液，将芽管黏附在寄主表面，然后由附着胞上产生较细的侵染丝，继而直接穿透表皮角质层和表皮层进入寄主体内。无论是由孔口、伤口或直接侵入的，芽管都可能产生附着胞，只是由伤口侵入的很少产生。芽管可由伤口直接进入植株内。直接穿透侵入时，病原菌可凭借机械压力穿过角质层，借酶的分解作用进入表皮细胞壁。角质层越薄或缺乏角质层，病原菌越容易侵入。侵染丝进入寄主体内后，孢子和芽管内的原生质就向侵染丝内运输，并发育成菌丝体。侵染一段时间后，假盘菌在寄主体内滋生蔓延，致使寄主的新陈代谢紊乱或失调，组织死亡或崩解，最终引起寄主形态结构发生变化，使寄主发病部位产生病斑。

环境因素、人为因素和病原菌自身因素等都会影响病害传播，但是其中以环境因素最为重要。环境因素主要包括：温度和湿度。在一定范围内，湿度影响孢子能否萌发和侵入，温度影响孢子的萌发和侵入速度。子囊孢子的萌发和侵入需要持续 3～4 天高湿条件才能完成。孢子的发育和成熟则在 16～18℃和相对湿度为 78％～97％的条件下完成。子囊孢子在 6～25℃下都可以萌发，但最适萌发温度为 15～20℃，温度在 2℃以下和 30℃以上不适宜孢子萌发，当温度高达 35℃时子囊孢子不能萌发。田间调查发现，当相对湿度达 58％～75％、日均温为 14～30℃，旬均温在 10～15℃时，该病可以在几天之内暴发成灾。当苜蓿植株被假盘菌侵染后，如果环境温度维持在 15～25℃，6 天后侵入的假盘菌就能发展为肉眼可见的病斑；如果温度仅为 2.5～5℃，25 天后才能出现较小的肉眼可见的病斑。在一定条件下，湿度比温度对病害的发生影响更大。假盘菌的子囊盘在液态水中可维持 16～20 小时，即使在 97％～99％的相对湿度下也可维持 24 小时以上，其子囊孢子才连续放射。降水结露促进苜蓿褐斑病的发生，潮湿温暖的气候有利于此病流行，大量灌水会促使病害严重发生，而在干旱且无灌溉条件的地方，该病的发生就较轻。因此，我国许多苜蓿种植区褐斑病在春季和秋季往往发生严重，尤其是秋季发生更加严重。

苜蓿褐斑病可发生在整个生长季节，主要发生在叶片上。苜蓿发病初期，叶片表面会出现小点状浅色褪绿斑，边缘细齿状，直径 0.5～2.5 毫米，互相间多不汇合；发病后期，病斑逐渐扩大，多呈圆形，直径大小一般为 0.5～4.0 毫米，病斑上有褐色的盘状增厚物（子囊盘）。当病斑上出现一层白色蜡质时，说明子囊盘已成熟。在感病严重的植株上，病斑常能密布整个叶片，导致叶片变黄，提前脱落。茎部病斑为长形，黑褐色，边缘完整。病斑生叶和茎上，病斑褐色至深褐色，近圆形，稍稍隆起，后期病斑扩大，突起的子囊盘张开。在病斑处纵切制作切片，可观察到棍棒状的子囊、子囊之间丝状的侧丝和子囊内卵圆形的子囊孢子。

7. 苜蓿白粉病

紫花苜蓿白粉病是干旱地区最常见的紫花苜蓿病害之一，在干旱并且温暖的地区发生尤为严重。美国、日本、意大利、乌兹别克斯坦、伊拉克、苏丹等国家均有报道。在我国的北京、河北、吉林、山西、安徽、甘肃、新疆、四川、西藏、贵州、云南等地也广泛发生，在有些地区如新疆和甘肃河西走廊危害比较严重，且有逐年加重的趋势，对紫花苜蓿生产尤其是紫花苜蓿种子生产带来严重威胁。由内丝白粉菌引致的紫花苜蓿白粉病在新疆北疆大部分地区发病率为 5％～15％，重者甚至达到 100％，南疆发病率较低，通常低于 1％，而由豌豆白粉菌引起的白粉病发病率低，危害相对较小。感病后的紫花苜蓿与健康植株相比，其消化率下降 14％，粗蛋白含量减少 16％，草产量降低 30％～40％，种子产量降低 40％～50％，牧草品质低劣，适口性下降，种子活力较差，家畜采食后，能引起不同程度的毒性危害。

白粉菌以闭囊壳在紫花苜蓿的病株残体上越冬，土层 10 厘米以上的病残体是第二年紫花苜蓿白粉病发生的主要侵染源。也能够以休眠菌丝越冬，次年春天当紫花苜蓿返青后，越冬后的闭囊壳产生子囊孢子，子囊孢子借气流传播，侵染返青后的紫花苜蓿植株，或越冬后的休眠菌丝产生分生孢子，分生孢子侵染返青后的植株。越冬后的病菌产生的子囊孢子或分生孢子造成的侵染称为初侵染，此后产生的孢子造成的侵染称为再侵染。紫花苜蓿在一年中有多次再侵染，在适宜条件下，能很快造成病害流行，其侵染的孢子主要为分生孢子。豆科内丝白粉菌分生孢子萌发适宜温度约为 26℃，适宜萌发的相对湿度约为 58％～76％，芽管可直接穿透寄主表皮细胞。日照充足，多风，土壤和空气湿度中等，海拔较高等环境有利于此病害发生。草丛稠密、遮阴、刈割利用不及时、草地利用年限较长、田间管理较差都会使此病害严重发生。过量施用氮肥和磷肥均会加重病情，而磷、钾肥以合理比例施用则有助于提高紫花苜蓿对该病的抗病性。

紫花苜蓿白粉病主要发生在紫花苜蓿叶片正反两面，也可侵染茎、叶柄及荚果。被侵染叶片出现褪绿症状，病斑较小，圆形。发病中期，病斑上出现一层丝状、絮状的白色霉层，为其菌丝体、分生孢子和分生孢子梗，继而在白色霉层中出现黄色、褐色和黑色颗粒物，为其闭囊壳。发病后期，病斑逐渐扩大，相互汇合，最后覆盖全部叶片，叶片发黄、枯死，发病植株下部叶片症状一般重于上部叶片。

8.2.1.2　苜蓿虫害分布与危害

我国常见苜蓿害虫主要包括：蚜虫、蓟马、盲蝽、螟蛾、象甲、地下害虫、芫菁等七大类，其中蚜虫、蓟马、盲蝽为全国苜蓿种植区频发、高发害虫。

1. 蚜虫类

危害苜蓿的蚜虫种类主要为：苜蓿无网蚜、豆蚜（苜蓿蚜）、豌豆蚜、三叶草彩斑蚜等。普遍发生在全国各苜蓿种植区，属常发性害虫，对苜蓿生长早中期危害较大，严重发生时造成苜蓿产量损失达 50％以上，排泄的蜜露引起叶片发霉，影响草的质量，导致植株萎蔫、矮缩和霉污以及幼苗死亡。豌豆无网长管蚜和苜蓿无网长管蚜体绿色，个体较大，长度在2～4毫米，一对腹管明显可见，二者经常在田间同时发生，区别是豌豆无网长管蚜触角每一节都有黑色结点，而苜蓿无网长管蚜触角均匀无黑色结点；苜蓿斑蚜体淡黄色，个体较小，只有豌豆无网长管蚜和苜蓿无网长管蚜的1/2～1/3，背部有6～8排黑色小点，常在植株下部叶片背部为害；豆蚜黑紫色，有成百上千头在苜蓿枝条上部聚集为害的特性。

通常以雌蚜或卵在苜蓿根冠部越冬，在整个苜蓿生育期蚜虫发生20多代。春季苜蓿返青时成蚜开始出现，随着气温升高，虫口数量增加很快，每个雌蚜可产生50～100个胎生若蚜，虫口数量同降雨量关系密切，5月至6月如降雨少，蚜量则迅速上升，对第一茬和第二茬苜蓿造成严重危害。

2. 蓟马类

危害苜蓿的蓟马种类主要有：牛角花齿蓟马、烟蓟马、苜蓿蓟马（西花蓟马）、花蓟马等。田间以混合种群危害，各地均以牛角花翅蓟马为优势种。蓟马普遍发生在全国各苜蓿种植区，已成为苜蓿成灾性害虫，主要取食叶芽、嫩叶和花，轻者造成上部叶片扭曲，重者成片苜蓿早枯，停止生长，叶片和花干枯、早落对苜蓿干草产量造成20%的损失，减少种子产量50%以上。蓟马属微体昆虫，成虫产卵于叶片、花、茎秆组织中，个体细小，长度0.5～1.5毫米，成虫灰色至黑色，若虫灰黄色或橘黄色，跳跃性强，为害隐蔽，需拍打苜蓿枝条到白纸板和手掌上肉眼才可见。

从苜蓿返青开始整个生育期均可持续为害，全生育期发生10多代，成虫在4月中下旬苜蓿返青期开始出现，虫口较低，在5月中旬虫口突增，通常在6月中旬初花期时达到为害高峰期，发生盛期可从5月上旬持续到9月上旬的每一茬苜蓿上，特别对第一茬和第二茬苜蓿危害严重，通常在初花期达到为害高峰期，有趋嫩习性，主要取食叶芽和花。

3. 盲蝽类

在苜蓿上发生的盲蝽是混合种群，主要由苜蓿盲蝽、牧草盲蝽、三点苜蓿盲蝽等组成，苜蓿盲蝽为优势种群。盲蝽类广泛存在于全国苜蓿各种植区以及小麦、棉花、胡麻等农田中，属杂食性害虫，吸食嫩茎叶、花芽及未成熟的种子。盲蝽雌虫产卵于幼嫩的组织内，刚孵化的若蝽为亮绿色，行动迅速，这一特征可与其形态相似，灰绿色、行动迟缓的豌豆蚜相区分，成熟的若蝽有 1 对短翅垫。苜蓿盲蝽成虫体长 5～6 毫米，触角 4 节，约等于体长，体色变化很大，通常为黄褐色，可从浅黄绿色至深红褐色，前胸背板后缘有 2 个黑斑，小盾片暗褐色，之中有一对半丁字形条纹，是本种的主要特征之一；牧草盲蝽体色黄绿色，触角比体短，前胸背板有橘皮状刻点，后缘有一黑纹，中部有 4 条纵纹，在翅基部有一黄色的三角形小盾片。

盲蝽寄主较为广泛，苜蓿是盲蝽最为喜好的寄主植物，飞行能力较强，很容易从成熟的杂草、牧草或其他作物上迁移到苜蓿地。盲蝽一年发生 3～4 代，完成一个世代约需 4～6 周，以卵在苜蓿地残茬中越冬，5 月上中旬为孵化盛期，在 5 月下旬初花期前成虫开始大量出现，盛发期主要集中在 6 月中旬至 8 月下旬，在苜蓿整个生育期盲蝽虫态重叠，对每一茬苜蓿上都可造成危害。

4. 螟蛾类

主要包括：草地螟、苜蓿夜蛾、甜菜夜蛾等。

草地螟属草原周期性、突发性迁飞害虫。主要分布在，我国东北、华北和西北地区，幼虫暴食多种植物，寄主有 35 科 200 余种植物，多以大规模迁入苜蓿地造成危害。成虫体长 8～12 毫米，翅展 12～25 毫米，静止时体呈三角形，前翅灰褐色，翅中央稍近前方有一个方形淡黄色或浅褐色斑，翅外缘黄白色，并有一连串浅黄色小点连成条纹，后翅灰褐色，沿外缘有两条平行的波状纹；幼虫体色黄绿色或暗绿，老熟幼虫体长 19～21 毫米，胸腹部有明显的暗色纵行条纹，周身有毛瘤，初孵幼虫取食叶肉，造成"天窗"，长大时能将叶片吃成缺刻和空洞，幼虫有受惊动后立即落地假死的习性。草地螟在我国北方一年发生 2～3 代，因地区不同而不同，多以第一代为害严重，以老熟幼虫在滞育状态下于土中结茧越冬，幼虫共 5 龄，有吐丝结网习性，1～3 龄幼虫多群栖网内取食，4～5 龄分散为害，遇触动则作螺旋状后退或呈波浪状跳动，吐丝落地；成虫白天潜伏在草丛及作物田内，受惊动时可做近距离飞移，具有远距离迁飞的习性，随着气流能迁飞到 200～300 千米以外的地方，在迁飞过程中完成性成熟。

苜蓿夜蛾一年发生 2 代，以蛹在土中越冬，第一代成虫 6 月在田间出现，第二代成虫 8 月出现。苜蓿夜蛾属于杂食性害虫，是苜蓿地夜蛾类害虫中最为常见的，广泛分布在我国苜蓿各种植区，各年度发生轻重差别较大，属偶发性害虫，常以二代幼虫在 8～9 月局部突发，1～2 龄幼虫有吐丝卷叶习性，常在叶面啃食叶肉，2 龄以后常在叶片边缘向内残食，形成不规则的缺刻和孔洞；成虫体长 13～14 毫米，翅展 30～38 毫米，前翅灰褐而带有青绿色，翅的中部有一宽而色深的横线，肾状纹黑褐色，翅的外缘有黑点 7 个，后翅淡黄褐色，外缘有一黑色宽带。其中，夹有心脏形淡色斑，老熟幼虫体长 40 毫米左右，头部黄褐色，体色变化很大，一般为黄绿色，上有黑色纵纹，腹面黄色。

5. 象甲类

主要包括：苜蓿叶象甲和苜蓿籽象甲。

苜蓿叶象甲分布于，新疆、内蒙古和甘肃等地区，主要以幼虫对第一茬苜蓿危害，大量取食苜蓿枝叶，严重时只残留叶片主要叶脉，受害苜蓿一般减产 10%～20%，严重时减产 50% 以上。成虫灰黄色，体长 4.5～6.5 毫米，前胸背板有两条较宽的褐色条纹，鞘翅内侧上有深褐色条带；初孵幼虫白色，取食后由浅绿色至绿色，头部亮黑色，背线和侧线均为白色，无足；卵位于茎秆内，椭圆形，大小 0.5 毫米～0.6 毫米×0.25 毫米，黄色而有光泽，近孵化时变为褐色，卵顶发黑。通常一年发生 3 代，以成虫形式在苜蓿地残株落叶下或裂缝中越冬，4 月苜蓿开始萌发时，成虫开始出现进行取食为害，雌虫将苜蓿茎秆咬成圆孔或缺刻，将卵产在茎秆内，用分泌物或排泄物将洞口封闭；初孵幼虫在茎秆内蛀蚀，形成黑色的隧道；至 2 龄时，幼虫自茎秆中钻出并潜入苜蓿叶芽和花芽中为害，造成生长点坏死和花蕾脱落，幼虫危害盛期在 5 月卜旬至 6 月上旬，主要以 3、4 龄幼虫危害最为严重。

苜蓿籽象甲主要分布于，欧洲的中部和南部；在前苏联位于欧洲部分向北到波罗的海、高加索、西伯利亚西南部、中亚、哈萨克斯坦等地区。在我国分布于新疆（北疆）和甘肃。在我国，苜蓿籽象甲为害苜蓿的报道始见于 20 世纪 60 年代。1962 年，在新疆下野地四场调查，苜蓿种子被害率高达 50%；1963 年在石河子地区调查，苜蓿种子被害率高达 30%，一般为 10%。2002 年，在呼图壁种牛场调查，被害严重的苜蓿种子田，豆荚被害率最高可达 70%，种子被害率可达 34.3%，造成了当年种子产量大幅度减产，严重影响苜蓿种子的生产和发展。苜蓿籽象甲成虫和幼虫均可为害，特嗜苜蓿，其次为三叶草、草木樨。成虫啃食叶肉，为害花蕾和花器，幼虫蛀食种子。苜蓿籽象甲在新疆一年发生 1 代，以成虫在苜蓿种子田地下土室中滞育越夏、越冬。翌年早春 3 月底，苜蓿刚萌发，越冬成虫脱离蛹室上升到离地面 1～2 厘米硬土层下或苜蓿根丛中，很少出土活动。在日平均温度为 12℃时出土活动，随着气温的逐渐升高，虫量也逐渐上升，其活动为害加剧，每年在 4 月下旬到 5 月上旬为害最烈。当苜蓿生长至现蕾期，成虫转向花蕾取食，此时雌虫的卵巢发育逐渐成熟。6 月上旬，田间出现嫩荚，成虫开始产卵，6 月中下旬幼虫大量出现，6 月下旬至 7 月上旬初老熟幼虫脱荚入土做土室，7 月上中旬化蛹，7 月下旬成虫羽化，新羽化的成虫不出土，仍留在土室内，直至越冬。

6. 地下害虫类

常发生在西北、华北地区种植、年限较长的旱地苜蓿及新建植苜蓿上，具代表性的种类有：东北大黑鳃金龟、华北大黑鳃金龟、铜绿丽金龟、白星花金龟、沟金针虫、细胸金针虫等。由于苜蓿草地环境稳定，主要以幼虫取食苜蓿根部，导致苜蓿生长不良、枯黄，甚至死亡，成虫也取食苜蓿叶片和茎。金龟甲幼虫蛴螬通常体乳白色，头黄褐色，弯曲呈"C"状。白花星金龟个体较大，长 16～24 毫米，宽 9～12 毫米，椭圆形，黑色具青铜色光泽，体表散布众多不规则白绒斑；黑绒金龟成虫体小，体长 7～9.5 毫米，卵圆形，有天鹅绒光泽，鞘翅上具密生短绒毛，边缘具长绒毛。黑皱鳃金龟成虫体中型，长 15～16 毫米，宽 6～7.5 毫米，黑色无光泽，刻点粗大而密，鞘翅无纵肋，头部黑色，前胸背板中央具中纵线，小盾片横三角形，顶端变钝，中央具明显的光滑纵隆线，鞘翅卵圆形，具大而密排列不规则的圆刻点。

1 年或 2 年发生 1 代，以幼虫在土中越冬，成虫寿命较长，飞行能力强，昼伏夜出，具有假死习性和强烈的趋光性、趋化性。白花星金龟成虫 5 月出现，发生盛期为 6～8 月；黑绒金龟 4 月中下旬开始出土，5 月至 6 月上旬是成虫发生危害盛期。危害随着苜蓿种植年限的延长呈指数增加，种植 7 年后的苜蓿地黑绒金龟和白星花金龟种群暴发性增长，而种植年限 5 年以下其种群增长非常缓慢。

7. 芫菁类

危害苜蓿常见种类为，豆芫菁、中华豆芫菁、绿芫菁、苹斑芫菁等。广泛分布于全国苜蓿种植区，属于偶发性害虫，但其具有群聚性、暴食性，暴发可造成严重减产，遗留在干草捆内的虫体含有毒素斑蝥素，能引起以苜蓿为食的家畜中毒。豆芫菁成虫体长 15～18 毫米，头部大部分为红色，体黑色，前胸背板中央和每个鞘翅中央都有 1 条白色纵纹；绿芫菁成虫个体大，长 20~30 毫米，通体金绿色，鞘翅具铜色或铜红色光泽；苹斑芫菁成虫体长 11~18 毫米，头、体躯和足黑色且被黑色毛，鞘翅橘黄具黑斑，中部各有 1 条黑色宽横斑，该斑外侧达翅缘，内侧不达鞘翅缝，距鞘翅基部 1/4 和 1/5 处各有 1 对黑斑，翅后端的黑斑汇合呈一横斑；中华豆芫菁成虫体长 14~25 毫米，黑色，前胸背板中央有一白色短毛组成的纵纹，鞘翅周缘有白毛形成的边。

一年发生 1~2 代，均以 5 龄幼虫在土中越冬，成虫通常在 6~8 月发生，有群集危害的习性，喜欢取食花器，将花器吃光或残留部分花瓣，使种子产量降低，也食害叶片，将叶片吃光或形成缺刻。幼虫生活在土中，以蝗卵为食，通常可取食蝗卵 45~104 粒，是蝗虫重要的天敌。

8.2.1.3　苜蓿鼠害分布与危害

1. 长爪沙鼠

主要分布于，内蒙古自治区、吉林省、辽宁省、河北省、山西省、陕西省、甘肃省和宁夏回族自治区等地的荒漠、半荒漠草原及农牧交错带。

长爪沙鼠不仅危害牧草，而且危害农作物。河西走廊地区长爪沙鼠造成牧草损失量平均为 586.5 千克/公顷。长爪沙鼠在农牧交错带的危害十分突出，除对苜蓿造成危害以外，对沙打旺等牧草、小麦、谷子、莜麦、胡麻、荞麦、糜子、粟子、豌豆、马铃薯等作物危害严重。在内蒙古地区，危害严重年份，长爪沙鼠危害面积可达作物种植面积 20% 以上，导致减产 20%~30%，严重叮达 50%。

长爪沙鼠在饲草从播种到收获各个时期都有危害。播种期盗食农作物种子造成缺苗断垄。春夏啃食牧草的幼苗、植株绿色部分或地下根部，导致苗期危害。秋季长爪沙鼠主要取食牧草种子，并且由于长爪沙鼠具有储藏食物的习性。因此，这一时期对饲草危害严重。长爪沙鼠有搬运草籽的习性，导致其活动区域饲草生长不良。长爪沙鼠喜欢在路基两侧筑巢导致路基两侧土壤裸露，对牧区路基具有较大的破坏作用。

长爪沙鼠是多种病原物的携带者和传播者，传播鼠疫、类丹毒和巴斯特菌病等。尤其需要关注的一点是，长爪沙鼠是鼠疫病原的自然携带者，曾经造成鼠疫流行。因此，工作中需要特别注意卫生防护。

2. 高原鼢鼠

分布于青海高原、甘肃河西走廊以南和四川西北部海拔 2 800~4 200

米地区。

高原鼢鼠对牧业、林业和种植业均可造成危害。据统计，在高原鼢鼠分布区，12％可利用草地面积被危害，9％的草地被严重危害。高原鼢鼠对草地危害，除了啃食草根及地上部分，与牲畜争食，降低草场载畜量外，还表现在取食和挖掘活动破坏植物根系，影响牧草生长，使草地生产力下降，以及土丘覆盖草地植被，导致牧草死亡，改变草场植被组成，杂类草大量繁衍，草场逐渐演变为杂类草及毒草占绝对优势的植被，使草地退化。此外，鼢鼠的挖土造丘，还严重损耗土壤肥力，降低植被盖度，加剧了水土流失。高原鼢鼠给农业也造成严重危害。由于它的挖掘能力强，作物播后取食种子，作物生长期挖掘隧道啃食根茎，堆土压苗。当高原鼢鼠数量达到40～60只/公顷时，禾苗的30％～50％会被取食。此外，高原鼢鼠有很强的贮粮习性，一般一个鼠洞存储粮食9千克左右，多的可达20千克以上。

3. 中华鼢鼠

分布于山西的绝大部分地区，河北的崇礼、赤城、涿鹿、怀来、延庆、阳原、蔚县、易县、涞水、阜平等地区，陕西北部的神木、榆林、吴旗以及三边地区，宁夏的同心大罗山地带，内蒙古的太仆寺旗、集宁、凉城、土默特、呼和浩特、包头、乌拉特前旗、准格尔旗、乌审旗等地区。

中华鼢鼠是危害极大的主要害鼠，主要咬断作物根部，致植物枯死，或把整株作物从地下拖走，造成大片作物缺苗断垄。且秋季大量盗运贮粮，影响作物的收获量。中华鼢鼠终生在地下生活，农区采食方式主要是从耕作层的采食洞中拖拉、啃咬农作物的幼苗、根系以及地下果实块根、块茎等。故田间布满纵横交错的采食洞道，洞道上方及两侧为危害区，表现为缺苗或无苗，或根部受损植株长势减弱。这一行为使之与其他鼠种的危害形成了明显的差别。其一，地表危害的痕迹十分明显，且地表有危害状则地下必有采食洞。其二，将作物整个植株毁灭，即整株绝产。

春秋两季为中华鼢鼠对农作物的危害高峰。春季正是其求偶交配的繁殖季节，活动频繁，体耗增大，急需补足营养，故形成春季危害高峰。秋季则主要是要贮备食物越冬形成全年第二次危害高峰。在农田危害区内，按缺苗或缺株情况可将其危害分成五个等级：0级（下无采食道，无危害）；1级（缺苗或缺株率≤25％）；2级（缺苗、缺株率≤50％）；3级（缺苗、缺株率≤75％）；4级（基本无苗区）。

4. 东北鼢鼠

在我国的分布范围限于华北、东北温带、寒温带的季风区。

东北鼢鼠终年生活在地下，其危害不仅是直接取食植物根茎、植物绿色部分和种子为食，造成饲草鲜草产量损失，也因其挖掘活动，直接影响了地表状况，使植被物种组成发生改变，根蘖性的草类（如狼毒、大戟）大量生长，使牧草的质量严重下降。在危害较严重的饲草田，优质牧草损失可达 20％以上。此外，东北鼢鼠堆出的土丘，导致地表不平坦，收获牧草时还会出现留茬过高或漏刀现象。东北鼢鼠通过盗食种子，对饲草生产也能造成一定程度的损失。盗食播种的种子、块根、块茎，常造成大片缺苗、枯死，严重影响产量。在秋末，各类饲草的种子亦可作为其贮存物。

东北鼢鼠是多种鼠传疾病的携带者。此外，吉林省防疫站曾从东北鼢鼠体中分离出鼠疫菌，可能对鼠疫流行有一定的影响。

8.2.2　青贮玉米病虫害分布与危害

除海南以外，青贮玉米在全国各个省区（含新疆兵团）均有种植。病害、虫害是造成首蓿产量损失的重要因素，局部地区鼠害也是制约青贮玉米产业发展的重要因子。

8.2.2.1　青贮玉米病害分布与危害

1. 玉米大斑病

玉米大斑病是影响玉米植株的主要叶部病害之一。在我国东北、华北北部和南方冷凉山区曾几度流行，一般年份减产 20％左右，严重流行年份减产可达 50％以上。

大斑病菌会将田间的玉米病残体作为越冬场所，由于种子带菌少，会逐步成为第 2 年的初侵染源，使得大斑病菌的分生孢子以及菌丝体等得以蔓延和发展。如果将病叶埋在 10 米以下的土壤当中，在越冬之后叶子上的菌丝体会全部死亡。但是一旦到了玉米的生长季节，有了适宜的湿度和温度，会使得越冬的菌源逐步萌发，进而产生孢子。这些孢子会随着雨水或者是气流到达玉米的叶片之上使得玉米叶片被病菌侵染，大约经过半个月左右的时间遇到潮湿的环境，病斑会产生数量更多的分生孢子，再次随着气流或者是雨水进行广泛的病菌传播，随后经过多次的再传播和侵染，使得玉米大斑病的病害呈现流行趋势。尤其是在春玉米的播种地区，在玉米拔节到抽穗的过程当中，如果遇到温度适宜且连续阴雨的天气，那么玉米大斑病的病害会快速发展，并逐步成为一种流行病，从而使得玉米生产受害严重。

在玉米的整个生长期中都有可能发生玉米大斑病，特别是在玉米种植的中后期，大斑病更易发生，对玉米叶片造成严重侵害。一般的，玉米大斑病对叶片的危害最大。此外，对叶鞘与苞叶的影响也很大，植株底部叶片开始发病，随着病害的加深，大斑病逐渐向上蔓延。最后，玉米的整个植株都会受到病害侵袭。除了底部蔓延，一些玉米种植时也会发生植株中上部叶片开始发病的情况，植株叶片在染病初期会出现水浸状青灰色斑点，而后斑点逐渐扩大沿叶脉向两端扩展，形成中央淡褐色或青灰色的大斑，随着玉米的生长，病斑逐渐纵裂，发生连合，最终玉米叶片整体变黄、枯死。

2. 玉米小斑病

玉米小斑病是温暖潮湿的玉米产区的重要叶部病害，早在 1925 年定名前，世界各国就有不同程度的发生。1970 年，小斑病在美国大流行，损失的产值约为 10 亿美元，因超过 1840 年欧洲马铃薯晚疫病大流行造成的损失而震动全球。江苏在 20 世纪 20 年代就有小斑病的发生，但过去只发生在多雨年份且在多雨季节的后期流行，很少造成严重损失。20 世纪 60 年代后，由于感病杂交种的大面积推广，小斑病的危害日趋严重。20 世纪 60 年代中期，河北石家庄和湖北宜昌由于小斑病的严重发生，导致玉米减产高达 80%，甚至毁种绝收。20 世纪 70 年代后，随着抗病品种的推广，小斑病的发生和危害基本得到控制。

玉米小斑病在玉米整个生育期间都可发生，但以雄穗抽出后发病最重，以气流、雨水传播为主。小斑病常和大斑病同时出现或混合侵染，因主要发生在叶部，故统称叶斑病。除危害叶片、苞叶和叶鞘外，对雌穗和茎秆的致病力也比大斑病强，可造成果穗腐烂和茎秆断折。菌丝体在病残株上（病叶为主）越冬，分生孢子也可越冬，但存活率低。初侵染菌源主要是，上年收获后遗落在田间或玉米秸秆堆中的病残株。玉米生长季节内，初侵染、再侵染时间短，这样经过多次反复再侵染造成病害流行。在田间，由植株下部叶片逐渐向植株上部叶片扩展（垂直扩展）。此病的发病时间比大斑病稍早。发病初期，叶片出现水渍状褐色斑点，后呈椭圆形边缘赤褐色病斑。湿度大时，病斑上可见黑色霉状物，为分生孢子盘。其发病轻重，和品种、气候、菌源量、栽培条件等密切相关。一般，抗病性差的品种，生长期中露日多、露期长、露温高、田间闷热潮湿以及地势低洼、施肥不足等情况下，发病较重。玉米连茬地及离村庄近的地块，由于越冬菌源量多，初侵染发生早并且多，再侵染频繁，易造成流行。

玉米小斑病常和大斑病同时出现或混合侵染，因主要发生在叶部，故统称叶斑病。发生地区，以温度较高、湿度较大的丘陵区为主。该病除危害叶片、苞叶和叶鞘外，对雌穗和茎秆的致病力也比大斑病强，可造成果穗腐烂和茎秆断折。其发病时间，比大斑病稍早。发病初期，在叶片上出现半透明水渍状褐色小斑点，后扩大为长 5～16 毫米、宽 2～4 毫米大小的椭圆形褐色病斑，边缘赤褐色，轮廓清楚，上有二、三层同心轮纹。病斑进一步发展时，内部略褪色，后渐变为暗褐色。天气潮湿时，病斑上生出暗黑色霉状物（分生孢子盘）。叶片被害后，使叶绿组织常受损，影响光合机能，导致减产。

3. 玉米褐斑病

玉米褐斑病是近几年才发现的玉米新病害。在全国各玉米产区均有发生，其中在河北、山东、河南、安徽、江苏等地危害较重。温暖潮湿区发生较多，有些年份突然流行，重者可引起毁种，危害玉米和类蜀黍属植物。

玉米褐斑病发生在玉米叶片、叶鞘及茎秆，先在顶部叶片的尖端发生，以叶和叶鞘交接处病斑最多，常密集成行，最初为黄褐多功能或红褐色小斑点，病斑为圆形或椭圆形到线形，隆起附近的叶组织常呈红色，小病斑常汇集在一起，严重时叶片上出现几段甚至全部布满病斑，在叶鞘上和叶脉上出现较大的褐色斑点，发病后期病斑表皮破裂，叶细胞组织呈坏死状，散出褐色粉末（病原菌的孢子囊），病叶局部散裂，叶脉和维管束残存如丝状。茎上病多发生于节的附近。

病菌以休眠孢子（囊）在土地或病残体中越冬，第二年病菌靠气流传播到玉米植株上，遇到合适条件萌发产生大量的游动孢子，游动孢子在叶片表面上的水滴中游动，并形成侵染丝，侵害玉米的嫩组织。在 7、8 月若温度高、湿度大，阴雨日较多时，易发病。在土壤瘠薄的地块，叶色发黄、病害发生严重，在土壤肥力较高的地块，玉米健壮，叶色深绿，病害较轻甚至不发病。一般在玉米 8～10 片叶时易发生病害；玉米 12 片叶以后，一般不会再发生该病害。

4. 玉米锈病

锈病是青贮玉米主要病害之一，是玉米生长中后期的重要病害，在我国北方、南方普遍发生，在南方发生程度重于北方，严重时可造成大面积减产。青贮玉米锈病的病原菌有 4 种：玉米柄锈菌，引起普通型锈病，该病害发生于全世界各玉米主产区；多堆柄锈菌，引起南方型锈病，该病害主要分布于低纬度地区；玉米壳锈菌，引起热带型锈病，该病害主要发生于美洲；禾柄锈菌，引起秆锈病。我国目前发生的普通型、南方型玉米锈病在南方以夏孢子辗转传播蔓延，不存在越冬问题。北方则较为复杂，菌源来自病残体或来自南方的夏孢子及转主寄主——酢浆草，成为该病初侵染源。田间叶片染病后，病部产生的夏孢子借气流传播，进行再侵染，蔓延扩展，生产上早熟品种易发病，高温多湿或连阴雨、偏施氮肥发病重。

玉米锈病主要侵染叶片，严重时也可侵染果穗，苞叶乃至雄花。发病初期，尽在叶片两面散生浅黄色长形至卵形褐色小脓疱，后小疱破裂，散出铁锈色粉状物，即病菌夏孢子；后期，病斑上生出黑色近圆形或长圆形突起，开裂后露出黑褐色冬孢子。

5. 玉米弯孢霉叶斑病

玉米弯孢霉叶斑病，又称玉米弯孢菌叶斑病、螺霉病或黑霉病，主要分布在热带玉米产区。

病原菌为新月弯孢菌和不等弯孢霉，属半知菌亚门弯孢霉属。病菌以菌丝潜伏于病残体上越冬，也能以分生孢子状态越冬，遗落于田间的病叶、杂草和秸秆是主要的初侵染源，菌丝体产生分生孢子，借气流和雨水传播到玉米叶片上，进行再侵染。玉米弯孢菌叶斑病属于典型的成株期病害，玉米苗期抗病性较强，随着植株生长抗性减弱。病菌生长最适温度 28～32℃，分生孢子最适萌发温度为 30～32℃，最适湿度为饱和湿度，相对湿度低于 90% 很少萌发。一般以 7—8 月高温高湿或多雨季节，该病易发生和流行，8 月中旬至 9 月上旬达到发病高峰期。由于该病潜育期短 2～3 天，7～10 天即可完成一次侵染循环，如遇高温、高湿，可在短时期内大面积流行发生。另外，该病发生轻重与玉米播种早晚、施肥水平关系密切，玉米播种较晚、密度过大、地势低洼、四周屏障等，会使田间通风透光性差，造成高湿小气候而有利病菌滋生，病害发生严重。

该病主要为害玉米叶片，也可为害叶鞘和苞叶。病斑初为，水浸状或淡黄色半透明小点；之后，扩大为圆形、椭圆形、梭形或长条形病斑。病斑因品种抗性不同而表现不一样，一般长1～5毫米，宽1～2毫米，大小不等；病斑中央枯白色，呈半透明状，周围有褐色环带，外围有明显的黄色晕圈；感病品种叶片密布病斑，病斑联合后形成大面积组织坏死，导致叶片枯死。湿度大时，病斑正、背两面均可见灰色分生孢子梗和分生孢子，背面居多。

6. 玉米灰斑病

玉米灰斑病由玉米尾孢菌侵染引起的，是我国北方玉米上新发生的一种危害性很大的病害。1991年，该病首先在辽宁丹东、庄河等地突然大面积发生，现已成为东北三省玉米的重要病害。1999年，在山西省屯留县田间采集到灰斑病标本。由于当前常用的骨干自交系大都是感病的，因而对灰斑病的潜在威胁不可忽视。

该病主要为害叶片，也侵染叶鞘和苞叶。发病初期，淡褐色病斑，渐扩展为灰褐色、灰色至黄褐色的长条斑，与叶脉平行延伸，常呈矩形，对光透视更为明显。病斑中间灰色，边缘有褐色线，病斑大小0.5～20毫米×0.5～2毫米。有时病斑连片，使叶片枯死。通常在叶片两面产生灰色霉层，即菌的分生孢子梗和分生孢子，以叶背产生最多。病菌最先侵染下部叶片引起发病，气候条件适宜时可扩展到整株叶片，使之过早枯干。

玉米灰斑病病原菌在干燥的条件下，能够顺利越冬。在潮湿的环境条件下，病原菌能在地表的病残体上越冬，但在5月初基本失去活力。在表土层下病残体上的病原菌不能越冬存活。如果通过秋天翻地，能消灭病残体上的病原菌，减少下一年的初侵染菌源，可有效地控制病害的发生和流行。

传播途径：病菌在病残体上越冬，成为第二年的初侵染源。当年病斑上产生的分生孢子可进行重复侵染，不断扩展蔓延。分生孢子萌发产生芽管通过气孔侵入，成株叶片上潜育期9天，12天出现长条斑，16～21天病斑上形成孢子，侵染幼株叶片时产孢比在成株上早。侵入后，菌丝扩展受叶脉限制形成长而窄的平行病斑。玉米灰斑病常在多雾、多露的条件下发病，这种高湿环境有利于孢子的形成、萌发和侵染发病，一般7—8月多雨年份发生严重。玉米生长后期遇到高温干旱不利于植株的生长发育，降低了植株抗病性，如降雨，也可导致严重发生，且品种间抗病性差异明显。

玉米灰斑病由玉米尾孢菌浸染所引起，病菌在病残体上越冬，成为第二年的初浸染源，当年病斑上产生的分生孢子可进行重复浸染，不断扩展蔓延。分生孢子萌芽产生芽管通过气孔浸入，成株叶片上潜伏期9天，12天出现长条斑，16～21天病斑上形成孢子，浸染幼株叶片时产孢子在成株上。浸入后菌丝扩展受叶脉限制形成长而窄的平行病斑。多雾、多露有利于孢子的形成、萌发和浸染发病。故温暖湿润和雾日较多的地区易发生玉米灰斑病。一般7—8月多雨年份发生严重。在楚雄，该病于7月上中旬开始发病，8月中旬到9月上旬为发病高峰期。玉米生长后期遇到高温干旱不利于植株的生长发育，降低了植株抗病性，如有几次降雨，也可导致严重发生。

7. 玉米纹枯病

玉米纹枯病主要发生在抽雄期至灌浆期，苗期和生长后期很少发生，主要侵害叶鞘，其次是叶片、果穗及苞叶。发病严重时，能侵入坚实的茎秆。最初多由近地面的1～3节叶鞘发病，后侵染叶片向上蔓延。其症状为在叶片和叶鞘上形成典型的呈暗绿色水浸状的同心斑、椭圆形或不规则形斑，中央灰褐色，常多个病斑扩大汇合成云纹状斑块，包围整个叶鞘直至使叶鞘腐败，并引起叶枯；病斑向上扩展至果穗受害，苞叶上同样产生褐色云纹状病斑，内部籽粒、穗轴均变褐色腐烂。环境高温多雨时，病斑上长出稠密白色菌丝体，病部组织内或叶鞘与茎秆间常产生褐色不规则颗粒状菌核，成熟的菌核多为扁圆型，大小不一，一般似萝卜种子大小；菌核在29～33℃时形成最多，极易脱离寄主，遗落田间。玉米纹枯病前期在田间呈水平扩展，病株发病级数均在2级以下，趋向均匀分布，这可能是因为该病历年发生较重，田间菌源较多，经过耕耙整地，田间菌核分布较均匀；后期，随着病情向上垂直扩展，病株发病级数出现分化，为害逐步趋向聚集分布，这可能是受发病时间及气候条件的影响。

纹枯病是靠攀缘蔓延而短距离传染的病害。因此，病害的流行与否，主要看菌丝的感染力及其相应的适宜条件。菌丝的致病力受营养、病斑型、菌丝年龄以及各种生态条件影响有差异很大。一般营养丰富，尤其是氮肥充足时菌丝和菌核生长好而且速度快，致病力强。病斑类型不同，所产生的菌丝致病力亦有差异。生育期病斑产生菌丝快又多、致病力强，老化病斑很少产生菌丝，即使产生少量菌丝，致病力也不强。此外，纹枯病的流行还与气候、品种、种植密度、肥水条件和地势等因素有关。其中，气候因素对纹枯病的发展有重要影响。玉米纹枯病发生的最低温度为

13～15℃，最适温度为 20～26℃，最高温度为 29～30℃。病害发生期内，多雨高湿，病情发展快，少雨低湿则明显抑制病害发展。还与玉米田间小气候湿度因子、光照强度密切相关：高湿度、弱光照，则发病快、发病重；低湿度、强光照，则发病慢、发病轻。高肥水条件下，特别是偏施氮肥的地块，玉米生长旺盛，加之种植密度过大，增加了田间湿度，株间通风透光不良，容易诱发病害。地势低洼、水不良的田块发病重。

青贮玉米纹枯病是一种毁灭性病害，它的发生依赖于纹枯病菌的成功侵入和产生聚半乳糖醛酸酶、聚半乳糖醛酸甲酯酶和纤维素酶共 3 种细胞壁降解酶或毒素。细胞壁降解酶和毒素对叶片和叶鞘有明显侵解作用。据辽宁、河北、四川和浙江等省部分地区调查，玉米纹枯病在春、夏、秋玉米上均有发生，发病率为 22.2%～70.81%，个别地块或品种达 100%，损失率为 5.9%～16.5%。特别是近年来在辽宁沈阳地区，由于前期温度低、雨量多、湿度偏大，从而导致纹枯病大发生。目前，纹枯病已成为青贮玉米育种和生产的第一大病害。在青贮玉米蜡熟期调查纹枯病，逐株调查每份鉴定材料的发病状况，重点调查部位为果穗以下茎节，纹枯病的发病率为 0～60.00%。对纹枯病的抗性主要分为两类，其中，Ⅰ类未见发病，Ⅱ类不同程度发生病害。

8. 玉米斑枯病

玉米斑枯病是玉米上的一种常见病害，主要危害叶片，由两种真菌引起，两者经常会混合，难于区分。玉米斑枯病主要危害叶片，初生病斑椭圆形，红褐色，后变为中央灰白色、边缘浅褐色的不规则形斑，致叶片局部枯萎。玉蜀黍生壳针孢和玉蜀黍壳针孢引起的斑枯病主要为害叶片。初生病斑椭圆形，红褐色，后中央变为灰白色、边缘浅褐色的不规则形斑，致叶片局部枯死。两者常混合发生，较难区别。玉蜀黍生壳针孢病菌和玉蜀黍壳针孢病菌均以菌丝和分生孢子器在病残体或种子上越冬，成为翌年初侵染源。一般分生孢子器吸水后，器内胶物质溶解，分生孢子逸出，借风雨传播或被雨水溅到植株上，从气孔侵入，后在病部产生分生孢子器，以分生孢子扩大危害。冷凉潮湿的环境利其发病。

9. 玉米茎基腐病

玉米茎基腐病在我国各玉米产区均有发生，一般年份发病率为10%～20%，多雨年份发病严重，最高可达 80% 以上。据资料显示 1985 年，玉米茎基腐病在北京地区流行，密云、昌平、通县等地的发病率均在 30%

以上。同年，河北省涿鹿县 0.67 万公顷玉米因该病平均每亩减产 100～
200 千克。1988 年，黑龙江绥化地区发病面积超过 6.67 万公顷，严重地
块发病率为 30％～70％。1990 年，甘肃省安西县玉米此病发生面积占种
植面积的 41.3％。其中，发病率在 20％～30％。1995 年，宁夏吴忠引黄
灌区发生玉米茎基腐病，病株率平均为 23.1％，变幅在 0.2％～88％。当
年，该病在山东省发生也较为普遍，套种和夏玉米一般发病率 16％～
25％，严重达 48.6％。2004 年，豫西地区玉米茎基腐病暴发，发病率平
均在 26％以上，严重地块发病率达 100％。玉米茎基腐病严重影响籽粒千
粒重，经病株和健株果穗进行考种比较，测病株千粒重比健株减 3.6％，
严重的达 22.4％。从以上发生情况及危害看，玉米茎基腐病已成为玉米
生产上的主要病害，且在我国玉米产区逐渐上升，已成为继大斑病、小斑
病和丝黑穗病之后的又一急需解决的灾变性病害。

　　我国青贮玉米茎基腐病在玉米正值灌浆阶段（即乳熟期）开始出现。
严重时，短时间内迅速扩大，引起大面积枯死。发病初期，玉米茎基 1～
3 节及气生根出现不规则水渍状腐烂，之后病斑纵向扩展，逐渐扩大变
褐，呈梭形或椭圆形，病部褪绿失去光泽。接着病株下部叶片出现青灰色
干枯，并迅速向上部延伸，仅 3～5 天整株叶片青枯凋萎，似霜打或水烫
一样。病株果穗往往下垂，籽粒松瘪。发病后期病斑环绕茎基部，使茎基
部 1～3 节变褐发软，严重时明显收缩，从基部发病处折断、倒伏。拔出
病株可见初生根和次生根变为褐紫色，并腐烂破裂，病根皮层剥离，须根
减少。

　　剖秆检查，解剖症状表现为茎基病节髓部组织腐烂变褐，随发病时间
延长，则髓部组织变色并分离，茎基内部变空。有的病株在茎髓空隙或维
管束间充满白色菌丝，挑出白色菌丝镜检，可见到大量卵孢子。

　　玉米茎基腐病是一种土传病害，其病原对土壤中不适宜的环境因素具
有较强的抵抗作用，能完全脱离寄主残体，在土壤繁殖和生存。病菌主要
是卵孢子单独或随病残体在土壤中越冬，作为次年病害的初侵染源。病菌
的入侵开始都先在内皮层外的细胞中侵染蔓延，该病苗期就可侵染，潜育
期长，侵染后通过根的皮层侵入，沿着薄壁组织向纵横发展后，再侵入维
管束，并向上扩展蔓延。

8.2.2.2　青贮玉米虫害分布与危害

　　我国青贮玉米害虫主要有，地下害虫、玉米螟、黏虫、蚜虫等。其

中，以地老虎为代表的苗期地下害虫常造成大面积断垄、缺苗；玉米螟、黏虫均属暴食性害虫，重发生年份造成大面积减产；蚜虫不仅造成叶片卷曲、产量下降，并能传播病毒、造成饲草品质下降。

1. 地老虎

地老虎又称土蚕、地蚕，有多种类型。青贮玉米生产中发生最多的当属黄地老虎、小地老虎等。地老虎的全生育期可以分成4个阶段，即卵、幼虫、蛹、成虫。成虫翅的颜色为暗褐色。小地老虎前翅上有波状线（2条深色线条中间夹着1条白线）；分别有1条环状、肾状的纹，颜色为暗褐色，肾状条纹的外侧有1条纵向的线条（黑色），呈尖三角形。黄地老虎前翅上仅有2条纹，分别为环状、肾状，无纵向黑色条纹。地老虎的卵初始颜色为黄色，半球形，之后颜色逐渐转为暗色。黄地老虎、小地老虎幼虫在体表上的主要区别是后者全身布满颗粒（圆形、黑色），而前者没有。黄地老虎幼虫一般在每年4月开始危害；小地老虎开始危害的时间一般在每年3月左右，3月下旬至4月中旬危害最重。

2. 玉米螟

玉米螟雄成虫体长10～13毫米、雌成虫体长13～15毫米。触角丝状，前翅有数条波状和锯齿状暗褐色的斑纹，后翅灰黄色，中央有波状横纹，雌蛾体大色浅，雄蛾体小色深。除西藏、青海未报道外，其他省区皆有为害。玉米螟取食叶肉或蛀食未展开心叶，造成花叶；抽穗后钻蛀茎秆，使雌穗发育受阻而减产，蛀孔处遇风易断，则减产更严重。幼虫直接蛀食雌穗嫩粒，造成籽粒缺损、霉烂、变质。一般越冬基数大的年份，田间1代卵量和被害株率就高。越冬幼虫耐寒力强，冬季严寒对其影响不大，春寒能延迟越冬幼虫羽化。湿度是玉米螟数量变动的重要因素。越冬幼虫咬食潮湿的秸秆或吸食雨水、雾滴，取得足够水分后才能化蛹、羽化和正常产卵。低湿对其化蛹、羽化、产卵和幼虫成活不利。以高龄幼虫在寄主植物秸秆、穗轴或根部中越冬，来春化蛹、羽化、成虫产卵于寄主植物叶背，孵化成幼虫后形成为害。

3. 黏虫

雄虫体长15.2～17.0毫米，翅展36.0～41.0毫米。头部灰褐色。胸部灰褐色。前翅灰黄褐色、黄色或橙色，内线只现几个黑点，环纹、肾纹褐黄色，后者后端有1白点，其两侧各1黑点，外线为1列黑点，亚端部自顶角内斜至5脉，翅外缘1列黑点；后翅暗褐色。腹部暗褐色。雌虫与雄虫相似。以幼虫取食为害。食性很杂，尤其喜食禾本科植物。咬食叶组织，形成缺刻，大发生时常将叶片全部吃光，仅剩光秆，抽出的麦穗、玉米穗亦能被咬断。食料缺乏时，成群迁移，老熟后，停止取食。黏虫喜温暖高湿的条件，暖温带地区一般年份发生3代，在1代黏虫迁入期的5月下旬至6月降雨偏多时，2代黏虫就会大发生，进而在8月上中旬影响三代黏虫发生。高温、低湿不利于黏虫的生长发育。黏虫具备远距离迁飞能力，常迁飞至虫源地以外地区为害。

4. 玉米蚜

为害青贮玉米的蚜虫以玉米蚜为主。有翅胎生雌蚜体长1.5～2.5毫米，头胸部黑色，腹部灰绿色，腹管前各节有暗色侧斑。触角6节，触角、啄、足、腹节间、腹管及尾片黑色。无翅胎生雌蚜体长1.5～2.0毫米，长卵形，灰绿至蓝绿色，常有一层蜡粉。腹管周围略带红褐色。触角长度为体长的1/3。腹管暗褐色，短圆筒状，端部稍缢缩。玉米蚜一年发生20代左右，冬季以成、若蚜在大麦叶心里，或沟边向阳处的禾本科杂草心叶里越冬。翌年3、4月间随着气温的上升而开始活动，大部分集中为害麦苗或杂草心叶，后随着寄主的生长而向上部移动，集中在新形成的心叶里繁殖为害。4月底5月初，产生大量有翅蚜，迁往玉米、高粱、谷子以及狗尾草、马唐、稗、芦苇等禾本科杂草上繁殖，形成第一次迁飞高峰。玉米蚜在作物及杂草上，多群集于心叶为害，当植株抽穗后，在其上的玉米蚜往往迁至附近未抽穗的植株或无效分蘖的心叶里继续滋生繁殖。以成虫在叶背和嫩茎上吸取汁液，受害植株叶片卷缩，植株萎蔫、甚至枯死。老叶受害，提早枯落，缩短生育期，造成减产。

8.2.2.3 青贮玉米鼠害分布与危害

1. 大仓鼠

分布于我国长江以北地区。从东部沿海省份向西，以浙江天目山为南限，主要分布于华北平原、东北平原、关中平原农作区及临近山谷川地，包括黑龙江、吉林、辽宁、内蒙古、北京、天津、河北、河南、山东、山西、陕西、甘肃、宁夏、安徽、江苏和四川等地。

大仓鼠危害主要体现在两方面：一是危害植株、盗运种子。在作物苗期危害茎叶，花期吃花，常咬食未成熟甜嫩多汁种子，成熟期大量盗运饲草种子。由于大仓鼠的危害，常造成饲草严重减产，甚至颗粒无收。二是传播疾病，危害人类身体健康。大仓鼠主要为田间野栖种，也为室内偶见

种。它能传播鼠疫、流行性出血热、钩端螺旋体病、蜱传斑疹伤寒、蜱传
回归热等传染病。

2. 黑线仓鼠

广泛分布于我国东北和华北地区的农田。分布西界在甘肃河西走廊的
张掖一带，南界大约在秦岭至长江一带，在安徽、江苏两省境内有跨江分
布记录。

黑线仓鼠是黄河流域和豫东、豫北平原农田害鼠的优势种，占野生农
田害鼠总量的 40％以上。以夜间活动为主，白天隐藏于洞穴内，黎明前、
黄昏后活动频繁，一般以 19：00～21：00 为害严重。春季，刨食播下的
农作物和饲草的种子，继而啃食幼苗，特别喜欢吃豆类幼苗，并有跳跃转
移为害的特点；秋季夜间，往洞中盗运成熟的种子，贮备冬季食料。

3. 黑线姬鼠

广泛分布于我国除青海、西藏、海南以外的各省市区。

黑线姬鼠主要以各种饲草的种子、茎叶、果穗为食，一般咬断饲草的
秸秆，危害期从播种期到成熟为止。黑线姬鼠的危害一年四季都在进行，
几乎是各个时期、地点，各种生态农田种植的各种作物都会遭受危害，其
危害损失率达 5％～40％。由于黑线姬鼠经常迁入室内，且为流行性出血
热等鼠传疾病的主要宿主，传播的疾病多达 17 种，如钩端螺旋体、鼠疫、
鼠咬热、流行性出血热等，严重威胁人们的生命安全。

4. 小家鼠

分布于全世界。小家鼠虽然体型小，但危害甚大。尤其是它的繁殖潜
力很大，条件适宜时，密度可达惊人的地步。因其数量多，分布广，为重
要的农业害鼠之一。危害饲草以及所有农作物，主要危害期为饲草收获季
节和青苗。危害时，一般不咬断植株，受害株很少倒伏。不仅可以成片毁
灭庄稼，还可迁入居民区咬毁室内各种物品，酿成地区级的特大灾害。

小家鼠与人伴生，不时出入于人类的住所，可传播多种自然疫源性疾
病。已知相关传染病达 24 种之多，如鼠疫、肾综合征出血热、钩端螺
旋体病、淋巴球性脉络膜脑膜炎、地方性斑疹伤寒、恙虫病、蜱传立克
次氏体病、立克次氏体痘、Q 热、沙门氏菌病、布鲁氏菌病、假结核、
炭疽、土拉伦菌病、李司特菌病、类丹毒、皮肤利什曼病、毒浆体病、
旋毛虫病、白癣、西方马脑炎、森林脑炎、阿根廷出血热和蜱传回归
热等。

8.2.3　其他饲草病虫害分布与危害

1. 羊草病虫害分布与危害

我国羊草种植区主要分布在吉林、黑龙江等5个省区，主要在北方种植。上述地区羊草病害主要有锈病、白粉病等，如羊草多孢锈病致病菌为披碱草柄锈菌，造成羊草生长减缓、产量下降。更重要的是，严重降低羊草品质，影响家畜的适口性。羊草虫害主要有，蝗虫、芫菁、黏虫等。其中，短星翅蝗、亚洲小车蝗等是造成羊草产量损失的重要害虫。

2. 燕麦病虫害分布与危害

我国饲用燕麦种植区主要分布在青海、甘肃、四川等18个省区，南北方均有分布，北方居多。上述地区燕麦病害主要有红叶病、锈病等。红叶病由大麦黄矮病毒引起，病株矮化，叶片呈紫红色并卷曲变硬，影响光合作用；秆锈病主要危害叶鞘，造成表皮破裂，重病植株因水分过多散失、提前枯死而严重减产。燕麦虫害主要有蚜虫、麦秆蝇等。蚜虫在拔节前后聚集在叶片正面主脉附近为害，抽穗后种群基数逐渐增多，聚集在小穗基部，灌浆前后达最高峰，雨后被冲刷明显减少。麦二叉蚜和麦长管蚜均可传播红叶病毒，危害往往超过蚜虫本身。

3. 狼尾草病虫害分布与危害

我国狼尾草种植区主要分布在广西、云南、江西等南方10个省区。上述地区狼尾草病害主要有，斑点病、叶斑病、茎腐病等。虫害主要有，红蜘蛛、红火蚁、钻心虫等，是造成狼尾草产量损失的重要因子。

4. 披碱草（老芒麦）病虫害分布与危害

我国披碱草与老芒麦种植区主要分布在青海、四川、甘肃、西藏、内蒙古等7个省区，尤以青藏高原居多。上述地区披碱草（老芒麦）病害主要有，锈病、白粉病等，局部地区造成产量重大损失。虫害有地下害虫、麦秆蝇等，尤其是地下害虫，常造成大面积的减产和绝收。

5. 黑麦草病虫害分布与危害

我国黑麦草（包括多年生黑麦草和多花黑麦草）种植区主要分布在贵州、四川、云南、湖北、江西等16个省区。南北方均有分布，南方居多。上述地区黑麦草病害主要有，锈病、褐斑病等。虫害主要有，叶蝉、蚜虫、黏虫等。其中，叶蝉在叶或茎上刺吸汁液，使寄主生长发育不良，叶片受害后褪绿、变黄、变褐，有的出现斑点或畸形卷缩，甚至全叶枯死，部分叶蝉种类还能传毒。

6. 沙打旺病虫害分布与危害

我国沙打旺种植区主要分布在甘肃、陕西等北方 7 个省区。上述地区沙打旺病害主要有，黄矮根腐病、扁裂腔黑斑病、疔座霉叶斑病等。虫害主要有，沙打旺病虫害小食心虫、籽蜂等。由于沙打旺草地病虫害发生频繁，特别是根腐病对其危害甚重，根腐病的危害程度呈逐年加重趋势，生长 1 年（即播种当年）的沙打旺草地发病较轻，发病率约为 10%～55%，到生长 3～4 年发病较为普遍，发病率为 100%。沙打旺草地的高产期在生长 2～3 年形成，以生长 3 年时产草量最高，种子产量以生长 2 年最高，从生长 4 年开始下降，表现为植株变矮，分枝能力下降，枝条减少，根茎虽较粗，但其中央有坏死组织出现，坏死组织面积随着生长年限的增加而增大；到第 5～6 年，根茎中央组织几乎全部坏死，枝条多沿着根茎的外围长出，单株重量下降明显，群落衰退；生长 5 年后草群中有枯死植株出现，草地衰退更加明显，到第 6 年，沙打旺株丛明显减少，仅有 3～4 株/平方米，产草量仅为生长 2～3 年的 9.73%。沙打旺小食心虫在内蒙古地区一年发生一代，以幼虫在沙打旺植株茎秆内取食为害，在根茎内越冬，是制约局部地区沙打旺产业发展的重要因素。

7. 三叶草病虫害分布与危害

我国三叶草种植区主要分布在贵州、四川、甘肃、湖北等 13 个省区。南北方均有分布，南方居多。上述地区三叶草病害主要有，锈病、白粉、弯孢叶枯病等。其中，白粉病分布最广，世界各地红三叶种植地区均有发生，在我国新疆、吉林、江苏等地均有报道，在不同海拔、不同生态环境下都普遍发病。主栽品种在病害盛发期全部感病，病叶率高达 65%～97%，草产品、种子产量均大幅度下降。三叶草虫害以蚜虫为害最重，常造成植株矮小，叶片卷缩变黄，严重时全株枯死。其次，叶螨也是危害三叶草的重要害虫，常刺入植物叶片背面吮吸汁液，破坏叶绿素，并结成蛛网，导致被害叶片出现白色小斑点，而后退绿变为黄白色或红褐色。严重时，整个叶片大量失绿，并卷曲脱落，导致植株枯死。

8. 鸭茅病虫害分布与危害

我国鸭茅种植区分布在云南、新疆等 8 个省区，南北方均有分布，南方居多。上述地区鸭茅病害主要有，锈病、黑粉病等。常造成植株生长缓慢、矮小，不形成花序或花序很小，最后使植株病叶死裂、卷曲并死亡。

虫害主要有，蚜虫、地下害虫等。其中，地下害虫常在苗期为害，造成大面积缺苗断垄。

8.3 饲草病虫害防控现状与研究进展

近年来，随种植业结构调整，饲草种植面积逐年增大。然而，我国饲草重大病虫害防控工作刚刚起步。因此，我们总结了国际上饲草病虫害防控工作进展，以及我国农作物病虫害防控现状，为我国饲草重大病虫害防控工作提供借鉴。

8.3.1 国外饲草病虫害防控的启示

饲草病虫害不仅造成直接经济损失、影响草产品质量，还导致家畜中毒、流产等。近年来，发达国家高度重视饲草病虫害综合治理工作，防控技术也取得了一系列进展。

8.3.1.1 国际上防治饲草病虫害情况

历史上，重大流行性病虫害给农业生产造成了巨大的经济损失。为此，发达国家高度重视重大流行性病虫害的监测与防控工作，每年投入大量的人力、物力和财力，并将其规定为政府工作重要的考核内容。20 世纪 60 年代，由于化学农药的大量使用，造成恶劣的负面影响。特别是农药残留致使食品质量安全下降，过高的生产成本导致农业效益低下。发达国家开始评估化学农药带来的环境保护、社会安全、经济效益等带来的社会影响。国际上高度重视抗性品种利用、农业栽培措施、先进监测预警技术利用等，尤其是利用天敌防治饲草害虫等生物防治措施取得了较为广泛的应用。并且，基本明确了主要病虫害的分布与发生规律，已经建立了较为完备的饲草病虫害监测预警体系，针对主要病虫害，形成了较为完善的防治技术体系。

1. 美国

高度重视饲草病虫害监测工作，强化农艺措施在病虫害综合防治中的使用，注重抗性品种和天敌利用。危险性害虫入侵风险管理已经成为政府行为，每年组织人员对不同区域重大害虫入侵风险进行系统分析。并在重大害虫监测预警上投入了大量的研究经费和技术人员，保障各项工作有序开展。现阶段，美国已经利用 3S 技术实现了三叶草叶象甲、根象甲发生与分布区域的精准监测，为防治工作提供了重要参考依据。1972 年，美国政府发出来不能单靠施用化学农药防治病虫害的警告，要求重视有害生物综合防治（IPM）措施，至此，IPM 理念和技术在美国逐渐推广和应用（Vandemark、Larsen、Hughes，2006）。

一是重视监测工作。美国中西部地区干旱年份，部分草原蝗虫危害紫花苜蓿。由于草原蝗虫在中西部大部分地区很少造成经济损失，因此被认为是一种"小害虫"，不建议使用杀虫剂，直到在苜蓿田蝗虫种群（包括田间边缘）达到 20 头/平方米才开始防治。马铃薯叶蝉是一种中晚期紫花苜蓿害虫，在春季后期从南部地区迁移到中北部和东部各州。中西部地区在适当的时候收获的第一茬苜蓿通常不会受到损害。目前，采取的主要做法是重点监控后几茬苜蓿上马铃薯叶蝉种群动态，达到防治指标时才采取措施。

二是强化农艺措施。如，可通过轮作、深犁、耕作和平整土地等方式以改善地表和地下排水来防治饲草上常发生的疫霉根腐病（Hassanein、Elbarougy、Elgarhy，2000）。对苜蓿黄萎病的防治，可通过先收割未受感染的田地。然后在现蕾期或花期早期收获受感染的田地。早期收获可以限制黄萎病引起的产量和品质损失，减缓真菌在田间的蔓延。对近年来暴发的紫花苜蓿象甲，则多采用提前收割，或在象甲已经造成了严重的伤害时，仔细检查下一茬苜蓿，看是否有伤害新植株的迹象，若超过 50％的新植株被破坏，则采用尽快喷洒化学农药的方式进行防治。

三是注重抗性品种利用。在抗病品种利用方面：如紫花苜蓿黄萎病，由苜蓿黄萎病引起的，原产于美国，在美国北部和加拿大的苜蓿产区暴发得黄萎病可使牧草产量减少 50％，使用抗黄萎病苜蓿品种后，可显著降低因苜蓿黄萎病造成的产量损失。无丝酵母菌根腐病是苜蓿在湿土中的一种重要病害，它会阻碍和杀死幼苗，并在已生长的植物中引起慢性根系疾病。受感染的植物表现出类似于缺氮的症状，在冬季休眠或收获后生长缓慢。为了获得更好的结果，选择对疫霉菌根腐病具有高抗性的品种，可给植物提供最大限度的抗病保护。美国最成功的一个案例就是其培育的抗炭疽病苜蓿品种，目前得到大面积推广应用，年均经济效益超过 12 亿美元。在抗虫育种方面：美国筛选的品种多以耐盐、抗寒、兼抗蚜虫为主。在饲草上也常发生线虫危害，由于目前没有效果较好的杀线虫剂用来控制紫花苜蓿线虫的传播，种植者目前主要采用抗虫品种控制线虫危害。

四是推广天敌防治技术。利用天敌控制害虫的生物防治技术在美国东北部已得到很好的证实。如，在美国利用姬小蜂、茧蜂等防治美洲斑潜蝇取得了大面积的推广应用。

2. 澳大利亚

澳大利亚在在抗性品种利用、土壤翻耕、放牧、适时刈割、降雨和灌溉等农业栽培措施，以及利用天敌、病毒、细菌、真菌等生物防治技术方面做了大量工作，饲草病虫害综合防控中取得了较为突出的进展。如，在春季，玉米与牧草播种期间隔 4 周，可减少阿根廷象甲的危害；利用无翅黄蜂防治蛴螬和黏虫，以及狭臀瓢虫、姬蜂、褐蛉、食蚜蝇、寄生蜂等天敌防治蚜虫也取得了较好的进展，并成功开发了金小峰等天敌产品（Hughes、Woolcock、Hughes，1987）、（Hossain、Gurr、Wratten，2001）。其与新西兰联合培育的简爪茧蜂防治苜蓿象甲，应用于世界多个国家，可实现苜蓿象甲持续控制。利用苜蓿—棉花间作体系保留并增加了捕食性昆虫的数量，利用生物杀虫剂［苏云金芽孢杆菌（Bt）、核多角体病毒（NPV）］等措施减少了化学农药使用量 50％（Mensah，2002）、（Mckirdy、Jones，1995）。农艺措施也是近年来澳大利亚饲草病虫害管理的重要手段之一，如，采用条带收获方式来加强害虫生物防治技术的运用，即设置 30 米的间隔带，天敌利用未收割的条带作为庇护所，通过条带收割加强田间天敌群落有助于苜蓿害虫管理。

3. 新西兰

新西兰 AgResearch 研究所研发的昆虫病原细菌类生物农药，防治鳞翅目害虫效果显著（Skot、Timms、Mytton，1994）。他们从黑麦草中挖掘的 MaxP™、AR[37]、AR[1] 等 3 个内生菌产品，可以与苜蓿共生，使感性品种获得抗病虫特性，这比育种技术获得抗性更容易、更迅速、更有效；还可以直接杀死害虫，预防病害（Murray，1991）。抗虫品种利用还有一个典型的案例，就是利用转基因技术，从芽孢杆菌筛选出的杀虫晶体蛋白基因与根瘤菌融合，可显著提高芽孢杆菌的毒性，该技术有望被用于紫花苜蓿与三叶草害虫及叶蝉的防治（Barratt、Barker、Addison，1996）。

4. 英国

英国是畜牧业生产大国，改良草地占 90％以上，病虫害种类多，危害重。其防治技术特点是协调化学农药与天敌利用的关系。尤其是天敌繁殖季节，政府禁止化学农药的使用，有效提高天敌控制作用（Whitehead、

Fraser、Nichols，2010）。

5. 伊朗

伊朗是紫花苜蓿枯萎病的重发区，目前主要采用化学防治与物理防治等传统的防治手段。近年来，伊朗加强了现代分子生物技术的运用，针对防治紫花苜蓿矮秆病毒病，目前主要采用分子手段进行防治（Ghalandar、Clewes、Barbara，2010；Pourrahim、Farzadfar，2014）。

6. 埃及

为了减少环境污染，埃及政府将生物防治作为饲草病虫害防治的主要手段。筛选了哈氏木霉、黄绿青霉、枯草芽孢杆菌、灰色链霉菌等生物制剂，对核菌和氧孢子菌的菌丝生长有明显的抑制作用，能显著降低紫花苜蓿根腐病和枯萎病的发生。埃及南加州紫花苜蓿象甲危害日益严重，目前主要是在第一茬和第二茬苜蓿生长期加强测报工作，达到经济阈值后，采用化学药剂及时压低虫口密度（Hassanein、Elbarougy、Elgarhy，2000；Truffer、Frederic、Buffi，2012）。

7. 加拿大

生物防治措施在加拿大苜蓿病虫害防治工作中发挥了重要作用，加拿大在阿尔伯塔省南部开展了大量的田间调查与分离鉴定等基础工作，主要采用生物农药控制紫花苜蓿根腐病危害（Howard、Huang、Traquair，1991）。饲草混播控制病虫害在加拿大也得到了较为广泛的应用。如溴草、细麦草和加那利草三种饲草按照不同比例混合种植，可显著降低病虫害发生率，提高饲草产量（Basu，1987；Kilcher，1959）。

8. 意大利

意大利主要利用抗性品种防控饲草病虫害。1957 年，内胚轴棒状杆菌（McCull）引起的紫花苜蓿青枯病在意大利被发现，但在当时，未能开发出有效的控制措施。直到近年来，他们引进了美国抗青枯病材料进行育种，有效控制了苜蓿青枯病危害（Ribaldi、Panella，1958）。

8.3.1.2　国际防治饲草病虫害经验

（1）建立了相对完善的技术推广体系。美国密歇根州建立了县级农业推广站，拥有技术推广人员 400 多人。这些人员中有近一半为密歇根大学教授兼任，他们的主要职责是监测病虫害发生动态，向农民提供相关信息，培训农民如何开展综合防治。

（2）实施规范的技术培训。发达国家每年要定期举办各种类型的技术培训班，使农民系统地掌握害虫综合治理新知识、新技术；重点培训推广员队伍，使其作为进一步的师资力量开展技术培训和推广工作。

（3）广泛的运用多媒体加大传播力度。在病虫害高发季节，发达国家专门负责病虫害防治的机构每周召开两次电话会议，参加人员为各县推广员和学校各专业组的专家教授，汇集各县、各点的情况，分析确定病虫害发生区域及生产中可能遇到的问题，然后编印资料、小册子分发到各农场，并输入到互联网中，让农民能及时查阅相关信息。同时，通过电视、网络等平台向农民传播，并建立免费热线电话，提供技术指导。

（4）注重示范推广工作。发达国家在推广示范中花费了大量精力。每一项新技术在正式应用前，都要进行周密的部署，召集农场主和农民，开展现场技术推广和示范。

8.3.2　国内农作物病虫害的防控启示

21世纪以来，我国农作物病虫害防控工作取得了长足的进步，特别是在重大病虫害防控技术集成与应用方面，极大地促进了我国农业植保技术的发展，保障了我国粮食生产安全。

1. 我国主要农作物病虫害监测现状

病虫测报是植物保护工作的基础，在重大病虫害防控工作中起着信息支撑和决策支持的作用。精准测报可以指导农户"防与不防、什么时候防、防几次、用什么方式防"，从而提高防控效果，最大限度减少农药用量。通过近70年的发展，我国农作物病虫害测报工作取得了长足进步。

一是政府部门高度重视。贯彻"预防为主，综合防治"的植保方针，必须提高预测预报的技术水平，依靠准确地预报，才能使预防工作做到有的放矢。这既是测报工作的作用所在，也是政府部门制定防治决策、指导防治工作开展的依据。随着"公共植保，绿色植保"理念的提出，进一步明确了测报工作属于政府必须为农业生产提供公共服务的职能范畴，为测报工作有序开展提供了保障，一些重大病虫害测报工作，逐渐上升为政府行为。如，针对2019年暴发的草地贪夜蛾，政府拨出专项经费，协调全国农作物病虫害防治机构开展草地贪夜蛾监测工作。

二是大力推进现代植保体系建设。新中国成立以来，逐步建立、完善病虫害测报体系，形成了分布全国的农作物病虫害测报网络。长期以来，各级病虫测报部门对当地病虫害的发生情况进行系统监测，积累了大量资料。这些监测资料作为重要的基础性数据，用于农作物病虫害的预测预报和指导防治，对我国粮食安全生产发挥了重要作用。2000 年以来，全国各级农作物植保部门大力推进现代植保体系建设，在新型测报工具研发应用、信息系统建设、预报发布方式创新等方面进行了大胆探索，取得了明显进展。

三是加大经费支持力度。近年来，在农业农村部指导下，各级政府部门加大经费支持力度，针对重大病虫害列支专项经费，用于支持农作物病虫害防控工作。如，广东省在"十二五"期间，政府专门拨付 2 亿资金用于农作物重大病虫害的监测和防治工作。农业农村部联合科技部、财政部设立重大病虫害科技项目重点支持，尤其是加大了迁飞性害虫、检疫性病害的经费支持力度，支持精准、高效测报工作的科研攻关。

四是加快新技术利用。各级农作病虫害防治机构相继开发应用了重大病虫害远程监测物联网，实现了对田间作物长势、病虫害种类和数量，以及农田小气候的远程实时监测；开发了害虫性实时监控系统和病害实时预警系统，实现了对性诱剂敏感害虫以及对马铃薯晚疫病、小麦赤霉病的远程实时监测；建成和应用了全国农作物重大病虫害数字化监测预警系统，利用雷达、低空探照灯等技术监测迁飞性害虫，实现了农作物病虫测报信息采集规范化、报送网络化、处理自动化、预报展示可视化；创新实施"电视—广播—手机—网络—明白纸"的"五位一体"现代病虫害预报发布模式，极大地提高了预报信息的传输速度和覆盖面。

2. 我国主要农作物病虫害防控现状

近年来，我国主要农作物病虫害防控工作取得了显著进步。

一是各级政府高度重视。农作物病虫害防控工作关系到农产品质量安全、农田生态安全和农业的可持续发展等国计民生问题，各级政府高度重视，按照"大生态、大产业、大循环"的思路和"高产、优质、高效、生态、安全"的总体要求，通过建立绿色防控技术示范样板，增加投入，加大宣传力度等措施，加快了农作物病虫害绿色防控技术推广步伐。各地在国家示范区建设的带动下，形成了国家、省（自治区、直辖市）、市、县4 级示范体系。各示范区强化技术推广，规范制度管理，充分发挥了示范引导作用。通过不断扩大示范推广规模，实现典型引路和示范带动，鼓励农民专业合作组织、涉农企业和农民广泛采用绿色防控技术，提升了病虫害的整体防控水平。

二是防治理念发生了根本改变。"十二五"以来，各级植保部门将宣传引导工作摆在重要位置，充分利用各种媒体、现场会、田间培训等方式，加大绿色防控技术的宣传引导，让社会了解绿色防控的作用，病虫害绿色防控理念已经得到广泛共识。我国植保人员严格贯彻病虫害综合治理原则，推动了农作物病虫害防控方式的转变和绿色防控技术的推广应用，促进了全国农作物重大病虫害防控工作，降低了病虫害危害损失，推进了农药使用量零增长行动。

三是防治队伍不断壮大。"十三五"以来，各级植保部门围绕提高各级植保技术人员的指导服务能力和农民的实践操作能力，进行了多方式、多层次的绿色防控技术培训，培养了一大批掌握并善用绿色防控技术的高级技术人员，为绿色防控技术的实施提供人员保障。

四是新型防治技术和产品不断涌现。近年来，以灯光诱杀的新型物理防治技术日臻成熟，以生物制剂为主的防治产品不断涌现，天敌产品的大规模生产和应用，高效低毒化学农药的研发与推广，极大地丰富了国内产品市场；集成的以生物防治为主的农作物病虫害绿色可持续防控技术体系，为我国农作物病虫害绿色防控提供了技术支撑。

3. 我国主要农作物病虫害监测与防控发展趋势

在农作物病虫害监测方面：紧紧围绕农业供给侧结构性改革，以提高病虫测报能力、有效指导防控工作开展，保障国家粮食安全为宗旨。一是加强测报站点建设，以田间病虫观测场点建设为重点，配置先进观测设备，提升测报装备水平；二是加强信息系统建设，加强信息化建设顶层设计，制定全国农作物病虫测报信息化建设规划，开发建设上下贯通、左右相连、行业适用的全国农作物病虫测报信息化平台；三是加大预报技术的开发和预报模式的探索，加大利用现代新型媒体和信息手段发布病虫预报的力度，完善"电视—广播—手机—网络—明白纸"五位一体的现代病虫预报发布新模式，推进病虫预报发布可视化和多元化；四是加强测报技术研究，研究掌握重大病虫发生变化动态、重大病虫发生规律，研制重大病虫害预测模型。通过不断加强测报站点和信息系统建设，加大预报发布力度，加强测报技术研究，简化测报调查方法，实现装备现代化、测报手段信息化、预报发布多元化、预测方法模型化、调查内容实用化、测报队伍专业化，推进我国农作物病虫害测报事业健康发展。

在农作物病虫害监测方面：首先，突出贯彻病虫害综合治理（IPM）原则。一是以作物健康栽培为基础，组装配套农业栽培或农业防治技术措施；二是从增强农田生物多样性入手，组装配套生态调控措施；三是从保护利用天敌入手，组装配套自然天敌保护利用措施；四是从科学用药入手，最大限度地减少化学农药的使用。

其次，突出重大病虫"分区治理，联防联控"策略的实施。分别制定了水稻、小麦、玉米、棉花、马铃薯、茶树等重大病虫害防控技术方案，坚持因地制宜、分区治理、分类指导的原则，明确了不同作物主产区防控重点。涉及跨区域迁飞性的害虫如蝗虫、黏虫、稻飞虱和稻纵卷叶螟等，从区域的防治指标制定、区域重点以及防治关键期的确定等方面考虑到了不同区域间的空间上联防联控策略。对于小麦条锈病、稻飞虱传播的水稻病毒病等大区域流行性病害，从春季、夏季、秋季以及冬季作物的病害监测与防控考虑到了不同区域的时间上联防联控策略。

最后，突出重大病虫害防控遵循"节本增效"技术路线。一是抗病虫品种的布局与应用；二是生态系统服务功能的应用；三是杜绝使用环境和社会成本高的防控技术；四是突出促进绿色防控技术措施与专业化统防统治融合。

8.3.3　我国饲草病虫害防控现状与研究进展

我国饲草病虫害的监测与防控工作起步较晚，20世纪90年代开始，才有了初步的报道。截至2019年5月，中国知网数据库中，所有饲草病虫害相关的文献共有118篇，其中核心期刊发表的不超过60篇。由于草业工作一直以来没有收到足够的重视，导致病虫害防治工作基础薄弱，饲草病虫害发生与为害情况关注度低，严重制约了我国饲草产业发展。

1. 我国饲草病虫害监测预警技术研究进展

现阶段，我国饲草病虫害的监测工作仍属于起步阶段。2009年，国家成立了现代农业产业技术体系，牧草作为其中的一个产业。自此，饲草病虫害才开始了系统的研究工作。截至目前，仅在苜蓿病虫害研究中，初步摸清了苜蓿主要病虫害的分布与发生规律，出版了《苜蓿病虫害识别与防治技术》等专著，初步建立基于气象因子预测苜蓿病虫害发生趋势的预测模型。但是，上述工作仅在新疆、宁夏、河北等局部地区开展了少量研究，尚未建立苜蓿病虫害统一的监测技术标准。对于其他饲草病虫害，仅报道了少量病虫害的发生、分布和危害情况，尚未开展系统的调查研究工作。

2. 我国饲草病虫害防控技术研究进展

近年来，我国在苜蓿品种抗性评价与遗传改良、农业栽培措施、真菌制剂研发及其应用等方面开展了大量工作，但是在其他饲草病虫害防治中，仅报道了利用化学药剂防治病虫害的初步进展，尚未开展系统的研究。

在苜蓿品种抗性评价与遗传改良方面，做了三方面工作：一是加大了苜蓿抗病品种选育工作，已成功培育抗霜霉病的苜蓿品种中兰一号，在抗锈病、抗褐斑病和抗霜霉病等方面进行了种质资源评价。二是加强了抗虫育种选育工作，甘肃农业大学自主培育的甘农5号、甘农9号在西北地区对蓟马表现出较强的抗性。三是加强了品种抗性分级研究，中国农业科学院植物保护研究所与新西兰AgResearch研究所联合建立的苜蓿抗虫分级标准，不仅考虑了苜蓿品种的差异，更为重要的是引入了天敌对害虫的控制作用，目前在生产中得到广泛应用。

在苜蓿病虫害化学防治方面，兰州大学选用的杀菌剂拌种技术，能有效提高苜蓿种子发芽率，减少苜蓿霜霉病发病几率。宁夏农林科学院与中国农业科学院植物保护研究所联合制订的《苜蓿主要害虫防治技术规程》（地方标准），较为系统地阐述了宁夏地区苜蓿主要害虫防治适期、防治药剂等。但是由于苜蓿蚜虫、蓟马种群基数高、繁殖速率快，大量化学农药的使用已经造成害虫产生耐药性，因此明确选不同杀虫剂的作用机理、筛选高效低毒化学制剂，是现阶段苜蓿害虫化学防治工作中急需解决的问题。

在苜蓿病虫害生物防治方面，兰州大学开展了不同生态区域苜蓿主产区内生菌调查与鉴定、抑菌作用和防锈病作用研究。但是关于苜蓿根腐病的防治，目前尚没有成熟的防控措施。中国农业科学院植物保护研究所自主研发的绿僵菌颗粒剂、白僵菌粉剂防治苜蓿蓟马效果达70%以上，已获批发明专利2项，目前正在进行农药登记。利用天敌控制苜蓿害虫是较为有效的措施之一，例如澳大利亚和新西兰AgResearch研究所培育的简爪茧蜂能有效控制苜蓿象甲的危害，为我国挖掘本地天敌控制苜蓿象甲的为害提供了重要方法和依据。

在农业栽培措施方面，牧草混播有助于苜蓿病虫害的控制，豆科牧草和禾本科牧草混播，不仅可以提高土壤肥力，增加牧草产量，还能增加生物多样性。如，河北地区苜蓿＋小麦、玉米间作，能有效增加苜蓿田天敌种群数量，控制害虫危害。苜蓿与无芒雀麦混播，可显著降低苜蓿褐斑病和黑茎病的发病率；苜蓿与枣树间作，能有效降低蚜虫和蓟马的虫口密度。草地合理利用可减少病原物数量，例如提前刈割降低苜蓿叶斑病病原物的积累，减少植株死亡率。在黏虫产卵盛期，延迟收割能有效降低虫口基数。

8.4　我国饲草病虫害防控面临的困难和问题

早在 20 世纪 80 年代，美国、澳大利亚、新西兰等发达国家就开展了饲草病虫害相关研究工作，也逐渐建立了相应的为害损失评定方法和饲草病虫害监测预警与防治技术体系（Hosking G. P.、Gadgil P. D.、俞东波，1989）。我国农作物病虫害监测与防控体系目前初具规模，为我国农作物生产提供了重要技术支撑（书冬、洪志、广营，1986）。而我国饲草病虫害研究与防治工作才刚刚起步，与发达国家饲草病虫害和我国农作物病虫害研究相比，饲草病虫害防控工作最大的差距在于政策支持力度不够、基础研究和技术力量薄弱、不同区域产业发展制约等（钟天润，2011）、（杨忠、盛晓光、李平，2014）。同时，我国饲草病虫害虽然已经开展了初步的研究，但由于人们对饲草的认识和重视程度不够，导致现阶段我国饲草病虫害的防控工作仍然处于摸索阶段，严重制约着我国饲草病虫害监测与防控工作的进一步发展（胥付生，2017）。下面就政策、社会认知、技术、产业 4 个层面阐述我国饲草病虫害监测与防控面临的困难和问题。

8.4.1　政策层面

1. 我国饲草病虫防治工作无法可依

由此引起队伍稳定、资金投入等一系列问题难以保障。存在以下突出问题：一是测报技术研究缺少顶层设计和长期规划，研究人员也是一种松散的组织形式，有相应项目时大家在一起做单方面，完成项目任务的研究，项目一结题，大家就都各奔东西，四处寻找新的课题，组织或参与到另外一个团队中，造成人员的极大浪费，由于项目支持的不连续，也很难有深层次的研究，一些历史性的问题总是得不到彻底解决。二是宏观资金资助方向不平衡，限制了生产应用技术的突破，对基础性工作支持不够。如，近几年生产上出现一些新危害的害虫，找不到分类方面的昆虫学专家做鉴定，对基础学科的认定也存在偏差，过分偏向于分子生物学研究，而生产上需要的生态学、生物学基础研究工作无人去做或没有条件做。三是科研评价体系唯SCI的导向对应用性研究有负面影响，过度强调SCI影响因子，致使本来一直未能解决的研究与推广两张皮的问题更加突出，而且导致年轻科技人员转向微观研究，测报应用研究队伍后继无人的严峻局面日渐显现。四是我国对知识产权保护力度不够，市场上仿冒的产品多，影响了企业研发的积极性。

2. 政策与资金支持的力度仍有待于加强

政策助力和资金支持，是饲草病虫害防控工作突破发展瓶颈的重要条件。由于我国地域经济发展不平衡，很多地区农作物难以保证防控经费的持续投入，而饲草更是尚未列入防治补贴目录。此外，绿色防控还处在农业农村部门主导阶段，多数地区未纳入政府的议事日程，也没出台具体的补贴优惠、税收减免、贷款贴息等政策，与发达国家饲草病虫害和农作物病虫害防控工作相比，我们还有很长一段路要走。所以，加强政策扶持，积极引导与创造条件使社会力量参与并受益，推动绿色防控工作均衡发展，显得尤为迫切和重要。

8.4.2 社会认知层面

1. 生产规模化制约

我国农业生产经营方式主要还是以家庭为单位的小农生产方式，农业生产缺乏规模化，种田者不具备病虫害诊断和调查能力，不像欧美等先进国家的大农场生产方式，农民具有较高的文化程度，能够进行常规病虫害的识别（夏冰、王建强、张跃进，2006）。因此，我国饲草病虫害测报只能靠国家的专业机构来完成，要将相关的知识普及到农民手中还有较长的路。

2. 地区生产水平差异较大

不同地区社会经济发展水平不同，专业机构得到相关支持的力度也不相同，因此造成各地植保防灾减灾的保障程度存在较大差异。

3. 生产观念落后

一是病虫害监测意识不强。目前，仅极少数地区开展了饲草病虫害的测报工作，大部分地区都是在大面积发生时，采取应急防治或提前刈割。这些做法均不能有效监测病虫害种群动态。

二是防治手段过于单一。受传统防治观念影响，往往认为一种防治技术只能发挥一种防治功能，忽略了多种防治技术集成的作用，这种观念束缚人们对技术集成产品的了解和应用，造成技术集成推广范围受阻。饲草病虫害严重发生时，由于人们对饲草的认识和重视程度不够，要么不采取任何防治措施，要么就是选择高毒、高残留的化学农药，导致饲草品质下降、大量农药残留，而绿色防控更是无从谈起（王春林、陈忠南、陈玉托，2007）。

8.4.3　技术层面

1. 监测预警方面

一是测报技术不规范。目前，仅苜蓿上形成了较为系统的研究，集成了苜蓿虫害测报技术规范，其他饲草病虫害尚无测报标准或规范。

二是测报产品标准不统一。目前，大多数测报产品和设备都是企业按自己的工艺和流程来组织生产过程，无统一的标准，使产品应用性能和效果的可比性方面大打折扣（何国金、胡德永、金小华，2002）。如，测报灯生产企业多以诱虫量的多少来评价诱测效果，忽视了昆虫特异性波长范围灯具的生产和应用，造成灯下诱测昆虫种类多、数量大，既增加了基层技术人员的工作量，又对天敌造成了伤害。

2. 防控技术方面

（1）病虫害绿色防控关键技术产品选择性少。目前的害虫绿色防控技术产品主要有：杀虫灯、性诱剂、色板和人工天敌等，存在选择性少，产品组合不灵活，产品功能单一等问题，直接制约着绿色防控技术集成的规模和应用范围（徐丽娟、冯军超、王亚新，2016）。

（2）技术进步和机制创新面临较大挑战。在实际生产过程中，有些防控技术应用还存在要求高、管理难、见效慢、性价比低等问题，特别是有些绿色防控技术，在防治初期的防治效果和成本与传统化学农药相比处于劣势，技术推广遇到较大阻力（余庆明、郑红英，2017）。技术的进步和推广机制的创新正是解决当前这些难题的根本所在。但技术的试验、优化、集成周期较长，防治效果与成本控制的矛盾仍然突出，新产品的开发和技术的升级仍滞后于生产发展的需要。推广过程中存在不同程度的上层热下层凉、业内热业外凉的现象，推广机制仍要进一步探索，以适应当前的生产现状（单绪南、朱恩林、杨普云，2009）。

（3）技术集成规程不够完善。许多防控技术集成没有遵循技术集成的基本规律，按照正确的途径来进行，应用推广有些仍处于试验阶段，没有进行技术应用研究，缺乏熟化过程的技术，导致农户操作困难，而且容易出现操作不当、操作不规范等现象，从而直接影响防控效果（赵中华、杨普云，2012）。

（4）技术集成的评价体系不健全。技术集成是多种防控技术组装的过程，因此技术模式呈现多样化，但我国缺乏健全的技术集成评价体系，对已经集成的一系列技术模式不能有效比较和筛选，导致技术集成的防治效果参差不齐，使用效果差（赵中华、周阳、杨普云，2013）。

8.4.4 产业层面

测报工具产品分两类：一类是已经广泛应用的如性诱和灯诱。由于是专用设备，具有公共服务性质，只能由国家和地方财政出资配置，其市场受到很大限制。现在的企业多是靠杀虫灯（吴曙雯、王人潮、陈晓斌，2002）和性诱剂的利润来维持测报工具的生产，由于生产量有限，生产的企业不可能有大的投入来发展生产工艺的机械化，一是影响工具的档次和品质，二是一旦出现一定规模的需要则难以批量生产和及时供货，这也导致产品成本提高、企业利润降低，很难进行产品的售后服务和更新换代。此外，也难以实现配套化使用。另一类是科技含量更高的产品。如，昆虫雷达（翟保平，1999），更因为需求数量少，生产水平高的企业看不上、不愿做，而只能求其次，寻找二流的企业进行加工，导致昆虫学家的设计思想不能很好地在雷达产品上得以实现。

农产品市场通道不畅，品牌效应不足。市场经济条件下，市场力量左右资源配置，市场化方向始终是推进绿色防控纵深发展的关键因素，形成一批社会认知度高、广受欢迎的绿色农产品，是饲草病虫绿色防控持续发展的内生动力（田翠，2017）。但现阶段，饲草病虫绿色防控市场化推进力度仍显不足，绿色防控与市场需求和农民增收还未进行有机的结合，无法建立知名的绿色防控品牌，也就无从为病虫害绿色防控技术生产的产品构建市场需要和市场通道。

8.5　加强饲草病虫害防控的建议

近年来，我国饲草种植面积逐年扩大，经济效益明显，但饲草病虫害问题日渐突出（李素、郭兆春、王聪，2018）。如何科学、规范地进行饲草病虫害系统研究和管理，是促进饲草安全生产，取得良好经济、生态和社会效益的重要保障。今后一段时期内，建议在以下 8 个方面加强我国饲草病虫害防治技术的研究和推广应用工作。

8.5.1　强化政策保障

1. 科技研究政策

国家应立即制定相关的科技政策，尽快地推动饲草重大病虫害监测预警和绿色防控技术的研发，从基础理论研究、装备设施研究与开发、企业生产与应用等方面给予资金和政策的优先支持。建议：国家设立饲草重大病虫害监测预警绿色防控科技研究专项，固定此选题并给予长期支持（陈德山，2015）。

2. 产业发展政策

由于饲草病虫害监测预警和绿色防控设备要求标准高、应用市场小、利润有限，为鼓励有此方面能力和资源的企业对相关设备进行研发和推广，特别是在新产品推广使用的初期，国家应予以免税政策的支持，或按生产需求购买相关优秀企业的产品和服务，保证监测预警、绿色防控科研和生产设备方面的需要。

3. 人才队伍政策

饲草病虫害监测预警涉及植物保护、农学、物理学、地理学、化学、气象等多个学科，因此有必要进行跨学科研究。国家应从现在开始，由国家级科研单位牵头，依托重大科研项目吸引跨领域多方面有研究能力的科学家，建立高效的研究团队，长期从事此项研究（黄冲、刘万才，2015）。由于该项目偏重于生产应用的社会公益性研究，应确立科学的评价考核体系，不唯 SCI 文章的考核，不进行急功近利的短期考核，让科学家专心研究，保证最终目标的实现。

8.5.2　科学制定规划

科学制定规划是保证害虫监测预警和绿色防控科技高效发展的第一步。国家做好顶层设计，随着项目研究的深入和其他学科的发展，对规划进行持续的修正或补充，避免重复规划和推翻早期规划，保证规划有序和高效实施。因此，制定一个科学、有前瞻性的发展规划十分必要。从我国生产需要和科技发展研究现状出发，实行分级负责，国家级团队组织一批具高水平的国家级研究团队，重点负责跨区域、大范围的严重暴发的迁飞性、流行性病虫害监测预警和防控工作；省级及以下的机构组织开展当地常发性害虫研究、监测预警与防控。突出不同区域及主要饲草作物差别，制定科学规划，实施分类指导、分区推进。

8.5.3　完善技术标准

一是以不同饲草种类为主线。在苜蓿、青贮玉米等饲草作物上集成绿色防控技术体系，形成不同饲草生产区的绿色防控技术模式，建立和完善技术规程。二是以靶标为主线。如，在苜蓿主产区，集成苜蓿根腐病、蚜虫、蓟马等全程绿色防控技术体系，形成相应的绿色防控技术模式，建立和完善技术规程。三是以技术为线。在抗性品种选育、性诱剂、食诱剂、人工天敌、生物农药等绿色防控技术产品方面，认真总结经验，结合技术产品生产标准，形成绿色防控产品应用技术模式，建立和完善技术规程。四是以饲草产品为主线。分别针对无公害、绿色和有机等不同级别的饲草产品要求，提出相应的饲草病虫害绿色防控技术模式，建立和完善技术规程。

8.5.4　加强科学研究

加强饲草主要病虫害形态学及生物学的基础研究，完善检疫法规和检验措施；充分利用现代网络资源和高新技术，积极建立行之有效的饲草病虫害预测预报体系；加强抗性品种的选育和应用，重点挖掘天敌资源，培育生物防治和生态调控为主、适度化学防治为辅的饲草病虫害绿色可持续防控技术体系。

8.5.5　完善准入制度

针对目前市场上饲草病虫害防治药剂繁多、使用不规范的问题，可通过制定国家或行业技术标准来作为市场准入门槛，企业可由此实现产品的标准化，也可由此限制不符合应用标准的产品进入市场。

8.5.6　建设示范工程

鼓励有条件的科研单位或企业联合生产单位分别建立不同病虫害、不同技术的研发与示范基地或各项技术的集成示范基地，符合联合监测、防治和研究与示范同步原则，通过多方联合、边研究、边示范，不断进行技术改进和完善，缩短推广应用周期，研究成果尽快在生产上发挥作用，更快推进研究和应用技术的进步。参考农作物植物保护工程等做法，在全国建立健全国家、省、市和县级饲草病虫害绿色防控技术集成与应用示范展示区 500 个，年度饲草病虫害绿色防控技术集成与应用示范展示区 1 000 万亩，辐射带动推广面积 1 亿亩。开发依托不同生态区、不同种类的饲草病虫害绿色防控技术模式 100 个以上。

8.5.7　创新推广机制

设立重大专项，联合科研部门和吸纳优秀企业参与技术协作攻关，开发饲草病虫害绿色防控应用技术，并进行技术模式的研发集成和技术转化，通过绿色防控产品带动技术流、资金流，引导企业与合作组织、生产基地有效对接，或者引导企业创办或领办各类专业合作组织、生产基地，促进企业与农民专业合作社等组织的深度融合，探索建立技术与物资结合、市场与品牌对接、部门和基地联合的绿色防控推广联合体，引导社会力量支持和推动绿色防控技术的应用，探索实施税收优惠政策，提高优秀企业、优秀产品的市场占有率，推动企业产业化推广，扶持培育一批龙头企业、品牌企业，实现企业发展、农业获利、农民增收、生态改善、饲草产品质量安全的多赢目标。

8.5.8　加强科学普及

加大饲草病虫害监测预警和绿色防控的宣传工作，提高农民对测报工作和绿色防控的认识，培养农民自觉采用成熟的绿色防控技术意识；借鉴国家"阳光工程"等类似项目，进行定期、定内容的规范化培训；利用广播、电视等媒体，向社会大力宣传绿色防控技术的综合（经济、社会和生态）效益，大力宣传绿色饲草产品的品质优越性，提高社会公众对绿色防控工作的支持和对绿色产品的认可，创造绿色防控工作良好发展氛围。

现阶段，我国饲草病虫害防控工作刚刚起步，亟须加大饲草病虫害研究，加大投入和支持力度。建立一支集国家、省、市、县 4 级饲草病虫害监测预警与防控技术研发队伍，对做好饲草重大病虫害防控，促进农牧业健康协调发展、农牧民脱贫增收和食品安全具有重要意义。

第 9 章

草牧业科技贡献率

9.1 科技进步贡献率

本节通过界定科技进步、科技进步率及科技进步贡献率的相关概念，明确研究科技进步贡献率一般所选的指标，为理解草牧业科技进步贡献率的相关概念奠定理论基础，具体内容如下。

9.1.1 科技进步的概念与内涵

有关"科技进步"的论述始于 20 世纪初，由著名的美籍奥地利经济学家熊彼特最早应用于经济学分析中，在其著名的《经济发展理论》一书中，熊彼特提出了"创新"的概念，并将其定义为"企业家对生产要素的重新组合"。之后，人们继续对"创新"做出种种不同解释。后来，人们把它归结为"科技进步"这一概念。科技进步是指人们应用科学技术去实现一定目标方面所取得进展的程度。

从科技进步的定义可以看出，它是把科技与其应用的结果结合在一起的。科学家研究出一项成果，如果不推广应用，就不能称为技术进步；如果一个地方推广一项成果后没有达到目的，甚至还不如原有技术的效果，那也不能说是技术进步。因此，科技进步不只是一个技术问题，还是一个经济问题，是技术与经济结合问题。

科技进步有狭义与广义之分。狭义的科技进步是指：人们在物质生产中使用效率更高的劳动手段，先进的工艺方法，以推动社会生产力不断发展的运动过程。它反映的是生产科技水平的变革。广义的科技进步是指：一种存在于一切社会活动中的有目的发展过程，它不仅包括了狭义科技进步的内容，而且包括资源配置的改善、经济的集约化、知识的进展、科技创新、企业家创新精神、企业家才能、社会制度和意识形态的调整等内容。其中知识的进展是科技进步中最重要的内容，包括科学科技的发展及其在生产中的应用、新工艺的发明和采用等。

9.1.2 科技进步的演化机制

科技进步是一个动态过程，由 3 个阶段组成，相互影响、相互促进，并受各种环境因素的影响。这 3 个阶段分别是：科技的孕育期、物化期和扩散期。在孕育期阶段，人们将无意向的基础科学研究成果、生产和生活当中取得的经验积累起来，进行有意向的开发研究，形成与某一特定活动有关的知识和概念，并使这部分知识尽可能的定量化；第二阶段是物化期，这个时期是将前一阶段定量化知识进行分析、组合和设计，寻找一种能最大限度容纳这些知识的物质体现形式；第三个阶段是扩散阶段，将前二个阶段的成果尽快地应用于实际生产当中，并不断总结、完善和提高。科技进步的这 3 个阶段是一个开放的有机整体，它们有机地联系在一起，又互相独立。

从科技进步的 3 个阶段看，孕育期的长短、开发出的成果多少，物化期的长短、物质体现者的知识密集度，扩散期的扩散速度以及人们掌握的熟练程度等，构成科技进步的影响因素。对应于孕育期的是开发研究，对应于物化期的是设计制造，对应于扩散期的是应用推广。科技只有到了扩散期才能成为生产力，形成科技势力与经济势力。

科学技术已成为推动社会生产力发展的首要力量，也是人类文明的重要标志。怎样加快科技进步，促进经济可持续发展便成为理论界的一个重要课题；科技进步的作用如此之大，如何定量测度出它对经济增长的贡献份额也就成为经济学界急于解决的重要课题。

9.1.3 科技进步贡献率的研究现状

目前，国内对草牧业科技进步贡献率的研究处于起步阶段。这个阶段的研究只能先建立前人对相关领域或角度的研究基础之上，逐渐寻找适合于草牧业科技进步贡献率的研究方法。因此，我们梳理、归纳和评述国内外对科技贡献率的研究现状是一切合理研究的基础。鉴于此，本章基于中国知网（CNKI）数据库，从文献计量学的角度，厘清我国科技进步贡献率领域的研究热点、研究前沿及研究趋势，并对高被引文献展开述评。

本部分所用文献信息来源于中国知网（CNKI）数据库，检索期刊范围为 CSCD、CSSCI 来源期刊，以确保检索范围内的文献具备一定的学术借鉴价值。检索的时间跨度为全时段，检索日期为 2019 年 5 月 13 日。检索式为"（关键词＝科技进步贡献率）AND（years：［2001 TO 2019］）AND（期刊范围：CSCD 来源期刊或 CSSCI 来源期刊）"。

如图 9-1 所示，为关键词"科技进步贡献率"的共现网络。节点大小表示关键词的出现频次，节点越大，关键词的出现频次越高，那么它所受到的关注程度也就越高。在图 9-1 中，关于科技进步贡献率的研究暂未涉及草牧业领域，但对于农业科技进步贡献率的研究颇多，林业、种植业也有所涉及。同时可以看到，大多数对科技进步贡献率的研究均采用索罗余值法和 C—D 生产函数。

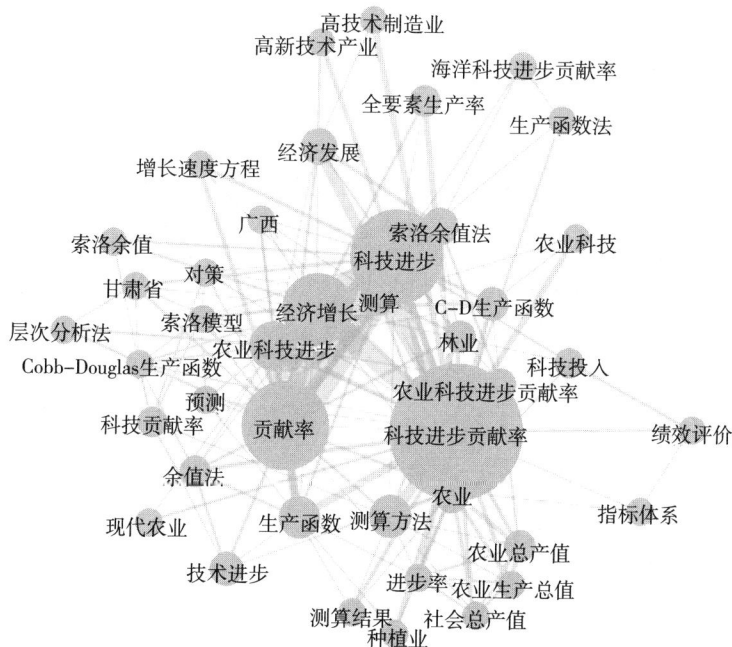

图 9-1 关键词"科技进步贡献率"的共现网络

为比较分析，还总结了科技进步贡献率产业研究中引用较高的代表性文献。如表 9-1 所示。

表 9-1 科技进步贡献率研究中被引频次居前 5 位的文章

题 名	第一作者	机构	刊名	年	被引
我国"九五"时期农业科技进步贡献率的测算	朱希刚	中国农科院农经所	农业经济问题	2002	245

（续）

题　名	第一作者	机构	刊名	年	被引
1995—1999 年全国农业科技进步贡献率的测定与分析	蒋和平	中国农科院农经所	农业技术经济	2001	188
我国农业科技进步贡献率测算方法的意见	朱希刚	中国农科院农经所	农业技术经济	1997	86
"十五"全国农业科技进步贡献率测算与 2020 年预测	王启现	中国农科院农业信息研究所	农业现代化研究	2006	79
中国各省市科技进步贡献率测算的实证研究	李兰兰	中国地质大学经济管理学院	中国人口资源与环境	2011	70

9.1.4　科技进步贡献率的测算方法

目前，国内外经济学家测算科技进步贡献率的方法有两个共通的特点：一是运用经济结构的概念，通过经济增长过程中经济结构的变化分析来观察经济总量的变化；二是运用严密的数学理论和数学推算工具，对各种经济现象进行描述和推导。经过整理和归纳，主要有以下 4 种常见的科技进步贡献率的计算方法。

1. C—D 生产函数法

美国经济学家萨缪尔森认为：当社会处于完全竞争、企业追求利润最大化的条件下，生产函数是一种技术关系，是被用来表明每一种生产要素的组合所能生产的最大产量，即生产函数是建立在边际生产力理论基础上，反映生产要素投入与产出关系的函数（沈思，2004）。柯布—道格拉斯生产函数（C—D 生产函数）以该理论为基础，蕴含了四个假定前提：一是市场处于完全竞争条件；二是生产要素只有资本和劳动，且任何时候都可以充分利用；三是生产规模报酬不变；四是技术进步是希克斯所定义的中性技术进步。

C—D 生产函数基本关系式为：

$$Y = AK^{\alpha}L^{\beta}$$

式中，Y 为产出；K 为资本投入；L 为劳动投入；α 为资本产出弹性系数；β 为劳动产出系数弹性；A 为常数，表示技术因素水平。在计算科技进步贡献率时，方程两边取自然对数，加上规模报酬不变的假设：$\alpha + \beta = 1$，得到进行经济增长率计量核算的基础形式：

$$\ln (Y/L) = \ln A + {}_\alpha\ln (K/L)$$

C—D 生产函数是定量研究科技进步的开始，其将经济数学与模型构建引入生产活动的分析，代表了从抽象的纯理论研究转向了实证分析。该方法对于数据的要求较低，具备相应的统计数据，就可以进行科技进步贡献率的测算，实践证明该方法测算的数值也是符合实际的。该方法假定农业生产因素土地、活劳动、物化劳动和科技进步之间是独立作用。部分学者（李俊，1994）对各省市区的农业科技进步贡献进行了估算，运用 C—D 生产函数模型测定了农业科技进步对经济增长的贡献份额，并进行了预测。蒋和平和苏基才（2001）提到最直接的测算办法就是运用该模型，同时适用于足够大的数据量的情况。

2. 索洛余值法

科技因素被索洛首次纳入了生产函数，主要是通过将资本和劳动等因素对应的产出量，所得的剩余部分可被归结为广义科技进步，从而定量分离出了科技进步在经济增长中的作用，这便是有名的"索洛余值"，也称全要素生产率。

我国研究学者中，朱希刚（1997）最早采用索洛余值法进行农业科技进步贡献率的测算。该方法使用一般投入产出函数关系表达式，不需要具体的函数形式，剔除资本、劳动等其他投入量的产出值后，剩余部分可测度科技进步率。1997 年 1 月，农业部发布了《关于规范农业科技进步贡献率测算方法的通知》，将朱希刚所用的索洛余值法确定为国家尝试施行的测度标准。随后国内许多学者也应用该方法对不同产业的科技进步贡献率进行计算。

索洛余值法将规模收益视为不变，但现实情况是不同的，假如现实经济中规模经济存在且为正，那么运用索洛余值法将会高估科技进步的作用，如果现实经济中规模经济存在且为负，那么科技进步对总产值的作用就会被低估。众所周知，规模效益并不能归为科技进步，因此众多学者对索洛余值法提出了质疑，其中最具影响的便是 1961 年的索洛—施蒂格勒之争。美国经济学家乔治施蒂格勒认为必须将规模效益从科技进步中分离出来，并以此抨击了索洛余值法，索洛认为虽然施蒂格勒的观点很正确，但如何分离是一个尚未解开的难题。因此，虽然都知道索洛余值法存在这样的缺陷，但是无法分离出规模经济作用，加上索洛余值法有着其他几种方法无法比拟的实用性和简便性，因此索洛余值法还是目前较为公认的测算科技进步贡献率的方法。

3. 随机前沿分析法

随机前沿分析（SFA）也可被称作成本、收入或利润前沿，最早应用于生产是否最优化的分析，判断标准为：生产效率等于1的情况下，即生产者是在边界线上的，说明科技是有效的；而生产效率小于1时，即生产者低于生产边界线，对应的生产者是科技无效的。科技效率在经济学中被定义为在固定的投入下，可能增加的产出潜力，或在既定的产出下投入可减少的能力。Aigner 等（1977）分别通过将随机的干扰项加入确定性的前沿模型上。该方法通常先估计出一个包含无效率项和随机干扰项的生产函数，正是由于构成了这种复合结构，不仅考虑到引起个体效率的变化的因素，而且保证了得出有效且一直的被估计的效率值。基于该模型的主要特性，大多学者以复合残差项为核心展开一系列方法的改进。

随着生产形式及外界经济的变化，随机前沿模型也在不断发展。Coelli 等人都考虑了在多种要素投入的情况下，较可能产生多重共线性的问题，尝试 Zellner 生产函数随机模型，其不足主要在于产出不断增加时，要素产出弹性会发生变化，使得对于数据和估计方法的要求都更高。之后提出利润函数对应的随机前沿模型，表明在随机前沿的生产体系中，生产和利润科技效率构成了利润最大效应。在此基础上，考虑到生产者有多项产出的行为，而且成本核算数据的易获取优势，成本函数随机前沿模型逐步替代了生产函数模型的有效替代方法。从随机前沿模型的发展进程可看出，随着投入要素的不断变化，也被学者们考虑加入模型中，甚至是制度、外界自然条件对 TE 的影响。这些突破性的研究都将使得模型能够更加精确化，同时具备现实意义。

4. 数据包络分析法

A. Chames 等人于 1978 年提出了数据包络分析模型（DEA）。该模型测算的指标代表了总产值与投入要素的比值，可以用于企业或者生产部门决策投入规模、评估科技的有效性。在既定的生产条件和相同的投入要素下，对总产值做出一个有效的判断，评价其生产效率。DEA 没有固定的生产函数形式，可以根据投入产出的实际分布进行分析，不必受到理论假设的约束，有较强的灵活性，不过该模型的适用于进行多主体之间的比较，进行面板分析，对单独个体的贡献率无法进行有效测算。后来有学者建立了 C²R 模型，可以实现对效率评价。

　　DEA - Malmquist 指数法是目前计算 TFP 的方法之一，其以 DEA 计算作为基础。江激宇等人在 2005 年使用 Malmquist 指数法有效地分析了我国从 1978—2002 年间农业的增长效率和全要素生产率的变化，并对变化规律进行了总结。周端明于 2009 年对我国从 1978—2005 年的农业全要素生产率也采用了同样的方法进行全面的研究，他考察了政府政策的改变在我国农业全要素生产率及其构成变化中产生的影响。孙才志和闫冬同样运用 DEA 计算模型对辽宁省大连市的水资源和社会经济复合系统在 1996—2006 年间的可持续发展状况展开了探究和评估。当前，计量经济学领域对 DEA 计算 Malmquist 指数法还存在着很多争议，沈满洪和陈庆能认为，这种测算方法的优点是不需考虑投入和产出之间的函数关系，不需要预先估计参数，而且不必做任何参数权重的假设，这种优势无形中避免了测算结果被主观因素影响，而是把产出和投入的加权比率进行比较得到相关数据后再进行计算。然而，Sharma、Leung 和 Zaleski 认为由于 DEA 是确定性的且把来自前沿面的所有偏差都归于无效率，通过 DEA 法估计的前沿面很可能对数据中的测量误差或其他统计噪点十分敏感。

　　我国的研究者以现有的理论为基础，将科技进步贡献率的研究重点放在定量部分，并且我国科技进步贡献率计算方法主要使用的是柯布—道格拉斯生产函数法和索洛余值法，尤其是索洛余值法更为常见。李兴国等（1996）利用索洛余值法对安徽省 1994 年的科技进步贡献率进行了测算，他得出其工业科技进步贡献率为 37.8%，而农业科技进步贡献率为 34.8%。宋卫国和李军（2000）对我国主要几家科研机构关于我国科技进步贡献率的研究成果进行了总结，得出从改革开放到"十五"期间，我国科技进步贡献率在 38.7%～47% 的水平。杨少华和郑伟（2011）利用改进的索洛模型对 1991—2008 年的经济增长相关数据进行分析，计算出 1991—2008 年我国的资本贡献率、劳动贡献率和科技进步贡献率，并据此对未来几年的科技进步贡献率做了一个大致的预测。

9.2　其他产业科技进步贡献率

　　本节厘清了不同产业科技进步贡献率的概念，对目前我国农林牧渔业科技进步贡献率测算方法和结果进行总结，分析我国不同产业科技进步对其发展的促进作用，并通过这些相关产业的测算方法及指标，指明测算我国草牧业科技进步贡献率的必要性与重要性。

9.2.1 农业科技进步贡献率

农业科技进步贡献率是指农业总产量与农业全部投入量的比，即农业GDP增长额中由于科技进步影响而增长的份额，反映的是农业科技进步水平。农业科技进步有广义与狭义之分，目前的研究主要是指广义的农业科技进步，即除了包含狭义（农业科学硬科技的进步）之外，还包括农业管理水平、决策水平与智力水平等软科技的进步。

1. 国外研究现状

农业科技进步贡献率的测算及研究最早在国外起步，在方法创新和技术进步因素分析方面做了开创性的贡献。美国是测量科技进步工作的先驱，从1926年就开始测算单要素生产率，1983年又开始测量多要素生产率，这与今天的科技进步贡献率已经很接近了。随后，日本、韩国及世界银行都对农业技术进步贡献率进行了测量。国外研究专家和学者们利用上述方法对国外农业经济及中国农业经济发展中科技进步的贡献及作用进行了研究与分析。

索洛于1957年首次运用增长速度方程，测算了美国1909—1949年技术进步对产值增长的贡献，发现技术进步对人均产值的贡献率高达87.5%，而其余要素贡献仅占12.5%。Dension E. F.（1974）以美国为研究对象，利用1929—1969年农业部门的相关数据对农业技术进步贡献率进行测算，结果显示19世纪中期美国的技术贡献就已达到30.9%，并加入劳动力质量及资本质量变量，首次将技术进步详细地分解为知识进步、资源配置等部分；库兹涅茨测算了世界上主要的工业化国家的科技进步贡献率，结果发现科技进步在经济增长中发挥了最重要的作用，在全球50~100年的发展进程中，上述国家的科技进步贡献率为86.7%；Kunimitsu（2014）发现日本水稻生产受全球气候条件和洪涝灾害的影响较大，因此在模型中加入气候要素，这为以后学者更加精确测算科技进步贡献率作出贡献；Gitto和Mancuso（2015）采用C—D生产函数和超越对数函数两种方法对比研究了意大利不同地区科技进步、资本及劳动力对经济的影响状况。

后续学者将视角转换到影响科技进步贡献率的因素上，对影响因素也做了大量研究与探索。美国经济学家 Kendrick 在《美国的生产率趋势》一书中用全要素生产率这一指标详尽分析了美国国民收入，认为国民收入的提高源于要素投入量的增加和生产效率的提高；Evenson 和 Rosegrant 研究表明印度农产品中农业技术推广工作及新品种的引进对农业技术进步贡献有着重要影响；Hayam 和 Ruttai 对影响日本农业技术的因素加以研究；Yir - Hueih 等人以东亚八个国家为研究对象，将国内研究和国际知识外溢等指标纳入影响因素中，发现国际知识外溢对农业技术进步贡献率的提高有着很大的积极作用；Dunbar 和 Easton 于 2013 年对近五十年美国劳动力家庭成分对全要素增长率有何影响做研究，并以此解释并完善了劳动要素这一影响因子。

2. 国内研究现状

我国学者对科技进步贡献研究起步较晚，自 20 世纪 80 年代才开始进行较为全面、深入的探索，主要以学习引进国外学者的理论及方法为主，多数学者都在做实证研究。我国经济学家朱希刚先生针对我国农业发展的特点最早提出了适合我国农业国情的测算方法，即在索罗提出的增长速度方程模型（索罗余值法）的基础上进行了改进。朱希刚提出的农业技术进步贡献率测算公式为：农业技术进步贡献率＝农业总产值增长率－物质费用产出弹性×物质费用增长率－劳动力产出弹性×劳动力增长率－耕地产出弹性×耕地增长率。为使中国农业技术进步贡献率测算结果具有一致性和可比性，原农业部将朱希刚改进后的增长速度方程作为测算农业技术进步贡献率的统一方法。农业技术进步贡献率作为衡量农业技术进步对农业经济增长贡献大小的一个量化指标，有助于人们准确把握现阶段农业技术发展水平及潜力，是各级政府及农业管理机构做决策的重要科学依据。

目前，已有许多学者在这方面进行了研究。从研究方法看，大部分都是借鉴西方的经济理论及实证方法或是修正后加以运用。方法上较多集中在 C—D 生产函数和增长速度方程等模型上，且取得了不少的成果。也有学者尝试了不少新方法和新思想，如顾焕章等人运用确定性前沿生产函数进行测度；孟令杰首次将 Malmquist 全要素生产率指数和 DEA 的方法引入国内农经界；刘思峰等结合灰色系统理论提出灰色生产函数模型；陈凯利用要素结构进化率函数和要素替代弹性函数进行了测算；樊胜根等通过建立联立方程系统模型进行测算；沈汉溪运用索罗余值法、SFA、DEA 等三种不同的方法进行了对比分析；赵芝俊、袁开智运用 Translog 生产函数对我国广义农业技术进步贡献率进行了分解。

从研究区域看，主要侧重于全国或中东部发达省份农业技术进步贡献的研究，西部欠发达地区研究相对较少，还有个别学者以县域为单位进行对比测算。顾焕章和朱希刚首先对我国农业技术进步对经济增长的作用进行了开拓性研究，顾焕章最早运用边界生产函数测算出我国"七五"时期的农业技术进步贡献率为 32%～33%；黄季焜通过对水稻生产力源泉的分析得出，技术进步将会是中国农业经济增长的原动力；朱希刚采用C—D生产函数加余值法对全国"一五"至"九五"时期的农业技术进步贡献率加以测算；赵芝俊在 C—D 生产函数的基础上，通过改变要素弹性的设定方法分别选取了三种不同条件下要素弹性的形式，并通过比较不同的计算结果最终确定要素弹性形式；刘建峰沿用朱希刚的增长速度方程对我国"七五"至"九五"期间的农业技术进步贡献率进行测算，说明了技术进步对经济增长的变化情况，并引入规模效益和替代效益对贡献率的影响；李慧君（2012）分别运用 DEA 和 SFA 方法进行对比测算，并将全要素生产率指数分解为技术指数和技术效率指数，分别从东、中、西部不同的区域角度考察了农业全要素生产率的影响因素；苏斐菲（2013）用劳动力素质调整劳动力变量，用财政支农强度调整资本变量测算了 1985—2010 年全国所有省区农业技术进步贡献率，并将调整后的数据结果与未调整的结果加以对比，发现各省市贡献率均出现下降。

由于农业发展具有区域间不平衡的特点，许多学者也针对不同省份或区域进行了研究。高鸿侦等人采用变速模型以福建省为研究对象进行了测算，他提出一个重要假设，即农业技术进步并非匀速，而是以一个极小的加速度不断变化。但该模型确定技术进步系数时没有一个明确的标准，随意性较强；张伟、田建民等沿用朱希刚的增长速度方程法，将河南省划分为几个不同的类型区域，分别为平原、丘陵、山区以及城郊这四个类别，并依次进行测算；何满喜、何财富对内蒙古农业技术进步贡献率进行了测度，在此基础上又运用层次分析法考察了每一单项技术在农业增长贡献中的比重，这一做法更利于当地因势利导发展特色技术，但指标选择及所赋权重方面主观性较大；王斌、孔翠翠在研究中分别加入和不加入土地要素建立两个回归方程进行对比测算，结果表明，若在方程中剔除土地要素，技术进步的作用会明显偏高；魏利平、朱宏登运用索罗余值法对乌兰察布1996—2005 年的农业技术进步贡献率进行测算，不同于其他学者的是他们采用 Micro TSP 经济软件进行回归分析，结果表明乌兰察布农业技术贡献率处于中上水平，且逐年递增；张社梅以浙江省为研究对象，利用超越对数函数法将技术进步划分为中性和偏性进步，要素之间的相互作用也得以分析，但用最小二乘法进行估计导致变量共线性比较严重。

后续学者还将视角转向了不同的投入要素，从不同的角度对技术促进经济增长加以研究。武康平研究得出土地要素对经济增长起着极其重要的正向作用，技术进步也可通过土地要素发挥作用；余亚东构建了经济增长生态指数模型，研究发现经济增长的重要条件在于能源、资源与生态环境之间的发展能否相互协调；高大伟认为财政支出不仅取决于数量，且不同类型不同结构的支出会产生不同的经济效果，支出结构作为财政质量要素也不容小觑；李兆富研究得出耕地数量对产出的影响有可能出现负相关，原因是资本、劳动力和技术要素对经济增长的贡献值越来越大，甚至盖过耕地贡献，因此未来提高耕地质量是促进经济增长的有效手段；张同斌以高新产业为研究对象，对其研发积累和产出增长之间的关系进行分析，进一步证实了知识溢出效益的重要性。

9.2.2　林业科技进步贡献率

林业科技进步贡献率的测算作为科教兴林的一项重要基础性工作，林业科技进步贡献率的相关研究也已形成了一定理论成果。我国林业科技进步贡献率的测算相比于农业行业的研究起步较晚，首次对全国林业系统的科技进步贡献作用进行测算研究是在 1995 年，由中国林科院的黄鹤羽等组织研究，最终得到当时我国林业科技进步贡献率为 15%～25%。黄敏运用索洛余值法对我国林业科技进步贡献率进行了测算，得到 1999—1995 年、1996—2000 年、2001—2005 年、2006—2010 年的林业科技进步贡献率分别是 14.6%、10.7%、13.6%、37.7%，并对 2015 年和 2050 年的林业科技进步贡献率进行了预测。

中国林业发展离不开资本、劳动力、林地面积、科技供给等多种要素的投入，而科技进步对林业发展的作用也越来越重要。孔凡斌等人基于 2002—2011 年 31 个省市区的统计数据进行测算，结果表明中国林业 2003—2011 年的平均科技贡献率为 15.34%。关于林业科技进步方面的研究，中国学者常选取层次分析法、索罗余值法、C—D 生产函数法以及 DEA 模型等。许玉粉等人利用索洛余值法测算，延边林业在 1991—2009

年科技进步速度缓慢，产业发展依赖林业资本的投入，属于粗放型的增长方式；卫秋明等人对河北省的林业科技进步贡献率进行测算，发现河北省林业同样是资本密集型产业，林业科技水平相对落后，在 1996—2010 年的平均科技贡献率仅为 7.4%。龙永彬等人利用 C—D 生产函数模型测算结果表明，广东省林业科技进步较大，"十一五"前期林业开局较好，科技贡献率达到了 44.13%，处国内领先水平；廖冰等测算了江西省 2000—2011 年间林业科技进步平均贡献率为 36%，在诸多贡献要素中位居第二位，一定程度上地推动了林业经济的发展。基于 DEA 模型的建立，陈向华等从全要素生产率的角度考虑林业经济增长，发现技术因素对黑龙江国有林区林业发展有着明显的促进作用，技术因素变化 1%，全要素生产率增长 0.596%。此外，董方晓利用 C—D 生产函数与索洛余值相结合的方法测算了福建尤溪县和浙江省的林业科技进步贡献率，这两个地区的林业科技进步虽有一定的增长，但仍表现不足，今后林业技术创新是林业经济发展的必由之路。

综合分析既有研究成果，结合林业的实际情况，索洛余值法是计算全国林业科技进步贡献率最为合适的方法。因为林业生产不同于农业，没有明显的成熟期、生长周期长，不能自然客观地区分资本与产品，这在选择模型时就排除了需要严格界定投入要素与产出要素的模型，如 DEA 法。由于林业生产周期长，科技、资金、劳动等投入要素的效果不能在短时间内显现，无法判断其规模效益，因此 CES 函数法也不适用。

9.2.3　畜牧业科技进步贡献率

畜牧业科技进步有狭义和广义两种含义。狭义的畜牧业科技进步是指与畜牧业有关的技能、技巧的提高及其应用生产的过程。如，畜牧业新品种的繁育与推广、配合饲料、防病防疫药品等硬科技的进步；广义的畜牧业科技进步不仅包括硬科技，而且还包括政策因素、管理水平和经营手段等软科技水平的进步和提高。硬科技和软科技对畜牧业发展的影响是共同存在和相互交错的。没有硬科技的提高科技进步则无从谈起，硬科技转化成为现实生产力要依赖劳动者素质的提高和经营管理水平的提高。因此，在现实生产中，狭义的畜牧业科技进步是不可能存在的，广义的科技进步才是畜牧业经济发展的内在动力。基于此，畜牧业经济增长来自两个方面：一部分来自生产投入的增加；一部分来自科技进步引起的投入产出的提高。畜牧业科技进步率是畜牧业总产出增长率中扣除新增收入量获得的总产出增长率之后的余额。畜牧业科技进步率与畜牧业总增长率的比率即为畜牧业科技进步贡献率。

目前，我国学者测算畜牧业科技进步贡献率的原理和方法大多来自1997年农业部下发的《关于规范农业科技进步贡献率测算方法的通知》和中国农科院朱希刚编著的《我国农业科技进步贡献率的测算方法》。测算的具体思路是将科技对畜牧业经济增长的作用划分为两个方面：一部分来自生产投入的增加；一部分来自科技进步引起的投入产出的提高。畜牧业科技进步贡献率是畜牧业总产出增长率中扣除新增收入量获得的总产出增长率之后的余额，畜牧业科技进步率与畜牧业总增长率的比率即为畜牧业科技进步贡献率。测算的主要理论方法是C—D函数法扩展和索罗余值法。

其中，国内对于科技进步贡献率已有的成果主要有：蒋和平等运用C—D生产函数和增长速度测算模型对1995—1999年全国农业科技进步贡献率进行测定，并对2010年进行预测，结果显示"九五"的农业科技进步贡献率为40.7%，2010年有望达到60%；董西明运用增长速度方程对1996—2003年间科技进步对山东经济增长的贡献率进行分析，得出科技进步对山东省经济增长的贡献不断下降，提出必须抢抓机遇，加快科技进步和技术创新的建议；孙福田等给出在各种投入要素的弹性系数随时间变化的情况下，测算农业机械化贡献率的方法，即变弹性C—D生产函数模型，在研究方法上有所改进；在畜牧业科技进步贡献率研究方面，万昭军等、杨双等分别对四川1995—2000年和吉林省1990—2003年的畜牧业科技进步贡献率运用增长速度模型进行测算，结果表明四川省的畜牧业科技进步贡献率为21.28%，吉林省为50.4%，这说明科技进步因素已成为推动畜牧业经济增长的主导因素。

从现有的研究可以看出，对于科技进步贡献率的研究主要侧重于其对于整体宏观经济、农业以及研究方法的改进上，对于畜牧业的科技进步贡献率的测算主要集中于对某个省份的测算，对整体畜牧经济的科技进步贡献率的测算还较少。而作为农业的重要组成部分的畜牧业目前正处在增长方式转型时期，转型的关键影响因子就是科技进步。

9.2.4　渔业科技进步贡献率

国外在海洋科技相关研究方面已积累一定的成果：Korsmo从历史、

政治和人类的角度审视海洋科技；David Doloreuxa 探讨创新支持组织在整个海洋科技创新系统中的作用；Oihan 提出一种对海洋科技的可持续性的整体评估的综合测量方法。

从国内科技进步贡献率的研究现状看，随着我国对海洋科技重视的加强，近年来也涌现一批海洋科技方面的研究成果。在沿海地区整体层面，殷克东构建我国海洋科技实力的综合评价指标体系，并对 2002—2006 年我国沿海地区海洋科技实力的测度结果进行分析；王泽宇对我国沿海地区海洋科技创新能力和海洋经济发展进行评价，并运用协调度模型对海洋科技创新能力与海洋经济发展的协调度进行度量；刘大海于 2015 年对"十五"和"十一五"期间山东省海洋科技进步贡献率进行测算；戴彬测度了 2006—2011 年沿海 11 个省海洋科技全要素生产率指数，并对其时空格局演变及影响因素进行分析；王艾敏采用回归模型探究我国海洋科技与海洋经济协调互动机制，结果表明我国海洋经济和海洋科技之间的作用效果较弱，实现海洋经济和海洋科技的良性互动仍需努力。

在各个沿海地区层面，陈倩对环渤海地区三省一市的海洋科技投入产出进行比较分析，佐证环渤海地区的海洋科技实力；李彬通过多种评价方法的组合模型对山东半岛蓝色经济区进行海洋科技创新能力评价，结果显示海洋科技转化率是制约山东海洋科技发展的关键因素；王丽椰根据江苏海洋科技发展现状分析制约江苏海洋科技发展的瓶颈因素；崔旺来对浙江海洋科技投入产出进行综合评价及比较分析，并提出相关政策建议；马志荣对广东海洋科技发展的优势和面临的问题进行分析，为广东海洋科技创新战略实施提出政策建议；徐进通过构建海洋科技创新能力指标体系，分析我国三大海洋经济示范区之间的差异情况。此外，谢子远、王金平、王双、石莉分别对澳大利亚、英国、韩国和美国发展海洋经济和海洋科技的经验进行总结，并对我国海洋经济科技发展提出建议。

9.2.5 农林牧渔业科技贡献率变化情况

纵观我国农林牧渔业科技进步贡献率的已有研究，可以发现学者们对农业科技贡献率研究较为丰富，而对林业、畜牧业和渔业的研究相对较少。通过对国内学者对农、林、牧、渔业科技贡献率研究结论进行总结归纳，得到不同时期我国农、林、牧、渔业科技贡献率水平变化情况。其中，农业的数据较为全面，如表 9-2 所示。

表 9 - 2 我国不同时期农、林、牧、渔业科技贡献率水平变化

单位：%

时期	农业	林业	畜牧业	渔业
五五	27.00	—	—	—
六五	34.84	—	—	—
七五	27.66	—	—	—
八五	34.28	—	43.34	—
九五	45.16	—	49.14	39.15
十五	48.00	63.38	50.79	28.62
十一五	53.00	−11.33	—	8.27
十二五	53.50（2012）	−1.04	—	−27.06
十三五	57.50（2017）	—	—	—

数据来源：查阅文献整理所得。

由表 9 - 2 可以看出，总的来说，农业科技贡献率水平呈递增趋势。"五五"时期，农业科技贡献率水平较低，仅为 27%，但直到"八五"时期均呈波动上涨趋势，在"八五"期间上升 7% 左右。此后稳步上升，尤其从"八五"到"九五"时期贡献率短时间内上升了 10% 左右，直到"十三五"期间，农业科技贡献率于 2017 年达到最高值 57.5%，这表明我国农业科技水平不断进步，对农业产值增长贡献份额也有所提升。在农业科技不断进步和创新政策的激励下，预计未来我国的农业科技贡献率水平将缓步上升。

林业科技贡献率波动性强，林业科技进步对林业经济增长的贡献率为正，这与科技进步促进经济增长的观点相吻合；2008 年林业科技进步贡献率为负值，这有可能是由于当期的林业投资影响过大，相对削弱了林业科技贡献率的影响。同时发现，当林业固定资产投资增加明显时，林业科技进步贡献率相应变小。这也反映出目前中国林业经济增长在很大程度上依然依赖林业固定资产投资，林业科技投入及其对林业经济增长的推动作用相对不足。

畜牧业科技贡献率水平呈递增趋势，表明畜牧业科技水平不断进步从而对畜牧业发展贡献份额扩张。我国畜牧业科技进步贡献率由"八五"时期的 43.34% 上升到"十五"时期的 50.79%，并有望在"十一五"时期达到 53% 以上。

我国"九五"时期至"十二五"前两年的渔业科技进步贡献率分别为39.15%、28.62%、8.27%和－27.06%。经分析表明，渔业物质费用贡献率稳步上升，平均贡献率达到68%，成为推动渔业经济发展的核心动力；渔业劳动力对渔业经济增长的带动作用并不大，平均贡献率只有7%左右；渔业养殖面积的贡献率存在上升趋势；而科技进步贡献率逐期下降，处于较低水平。通过与农业科技进步贡献率水平的横向比较，不难发现渔业科技进步贡献水平尚有较大提升空间。

9.3 草牧业科技进步贡献率

通过以上对科技进步相关概念的界定，以及对农林牧渔业科技进步贡献率研究方法的总结，可以看出对于新兴概念"草牧业"而言，对草牧业科技进步贡献率进行测算也是有必要的，那么接下来我们将针对草牧业科技贡献率的相关内容进行探讨，探索测算草牧业科技进步贡献率的方法和指标，为未来相关测算工作的开展提供理论指导，奠定基础。

9.3.1 测算草牧业科技贡献率的必要性

我们知道，反映农业科技进步水平的常用指标，包括农业科技进步贡献率、技术效率、劳动生产率、土地生产率与饲料报酬率、农业标准化生产水平、专用品种推广普及率、良种覆盖率、农业劳动者的受教育程度、农业机械化水平、高新技术推广普及率、农村科技推广服务体系健全率及国家农业科技投入水平等。在上述各项指标中，大多是从某一侧面反映农业科技进步水平的，例如，良种覆盖率反映的是一个国家或地区优良品种的选育水平和推广普及程度，国家农业科技投入水平反映的是一个国家或地区一定时期内政府对农业科研、开发、示范、推广等的总投资水平。其中，只有科技进步贡献率是最能综合反映农业技术进步水平的一个指标，因而也是被广泛运用的一个指标。

基于现代新经济增长理论的显著特点是将科技作为经济增长的内在变量，充分肯定科技的作用。我国历来极为重视科技进步在经济增长中的重要作用，把科技进步贡献率作为考核经济工作成绩的一个很重要的指标。因此，基于"草牧业"是一个新提出不久的概念，对草牧业的研究仍处于萌芽期，对草牧业的研究甚少。我们借鉴以上对农业科技进步水平进行评价的指标选取，正确地认识和了解草牧业科技进步的发展现状及水平，探索测算草牧业科技进步贡献率科学的指标选择，明确需要努力的方向，制定切实可行的科技发展战略及规划，是非常必要和迫切的。

由于"草牧业"一词于 2015 年才正式提出，当前研究多聚焦在理论基础层面，如概念、体系和科学基础，还没有从科技进步的视角对草牧业的未来发展进一步探讨，而草牧业的科技进步对其发展有一定的影响。那么，准确测算草牧业科技进步贡献率有较大意义，主要表现在：

第一，准确的草牧业科技进步贡献率测算对制定国家发展战略和宏观经济管理具有重要的参考指导意义。如，大力发展科学科技，把草牧业经济增长方式从粗放型转移到集约型轨道上来；加大科研投入和研究开发费等。

第二，精确的草牧业科技进步贡献率指标可用于地区、产业和行业的评价。特别是长期跟踪测算和分析，可以看出科技、资本和劳动这三大要素年增长情况以及在产业和行业间的流动分布情况，从而了解到草牧业经济增长的主要贡献和动力来自何方。

第三，科技进步贡献率指标与其他指标相结合，还可以用于国际经济比较，揭示我国经济运行中存在的问题和发展规律。如，美国经济学家克鲁格曼等通过对泰国、韩国等国家经济高速增长中科技贡献率低、资本贡献率高等现象的分析，提前预示了亚洲的金融危机。

到目前为止，准确科学地测算科技进步对经济增长的贡献率一直是一个未能很好解决的比较复杂的理论问题，是当代决策科学中有待解决的学科难题。特别是对于新兴的草牧业产业来说，在其提出初期通过对过去科技进步贡献率的准确测算，对了解其科技对草牧业发展的促进作用是十分有必要的。但由于有些数据还不够全面，且涉及草牧业的概念内涵和外延的界定问题，目前我们探索了关于我国草牧业科技进步贡献率测算方法和指标选取的标准，而具体的测算仍有待进一步的研究。

9.3.2 草牧业科技贡献率的含义

1. 草牧业科技进步

草牧业科技进步是一个将知识及科技进行创新的过程，并将创新的理论与科技应用于生产实践中，从而获得经济效益并获得正外部性。草牧业科技的进步会引领经济的快速发展，科技与经济之间具有促进的关系，并且这种作用是相互依存的。对于草牧业科技进步的具体概念还没有统一的结论，鉴于对草牧业的定义有狭义和广义之分，我们认为草牧业科技进步也可以分为狭义和广义两种。从狭义的观点理解，草牧业科技进步主要指的是在草牧业生产过程中，将所研究的新科技和新产品进行有效的转化，也就是对草牧业生产能够直接产生经济效益的草牧业科技资源，例如有机化肥的研发和推广、农药配方施用和新型的栽培科技及养殖科技等。从广义角度理解，是指除了劳动、资金等重要生产要素之外，还有其他在生产过程使用得能够导致经济效益增高、生产力发展和提升经济外部性的方法和手段。

草牧业科技进步主要涵盖以下三层含义：第一层是其最基本的含义，草牧业经济出现的新思想和新科技的出现，且用于实践。第二层是其扩展的含义，即将各生产要素重新组合比例，使得投入生产时获取较高产出。第三层是最终目的含义，即通过在草牧业生产中应用创新的知识与科技，最终达到使社会、经济及生态三方面长期稳定发展。当然，草牧业科技进步主要体现在草牧业经济所达到的水平，在原有生产要求的基础之上，利用草牧业科技进步来实现经济、社会和生态三方面效益的全面增加。

2. 草牧业科技进步贡献率

目前，对草牧业科技进步贡献率的测算和研究处于萌芽阶段，通过梳理文献，结合朱希刚等人对农业科技进步贡献率的定义，对草牧业科技进步贡献率的定义如下：我们测算的草牧业科技进步贡献率是广义的草牧业科技进步对草牧业总产值增长率的贡献份额，是指草牧业生产部门科学科技的进步对其经济增长的作用大小，它是草牧业投入产出效益的关键考核指标。一般情况下，草牧业总产值的增长来自两个方面：一部分来自生产投入的增加，一部分来自科技进步带来的投入产出比的提高。那么，因科技进步产生的总产值增长率，叫科技进步率。因此，草牧业科技进步率是草牧业总产值增长率中扣除新增投入产生的总产值增长率之后的余额。草牧业科技进步率除以草牧业总产值增长率，就是草牧业科技进步贡献率。

草牧业科技进步贡献率可表示为科技进步引起的总产值增长率＋新增投入量引起的总产值增长率。同理可得，将新增投入量引起的总产值增长率剔除之后的余额即为草牧业科技进步率，所以，草牧业科技进步贡献率＝草牧业科技进步率/同期草牧业总产值增长率。从上述定义可看出，贡献率反映的是一个经济类观点，是相对数指标，而不是一个单纯的科技问题。草牧业科技进步贡献率的实质内涵是生产过程中，由于科技进步提高了投入要素的生产效率以及使产品的生产成本减少。

9.3.3　模型选择

结合草牧业自身草—畜结合的特点，目前我们认为借鉴农业农村部科技教育司规定的测算农业科技进步贡献率的统一方法，即索洛余值法，来测算中国草牧业科技进步贡献率更为科学。

这是因为，在采用索洛余值法测算草牧业科技进步贡献率时，首先，索洛余值法经过多年研究，在理论和应用上都已经比较成熟，该方法科学、简易、实用，可以通过简洁的数学方法定量地分析科技进步在经济发展中的作用，目前对于相关产业的测算结果与实际情况吻合度较高。其次，运用该方法需要的统计数据相对简单，需要估计参数也较少，可操作性较强。因此，农业、畜牧业一般也采用的此法，且该方法适合于宏观层面的科技进步贡献率测算，能够从宏观上分析经济发展的现状和趋势，为决策提供明确的信息，适合对于一个行业科技进步贡献率的测算。引起经济增长的原因错综复杂，不仅有资本、劳动等生产要素投入的作用，还有科技、管理、决策等因素的影响，难以直接衡量科技进步对经济增长的贡献。而索洛余值法通过"余值"的思想，把科技因素的影响作为余值，更符合广义科技进步的定义。

在索洛余值法中，我们首先需要确定投入要素和产出要素，基于对草牧业内涵的初步理解，我们将草牧业产值作为产出要素，而投入要素可以有以下两种方案：第一，将土地、资本、劳动力和科技进步作为投入要素。第二，将草食牲畜量、资本、劳动力和科技进步作为投入要素，显然两种方案的区别在于其中一项投入要素。第一种方案是选取草食牲畜生存依托的基础环境——草地作为投入要素，第二种方案是选取草食牲畜的出栏或存栏量作为投入要素，这两者都是草牧业发展中不可或缺的因素。基于柯布道格拉斯生产函数的计算相对简便，能更加清晰的表明各个要素之间的关系。所以生产函数是：

$$Y = Ae^{\lambda t}L^{\alpha}K^{\beta}N^{\rho} \quad (0<\alpha, \beta, \rho<1)$$

式中：Y 为草牧业总产值；A 为常数项；t 为时间变量；$e^{\lambda t}$ 为反映科技进步对草牧业总产值的影响；λ 为科技进步增长率，变量 L、K、N 分别是劳动力、资本、土地要素投入量。α，β，ρ 分别表示劳动力、资本、土地或草食牲畜量要素的产出弹性。

索洛余值法是建立在柯布·道格拉斯生产函数的规模收益不变、生产者均衡和科技变化中性的假设条件下进行的，是柯布·道格拉斯生产函数的微分表达式。它在具体的运用中分四步：首先，由统计数据经过计算得到草牧业总产值 Y、劳动力 L、资本 K、土地或草食牲畜量 N 的增长率；其次，求出弹性系数 α、β、ρ 的值；然后，利用线性回归方程计算出草牧业科技进步率；最后，计算得出草牧业的科技进步贡献率，也就是草牧业科技进步率与草牧业产值增长率的比值。本研究中，研究草牧业科技进步贡献率的索洛经济增长模型基本方程为：

$$y = \lambda + \alpha l + \beta k + \rho n$$

式中：y 表示草牧业产值的增长率，l 表示劳动要素增长率，k 表示资本要素增长率，n 表示土地或草食牲畜量要素增长率。λ 表示草牧业科技进步率，由上式可得草牧业科技进步率可表示为：

$$\lambda = y - \alpha l + \beta k + \rho n$$

在此基础上，相应地可以测算出各生产要素的贡献率和科技进步的贡献率。计算公式如下：

科技进步对草牧业生产总量的贡献率：$E_A = \dfrac{\lambda}{y}$；

劳动要素对草牧业生产总量的贡献率：$E_L = \dfrac{\alpha l}{y}$；

资本要素对草牧业生产总量的贡献率：$E_K = \dfrac{\beta k}{y}$；

土地或草食牲畜量要素对草牧业生产总量的贡献率：$E_N = \dfrac{\rho n}{y}$。

索洛余值法便于收集数据，计算方式简便容易实现，计算方式灵活，可以根据研究内容的需要测算不同时期的科技进步贡献率，对比分析不同地区间的草牧业科技水平的发展模式的差异，从而进一步分析在不同外部环境和生产要素条件下科技进步对经济增长产生的影响。索洛余值法是排除资本、劳动力等生产要素所导致的总产值的增长后，剩余总产值的增长都归类为草牧业科技进步的贡献。这种测算结果的含义与前文对广义的草牧业科技进步贡献率的概念是相契合的，因此我们认为采取索洛余值法进行草牧业科技进步贡献率的测算较为合理。

9.3.4 指标选择

1. 总产值

参考农林牧渔业等产值的构成,同时结合对"草牧业"的定义,草牧业产值包括饲草产值和养殖产值,这部分共同组成草牧业产值,作为衡量产出的指标。

首先,饲草产值是指生产、加工饲草的产值。包括打贮草、人工种草、直接青贮或打捆(牧草包括青贮青饲玉米)、加工草块、草颗粒、草粉等,表示为种植面积、单产与单价的乘积。其次,养殖产值是指草食牲畜相关产品的产值。养殖产值又包括草食牲畜采食牧草、草场用作牲畜放牧、繁殖等场所产生的产值;年内出栏的牛、羊、马等主要草食牲畜;奶、毛绒等牲畜产品的产值。

为了剔除物价因素对计算结果的影响,使研究结果具有可比性,每年的草牧业产值都应以某年为不变价格进行折算。

2. 资本投入

对于资本投入指标的确定,各个文献中学者们的观点存在着很大的争议。结合已有研究和草牧业自身的特点,我们认为可以有以下几种指标选取方式,来表示资本投入。

(1)折算草牧业中间物质消耗,不考虑生产过程中产生的折旧影响。草牧业中间消耗是指草牧业生产经营过程中所消耗的物质和服务的价值,包括物质产品消耗和非物质性服务消耗。其中,物质产品消耗是指草、畜产品生产过程中所消耗的各种物质产品的价值,支付物质生产部门的各种服务费以及其他物质消耗;非物质性服务消耗是指支付给非物质生产部门的各种服务费,如畜禽配种费、畜禽防疫医疗费、科研费、保险服务费、广告费等,所需的数据来源于《中国畜牧业统计年鉴》和《中国草业统计》。

(2)折算草牧业物质费用。可参考畜牧业资本投入指标的测算方式,首先根据《全国农产品成本收益资料汇编》获知草牧业相关品种的单位物质费用,将其乘以草牧业各个品种各年的出栏头(只)数,即可得出各年以现行价格计算的草牧业物质费用数值,然后用各年农业生产资料价格指数将其折算为某年的可比价数值。其中,对于草牧业各品种的单位物质费用,这里需要首先计算出各个品种散养、专业户养殖以及国营集体企业养殖所占的比例，然后对不同养殖方式下的物质费用进行加权平均得到各养殖品种的单位物质费用。由于目前《全国农产品成本收益资料汇编》对与草牧业有关的草食牲畜品种不同养殖方式下的出栏、存栏量统计数据不够全面，该方法有待观察。

（3）用畜牧业物质消耗代替草牧业的物质消耗。鉴于农业、畜牧业、草牧业之间平行或包含的关系，其物质费用的变化趋势理论上是趋同的，因此我们可以通过《全国农产品成本收益资料汇编》获得全国畜牧业产品物质费用和期间费用，以此表示草牧业的物质消耗。

为了剔除物价因素对计算结果的影响，使各年草牧业物质费用指标具有可比性，选择农业生产资料价格指数将其换算为某年的可比价数值。

3. 劳动投入

对于劳动力投入指标的确定，目前并没有对草牧业劳动投入进行权威的统计。参考农林牧渔中对劳动投入指标的测算方式，我们认为可以有以下几种指标选取方式，来表示劳动投入。

（1）通过《全国农产品成本收益资料汇编》获得每百只草食牲畜加工至成品所需的劳动天数，将其乘以草牧业各个品种各年的出栏头数，即可得出各年草牧业生产过程中所需的劳动天数，用劳动工作日天数来表示草牧业生产中的劳动投入。

（2）为了消除不同品种劳动天数统计上的误差，通过《全国农产品成本收益资料汇编》获得每百只羊加工至成品所需的劳动天数，将草食牲畜涉及的各个品种的存栏量按比例折为相应的羊头数，将两者相乘得到草牧业生产中的劳动投入。

（3）考虑到产值之间的比例在一定程度上可以反映所需劳动力的数量，我们通过农林牧渔总产值/草牧业总产值＝农林牧渔劳动力人数/草牧业劳动力人数，粗略地测算了参与到草牧业相关的劳动力人数。其中，农林牧渔业的劳动力人数及产值来自《中国农村统计年鉴》。

（4）根据各年《全国农产品成本资料汇编》中有关各养殖品种的单位用工量，用各养殖品种在不同养殖方式下的比例权重对不同养殖方式下的单位用工量进行加权平均即可得到养殖品种的综合单位用工量。最后，对不同养殖品种的综合单位用工量加总即可得到不同年份全国草牧业的总用工量。同以上资本投入要素的第二种方案类似，目前相关的统计资料不够全面，无法对不同养殖方式所占的权重进行估算。

4. 土地投入

对于土地投入指标的确定，不同于农业、畜牧业的是，将常用的土地面积范围缩小至与草牧业息息相关的草地面积，这样更加契合草牧业的概念，但是对于草地面积，选择哪个面积能更准确地表示与草牧业中土地要素的投入仍有待商榷。我们认为有以下两种指标选取方式：采用全国及各省范围内多年生牧草种植面积和一年生牧草种植面积之和代表草地面积；考虑到草牧业生产中草的主体为多年生和一年生牧草中的可利用草原，因此也可将可利用草原面积作为土地要素投入对草牧业科技进步的影响进行测算，且在草牧业中以可利用草原面积为基础的生产活动以及所创造的产值更符合草牧业这一概念的形成，数据均来源于《中国草业统计》。

5. 草食牲畜投入

对于草食牲畜投入指标的确定，不同于畜牧业的一定是，在草牧业研究中只考虑草食的牲畜，而不是以食草为主的牲畜则不予考虑。①我们可以借鉴部分畜牧业科技进步贡献率测算中选择各品种的能繁母畜存（出）栏量来表示这一要素投入，同时为了便于测算，按照一定的折算系数将各年的能繁母牛、能繁母马等折算为标准的能繁母羊头数。②直接选择牛、马、驴、骆驼、兔、鹅等各品种牲畜的存（出）栏量的折羊头数，表示草食牲畜投入要素。

9.3.5　弹性系数的确定

如前所述，目前研究农林牧渔业科技进步贡献率的文献在确定各个生产要素的弹性系数时所采取的方式主要有以下几种：

1. 经验法

就是根据我国具体情况，并且参照国内外经验来确定弹性系数。世界银行在研究中采用的两种不同设定比例被许多的学者引用：一是将资本和劳动的弹性系数分别定为 0.6 和 0.4；二是将它们分别定为 0.4 和 0.6。吴敬琏等人之前在研究中将 0.3、0.7 分别应用到劳动和资本的产出弹性系数的计算中。中国科学院农业经济研究所课题组研究结果，将土地弹性值定为 0.25。朱希刚（1997）的研究中将资本弹性值设为 0.55，劳动弹性值设为 0.2，土地弹性值定为 0.2。所以在北京市农业 TFP 贡献率的测度过程中，郝利（2010）等也同样直接使用该结果。之后，在测算上海市农业科技进步贡献率时，张睿等（2012）直接用了该结果。

2. 回归法

对生产函数的公式进行回归分析，生产函数中代表各生产要素的变量的参数代表各个要素的弹性系数，通过计量经济软件，计算得出生产函数中各个参数，即可确定各要素弹性系数。

3. 分配法

由于从收入法的角度看，将劳动者报酬、生产税净额、固定资产折旧、营业盈余求和可得到国内生产总值。其中，固定资产折旧和营业盈余代表了资本的收入，劳动者的收入由劳动者的报酬表示，而劳动和资本共同取得的收入用生产税净额表示。所以，据此通过以上这些有关数据可得出生产的弹性系数。利用各要素投入量占总产值的比例来计算。赖晓璐（2015）在辽宁省农业科技进步贡献率的研究中将中间消耗占农业总产值的比例作为资本投入的产出弹性系数。山东省农业科技进步贡献率测算课题组（2012）将劳动力的投入量与农林牧渔总产值的比例作为劳动力投入的弹性系数。

4. 弹性调整法

该种方法是基于朱希刚在1997年提出的全国农业科技贡献率测算方法中确定的弹性系数，根据草牧业数据的特点对其生产弹性系数进行调整。

9.3.6 结果分析思路

通过以上对草牧业科技进步贡献率测算方法的评述、指标选取的参考意见，可准确测算出我国的草牧业科技进步贡献率。那么，针对已有的结果，我们提供了以下的几点分析思路，仅供参考。

对于土地或草食牲畜投入，借助科技进步产生的一些高产能、高效率机械生产了更多的附加价值。对于草食牲畜存栏量，借助科技进步一定时间内的产肉量、产奶量以及其产品质量都有所提升。草牧业有别于畜牧业、农业的一点是，草牧业对草地的依赖程度更大，因为草地是影响牲畜饲养、繁育、育肥的关键因素之一，同时机械化水平、相关高水平的科技投入也通过影响草、畜来影响草牧业的产值。随着畜牧业转型升级核心向"提质、增效、绿色"的转变，以及消费者对绿色安全畜产品消费偏好的增强，对牧草需求量持续增加，带动了牧草种植面积的扩大，草食畜牧业发展前景广阔。同时，草牧业的发展也更多靠饲草料产量的增加带动畜产品质量和数量的提升，这就需要饲草方面加大研发和科技投入，最终促进草牧业产值的增长。

对于资本投入，借助科技进步产生的优质饲料、更低成本高质量的饲料配比通过畜产品价值的增加，为草牧业产值的增加作出一定贡献，同时对物质消耗的不断增加也在刺激生产出效率更高的机械化生产工具、减轻对低成本劳动力依赖程度的科技，同时拉动专业性的科技人才、管理人才投身于草牧业的发展中，进而增大科技进步在增加总产值中所作贡献的比重。但是，对资本投入依赖程度较大时，表明我国的草牧业发展水平较低，更多依赖物质消耗而不是科技水平，此时应从科技进步的层面鼓励研发更高效的中间消耗投入，提高生产效率，实现少量优质高效的同时，减少对密集资本的依赖，间接促进草牧业科技进步贡献率的提升。

对于劳动投入，如果测算结果表明对劳动力的贡献率较高，则表明我国草牧业发展处于较低水平，靠人吃饭、靠天吃饭的阶段下，草牧业产值的增加更多的是来自于草地自身所产生的附加值。若科技进步贡献率不断上升、且劳动投入贡献率有所下降时，则表明科技对草牧业产值增加所作的贡献不断提升，可以考虑是由于乡村劳动力转移到城市的原因，导致草牧业的从业人员数量有所减少，但国家对草地自然资源的生态补奖政策等使得可利用草地面积有小幅增加，引导更多的技术型专家和人才更加注重相关产业创新创意思维、专利研发的投入，一定程度上带动科技水平稳步提升，对草牧业产值增加的贡献值占比也随之增加。在国家政策的引导下，积极展开对该产业发展前景及途径的探讨和摸索，有更多创新创意思维进入该产业。但是，虽然劳动力的贡献率变化较小，但由于机械化发展程度的加深解放了大量的劳动力，同时乡村劳动力转移到城镇导致一般劳动力的缺失，在参与到草牧业生产中的劳动力组织结构发生变化，专业型劳动力占比有一定程度的增加，一定程度上也代表科技进步水平的提高。

9.4 影响草牧业科技进步的因素

在测得各年草牧业的科技进步贡献率的基础上，接下来为了从不同角度提出相应的意见，将需要对影响我国草牧业科技进步贡献的因素进行分析，从科技进步的角度分析我国草牧业发展的方向和目标。

目前，对科技进步贡献率影响因素的研究较少，且都集中于农业领域，仅有少数学者采用主成分分析法、多元回归分析法、面板回归分析法和灰色关联分析法展开过研究。王楠运用灰色关联分析法对黑龙江省农业科技进步影响因素进行研究。灰色关联分析可以将发展趋势进行量化，通过计算目标因素与影响因素的关联度，来判断影响因素的重要程度。与回归分析和方差分析等传统的统计分析方法相比，灰色关联度的分析结果不受样本数量的影响，方法容易理解，具有很强的实用性。该方法是建立在定性分析的基础上的，不会出现实证结果与定性分析结果不符的情况。在分析系统中包含多种影响因素时，分析各个影响因素的重要程度的排序找到主次因素是主要目的。我们首选灰色关联分析法，来分析影响草牧业科技进步贡献率各相关因素的影响程度。具体步骤如下：

9.4.1 灰色关联分析的步骤

1. 选择参考序列和比较序列、收集相关数据

选取目标因素指标科技进步贡献率作为参考序列，选取分析的影响因素指标作为比较序列。我们假定 X_{ik} 表示第 k 个时期的第 i 个指标的评价值。选取分析的影响因素指标的时间序列数据作为比较序列，记为：

$$X_i = (X_{i1}, X_{i2}, \cdots, X_{ik})$$

式中，$i=1, 2, \cdots, m$，$k=1, 2, \cdots, n$，X_i 表示第 i 个指标在所有时期的评价值。选取分析的目标指标作为参考序列，记为 $X_0 = (X_{01}, X_{02}, \cdots, X_{0k})$，$k=1, 2, \cdots, n$，$X_0$ 表示目标指标在所有时期的评价值。

2. 对变量进行无量纲化处理

为了准确地进行测算分析，本研究采用极值法对参考序列和比较序列进行无量纲化处理。计算方法为：

$$x_{ik} = \frac{X_{ik}}{\max X_{ik} - \min X_{ik}}$$

即每一变量值与该变量取值的全距离相除得到的数值记为无量纲处理后的数据。无量纲化后的比较序列用 x_{ik} 表示，参考序列用 Δ_{0k} 表示。

3. 求出差序数列

比较序列与参考序列相减得到的序列为差序列，用 $\Delta_{0_{ik}}$ 表示。

$$\Delta_{0_{ik}} = x_{ik} - \Delta_{0k}$$

4. 求两级最大差、最小差

两级最大差最小差是指，先求出每个指标在各个年份的最大值和最小

值，再分别将所有的指标中的最大值、最小值进行比较得出两级最大值、最小值，分别用 M 和 m 表示。

5. 计算关联系数

$$r(x_{0k}, x_{ik}) = \frac{m + \xi M}{\Delta_{0_{ik}} + \xi M}$$

式中，$i = 1, 2, \cdots, m$，$k = 1, 2, \cdots, n$，ξ 为分辨系数，通常取 0.5。

6. 求关联度

关联度的计算公式如下：

$$r(x_0, x_i) = \frac{1}{n} \sum_{k=1}^{n} (x_{0k}, x_{ik}), \ \text{其中} \ i = 1, 2, \cdots, m$$

7. 将结果进行排序

关联度越大，说明该组影响因素指标与目标指标之间的紧密程度越强。

9.4.2　选择指标的描述

基于以上草牧业科技进步贡献率初步测算的结果，结合对草牧业概念的理解和认识，我们认为可以从以下 3 个方向 9 个指标的角度，分别研究各自对草牧业科技进步的影响作用程度。本部分给出可获得的近 17 年的相关数据，指标描述见表 9-3。

表 9-3　灰色关联分析法指标选取表

影响因素	变量名称	变量解释
物质要素投入	草牧业机械总动力 X_1	机械化水平，万千瓦时
	饲料使用量 X_2	草食牲畜的饲料喂养量，吨
	草地面积 X_3	万亩
	生产性固定资产投资 X_4	草牧业发展的基础设施，亿元
科研投入	草牧业技术人员投入 X_5	初级职称员工的平均工作年限为 3 年，中级为 6 年，高级为 10 年，各级别职称的技术人员数量乘以平均年限可得各级职称员工受教育年限之和，万年
	草牧业科技成果获得国家专利数量 X_6	技术发明情况，项
发展水平要素	农业总产值 X_7	草牧业发展的经济水平，亿元
	财政投入 X_8	草牧业发展的政策环境，亿元
	城市化率 X_9	城市化水平，%

（1）草牧业机械总动力（X_1）。该指标用于反映草牧业机械化水平。草牧业机械化水平是实现科技贡献的重要因素，草牧业机械的使用对于提高科技成果的转化率有十分重要的作用。运用草牧业机械总动力来反映草牧业机械化水平。在灰色关联分析中该指标用 X_1 表示。该指标数据来自《中国农业机械工业年鉴》，数据的区间范围是 2001—2016 年，全国草牧业机械总动力的具体数据见表 9-4。

表 9-4　2002—2016 年全国物质要素投入量

年份	草牧业机械总动力 X_1（万千瓦）	饲料使用量 X_2（吨）	草地面积 X_3（万亩）	生产性固定资产投资 X_4（亿元）
2002	686.22	5 726.72	29 480.00	2 637.50
2003	736.29	5 913.94	33 088.30	3 368.06
2004	821.53	6 076.28	33 689.00	3 903.64
2005	973.18	6 236.62	32 246.80	4 694.95
2006	1 031.04	6 145.50	34 194.60	4 792.39
2007	1 121.27	4 676.51	35 233.50	5 207.88
2008	1 513.67	4 662.47	34 246.90	5 871.32
2009	1 689.44	4 728.42	31 381.78	7 163.05
2010	1 813.38	4 682.58	31 797.30	8 140.83
2011	1 959.61	4 577.18	25 366.80	1 216.16
2012	2 073.61	4 573.92	29 319.80	1 345.67
2013	2 069.03	4 597.99	31 238.00	1 306.32
2014	2 233.22	4 693.89	32 612.29	1 164.58
2015	2 296.99	4 798.78	34 608.20	1 127.49
2016	2 379.75	4 727.01	27 344.70	1 064.62

数据来源：《中国农村统计年鉴》。

（2）饲料使用量（X_2）。该指标仍属于生产要素投入中的物质费用投入。饲料使用量这个指标反映草食牲畜对饲料的需求量，同时在草牧业科研方面许多项目的研发是关于饲料成分的研发，也是草牧业现代化生产的水平的指标之一。草牧业现代化的水平越高越有利于草牧业技术成果的转化、提高生产效率，从而提升畜产品产量，因此该指标对草牧业科技进步贡献率是具有一定的影响作用的。在后面的灰色关联分析中该指标用 X_2 表示。全国草牧业中饲料使用量的数据是将大型牲畜的年末存栏量乘以每单位牲畜每年所需饲料量所得，数据的区间为 2001—2016 年，全国饲草使用量的具体数据见表 9-4。

（3）草地面积（X_3）。草地面积作为土地投入也属于草牧业生产要素中的一个方面。草地面积是多年生牧草种植面积和一年生牧草种植面积之和。草地作为草牧业发展的物质基础和前提条件，其面积大小对草牧业生产具有决定性的作用，对畜产品的产量具有间接影响，作为草牧业正常生产的基本条件，只有在保证牲畜生存环境正常的情况下，其他资源的投入才能发挥作用。草地面积指标用 X_3 表示，具体数据见表 9-4。

（4）生产性固定资产投资（X_4）。本章将生产性固定资产投资作为草牧业经济发展条件方面的影响因素。生产性固定资产投资会改善草牧业生产条件，如购入农机、建设灌溉设施会对生产方式产生极大的影响，并且这种影响是长期的。因为固定资产的使用年限较长，对本年产生的影响的部分仅为当年损耗的部分，即为折旧的部分，所以固定资产投资没有作为物质资本来分析。生产性固定资产的数据可以从《中国农村统计年鉴》中获得，由于测算数据跨越的年份较长，为消除价格变化的影响，将指标原始数据用生产要素指数进行处理，得到以 2001 年为不变价的数据。全国生产性固定资产投资的数据具体见表 9-4。

（5）草牧业科技人员投入（X_5）。这个指标反映了对草牧业科研方面的投入，可以作为直接对草牧业科研的人力投入方面的指标。草牧业科技人力资本投入可以借鉴教育平均年限法来计算这一指标。在计算时，将职称的权重考虑进去，并参考国企可以获得职称评级资格员工的平均工作年限，初级职称员工的平均工作年限为 3 年，中级为 6 年，高级为 10 年，再将各级别职称的技术人员数量乘以平均年限就得到草牧业科技人力资本投入这一指标的数值。这里我们选用了各级畜牧站、家畜繁育改良站、草原站、畜牧兽医站的高中初级职称的员工数，数据来自《中国畜牧业统计年鉴》，具体数据见表 9-4。草牧业科技人力资本投入指标用 X_5 来进行表示。

（6）草牧业科技成果获得国家专利数量（X_6）。该指标选取的是全国各年所获的技术专利数量，可以反映草牧业科技研发方面的投入情况。数据来源于国家知识产权局综合服务平台网站。按照发明专利、实用新型和外观设计三个分类进行信息披露 2001—2016 年间草牧业技术发明的每年的数量。具体的数据见表 9-5，该指标用 X_6 表示。

表 9-5　2002—2016 年全国科研投入和发展水平要素投入

年份	技术人员投入 X_5（万年）	专利数量 X_6（项）	农业总产值 X_7（亿元）	财政投入 X_8（亿元）	城市化率 X_9（%）
2002	64.98	1 048.00	15 176.41	39.57	39.09
2003	63.86	1 598.00	17 820.39	84.91	40.53
2004	64.52	1 563.00	20 216.08	96.78	41.76
2005	64.02	1 961.00	20 508.95	135.38	42.99
2006	62.92	2 557.00	22 321.26	177.18	43.90
2007	69.73	3 449.00	24 013.64	340.89	44.94
2008	72.97	4 058.00	26 120.07	473.04	45.68
2009	75.32	5 110.00	30 640.78	740.67	46.59
2010	74.94	7 142.00	32 450.34	806.48	47.50
2011	75.84	8 013.00	35 176.10	1 016.12	51.27
2012	76.83	11 033.00	36 453.79	1 189.31	52.57
2013	76.71	15 675.00	37 876.45	1 475.21	53.70
2014	75.44	20 553.00	39 086.84	1 606.28	54.77
2015	76.98	28 204.00	39 379.53	1 701.35	56.10
2016	76.06	31 906.00	15 176.41	1 878.73	57.35

数据来源：《中国农村统计年鉴》、中国经济社会大数据研究平台、《中国畜牧业统计年鉴》。

（7）农业总产值（X_7）。这个指标反映畜牧业经济发展的水平，畜牧业的经济发展水平对草牧业这一新兴产业的发展具有一定的相互作用。该指标的数据来自《中国农村统计年鉴》的牧业总产值，根据产值指数计算以2001 年为不变价的牧业总产值。该指标用 X_7 来表示。具体数据见表 9-5。

（8）财政投入（X_8）。该项指标反映政府对草牧业的重视程度和资金的投入力度。该指标在某种程度上可以反映草牧业发展水平。为了消除物价变化的影响，本书用农业生产要素指数来计算不变价的财政投入资金。不变价财政支出指标在下文中用 X_8 来表示。在本研究选择样本的时间区间 2001—2016 年内，自 2015 年提出草牧业这一概念以来，对草牧业方面的财政支出大幅度上升。具体数据见表 9-5。

（9）城市化率（X_9）。城市化率（也叫城镇化率），是城市化的度量指标，一般采用人口统计学指标，即城镇人口占总人口（包括农业与非农业）的比重，城市化水平反映一个地区经济的发展水平、城市的发展进程。城市化水平达到一定程度，会导致劳动力向城市转移，从而促使草牧业劳动节约型科技进步，缩减草牧业劳动力投入规模缩减，进而影响草牧业生产向集约型方向发展，最终带来经济的健康可持续发展。具体数据见表9-5。

9.4.3 结果分析思路

从物质投入要素水平来看，现代化的生产方式与草牧业科技水平之间有一定的关联度。草牧业机械总动力可以反映草牧业现代化的生产方式的发展水平，反映我国草牧业科技进步水平对现代化生产方式的依赖程度。已实现农业现代化国家的发展经验表明，草牧业机械化可以实现草地资源的利用率，推动向集约型草牧业转变。草牧业机械化程度的加深对推行现代化的栽培耕种方式具有十分关键的作用，能够配合新型品种实现规模化的推广，从而促进科技成果的高效转化，促进草牧业科技整体水平的提高。生产性固定资产投资对于改善草牧业生产条件有促进作用，对提高草牧业科技进步贡献率有一定的影响作用。固定资产的投资一般回收期较长，短期内的经济效应可能不明显，体现在计算结果的数值并不显著，但是不能因此忽略其对草牧业科技进步的重要作用。

从经济发展水平要素来看，草牧业作为农业发展环节中的一分子，农业经济的发展水平对我国草牧业科技进步也有一定影响。农业经济发展带动科技的需求上升，需求催生科技成果的研发及转化。农业经济发展与草牧业科技进步之间存在相互促进的关系。城市化是促进科技进步的沃土，促进科技创新发展的动力，城市中大量的资金积累丰富人力资源、先进的设施等均为科技创新发展与进步提供了良好的基础条件。另外，城市集聚了大量企业与科研机构，不同领域科技人员之间的交流，促进新知识与新技术的产生与扩散，从而增大了科技创新的可能性。同时，城市化导致劳动力向城市转移，从而促进劳动节约型技术创新，使草牧业发展向集约型方向转变。

从科研投入来看，草牧业科技创新能力与草牧业科技进步的关联度分析中，要考虑到我国现有专利难以在短期内批量生产并应用于实际草牧业发展中的实际情况，抑或是某些专利成果的售价对于无法进行规模生产经营活动的牧民而言压力较大，从这一点来看，需要国家对进行草牧业生产的农户进行更多的资金或政策支持，进而使科技成果专利可以及时作用于草牧业，准确反映我国草牧业科技创新的能力。草牧业科技人员投入作为草牧业科技投入的重要环节，在草牧业科技研发和推广机构的体制以及科技人员的素质和激励机制较为完善的制度背景下，能够积极促进草牧业科技进步。专业性的人才投入的增加，将草牧业生产的效率尽可能提高，同时也将相关的专利开发并实际运用于草牧业生产活动中，对科技进步有需求拉动的作用。

9.5　对策建议

基于以上对草牧业科技进步贡献率测算方法和指标的探索，以及通过灰色关联对影响草牧业科技进步因素的分析，明确了测算科技贡献率对于反映科技能力、知识水平的必要性，虽然目前还没有算出准确的草牧业科技贡献率，但这项工作定将在未来一段时期内开展。为了指导我国草牧业科技贡献率，从而有针对性的提高草牧业科技创新能力，实现科技对现代草牧业的有力支撑，应该强化以下几个方面。

1. 建立更全面的草牧业相关数据统计体系

科技进步贡献率作为评估草牧业科技进步水平的一项重要指标，准确测算这一数值对于指导今后草牧业的发展方向十分重要，而这一工作需要借鉴畜牧业、农业等成熟的数据统计的方法指标和体系，有针对性地开展相关数据的统计、汇总、分析。如，可以利用互联网建立相应的数据库，号召相关部门和企业将各自的数据进行分类整理和上传，尽快跟上全国农业、畜牧业等的统计水平和进度，为下一步引导草牧业发展方向提供一定的数据基础。

2. 加大草牧业科技资金投入

在"草牧业"概念提出初期，国家财政部门对草牧业的重视程度虽已提高，但鉴于草牧业存在较大的发展潜力，后期的投资力度需伴随草牧业发展程度的加深进行适当调整，逐渐建立政府对草牧业科技投入稳定增长的长效机制，尤其注重对相关科技研发的投资。一旦投资金额较少，由于对草牧业科研经费的支持力度不够，草牧业科学科技的研究难以有较大的进步与较深的发展，不能及时的解决草牧业生产中紧急的科技难题，更无法为草牧业经济的发展问题提供有效的决策服务。同时，政府可通过制定相应的政策和优惠措施，积极引导企业和其他社会资源对草牧业科技进行投入，借助企业的力量，逐步建立多渠道的草牧业科技投入机制。

3. 建立草牧业科技标准体系和管理体系

由于草牧业的相关学科体系建设还不够完整，关于如何提高草畜产品的产量、生产前后的科技研究仍很落后，因而从高产型向高品质、高效益草牧业转型升级的科学科技不能有效跟进。对于牧草具有多年生和收获营养器官等特点，需要根据不同地区的气候特点以及不同类型的人工草地，建立"适地适草"人工草地生产和管理科技体系。研究天然草地的退化成因及恢复机理和科技，建立生产和生态功能双赢的天然草地保护与改良科技体系。而且，目前我国在牧草收获加工、贮存等环节，科技和设备落后，养分损失严重，要根据不同的牧草特点建立一套规范的草产品加工与贮藏科技体系。

此外，可建立牧草种植、草产品加工、牲畜健康养殖科技标准体系，通过市场机制倒逼专业合作社和相关企业进行规范化生产，支撑建立国际化高端有机绿色草牧业基地。加快完善质量监督体系，建立草牧业产品质量科技标准和统一检疫检验制度，发挥相互监督、社会监督和专业监督作用，建立信用评价体系，研发质量安全信息收集发布系统，提升产品市场竞争力。

4. 充分调动科技人员科技创新的积极性

从草牧业科技攻关项目管理入手，推动激励机制的形成，配合各标准体系和评价体系形成的同时，充分调动科技人员科技创新的积极性。在加强对课题实施过程监督检查的同时，切实把好考核验收关，完善考核验收办法，引入专业性的社会中介组织，参与课题考核评价，并将考核评价结果作为今后可以申请的主要依据。实行课题负责制，发挥课题主持人的能动性。通过媒体等多种渠道，加大对项目进展和研究人员的宣传。采取多想措施，鼓励科研人员在研究过程中进行创新。

5. 鼓励草牧业科技专利的申请，加快草牧业科技成果转化

目前，关于草牧业方向专利的申请较少，而目前我国在牧草收获加工、贮存等环节，科技和设备落后，无论是播种、收草等关于草产品的机械，还是畜产品加工等关于畜产品的机械设备，研发水平都难以满足我国目前草牧业的发展形势，更不用说之后随着我国草牧业的不断发展，这就更加需要国家鼓励更多草牧业方面的科技专利的发明与申请，填补这一块空缺。

不仅如此，通过对草牧业科技成果的知识产权保护，保证技术创新人员对创新成果享有一定期限内的垄断利润，保护研究开发的积极性。同时通过加强知识产权保护，引导相关企业加大自身技术创新的投入，加快创新成果的转化。采取鼓励措施和政策，促进草牧业科技成果技术市场的形成，并对从事草牧业技术转化和开展技术服务的企业或组织实行政策倾斜，促进草牧业科技成果的快速转化。

6. 加强草牧业技术培训

由于草牧业前期的发展是基于农牧民的不断摸索发展起来的，其经验的积累缓慢促进了我国草牧业在前期的发展，对科学技术的使用仍为短板，但在进行技术推广和技术培训时，这一特性形成了一个主渠道的模式，可依据这一渠道对农牧民和科技推广人员的培训，为农牧民和基层技术推广人员提供草牧业先进实用技术和市场信息，传播致富经验。同时，尝试进一步挖掘各类培训资源，多渠道、多层次、多形式向农牧民和基层技术推广人员开展技术教育培训，提高他们的技术水平，在提高科技成果转化率的基础上，从根本上解决草牧业技术的最终端使用者使用能力弱的问题，实现高效的两步走模式，一定程度上也将反过来促进科技人员的研发积极性。

第 10 章

草 牧 业 产 值

10.1　我国现有产值核算体系

　　本部分首先描述了我国现有产值核算体系及其演变过程，然后进一步对国民经济核算体系中，产值的相关概念进行阐述和解释，并指出产值核算的重要性，为后文提出草牧业产值核算指标和方法奠定基础。

10.1.1　国民经济核算体系

　　我国现有的产值核算体系是国民经济核算体系，也叫"宏观经济核算体系"，是指在某一国（或某一地区）的经济核算过程中，由核算总量及其组成部分之间的联系和指标概念、定义、分类、计算方法、表现形式、记录手续和相关关系所构成的一套国民经济核算的标准和制度。

　　国民经济核算体系以一定的经济理论为基础，通过综合运用统计、会计和数学等方法，从数量上系统地反映经济运行状况以及价值创造过程中生产、分配、交换、使用各个环节之间和国民经济各部门之间的内在联系，为经济管理提供一定的依据。国民经济核算以整个国民经济为对象，属于宏观层面的经济核算，是一国（或地区）进行宏观经济管理、调控和决策的基础和依据。

　　国际上现存两大核算体系：一是市场经济国家采用的国民账户体系（The System of National Accounts，简称 SNA）；二是计划经济国家普遍采用的物质产品平衡表体系（The System of Material Product Balances，简称 MPS）。两个体系最根本的区别是它们所依据的理论基础不同。物质产品平衡表体系强调物质生产的概念，只把产品作为核算基础；国民账户体系采用全面生产的概念，核算范围包括所有产品和服务，把国民经济的各行各业（包括服务业）全部都纳入核算范围，从而完整地反映全部生产活动的成果及其分配和使用的过程。SNA 体系是现今世界各国通用的国民经济核算体系。

10.1.2　我国国民经济核算体系的演变历程

我国经济体制是由计划经济向有计划的商品经济、再向社会主义市场经济体制转变，国民经济核算体系也是随着我国经济体制的转变而变化的。新中国成立以来，我国国民经济核算体系经历了 3 个发展阶段：第一阶段是物质产品平衡表体系（MPS）的建立和发展阶段，第二阶段是 MPS 和国民账户体系（SNA）的并存阶段，第三阶段是 SNA 在我国的发展阶段。第一阶段从 1952 年开始，至 1984 年结束，以建立物质产品平衡表体系的工农业总产值核算为标志。第二阶段从 1985 年开始，至 1992 年结束，以建立国民账户体系的国内生产总值（GDP）核算为标志。第三阶段从 1993 年开始至今，以取消 MPS 体系的国民收入核算、完全采用国民账户体系（SNA）体系为标志。

建立初期，我国仍以 MPS 体系的国民收入指标为主，以国内生产总值指标为辅，用于补充前者不能反映非物质服务业生产活动成果的不足。随着改革开放的逐步深入，宏观经济分析和管理部门对国内生产总值这一宏观经济指标更加重视。1993 年，正式取消国民收入核算，国内生产总值成为中国国民经济核算的核心指标。

10.1.3　国内生产总值

国内生产总值的英文全称为 Gross Domestic Products，简称 GDP，是指以货币形式表现的一个国家（或地区）所有常住单位在一定时期内生产活动的最终成果。中国国内生产总值核算的常住单位是指在中国大陆的经济领土范围内拥有一定的活动场所（厂房或住宅），从事一定规模的经济活动，并持续经营一年以上的单位（包括住户），不包括中华人民共和国香港、澳门特别行政区以及台湾省在内的单位。GDP 作为一个国家和地区经济活动总量的测度指标具有其不可替代的作用，已被广泛地应用于政治、经济、外交、研究等各个领域，深刻地影响着我们每个人的生活。

GDP 核算从核算时间上可以分为年度核算和季度核算。在年度 GDP 核算中，依据中国国民经济行业分类标准和三次产业划分标准进行核算，并采用两种分类方式。第一种分类是国民经济行业分类，采用国家标准管理部门 2011 年颁布的《国民经济行业分类》（GB/T 4754—2011）。在实际核算中采用两级分类。第一级分类以国民经济行业分类中的门类为基础，分为农、林、牧、渔业，工业，建筑业，批发和零售业，交通运输、仓储和邮政业，住宿和餐饮业，金融业，房地产业，其他服务业等 9 个行业。第二级分类在第一级分类的基础上，细化为行业大类。第二种分类是三次产业分类，依据国家统计局 2012 年制定的《三次产业划分规定》，分为第一产业、第二产业和第三产业。

GDP 可以通过 3 种方法计算得到：分别为生产法、收入法和支出法。生产法是从生产的角度衡量所有常住单位在核算期内新创造的价值，是国民经济各行业在核算期内新创造的价值和固定资产的转移价值的总和，也即国民经济各行业增加值的总和。

GDP 的核算，我们可以从中获得相关的统计数据，对各个行业有一个全面的认识。更为重要的是，通过对这些数据的分析我们可以得出一个国家或地区在各个时期产业的发展状况，为决策者、经营者、消费者提供详细而准确的信息，利于他们做出正确的判断和决策。

10.2 农林牧渔业产值核算

本部分首先对国民经济核算内容中农、林、牧、渔业产值核算的相关概念、指标和核算方法进行阐述，并描述 2001~2017 年以来我国各产业的产值变化情况。然后，结合部分学者对其他未被纳入国民核算体系的产业产值核算的相关研究，主要是草业产值和沙产业产值，对不同产业产值核算进行总结，为草牧业产值核算提供参考和借鉴。

10.2.1 农林牧渔业产值

1. 农林牧渔业总产值

（1）农林牧渔业总产值概念。农林牧渔业总产值是以货币表现的农林牧渔业的全部产品总量和对农林牧渔业生产活动提供服务而产生的价值。它反映一定时期内农林牧渔业生产总规模和总成果，是观察农林牧渔业生产水平和发展速度，研究农林牧渔业内部比例关系、农林牧渔业与工业、农林牧渔业与国家建设、人民生活比例关系的重要指标，同时也是计算农林牧渔业劳动生产率和农林牧渔业增加值的基础。

（2）农林牧渔业总产值核算范围。农林牧渔业总产值的统计范围是辖区内各种经济组织、各个系统的全部农林牧渔业生产单位和非农行业单位附属的农林牧渔业生产活动单位。军委系统的农林牧渔业生产（除军马外）也应包括在内，但不包括农业科学试验机构进行的农业生产。农林牧渔业总产值的核算范围也就是本辖区内在一定时期内生产的农业、林业、牧业、渔业产品的价值量和对农林牧渔业生产活动进行的各种支持性服务活动的价值总和，执行日历年度。对于收获期延长到次年年初的个别农产品（如甘蔗），仍然把延期收获的部分算在本年度内。

（3）农林牧渔业总产值核算方法。产品产值等于产量与价格乘积。根据农业生产特点，农林牧渔业总产值的核算采用"产品法"进行计算，即用产品产量乘以价格求出各种产品的产值，然后把它们加总求得各业的产值，最后各业相加求出农林牧渔业总产值。当年生产的各种农产品都要计算产值，并且每种产品都按全部产量计算，不扣除用于当年农产品生产消耗的那部分产品的产值。

计算农林牧渔业总产值时，一般采用两种价格：现行价格和可比价格。其中，现行价格采用农产品生产价格，即生产者第一手出售农产品的价格，来源于农产品生产价格调查。生产价格调查资料中没有涵盖到的少数农产品，可以用集贸市场价格资料代替；没有市场价格的农作物用生产成本代替。按现价计算的产值主要反映生产的总规模和水平。可比价格是为了消除不同年度的价格变动、不同地区之间价格差别的影响，使得农林牧渔业总产值具有可比性。

2. 农林牧渔业增加值

（1）农林牧渔业增加值概念。农林牧渔业增加值指农、林、牧、渔及农林牧渔服务业生产产品或提供服务活动而增加的价值，为农林牧渔业现价总产值扣除农林牧渔业现价中间投入后的余额。

（2）农林牧渔业增加值核算范围。农林牧渔业增加值的核算范围同农林牧渔业总产值核算范围。

（3）农林牧渔业增加值核算方法。农林牧渔业增加值采用"生产法"和"分配法"两种方法计算。生产法是目前各地计算增加值普遍使用的一种方法，即由现价农林牧渔业总产值减去农林牧渔业中间消耗的方法取得；分配法也称收入法，是根据各种生产要素在生产过程中应取得收入份额来进行计算的一种方法。

农林牧渔业增加值核算公式为：农林牧渔业增加值＝固定资产折旧＋劳动者报酬＋生产税净额（生产税－生产补贴）＋营业盈余。其中：①固定资产折旧是指固定资产在生产经营过程中逐步消耗并转移到产品成本和流通费用中的那一部分价值。②劳动者报酬是指各种经济类型的农林牧渔业生产单位的劳动者和农户在从事农林牧渔业生产经营活动中取得的以各种形式支付的报酬和收入。③生产税净额是指各农林牧渔业生产单位和农户向国家缴纳的生产税与政府向农林牧渔业生产单位和农户支付的补贴后的余额。生产税是政府向各农林牧渔业生产单位和农户在生产、销售、购买、使用货物和服务时征收的税。生产补贴是指政府为扶持农林牧渔业生产，控制农产品价格而支付给农林牧渔业生产单位和农户的补贴。④营业盈余是指生产要素在生产过程中创造的剩余价值。其计算公式为：营业盈余＝农林牧渔业总产值－农林牧渔业中间消耗－固定资产折旧－劳动者报酬－生产税净额（生产税－生产补贴），营业盈余既是生产要素创造的利润，又是作为生产法和分配法计算增加值的一个平衡项。由于营业盈余不好直接归集，因而可用生产法计算的增加值减去固定资产折旧、劳动者报酬、生产税净额直接求得。

10.2.2　农业产值

1. 农业产值相关概念

（1）农业总产值。农业总产值是一定时期（通常为一年）内以货币形式表现的农、林、牧、渔业全部产品的总量，反映一个国家或地区农业生产总规模和总水平。农业总产值核算方法是按农业产品及其副产品的产量分别乘以各自单位产品价格求得。此外，种植业产值是指从事农作物栽培获得的产品产值；其他农业产值是指采集野生植物产值和农民家庭兼营的工商业产值。

（2）农业增加值。农业增加值是指在一定时间内农林牧渔及农林牧渔业生产新的产品或提供服务而增加的价值，是农林牧渔业总产值扣除农林牧渔业中间消耗后的剩余部分。农业中间消耗是指生产过程中所消耗的各种物质产品的价值。农业增加值通常采用生产法计算，即：农业增加值＝农业总产出－农业中间投入。

2. 农业总产值具体内容

农业产值主要包括：谷物和其他作物产值、蔬菜、食用菌、花卉盆景园艺作物产值、水果、坚果、茶、饮料和香料产值、中草药材产值等，具体内容如表 10-1 所示。

表 10-1　农业总产值核算具体内容说明

农业产值	核算指标	核算内容与方法
谷物和其他作物产值	谷物、薯类、豆类产值	按各种产品主副产品的产量乘以单价的方法计算
	油料作物产值	包括花生果（带壳的干花生）、油菜籽、芝麻、向日葵和其他油料作物主副产品的产值。但不包括木本油料和野生油料的产值
	棉花产值	指籽棉和棉秆等主副产品的产值，但不包括木棉
	生麻产值	包括黄红麻、苎麻、线（大）麻、亚麻、菌麻、剑麻和其他麻的主副产品产值。但不包括野生麻类产值
	糖类作物产值	包括甘蔗的蔗秆产值，甜菜的块根产值。甘蔗包括糖蔗和果蔗，甜菜不管块根用途如何，都要计算在内
	烟草产值	包括烤烟、晒（土）烟等干烟叶的产值
	其他农作物产值	包括青饲料、绿肥、牧草、桑叶及采集的野生植物等的产值。这些作物的产值一般以产量乘以单价计算
蔬菜、食用菌、花卉盆景园艺作物产值	蔬菜、食用菌产值	按产量分别乘以价格计算
	花卉盆景园艺作物产值	商品性的鲜切花和盆栽类观赏植物的价值
水果、坚果、茶、饮料和香料产值	水果、坚果、茶、饮料和香料产值	按各种水果、坚果、茶、饮料和香料的产量分别乘其价格计算
中草药材产值	人工种植的金银花、红花、黄芪、甘草、枸杞等各种药材的主、副产品产值	按产量分别乘以价格计算

（1）谷物和其他作物产值。①谷物、薯类、豆类产值：按各种产品主副产品的产量乘以单价的方法计算。豆类包括大豆、绿豆、红小豆、蚕豆、豌豆、芸豆等豆类作物的主副产品。大豆具体指黄豆、黑豆、青豆三类。薯类包括红薯、马铃薯等薯类作物的主副产品，不包括芋头、木薯等。大中城市（50 万人以上和省会所在的城市）郊区（市辖区，不包括

市辖县）作为蔬菜青吃的毛豆、蚕豆、豌豆和马铃薯（土豆、洋芋）等按蔬菜计算产值，其他地区一律按豆类、薯类计算产值。如果缺乏副产品产量和价格资料，副产品的价值可以通过主副产品的比例来推算。目前，我国粮食作物产值包括谷物、薯类、豆类作物产值。②油料作物产值：包括花生果（带壳的干花生）、油菜籽、芝麻、向日葵和其他油料作物主副产品的产值。但不包括木本油料和野生油料的产值。③棉花产值：指籽棉和棉秆等主副产品的产值，但不包括木棉。④生麻产值：包括黄红麻、苎麻、线（大）麻、亚麻、茼麻、剑麻和其他麻的主副产品产值。但不包括野生麻类产值。⑤糖类作物产值：包括甘蔗的蔗秆产值，甜菜的块根产值。甘蔗包括糖蔗和果蔗，甜菜不管块根用途如何，都要计算在内。⑥烟草产值：包括烤烟、晒（土）烟等干烟叶的产值。⑦其他农作物产值：包括青饲料、绿肥、牧草、桑叶及采集的野生植物等的产值。这些作物的产值一般以产量乘以单价计算。青饲料和绿肥一般没有价格，也缺乏产量数据，其产值计算可按播种面积乘以平均每亩种植成本来计算。种植成本是指种植作物所耗用的种子、肥料、农药、修理费、机耕费等费用。每亩种植成本可用抽样调查（或重点调查）的方法取得，播种面积可从农业生产年报取得。桑叶产值按饲养家蚕用的桑叶量乘以价格计算；而饲养用桑叶量可以根据生产每担蚕茧耗用的桑叶数量来计算。野生植物采集的产值按采集的各种野生药材、纤维原料、油料、淀粉原料等原料产品（即未经加工）的数量乘以这些产品的单价计算。产量数字可从收购部门了解并应加上自留部分。

（2）蔬菜、食用菌、花卉盆景园艺作物产值。①蔬菜、食用菌产值：包括叶菜类、瓜菜类、块根、块茎菜类、茄果菜类、葱蒜类、菜用豆类、水生菜类、食用菌类及其他蔬菜的产值。按各种蔬菜的产量分别乘以这些蔬菜的价格计算。其中食用菌类产值按各种食用菌类产量（干鲜混合）分别乘其单价计算。②花卉盆景园艺作物产值：计算商品性的鲜切花和盆栽类观赏植物的价值。城市中生产鲜花的企业产值按销售额计算，乡村及农户为出售而培植的花卉，按出售收入计算。有条件的地方可以直接用商品量乘以价格的方法计算；没有条件的地方可以通过工商、税务、农业等部门了解，或者通过住户调查资料进行推算。

（3）水果、坚果、茶、饮料和香料产值。按各种水果、坚果、茶、饮料和香料的产量分别乘其价格计算。

（4）中草药材产值。指人工种植的金银花、红花、黄芪、甘草、枸杞等各种药材的主、副产品产值。如果缺乏产量资料，可以按种植面积推算；也可以和收购部门研究，按收购额推算。

3. 农业产值变化情况

2001—2017 年，我国农业总产值水平、农业增加值水平、农业总产值占农林牧渔业总产值比重、农业增加值占农林牧渔业总产值比重、农业总产值占 GDP 比重情况如图 10-1 所示。

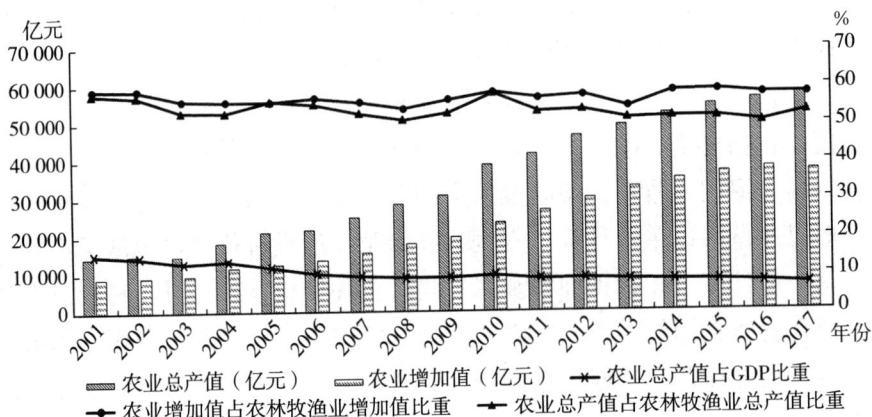

图 10-1　2001—2017 年我国农业总产值与农业增加值变化情况

数据来源：国家统计局网站。

2017 年，我国农业总产值已经达到 58 059.73 亿元，同比增长 2.67%，较 2001 年增长约 3 倍，占 GDP 产值比重达到 7.07%，占农林牧渔业总产值比重为 53.1%。农业增加值为 37 424.74 亿元，同比减少 1.91%，较 2001 年增长约 3.1 倍，占农林牧渔业增加值比重为 57.88%。2001 年以来，农业产值增加主要是由于农产品产量逐年增加，2017 年已达到 6.62 亿吨。其中，粮食作物、棉花、油料作物、水果等产量均增长。同时，农产品单位面积产量均有所增加。此外，除涝及水土流失治理面积扩张，给农作物成长提供良好环境。在种植结构上，粮食作物比重维持在 70% 左右，油料作物、棉花、麻类、糖料、烟叶比重有所减少，药材水果和瓜类占比有所增加，种植结构调整可能也是农业产值增加的一个主要原因。

2001—2017 年，我国农业总产值和农业增加值均呈现出逐年递增的稳定趋势，占农林牧渔产值比重略有下降，但是农业仍然占据推动我国国民经济发展的重要地位。此外，农业占我国 GDP 比重逐渐减少，由 2001年 15.14％降至 2017 年 7.07％，说明近十几年来我国经济大环境下，第二、三产业发展态势良好，产业结构失衡改善状况明显，各产业比重更趋合理化。

10.2.3　林业产值

1. 林业产值

林业产值是以货币计算的全部最终林产品产量的总和，它反映一定时期内各林业企业、各地区以及整个林业部门的生产规模和水平，是研究林业生产发展速度和林业与其他国民经济部门比例关系的主要指标，也是计算其他经济指标的基础。按直接产品计算林业产值，包括 3 部分内容：林木的培育和种植产值、木材、竹材采运产值总产值和林产品产值。

（1）林木的培育和种植产值。目前采用以费用代替生长量计算产值，即按从事人造林木各项生产活动的成本计算。也就是说，先从林业生产统计报表中取得下列六项资料：育苗面积、造林面积、零星植树株数、迹地更新面积、幼林抚育面积和成林抚育面积。然后分别乘以上述各项生产活动的每亩成本求得（零星植树按每株成本计算）。林业生产中的其他费用，如造林前的调查设计费用和护林防火费用等和林木生长的关系比较间接不包括在内。

（2）木材、竹材采运产值。包括木材采运、竹材采运产值。指对林木和竹木的采伐，并将其运出山场至贮木场的生产活动。2003 年以前，林业产值中仅包括村及村以下木材、竹材的采运活动，从 2003 年定期报表开始，原来划归工业部门的木材竹材采运活动划归林业。因此，该指标为全社会口径木材、竹材的采运活动，木材、竹材的产量资料，可以从农林牧渔业统计调查制度中取得，其产值按各种林木、竹材采伐产量乘以产品价格计算。

（3）林产品产值。林产品是指从天然林和人工林地进行的、不需砍伐而取得的各种林木产品和其他野生林产品的采集活动。各种林产品的产值按产量乘以价格计算，不包括桑叶、茶叶、水果、食用菌、核桃、松子和板栗等坚果的产值，它们是属于种植业的产值。林产品的产量资料，可以从农林牧渔业统计调查制度中取得。

2. 林业产值变化情况

2001—2017 年，我国林业总产值水平、林业增加值水平、林业总产值占农林牧渔业总产值比重、林业增加值占农林牧渔业总产值比重、林业总产值占 GDP 比重情况如图 10-2 所示。

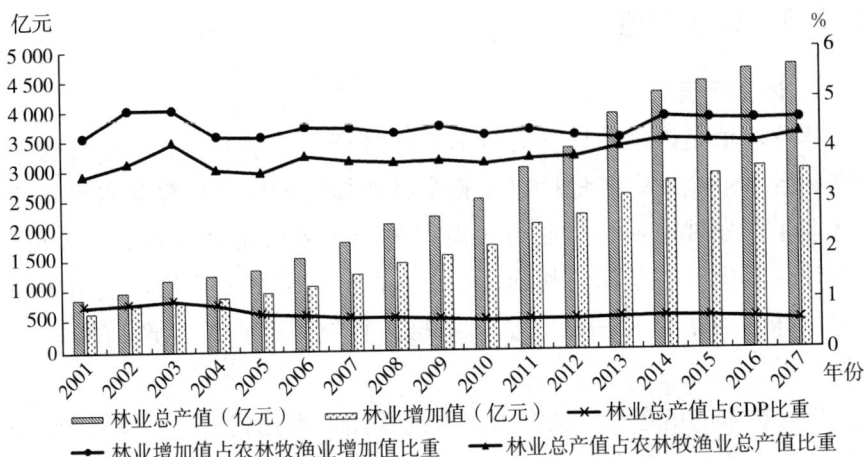

图 10-2　2001—2017 年我国林业总产值与林业增加值变化情况

数据来源：国家统计局网站。

2017 年，我国林业总产值已经达到 4 697.3 亿元，同比增长 1.52%，较 2001 年增长约 4.28 倍，占 GDP 产值比重达到 0.57%，占农林牧渔业总产值比重为 4.3%。林业增加值为 2 967.86 亿元，同比减少 1.79%，较 2001 年增长约 3.49 倍，占农林牧渔业增加值比重为 4.59%。

2001—2017 年，我国林业总产值和林业增加值均逐年增长。林业总产值中，主要计算的林产品包括：木材、橡胶、松脂、生漆、油桐籽、油茶籽。2001 年以来，主要林产品产量持续扩张，木材、橡胶、松脂、生漆、油茶籽分别增长 77.78%、70.22%、162.01%、241.51% 和 195.38%。林产品产量增长是林业产值增加的主要原因。总的来说，其占农林牧渔业产值比重也有所提升。此外，与农业产值情况相同，林业产值占我国 GDP 比重逐渐减少，由 2001 年 0.91% 降至 2017 年 0.57%。

10.2.4　畜牧业产值

1. 畜牧业产值

畜牧业产值指饲养牲畜、家禽产值和出售畜禽产品产值。

（1）牲畜饲养产值。牲畜饲养产值包括，年内出栏的牛、羊、马、驴、骡等主要牲畜的产值和奶、毛绒等牲畜产品的产值。牲畜的产值均按出栏量计算，包括淘汰的耕畜、奶牛。牲畜产值＝本年牲畜出栏（出售和自宰）头数×每头牲畜单价，公式中单价分别为提供消费市场的牛、羊、马、驴、骡等牲畜生产价格，为毛重价格。各种牲畜产品的产值按各种牲畜产品的产量乘以该产品的价格计算。牛奶、羊奶产量中只包括人工挤出的数量，牛犊、羊羔直接吮食的数量不应计算。羊毛、驼毛、鬃毛、肠衣等产量中不包括屠宰牲畜后所获得的产品。

（2）猪的饲养产值。猪的饲养产值包括，出栏肉猪的产值和猪的副产品产值。出栏肉猪的产值按出栏头数乘以平均每头的价格计算。猪的副产品产值不包括肉猪屠宰后所获得的副产品。

（3）家禽饲养产值。家禽饲养的产值包括，家禽主产品的产值和蛋类、羽绒等家禽副产品的产值。家禽产值一般可按各种家禽的出栏只数乘以成年家禽价格计算；蛋类产量包括孵雏用的种蛋数量在内；宰杀后所获得的羽绒等产品就不应当再算产值。

（4）狩猎和捕捉动物产值。狩猎和捕捉动物产值包括，野生动物的捕捉、兽皮、毛皮的生产。按捕猎所得产品（如虎皮、豹皮、狐皮、鹿皮、鹿角、野鸡、野鸭等）的数量乘以价格计算。

（5）其他畜牧业产值。其他畜牧业产值按产品乘以价格计算。对于以取得毛皮为目的的毛皮兽饲养业，以毛皮产量乘以价格计算产量。都市特种养殖业如肉鸽、蛇等可以按照生产单位或个人年销售收入进行计算。

2. 畜牧业产值变化情况

2001—2017 年，我国畜牧业总产值水平、畜牧业增加值水平、畜牧业总产值占农林牧渔业总产值比重、畜牧业增加值占农林牧渔业总产值比重、畜牧业总产值占 GDP 比重情况如图 10-3 所示。

2017 年，我国畜牧业总产值已经达到 29 361.2 亿元，同比减少 7.39%，较 2001 年增长约 2.69 倍，占 GDP 产值比重达到 3.58%，占农林牧渔业总产值比重为 26.86%。畜牧业增加值为 14 405.08 亿元，同比减少 7.14%，较 2001 年增长约 2.66 倍，占农林牧渔业增加值比重为 22.28%。

2001—2017 年，我国畜牧业总产值和畜牧业增加值呈现出明显的增长趋势，其间三次畜牧业产值下降分别出现在 2006 年、2009 年和 2017

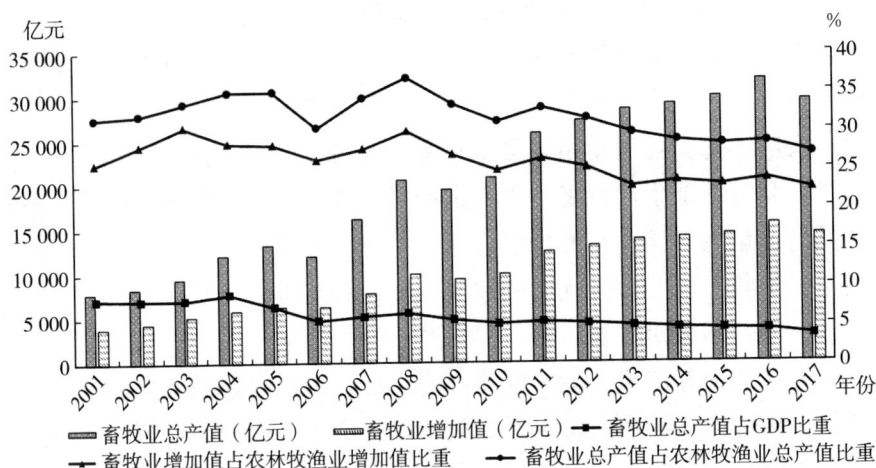

图 10-3 2001—2017 年我国畜牧业总产值与牧业增加值变化情况

数据来源：国家统计局网站。

年。2001 年以来，大牲畜存栏量逐年减少，已由 2001 年 1.46 亿头减少为 0.98 亿头，牛、马、驴、骡存栏量分别减少 26.83%、60.81%、70.98%和 82.09%。此外，畜产品产量中，肉类产量逐年增加，由 2001年 6 013.9 万吨增加为 8 654.4 万吨。其中，猪、牛、羊肉分别增加37.46%、23.68%和 78.38%。奶类产量 2012 年增长达 3 306.7 万吨，后开始减少，2017 年为 3 148.6 万吨，牛奶产量自 2008 年来达到 3 000 万吨以上变化不明显，羊毛、羊绒产量均增加趋势。同时，畜产品价格均有一定程度增长，这导致畜牧业产值增加。

总的来说，其占农林牧渔业产值比重也有所降低。此外，与农业、林业产值情况相同，畜牧业产值占我国 GDP 比重逐渐减少，由 2001 年的8.18%降至 2017 年的 3.58%。

10.2.5 渔业产值

1. 渔业产值

渔业产值指从水域中捕捞的野生或人工养殖的动、植物产品产值，包含海水产品和淡水产品两类产值。

（1）海水产品产值。按捕捞的天然海水产品和海水养殖的水生动物产品产量及海藻的采集量乘以这些产品的价格计算。

（2）淡水产品产值。按捕捞的天然淡水产品和淡水养殖的水生动物产品产量乘以这些产品的价格计算。

2. 渔业产值变化情况

2001—2017 年，我国渔业总产值水平、渔业增加值水平、渔业总产值占农林牧渔业总产值比重、渔业增加值占农林牧渔业总产值比重、渔业总产值占 GDP 比重情况如图 10 - 4 所示。

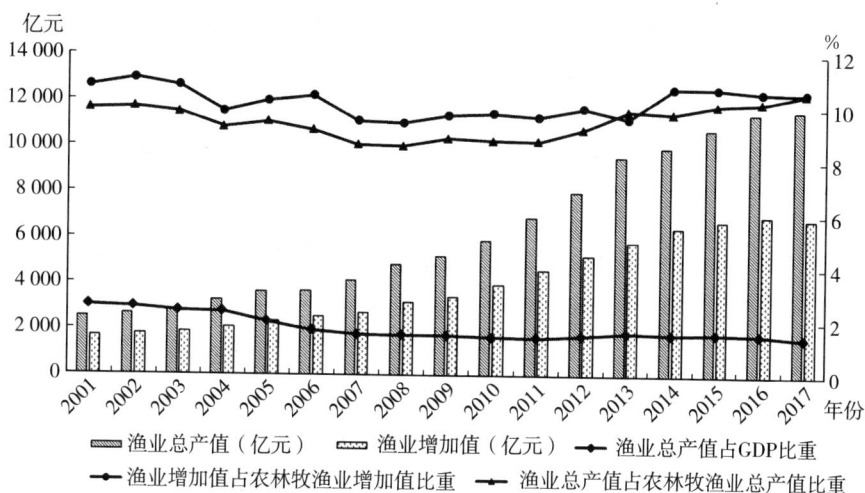

图 10 - 4　2001—2017 年我国渔业总产值与渔业增加值变化情况

数据来源：国家统计局网站。

2017 年，我国渔业总产值为 11 571.7 亿元，同比增长 1.05%，较 2001 年增长约 3.58 倍，占 GDP 产值比重为 1.41%，占农林牧渔业总产值比重为 10.59%。渔业增加值为 6 853.87 亿元，同比减少 2.01%，较 2001 年增长约 3.1 倍，占农林牧渔业增加值比重为 10.6%。

2001—2017 年，我国渔业总产值和渔业增加值均呈现出逐年递增趋势。2001 年以来，水产品总量逐年递增，由 3 706.2 万吨增长 73.91%，达到 2017 年的 6 445.3 万吨。海水产品由 2 203.9 万吨增长 50.72%，达到 3 321.7 万吨。其中，天然生产、人工养殖、鱼类、虾蟹类、贝类、藻类等产量分别增长 3.53%、115.59%、24.45%、43.74%、64.29% 和 111.88%。淡水产品产量由 1 502.3 万吨增长为 3 123.6 万吨，约 1.08 倍。其中，天然生产、人工养殖、鱼类、虾蟹类等产量均有一定幅度增长。总的来说，占农林牧渔业产值比重也有所增加。此外，与农业、林业、牧业产值情况相同，渔业产值占我国 GDP 比重逐渐减少，由 2001 年的 2.6% 降至 2017 年的 1.41%。

10.2.6 其他产业产值

除上述几种官方统计的产值核算方法外，部分学者对草业产值和沙产业产值核算指标、方法及核算体系进行研究。

1. 草业产值

草业是以草为基础，对草进行生产、加工和运营，同时注重草原建设和保护，以获取更高的经济、社会以及生态效益的相对独立性的产业。草业产值（草业 GDP）指一定时期内（一个季度或一年），一个国家（或地区）的草业经济活动所生产出的全部最终成果（产品和服务）的价值，其主要包括草业总产值和草业增加值（董永平等，2018）。草业总产值是指以货币体现的草业的所有草产品量以及对草业生产活动进行的不同支持性服务活动的价值（Martin，1993）。草业总产值的核算采用"产品法"进行计算，即用产品产量乘以价格求出各种产品的产值，然后把它们加总求得草业的总产值。主要包括：①饲草产值，生产、加工饲草的产值。主要有打贮草、人工种草、直接晒干或打捆的牧草如青饲玉米，草加工制品如草块、草饲料、草粉等。②放牧产值，即草食畜产品的产值。主要包括了放牧采食牧草、草场用作放牧、繁殖等场地而产生的产值，还有当年出栏的牛、马等大牲畜以及羊的数量与产值，另外还有畜产品奶、毛、绒皮等的产值。③医疗保健品原料产值，指采自草原上生长的红柴胡、黑柴胡、防风和黄芩、黄芪、甘草、枸杞、冬虫夏草、雪莲、秦艽、羌活等各种药材的主、副产品产值。④食品原料产值，草地植物用于食用的产值，包括菌类、高等植物的地上或地下部分，如沙葱、黄花菜。⑤文体活动与观光旅游产值，以草原为载体的文化，游乐及观光产值，包括旅游门票、住宿、骑马、餐饮等。

草业增加值代表草业与草原文体活动、观光旅游等行业生产产品或供给服务而增加的价值，是草业现价总产值减去草业现价中间投入后剩余的部分。草业中间消耗是指草业生产产品活动中所耗费的产品和劳务的价值；主要内容为物资产品耗费与非物质类劳务支出；其中前者是指草业在产出产品的过程中所耗费的所有物质的价值，包含购买的和计入总产出的自身供给的物质支出，如种子种苗费、饲草费、防疫费、购买农机器械费、草场棚圈围栏费用等（赵春飞，2008）；后者是指用于非物质生产部门的多种劳务费，包括修葺费用、雇佣劳动力费用、用于生产活动的邮寄费，还有其余的一些支出，如差旅费、金融服务费、广告费等。其中：饲草种植的中间消耗主要是指种子、机械设备、场地投资、折旧及维护、水肥材料、人员管理及外包作业。放牧中间投入主要包括设施折旧、补饲精料成本、打草成本和畜群总投入的利息或机会成本。

后来，有学者（董永平等，2018）在此基础上，通过引入草业服务产值对草业产值核算体系进行完善与扩展。草业服务产值是指草业生产中种植、收获、加工、技术指导等服务产值。据我国草业生产特点，草业产值核算主要包括饲草生产加工、草坪草皮生产、草地放牧、草种生产、草地经济植物采集、草地文体旅游服务和草业服务等 7 个方面。

2. 沙产业产值

沙产业是指利用和研究包括干旱区、半干旱区、亚湿润干旱区在内的沙漠化土地的一切资源和能源所进行的经济和科研活动的集合，以提高光合作用转化效率为目的，以充分利用各种现代化科技技术、人工控制环境为特点，以保持生态与经济效益双赢为根本原则（刘恕，2009）。

于丽媛、陈文汇、钱能志等（2014）通过研究现有的国民经济核算方法，针对其不足和沙产业产值计算的特有方式，提出对沙产业产值的分类计算方法。具体包括：针对多年生的沙生植物产值应用"资本法"计算；对自制半成品期末期初差额价值应用"约当产量比例法"计算；对第三沙产业产值应用"成本分割法"进行计算。沙产业总产值按照沙产业分类计算各行业的总产值再汇总得到，是第一沙产业产值、第二沙产业产值和第三沙产业产值的总和。沙产业增加值是指沙产业各行业劳动者在一段时间内（通常为 1 年）生产货物或者提供服务劳动而增加的价值，为沙产业总产值扣除沙产业现价中间投入后的余额。

我们发现，农林牧渔业、草业、沙产业产值核算均采用产品法，增加值均表现为总产值扣除中间消耗的剩余部分。其中，畜牧业产值和草业产值核算方法为草牧业产值核算提供了重要的借鉴作用。

10.3 草牧业产值核算方法和指标

第二部分梳理和总结了不同产业产值的核算方法，本部分首先阐明草牧业产值核算的必要性；然后将基于前文对农业、畜牧业等产值核算的相关概念、指标的定义标准和核算方法，以及专家学者对草业产值的研究，对草牧业总产值和草牧业增加值概念进行界定；最后，在概念界定的基础上，进一步明确了草牧业产值相关的核算指标和核算方法，使得后文能够对草牧业产值进行初步核算。

10.3.1 草牧业产值核算的必要性

草牧业在我国农业经济发展中异常活跃，而且有望成为我国农业新的经济增长点，成为我国未来的朝阳产业。随着草牧业在国民经济中的地位日益提升，草牧业发展对于我国经济水平的影响和贡献逐步增大。但是，我国现行的国民收入核算体系都是对于农林牧渔等产业产值的核算，并没有对草牧业的产值进行核算，我国草牧业产品的家底还不清楚，我国草牧业发展水平和发展阶段尚不明晰。

草牧业产值不仅能够反映草牧业产品的价值从而有效衡量草牧业发展水平，还能为评价草原生态文明建设和现代草牧业的发展成果奠定基础。所以，有针对性地开展对草牧业产值的核算是很有必要的，具体内容如下所述：

一方面，我们可以从草牧业产值核算过程中获得相关的统计数据，通过对草牧业各组成部分的产值进行分析，我们能够发现草牧业发展过程中的哪一部分出现了问题，找出发展落后、快速发展的源头，从而积极开展相关工作，补齐短板、充分发挥优势，以促进草牧业更好发展。

另一方面，我们可以得到草牧业产值的核算结果，通过与其他产业产值进行对比，或者通过与其他国家的草牧业产值进行对比，能够对我国草牧业的发展水平和发展阶段有一个全面的认识，可以得出我国或某一地区在不同时期草牧业的发展状况，从而为未来草牧业发展的目标指出明确的方向，有利于宏观调控。我们可以为决策者、经营者和消费者提供详细而准确的信息，利于他们做出正确的判断和决策。

10.3.2 草牧业产值概念

1. 草牧业总产值

草牧业总产值是以货币表现的草牧业的全部产品总量的价值。它反映一定时期内草牧业生产总规模和总成果，是观察草牧业生产水平和发展速度，研究草牧业内部比例关系、草牧业与农林渔业、草牧业与国家建设、人民生活比例关系的重要指标，同时也是计算草牧业劳动生产率和草牧业增加值的基础资料。

2. 草牧业增加值

增加值也叫附加价值或追加价值，是指各单位生产经营的最终成果。草牧业增加值是指草牧业提供产品而增加的价值，为草牧业总产值扣除草牧业中间消耗后的余额。

10.3.3　草牧业产值核算范围和方法

1. 草牧业总产值核算范围和方法

草牧业总产值的核算范围是本辖区内在一定时期内生产的草牧业产品的价值总和，执行日历年度。

在借鉴农林牧渔业、草业产值核算方法基础上，根据草牧业生产特点，草牧业总产值的核算也采用"产品法"进行计算，即用产品产量乘以价格求出各种产品的产值，然后加总求得草牧业的总产值。当年生产的各种草牧业产品都要计算产值，并且每种产品都按全部产量计算，不扣除用于当年草牧业产品生产消耗的那部分产品的产值。

2. 草牧业增加值核算范围和方法

草牧业增加值的核算范围同草牧业总产值核算范围。草牧业增加值用"生产法"核算，即：草牧业增加值＝草牧业总产值－草牧业中间消耗。草牧业增加值分为现价增加值和不变价增加值。现价增加值是采用草牧业产品生产价格，即生产者第一手出售草牧业产品的价格。按现价计算的产值主要反映生产的总规模和水平。不变价增加值是全国通用的某一固定年份的草牧业产品价格。按不变价格计算的草牧业总产值主要是为了观察草牧业的发展速度，消除不同年度的价格变动、不同地区之间价格差别的影响，使得草牧业总产值具有可比性。可利用缩减法计算，即：不变价增加值＝现价增加值÷价格指数。

10.3.4　草牧业产值核算指标

1. 草牧业总产值

目前，对于草牧业概念包括广义和狭义，产值亦有广义草牧业产值和狭义草牧业产值之分。根据畜牧业和草业产值核算（董永平、钱贵霞、李梦雅，2018）方法，狭义的草牧业产值仅包括饲草产值、养殖产值两项内容，广义的草牧业产值是在狭义产值基础上增加文体活动、观光旅游的产值。各项产值的具体内容如下：

（1）饲草产值。生产、加工饲草的产值，包括打贮草、人工种草、直接青贮或打捆（牧草包括青贮青饲玉米）加工草块、草颗粒、草粉等。其中，总产值表示为种植面积、单产与单价的乘积。

（2）养殖产值。草食牲畜相关产品的产值。包括草食牲畜采食牧草、草场用作牲畜放牧、繁殖等场所产生的产值；包括年内出栏的牛、羊、马等主要草食牲畜的产值和奶、毛绒等牲畜产品的产值。牲畜的产值均按出栏量计算。牲畜的产值＝相关畜产品产量×产品单价。公式中的单价分别为提供消费市场的牛、羊、马等牲畜产品价格，为毛重价格。各种牲畜产品的产值按各种牲畜产品的产量乘该产品的价格计算。牛奶、羊奶产量中只包括人工挤出的数量，牛犊、羊羔直接吮食的数量不应计算，统计量为销售数量。羊毛、鬃毛等产量中不包括屠宰牲畜后所获得的产品。

（3）文体活动、观光旅游的产值。以草原为载体的文化、游乐及观光产值，包括旅游门票、住宿、骑马、餐饮等。

2. 草牧业中间消耗

草牧业中间消耗（中间投入）是指草牧业生产经营过程中所消耗的货物和服务的价值，包括物质产品消耗和非物质性服务消耗。物质产品消耗是指草牧业生产过程中所消耗的各种物质产品的价值，包括外购的和计入总产出的自给性物质产品消耗。如，种子、饲料、肥料、燃料、用电量、小农具购置、原材料消耗等；支付物质生产部门的各种服务费包括修理费、生产用外雇运输费、生产用邮电费等，以及其他物质消耗；非物质性服务消耗是指支付给非物质生产部门的各种服务费，如畜禽配种费、畜禽防疫医疗费、科研费、保险服务费、广告费等。其中，饲草种植的中间消耗主要是指种子、机械设备、场地投资、折旧及维护、水肥材料、人员管理及外包作业。养殖中间投入主要包括，设施折旧、补饲精料成本、打草成本和畜群总投入的利息或机会收益。由于草原文体活动、观光旅游等的中间消耗资料难以取得，因此根据计算得到的草原文体活动、观光旅游的总产值来估算其草原旅游业增加值（因为草原县的草原旅游占其旅游收入的一半以上），因而本研究将草原旅游总产值的60%定为草原旅游增加值。

10.4　草牧业产值的初步核算

基于第三部分提出的草牧业产值核算方法和指标，本部分将对我国草牧业产值进行初步核算，通过核算 2001—2017 年全国草牧业产值，来判断我国草牧业的发展水平以及其时空演变情况，以期为未来提升草牧业产值和促进草牧业发展相关政策的制定和工作的开展提供依据与指导。

10.4.1　广义草牧业产值核算结果

1. 全国广义草牧业总产值和增加值

根据前文总结的草牧业总产值和草牧业增加值核算方法，利用相关统计数据对全国草牧业总产值与增加值进行核算，广义草牧业产值具体结果如表 10-2 所示。

表 10-2　2017 年全国广义草牧业总产值与增加值核算

单位：亿元

项目	总产值	中间消耗	增加值
饲草	1 993.14 （1 974.82）	1 358.57 （1 299.51）	634.56 （675.31）
养殖	7 814.62 （8 588.56）	1 481.31 （1 512.11）	6 333.31 （7 076.45）
草原观光旅游	5 614.32 （6 300.21）	2 245.73 （2 520.09）	3 368.59 （3 780.13）
合计	15 422.08 （17 133.69）	5 085.62 （5 601.8）	10 336.46 （11 531.89）

注：括号内为 2016 年数据（经相关统计数据处理计算而得）。

2017 年，全国广义草牧业总产值为 15 422.08 亿元（表 10-2），比 2016 年 17 133.69 亿同比减少 9.99%，占全国生产总值 2%，低于 2016 年占比 2.32%；广义草牧业产值占牧业总产值比重为 53%。全国草牧业增加值为 10 336.46 亿元，较 2016 年有所减少，占全国生产总值 1.26%，低于 2016 年占比 1.56%。

广义草牧业增加值中所占比重最大的是养殖增加值，为 6 333.31 亿元，占比达到 61.27%（图 10-5）。在畜牧业迅速发展的大环境下，草食性牲畜出栏率逐渐增加，出售价格与 2016 年基本持平，但牛肉出售量大幅降低，所以养殖增加值较 2016 年下降了 10.5%。其他畜产品收入与 2016 年变化不大。总的来说，养殖增加值仍然占据草牧业增加值的主要部分，养殖产值在草牧业整体的发展中影响有所加大，鼓励养殖有利于我国草牧业的全面发展。饲草增加值为 634.56 亿元，占草牧业增加值的比重为 6.14％。2017 年，人工种草面积较 2016 年有所上升，由于种植成本上涨导致中间消耗增加，饲草增加值减少 6.03％。养殖增加值和饲草增加值两项占到草牧业增加值的 67.41％，说明目前，我国业增长方式比较粗放，饲草种植和加工还没有形成规模，所以其产值增加有限。但是，我国草原面积辽阔，未来饲草技术提升将会促进饲草产值进一步提高，从而发挥重要作用。

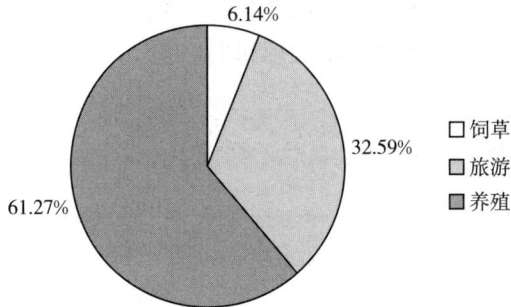

图 10-5　2017 年各部分增加值占草牧业增加值的比重情况

文体活动、观光旅游和服务业增加值占总增加值的 32.59％，这说明我国的草牧业增加值中包含第三产业中以草原为主要旅游目的地的旅游产值、草食畜牧业中养殖牲畜的产值以及草牧业服务业产值在草牧业整体的发展中影响有所加大，有利于我国草牧业的全面发展。

广义草牧业产值核算中，饲草产值、养殖产值和文体活动、观光旅游产值。具体核算内容与方法如下：

（1）饲草产值。饲草产值包括人工种草和打草两部分。全国人工种植的饲草主要有：苜蓿、青贮玉米、披碱草、燕麦、三叶草、多年生黑麦草、鸭茅、羊草和沙打旺，总产出为 1 985.64 亿元，占草牧业总产值的 12.88％。其中，贡献最大的是紫花苜蓿，占饲草中人工种草总产值的 41.72％，三叶草对总产值的贡献最小，仅为 1.46％（表 10-3）。2017 年，全国人工种草面积较 2016 年略有下降，目前的牲畜饲养水平并不高，在优质牧草需求不足、牧草价格走高的形势下，在提升牲畜饲养饲料的质量方面仍有一定的潜力。2017 年，全国人工种草的增加值为 629.96 亿元，贡献最大的是青贮玉米，占人工种草增加值的比例达到 32.56％，对增加值的贡献最小的是沙打旺，为 1.23％。

打草总产值为 7.5 亿元，按总产值除去中间消耗来计算增加值，得到打草增加值为 4.6 亿元。其中，打草面积为统计数据，产出和成本根据锡林浩特市调研数据计算获得，打草单产平均 3 捆/亩，15 千克/捆，打草单价平均 10 元/捆，即可计算出产出单价为 30 元/亩，成本主要包括捆草费平均 2.4 元/亩，雇人 6 元/亩，运费 3.2 元/亩，共 11.6 元/亩。计算结果如表 10 - 3 所示：

表 10 - 3　2017 年全国饲草产值核算

种类	牧草种植（万亩）	牧草单价（元/千克）	种植成本（元/亩）	总产值（亿元）	中间消耗（亿元）	增加值（亿元）
紫花苜蓿	6 225.2	2.10	1 050	828.33	653.65	174.68
青贮玉米	3 462.8	0.78	625	421.54	216.43	205.12
燕麦	629.9	1.70	640	73.08	40.31	32.76
披碱草	5 006.9	1.30	485	335.78	242.83	92.95
三叶草	442.4	0.99	470	29.04	20.79	8.25
多年生黑麦草	2 249.1	1.00	430	181.85	96.71	85.14
鸭茅	503.1	1.00	464	36.93	23.34	13.59
羊草	516	1.15	470	34.00	24.25	9.75
沙打旺	794.8	1.20	470	45.08	37.36	7.73
小计	29 557			1 985.64（1 969.20）	1 355.67（1 297.22）	629.96（671.99）

种类	面积（万亩）	成本（元/亩）	总产值（亿元）	中间消耗（亿元）	增加值（亿元）
打草	2 500	11.60（9.20）	7.50（5.62）	2.90（2.30）	4.60（3.32）
合计			1 993.14（1 974.82）	1 358.57（1 299.52）	634.56（675.31）

注：括号内为 2016 年数据。

就打草产值而言，2017 年打草每亩产出和成本均高于 2016 年，打草面积与 2016 年持平，但是打草产出单价比 2016 年上涨幅度较大，因此打草总产值上涨。打草成本增加使得打草中间消耗高于 2016 年。2017 年，打草总产值为 7.5 亿元，中间消耗 2.9 亿元，打草增加值高于 2016 年，为 4.6 亿元，同比增加 38.55%。

（2）养殖产值。养殖总产值为主要草食牲畜的销售收入和皮毛绒奶等其他畜产品的收入，为 7 814.62 亿元，比 2016 年减少 9.01%，占草牧业总产值的比重为 50.67%（表 10 - 4）。2017 年，牲畜出栏单价比 2016 年上涨明显，牛和兔出栏数量高于 2016 年，羊和马出栏数量较 2016 年持平；皮毛绒出售数量低于 2016 年，奶的出售数量低于 2016 年。总体来看，养殖总产值有所下降，2017 年的养殖总产值低于 2016 年的水平。中间消耗的计算包括，设施折旧、防疫、补饲精料成本、打草成本、饲草消耗以及畜群总投入的利息或机会收益，为 1 481.31 亿元，同比减少2.04%，最后得到 2017 年养殖增加值 6 333.31 亿元。

表 10-4　2017 年全国养殖产值核算

养殖家畜		牛	羊	马	兔
出栏数量（亿头、只）		0.52	3.22	0.016	5.37
出栏比例（%）		57.11	106.62	46.71	264.53
肉畜销售量（万吨）		634.62 (716.8)	471.07 (459.4)	87.4 (86.9)	86.9 (84.3)
单价（元/千克）		64.36 (63.38)	58.35 (57.66)	33.5 (33.76)	21.8 (20.9)
牲畜销售收入（亿元）		4 084.41 (4 613.32)	2 748.69 (2 680.59)	292.79 (293.37)	189.44 (176.19)
其他收入 （亿元）	皮	142.00 (143.80)	39.00 (32.53)		
	毛		21.36 (22.25)		
	绒		56.45 (60.44)		
	奶	533.27 (538.59)		27.5 (27.48)	
产出合计（亿元）		7 814.62 (8 588.56)			
设施折旧（亿元）		402.88 (401.57)			
防疫（亿元）		434.01 (466.10)			
补饲精料成本（亿元）		625.01 (625.05)			
打草成本（亿元）		1.60 (1.27)			
饲草消耗（亿元）		4.13 (3.09)			
畜群总投入的利息（亿元）		13.68 (15.03)			
成本合计（亿元）		1 481.31 (1 512.11)			
总计					
总产值（亿元）		7 814.62 (8 588.56)			
中间消耗（亿元）		1 481.31 (1 512.11)			
增加值（亿元）		6 333.31 (7 076.45)			

注：括号内为 2016 年数据。

就家畜数量而言，2017 年全国牛存栏量 9 038.73 万头，出栏 5 161.93 万头，出栏比例 57.11%。2017 年，羊出栏 3.22 亿只。其中，绵羊出栏 3.02 亿只，出栏比例 106.62%。2017 年，全国马存栏量 343.64 万匹，出栏量 160.5 万匹，出栏比例 46.71%。2016 年，兔出栏量 53 688.6 万只，存栏量 20 277.4 万只，出栏比例高达 264.53%。

由于出栏家畜中一部分用于出售肉畜，一部分用于自食，牲畜肉出售数量，与单价乘积得到销售收入。因此，2017 年牲畜销售收入为 7 022.54 亿，占养殖总产值比重最大，为 89.86%，比 2016 年 7 763.47 亿下降 9.54%，这是由于 2017 年牛肉产量大幅降低所致。

其他产出中，奶类总产量为 3 148.6 万吨，牛奶产量为 3 038.6 万吨，而最终计入草牧业产值核算的出售牛奶产量则按总产量的一半进行计算，价格数据则根据 2017 年原料奶收购价格月度数据进行平均计算，为 3.51 元/千克。剩余出售奶产量为羊奶、马奶等，核算时按剩余出售奶产量的 50% 计算为马奶，马奶价格为 5 元/千克。2017 年牛奶产值为 533.27 亿元。2016 年为 538.59 亿元，2017 年产值与 2016 年产值相比略有下降。这主要是因为销售量与去年相比有所下降，原料奶价格稍有回升。因此，2017 年奶类产值为 560.77 亿。

2017 年，羊毛产量为 44.22 万吨，羊毛的收益是 4.83 元/千克，羊皮共产出 3.25 亿张，每张售价 12 元，牛皮共产出 0.71 亿张，每张售价 200 元。2017 年羊绒产量 1.79 万吨，单价为 315.4 元/千克，畜产品产量数据来源于《中国统计年鉴 2018》，价格为平均数据。因此，2017 年皮毛绒产值为 792.08 亿元。2016 年皮毛绒产值为 825.09 亿元。2017 年较 2016 年有所下降，降幅达到 4.0%。

中间消耗的计算包括，设施折旧、防疫、补饲精料成本、打草成本、饲草消耗以及畜群总投入的利息或机会收益。饲养设施分为暖棚和合作育肥棚两种，暖棚每平方米 400 元，现在普遍是 100 平方米，合作育肥棚 1 500 平方米，每平方米 400 元。而现在牧民家中普遍使用暖棚，合作育肥棚极少，平均每户一个暖棚，根据暖棚的折旧年限为 20 年来计算设施折旧。农户数量为 2017 年农村牧区户数与国有牧场户数之和，共 2 014.38 万户。因此，2017 年设施折旧成本为 402.88 亿元，比 2016 年的 401.56 亿元增加 0.33%。这主要是因为农户数量的增加。防疫平均每户花费 2 154.58 元，2017 年防疫成本为 434.01 亿元。

补饲精料成本中，羊每年补饲 3 个月，天数为 90 天，每只羊平均每天 150 克饲料，羊出栏数量为 3.22 亿只。牛每年补饲 6 个月，每头牛平均每天 2.25 千克饲料，牛出栏数 0.52 亿头，饲料价格平均 12.46 元/千克。因此，2017 年补饲精料成本为 625.01 亿元，与 2016 年基本持平，这主要是因为 2017 年牛、羊出栏数量与 2016 年相当，在饲料价格与上年持平的情况下，2017 年的总成本略低于 2016 年。

计入养殖中间消耗的打草成本为 55% 面积的总打草成本，2017 年打草成本为 1.6 亿元，比 2016 年的 1.27 亿元上涨 25.98%。由于 55% 打草用于饲喂家畜用作饲草消耗，计入养殖中间消耗的饲草消耗为打草总产出的 55%，2017 年饲草消耗为 4.13 亿元，较 2016 年 3.09 亿元上涨 5.9%，主要原因是，打草产出单价增加，同比上涨 33.33%。畜群总投入的利息或机会收益则表示为以总产出的 1/2 作为总投入计息，利率为活期存款利率，年利率 0.35%，计息期为 1 年。2017 年畜群总投入利息及机会收益为 13.68 亿元，低于 2016 年的 15.03 亿元，同比下降 8.98%，主要是因为 2017 年养殖总产出 2017 年养殖总产值为 7 814.62 亿元，比 2016 年的 8 588.56 亿元下降 9.01%。

（3）文体活动、观光旅游产值。草原旅游业发展势头良好。根据 2017 年的统计数据按草原县旅游人数乘以人均旅游花费计算得到全国文体活动、观光旅游总产值为 5 614.32 亿元（表 10-5），由于旅游总产值的 60% 为草原旅游的增加值，得到文体活动、观光旅游增加值为 3 368.59 亿元。因此，可以看出 2017 年文体活动、观光旅游增加值比 2016 年减少 10.89%，主要是由于旅游人次的减少。

表 10-5　2016 和 2017 年全国草原旅游产值核算

单位：亿元

年份	2016	2017
草原文化旅游总产值	6 300.21	5 614.32
草原文化旅游增加值	3 780.13	3 368.59

数据来源：国家统计局网站统计数据处理计算而得。

2001—2017 年，我国广义草牧业产值呈现出先上升后下降趋势，大致分为 2001—2014 年逐年递增阶段和 2015—2017 年的先降后升再降两个阶段（图 10-6）。2001 年，广义草牧业总产值为 2 686.40 亿元，2014 年广义草牧业总产值达到最高为 17 218.51 亿元，同比增长 11％，较 2001 年增长约 5.41 倍。主要是因为 2001 年以来，畜牧业迅速发展和农业机械化进程加快使得草地产量和养殖相关畜产品产量和价格均有所增加，且旅游人次及人均旅游花费上涨使得旅游产值增加，所以导致草牧业产值有所提升。2015 年草牧业总产值下降为 15 843.84 亿元，同比减少 7.98％。2016 年草牧业总产值增加 8.14％达到 17 133.69 亿元，仅低于 2014 年总产值最高值。2017 年草牧业总产值减少到 15 422.08 亿元，同比减少 9.99％。

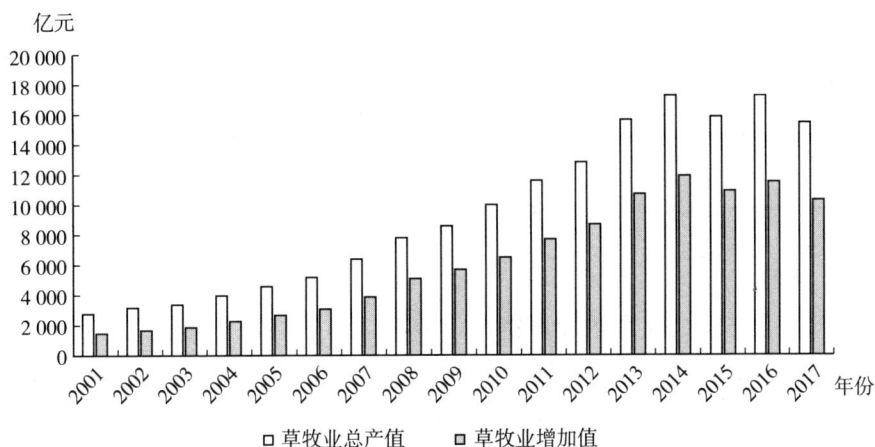

图 10 - 6　2001—2017 年全国广义草牧业产值

数据来源：经统计数据整理计算而得。

广义草牧业增加值与草牧业总产值变化趋势基本一致。2001 年草牧业增加值为 1 492.87 亿元。2014 年草牧业增加值达到最高为 11 835.21 亿元，较 2001 年增长约 6.93 倍；2015 年草牧业增加值减少为 10 832.84 亿元，同比下降 8.47％；2016 年草牧业增加值增长 6.45％达到 11 531.89 亿元；2017 年草牧业增加值下降为 10 336.46 亿元，同比下降 10.37％。总的来说，2001—2017 年草牧业总产值与增加值均稳步增长，草牧业发展态势良好。

在全国广义草牧业增加值构成中，养殖增加值始终占据主要地位（图 10 - 7），主要是因为各地区畜牧业发展带来的养殖产值增长高于饲草种植带来的饲草产值增长，所以养殖产值提升速度较快。草原旅游增加值占比有所提升，2001 年草原旅游增加值占全国草牧业增加值比重为 25.23％；

2013 年其占比达到最高为 39.79%；2017 年其占比为 32.59%，较 2001 年增长 7.36%，主要是由于旅游业发展迅速，以及草原生态建设完善对旅客的吸引，导致草原旅游产值增加。饲草增加值占全国草牧业增加值比重逐年下降，2001 年占比为 12.93%，2014 年最低为 4.31%，占比逐年下降。

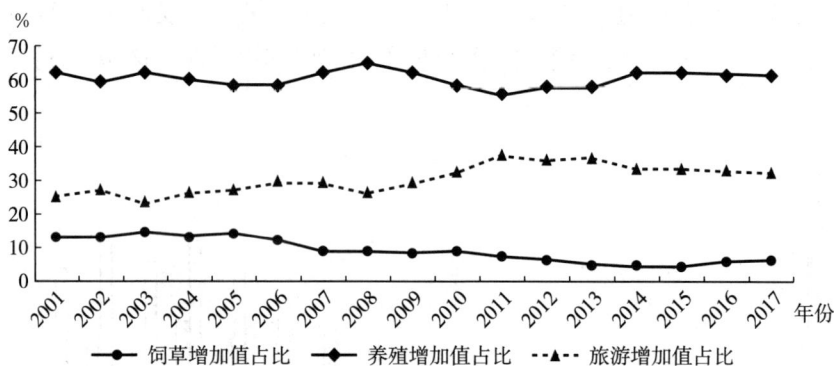

图 10 - 7　2001—2017 年全国草牧业增加值构成变化

2. 各省市区广义草牧业产值变化情况

在全国各省市区广义草牧业产值变化中，内蒙古草牧业产值始终位于全国领先地位（图 10 - 8）。此外，湖北、四川、黑龙江、新疆和甘肃等地广义草牧业产值递增，发展趋势良好。

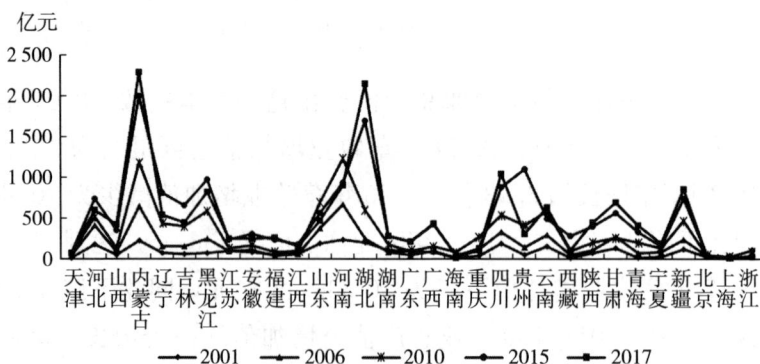

图 10 - 8　2001—2017 年各省市区广义草牧业产值变化情况

全国各省市区饲草产值变化中，内蒙古占据饲草产值主要地位（图 10 - 9），其次是四川、新疆、甘肃和云南等草地面积较为丰富的草原大省，饲草产值始终居于前列，饲草产值空间变化不明显，主要与草地资源带来的生产优势有关。

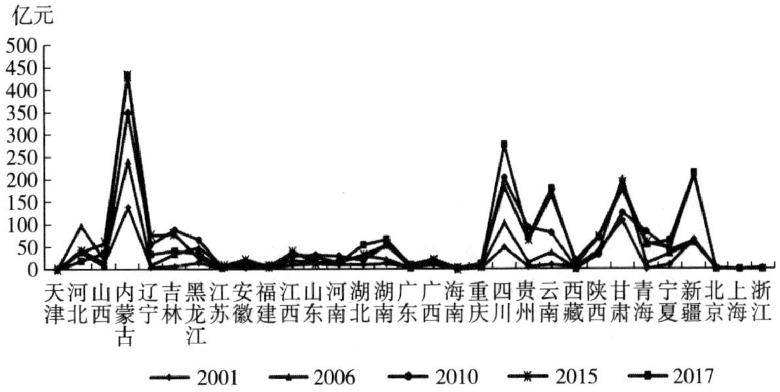

图 10-9 2001—2017 年各省市区饲草产值变化情况

总的来说，内蒙古、新疆、四川、云南和甘肃等地饲草产值呈涨势（图 10-10），主要是这些地区草地面积广阔，且产量较高。2001 年，内蒙古、新疆、四川、云南和甘肃饲草产值分别为 139.75 亿元、67.42 亿元、48.75 亿元、9.90 亿元和 108.06 亿元；2017 年，饲草产值分别为 434.99 亿元、215.01 亿元、278.02 亿元、178.44 亿元和 176.57 亿元，分别增长 3.11、3.19、5.70、18.03 和 1.63 倍。其中，云南省饲草产值增加最多，饲草产业发展具有一定潜力。此外，内蒙古、四川等草原大省饲草产值较高增速较快，说明我国饲草生产资源利用较为合理，能够有效促进草牧业发展。

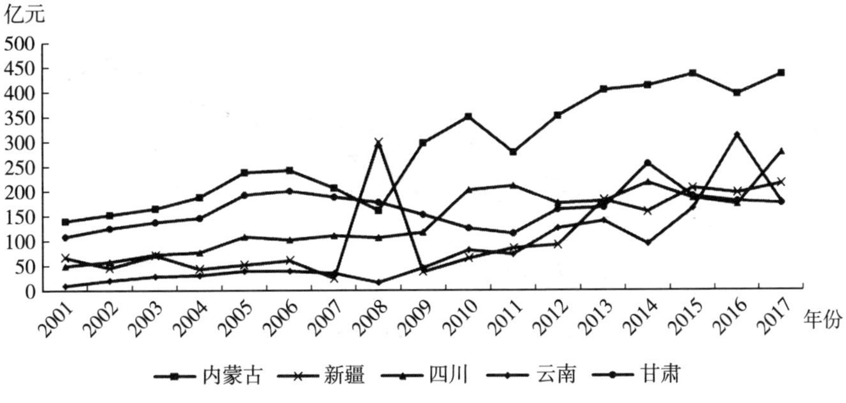

图 10-10 2001—2017 年主要省区饲草产值变化情况

全国各省市区养殖产值变化中，内蒙古、河南、新疆、黑龙江和河北等地养殖产值增长较快（图 10 - 11），主要与各地区畜牧业快速发展有关。

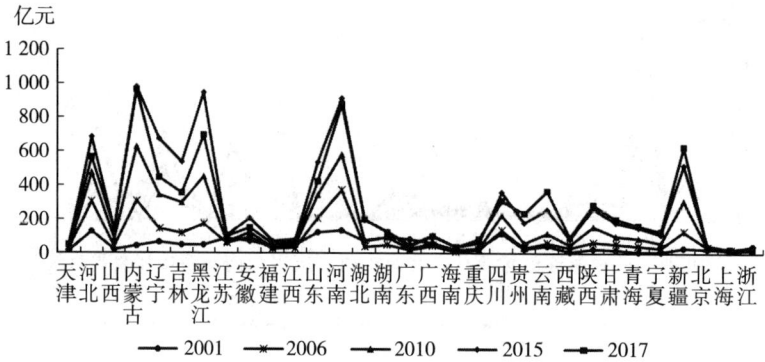

图 10 - 11　2001—2017 年各省市区养殖产值变化情况

总的来说，内蒙古、河南、新疆、河北和黑龙江等地养殖产值呈涨势（图 10 - 12），主要是这些地区畜牧业较为发达。2001 年，内蒙古、河南、新疆、河北和黑龙江养殖产值分别为 39.27 亿元、126.02 亿元、24.34 亿元、124.59 亿元和 40.80 亿元；2017 年，养殖产值分别为 959.31 亿元、872.47 亿元、625.34 亿元、557.88 亿元和 692.80 亿元，分别增长 24.43、6.92、25.69、4.48 和 16.98 倍。其中，内蒙古养殖产值增加最多。因为畜牧业发展迅速使得其牛、羊肉产量、牛奶产量等均有大幅提升，随着相关产品价格增长养殖产值增速较快。

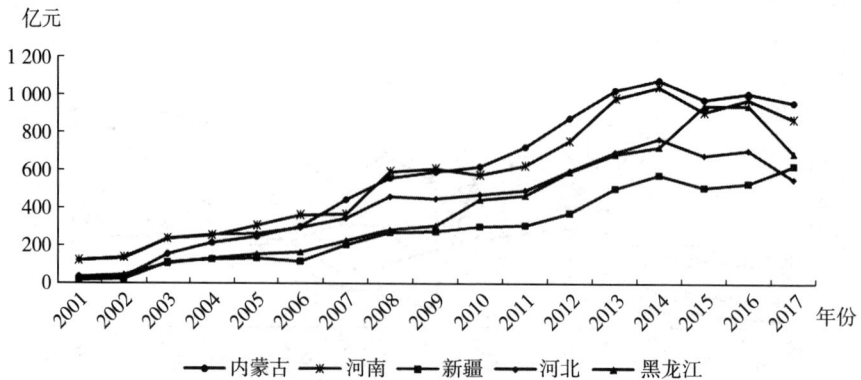

图 10 - 12　2001—2017 年主要省区养殖产值变化情况

全国各省市区旅游产值变化中，湖北、内蒙古、四川和甘肃等地旅游产值增长较快，这与其旅游业快速发展有关（图 10 - 13）。

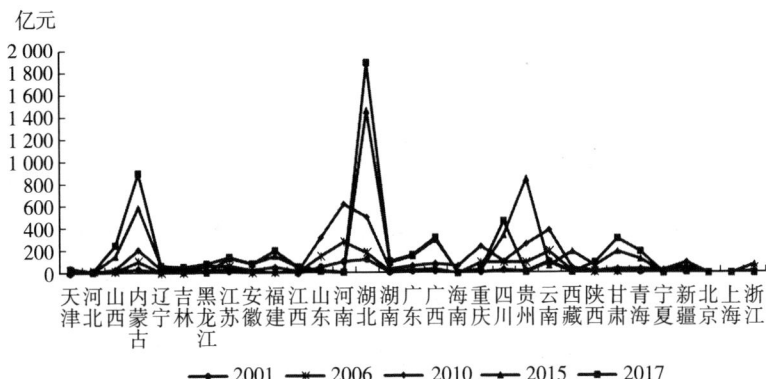

图 10-13　2001—2017 年各省市区旅游产值变化情况

3. 草牧业产值与相关产值比较

2017 年，全国广义草牧业总产值为 15 422.08 亿元，较 2016 年 17 133.69 亿减少 9.99%，占全国生产总值的 1.88%。草牧业总产值占畜牧业总产值比重为 52.53%，较 2016 年相比处于下降趋势。全国草牧业总产值占农林牧渔业总产值比重为 14.11%。

2017 年，全国草牧业各部分产值占牧业总产值和农林牧渔业总产值比重不同（图 10-14）。对于畜牧业总产值而言，养殖产值所占比重更大，达到 26.62%，饲草产值占比为 6.79%，旅游产值占比为 19.12%。对于农林牧渔业总产值而言，情况与牧业总产值相同，养殖产值占比达到 7.15%，饲草产值占比仅为 1.82%，旅游产值占比为 5.14%。

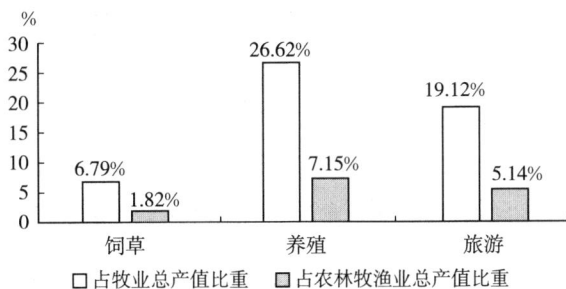

图 10-14　草牧业各部分产值占牧业总产值和农林牧渔业总产值的比重情况

2001—2017 年，我国草牧业总产值占牧业总产值比重、占农林牧渔业总产值比重均呈现出递增趋势（图 10-15）。2001 年，草牧业总产值占牧业总产值之比为 33.74%，占农林牧渔业总产值比重为 10.59%；2014 年，两部分比重均达到最大值，分别为 59.46% 和 16.95%。

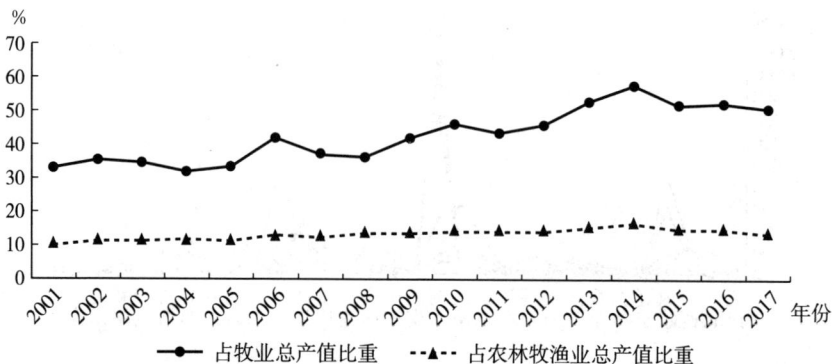

图 10 - 15　草牧业产值占牧业总产值和农林牧渔业总产值的比重情况

　　2001 年以来，草牧业各部分产值占牧业和农林牧渔业总产值比重情况如图 10 - 16 所示。其中，饲草产值占比较 2001 年的 7.69% 和 2.41% 略有降低；养殖产值占比呈现出增长趋势，由 2001 年的 18.16% 和 5.7% 增长为 2017 年的 26.62% 和 7.15%；旅游产值逐年递增，其占比由 2001 年的 7.88% 和 2.48%，提升至 2017 年的 19.12% 和 5.14%。总的来说，旅游产值涨势比较明显。

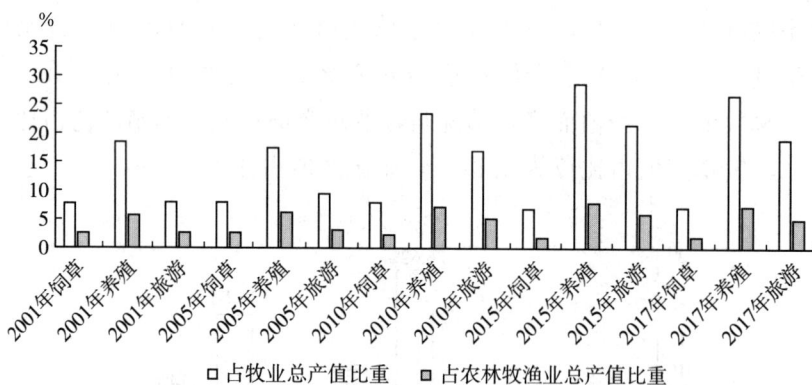

图 10 - 16　草牧业各部分产值占牧业总产值和农林牧渔业总产值的比重情况

10.4.2　狭义草牧业产值核算结果

1. 全国狭义草牧业总产值和增加值

　　2017 年，全国狭义草牧业总产值为 9 807.76 亿元（表 10 - 6），较 2016 年同比减少 9.47%，占全国生产总值比重为 1.19%，低于 2016 年占比 1.46%；2017 年，牧业总产值为 29 361.2 亿元，狭义草牧业产值占牧业总产值比重为 33.4%，低于 2016 年占比 34.17%。2017 年，全国狭义草牧业增加值为 6 967.87 亿元，较 2016 年有所减少，占全国生产总值 0.85%，低于 2016 年占比 1.05%。

表 10 - 6　2017 年全国狭义草牧业总产值与增加值核算

单位：亿元

项目	总产值	中间消耗	增加值
饲草	1 993.14 （1 974.82）	1 358.57 （1 299.51）	634.56 （675.31）
养殖	7 814.62 （8 858.66）	1 481.31 （1 782.21）	6 333.31 （7 076.45）
合计	9 807.76 （10 833.48）	2 839.89 （3 081.72）	6 967.87 （7 751.76）

注：括号内为 2016 年数据（经相关统计数据处理计算而得）。

狭义草牧业增加值中所占比重最大的是养殖增加值，为 6 333.31 亿元，占比达到 90.89%；饲草增加值为 634.56 亿元，占狭义草牧业增加值的比重为 9.11%（图 10 - 17）。

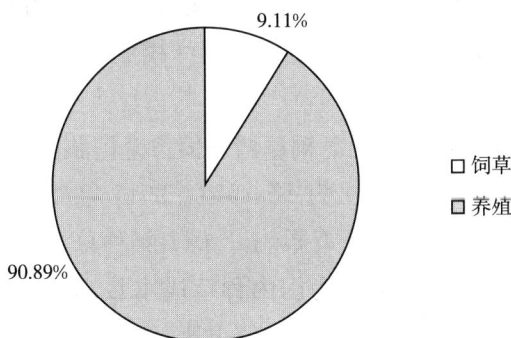

图 10 - 17　2017 年各部分增加值占狭义草牧业增加值的比重情况

2001—2017 年，我国狭义草牧业产值与广义草牧业产值变化趋势基本一致（图 10 - 18）。2001 年，草牧业总产值为 2 058.59 亿元；2014 年，草牧业总产值达到 10 586.63 亿元，同比增长 8%，较 2001 年增长约 4.14 倍；2015 年，草牧业总产值下降为 10 537.93 亿元，同比减少 0.46%；2016 年，草牧业总产值增加 2.8% 达到最高，为 10 833.48 亿元；2017 年，草牧业总产值减少到 9 807.76 亿元，同比减少 9.47%。

狭义草牧业增加值与草牧业总产值变化趋势基本一致。2001 年，草

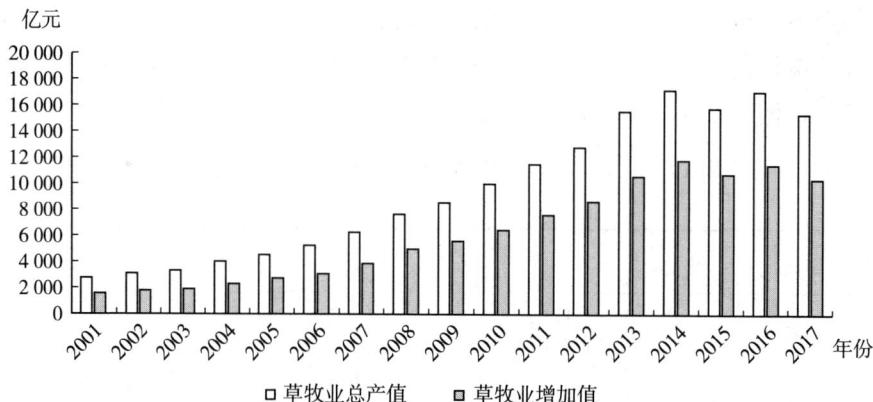

图 10-18 2001—2017 年全国狭义草牧业产值

数据来源：经统计数据整理计算而得。

牧业增加值为 1 116.18 亿元；2014 年，草牧业增加值为 7 856.08 亿元，较 2001 年增长约 6.04 倍；2015 年，草牧业增加值减少为 7 649.29 亿元，同比下降 2.63％；2016 年，草牧业增加值增长 1.34％达到 7 751.76 亿元；2017 年草牧业增加值下降为 6 967.87 亿元，同比下降 10.11％。

在全国狭义草牧业增加值构成中，养殖增加值始终占据主要地位（图 10-19）。2001 年养殖增加值占全国草牧业增加值比重为 82.71％，2015 年占比达到最大为 93.57％，2017 年其占比为 90.89％，略呈波动变化趋势，但总体水平几乎不变。饲草增加值占全国狭义草牧业增加值比重呈波动下降趋势，2001 年占比为 17.29％，2015 年最低为 6.43％，受进口低价优质饲草和国内相关政策影响，2017 年种草积极性不高，饲草增加值占比为 9.11％，主要是因为国内种草成本较高而产量增长有限，导致饲草中间消耗较高，所以饲草增加值占比下降。

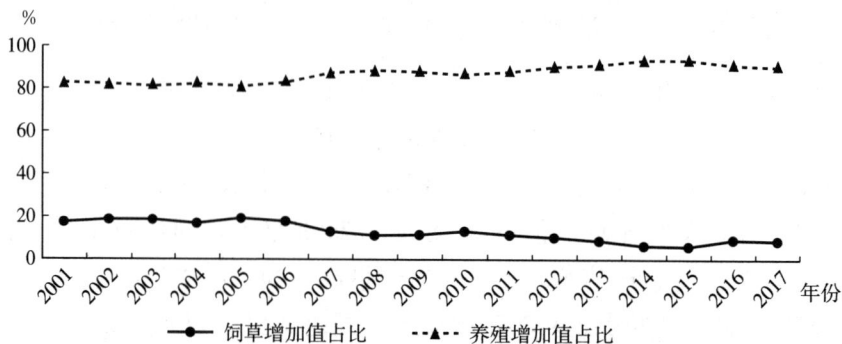

图 10-19 2001—2017 年全国狭义草牧业增加值构成变化

2. 各省市区狭义草牧业产值变化情况

全国各省市区狭义草牧业产值变化中，内蒙古草牧业产值始终位于全国领先地位（图 10 - 20）。此外，河南、黑龙江、新疆和河北等地草牧业产值递增，发展趋势良好。

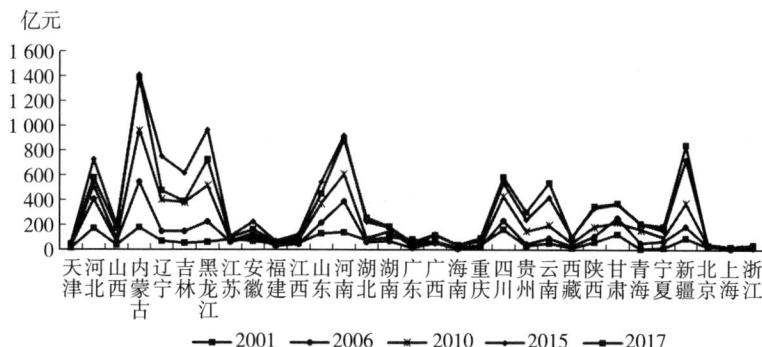

图 10 - 20　2001—2017 年各省市区狭义草牧业产值变化情况

内蒙古、河南、黑龙江、新疆、四川和河北等地狭义草牧业产值逐年递增（图 10 - 21），其中内蒙古草牧业产值增速较快，2001 年内蒙古草牧业产值为 179.02 亿元，2017 年其草牧业产值为 1 394.31 亿元，同比减少 0.45%，约为 2001 年的 7.79 倍。因为内蒙古草地资源丰富，畜牧业较为发达，具有发展草牧业优势。2014 年以来，内蒙古地区草牧业产值略有回落，主要是受到饲养产值缩减影响。2001—2017 年，河南、黑龙江、新疆、四川和河北等地草牧业产值分别提升 6.5 倍、12.78 倍、9.16 倍、3.66 倍和 3.44 倍，黑龙江草牧业产值增长快速也是受到畜牧业快速发展

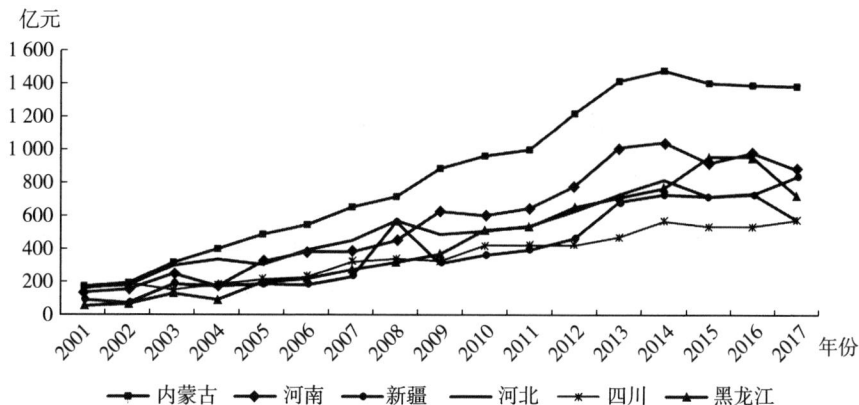

图 10 - 21　2001—2017 年主要省区狭义草牧业产值变化情况

影响，四川则是因为饲草产值增速较快。

3. 草牧业产值与相关产值比较

2017 年，全国畜牧业总产值为 29 361.2 亿元，比 2016 年的 31 703.05 亿元减少了 7.39%；农林牧渔业总产值为 109 331.7 亿元，与 2016 年的 112 091.7 亿元相比，降低了 2.46%。全国草牧业总产值为 9 807.76 亿元，比 2016 年的 10 833.48 亿减少了 9.47%，占全国生产总值的 1%。

2017 年，全国草牧业总产值占畜牧业总产值比重为 33%，较 2016 年相比处于下降趋势，其他食性牲畜产值占据主要地位，草牧业发展存在着一定的潜力空间。全国草牧业总产值占农林牧渔业总产值比重为 9%，与 2016 年 9.66% 相差不大，且农林牧渔业总产值和草牧业总产值均呈现出上升趋势，预计在大产业发展趋势良好的环境带动下，在相关促进草牧业发展政策的推动下，草牧业产值有望攀升，未来将迎来草牧业占据重要地位的天下。

2017 年，全国狭义草牧业各部分产值占畜牧业总产值和农林牧渔业总产值比重不同（图 10 - 22）。对于畜牧业总产值而言，养殖产值所占比重更大，达到 26.62%，饲草产值占比为 6.79%。对于农林牧渔业总产值而言，情况与牧业总产值相同，养殖产值占比达到 7.15%，饲草产值占比仅为 1.82%。

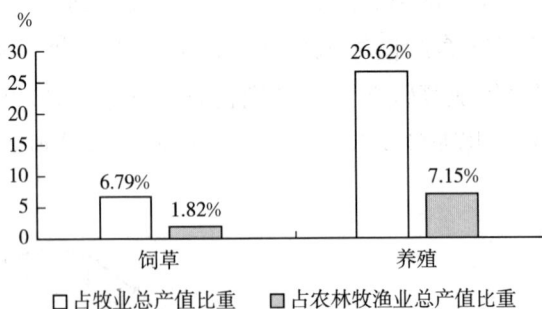

图 10 - 22　草牧业各部分产值占牧业总产值和农林牧渔业总产值的比重情况

2001—2017 年，我国草牧业总产值占牧业总产值比重呈现出递增趋势，占农林牧渔业总产值比重变化不明显（图 10 - 23）。2001 年，草牧业总产值占牧业总产值之比为 25.85%，占农林牧渔业总产值比重为 8.12%；2014 年，两部分比重均达到最大值，分别为 36.56% 和 10.42%，未来草牧业发展态势良好，两部分比重有可能进一步提升。

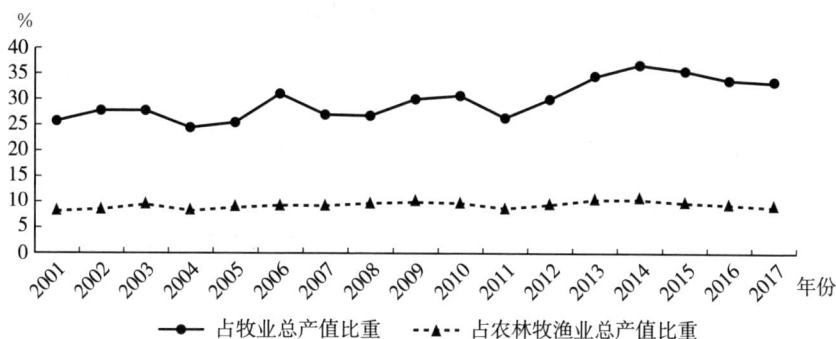

图 10 - 23 狭义草牧业产值占牧业总产值和农林牧渔业总产值的比重情况

2001 年以来，草牧业各部分产值占牧业和农林牧渔业总产值比重情况如图 10 - 24 所示。其中，饲草产值占比较 2001 年 7.69% 和 2.41% 略有降低；养殖产值占比呈现出增长趋势，由 2001 年 18.16% 和 5.7% 增长为 2017 年 26.62% 和 7.15%，总的来说，养殖产值提升较为明显，主要是饲草产值增长受到有限的草地面积限制。

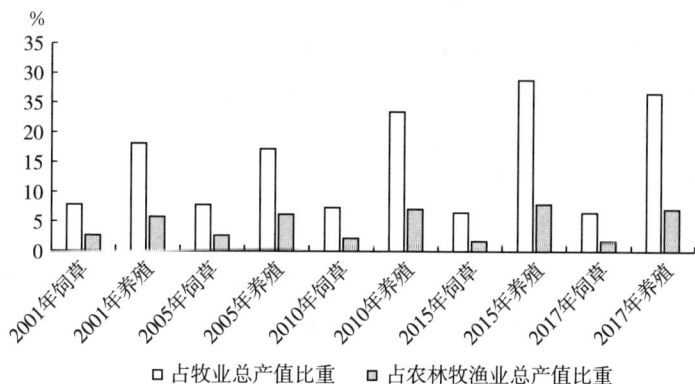

图 10 - 24 草牧业各部分产值占牧业总产值和农林牧渔业总产值的比重情况

10.5 结论与对策建议

10.5.1 结论

本研究基于以上对草牧业产值核算方法和指标的提出，通过对全国草牧业产值的初步核算结果，分析了我国草牧业现阶段发展水平及时空演变状况。相应结论如下：

1. 2017 年草牧业总产值和增加值均有所减少

2017 年，全国广义草牧业总产值为 15 422.08 亿元，同比减少 9.99%；全国广义草牧业增加值为 10 336.46 亿元，养殖增加值占比为 61.27%；饲草增加值为 634.56 亿元，占比仅为 6.14%，旅游增加值为 3 368.59 亿元，占比为 32.59%。内蒙古广义草牧业产值始终位于全国领先地位，湖北、四川、黑龙江、新疆和甘肃等地广义草牧业产值递增，发展趋势良好。

2017 年，全国狭义草牧业总产值为 9 807.76 亿元，同比减少 9.47%；全国狭义草牧业增加值为 6 967.87 亿元，其中养殖增加值为 6 333.31 亿元，占比达到 90.89%；饲草增加值为 634.56 亿元，占狭义草牧业增加值的比重仅为 9.11%。内蒙古以狭义草牧业总产值为 1 394.31 亿元位列第一，其余地区中河南、新疆、黑龙江和河北狭义草牧业总产值位列全国前五名。上海、浙江、北京、海南和天津等地草牧业发展相对落后，狭义草牧业总产值占比不足 1%。

2. 我国草牧业产值呈现出先上升后下降趋势

草牧业产值变化大致分为 2001—2014 年逐年递增阶段和 2015—2017 年的先降后升再降两个阶段，草牧业增加值与草牧业总产值变化趋势基本一致。总的来说，草牧业发展态势良好，但近几年下降明显。

3. 我国草牧业总产值占相关产值比重较低

草牧业产值其占牧业总产值比重有所增长，狭义草牧业产值只有未超过 40%，广义草牧业产值仅有少数年份超过 50%；占农林牧渔业总产值比重变化不明显，狭义草牧业产值维持在 8%～10%，广义草牧业产值维持在 10%～15%。

10.5.2 政策建议

为了促进我国草牧业发展，从而有针对性的提高草牧业各部分产值，实现加快发展现代草牧业的目标，现提出以下几条建议：

1. 扩大种草规模，重视燕麦生产

草牧业产值结构组成中，饲草产值占草牧业产值比重较小，紫花苜蓿仍占据主要地位。应该制定相关政策完善奖补机制，鼓励农牧户种草；加强与相关企业合作，大力引导饲草生产向工厂化、规模化方向转变，降低生产成本，提高饲草生产效益和集约化生产水平；燕麦单产水平持续增加，但种植规模有限，应加强重视燕麦生产，建立大规模、高品质、成本效益好的示范性产业基地，同时少种披碱草、三叶草等单产减少的饲草，优化种草结构；加强饲草机械化生产，降低打草成本，通过提高饲草产值，补齐短板来促进草牧业快速发展。

2. 鼓励规模化养殖，"以牛换羊"

近几年，养殖产值降低导致草牧业产值走低，主要是由于草食牲畜养殖数量减少，且畜产品价格下跌与养殖成本上涨并存。应该完善相关牲畜生产和防疫补贴机制，降低养殖成本与养殖风险，提升主体养殖积极性；鼓励规模化养殖，同时通过有效控制动物疫病和兽药残留，改善畜产品质量以促进价格提升，提高养殖生产效率和生产水平；羊相关产品价格下跌，可"以牛换羊"，增加牛养殖量，同时保证苜蓿等优质饲草充足以提高奶肉产量，通过提高养殖产值进一步促进草牧业产值提升。

3. 开发草原旅游，丰富旅游产品层次

人均旅游花费增长迅速，旅游产值涨幅明显。然而目前，草原旅游以参观为主，旅游产品相对单一。应积极开发草原旅游，促进产业融合发展，依托精品草原景区景点，开发建成一批多功能草原文化旅游功能区，提升旅游品味，拉长旅游链条。另外，亟待建立现代旅游营销体系，联合开展旅游宣传促销活动，扩大旅游市场效应，促进旅游产值持续增长。

4. 加大草牧业财政支持力度

我国草牧业产值占相关产值比重较低，加大草牧业扶持力度是十分必要的。在明确草牧业财政支持的产品目标和地区目标基础上，重点支持我国的优势草畜产品和优势产业带的发展。此外，还应该加大财政投入力度鼓励科技创新，提升科技水平；积极组织培训人员到农牧区进行草牧业生产相关培训，提升农牧民知识水平以提高其经营管理水平。

第 11 章

草 牧 业 政 策

11.1 推动国民经济产业发展的方式

改革开放 40 年以来，中国经济持续快速增长。1978—2016 年 GDP 年均增长率达到 9.6%，跃然成为全球举足轻重的经济大国。现阶段，中国经济已由高速增长阶段转向高质量发展阶段，在"人口红利"正逐渐消失、资本报酬递减现象显现的现实背景下，以资本密集化路径提升资本劳动比从而维持生产率的模式难以维系，由依靠物质资源投入的粗放型增长向以全要素生产率驱动支撑的集约型增长的转变，成为推动经济发展质量变革、效率变革、动力变革的关键。鉴于以上，本节拟采用文献分析法、描述性分析法回顾中国经济的发展模式，辨识推动国民经济产业发展的作用机制和动力。

11.1.1 国民经济产业发展的阶段特征

根据理论分析可知，引起经济发展与周期波动的根本原因是技术力与制度力在相互作用过程中合力的周期性变化。从更深层的原因来看，这种合力的周期性变化建立在两个基点之上：一是技术力需要一定的制度力作为保障，制度力也需要一定的技术力作为支持；二是技术力与制度力在某一社会结构下终将受到一定的阻碍力量，继而形成制度创新或技术创新的社会需求。

为了更加直观地展示改革开放以来中国经济发展及周期性波动的阶段性特征，本部门搜集整理了 1978—2018 年三次产业对 GDP 的贡献率（图 11 - 1）、GDP 同比增长率和 GDP 绝对量（图 11 - 2），并根据经济周期的变化将其划分为 3 个发展阶段：一是 20 世纪 70 年代末到 90 年代初的转型经济探索期，特征表现为二产引领经济发展，三次产业交替时有发生，阶段内出现 2 次经济低谷；二是 20 世纪 90 年代的转型经济巩固期，经济发展整体平稳，第二产业先快速发展，后出现下滑；三是 20 世纪末到现在的经济增长的改革深水期，表现为第三产业快速发展，与第二产业一同拉动经济发展，2008 年起经济发展趋缓。

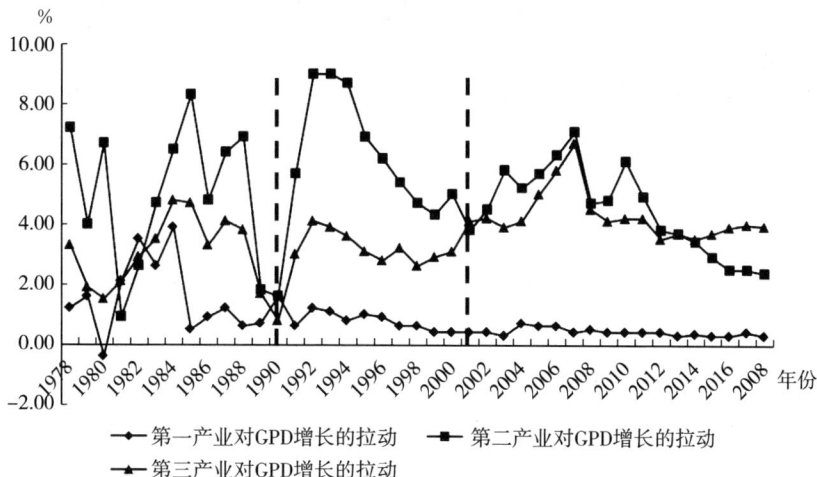

图 11 - 1　三次产业对 GDP 的拉动作用

数据来源：iFind 数据库，作者整理。

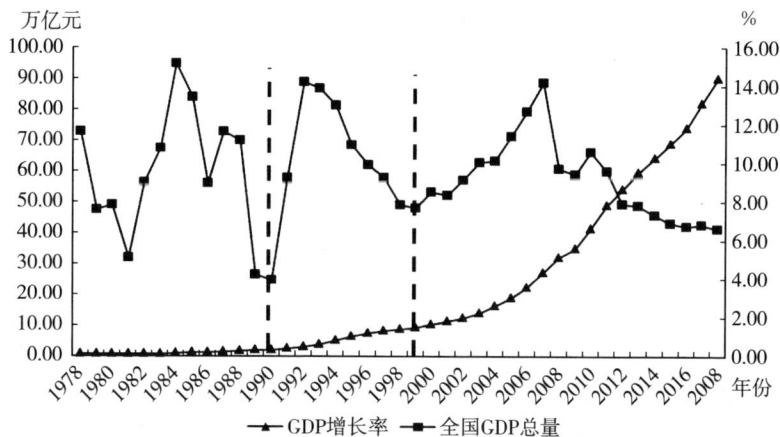

图 11 - 2　全国 GDP 总量和 GDP 增长率

数据来源：iFind 数据库，作者整理。

1. 20 世纪 70 年代末到 90 年代初：转型经济探索期

1949—1978 年是我国计划经济长周期阶段，在这一长周期的后半段，计划经济制度已经显示出了对生产力发展的较强约束性，而长达十年的"文化大革命"更是使这种矛盾累积到一个临界状态，正是这一矛盾推动了我国大规模制度创新的实施。1978 年，我国正式开始实施改革开放，并进行了一系列的重要制度创新，使得技术力与制度力进入相对调整状态，推动中国经济进入转型经济长周期的探索期。从制度力的变化来看，这一阶段我国制度创新的核心思想是"权力下放"。企业制度方面，从"国家统负盈亏"转为实行"自主经营、以税代利、自负盈亏"的经济责任制；投资制度方面，下放投资的审批权限，将投资的财政拨款改为贷款的形式，并实行项目投资包干责任制等；金融制度方面，形成了以中央银行为领导、国有商业银行为主体、多种金融机构并存的新金融体系；科技制度方面，科研机构转为企业化经营，科研人员实行聘任制，并出台了一系列保障知识产品产权的法律法规。至 1992 年，我国经济制度基本完成了从计划经济到社会主义市场经济的转变，这一转变大大调动了地方和企业的积极性，使企业有了进行技术进步的自主权和原动力，与此同时，金融制度改革为企业技术创新行为提供了资金保障，科技制度改革则为企业创新行为提供了知识基础保障。这意味着这一时期的技术力有所提升，技术力与制度力之间的耦合力也在不断提高。从数据来看，这一时期的技术创新速度的确有了明显的恢复。技术力、制度力以及耦合力的这种变化促使经济从衰退期转为新长波周期的探索期。

2. 20 世纪 90 年代：转型经济巩固期

1992 年，中共十四大正式确立了改革目标为建设社会主义市场经济体制，其后我国的经济制度改革开始进入稳步推进的阶段。与此同时，我国的技术创新也取得显著提升，技术创新与制度改革之间相互适应，彼此加强，推进我国经济进入转型经济长周期的巩固期。这一阶段我国的制度变化可以表述为，在"社会主义市场经济"这一新的制度框架下，对前一阶段企业制度、财政制度、投资制度、金融制度等制度改革的不断深化和完善。企业制度方面，逐步建立适应市场经济要求的产权清晰、权责明确、政企分开、管理科学的现代企业制度；财政制度方面，施行分税制改革，国家预算也从单式预算改为复式预算。投资制度方面，将投资项目区分为竞争性、基础性和公益性三类，并进一步完善投资项目管理体制。金融制度方面，进一步明确了中央银行各级机构的职责，确定了货币政策的最终目标、中介目标和操作目标，推动我国金融宏观调控机制逐步迈向规范化、法制化。这一时期关于现代企业制度、投资制度等制度改革大大激发了企业自主创新的动力和投资热情，而金融制度创新则进一步为企业的创新和科研活动提供了更加多元和规范的融资渠道。也即此阶段技术力与制度力之间的耦合力处于较高水平。制度力与技术力的相互适应促进这一阶段我国的科技水平取得了极大的提高，在载人航天、核技术、信息技术、农业技术、生物技术等方面都取得了重大突破。如，神州号载人航天飞船多次发射成功、超级杂交稻研制成功、研制出世界领先的超级计算机、人类基因工程方面获得多项突破等等。技术力、制度力以及耦合力三方面的作用共同促成了中国经济进入转型经济长周期的巩固期，呈现出长期、高速、稳定的经济增长，这也就是所谓的"中国奇迹"。

3. 20 世纪末到现在：经济增长的深水期

改革开放以来的高速经济增长也为中国经济埋下了包括资源环境问题、房地产泡沫、收入不平等、产能过剩等诸多隐患和矛盾。这些矛盾的不断累积逐步成为我国技术力与制度力发展的约束和阻碍力量。

特别是 2008 年全球经济危机之后，世界经济整体进入下行阶段，这也对中国经济造成了负面影响。2008 年开始，我国的社会主义市场经济改革进入深水区。伴随着市场经济制度的不断完善，我国经济中的私有成分占比不断提高，这使政府在制度设计、制度出台、制度实施等方面的难度不断增大。与此同时，原有的"将市场机制不断引入原有计划经济体制"的制度创新思路已经进入瓶颈阶段，经济快速增长过程中所累积的各种冲突与矛盾也对制度创新思路提出了新的要求，也即制度创新应进一步转向"以人为本"。随着技术水平的不断提高，我国与国际前沿技术之间的差距逐渐缩小，甚至有不少重大技术项目已达到世界领先水平，这使技术引进方式所带来的技术力增长空间日益缩小，但同时国内自主创新制度仍不完备，自主创新能力仍相对较低，技术力增长速度逐渐放缓。

11.1.2　国民经济产业发展的方式

1. 市场化与经济发展

从 1978 年开始，中国从计划经济体制向市场经济体制转轨的改革已经进行了 40 年。在此期间，中国经济实现了年均近 10% 的高速增长。2010 年，中国经济总量已经超越日本，成为仅次于美国的世界第二大经济体。中国经济的高速增长也使得数以亿计的人口从温饱线以下逐步走向小康生活。这些事实说明，以市场化为取向的改革在推动中国经济增长中扮演着非常关键的角色。

中国经济转型的核心是市场化，其关键和实质在于放松或者取消政府对私人经济的管制，促进非国有经济的生长和发展。中国市场化的启动和突破有两个重要方面：一是农村改革，放松了对农业生产和农村经济的管制。1978年12月，安徽小岗村农民实施包干到户，次年1月，中央正式承认了自留地、家庭副业和集市贸易的社会主义性质。在1980年的中央工作会议上，多种形式的联产承包经营责任制取得了全国的合法性，紧接着是连续5年的5个中央1号文件，从而迎来了农业生产和乡镇企业发展的高潮，市场制度开始在农村扎根生长。二是对外开放，放松了对外商投资和外资企业的限制。1979年批准了香港招商局在蛇口举办工业区，通过并公布实施了《中外合资经营企业法》，1980年批准建立深圳等四个经济特，1984年进一步开放沿海14个港口城市，实施"两头在外"的战略，进而制定了一系列政策，放开了外资外贸的限制，实施了对外资外贸的鼓励措施，开始了大规模引进外商投资的过程。外资企业的发展显示了市场制度的效率优势。在农村包围城市和对外开放的带动和激励之下，中国经济的市场化转轨便迅速推动起来。中国经济市场化的过程是逐步推进的，集中反映在中共中央历次代表大会的决议中，其中最好的证明是对发展私营经济态度和政策的变化。十二大提出要发展多种经济形式，十三大明确了私营经济是公有制经济必要的和有益的补充，十四大提出以公有制经济为主体，个体经济、私营经济、外资经济为补充，多种经济成分长期共同发展，不同经济成分还可以实行多种形式的联合经营，十五大则更明确地规定，公有制为主体、多种所有制经济共同发展，是我国社会主义初级阶段的一项基本经济制度，非公有制经济是我国社会主义市场经济的重要组成部分。与此同时，在其他方面的改革，包括放开市场，放松价格管制等。于是，个体和私营企业发展起来，形成了市场经济的微观主体。

2. 技术进步与经济发展

要加快我国经济发展方式转变，突破点无疑是科学技术的进步。只要科学技术水平提高并能够应用于各个产业，一定的投入就可以有更高的产出。我国政府已经清楚地意识到科学技术进步的重要性并采用各种措施来促进科学技术的进步。我国政府从1956年就开始制定科学技术发展规划，近年来更是加大了支持科学技术研究和开发的力度。进入"十三五"时期，2016年国务院印发了《"十三五"国家科技创新规划》，其关注点不仅仅是科学技术研究本身的改革和发展，更加关乎国民经济，关乎面向科技前沿，关乎面向重大需求，在构筑国家先发优势、增强原始创新能力、拓展创新发展空间、推动大众创业万众创新、全面深化科技体制改革、加强科普和创新文化建设 6 个方面进行了部署。

科学技术长期经济增长的决定性供给侧因素之一，也是决定着能否解决我国经济面临的实质性问题的关键因素。供给侧改革就是要通过科学技术进步和改革来实现我国经济的持续增长。

3. 经济增长与可持续发展

可持续发展概念自 1980 年由世界自然保护联盟（International Union for Conservation of Nature and Natural Resources）提出以来，一直关注于财富积累与自然环境维护间的协调，其本质是对"增长与发展"状态共同实现的探索。

经过 40 年波澜壮阔的改革开放，我国取得了举世瞩目的成就，现已跃升为全球第二大经济体。但是应该看到，目前我国发展面临严峻的资源环境约束，石油、铁矿、铜矿、钾盐矿等战略资源出现短缺，大气、水体、土壤遭受严重污染，生态系统遭到较大破坏，食品安全与人民健康受到较大威胁，沿袭这种发展模式难以实现未来的发展目标。针对日益严重的资源环境问题，国家较早地将节约资护环境列为基本国策，1992 年 6 月，中国政府参加联合国环境与发展大会后，便开始着手起草《中国 21 世纪议程》，并率先完成。1996 年，中国政府将"科教兴国与可持续发展"列为国家发展战略。2002 年，世界可持续发展首脑峰会后，又提出统筹人与自然和谐发展等一系列重大战略。2012 年党的十八大以来，我国秉持"绿水青山就是金山银山"的理念，将生态文明建设纳入"五位一体"总体布局，密集出台了一系列生态文明建设举措。党的十九大报告指出，全面建成小康社会决胜期，要坚定实施包含可持续发展战略在内的七大战略。

新时代人们对美好生活有更多期盼，我国可持续发展面临人口老龄化、资源短缺与环境污染等多重挑战，但也拥有空前的战略机遇。

我国拥有占世界 7% 的陆域国土，且绝大部分位于欧亚大陆东部的温带和亚热带区域。以秦岭—淮河为界，北部为温带，南部为亚热带，海南及云南西双版纳地区为热带。大兴安岭至青藏高原东部一线为 400 毫米等降水量线，此线以西、以北地区为高寒荒漠化地区，不适宜人口大规模聚集，此线以东、以南地区为人口和城镇密集地区。我国将在 2030 年前后基本完成工业化和城镇化，人口总量将达到峰值，能源消耗也将达到峰值。在此之前,资源环境压力仍然较大。

从根本来说,可持续发展作为人类永续发展的主要路径,受到资源环境条件限制,但更取决于人类社会发展需求以及技术进步的影响。经济社会发展呈阶段性规律,我国进入了新时代,形成了新需求,产生了新矛盾,也出现了解决新矛盾的新办法。总体来看,这些都有利于我国的可持续发展。

11.2 推动农业发展方式的总结

改革开放 40 多年来,我国粮食产量年均增长 1.9%、农林牧渔业增加值年均增长 4.5%,超过了同期全国人口增长速度,也超过了同期世界粮食和农业增长速度。在这一增长进程中,既有制度创新、技术进步、基础设施改善等因素的贡献,又有投入增加、资源环境透支、政策托市等因素的支撑。随着内外部条件的变化,这些贡献和支撑因素在逐步消长变化。本节拟总结分析我国不同时期的农业发展措施和政策,找出影响我国农业发展的因素及对策措施。

11.2.1 转变农业发展方式的历史进程

改革开放以来,我国农村改革以"渐进"的方式开展并不断走向深入。在这一过程中,国家不断制定、调整与完善农业与农村经济政策,逐步形成了一套完整的政策体系。40 多年来,我国农业结构调整有 4 次(图 11-3):

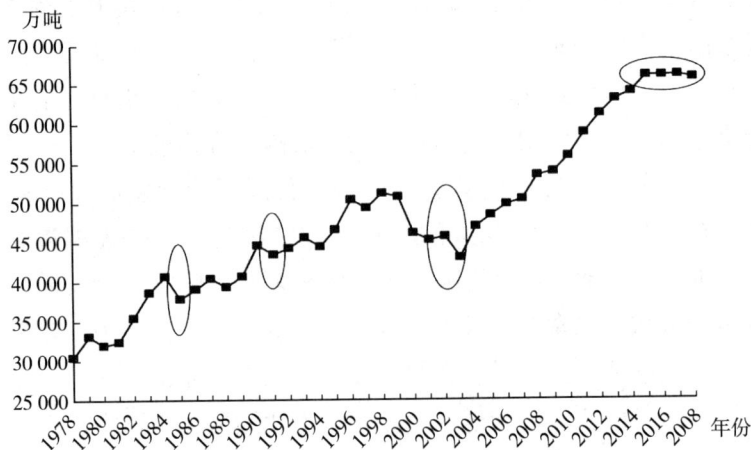

图 11-3　全国粮食产量波动与四次农业结构调整

数据来源:iFind 数据库,作者整理。

1. 第一次农业结构调整（1985—1986 年）

粮棉首次出现卖难问题，农业生产结构开始经历部分产品过剩背景下的调整。1984 年，我国农业在连续几年丰收的情况下再次获得大丰收，其中粮食总产量达 40 730.50 万吨，比 1978 年粮食总产增长了 33.65％，粮食和棉花由长期以来的供不应求首次变为供过于求，农民面临卖难，政府苦于库存积压。1984 年底召开的全国农村工作会议提出，"对'卖粮难'、'卖棉难'的问题，从中央到地方都必须解放思想，出主意想办法来解决"，"应该提出一个口号，'大家都来学做结构变革的巧妇'，抓紧粮多棉多的有利时机，加快农村产业结构的变革"。

2. 第二次农业结构调整（1991—1992 年）

农业全国丰收与宏观紧缩导致农产品价格连年下降，1992 年随着宏观经济的升温，农业结构调整步伐加大，高效农业开始崛起。1985—1988 年间粮食和棉花连续 4 年徘徊，但油料、糖料、水果、畜产品和水产品等确是持续增长的。从 1989 年开始，整个国民经济进入"治理整顿"时期，粮食和棉花出现增长。1990 年粮食产量接近 4 500 亿千克，1991 年棉花产量超亿担，其他农产品全面增长，农业综合生产能力跃上了一个新的台阶。为从根本上缓解农产品"卖难"、增加农民收入，必须发展高产优质高效农业，从单纯追求产量转向产量与质量并重。

3. 第三次农业结构调整（1999—2003 年）

1998 年底，在科学分析农业和农村经济发展现状的基础上，中央做出了我国农业和农村经济发展进入新阶段的重要判断，提出了新阶段农业和农村经济结构进行战略性调整的中心任务。由于告别了短缺，实现了供需平衡、丰年有余，农民收入的问题显得更加突出，增产不增收成为主要矛盾，所以农业生产更强调适应市场的需求，其核心是发展优质、高效、生态、安全农业；农业经营方式更强调产业化和农产品加工，一大批龙头企业崛起，带动了订单农业、加工型农业的发展；由于乡镇企业进入产业升级阶段，更多的农村劳动力涌入城市，成为城市发展的主力军；农业生产与环境也进入了一个大调整的时期，农业结构调整注重生态建设，实行退耕还林、环湖、还草，加强水利防洪设施等建设。但由于对粮食生产有所放松，耕地面积和粮食播种面积持续减少，由 19.51 亿亩减少到 18.51 亿亩，粮食产量连续下滑，由 1998 年的 51 229.53 万吨下降到 2003 年的 43 069.53 万吨，降幅 15.93％。

4. 第四次农业结构调整（2014 年至今）

面对库存压力加大、资源环境约束趋紧、农产品价格倒挂的现实，转变农业发展方式成为农业政策的主基调。2014 年底召开的中央经济工作会议明确提出，要坚定不移加快转变农业发展方式，尽快转到数量质量效益并重、注重提高竞争力、注重农业技术创新、注重可持续的集约发展上来，走产出高效、产品安全、资源节约、环境友好的现代农业发展道路。2014—2019 年中央 1 号文件均对转变农业发展方式做出部署，要求实施农业环境突出问题治理总体规划和农业可持续发展规划，实施新一轮退耕还林还草工程，实施重金属污染耕地修复、地下水超采区综合治理、退耕还湿试点；推进农业结构调整，加快发展草牧业，开展粮改饲和种养结合模式试点，促进农村一二三产业融合发展；科学确定主要农产品自给水平，合理安排农业产业发展优先序，抓紧制定重要农产品国际贸易战略；推行绿色生产方式，增强农业可持续发展能力；推进乡村绿色发展，打造人与自然和谐共生发展新格局；扎实推进乡村建设，加快补齐农村人居环境和公共服务短板。

11.2.2 中国农业发展政策变迁

农业政策为农业提供了发展方向，分析过去农业政策产生的背景以及它对过去影响和对今天的启示，不仅可以明白农业的发展路径，对分析现在及将来农业发展也具有重要作用。下面，将对改革开放以来不同历史发展阶段的农业政策进行总结与分析。

1. 改革开放初期（1979—1984 年）**的农业政策**

党的十一届三中全会提出《关于加快农业发展若干问题的决定》草案，从那以后，伴随着农民群众民主权利的获得，主动性、积极性、创造性的发挥，农村人民公社原有的一些经营管理体制逐步地被突破，各种形式的生产责任制迅速发展起来。这个时期农业政策的目标主要是发展生产力、保护和调动农民的积极性。这一时期的主要农业政策包括以下 3 个方面：

（1）确立家庭联产承包责任制。家庭联产承包责任制的确立经历了由开始反对包产到户到明确支持包产到户，再到最后确立的过程。1978 年12 月，《中国共产党第十一届中央委员会第三次全体会议公报》中强调指出："人民公社要坚决实行三级所有、队为基础的制度稳定不变。"全会原则通过的《农村人民公社工作条例试行（草案）》中，做出"不许包产到户的规定"。1980 年 5 月 31 日，针对安徽省凤阳县的小岗等地方率先包产到户后，收到很好效果，邓小平鲜明地支持了包产到户、包干到户。1980 年 9 月，中共中央根据邓小平肯定"包产到户和包干到户"的谈话精神，制定了《关于进一步加强和完善农业生产责任制的几个问题》的文件，这样，顺乎民心的包产到户、包干到户就迅速地漫向全国。1983 年 1 月，中共中央又印发了 1 号文件，文件指出："联产承包责任制采取了统一经营与分散经营相结合的原则，使集体优越性和个人积极性同时得到发挥……"。1983 年 10 月，中共中央、国务院发出通知，要求改变已不适合农村改革的人民公社体制，建立乡政府。1984 年 1 月，中共中央印发第三个 1 号文件，其基本精神是强调生产责任制的稳定与完善，并决定土地承包期从原来的 3 年延长到 15 年。对于农民调整土地的要求，原则上是"大稳定，小调整"。到 1984 年底，全国基本上完成了政社分设，建立了 9.1 万个乡（镇）政府，92.6 万个村民委员会。至此，实行了 26 年的人民公社体制宣告结束，家庭联产承包责任制确立。

（2）调整工农产品价格，控制"剪刀差"。在党的十一届三中全会通过的公报中提出："为了缩小工农业产品交换的差价，全会建议国务院做出决定，粮食统购价格从 1979 年夏粮上市的时候提高 20％超购部分在这个基础上再加价 50％。棉花、油料、糖料、畜产品、水产品、林产品等农副产品的收购价格也要分别视情况，逐步做出相应的提高。"这一原则性决定到 1979 年 9 月被党的十一届四中全会予以肯定和吸收，并被写进《中共中央关于加快农业发展若干问题的决定》党的十一届三中全会还做出决定："农业机械、化肥、农药、农用塑料等农用工业品的出厂价格和销售价格，在降低成本的基础上，在 1979 年、1980 年降低 10％～ 15％，把降低成本的好处基本上给农民。"农副产品的全面大幅提价，同时又降低农用物资的价格，这在一定程度上控制了工农业产品价格"剪刀差"。

（3）放松统购统销政策。这一时期，对于自由市场粮食贸易，从严格禁止发展到允许农民直接零售、禁止长途贩运，再发展到默认的过程。在 1981 年 6 月由国务院批转的粮食部《关于夏季粮油征购的报告》中指出："要重申国务院关于粮油议购议销由国家粮食部门统一经营的决定，其他单位不得插手……集市和社队采购粮油。严禁买卖粮油票证"。而在 1983 年中共中央 1 号文件中则指出："对农民完成统派购任务之后的产品（不包括棉花）和非统派购产品，应当允许多渠道经营。国营商业要积极开展议购议销业务，参与市场调节。供销社和农村其他合作组织可以灵活购销。农民私人也可以经营。可以进城、可以出县、出省"。

2. 改革重点从农村转向城市时期（1985—1991 年）**的农业政策**

20 世纪 80 年代中期，我国粮食产量创历史最高水平。为了解决因国有粮食部门收购能力不足所造成的农民"卖粮难"问题，非国有渠道的粮食经营活动不仅得到了允许，而且得到了鼓励，粮食市场上的"双轨制"正式确立。但随着国家改革重点逐渐从农村转向城市，我国农业在上了一个新台阶以后，又出现了新矛盾，面临新挑战。当时面临三个矛盾：一是人口增加与耕地减少的矛盾；二是粮食需求增长与粮食供给总量不稳的矛盾；三是农副产品出口创汇比例下降与国家外汇需求的矛盾。当时为解决这些矛盾，开始实施大规模的农业综合开发。这个时期的农业政策的主要目标是缓解"卖粮难"和稳定粮食生产。这一时期的主要农业政策包括以下两个方面：

（1）粮食流通经营双轨制。1985 年中央 1 号文件指出："粮、棉取消统购，改为合同订购。由商业部门在播种之前与农民协商，签订订购合同。订购的粮食，国家确定按倒三七比例定价（即三成按原统购价，七成按原超购价）。订购以外的粮食可以自由上市"，"取消统购派购之后，农产品不再受原来经营分工的限制，实行多渠道流通。农产品经营、加工、消费单位都可以直接与农民签订收购合同"，同时，"任何单位不得再向农民下达指令性收购计划"。粮食流通经营双轨制主要表现在：在经营组织方面，国有粮食专营部门和其他组织并存；在国有粮食部门内部的经营活动方面，计划内（订购统销）与计划外（议购议销）并存；在价格体系方面，计划价格与市场价格并存，即计划内的经营按计划价格进行，计划外的经营按市场价格进行。

（2）实施农业综合开发。为了促进农业的稳定发展，我国于 1988 年开始设立国家土地开发建设基金，后改为农业综合开发基金，专项用于农业综合开发。农业综合开发项目分为三大类：第一类为土地治理项目，包括中低产田改造、宜农荒地开垦、生态工程建设、草场改良等；第二类为多种经营项目，包括种植业（粮棉油等主要农产品以外的）、养殖业、农副产品初加工等；第三类为农业高新科技示范项目，包括生物、信息、材料等方面的高技术和先进适用的新技术。农业综合开发自 1988 年实施以来，投入的资金不断增加，带来了巨大的社会效益、经济效益和环境效益，成为促进农业可持续发展的有力措施。

3. 经济体制市场化改革时期（1992—2003 年）**的农业政策**

1992 年，邓小平视察南方发表重要讲话之后，市场化改革的意识被进一步强化，改革事业得到了加速推进。在这种特定时期和场景中，旧的粮食购销体制的诸多弊端更加显现，成为整个经济改革的羁绊，成为重点的改革对象。同时，随着城市改革的启动，工农业产品价格"剪刀差"扩大，粮棉等农作物的比较效益低下，农民的生产积极性降低，收入增长缓慢。为了稳定城乡社会秩序，促进农业经济发展，振兴农村，提高农民生产积极性，中央决定延长土地承包期限。这一时期，中央在人口、资源、环境问题上的认识在不断提高，非常重视农业的可持续发展，随即实施了退耕还林、还草政策。这一时期农业政策的主要目标是：促进粮食流通市场化、稳定家庭联产承包责任制和促进农业可持续发展。这一时期的主要农业政策包括以下 3 个方面：

（1）粮食流通体制市场化改革。这一时期，率先进行的改革是实行粮食"购销同价"。1991 年底，国务院发出《关于进一步搞活农产品流通的通知》，要求在保证完成国家定购任务的情况下，对粮食实行长年放开经营政策。1991 年 5 月，广东、海南开始"购销同价"的改革实验，拉开了新一轮粮食购销体制改革的序幕。1992 年 4 月，中央政府决定在全国范围内推行这一改革，从而结束了长期维持的购销价格倒挂局面。在此基础上，很快又通过省区分散决策的方式取消了国家定价收购，放开粮食市场经营。由于放开的做法得到了生产者、经营者、消费者和政府"四满意"的效果，到 1993 年 10 月，便已有 98% 的县市宣布放开粮食经营和价格。但是，到了 1993 年底，一些地方粮价暴涨。中央认为，这样的粮食形势可能危及大局，又采取了行政干预的办法，加强粮食合同订购，确定要由国家控制贸易粮的 70%～80%，同时限定粮食销价，清理整顿粮食批发企业并关闭市场以恢复粮食的垄断经营。

1994 年 5 月，国务院发布了《关于深化粮食购销体制改革的通知》，一些原有做法又被启用，包括：继续坚持政府订购，适当增加订购数量，鼓励产区和销区建立长期稳定的购销关系，健全粮食储备体系等。秋粮下来之后，由于粮食价格涨幅太大，粮食部门的收购工作发生了困难。有些地方政府为了完成中央政府确定的收购计划，不得不对订购的粮食加价收购。在这种情况下，一些地区为了完成收购计划，将议购任务当做订购任务，一同下达给农户，议购遂蜕变为"二订购"。这样，收购价格未能在真正意义上放开。1995 年 2 月，中央农村工作会议更明确提出"米袋子"省长负责制，要求各省一把手亲自抓粮食问题。1995 年，粮食购销政策仍是实行"双轨制"，即在保证政府能够稳定地掌握一定数量的粮食，以稳定粮食供给的前提下，放开粮食市场购销。但政府重申了议购粮食应随行就市，不允许搞"二订购"。

1997 年的中央农村工作会议提出，要加快粮食流通体制改革，逐步建立起适应社会主义市场经济要求、适合我国国情的粮食流通体制。1998 年 4 月，国务院召开了关于进一步推进粮食改革的会议，此次粮改的原则是"四分开一完善"，即政企分开、中央与地方责任分开、储备与经营分开、新老财务账目分开，完善粮食价格机制。1998 年 5 月，国务院下发了《关于进一步深化粮食流通体制改革的决定》，要求 1992 年 3 月 31 日之前的亏损应该与 1992 年 4 月 1 日至 1998 年 3 月 31 日间产生的亏损分开，并用不同的方法进行弥补；1998 年 6 月 1 日之后不允许产生新的亏损。为了落实新的粮食改革政策国务院还于 1998 年 6 月 1 日通过了《粮食收购条例》，该《条例》适用于小麦、玉米、大米等指定品种。《条例》规定，除了国有粮食部门和国有农产品加工企业，其他机构不得向农民直接收购粮食。

1998 年 11 月，国务院《关于当前推进粮食流通体制改革的意见》指出：当前粮食流通体制改革的重点是确保"三项政策、一项改革"的贯彻落实。"三项政策、一项改革"即按保护价敞开收购余粮、粮食收储企业实行顺价销售、粮食收购资金实行封闭运行，加快粮食企业自身改革。这一轮粮食流通体制改革政策中规定，正常年份的粮食价格主要由市场决定，国有粮食部门应该按照市场价格运作；丰产年份，政府设立"保护价"收购剩余粮食。政策强调建立中央和省级的"粮食风险基金"，以弥补执行新的粮食改革政策可能产生的费用为了进一步优化全国粮食生产布局，调整粮食生产结构。2000 年 2 月，国务院办公厅发出了《关于部分粮食品种退出保护价收购范围有关问题的通知》。通知明确规定："黑龙江、吉林、辽宁省以及内蒙古自治区东部、河北省北部、山西省北部的春小麦和南方早籼稻、江南小麦，从 2000 年新粮上市起退出保护价收购范围"。2000 年经国务院批准，浙江成为全国第一个实行粮食购销市场化改革的省份。2001 年 8 月，国务院召开全国粮食工作会议，正式出台了《关于进一步深化粮食流通体制改革的意见》，将改革范围扩大至全国，重点是浙江、上海、广东、福建、海南、江苏、北京、天津八省（直辖市）。意见将改革浓缩为 16 个字，即"放开销区、保护产区、省长负责、加强调控"。

（2）延长土地承包期限，完善家庭联产承包制度。随着城市改革的启动，农用耕地持续减少，农业生产的有效财力、劳动力流失严重，城乡收入差距日益拉大。为了提高农民生产积极性，中共中央、国务院《关于当前农业和农村经济发展的若干政策措施》（中发［1993］11 号）中做出决定，要求关于农村土地承包在原承包期之后再延长 30 年不变。文件规定：第一轮承包 15 年到期后，再延长 30 年不变；开发式的农业承包期可以更长；提倡实行"增人不增地，减人不减地"的办法；在农民自愿的基础上，只要不改变土地的所有权，不改变土地的使用方向，允许土地的使用权在承包期内依法有偿转让；在确实具备条件的地方，在农民自愿的基础上，可以适当的调整土地，实行土地适度规模经营。农业部在《关于稳定和完善土地承包关系意见》中提出了许多政策标准和政策界限，比如"严禁发包方借调整土地之机多留机动地。原则上不留机动地，确需要留的，机动地占耕地总面积的比例不得超过 5％。""延长土地承包期和进行必要的土地调整时，不得随意提高承包费，变相增加农民负担。""在坚持土地集体所有和不改变土地农业用途的前提下，经发包方同意，允许承包方在承包期内，对承包标的依法转包、转让、互换、入股，其合法权益受法律保护，但严禁擅自将耕地变为非耕地。"

（3）实施退耕还林、还草政策。2000 年，针对西部地区水土流失严重、生态环境恶化的问题，有关部门在长江上游、黄河上游地区开展退耕还林还草试点。《国务院关于进一步做好退耕还林还草试点工作的若干意见》指出：试点范围为长江上游和黄河上游的 13 个省、自治区、直辖市的 174 个县、团场。试点坚持全面规划、分步实施突出重点、先易后难先行试点、稳步推进的方针，按照"退耕还林（草）封山绿化、以粮代赈、个体承包"的要求行动。国家向退耕户无偿提供粮食，给退耕户适当现金补助，向退耕户无偿提供种苗。2002 年，国务院决定对有利于改善生态环境、水土流失严重、有沙化趋势的已垦草原，施行退耕还草。《国务院关于加强草原保护与建设的若干意见》提出：要把退耕还草重点放在江河源区、风沙源区、农牧交错带和对生态有重大影响的地区。要坚持生态效益优先，兼顾农牧民生产生活及地方经济发展。国家向退耕还草的农牧民提供粮食、现金、草种费补助。2002年12月，国务院正式批准在西部11省区实施退耕还草，重点治理蒙甘宁西部荒漠草原、内蒙古东部退化草原、新疆北部退化草原和青藏高原东部江河源草原。实施退牧还草工程后，退化严重的草原和山地草场要实行全面禁放，一部分草场实行半年禁放，部分要实行季节性休牧，国家给予退牧户一定的粮食和饲料粮补助。

4. 以工促农、以城带乡、工业反哺农业时期（2004年以后）**的农业政策**

20世纪90年代末，随着我国农产品供求由长期短缺向供求基本平衡、丰年有余的历史性转变，农业发展的市场约束强化，农业发展出现一些新的矛盾。由于粮食供大于求，出现销售不畅、价格下跌，粮食生产连续滑坡，到2003年下降到4 307亿千克，为1990年以来的最低水平，在这种情况下，国家需要采取措施确保粮食安全。同时，根据国际经验，一个国家的经济总量指标及其主要结构指标达到一定水平，如人均GDP水平达到1 000美元以上，农业GDP比重降到15％以下，农业劳动力比重降到55％以下，城镇居民人口比重上升到35％以上，这个国家就进入了工业化中期阶段，可以实行工业反哺农业，城市支持农村的政策。改革开放以来，我国的经济实力和综合国力不断提高，到2005年，我国人均GDP水平按当时汇率计算已达到1 700美元，农业GDP比重已降到12.5％，农业劳动力比重已降到44.7％，城镇人口比重已提高到43％我国总体上已经进入以工促农、以城带乡的发展阶段，实行工业反哺农业、城市支持农村政策的时机已经成熟。这一时期的农业政策主要目标是确保粮食安全、增加农民收入和深化农产品市场改革。这一时期的主要农业政策包括以下6个方面：

（1）完善土地制度和保护耕地制度。2003年，党的十六届三中全会又提出要进一步完善农村土地制度，在长期稳定并不断完善以家庭承包经营为基础、统分结合的双层经营体制前提下，依法保障农民对土地承包经营的各项权利。农户在承包期内可依法、自愿、有偿流转土地承包经营权，完善流转办法，逐步发展适度规模经营。2008年10月，党的十七届三中全会要求："坚持最严格的耕地保护制度，层层落实责任，坚决守住18亿亩耕地红线。划定永久基本农田，建立保护补偿机制，确保基本农田总量不减少、用途不改变、质量有提高。继续推进土地整理复垦开发，耕地实行先补后占，不得跨省区市进行占补平衡"。

（2）减免农业税。为了减轻农民负担，中央决定从 2004 年开始减免农业税、取消除烟叶外的农业特产税，5 年内取消农业税。2004 年，吉林、黑龙江等 8 个省份全部或部分免征农业税河北等 11 个粮食主产区降低农业税税率 3 个百分点，其他地方降低农业税税率 1 个百分点。全国共减免农业税 234 亿元，免征除烟叶外的农业特产税 68 亿元，两项合计减轻农民负担 302 亿元。2005 年，中央加大了减免农业税的力度只剩下河北、山东、云南还保留少量农业税。2006 年，又在全国范围内全面取消了农业税。至此，在中国历史上已经延续 2 600 多年的农业税不复存在。

（3）对农民进行补贴。我国现阶段对农民的补贴包括以下几个方面：一是粮食直补。2002 年在安徽、吉林进行粮食直补试点，对流通环节的补贴改为向粮农直接补贴，2003 年试点工作扩大到全国 13 个粮食主产省区，2004 年粮食直接补贴政策在全国全面推开，中央财政从粮食风险基金中拿出 100 亿元资金，加上地方财政的投入，2006 年此项补贴支出规模在粮食风险基金中的比重达到 50％以上，力度不断加大。二是良种补贴。2002 年中央安排 1 亿元资金，在东北三省和内蒙古进行大豆良种的推广补贴，2003 年补贴品种扩大到河南、山东、河北等小麦主产区，2004 年良种推广补贴扩大到水稻、优质专用小麦、专用玉米、高油大豆。三是农机补贴。2004 年中央财政安排农机具购置补贴资金 7 000 万元在河北、辽宁等 16 个省市区进行试点，补贴对象是农民和从事农业生产的农机服务组织，补贴农机具为粮食生产中急需的机械，重点是大中型拖拉机、深松机、播种机、插秧机、收获机和秸秆综合利用机械，补贴标准不超过机具价格的 30％，且单机最高补贴额不超过 3 万元。四是农资综合直补。为了更好地保护农民利益，弥补农资涨价对农民种粮收益的影响，从 2006 年开始，中央财政每年安排资金对农民进行农资综合直补。随着时间的推移，上述对农民各项补贴资金的规模逐年增大。

（4）实施粮食最低收购价格政策。2004 年，在全面放开粮食购销市场和价格放开的同时，为防止粮食价格下跌对农民收入的影响，稳定粮农预期收入和粮食市场，保证国家粮食安全，在主产区实行最低收购价政策。如，2004 年出台了早籼稻、中籼稻和粳米的最低收购价标准，2006 年 2 月又公布了小麦最低收购价为每 50 千克白小麦 72 元、红小麦 69 元，早籼稻最低收购价为每 50 千克 70 元，中晚籼稻最低收购价为每 50 千克 72 元，粳稻最低收购价为每 50 千克 75 元。2008 年 10 月，中央决定从 2009 年新粮上市起，白小麦、红小麦、混合麦每 500 克最低收购价分别提高到 0.87 元、0.83 元和 0.83 元，比 2008 年分别提高 0.10 元、0.11 元和 0.11 元，稻谷最低收购价格水平也将作大幅度提高。

（5）其他补贴。其他补贴包括农业政策性保险保费补贴和测土配方施肥技术推广补贴。从 2007 年开始，我国选择内蒙古、吉林、江苏、湖南、新疆和四川六省区开展中央财政农业保险保费补贴试点。补贴的品种：种植业方面，主要是小麦、玉米、水稻、棉花和大豆等；养殖业方面主要品种是能繁母猪。2008 年，中央财政扩大了农业保险补贴试点的范围，扩展到主要粮食产区，种植业品种新增了花生和油菜，养殖业方面对于产奶大省的奶牛养殖也给予保费补贴。从 2005 年开始，中央提出"要大力加强耕地质量建设，实施新一轮沃土工程，科学施用化肥，引导增施有机肥，全面提升地力，增加测土配方施肥补贴"，到 2008 年，全国推广测土配方施肥 9 亿亩，覆盖 2/3 以上的农业县。

（6）加强农产品市场体系建设。2003 年，中央提出深化粮食购销体制改革，加强农村市场体系建设，发展农产品行业协会和农民专业合作经济组织。清理和修改不利于粮食自由流通的政策法规，加快国有粮食购销企业改革步伐转变企业经营机制，完善粮食现货和期货市场，严禁地区封锁，搞好产销区协作，优化储备布局，加强粮食市场管理和宏观调控。从 2004 年开始，国家全面放开粮食收购和销售市场，实行购销多渠道经营，除烟叶、蚕茧外，所有农副产品市场全部放开。大部分省、自治区、直辖市开通了减免鲜活农产品运输过路过桥费的"绿色通道"，初步形成了全国鲜活农产品主要产销区之间的"绿色通道"网络。

11.2.3 农业政策的特点

1. 温饱压力下的以粮为纲的单一政策体系向农业多功能政策演变

温饱压力下的"以粮为纲"主要是指从建国初期到"文化大革命"结束这一阶段，农业的发展重点是恢复生产与提高经济效益，农业的目标是努力改进技术，推广新品种，提高单位面积产量，适当扩大耕地面积，争取粮食总产量尽快恢复到战前最高水平，解决全国人民的吃饭和基本生活，为国民经济发展提供原料。此时，农业的功能仅仅体现了食品安全功能（保障粮食供给），国家在发展农业的方针上重点强调"以粮为纲"，把提高粮食的单产和总产作为主要的工作目标，没有因势利导，发挥优势开展多种经营。

十一届三中全会以后，农业政策得到调整，逐步强调农业的社会经济效益和生态效益，在发展粮食生产的同时积极开展多种经营，采取了因地制宜合理开发利用农业资源、保护与改善农业生态环境、调整农业生产布局与产业结构，使农业生产逐步向区域化、商品化、专业化、标准化发展。如，1979 年中央出台了《中共中央关于加快农业发展的若干问题决定》，鼓励发展农业生产。这一阶段，我国农业的发展开始重视了农业的经济功能开发利用，在发展中农业的社会功能得到一定体现。进入 21 世纪，由于国际贸易的竞争和农产品市场化的推动，农业生产效率的提高使农产品的供应更加丰富，人们有条件更加重视生活质量的提高与改善，消费者对农产品的品种和质量提出了更高的要求，迫切要求农业生产部门供应无公害、无污染、卫生营养安全的食品，从市场需求导向的绿色食品、放心食品、天然食品，进而提升到生态农业、有机农业和无公害绿色农业。2003 年 12 月，中央政府发布了进入新世纪以来的第 1 份中央 1 号文件，提出了以"全面提高农产品质量安全水平，加强农业科研和技术推广，扩大优势农产品出口等"农业政策，以此为标志，我国的农业政策进入了一个新阶段。保障人体健康和增强市场竞争力是这一阶段我国农业生产的发展方向。

2. 注重对农产品产量的支持政策向对农业绿色发展政策转变

改革开放以来，在短缺经济的大环境下，中国长期把保障农产品产量增长作为农业发展的一个核心战略目标，各种农业发展政策和改革措施大都围绕"保增产"目标而展开，化肥和农药等能够刺激产量增长的措施得到极大的推广和应用。在这种情况下，保障农产品尤其是粮食产量增长是第一位的，而其他目标则难以受到重视。在过去较长一段时期内，中国实行的是一种以"保增产"为核心目标的增产导向型农业政策，这种政策有力地刺激了农产品产量增长，保障了农产品供给和国家粮食安全，促进了农业综合生产能力的提高。但是，随着发展阶段的转变和居民消费层次的升级，中国农业发展面临的主要矛盾已经发生了重大变化。在新形势下，过去那种增产导向型政策越来越不适应经济社会发展的需要。随着发展阶段的变化、居民收入水平的提高和消费层次的升级，中国农业发展面临的宏观环境和主要矛盾也发生了重大变化。过去长期制约中国农业发展的总量不足的矛盾已经得到解决，而各种深层次的结构性矛盾开始上升为主要矛盾。这些结构性矛盾是导致中国农业竞争力较低、效益较差、质量不高以及农民增收难的根本原因。当前，中国农业发展已经进入全面转型升级的新阶段，其核心是采用现代科学技术和经营管理方法，根据市场需求以及农业增效、农民增收、农村增绿的需要，促进农业产业结构的升级和农业发展层次的提升。2017年，中央1号文件指出，要促进农业发展由过度依赖资源消耗向追求绿色生态可持续转变，由主要满足量的需求向更加注重满足质的需求转变，实现这两个转变是当前农业全面转型升级的核心任务。

11.3 草牧业发展的国外经验与启示

发达国家在草牧业发展方面取得丰富的经验和研究进展，分析国外草牧业发展政策和法规，总结其成功经验，以资中国借鉴。本章拟分析世界草牧业发展概况，系统总结了草牧业发达国家在全产业链的财政投资扶持政策、税收与信贷优惠政策2个方面的产业发展政策，以及食品安全类法规、环境保护类法规2大类法律法规。借鉴国外先进经验，提出中国应从全产业链的角度加大政府投资扶持力度、制定实施税收和信贷优惠政策、完善和制定并完善有关法规和全产业链的标准化体系等促进草牧业发展等建议。

11.3.1 引言

中国草牧业正处于产业生命周期的初级阶段，产业发展的相关政策和法规还不够健全，学习和借鉴国外的先进经验和做法，对于解决中国草牧业生产水平落后、产业发展增长缓慢、产业链整合不完善、经营模式不能满足社会需求等现状具有重要的现实意义。目前，已有学者开展了草牧业的研究，包括草牧业的理论体系与科学基础、国内不同区域草牧业的发展模式与经验、"粮改饲"的探索与牧草种植等，而针对国外草牧业发展政策、法规的经验与启示的研究尚显不足。

本部分通过对草牧业发达国家的草牧业发展现状、草牧业相关政策、法规和标准进行梳理归纳，借鉴其在财政投资扶持政策、税收与信贷优惠政策、法律规定以及标准化体系等方面的基本做法和成功经验，并结合中国国情，从政策、法规和标准的角度提出具有针对性的草牧业发展对策，为中国草牧业发展提供决策支持。

11.3.2　国外草牧业发展概况

如表 11-1 所示，草食家畜饲养大国仍主要集中在草业资源丰富的国家。如，中国、巴西、埃塞俄比亚、美国、澳大利亚、阿根廷、蒙古等国家，在这些国家中，亚非拉发展中国家占很高比例，而仅有美国、澳大利亚为发达国家。

表 11-1　世界畜牧业大国草食家畜存栏量排序

单位：万头、万只

排序	国家	牛	山羊	绵羊	马	骡	驴	骆驼	合计
1	中国	8 321.0	13 976.9	16 135.1	550.7	192.9	456.9	32.3	39 665.7
2	印度	18 510.4	13 334.8	6 306.9	62.5	19.6	24.7	32.5	38 291.3
3	巴西	21 490.0	959.2	1 797.6	550.2	124.2	84.1	0.0	25 005.3
4	巴基斯坦	4 440.0	7 220.0	3 010.0	40.0	20.0	520.0	110.0	15 360.0
5	尼日利亚	2 077.3	7 803.7	4 250.0	10.2	0.0	131.3	28.2	14 300.8
6	埃塞俄比亚	6 092.7	3 071.9	3 183.7	222.8	40.6	877.9	121.1	13 610.7
7	美国	9 370.5	264.0	525.0	1 051.1	0.0	5.2	0.0	11 215.7
8	苏丹	3 073.4	3 144.4	4 057.4	79.1	0.1	67.1	484.9	10 906.3
9	乍得	2 760.3	3 440.8	3 078.9	116.7	0.0	318.7	728.5	10 444.0
10	澳大利亚	2 617.6	360.0	7 212.5	26.5	0.0	0.0	0.0	10 216.7
11	孟加拉国	2 393.5	5 971.5	221.0	0.0	0.0	0.0	0.0	8 586.0
12	阿根廷	5 335.4	472.1	1 484.3	252.8	18.6	10.0	0.0	7 573.0
13	蒙古	438.8	2 734.7	3 011.0	394.0	0.0	0.0	43.4	6 621.9
14	肯尼亚	1 833.9	2 468.4	1 875.9	0.2	0.0	0.0	333.9	6 512.3
15	伊朗	487.9	1 571.1	4 003.0	13.3	17.7	153.1	14.1	6 260.2
16	墨西哥	3 177.2	872.5	890.0	638.0	328.7	328.3	0.0	6 234.9
17	土耳其	1 408.0	1 034.5	3 098.4	12.0	3.8	15.1	0.2	5 572.1
18	马里	1 141.6	2 402.4	1 740.0	56.2	0.0	110.0	119.3	5 569.4
19	坦桑尼亚	2 640.0	1 797.1	765.2	0.0	0.0	18.7	0.0	5 221.0
20	印度尼西亚	1 659.9	1 841.0	1 646.2	44.3	0.0	0.0	0.0	5 191.5

注：数据来源于 FAO，2017 年为最新数据。其中，中国数据不包括港澳台。

11.3.3 国外草牧业发展政策

国外的草牧业发展政策主要集中在财政投资扶持政策（产前、产中、产后）和税收与信贷优惠政策 2 个方面。

1. 财政投资扶持政策

（1）科技研发（R&D）与良种繁育政策。科技研发与良种繁育是推动草牧业发展最为活跃、最重要的生产要素，是现代畜牧业和可持续发展的基础。

日本草地面积有限，耕地草地只有 17 万公顷，仅占耕地面积的 0.5%，且集中在北海道，天然草地零星分散，也只有 26 万公顷，但草牧业发达，特别是肉牛产业。和牛是日本国特产的优质良种，其肉质大理石纹明显，又称"雪花肉"。和牛是日本自主培育的品种，早期日本地产牛是"三岛牛"，但其肉质不及国际上的其他品种。20 世纪初，随着生活方式的改变，日本开始将三岛牛与瑞士的布劳尼维和西门塔尔牛、英国的艾尔郡、德文郡和短角牛以及德国和荷兰的荷斯坦牛等进口牛种进行杂交，以增加产肉量、提高肉质，从而在 1944 年建立了日本黑种，即和牛。其次，为了维持草食性家畜的牧草供应，日本早在 1931 年，应军队的需求，颁布了以养马为中心的《草地法》，1950 年在旧《草地法》的基础上，颁布了新的《草地法》，该法把草地资源的全面开发加以制度化，1952 年制定了《草地酪农振兴法》，积极开展养牛业基地的建设，1962 年从草地建设的紧迫性出发，又制定了《草地建设实施纲要》，把草地建设升级列为"国家事业"，属于国库预算开支。1970 年成立了国立草地研究所和 7 个地区试验站，以促进草种研究工作，选育出一批符合气候、土壤、理化等条件的牧草品种，如鸭茅、猫尾、多年生黑麦草、高株孤茅、红三叶、白三叶等品种，并通过了适应性鉴定，每年每公顷可产鲜草 30 万~40 万吨。

巴西的肉牛是主要的草食家畜，其中又以饲养内洛尔牛（the Nellore）为主，其特点是背部有瘤峰，净肉率高达 56%。巴西政府尤其重视内洛尔牛的繁育技术，自 20 世纪 60 年代，巴西就开始通过移植胚胎增加父系内洛尔的遗传潜力。据文献显示，目前，巴西每年至少可移植 5 万多内洛尔胚胎，已成为拥有这项技术的第三大国家，仅次于美国和法国。

澳大利亚草食家畜引进培育有 100 年以上的历史。目前，肉牛饲养品种以海福特、安格斯、婆罗门等为主，肉用羊有无角道赛特，毛用羊澳洲美利奴等。澳大利亚草牧业的发展同完善的良种繁育投入密不可分，但是澳大利亚政府不直接参与草牧业的 R&D 投入（事实上在其他行业也是如此），而是通过澳大利亚肉类和牲畜协会推动的（Meatand Livestock Australia，MLA）。MLA 是一个牧场主（生产者）所有制的组织，该组织为 47 000 多家牛肉、绵羊和山羊生产商提供研发和销售服务，MLA 通过向生产商收税，一般为 5 美元/头（只），这项税费由政府收取，然后转交给司法部，这些资金将用于研发和销售服务（R&D）。据估计，MLA 每年投资 500 万美元进行家畜遗传学研究与开发，以提高遗传增益和选择方式，旨在提高整个牛、绵羊和山羊价值链的盈利能力。

（2）生产设施购置与建设投资扶持。草牧业发达国家重视生产设施的建设支持。如，巴西政府的现代农业基础设施项目为每户畜禽生产商提供了最高 43 000 美元的财政直接补贴政策，用于饲草筒仓、青贮窖、牧草灌溉设施等农业设施项目的建设。日本农林水产省规定，凡是按一定标准联合起来集体进行养殖的农户，在购置农业机械、建造农用设施方面的费用，50％可以从中央财政得到补贴，25％可以从都府县得到补贴，其余 25％则可从接受国家补贴的金融机构得到贷款，有些地方市财政还要补贴 12.5％。澳大利亚在 20 世纪中叶时处于以数量扩张为主要特征的农机化高速发展期，当时联邦政府立法，对购买新型农机第 1 年减免 40％的税金，以后改为 25％。一些州对农场主购买新设备时提供 18％ 的补贴。为扩大农业经营规模，政府鼓励小农场放弃土地，提供贷款资助重新创业，成功后贷款变为无偿赠予。目前，澳大利亚的农机化处于平稳发展期，在农机购置环节已经没有补贴措施，国家主要通过税收政策支持农机化发展，如对农业机械返还燃油税、实施快速折旧优惠税等。

（3）产品补贴与支持价格。文献表明，世界各国草食畜产品补贴与支持价格政策的实施是多元化的，尤以隐蔽性的绿箱政策最为突出，而避免黄箱政策。

20 世纪 70—90 年代，澳大利亚政府一直对本国的畜产品实行支持价格政策，提升本国的畜产品在国际市场上的影响力和竞争力。另外，澳大利亚政府对畜牧业的保护措施采取更为隐蔽的间接价格补贴，如向消费者征税，建立畜牧产业基金来补贴出口商，这些措施也同样大大增强了澳大利亚畜产品在国际畜产品市场上的竞争力。

日本重视犊牛生产补贴与扶持，牛肉贸易资源化后，牛肉价格稳定制定被犊牛生产者补贴金制度取代,且主要补贴给犊牛生产者,从源头上确保乳牛产业稳定发展。其做法是,在一定幅度内的价格波动由国家承担,当波动超过一定幅度后,则由国家、地方和生产者三方共同承担。其中,国家财政补助50%,地方财政出资25%,生产者自筹25%。此外,根据日本农林水产省统计,2006—2012年,日本政府的牛肉关税收入进入一般预算环节,大于70%的金额用于犊牛补贴。它主要通过农畜产业振兴机构,用于给犊牛生产者补助,稳定肉牛经营等活动。

(4)农产品市场信息服务。美国农业部通过建立市场信息服务平台,在价格、数量、供求等方面提供草食畜产品的及时、公正的市场信息,这些信息有助于生产商开展生产和营销决策,并为所有进入市场的生产商提供公平的竞争环境。此外,2012年起美国农业部开始推行"从农场到学校"项目,通过该项目帮助中小生产商和学校之间建立直接联系,这一举措既为学校提供了的健康食品,也促进了农场经济的健康发展。据美国农业部的统计,仅2012年,涉及的学校就花费了近3.55亿美元从当地农场或牧场购买草食畜产品,截至2015年,美国农业部已投入近1 000万美元支持"从农场到学校"项目的建设。

2. 税收与信贷优惠政策

税收与信贷优惠是促进草牧业产业化发展,提高经营主体市场竞争力,扶持经营主体发展的必要手段。世界各国有关政策主要集中在通过融资扩大生产规模、扶持中小生产者成长、国际金融组织的信贷支持等,此外税收优惠和支持方面也有报道。

美国新墨西哥州,从2008年开始允许保护地役权所有者可以申请获得高达25万美元的可转让州所得税抵免,保护地役权允许所有者自由保护或开发保护地,土地仍然是私人拥有和控制的,可以继续用于农业、牧场或可持续林业,许多保护地役权所有者以此为契机,开展牧草种植和草食畜牧生产。

美国2007年开展了农村开发企业和行业担保贷款项目(The Rural Development's Business and Industry Guaranteed Loan Program),主要通过提高法定贷款限额、降低资本要求、流动性管理(指导贷款者拥有足够的资产,并防止资金挪作他用)等手段,帮助企业或牧场主获得新的融资,购买加工设施,以扩大生产规模。此外,USDA的小额贷款计划(Microloan Program),通过简化的申请程序,可获得高达35 000美元的贷款。截至 2014 年，美国农业部已经发放了 8 400 多笔小额贷款，其中 70% 的小额贷款发放给初创农牧民。

此外，国际金融机构在草牧业的生产中也起到了推动作用。在巴西，部门草食牛肉生产者的融资信贷是由国际金融机构提供的，其中影响最为深远的是赤道（银行）原则。在该原则中，占全球项目融资 80% 以上的金融机构，包括四家巴西银行，制定了翔实的环境标准和社会标准，并将这些标准作为融资条件应用于牧场和企业的贷款中。其中，仅国际金融公司（IFC）就提供了 3 000 万美元的贷款用于资助巴西塞拉多林地和相邻亚马逊森林的 510 家农牧场的生产，而作为贷款的条件，参与的生产者必须遵守环境标准，如使用经过认证的农用品、保护森林、恢复草地、禁止狩猎等。

11.3.4　国外草牧业法律法规与行业标准

虽然国外草牧业发展较早、相对成熟，且有许多先进的经验，但就现有文献资料而言，尚未检索到与草牧业发展有关的专项法规。国外与草牧业发展直接相关的法规主要有 2 大类：一是食品安全类法规，以美国《食品安全增强法》为代表，集中体现在动物喂养方面。二是应对气候变化和资源环境保护的法律规定。此外，草牧业发达国家，通过行业标准保证产品质量、规范生产过程，并取得标准认证，以追求更高的附加值。

1. 美国《食品安全增强法》对饲料风险管控的规定

2001 年的"911"事件使美国认识到安全管理的必要性，作为食品安全方面的回应，美国政府于 2002 年颁布了《生物恐怖主义法案》，授予食品和药物管理局对食品项目的行政权力。2009 年 6 月，美国总统奥巴马签署、2010 年 12 月通过的《食品安全增强法》（Food Safety Modernization Act, FSMA）是美国第一部正式的食品安全法律。按照 2010 年《食品安全增强法》第 415 条的规定，要求动物产品的供应商建立生产规范、有害分析和基于风险的防控管理，特别要求动物产品的生产从供应链的角度防控饲料原料和其他因素。如，化学药品带来的风险。MullerM 等学者认为，传统谷物喂养的动物产品中饱和脂肪、胆固醇含量较高，而有益脂肪酸含量较低，在畜禽养殖的生产过程中使用抗生素和合成生长激素将进一步加剧公共卫生风险，而草食肉、蛋、乳已被证明含有更多健康的营养元素。《食品安全增强法》关于动物产品生产风险管控，可以有效从食品安全方面推动动物饲养方式从化学饲养到有机饲料养殖的转变。

2. 应对气候变化和资源环境保护的法律规定

学界普遍认为，肉类和乳制品是环境负担最大的食物，其在生产和消费的过程中所产生的温室气体排放约占食品链温室气体排放的一半。

据美国非营利性的可持续农业组织石仓中心（Stone Barns Center）的估计，美国屠宰的肉牛中有 97％ 是通过谷物饲养的，它们中的大部分又是通过集中饲养（Concentrated Animal Feeding Operations，CAFOs）完成的，谷物饲料的种植使用了大量合成化学品、水和化石燃料，会产生严重的环境问题，而集中饲养的粪便、废水和废气排放到自然界中也会产生环境污染。因此，传统的谷物饲养和集中饲养受到美国环境保护局（EPA）《2008 年规则》的监管，禁止将污染物从任何"点源"排放到美国水域，并将 CAFOS 定义为点源。草原植被和土壤有机质为自然界提供了生态服务功能。

巴西是世界上最大的牛肉出口国，拥有世界上最大的商业牛群，肉牛产品主要出口欧洲。在 20 世纪 70 年代，巴西砍伐森林，拓荒耕地，种植粮食作物以饲养肉牛，在主要牛肉出口国中，巴西的年甲烷排放增长率最大为 2.12％。为此，国际组织对巴西施加了压力。作为回应，2004 年巴西联邦政府为加强监管，实施了严厉的法律，限制森林砍伐，于 2004 年开始实施第一个防控森林砍伐的行动计划（PPCDAM-I）。根据这一计划，2007 年巴西环境管理局（IBAMA）开始森林生态恢复计划，并在养殖业建立可持续的生产体系，增加牧草种植面积，加之欧洲日益严格的食品安全与营养体系。目前，巴西的肉牛产业主要以饲养草食肉牛内洛尔（the Nellore）为主。

3. 有关草食畜牧业的行业标准

草牧业具有领先优势的发达国家，他们通过制定各种纷繁复杂的行业标准保证产品质量、规范生产过程，只有经过行业标准认证的草食畜产品才被允许在市场流通，获得更高的价格。其中，较具代表性的有：一是美国的草食动物标准体系，包括以政府为代表的美国农业部农业营销服务部（USDA - AMS）于 2002 年制定、2006 年修订的《草食业计划》（USDA's Grass - Fed' Plan，2006）、以行业协会为代表的美国草食协会制定的《草食反刍动物标准》（Grass Fed Ruminant Standards，2009）以企业为代表的 AGW 认证标准（Certified Grass fed by A Greener World standards，2018）。二是加拿大 Pro - Cert 公司的《草食反刍动物标准》（Grass Fed Ruminant Standard，2017）。三是 2010 年欧盟和爱沙尼亚共同资助的《"草食牛肉生产"食品质量计划规则》。

美国农业部自 2002 年就发布了草食畜牧发展计划（宣言），并于 2006 年通过并由美国农业部农业营销服务部（AMS）发布了修订案，该计划主要针对饲养实践提出了要求。但是，美国农业部的草食动物标准也备受批评，主要体现在：允许使用人工激素，允许使用治疗性抗生素，对进料量、频率或类型也没有做出任何限制，消费者则认为其广义界定了草食的概念，将普通畜产品当草食产品销售，不能满足消费者的肉质标准需求等。鉴于以上批评，美国农业部于 2016 年 1 月正式撤销了其制定的标准体系。与美国农业部的草食业标准相对应的是美国草食协会（American Grass Fed Association，AGA）于 2009 年 1 月制定的《草食反刍动物标准》，该协会拒绝了美国农业部先前制定的草食业标准，建立了自己的认证体系，并与食品联盟合作，促进认证体系的发展。《草食反刍动物标准》对的饲料来源有了明确的要求，即完全来源于草，而对放牧方式、动物健康与福利、动物鉴定和追溯等也做出了严格要求，并且只有通过该标准的产品才可以贴上 AGA 的认证标签，进而在市场销售。此外，美国著名农业公司绿色世界（AGW）于 2018 年 3 月也制定了草食产品的认证标准，其严格要求草食动物全生命周期饲料必须仅来源于草料，特别禁止使用包括玉米、豆类、发芽谷粒等谷物，而对牧场的畜牧密度也做了严格要求。

加拿大的 Pro - Cert 公司于 2017 年 5 月发布了《草食反刍动物标准》。Pro - Cert 是北美最重要的认证机构之一，其提供的认证方案符合国际标准，并广受认可。在 Pro - Cert 的《草食反刍动物标准》中，界定了草食和饲草的概念，并规定了草食效益（包括人与动物福利）、标准维护与应用、饲料来源、动物护理、并行生产和可追溯协议等 10 项标准。

欧盟和爱沙尼亚 2013 年共同资助的《草食牛肉生产食品质量计划规则》也对生产标准作出了严格要求。包括，肉牛应是在天然、永久或半天然的环境的有机农场中放牧，冬季可以进食优质青贮饲料和干草，禁止用谷物和蛋白质饲养喂养，放牧必须有牧场记录，政府当局也会不定期开展检查等，只有通过认证的草食牛肉，才可以贴上草食标签在市场销售。

11.3.5　经验与借鉴

世界草牧业发达国家在政府投资、税收与信贷优惠、法律保障以及行业标准等方面的基本做法和成功经验，对中国草牧业发展具有宝贵的借鉴意义。需要说明的是，农业发达国家草牧业发展政策法规的制定是基于其农业生产基本国情做出的。发达国家农业生产多以大型农场为单位，地块集中，机械化程度高，产业链体系完善；中国则是以小农户和企业舍饲经营为主，草畜结合不紧密，对种草养畜不重视，草牧业运营成本高、效率低，没有形成完整的产业链。立足中国国情，借鉴国外经验，未来中国须明确草牧业发展的主导方式和目标，加强政策创设，建立长效机制，完善法规保障，以促进中国草牧业发展水平不断迈向新台阶。

1. 加大政府投资扶持力度

R&D投入与建设，目前我国农业技术支撑机构很多，但科技创新、技术研发同生产实际联系不够紧密，且中国对良种繁育体系建设投入少，没有形成自己的优势品种，草食家畜品种培育工作远远落后于草牧业发达国家，导致草食性畜产品品质低于进口产品，养殖环节效益低。根据发达国家的经验，未来中国应高度重视草牧良种培育和良种繁育体系建设，依托高校和科研院所，不断完善草牧业技术支撑体系。同时，鼓励民间资本和行业协会建立R&D和繁育服务体系，向经营主体提供有偿服务。

生产设施购置与建设投资扶持加大农机购置和设施建设支持力度，鼓励和引导农牧民优化农机装备结构，对草牧业生产急需的播种机、打捆机、粉碎机、烘干机、挤奶机械和自动化饲喂设施等主要农机装备做到应补尽补。同时，加大对大马力、高性能、多功能、智能化、绿色化等新型机具的支持力度。

产品补贴与支持价格形成以政府为主要补贴主体，多元化的补贴和价格调控政策，特别是当前中国已加入WTO背景下，国际社会关注中国农产品的贸易政策，是否有悖于市场机制，产品补贴与支持价格政策的制定要尽可能避免黄箱政策，增加绿箱政策。

农产品市场信息服务建立市场信息服务平台，提供及时的价格、数量、供求等信息，帮助营造公平的竞争环境，为生产商开展生产和营销提供决策支持。并搭建供应商和采购商的协同平台，实现产销对接，帮助农牧民和生产企业开拓销售渠道。

2. 制订并实施税收和信贷优惠政策

实施草牧业生产企业信贷优惠、税收减免、资金补助等优惠政策，对符合小微企业标准的草牧业生产企业提供融资服务，并使其享受既定的税收优惠。其次，增进与国际金融组织与外国政府之间的合作关系，并通过加强自然资源和生态环境管理建设、完善草牧项目管理制度，吸引国际金融组织和外国政府的低息、长期和技术贷款。

3. 完善和制定有关法规和全产业链的标准化体系

应加快立法进程，进一步完善中国有关草牧业的法规和条例，从法律上保障草牧业的健康发展。从借鉴国外经验来看：首先，应以《食品安全法》为上位法规，对饲料质量、食品添加、化学药品使用、牧场（养殖）条件、产品质量等有关重要内容做出具体规定。其次，要制定环境保护与草地建设相关条例，对养殖排放、生态修复、草畜平衡等有关重要内容做出具体规定。最后，发挥行业协会的作用，以协会组织建设为手段提升生产者的规范化生产水平，建立全产业链的标准化体系，实现质量兴农、提升产品附加值。

11.4　我国草牧业发展现有政策特点

草牧业发展的重要性不断被认识到，国家各部门给予了越来越多的重视，当前的政策体系较好的保障了我国草牧业的发展。本章拟从综合性政策、饲草生产政策和畜禽生产政策三类政策，进行系统梳理，辨识当前草牧业政策体系存在的问题与不足，以期为主管部门提供决策支持。

11.4.1　综合性政策

1.《关于促进草食畜牧业加快发展的指导意见》

近年来，在市场拉动和政策驱动下，我国草食畜牧业呈现出加快发展的良好势头，综合生产能力持续提升，标准化规模养殖稳步推进，有效保障了牛羊肉、乳制品等草食畜产品市场供给。但是，草食畜牧业生产基础比较薄弱，发展方式相对落后，资源环境约束不断加剧，产业发展面临诸多制约和挑战。为适应农业"转方式、调结构"的需要，促进草食畜牧业持续健康发展，农业农村部于 2015 年制定并出台了《关于促进草食畜牧业加快发展的指导意见》。该项指导意见是对党中央、国务院关于加快农业"转方式、调结构"的决策部署的全面贯彻落实,以肉牛、肉羊、奶牛为重点,兼顾其他特色草食畜禽,以转变发展方式为主线,以提高产业效益和素质为核心,坚持种养结合,优化区域布局,加大政策扶持,强化科技人才支撑,推动草食畜牧业可持续集约发展,不断提高草食畜牧业综合生产能力和市场竞争能力,切实保障畜产品市场有效供给。发展草食畜牧业是推进我国农业结构调整的必然要求,是适应消费结构升级的战略选择,是实现资源综合利用和农牧业可持续发展的客观需要。根据这项《意见》,到 2020 年,我国草食畜牧业综合生产能力将进一步增强,牛羊肉总产量达到 1 300 万吨以上,奶类总产量达到 4 100 万吨以上;生产方式加快转变,多种形式的新型经营主体加快发展,肉牛年出栏 50 头以上、肉羊年出栏 100 只以上规模养殖比重达到 45% 以上,奶牛年存栏 100 头以上规模养殖比重达到 60% 以上;饲草料供应体系和抗灾保畜体系基本建立,秸秆饲用量达到 2.4 亿吨以上,青贮玉米收获面积达到 3 500 万亩以上,保留种草面积达到 3.5 亿亩。其中,苜蓿等优质牧草面积达到 60% 以上。

为实现草食畜牧业发展目标,《意见》提出了三方面具体要求:一是通过完善农牧结合的养殖模式、建立资源高效利用的饲草料生产体系、积极发展地方特色产业实现种养结构优化;二是通过发展标准化规模养殖、建设草食家畜种业、推进草种保育扩繁推一体化、培育新型经营主体、提高物质装备水平、促进粪污资源化利用来推进发展方式转变;三是借助强化金融保险支持、加强科技人才支撑服务、加大疫病防控力度、营造良好市场环境、统筹利用两个市场两种资源来提升草食畜牧业发展的支撑能力。

2. 《全国草食畜牧业发展规划（2016—2020 年)》

草食畜产品是我国城乡居民重要的"菜篮子"产品,牛、羊肉更是部分少数民族群众的生活必需品。近年来,在市场拉动和政策引导下,草食畜牧业综合生产能力持续提升,生产方式加快转变,产业发展势头整体向好。随着经济发展进入新常态,消费需求呈现个性化和多样化趋势,创新驱动成为发展新引擎,绿色生产成为主导方向。

这些新变化、新趋势对草食畜牧业的转型升级和可持续发展提出了新的要求,草食畜牧业正处于由规模速度型粗放增长转向质量效益型集约发展的新阶段,产业发展环境呈现出许多新的特点:一是产品消费市场需求较旺,但供给侧结构亟待优化;二是发展空间潜力较大,但环境约束日益趋紧;三是产业整体素质不断提升,但竞争力依然不强;四是产业扶持措施持续发力，但政策综合配套性仍需进一步强化。这项规划坚持创新、协调、绿色、开放、共享的发展理念，加快农业"转方式、调结构"和推进农业供给侧结构性改革。坚持以奶牛、肉牛、肉羊为重点，兼顾其他特色草食畜种，推进种养结合和草畜配套，进一步优化产业结构和区域布局，推动粮经饲统筹、种养加一体、一二三产业融合发展，不断提高草食畜牧业综合生产能力和市场竞争力，全面建设现代草食畜牧业。规划对我国的草食畜牧业发展进行了总体布局和产业布局。

按照"依托产业基础、立足发展趋势、统筹资源环境、衔接相关规划"的布局原则，"十三五"草食畜牧业总体布局的基本思路是：优化发展传统农区和农牧交错区，适度发展北方牧区，保护发展青藏高原牧区，积极发展南方草山草坡地区。同时，根据地区特色和优势，对奶牛、肉牛、肉羊、特色畜禽、饲草料产业进行了产业布局。根据该规划，到2020 年，我国主要草食畜产品产能和质量水平稳定增长，市场供应基本保障；生产技术水平稳步提高，标准化规模养殖加快推进，生产效率、非粮饲料资源利用率和科技支撑能力进一步提升，初步构建现代草食畜牧业的生产体系、经营体系、产业体系。

3.《北方农牧交错带农业结构调整指导意见》

北方农牧交错带是半湿润地区与半干旱地区的气候交汇带，是草地农业和耕地农业的契合发展带，是中东部地区重要的生态安全屏障和京津冀地区重要的水源涵养带，具有不同于农区和牧区的独特经济形态，是一类重要的农业空间。长期以来，该区域农牧结构失衡、水资源过度开发，发展不可持续的问题越来越突出，资源环境压力越来越大，是当前推进农业结构调整的重点难点，必须深入贯彻党中央国务院关于大力推进农业供给侧结构性改革的决策部署，加快优化区域农牧业功能定位、推进产业转型升级，促进农牧业发展与生态环境深度融合。为此，农业农村部出台了《北方农牧交错带农业结构调整指导意见》，要求牢固树立创新、协调、绿色、开放、共享的发展理念，以农业供给侧结构性改革为主线，以资源环境承载力为基准，以提升质量效益和竞争力为中心，加快优化生产力布局，着力推进减粮增饲、强牧优特、规模种养、就地加工，做大做强战略性主导产业、区域性优势产业和地方性特色产业，建设草茂林丰、牧业发达、特色高效、资源循环的生态农牧区，为推进区域农业现代化、全面建成小康社会奠定坚实基础。

同时,《意见》明确了发展目标,力争通过 5～10 年努力,北方农牧交错带农业结构适应性水平、可持续发展水平、质量效益水平明显提升,优势特色产业规模大幅提升,非优势、耗水型产业规模显著降低,每个县建成 1～2 个 10 万亩以上的优势特色产业基地,形成一批发展潜力大、科技含量高、市场竞争力强的龙头企业集群,基本构建牧农林复合、草果田契合、一二三产融合的产业体系,基本建立投入减量、生产清洁、资源节约、循环再生的发展新模式,基本形成蓝天白云相连、绿草果树相映、黑白花牛群相间的生产生态新景观。实现产业体系转型升级、生产方式提档升级、经营方式优化升级、区域生态美化升级。

4. 南方现代草地畜牧业推进行动

南方草地是我国草原的重要组成部分,总面积超过 10 亿亩。长期以来,南方草原保护政策体系薄弱,缺乏系统的支持政策。实施南方现代草地畜牧业推进行动项目,是南方草地保护建设和开发利用的重大突破,是促进南方山区和贫困地区经济社会发展的有力抓手,是推进生态文明建设的重要内容。南方现代草地畜牧业推进行动项目的目标是在保护生态环境的前提下,合理开发利用南方草山草地资源,在集中连片草山草地重点建设一批草地规模较大、养殖基础较好、发展优势较明显、示范带动能力强的牛羊肉生产基地,逐步改善南方草地畜牧业基础设施和科技支撑条件,提高草地资源利用率和农村劳动生产率,推动南方现代草地畜牧业发展并促进农民增收。

2014 年,国家开始投入中央专项财政资金 3 亿元,支持开展南方现代草地畜牧业推进行动。实施范围主要集中在我国南方,包括安徽、江西、湖北、湖南、广东、广西、重庆、四川、贵州和云南等 10 个省市区,由农牧业专业合作组织和企业作为这项政策的承担主体。这项推进行动包括,天然草地改良、优质稳产人工饲草地建植、标准化集约化养殖基础设施建设、草畜产品加工设施设备建设、技术培训服务等 5 个方面。每个地区根据自身实际情况,结合中央财政补助资金,确定各地区的补助标准。截至 2016 年底,中央累计投入财政达到了 9 亿元,有 102 家农牧业专业组织和 205 家农牧业企业参与这项行动,承担相关的项目,共计实现65.7 万亩的天然草地改良和 33.6 万亩的人工草地建设。南方现代草地畜牧业推进行动在养殖基础设施改善、生产规模扩大、科技支撑能力提升和示范农户带动发展等方面,都获得了明显的效益,促使南方草地生态环境明显改善,有力地促进了南方现代草地畜牧业的发展。

11.4.2　饲草生产政策

1. 草原生态保护补奖政策

我国是世界第二草原大国，草原是畜牧业发展的重要资源，是我国面积最大的陆地生态系统，是少数民族的聚居区。加强草原保护建设，发展草原畜牧业，关系畜产品供应和农牧民增收，关系生态环境保护与建设，关系民族团结和边疆稳定。现实中，我国草原生态环境堪忧，草原退化严重，对畜牧业的发展构成严重威胁。

在此背景下，自 2011 年开始，国家实施第一轮草原生态保护补助奖励政策，范围涵盖内蒙古、甘肃、宁夏、新疆、西藏、青海、四川、云南等 8 个主要草原牧区省区和新疆生产建设兵团。奖励补贴政策补助内容包含，禁牧补助、实施草畜平衡奖励、牧民生产性补贴、绩效考核奖励 4 个部分。其中，对实行禁牧封育的牧民给予禁牧补助，补助标准为每亩每年 6 元；对在禁牧区域外的可利用的草原上符合合理载畜量标准的牧民给予草畜平衡奖励，奖励标准为每亩每年 1.5 元。除此之外，中央财政还对牧民进行生产性补贴，包括畜牧良种补贴、牧草良种补贴（每年每亩 10 元）、生产资料综合补贴（每户牧民 500 元）。截至 2015 年，中央财政累计投入资金 773.6 亿元，在全国 13 个省区和新疆生产建设兵团、黑龙江省农垦总局启动实施了第一轮草原生态补奖政策。2016 年，国家开始启动新一轮补奖政策，扩大了实施范围，提高了补奖标准。实施范围从原来的 13 个省区扩大到河北省坝上草原面积较大的区域（河北省兴隆、滦平、怀来、涿鹿、赤城 5 个县）。在内蒙古、西藏、甘肃、宁夏、新疆、青海、四川、云南等 8 个省区和新疆生产建设兵团实施禁牧补助、草畜平衡奖励和绩效评价奖励；在黑龙江、河北、辽宁、吉林、山西等 5 个省和黑龙江省农垦总局实行"一揽子"政策和绩效评价奖励。同时，新一轮政策取消了原来的牧民生产资料综合补贴和牧草良种补贴，禁牧标准提升到每年每亩 7.5 元，牧民草畜平衡奖励上升为每年每亩 2.5 元。在第二轮草原生态保护补助奖励政策期间，中央财政每年共安排专项财政补贴 187.6 亿元。其中，包含禁牧实施面积 12.1 亿亩，补贴资金 90.5 亿元；草畜平衡实施面积 26 亿亩，奖励资金为 65.1 亿元。

当前，我国草原生态保护补奖政策已实施 8 年，政策实施成效总体显著：一是草原生态效应方面，全国草原综合植被盖度总体保持增长，2017

年达 55.3%，2017 年与 2010 年相比，全国草原理论载畜量下降 7.5%，全国天然草原鲜草产草量增加 9.1%；二是牧业生产方面，牧业养殖方式由放牧为主逐步转变为放牧与舍饲圈养相结合，饲草利用由天然草场为主向草场和人工草地相结合，出栏周转加快，出栏明显增加，牧区半牧区县牛羊肉产量小幅增长；三是牧民收入方面，政策实施后与实施前相比，牧区半牧区县农牧民人均纯收入保持增长，草原生态保护补奖政策实施使得牧区半牧区牧民收入增加了 4.09%，使得牧区县的牧民收入增加了 16.05%。

2. 振兴奶业苜蓿行动计划

我国苜蓿生产质量长期处在一个较低的水平，苜蓿品种、生产方式、生产条件和质量水平都难以得到保障，直接制约了我国奶业的发展和振兴。2010 年 12 月，14 位老部长、院士、专家提出《关于大力推进苜蓿产业发展的建议》。时任国务院总理温家宝表示赞成并认为解决我国牛奶质量安全问题必须要从发展优质牧草抓起。2011 年 11 月，农业农村部韩长赋部长、财政部谢旭人部长联合向总理上报《关于实施"振兴奶业苜蓿发展行动"的请示》并得到批示同意。2012 年 1 月，中央发布 1 号文件决定"启动实施振兴奶业苜蓿发展行动"。2012 年 6 月，财政部、农业农村部联合下发《2012 年高产优质苜蓿示范创建项目实施指导意见》。至此，"振兴奶业苜蓿行动"计划正式启动。

"振兴奶业苜蓿发展行动"旨在重点扶持建设一批有一定规模、生产基础好、在增加苜蓿产量和提高苜蓿产品质量方面有示范带动作用的苜蓿草产品生产基地，从根本上提高我国奶牛综合生产能力和牛奶质量安全水平。中央财政每年安排 3 亿元对推行苜蓿良种化、实行标准化生产、改善生产条件、提升质量水平等 4 个方面进行补助，在河北、天津、内蒙古、辽宁、吉林、黑龙江、陕西、甘肃、宁夏、新疆等 10 个省区市每年扶持建设 50 万亩高产优质苜蓿示范片区，每 3 000 亩作为 1 个单元。具体的补助标准是对集中连片面积在 3 000 亩以上的苜蓿种植给予每亩 600 元的补助，每个单元一次性补贴标准为 180 万元。2014 年，"振兴奶业苜蓿发展行动"实施范围扩大至河北、天津、山西、内蒙古、辽宁、吉林、黑龙江、安徽、山东、河南、陕西、甘肃、宁夏、新疆等 14 个省区市和新疆生产建设兵团、黑龙江省农垦总局。截至 2017 年底，全国建设优质高产苜蓿基地 420 万亩，产量 251 万吨，可满足 200 万头中高产奶牛的饲喂需求，现代草原畜牧业综合生产能力和国产苜蓿优质率大幅提升，国产乳品质量安全水平明显提高。

3. "粮改饲"政策

改革开放以来，我国农业综合生产能力和居民收入水平持续上升，人均口粮需求逐渐下降，饲料粮消费明显增长，玉米生产呈现出供过于求的态势。为优化我国农业生产结构，提升优质饲草料商品化供应能力，国家推动出台了"粮改饲"政策。"粮改饲"是国家为调整种植结构，促进扩大青贮玉米、苜蓿、燕麦、甜高粱和豆类等饲料作物的种植面积，引导牛羊养殖由玉米籽粒饲喂适度转变为全株青贮饲喂所采取的政策。

为推动这一政策顺利实施，中央专门安排了财政资金用于补贴优质饲草料收贮工作，对具备优质饲草料收贮和使用能力的规模化草食家畜养殖场户、具有稳定饲草料供销订单的专业收贮企业或者合作社进行补贴。2014 年底，韩长赋部长在全国农业工作会议上的讲话首次提出开展"粮改饲"和种养结合型循环农业试点，成为了我国实行"粮改饲"政策的开端。"粮改饲"政策重点选择具有奶牛肉牛养殖基础、耕地集中连片适于青贮玉米等饲料作物种植的县，通过青贮饲料收贮补助、青贮窖建设和大型专用收获机械购置贷款贴息等方式，鼓励发展青贮玉米、燕麦、甜高粱和豆类等饲料作物，收获加工后以饲草料产品形式就地转化。

2015 年，国家在黑龙江、吉林、山东等 10 省 30 县启动"粮改饲"政策试点工作。2016 年，中央财政共安排了财政资金 10 亿元，使"粮改饲"试点范围扩大到 17 个省区的 100 个县。2017 年，农业农村部专门印发了《粮改饲工作实施方案》，规范粮改饲工作顺利推进。同年，中央财政补贴资金扩大至 20 亿元，实施范围覆盖了整个"镰刀弯"地区和黄淮海玉米主产区，共计 17 省区 431 县。实施"粮改饲"政策以来，因地制宜扩大了全株青贮玉米、苜蓿、燕麦、黑麦草、甜高粱等优质饲草的种植面积，积极推动了种植结构向粮经饲统筹方向转变。2015—2018 年累计落实"粮改饲"试点面积约 4 200 万亩以上，预计 2020 年我国优质饲草料的种植面积将会扩展到 2 500 万亩以上，从而使牛羊饲草结构得到优化，规模化的奶牛养殖场将基本实现青贮玉米的全覆盖。大力培育发展社会化专业收贮服务组织，探索建立优质饲草料机械化收割、规模化加工和商品化销售模式，加快推进了饲草产业化发展。依托"粮改饲"政策，大力发展青贮玉米促进了草食畜牧业发展，同时为农民增收找到了新的增长点。

4. 草种繁育基地建设

种子被誉为农业生产中的软黄金，是十分重要的农业生产资料。然而，我国草种质量不高，对外依存度较高，对草业和畜牧业的发展存在制约作用。为解决我国在草种方面的短板，提升牧草和畜牧业的综合生产能力，国家开展草种繁育基地建设。实施草种繁育基地建设，旨在增强我国优质草种供应能力，提升牧草良种覆盖率和自育草种市场占有率。通过扶持建设一批具有较强研发生产能力的草种企业，实现我国牧草种子的专业化生产，破解我国当前在草种生产方面的障碍。

2017 年，国家农业综合开发项目涉及苜蓿生产项目 5 个，每个项目新增苜蓿种子田面积 1 500 亩，累计新增苜蓿种子田 7 500 亩，年可生产苜蓿种子 230 吨。2017 年，国家继续实施牧草种子质量监督抽查专项，针对商品化牧草种子进行抽检。《全国苜蓿产业发展规划（2016—2020）》提出在"十三五"期间共建设 10 个年种植面积 100 亩以上的原种繁育基地、50 个年种植面积 2 000 亩以上的良种繁育基地。草种繁育基地建设通过重点扶持一批育种能力强、经营状况良好、技术先进的草种企业，对其生产性基础设施建设及相关仪器设备的购置进行相应的补贴，着力建设一批具有专业化、标准化、集约化优势的牧草种子繁育推广基地。

政策实施以来，我国苜蓿等牧草良种繁育基础设施和种子基地的田间工程建设逐步完善，相关种子收获、清选、加工、包装、检验检测等设施设备逐步配套，一定程度上满足苜蓿生产对国内优良品种的需求，提高我国草种业的质量意识与产品质量水平将发挥重要的作用。

5. 牧草机械补贴

牧草机械是牧户的重要生产工具，对牧户的生产水平具有关键影响。牧草机械的普及情况直接影响我国草业和畜牧业的生产水平，影响牧民的生产效率。国家把牧业机具纳入农机补贴范围，关系到我国草业的长远发展质量和水平，关系到牧民生产的稳定与增收。

为推动我国牧草产业发展，减轻牧户生产负担，国家实施牧草机械补贴政策。2010 年，农业农村部、财政部联合印发《2010 年农业机械购置补贴实施指导意见》，首次把牧业机具纳入了农机补贴范围。中央财政安排资金对牧草机械按照不超过该档产品上一年平均销售价格的 30% 测算进行补贴。其中，单机补贴额度不超过 5 万元，对于 100 马力[①]以上的大型拖拉机、高性能青饲料收获机等机械设备补贴额不超过 15 万元，对于

---

① 1 马力≈735 瓦特，下同。

200 马力以上的拖拉机单机补贴金额不超过 25 万元。宁夏回族自治区为加强补贴力度，在中央财政安排的补贴标准基础上，根据本区实际特点，对补贴标准进行了适度调整，把补贴标准提升到了 50%。2017 年，宁夏出台了《2017 年宁夏农机购置补贴实施方案》，第一批农机购置补贴资金共 1 亿元，包含中央补贴 9 100 万元，自治区补贴 900 万元。新疆维吾尔自治区根据农业农村部、财政部的相关指导意见，结合本地情况调整补贴金额，加大对牧草机械的补贴力度，制定出台《新疆维吾尔自治区 2018—2020 年农机购置补贴机具补贴额一览表》，对牧草机械补贴标准进行了详细说明。新疆维吾尔自治区牧草机械补贴涵盖牧草生产的多个环节，尤其是侧重对牧草收获环节的补贴。其中，打（压）捆机根据不同规格补贴标准在 3 300～44 000 元；青饲料收获机补贴标准在 4 200～129 600 元；割草机根据不同型号补贴标准在 620～4 600 元。除此之外，对轮式拖拉机、履带式拖拉机也划分了明确的补贴标准，并且设有铡草机补贴、青贮切碎机补贴、揉丝机补贴、饲料制备（搅拌）机补贴。

牧草机械补贴政策的实施有两方面益处：一方面，有力推动了牧草产业的机械化发展进程，提升了牧草收获、加工的现代化发展水平；另一方面，也大幅减轻了牧民的生产生活负担，在农民低负担成本的情况下推进现代牧草业发展，增加了牧民收入。

6. 牧草灾害保险试点

近年来，受极端气候影响，草场面临的自然灾害在扩大，对牧民的生计造成明显影响。草原生态亟待改善和农业发展的必然趋势，致使牧民对草场风险进行保障的需求愈加迫切。习近平总书记在考察内蒙古时强调："草原是畜牧业发展的基础。发展现代畜牧业，一项紧迫任务就是要保护和建设好这片草原，把保护草原和保护耕地放在同等重要的位置。皮之不存，毛将焉附。如果草原没有了、严重退化了，还谈什么发展现代畜牧业呢？"实施牧草灾害保险试点目标包含两个方面：一方面，通过牧草保险可以提供风险保障，将企业、牧民的损失降到最低，提高灾后恢复生产的能力，最大限度地减少灾害对农牧企业和牧民生产生活的影响，也减轻了政府的负担；另一方面，牧草灾害保险能及时补充购买饲草料所需的额外支出，从而提高牧民抵御自然灾害的能力，稳定牧民收入。为了提高草场的抗灾能力，稳定草场收益，根据《锡林浩特市 2015 年改革试点台账》精神，2016 年锡林郭勒市实施了牧草灾害保险试点工作，以白银库伦牧场天然草场为保险对象，组织中华联合财产保险公司进行对接。为保证保险试点工作顺利推进，锡林郭勒市金融办制定了《锡林浩特市牧草灾害保险试点实施方案（初稿）》。根据该方案，牧草灾害保险的牧草保额为 27 元/亩，费率为 5%。除此之外，为减轻牧户保险负担，鼓励牧户积极参与保险，由市级财政和农户分别负担保费的 80% 和 20%。白银库伦牧场共计有 23.15 万亩草场参保，保费总共为 31.25 万元，市财政承担 25 万元，白音库伦牧场承担 6.25 万元。试点工作成效十分明显，在对参与保险的牧场进行核定测算之后，2016 年该牧场共有 12 037 亩草场受灾，损失程度为 40%。根据保险内容的相关规定，该牧场最终共获赔 13 万元，有力降低了牧民的负担。这次保险试点工作充分体现了牧草灾害保险对牧场减轻损失、降低风险发挥了重要作用。2017 年，锡林浩特市在此次试点工作的基础上，继续扩大草场植被保险的试点范围。

7. 秸秆综合利用

近年来，我国一些农村地区焚烧农作物秸秆现象比较普遍。这样做既对生态环境造成严重破坏、威胁交通运输安全，又产生了极大地资源浪费。农作物秸秆是重要的资源，可以作为良好的畜禽饲料。但是不加以合理利用就会对资源造成浪费，对生态环境构成威胁。针对我国秸秆资源利用水平严重较低的问题，2008 年国务院办公厅发布了《关于加快推进农作物秸秆综合利用的意见》，加快推进秸秆综合利用。2019 年，农业农村部办公厅发布《关于全面做好秸秆综合利用工作的通知》，决定开始全面推进秸秆综合利用工作。

秸秆综合利用实施内容包含以下几个方面：一是大力推进产业化，加强规划指导，发展生物质产业及以秸秆为原料的加工业。鼓励发展农作物联合收获、粉碎还田、捡拾打捆、贮存运输全程机械化，建立和完善秸秆田间处理体系；二是加强技术研发和推广应用，开展技能培训和技术推广，实施技术示范和产业化项目；三是加大政策扶持力度，通过加大资金投入和实施税收、价格优惠政策把秸秆综合利用列入国家产业结构调整和资源综合利用鼓励与扶持的范围。秸秆综合利用政策实施以来，以东北地区为重点，以肥料化、饲料化、燃料化利用为主攻方向，以县为单位推广深翻还田、捡拾打捆、秸秆离田多元利用等技术，深入推进了秸秆全量利用，培育了一批秸秆收储运和综合利用市场化主体。各地积极探索秸秆利用区域性补偿制度，整县推动秸秆全量利用。

11.4.3　草食畜禽生产政策

1. 秸秆养畜示范项目

长期以来，我国没有充分发挥利用好巨大的农区秸秆资源优势，反而存在农作物秸秆资源浪费等问题。同时，我国牧区草畜矛盾严峻，过度放牧等问题致使草原退化严重，草原生态面临威胁。在此背景下，推动实施秸秆养畜示范项目，具有两方面积极意义：一方面，将有利于提高秸秆资源利用效率，发展农区养殖业，缓解我国草畜矛盾难题；另一方面，政策的出台对增加农牧民收入，带动地方经济发展都具有重要意义。因此，为缓解我国牧草资源短缺的压力，促进食草畜牧业的发展，增加牛羊肉等产品的供应以满足市场需求，同时进一步提高秸秆资源利用效率，减轻秸秆燃烧带来的环境污染等方面的问题，改善农村环境并逐步增加农户收入，国家从 1992 年开始实施秸秆养畜示范工程，加快推进秸秆的饲料化利用。到 2012 年，在全国范围内支持 137 个地区建设示范基地。开发利用秸秆饲料资源，发展农村循环经济，是"十一五"饲料业发展和国家农业综合开发的重点。2007 年，中央财政农业综合开发资金用于秸秆养畜示范项目资金为 7 000 万元，项目资金逐年增加，2013 年投入 1.45 亿元，支持资金翻了一番。截至 2014 年，中央财政累计投入资金 16.99 亿元，建设秸秆养畜示范县 932 个，在粮食主产区和农牧交错区形成了连片示范带，有力地支撑了牛羊养殖业的快速发展。目前，全国 70% 以上的牛羊粗饲料主要来源于各类农作物秸秆，秸秆饲料化利用水平进一步提升，秸秆养畜示范项目在提升秸秆利用水平和支持农牧业发展方面取得了明显成效。

2. 肉牛肉羊调出大县奖励

在生猪调出大县奖励政策取得明显成效基础上，国家开始推动实施肉牛肉羊调出大县奖励。肉牛肉羊是我国畜牧业发展的重要组成部分，肉牛肉羊的生产关乎农民的收入和利益，关乎牛、羊肉市场的发展和稳定。近年来，我国居民对牛、羊肉的需求量持续增加，而现有的牛、羊肉生产规模难以满足市场需求。为保障并扩大国内牛、羊肉的市场供给，保护农民切身利益，进一步鼓励支持地方生产肉牛、肉羊，国家把肉牛肉羊纳入调出大县奖励范围。从 2015 年开始，中央财政安排资金 5 亿元，在内蒙古、西藏、青海、宁夏和新疆共 5 个省区的 100 个牛羊大县启动实施牛羊调出大县奖励政策。奖励资金主要用于对牛羊养殖进行补贴，主要包括牛羊生产环节的改造和建设、牛羊肉的加工和流通环节。根据《生猪（牛羊）调出大县奖励资金管理办法》，奖励资金按照过去 3 年各县的年均牛羊调出量、出栏量和存栏量三种因素分配到县，三种因素的权重分别为 50％、25％、25％。

3. 基础母牛扩群增量项目

基础母牛是肉牛产业发展的根基，基础母牛存栏不足，架子牛供给紧缺已成为影响肉牛产业持续发展最大的制约因素。当前，我国草食畜牧业面临基础母牛存栏持续下降、架子牛供给不足的瓶颈问题，这将阻碍肉牛产业的持续发展。加快发展牛、羊肉生产，是保障"菜篮子"产品有效供给的迫切要求，是满足少数民族地区牛、羊肉消费、促进社会和谐稳定的迫切要求，是建设现代农业进程中率先实现畜牧业现代化的重要内容。2014 年开始，中央财政安排 9.4 亿元，在冀鲁豫皖等 15 个主产省区启动肉牛基础母牛扩群增量项目。实施基础母牛扩群增量项目旨在调动地方母牛饲养积极性，增加基础母牛数量，推进母牛适度规模养殖，保障我国肉牛生产，增加肉牛的供给以满足人们对牛肉产品的基本需求。通过项目的实施，逐步解决基础母牛存栏持续下降、架子牛供给不足等肉牛产业发展瓶颈问题。项目采用"母牛存栏定主体、新增犊牛定资金"的原则和"先增后补"的方式落实补助资金，项目省根据中央财政补助资金规模，结合符合条件补助对象情况，分档确定补助标准。中央财政补助资金主要用于与基础母牛饲养有关的饲草料购买、圈舍、青贮窖、人工草地等设施建设和改造，防疫、佩戴电子耳标以及政策宣传、数量核查、建档立卡等方面的支出。通过发挥财政资金"四两拨千斤"的作用，基础母牛扩群增量项目着力调动了农牧民饲养母牛的积极性，使基础母牛存栏持续下降、架子牛供给不足的问题逐步解决，为增加牛肉市场供应提供了基础支撑。

11.4.4 地方有关政策

1. 黑龙江振兴奶业计划

奶业是节粮、经济、高效型产业，加快奶业发展，是新时期农业和农村经济发展的一项重要任务，对带动农业和农村经济结构战略性调整，发展二、三产业，推进国家"菜篮子"工程建设，提高国民身体素质，增加农民收入，促进农村经济社会发展具有重要的战略意义。为加快奶业现代化步伐，优化农业和农村经济结构，实现现有资源的合理配置，有效提高农民收入和食品安全水平，大幅提升农产品的市场占有率和国际竞争力，推动农村经济和县域经济发展，实现农业工业化、农村城镇化建设目标，黑龙江省根据《黑龙江省畜牧业发展规划（2003—2020 年）》，结合《黑龙江省千亿斤粮生产能力战略工程规划》，制定《黑龙江省千万吨奶战略工程规划（2008—2012）》。这项奶业振兴计划以科学发展观为统领，以市场为导向，以良种为基础，以产业化经营为纽带，以科技进步为动力，强化奶源基地建设，提高规模经营水平，提高奶业竞争力，实现生产标准化、经营集约化、产品优质化、产业现代化的目标，尽快缩小与发达国家及国内奶业发达地区的差距，不断满足城乡居民对乳品消费日益增长的需要，推动全省奶业的快速、协调、健康发展。为保障规划顺利实施，该项计划坚持规模带动、提质增效的原则，坚持市场引导、龙头牵动的原则，坚持突出重点、区域推进的原则，坚持科技支撑、突出效益的原则，坚持多元投入、重点扶持的原则，坚持完善体系、安全发展的原则。计划目标是通过 5 年的持续发展，确保黑龙江省奶业总量扩增、水平提高、质量改善和竞争力增强；实现生产方式、增长方式和组织方式转变；在全国率先完成现代化改造，为最终建成主导产业、实现畜牧业现代化，由粮食大省向食品工业大省转变奠定坚实基础。实现奶牛存栏 320 万头，年均递增 12.1%；奶牛单产超过 6 吨；奶产量达到 1 000 万吨，年均递增 16.1%；实现奶牛养殖业产值 315 亿元；农村居民人均奶业纯收入达到 300 元以上；乳品加工业产值达到 600 亿元，利税 37 亿元以上；直接转化粮食 33 亿千克，其中转化玉米 16 亿千克，实现转化增值 16 亿元。

2. 海南省黑山羊（东山羊）产业发展规划

近年来，海南省羊肉产量稳中有升，规模化养殖逐步提高，优势区域逐渐形成。肉羊年出栏量由 1980 年的 5.71 万只增加到 2013 年的 79.1 万只，增长约 14 倍。其中，2003 年海南省羊的饲养量达到历史最高水平，连续 3 年饲养量都在 180 万只以上。但 2007 年以来受国家出台生猪生产扶持政策影响，猪肉占肉类总产量的比重上升，羊肉所占比重有所回落，占肉类总产量的比重由 1980 年的 1.58% 下降到 2013 年的 1.28%。2013 年，全省肉羊年出栏 100 只以上规模出栏量为 11.81 万只，占全省出栏量 15%，比 2006 年增加 0.8 万只，增长 7.2%。由于海南省黑山羊产业国家和地方政府没有安排资金投入和系统化产业建设，生产、经营、管理处于原始的自然状态，发展缓慢，问题突出。为解决当前存在的相关问题，推进发展黑山羊产业，海南省特别指定并实施了《海南黑山羊（东山羊）产业发展规划（2014—2017 年）》。以打造海南"四大名菜"之一——海南东山羊品牌为抓手，以满足国际旅游岛中外游客和本岛供应需求，促进农民持续增加收入为目标，推行"草当粮种，羊当猪养"的舍饲技术，完成黑山羊生产体系建设为指导思想，坚持立足省内实现基本自给，以市场为导向，以转变生产方式为主线，以政策扶持为引导，着力提高良种化水平，稳定增加基础母畜；着力优化区域布局，加快推进标准化规模育肥养殖；着力完善技术服务、种草养羊、圈舍改造、疫病防控，全面提升生产能力；着力加强产销衔接，积极促进产业化经营，确保省内羊肉消费基本自给和有效供给。规划确定的发展目标是全省肉羊生产总体保持稳定发展，规模化、标准化、产业化和组织化程度大幅提高，综合生产能力显著增强，羊肉生产基本满足市场需求。至 2017 年，全省黑山羊年出栏量137.1 万只，比 2013 年增加 58 万只，年均增长 18％。其中，2014 年预计增加出栏 8 万只，2015 年预计增加出栏 14 万只，2016 年增加 18 万只，2017 年增加 18 万只。全省黑山羊出栏率达到 150％以上；肉羊年出栏 200只以上规模养殖比例达到 50％以上。

3. 呼和浩特市奶业发展扶持政策

近年来，呼和浩特市认真贯彻落实国家和自治区促进奶业发展的政策措施，大力实施标准化规模养殖，优化奶牛区域布局，在不断创新经营方式的基础上，奶业生产水平得到了大幅提升，全市奶业总体上保持了持续稳定的发展势头。随着国民经济的发展和人民生活水平的提高，我国对奶产品的消费规模逐渐扩大。为贯彻落实党的十九大精神、2018 年中央 1号文件及全国奶业振兴推进会议精神，呼和浩特市以"乡村振兴"战略为总抓手，打造"中国乳都"升级版，在全区乃至全国率先实现奶业振兴，出台奶业发展扶持政策。该项扶持政策对呼和浩特地区的奶牛（奶羊）养殖场，苜蓿等优质牧草种植企业、合作社或农户进行补贴。

补贴内容包含以下几个方面：对在全市范围内种植苜蓿草等优质牧草的企业（合作社、农户）或使用苜蓿草等优质牧草的养殖场给予优质牧草补贴；对在呼和浩特市符合验收条件的新建奶牛牧场和奶羊养殖场给予新建牧场补贴，对完成改造扩容提升并按相关标准验收合格的奶牛（奶羊）养殖牧场给予牧场改造扩容提升补贴；对从呼市以外地区购买优质高产奶牛 30 头以上并在本市奶牛牧场进行常年饲养的符合规定的奶牛养殖场实行外购奶牛补贴；对使用奶牛优质性控冻精、奶羊优质冻精的养殖场给予冻精补贴；对符合补贴条件的机械设备实行机械设备补贴；对乳品加工企业、合作社、社会组织或个人建设标准化奶牛（奶羊）养殖场实行金融贷款补贴；市财政每年安排 100 万元培训经费，开展相关技术培训，提升牧场的整体饲养管理水平。政策确定了明确的发展目标：2019—2022 年，每年新增奶牛 5 万头。其中，外购奶牛 1 万头，通过性控冻精等措施自繁 4 万头，到 2022 年全市奶牛存栏达到 50 万头；围绕奶牛养殖，全株青贮玉米种植面积达到 100 万亩，以苜蓿草为主的优质牧草保留面积达到 20 万亩；加快繁育体系建设，提高奶牛生产性能，年单产达到 8.7 吨，年产生鲜乳 260 万吨；建立紧密的农企利益链接机制，增加农民收入。

4. 内蒙古、甘肃牧草运输绿色通道

内蒙古、甘肃是我国传统的草产业优势区，种草历史悠久，发展草产业有得天独厚的资源、区位和技术优势。近年来，国家牧草良种补贴、振兴奶业苜蓿发展行动、草牧业和"粮改饲"试点工程等一系列重大政策连续启动实施，带动两省区草产业持续快速发展，逐步由数量增长型向质量效益型、生产需求型向产业经营型转变，草产业基地面积稳步增加，苜蓿、燕麦等高端草产品优势产业带形成，草产业在全国的影响力不断提升。同时，由于草产品密度小、体积大、单位重量小，生产地域分散、分布广泛，近距离运输涉及千家万户，远距离运输涉及大额运输成本，占到企业产品成本的 30%～50%，已经成为草产业发展的重要影响因素。

实施牧草运输绿色通道政策，是对牧草产业发展具体实施环节的关注，旨在降低牧草运输成本，从运输环节减小牧草产业的发展阻力，为牧草业营造更好的发展环境，支持牧草相关产业发展。2016 年 9 月起，内蒙古自治区开始实行牧草运输绿色通道。根据相关规定，整车合法装载干草捆（天然草和人工草）、草块、草颗粒、草粉、青贮（青贮原料和青贮产品）、饲用秸秆等类型牧草的运输车辆享受绿色通道运输优惠。到 2018 年 12 月 31 日，牧草运输绿色通道到期后，内蒙古自治区将该项政策期限继续延长至 2020 年 12 月 31 日。2017 年，甘肃省出台了《甘肃省交通运输厅甘肃省发展和改革委员会甘肃省财政厅甘肃省农牧厅关于苜蓿草等四类草产品运输车辆享受通行费减免政策的通知》文件，实行牧草运输优惠政策。此次牧草运输优惠政策的牧草产品范围主要涵盖苜蓿草、燕麦草、红豆草、以玉米秸秆为主要原料生产的青贮草共四类草产品。牧草运输绿色通道政策的实施从流通环节解决了牧草企业等环境高成本的难题，减少了流通阻碍，对牧草行业特别是牧草主产区营造了良好的发展环境。一方面，绿色通道建设为牧草运输创造了有利的运输条件，降低了牧草运输成本；另一方面，成本的降低为牧民、企业种植牧草产生了一定的激励作用，促进了相关单位的收入增加。

5. 内蒙古商业性苜蓿保险

为保障地方特色牧业产业发展，中华保险乌兰察布中心支公司与丰镇市政府重点招商引资企业内蒙古青青草元生态科技发展有限公司合作，成功签署商业性苜蓿保险，为该龙头企业承保面积紫花苜蓿2万多亩，提供了2 700多万元的风险保障。内蒙古青青草元生态科技发展有限公司表示明确的投保意向后，乌兰察布公司成立专门项目小组。一方面，与充分调研，开发新产品；另一方面，充分沟通协调，制定承保方案。实施商业性苜蓿保险是在草牧业保险严重缺失、牧草生产风险过大而难以规避的背景下提出来的。通过推行商业性苜蓿保险，一方面，可以降低牧草风险，在更大程度上保障企业和农户的利益；另一方面，苜蓿保险可以稳定牧草生产，提升生产单位的积极性。商业性苜蓿保险的推行开启了乌兰察布市商业性牧草保险先例，填补了自治区饲草保险的空白。在完成保险签单工作后，保险公司积极关注后期理赔工作。在苜蓿受灾后，保险公司组织多人次对受损标的进行现场查勘，利用GPS测量受灾亩数，并跟踪收割打捆及销售过程，确定亩产量查灾定损。商业性苜蓿保险的推行有力降低了牧草企业的生产风险，并且对农业保险拓宽服务"三农"领域起到了积极推动作用。

11.4.5 政策特点

1. 政策主要集中在生产环节，对加工流通环节关注不足

通过对近年来我国在草牧业方面出台的一系列相关政策来看，这些政策偏重于牧草生产、畜牧养殖环节，对饲草料、畜产品的加工方面关注不足。草原生态保护补奖政策、振兴奶业苜蓿行动计划、南方现代草地畜牧业推进行动等政策的实施重点关注修复草原生态、提升牧草质量，对牧草生产后的加工处理、流通等方面没有实施后续的政策支持。牧草和畜产品的生产是草牧业发展的基础和重要环节，重点关注这一环节十分必要，然而深入发展流通、加工环节同样不能忽视。草牧业的加工流通环节关系到草牧产品的质量安全，关系到草业和畜牧业的产业链长短，关系到牧区人民的收入增长，关系到三产融合的实施效果。

2. 草牧业发展的资金、土地、机械研发、保险、运输等政策有待完善

草牧业的发展需要在资金、土地、机械研发、保险、运输等各个环节予以全面关注和支持。当前，草牧业的发展仍面临多重困难，现今草牧业方面的政策对这些困难的关注仍有不足。如，草牧业发展面临贷款难等资金难题，收草企业资金压力大、养殖业贷款抵押物难以解决；牧草国产机械成本高、普及范围有限，难以满足牧草产业发展的需求；土地流转、养殖污染等用地问题仍缺乏相应的政策进行调节。关于这些方面的政策仍不够完善，对当前问题的针对性和实用性有待提升。除此之外，部分政策停留在试点阶段，仍未进行全国的推广，如牧草运输绿色通道等方面的政策仅限内蒙古、甘肃两省区。

3. 对草业发展技术研发及服务示范的相关政策不足

未来草业的发展，尤其是优质牧草产业的发展需要更高的技术投入，需要具备一定规模和实力的研发机构及示范单位。当前，政策对草业生产环节以及规模化、生态保护方面比较重视，但对于支持相关技术研发方面的政策存在不足，忽视了草业技术投入在草业长期发展过程中的关键作用。同时，对于培养鼓励发展草业发展技术研发服务示范单位的关注存在不足，使得相关技术研发和推广进程滞缓。

4. 种养结合、草畜联动配套施政存在不足

我国现行的草业和畜牧业方面的政策联动配套性比较差，草业政策实施重点为主要的牧草产区，畜牧业方面的代表性政策为肉牛肉羊调出大县奖励，重点区域是肉牛肉羊的生产大县，二者之间在施政方面缺乏联动性。牧草产品是牛羊等草食动物的重要饲料来源，二者之间在生产使用环节紧密相连，但是现有的政策侧重点分别是两个环节的两种产品，没有实现二者之间的有机联合。政策忽视了草业和牧业的联动发展。

11.5　草牧业发展政策建议

2015 年以来，农业农村部组织开展了草牧业发展试验试点，在优质草畜生产能力、政策支持、发展模式等方面取得良好进展。为积极探索以草牧业为主导的新型农业结构调整路径，推动一二三产业深度融合，实现草牧业高质量发展。本章立足转变草牧业发展方式，坚持草畜结合，实现草牧业可持续发展的目标，结合直接、间接和信息政策工具，构建出包括，草牧业财政政策、金融政策、土地政策、布局政策、技术政策、融合政策和储备政策的 7 大政策体系。

11.5.1 草牧业政策的目标

围绕草牧业发展，以市场机制调节为主线，充分运用经济、行政等多种手段进行宏观调控，弥补市场失灵的缺陷，积极发挥各区自身优势，把草业和畜牧业充分结合，降低草业和畜牧业发展的政策性和市场性障碍，旨在实现草牧业的高产、优质、高效和低耗发展，转变粗放经营为集约经营，达到高质量发展的目的。

11.5.2 草牧业政策工具

1. 间接诱导手段

政府启动经济杠杆进行间接管理，主要有：政府投资、财政补贴、税收减免、特别财务制度等财政手段；贷款差别利率、贷款不同期限、贷款政府保证等金融手段；实行保护关税、关税减免等外贸手段。

2. 直接干预手段

政府运用行政权力进行直接管理，主要有政府的行政管制和政府的行政协调两大类。政府的行政管制可分为：市场进入管制，外汇配额、信贷配额、进口配额等方面的数量管制，价格管制，技术管制，环境保护管制和生产安全管制。政府的行政协调主要是指政府以其特定的权威地位和影响力，进行各种形式协调。

3. 信息指导手段

政府利用所掌握的信息进行政策引导，主要有：建立健全信息服务体系、科技服务体系、市场流通服务体系。

11.5.3 草牧业政策体系

1. 草牧业财政政策

政府启动经济杠杆，运用政府投资、财政补贴、财政贴息、税收减免等财政手段，大力发展草牧业保险、加大草牧业发展的基础设施投资、强化对龙头企业的扶持等，转变粗放经营为集约经营，达到可持续发展的目的。

（1）要大力发展草牧业保险。将农业保险纳入农业总体发展规划之中，中央政府出资建立中央农业保险公司。作为政策性保险公司，确定中央农业保险公司的政策性保险公司的非盈利性质，将牧草、畜牧产业列为重点受保对象；采用财政补贴、免征营业税、所得税等措施引导和鼓励全国各大保险公司为草企业和农户经营提供草牧业保险；在农村地区依据自愿互助的原则，成立不同形式的农业保险合作组织，在各地市逐级分散农业风险；建立农业灾后补偿机构，降低和减轻灾害与市场风险的影响；提高农民的保险意识，自然风险较大的地区可以采取强制投保；政府对参加保险的农户进行保费补贴，简化理赔程序的规定，以调动广大农户的参保积极性。

（2）加强草牧业基础设施建。加快建立保护草牧业的生产体系，改善草牧业发展的物质条件，加强基础设施建设。兴建一批大中型农田水利重点工程，帮助农民改良土壤、提高地力；加快发展节水灌溉，继续把大型灌区续建配套和节水改造作为农业固定资产投资的重点，大力推广节水技术；加大大型排涝泵站技术改造力度，配套建设田间工程；切实抓好以小型灌区节水改造、雨水集蓄利用为重点的小型农田水利工程建设和管理。

（3）发挥好财政补贴对草牧业发展的促进作用。充分利用黄箱政策8.5％的承诺上限，将人工牧草种植和牧草种子纳入补贴范围，建立种草补贴和牧草种子补贴制度；加大牧草机械补贴机具种类，扩大对牧草播种、收获等机具的补贴，同时提高补贴标准；充分利用 WTO 绿箱政策，主要包括：一般性服务开支（如研究、病虫害控制、培训、推广与咨询服务、检验、市场促销、基础设施服务等）；与生产不挂钩的直接收入支持、作物保险与收入安全计划、自然灾害救济、农业结构调整资助、环境或储备计划、地区援助计划、通过投资提供的农业结构调整计划等方面，把用于价格和直接补贴的财力转移到绿箱政策的合法名目之下，通过绿箱政策合法地注入到草牧业生产中去。

（4）建立健全草牧业服务体系。信息服务体系通过各种形式及时准确地搜集、分析、预测国内外市场供求信息；及时掌握政策、金融、科技、生产动态信息；气象部门及时准确提供气象信息服务。科技服务体系以科研试验示范基地为基础，以科技推广中心为依托，通过各种形式宣传和推广科研成果；引进和培育优良生态型牧草品种，建立良种繁育基地，为生产和投资者提供可靠的种源；指导牧草种植、管理、收割晾晒、打捆、草产品加工生产的全过程；通过各种形式对生产经营管理人员进行必要的培训。市场流通服务体系可以考虑建立草产品批发市场，并形成多渠道、多形式的草产品的流通方式，从牧草生产基地到牧草产品的加工、采购、运输形成一条龙服务。市场质量监督管理体系加强技术监督，规范市场管理，建立统一的价格体系，以质论价，平等交易，完善市场运行机制。

（5）发展草牧业产业化、品牌化经营。培育一批竞争力、带动力强的龙头企业和企业集群示范基地，推广龙头企业、合作组织与农户有机结合的组织形式；各级财政要增加扶持草畜产业化、品牌化发展资金，培育和扶持一批实力强、影响大、辐射面广、号召力强的巨型龙头企业上市，组建一批有凝聚力、竞争力、创新力、带动力的大型草牧跨国公司；发展草畜产品期货市场和"订单农业"；通过创新信贷担保手段和担保办法，切实解决龙头企业收购草产品资金不足的问题；积极引导和支持农民发展各类专业合作经济组织，加大扶持力度，建立有利于农民合作经济组织发展的信贷、财税和登记等制度。

2. 草牧业金融政策

政府启动经济杠杆，运用贷款差别利率、贷款不同期限、贷款政府保证、贴息等金融手段，设立牧草产业开发基金，建立规范化的农村金融市场，建立健全多层次、全方位的投资融资体系，解决牧草产业发展过程中资金短缺问题。

（1）集中信贷资金，加大草牧业链各环节投放力度。设立草牧业开发基金，用于草牧业龙头企业建设与技术改造等政策性贷款、种草及养殖农户小额贴息贷款，以及从事草牧科技开发、技术服务、信息咨询等业务的中小型企业贴息贷款。各银行业金融机构要结合市场调研，集中资金，加大投放，着力满足牧草生产良种繁育、病虫害控制、加工、销售、储备等草牧生产企业、农户的合理资金需求。政策性银行要重点加大对草牧储备信贷支持；工商银行、农业银行、中国银行、建设银行、交通银行等大型商业银行以及股份制商业银行，要重点加大对规模种植企业的信贷支持；农村合作金融机构（包括农村信用社、农村合作银行、农村商业银行）要重点满足农村种植散户的信贷需求。各银行业金融机构要重点加大对规模化草牧生产的信贷支持力度，积极引导和鼓励草牧生产龙头企业与中小农户签订产品订单生产合同，建立健全利益联结机制，对采取"公司＋基地＋农户"等模式进行规模化草牧生产的各方主体，优先予以信贷支持，促进规模种植；对草牧生产散户，应充分发挥农户小额信用信贷的作用；对规模较大、资金需求较多的专业生产户，可运用多户联保以及农民专业合作社等担保的方式给予信贷支持；对规模化程度较高的草牧企业，可以运用银（社）团信贷方式给予信贷支持。对符合信贷条件的草牧生产企业和农户，要在保证法律要素齐全的前提下，适当简化信贷手续，使资金在最短的时间内落实到位。

银行业金融机构应抓住机遇，主动协调，加强与担保机构和保险机构的合作，积极扩大草牧生产类信贷的担保和保险范围，提高草牧生产企业和农户信贷的可获得能力。对于已发放的草牧生产类信贷，要落实相应的担保和保险措施；对于拟发放的草牧生产类信贷，要在落实信贷担保和保险措施后，加大信贷投入。同时，银行业金融机构要积极探索同农业担保、农业保险机构建立持续、健康的合作机制，进一步降低和分散风险。为确保真正需要贷款的公司和农牧民顺利得到贷款，在贷款的发放上：一是贷款额度放宽，二是贷款条件放宽，三是贷款期限放宽，四是贷款利率低。

（2）建立规范化的农村金融市场，强化金融组织对草牧业发展的金融支撑作用。将农村金融体系与农村市场体系的建立相结合，与国家的草牧业政策相结合，建立规范的农村金融市场。该体系的建立应以农业发展银行、农业银行及农村信用社为基础，并在规范化监督管理的基础上鼓励其他商业银行融入；鼓励和支持金融机构创新农村金融产品和金融服务，大力发展小额信贷和微型金融服务，依法开展权属清晰、风险可控的大型农用生产设备、土地使用权等抵押信贷和应收账款、仓单、可转让股权、专利权、商标专用权等权利质押信贷；抓紧出台对涉草牧信贷定向实行税收减免和费用补贴及农民专业合作社开展信用合作试点的具体办法。

（3）发挥多种融资平台作用。优化草牧业投资环境，增强农业进入资本市场的实力，建立健全多层次、全方位的投资融资体系，为草牧业可持续发展提供坚实的保障。大力扶持农业龙头企业上市，可以从金融市场上获得发展资金；可以通过发行农业债券、投资基金等方式扩大直接融资的比重；还可以充分利用国内外的股票市场、债券市场等资本市场。此外，建立草牧业担保基金，为中小企业提供信贷担保，确保贷款资金的安全，为龙头企业获取信贷提供便利条件。

3. 草牧业土地政策

（1）树立大农业观念，使优质牧草合法进入基本农田，并在有关草业发展的征占土地等方面实行倾斜和优惠；建立健全土地流转机制，对草牧生产大户和公司的土地流转给予大力扶持，推动草牧业规模化、专业化、机械化生产。

（2）政策资金扶持与社会资本结合，围绕草种繁育、优质饲草基地建设、南方草山草坡资源开发、南方草地畜牧业示范基地建设等方面，实施一批重大工程。

（3）优质草种繁育基地建设工程：结合不同区域草种种植的适宜性，选育本土的优良草种，兼顾引进国外优良品种，在确定不同区域的适宜品种的基础上，加优质草种繁育基地建设。

（4）优质饲草基地建设工程：结合未来草食畜牧业发展对饲草的需求，围绕肉牛肉羊奶牛养殖基地，以优质饲草发展为主、草畜结合就地转化为原则，扶持一定规模优质饲草基地建设工程，包括南方冬闲田黑麦草规模化种植等。

（5）南方草山草坡资源开发工程：在全面了解南方草地资源分布及开发潜力的基础上，研究种植牧草的种类及高效利用的形式和机制，完善草山草坡的承包责任制，重点加强草地改良、建植高产优质栽培草地的研究，加大南方草山草坡资源开发利用。

（6）南方草地畜牧业示范基地建设工程：选择基础条件好，草地相对集中连片，草畜结合条件成熟的云贵高原草地区、长江中上游草地区、四川盆地丘陵草地区等，扶持8～10个重点区域开展南方草地畜牧业示范基地建设。

4. 草牧业区域政策

在全国产业总体布局的前提下，树立大农业观念，使优质牧草合法进入基本农田并进行区域化布局，采取优惠政策鼓励和引导列入规划区域内的地区大力发展草牧业，草牧业的优惠政策的实施要有范围、有重点、有突出，以确保国家的投入真正用在刀刃上，切忌在全国进行"一刀切、一窝蜂"地盲目推广牧草种植和食草畜牧养殖。

按照统筹规划、因地制宜的原则科学合理地进行草牧业的区域布局规划，统筹考虑天然草原区、农牧交错区、农区和大城市周边区的区域特点和发展重点，分区分类施策，发挥各区域资源、产业、技术、市场等优势，打造富有特色的发展模式，形成现代草牧业发展新格局。具体包括：

（1）草原畜牧业生产区。在北方干旱半干旱草原区，加强草原生态改良修复，提高天然草原生产能力；引导流转整合草场，建立饲草储备机制，推广"放牧＋舍饲"模式，适度发展草牧旅游业，实现生产与生态协调发展。在东北华北湿润半湿润草原区，加强人工草地建设，大力发展饲草料产业，推广划区轮牧、季节性休牧等生产方式，提高草原载畜和可持续发展能力；加快标准化规模养殖，推进肉牛基础母牛扩群增量，推广"牧繁农育"和"户繁企育"养殖模式，提高畜牧业发展质量和效益。在青藏高寒草原区，重点治理草原鼠虫害，减轻饲草损失。强化雪灾等自然灾害防灾减灾，加强牲畜棚圈建设和饲草储备，提高抗灾保畜和冬季补饲能力。大力发展牦牛、藏羊、藏猪、藏鸡等特色畜牧业，提高出栏率，强化品牌建设，适度发展以"草牧游"为主体的高原旅游业。在南方草山草坡区，加大草山草坡开发利用力度，高山草甸地区加快草地改良，建设现代草牧场；林草相间地区通过除杂、修建牧道等措施，加强放牧利用；低坡度丘陵山地大力发展人工种草养畜，尽快形成我国新的草牧业生产区。

（2）农牧交错区。在北方农牧交错区，长城沿线沙化退化地区重点控制耗水型产业发展，发展旱作节水草牧业，适度扩大草食畜牧业规模；黄土丘陵沟壑水土流失地区着力推进保护性耕作，积极推进退耕还草、人工种草，提升旱作节水草牧业规模；京津冀水源涵养地区加强地下水超采区综合治理，发展山坝生态型种养业和节水草牧业，加强天然草原合理利用和优质饲草料生产，发展优质生鲜乳及制品，推广肉牛、肉羊舍饲圈养。在西南农牧交错区，充分利用撂荒地、疏林地、灌丛地等土地资源，加快优质饲草料种植，构建一年生和多年生、冷季节型和暖季型饲草互补系统，推动农牧、林牧复合型生产，推广"牧繁农育"等育肥模式，提高农牧资源利用效率。

（3）种植业结构调整区。在东北地区，按照"稳、减、扩、建"种植业结构调整的要求，扩大青贮玉米、紫花苜蓿、羊草、燕麦等饲草料作物种植规模，构建合理轮作制度。引导奶牛、肉牛、绒毛用羊等草食家畜规模化、标准化和专业化生产，加快推进标准化屠宰和冷链配送。在黄淮海地区，按照以养带种的原则，推广"粮改饲"，引导发展全株青贮玉米、苜蓿、燕麦、甜高粱等优质饲草料生产，建设现代饲草料生产体系。推行适度规模化专业化舍饲养殖，推广规模化育肥等技术，加强屠宰加工和冷链配送能力建设。

在长江中下游地区，利用冬闲田种植黑麦草、饲用高粱、饲用油菜、紫云英等优质饲草料，在适宜的地区开展粮食作物、经济作物和饲草料作物三元种植结构调整，充分利用秸秆等农副产品资源，发展肉牛、肉羊、奶牛、奶山羊养殖，在水网地区挖掘优质水生饲草料资源，发展鸭、鹅等特色畜禽养殖。在华南地区，充分利用冬闲田种植黑麦草、杂交狼尾草等优质饲草料，低山丘陵地区加大人工种草力度，种植多年生柱花草、大翼豆、狗牙根等热带亚热带饲草料作物，养殖肉牛、水牛、奶水牛、山羊，推广草畜一体绿色循环养殖模式。

在西北地区，大力发展"粮改饲"和人工饲草地建设，种植青贮玉米、苜蓿、饲用油菜、饲用燕麦等饲草料作物，巩固和发展饲草料生产加工基地，充分挖掘本地奶牛、肉牛、肉羊、绒用羊等优质草食牲畜品种资源，加快畜禽品种杂交改良，加强草牧业一体化、产业化、品牌化建设。

在西南地区，加快推进粮食作物、经济作物和饲草料三元种植结构调整，推广耕地轮作、间作、套作和农闲田种草，利用坡耕地开展人工种草，种植饲用玉米、燕麦、黑麦草、杂交狼尾草等优质饲草料，充分利用秸秆等农副产品资源，大力发展肉牛、肉羊适度规模经营，积极发展兔、鹅等特色畜禽养殖。

（4）大城市周边区域。重点发展适度规模的奶牛养殖场，做好奶牛场与饲草料基地的衔接，加强冷链物流体系建设，保住"奶瓶子"，满足城市居民对新鲜乳品的需求。充分发挥大城市周边科技要素集聚的优势，加快高产奶牛核心群培育，建立完善联合育种机制，培育优秀种公牛。

5. 草牧业储备政策

从我国粮食储备政策的情况看，加强农产品储备对于保障市场供应、维护市场价格稳定，特别是做好应急救灾工作具有十分重要的作用。开展饲草储备，既可保证无灾时补饲育肥，又可保证有灾时抗灾保畜。为此，亟须建立牧草产品储备制度，形成国家储备与商业储备相结合、中央储备与地方储备相结合的储备体系，充分发挥储备"蓄水池"和"稳定器"的作用，保证草畜产业稳定、持续、健康发展；优化进出口和吞吐调节机制，通过及时调整进出口关税、配额等方式，灵活运用国际市场调剂国内品种余缺，把握好操作时机和节奏，努力化解"大国效应"对我国的不利影响。

6. 草牧业技术政策

草牧业技术政策是引导、促进和干预草牧业技术进步的政策，其以产业技术进步为直接的政策目标，保障草牧业技术适度和有效发展。由于过去"以粮为纲"的传统思想根深蒂固，草牧业在大农业发展中不受重视，导致我国草牧业产业发展基础薄弱、草牧业科技支撑不足，草牧业科技和推广人员较少。因此，在草牧业发展中，需要加强草牧业技术研发，主要包括：

（1）提升草牧业绿色发展水平。推进草原混播改良、划区轮牧、季节性休牧和灾害绿色防控，实现生产生态协调发展。完善豆科牧草和粮食作物轮作、间作、套作制度，培肥地力。加快三元结构调整，探索种草养畜、畜禽粪污还田利用、草畜循环发展模式，促进耕地减施化肥农药。推进秸秆青贮、黄贮、微贮饲料化加工，提高资源化利用率。加快抗旱节水、科学施肥、绿色植保等技术的试验示范、推广和应用。

（2）加强饲草畜禽良繁体系建设。深入实施现代种业工程。加强牧草种质资源收集保存和开发利用，筛选培育抗旱抗寒、丰产性高、适口性强的优良饲草新品种。开展饲草品种区域试验，完善新品种评价体系。强化饲草良种繁育基地建设，建设一批育种能力强、加工技术先进、产销服务到位的饲草种子企业，加快饲草种子生产一体化进程。完善畜禽品种资源保护机制，充分挖掘优良地方品种资源特性，深入实施牛羊等草食畜禽品种遗传改良计划，抓好生产性能测定、遗传评估、良种登记等基础性工作。加快推进肉牛扩群增量计划，"见犊补母"支持适度规模养殖场母畜扩群，突破母畜养殖的瓶颈制约，夯实肉牛产业基础。大力引进和繁育良种奶牛，打造高产奶牛核心育种群，建设一批国家核心育种场。提高我国饲草和畜禽良种覆盖率、市场占有率。

（3）推进草牧业标准化数字化生产。加快构建涵盖国家标准、行业标准和团体标准的草牧业绿色标准体系，组织开展饲草生产加工、草食畜禽生产加工和产业融合发展等方面相关标准的制修订和推广应用。实施标准化示范创建活动，建设饲草产业标准化示范基地和养殖场（小区），提高我国草牧业标准化生产能力和水平。加快数字草牧业建设。摸清我国饲草生产和草食畜禽养殖的空间分布家底，构建草牧业"数字底图"。推进饲草产品和草食畜禽产品大数据建设，科学调控草畜产品生产、加工、流通。充分利用物联网、互联网技术，建设数字牧场，实现草牧业精细化生产与智能化管理。

（4）加强饲草病虫害与畜禽疫病防控。加强苜蓿蓟马、蚜虫、根腐病等饲草重大病虫害监测预警和绿色防控工作，构建覆盖重要牧草和重点区域的病虫害监测预警网络，加快新型技术和防控药品的研发与推广应用，推动专业化统防统治和全程绿色防控体系建设。加强奶牛、肉牛、羊等草食畜禽疫病源头监测净化。强化养殖场消毒和病死畜禽无害化处理，降低发病率和死亡率。加强屠宰管理，做好口蹄疫、布鲁氏菌病、结核病、包虫病等重大疫病防控工作。

（5）加强草牧业新技术和新设备的引进与推广体系的建设。建立科学合理的引进制度，制定严格的引进审批程序，避免盲目引进；加大相关技术推广经费的专项投入，提高科技人员和农业执法人员的工资水平，建立相应的奖励政策；积极争取引进年轻的相关技术人员，加强在职人员的专业知识的培训，不断更新知识结构，建立一支稳定的科技推广队伍；加强基础设施建设，配置现代化办公设备和较高水准的检验、检测、化验设备，增加检测手段；创新推广体制提高科技成果转化率，在体制上，实施技术部门垂直管理，减少隶属关系，为农民及时提供各种服务，保证农业技术推广高效运转。

（6）引进国内外牧草产业发展急需的高层次人才。创造条件建立草牧业科技园，吸引国内外科研力量和优秀留学人才入园从事科研成果的开发转化工作；政府在审批立项、技术入股、人员出境、进出口代理等方面提供优惠条件；对草牧业发展急需的科技推广和成果转化项目，给予创业经费，并优先给予贷款贴息、担保等风险投资优惠，有条件的地区可以根据需要建立专家公寓，为引进的重大项目人才和优秀留学生提供生活条件；加大产学研结合的力度，采取校企、研企、校研联合等办法，设立联合培养硕士、博士工作站，国家教育和科技行政主管部门在牧草产业科研项目和科研经费上给予一定的倾斜支持；建立草牧业专家服务中心，主要承办引进高层次人才的评价、流动管理工作，发布人才需求信息，无偿提供项目论证、咨询、攻关活动组织等服务，负责高层次人才特事特办等督促落实工作；加大草牧专业人力资源的开发，调动各种层次人才的积极性；建立专门的培训制度，加强对农业技术人员的专业知识培训，提高其业务水平。

7. 草牧业融合政策

推进饲草种植与粮食经济作物种植、饲草产业与草食畜牧业、饲草种植和草食畜禽养殖与加工流通业、草原畜牧业与文化、旅游、教育、康养等产业、草牧业与信息产业等多种类型融合。创建一批草牧业现代产业园、融合发展示范园，延伸产业链，提升价值链，孵化一批新业态、新模式，发挥草牧业多种功能和多重价值。培育与产业融合相适应的草牧业新型经营主体，草原牧区培育一批爱草原、懂牧业、会经营的新型职业牧民，探索推进生态养殖合作社、家庭牧场等新型经营主体建设；农牧交错区培育一批会放牧、会种草、会养殖的新型农牧民；农区培育一批适度规模经营的草牧业生产专业大户和家庭农牧场。加快推进草畜产品加工型龙头企业发展，加强草牧业社会化服务组织建设。培育和发展草牧业产业化联合体。

参 考 文 献

艾琳，张海南. 2018. 肯尼亚、南非草牧业考察报告 [J]. 中国畜牧业 (18)：55-57.

白史且，马小合，张院萍. 2018. 草牧业扶贫的"凉山战略" [J]. 中国畜牧业 (23)：16-27.

白史且. 2018. 不忘初心，砥砺前行，再攀草牧业科研高峰——纪念洪绂曾先生"青藏高原草牧业科研高地"题词八周年 [J]. 草学 (2)：2.

白永飞，潘庆民，邢旗. 2016. 草地生产与生态功能合理配置的理论基础与关键技术 [J]. 科学通报 (2)：201-212.

包正义. 2017. 基于 GIS 的草牧业空间信息管理系统设计与实现 [D]. 呼和浩特：内蒙古师范大学.

毕于运，高春雨，王亚静. 2009. 中国秸秆资源数量估算 [J]. 农业工程学报，25 (12)：211-217.

毕于运. 2010. 秸秆资源评价与利用研究 [D]. 中国农业科学院.

曹兵海，李俊雅，王之盛，等. 2019. 2018 年肉牛牦牛产业技术发展报告 [J]. 中国畜牧杂志，55 (3)：133-137.

曹兵海，万发春，王之盛，等. 2012. 巴西肉牛产业链 [J]. 中国畜牧业 (6)：50-53.

曹兵海. 2019. 2019 年肉牛牦牛产业发展趋势与建议 [J]. 饲料工业，40 (4)：1-7.

曹佳，肖海峰. 2010. 我国畜牧业科技进步贡献率的测算与分析 [J]. 技术经济 (4)：73-76.

曹建民，霍灵光，张越杰. 2011. 日本肉牛产业政策的经济分析与启示 [J]. 中国农村经济 (3)：91-96.

曹卫，郝亚林. 2003. 产业融合对我国产业结构调整的启示 [J]. 经济体制改革 (3)：14-17.

岑慧连，唐祈林. 2016. 中国西南地区草牧业概况及其发展趋势分析 [J]. 草业科学 (3)：535-539.

陈宝江，谷子林，刘亚娟，等. 2015. 2015 年家兔饲料产业发展趋势与建议 [J]. 饲料研究 (17)：63-66.

陈宝书. 2001. 牧草饲料作物栽培学 [M]. 1 版. 北京：中国农业出版社.

陈德山. 2015. 农作物病虫害绿色防控技术的集成与应用 [J]. 北京农业 (9).

陈国宏. 2010. TMR 中不同长度的苜蓿干草对泌乳奶牛生产性能的影响 [J]. 中国畜牧杂志，46 (15)：62-66.

陈鸿斌. 1986. 当今美国和日本的种子产业 [J]. 种子世界 (1)：31 - 33.

陈家海. 2009. 产业融合：狭义概念的内涵及其广义化 [J]. 上海经济研究 (11)：35 - 41.

陈洁，原英，乔光华. 2018. 我国传统牧区转变畜牧业发展方式问题研究 [M]. 上海：上海远东出版社.

陈凯. 2000. 农业技术进步的测度——兼评《我国农业科技进步贡献率测算方法》[J]. 农业现代化研究 (2)：124 - 128.

陈立坤，杜丽霞，王岩春，等. 2013. 我国牧草种子生产现状分析及产业化发展建议 [J]. 草业与畜牧 (10)：46 - 49.

陈玲玲，玉柱，毛培胜. 2014. 中国饲草产业发展现状？问题及政策研究 [C]. 第三届 (2014) 中国草业大会论文集.

陈柳钦. 2007. 产业融合的发展动因、演进方式及其效应分析 [J]. 西华大学学报 (哲学社会科学版) (4)：69 - 73.

陈青. 1987. 新西兰牧草种子产业简介 [J]. 中国草业科学，4 (3)：55.

陈三友. 2000. 从广东草业生产模式看牧草在可持续发展中的战略地位 [J]. 草业科学 (1)：75 - 77.

陈晓玲. 2011. 福建县域农业科技进步贡献率测算与影响因素分析 [D]. 福州：福建农林大学.

陈晓声. 2001. 产业竞争力的测度与评估 [J]. 上海经济 (6)：45 - 47.

陈志，董敏杰，金碚. 2009. 产业竞争力研究进展评述 [J]. 经济管理 (9)：30 - 37.

成德宁. 2012. 我国农业产业链整合模式的比较与选择 [J]. 经济学家 (8)：52 - 57.

程剑桥，黄国桢. 2016. 注重开发我国多功能农业 [J]. 上海交通大学学报 (农业科学版) (2)：64 - 68.

崔姹，王明利，胡向东. 2018. 我国草牧业推进现状、问题及政策建议 [J]. 华中农业大学学报 (社会科学版) (3)：73 - 80.

崔姹，王明利. 2016. 中国肉类消费发展分析及未来展望 [J]. 农业展望 (10)：74 - 80.

崔艺燕，等. 2018. 木薯及其副产品的营养价值及在动物生产中的应用 [J]. 中国畜牧兽医，45 (8)：2135 - 2146.

戴双兴. 2004. 产业融合与产业竞争力的提升 [J]. 山东工商学院学报 (10)：14 - 17.

单绪南，朱恩林，杨普云. 2009. 2008 年全国农作物病虫害发生概况、防治进展及 2009 年防控对策 [J]. 中国植保导刊，29 (5)：16 - 18.

但晓波. 2017. 饲用牧草高产技术 [J]. 中国畜牧业 (2)：61 - 62.

邓干然，等. 2018. 木薯叶饲料化利用技术研究进展 [J]. 饲料工业，39 (23)：17 - 22.

邓光联，赵帅，韩奎. 2019. 乘改革东风促种业飞跃——改革开放四十年，种业实现历史性发展 [J]. 中国种业 (2)：1 - 6.

邓锐强，李迎光，张燕茹. 2018. 奶牛养殖提质节本增效的思考 [J]. 中国畜禽种业，14

(10)：85-86.

刁其玉，张蓉. 2017. 我国幼龄反刍动物生长与消化生理发育特点 [J]. 中国畜牧杂志 (7).

丁广洲，等. 2018. 我国饲用甜菜产业发展的对策与建议 [J]. 中国糖料，40 (2)：68-72.

董宽虎，沈益新. 2003. 饲草生产学 [M]. 第1版. 北京：中国农业出版社.

董平祥. 1993. 气候条件对牧草生长发育的影响 [J]. 草与畜杂志 (4)：30-31.

董荣奎，赵一帆，何佳等. 2015. 三产融合——农村经济可持续发展的新举措 [J]. 内蒙古农业科技，43 (6)：144-147.

董世国，杨清华，吕晓冬，等. 2005. 黑龙江省渔业科技贡献率的分析及对策建议 [J]. 农业经济与管理 (5)：8-13.

董孝斌，张新时. 2005. 发展草地农业是农牧交错带农业结构调整的出路 [J]. 生态经济 (4)：87-89.

董永平，钱贵霞，李梦雅. 2018. 草业产值统计指标与方法及其初步核算——以内蒙古锡林浩特市为例 [J]. 草原与草坪 (1)：83-89.

杜立新. 2018. 未来可期，新动能，新趋势——羊产业与育种技术发展 [J]. 饲料与畜牧 (12)：5-9.

鄂尔多斯智库. 2013. 新疆现代马产业发展规划纲 [R].

恩和. 2015. 蒙古国草原畜牧业可持续发展研究 [D]. 福州：福建师范大学.

樊纲，王小鲁，马光荣. 2011. 中国市场化进程对经济增长的贡献 [J]. 经济研究 (9)：4-16.

范文强，格根图，贾玉山. 2017. 中国草产品加工业发展展望 [J]. 草原与草业 (3)：1-6.

方精云，白永飞，李凌浩，等. 2016. 我国草原牧区可持续发展的科学基础与实践 [J]. 科学通报 (61)：155-164.

方精云，白永飞，李凌浩，等. 2016. 我国草原牧区可持续发展的科学基础与实践 [J]. 科学通报，61 (2)：155-164，133.

方精云，景海春，张文浩，等. 2018. 论草牧业的理论体系及其实践 [J]. 科学通报 (17)：1619-1631.

方精云，景海春，张文浩，等. 2018. 论草牧业的理论体系及其实践 [J]. 科学通报，63 (17)：1619-1631.

方精云，景海春，张文浩，等. 2018. 迎接草牧业成为我国现代农业半壁江山的时代 [J]. 科学通报，63 (17)：1615-1618.

方精云，李凌浩，蒋高明，等. 2015. 如何理解"草牧业" [J]. 环境经济 (18)：29.

冯浩，吴普特. 1998. 黄土高原国家攻关试区农业科技进步贡献率的分析与评价 [J]. 水土保持通报 (6)：54-62.

高海秀，王明利，石自忠，等. 2019. 中国牧草产业发展的历史演进、现实约束与战略选择［J］. 农业经济问题（5）：121 - 129.

高鸿宾. 2012. 中国草原［M］. 北京：中国农业出版社.

高利伟，马林，张卫峰. 2009. 中国作物秸秆养分资源数量估算及其利用状况［J］. 农业工程学报，25（7）：173 - 179.

高煜，刘志彪. 2008. 改革 30 年我国产业发展演进的历史回顾与前瞻［J］. 西北大学学报（哲学社会科学版）（2）：5 - 13.

耿华珠. 1995. 中国苜蓿［M］. 1 版. 北京：中国农业出版社.

谷子林，陈宝江，刘亚娟，等. 2016. 家兔饲料配方设计原料的选择［J］. 饲料工业，37（7）：1 - 4.

谷子林，陈宝江，刘亚娟，等. 2018. 饲草的生理功能及其在养兔中的应用［J］. 中国养兔（1）：41 - 47.

谷子林. 发展中的中国兔业［R］. 中国畜牧业协会兔业分会 2016 年欧洲考察报告.

顾京晶. 2018. 马的营养概述［J］. 今日畜牧兽医，34（8）：43.

郭常莲. 2006. 美国的种子生产特点及管理体系［J］. 山西农业科学，34（2）：86 - 88.

郭冬生，黄春红. 2016. 近 10 年来中国农作物秸秆资源量的时空分布与利用模式［J］. 西南农业学报，29（4）：948 - 954.

郭丽. 2017. 甘肃省农业技术进步贡献率及影响因素分析［D］. 兰州：甘肃农业大学.

郭木金. 2012. 豇豆花叶病毒亚科分子检测及南芥菜花叶病毒荷兰分离物基因组序列分析［D］. 福州：福建农林大学.

郭婷，白娟，刘源. 2018. 内蒙古民族马业发展问题及策略研究［J］. 内蒙古科技与经济（6）：3 - 6.

国家发展改革委宏观院和农经司课题组. 2016. 推进我国农村一二三产业融合发展问题研究［J］. 经济研究参考（4）：3 - 28.

国家科学技术委员会. 1997. 中国农业科学技术政策背景资料［M］. 北京：中国农业出版社.

国家统计局. 2013—2018. 国家统计数据年鉴［R］.

国家畜禽遗传资源委员会. 2011. 中国畜禽遗传资源志·马驴驼志［M］. 北京：中国农业出版社.

国卫杰，王加启，王晶，等. 2008. 全混合日粮饲养方式对奶牛生产性能的影响［J］. 黑龙江畜牧兽医（11）：27 - 29.

韩建国，Rolston M. P. 1994. 新西兰的牧草种子生产［J］. 世界农业（11）：18 - 20.

韩建国，李志强. 2008. 建立现代牧草产业的意义和措施［J］. 中国牧业通讯（4）：44 - 47.

韩建国，毛培胜. 2011. 牧草种子学［M］. 北京：中国农业出版社.

韩建国. 1997. 加拿大的牧草种子生产［J］. 世界农业（10）：37 - 39.

韩建国. 1999. 美国的牧草种子生产［J］. 世界农业（4）：43 - 45.

韩建国. 2000. 牧草种子生产的地域性 [A]. 草业与西部大开发——草业与西部大开发学术研讨会暨中国草原学会 2000 年学术年会论文集 [C]. 中国草原学会.

韩建国. 1997. 欧盟的牧草种子生产 [J]. 世界农业 (4)：38 - 39.

韩建国. 2006. 我国草业发展潜力还有多大 [J]. 中国牧业通讯 (14)：47 - 49.

韩小明. 2006. 对于产业融合问题的理论研究 [J]. 教学与研究 (6)：56 - 63.

何峰，李向林. 2010. 饲草加工 [M]. 北京：海洋出版社.

何光武. 2001. 四川发展牧草种子产业的思考 [J]. 四川畜牧兽医 (8)：17 - 18.

何国金，胡德永，金小华. 2002. 北京麦蚜虫害的光谱测量与分析 [J]. 遥感技术与应用 (3)：119 - 124.

何宽. 2013. 基于索罗模型的浙江海洋科技进步贡献率研究 [D]. 杭州：浙江海洋学院.

何立胜. 2005. 产业融合与产业竞争力 [J]. 河南社会科学 (5)：13 - 15.

何新天. 2015. 立足技术推广服务——做推进草牧业发展的好助手 [J]. 中国畜牧业 (16)：35 - 40.

何忠伟，刘芳，白凌子，等. 2014. 国外肉牛、肉羊补贴政策特点与借鉴 [J]. 世界农业 (4)：95 - 98.

洪绂曾. 2011. 中国草业史 [M]. 北京：中国农业出版社.

洪绂曾. 1989. 中国多年生牧草栽培区划 [M]. 北京：中国农业科技出版社.

侯扶江，宁娇，冯琦胜. 2016. 草原放牧系统的类型与生产力 [J]. 草业科学，33 (3)：353 - 367.

侯浩宾，李海静，张莉. 2018. 驴遗传育种现状与发展趋势 [J]. 草食家畜 (3)：1 - 8.

侯浩宾，李海静，张莉. 2018. 马、驴主要经济性状功能基因研究进展 [J]. 中国畜牧兽医，45 (10)：2670 - 2680.

侯龙鱼，朱泽义，杨杰，等. 2019. 我国饲草用燕麦现状、问题和潜力 [J]. 西南民族大学学报（自然科学版）(3)：248 - 253.

侯文通. 2013. 现代马学 [M]. 北京：中国农业出版社.

侯向阳，张玉娟. 2018. 草牧业提质增效转型发展的驱动要素分析 [J]. 科学通报，63 (17)：1632 - 1641.

侯向阳. 2010. 发展草原生态畜牧业是解决草原退化困境的有效途径 [J]. 中国草地学报，32 (4)：1 - 9.

侯向阳. 2016. 可持续挖掘草原生产潜力的途径、技术及政策建议生态类型区 [J]. 中国农业科学，49 (16)：3229 - 3238.

侯向阳. 2009. 我国草地农业体系建设和未来发展方向 [J]. 内蒙古财经学院学报 (2)：33 - 37.

侯向阳. 2015. 我国草牧业发展理论及科技支撑重点 [J]. 草业科学，32 (5)：823 - 827.

侯向阳. 2017. 西部半干旱地区应大力发展旱作栽培草地 [J]. 草业科学，34 (1)：161 - 164.

侯玉洁，徐俊，曾柳根. 2016. 紫花苜蓿的营养特性及其在养猪生产中的应用研究进展
  [J]. 养猪（2）：25 - 30.

胡鞍钢，高宇宁，郑云峰，等. 2017. 大国兴衰与中国机遇：国家综合国力评估 [J]. 经
  济导刊（3）：14 - 25.

胡顺勇，余红梅. 2007. 青贮玉米高产高效栽培技术 [J]. 农村科技（8）：12.

胡向东. 2017. 关于"粮改饲"种植结构调整的思考 [J]. 价格理论与实践
  （2）：19 - 20.

胡永佳. 2008. 产业融合的思想源流：马克思与马歇尔 [J]. 中共中央党校学报（4）：
  70 - 73.

胡永佳. 2007. 从分工角度看产业融合的实质 [J]. 理论前沿（8）：30 - 31.

胡自治. 1997. 草原分类学概论 [M]. 北京：中国农业出版社.

胡自治. 2000. 人工草地在我国 21 世纪草业发展和环境治理中的重要意义 [J]. 草原与
  草坪（3）：12 - 15.

皇甫江云，毛凤显，卢欣石，等. 2012. 中国西南地区的草地资源分析 [J]. 草业学报，
  21（1）：75 - 82.

黄冲，刘万才. 2015. 试论物联网技术在农作物重大病虫害监测预警中的应用前景 [J].
  中国植保导刊，35（10）.

黄琳，等. 2017. 我国草食畜牧业饲草料需求及其对农业种植结构调整影响的分析 [J].
  广东畜牧兽医科技，42（2）：8 - 16，34.

黄忠伟. 2017. 新西兰澳大利亚绿色发展启示录 [J]. 企业研究（9）：43 - 45.

黄祖辉. 2016. 在一二三产业融合发展中增加农民收益 [J]. 中国合作经济（1）：
  23 - 26.

冀凤杰，等. 2016. 木薯渣饲用价值分析 [J]. 中国饲料（6）：37 - 40.

贾茂辉. 2012. 中国肉牛主产区生产布局变动研究 [D]. 长春：吉林农业大学.

贾慎修. 1985. 中国草地区划的商讨 [J]. 自然资源（2）：1 - 13.

贾志宽，王立祥，韩清芳，等. 1994. 宁南山区农业发展的困境与出路 [J]. 干旱地区农
  业研究（1）：26 - 33.

姜长云，杜志雄. 2017. 关于推进农业供给侧结构性改革的思考 [J]. 南京农业大学学报
  （社会科学版）（1）：1 - 10，144.

姜长云. 2015. 日本的"六次产业化"与我国推进农村一二三产业融合发展 [J]. 农业经
  济与管理（3）：5 - 10.

姜长云. 2015. 推进农村三次产业融合发展要有新思路 [J]. 宏观经济管理（7）：
  48 - 49.

姜长云. 2015. 推进农村一二三产业融合发展新题应有新解法 [J]. 中国发展观察（2）：
  18 - 22.

姜慧新，王玉霞，宋继成，等. 2019. 山东省规模驴场饲草料生产利用情况调研与分析

[J]. 中国草食动物科学，39 (2)：60 - 63.

蒋和平，苏基才. 2001. 1995—1999 年全国农业科技进步贡献率的测定与分析 [J]. 农业技术经济 (5)：12 - 17.

蒋全民，王梦琳，任继周，等. 2003. 草畜平衡：刻不容缓的百年方略 [J]. 四川草原 (6)：52 - 56.

蒋一卉. 2017. 农村产业融合评价指标体系及应用——以北京市为例 [J]. 经济界 (2)：83 - 89.

景鹏成. 2018. 基于品种特性和收获过程提高苜蓿干草质量的研究 [D]. 石河子：石河子大学.

琚腊红，于冬梅，房红芸，等. 2018. 1992—2012 年中国居民膳食能量、蛋白质、脂肪的食物来源构成及变化趋势 [J]. 卫生研究，47 (5)：689 - 694，704.

孔凡斌，吴雄平，廖文梅. 2014. 中国林业科技进步贡献率的要素分解及测算研究——基于 2002—2011 年 31 个省（市、自治区）的统计数据 [J]. 农林经济管理学报 (4)：420 - 428.

兰晓玲，郭玉明，贺俊林. 2013. 我国秸秆饲料化利用技术研究综述 [J]. 安徽农学通报，19 (13)：103 - 104.

老海. 2016. 三看丹麦：怎样一个幸福的国家 [J]. 防灾博览 (4)：76 - 85.

雷亚非. 2016. 奶牛全混合日粮（TMR）饲喂技术特点及关键措施 [J]. 养殖与饲料 (7)：35 - 37.

李宝. 2008. 美国草种业的特点与启示 [J]. 山西农业（畜牧兽医）(3)：25 - 27.

李成雄，王作柱. 1985. 莜麦的栽培与良种 [M]. 太原：山西人民出版社.

李冲，吴峰洋，刘亚娟，等. 2015. 四种优良牧草在生长肉兔中的应用效果及展望 [J]. 饲料博览 (10)：27 - 29.

李翀. 2012. 战略抉择：中国经济发展方式的现状与转型 [J]. 学术月刊 (1)：70 - 78.

李春涛. 2013. 奶牛采食量的影响因素及提高途径 [J]. 现代畜牧科技 (5)：30 - 30.

李登旺，仇焕广，张世煌，等. 2016. 中国种业发展的国际比较与改革思路 [J]. 世界农业 (9)：162 - 168.

李国龙. 2015. 我国草种业怎样换上"中国芯" [J]. 农村·农业·农民 (9)：28 - 29.

李杰，王玉斌. 2019. 我国驴业发展现状、问题及对策 [J]. 中国畜牧杂志，55 (5)：159 - 162.

李俊岭. 2009. 东北多功能农业功能价值实证分析 [J]. 中国农业资源与区划 (2)：32 - 36.

李林杰，王红涛. 2008. 加快农业科技进步，推进现代农业发展——基于我国"十五"时期农业科技进步贡献率的实证分析 [J]. 农业现代化研究 (2)：163 - 167.

李沐森，郭文场，刘佳贺，等. 2019. 中国驴的养殖、利用和展望 [J]. 特种经济动植物，22 (2)：2 - 5.

李鹏，王玉斌，谭向勇．2006．东北地区粮食生产与贸易分析［J］．中国农业大学学报（社会科学版）（1）：57-62．

李其木格．2011．五畜均衡对内蒙古草原生态保护之作用［D］．呼和浩特：内蒙古师范大学．

李启森．2000．豫北沙地优质高产饲草料生产与发展模式研究［J］．中国沙漠，20（S2）：64-67．

李青丰，王芳．2001．北方牧草种子生产的气候条件分析［J］．干旱区资源与环境（S1）：93-96．

李胜利，刘长全，夏建民，等．2019．2018年我国奶业形势回顾与展望［J］．中国畜牧杂志，55（3）：129-132．

李胜利．2008．中国奶牛养殖产业发展现状及趋势［J］．中国畜牧杂志（10）：45-49．

李素，郭兆春，王聪．2018．信息技术在农作物病虫害监测预警中的应用综述［J］．江苏农业科学，46（22）：9-14．

李维薇，黄涛，陈会敏．2017．以推进农业供给侧结构性改革为契机加快发展现代草牧［J］．草学（2）：1-4．

李文茜，等．2019．马铃薯渣的开发利用与研究进展［J］．饲料工业，40（1）：17-22．

李文星，范逢春．1999．中国经济新焦点评析——反思与展望［M］．北京：西苑出版社：323-324．

李向林，沈禹颖，万里强．2016．种植业结构调整和草牧业发展潜力分析及政策建议［J］．中国工程科学（1）：94-105．

李小鹏，焦金真，颜琼娴，等．2016．山羊羔羊回肠细菌群落定植与消化功能的发育性变化［J］．动物营养学报，28（3）：731-738．

李晓丹．2003．产业融合与产业发展［J］．中南财经政法大学学报（1）：54-57．

李欣蕊，齐振宏，邬兰娅，等．2015．基于AHP的中国现代种业发展的SWOT分析［J］．科技管理研究，35（3）：22-27．

李新文，姚凤桐．1993．甘肃省"七五"期间畜牧业科技进步贡献率评估分析［J］．甘肃农业科技（7）：3-4．

李新一，孙研．2016．对草牧业的理解与认识［J］．中国草食动物科学，36（3）：65-69．

李新一，王加亭，韩天虎．2015．我国饲草料生产形势及对策分析［J］．草业科学，32（12）：2155-2166．

李新一．2015．抓住机遇——迎接挑战——切实做好草牧业发展的技术支撑与服务工作［J］．中国畜牧业（16）：41-42．

李业荣，李永前．2018．云南省林业科技进步贡献率测算研究［J］．生态经济（4）：147-152．

李玉磊，李华，肖红波．2016．国外农村一二三产业融合发展研究［J］．世界农业（6）：

20－24.

李中华，李强. 2015. 日本农业六次产业化的实践经验与启示 [J]. 中国农民合作社
（6）：40－42.

李竹青，汉雪梅. 2016. 日粮 NDF/NFC 变化对后备奶牛饲料效率的影响 [J]. 中国畜牧
兽医文摘，32 (10)：220－222.

李滋睿. 2005. 我国畜牧科技关键技术与重点领域预测研究 [D]. 北京：中国农业科学
院：86.

厉无畏，王玉梅. 2001. 价值链的分解与整合——提升企业竞争力的战略措施 [J]. 经济
管理 (5)：10－11.

连坡，邹年根. 1999 陕西"八五"期间林业科技贡献份额的测算 [J]. 西北林学院学报
(3)：113－116.

联合国粮农组织数据库 [EB/OL]. http：//faostat. fao. org/.

梁剑芳，缪应庭，李运起，等. 1996. 河北省多年生栽培牧草区划研究 [J]. 河北省农业
大学学报 (2)：102－106.

梁天刚，冯琦胜，黄晓东，等. 2011. 草原综合顺序分类系统研究进展 [J]. 草业学报，
20 (5)：252－258.

梁伟军. 2010. 农业与相关产业融合发展研究 [D]. 武汉：华中农业大学.

梁彦. 1998. 深圳农业可持续发展战略 [M]. 北京：五洲传播出版社.

梁正华. 1995. 新西兰的种子认证体系 [J]. 种子世界 (11)：35－36.

廖祖君，郭晓鸣. 2015. 中国农业经营组织体系演变的逻辑与方向：一个产业链整合的
分析框架 [J]. 中国农村经济 (2)：13－21.

林勇军，陈星宇. 2015. 环境规制、经济增长与可持续发展 [J]. 湖南社会科学 (4)：
151－155.

岭言. 2001. "产业融合发展"——美国新经济的活力之源 [J]. 工厂管理 (3)：25－26.

刘爱民，等. 2018. 我国饲（草）料供求及未来需求预测和对策研究 [J]. 中国工程科学
(5)：39－44.

刘成果. 2006. 我国奶牛饲料业的现状及发展对策 [J]. 中国饲料 (3)：1－3.

刘桂芹，袁保辉，曲洪磊，等. 2016. "北繁南养"模式下聊城市驴产业分析报告 [J].
黑龙江畜牧兽医 (10)：24－26.

刘加文. 2009. 不断发展的中国草原畜牧业 [J]. 中国牧业通讯 (20)：7－8.

刘加文. 2016. 大力发展中国草种业 [J]. 草地学报，24 (3)：483－484.

刘加文. 2016. 大力发展中国草种业 [J]. 中国畜牧业 (9)：56－57.

刘开朗，王加启，卜登攀. 2010. 2008—2009 年反刍动物营养研究进展 [J]. 中国畜牧兽
医，37 (2)：5－14.

刘强林，赵永锋，孟庆翔. 2015. 秸秆汽爆技术及其在反刍动物饲养中的应用 [J]. 中国
畜牧杂志，51 (S1)：71－74.

刘恕. 2009. 留下阳光是沙产业立意的根本——对沙产业理论的理解 [J]. 西安交通大学学报（社会科学版）（2）：40-44.

刘婉婷. 2016. 大力推进种植业结构调整促进农业提质增效和可持续发展——农业部种植业管理司司长曾衍德解读《全国种植业结构调整规划（2016—2020)》[J]. 农民日报，05-09.

刘晓倩. 2015. "草种"产业链亟待完善 [N]. 中国畜牧兽医报，2015-8-2（13）.

刘亚钊，王明利，杨春，等. 2013. 我国牧草种子产业发展现状及趋势分析 [J]. 中国畜牧杂志，49（20）：44-47.

刘亚钊，王明利，杨春，等. 2012. 中国牧草种子国际贸易格局研究及启示 [J]. 草业科学，29（7）：1176-1181.

刘艳芬. 2012. 优质牧草在现代养猪生产中的应用 [J]. 饲养饲料（2）：47-49.

刘振邦. 1997. 农业三元结构和中国的粮食自给 [J]. 世界经济（7）：45-48.

刘志国. 2007. 内蒙古牧区畜牧业经济发展的制度研究 [D]. 呼和浩特：内蒙古师范大学.

刘自学. 2016. 草种业现状与发展趋势 [A]. 中国畜牧业协会草业分会. 第四届中国草业大会论文集 [C]. 中国畜牧业协会草业分会.

龙钟. 1985. 适应商品经济发展要求改革种子工作 [J]. 种子世界（3）：1-5.

卢欣石. 2015. 草牧业新内涵与新发展 [R]. 北京：北京林业大学.

卢欣石. 2018. "粮改饲"推进草牧业发展 [J]. 饲料与畜牧（4）：5-7.

卢欣石. 2015. 努力提高我国草种产业的商业化水平 [J]. 中国畜牧业（19）：20.

卢欣石. 2013. 中国苜蓿产业发展问题 [J]. 中国草地学报（35）：1-5.

陆文聪，余新平. 2013. 中国农业科技进步与农民收入增长 [J]. 浙江大学学报（人文社会科学版）（4）：5-16.

吕先召，王成章，邱晓东，等. 2018. 苜蓿草粉对育肥猪生长性能、血清生化指标、胴体品质及经济效益的影响 [J]. 动物营养学报，30（5）：1693-1702.

吕晓英，吕胜利. 2003. 中国主要牧区草地畜牧业的可持续发展问题 [J]. 甘肃社会科学（2）：115-119.

罗其友，等. 2018. 新时期我国农业结构调整战略研究 [J]. 中国工程科学（5）：31-38.

罗伟宏，韦振飞，彭加春，等. 2018. 肉牛规模化养殖技术 [J]. 中国畜牧兽医文摘，34（6）：162-163，277.

罗艳红. 2016. 浅谈 TMR 日粮制作技术要点 [J]. 中国畜牧业（24）.

雒瑞瑞，郭艳丽. 2017. 马铃薯茎叶制作青贮饲料的研究进展 [J]. 中国饲料（4）：34-37.

马凤江，等. 2016. 草地畜牧业现状与未来发展趋势 [J]. 农业经济（12）：66-67.

马建堂. 2012. 中国统计年鉴 2012 [M]. 北京：中国统计出版社.

马健. 2002. 产业融合理论研究评述 [J]. 经济学动态 (5)：21-25.

马健. 2006. 产业融合论 [M]. 南京：南京大学出版社.

马晓河. 2015. 推进农村一二三产业深度融合发展 [J]. 中国合作经济 (2)：43-44.

迈克尔·波特. 2005. 竞争战略 [M]. 陈小悦，译. 北京：华夏出版社.

芒来. 2016. 中国马业主产区马产业的发展趋势 [J]. 新疆畜牧业 (9)：42-49.

毛培胜，侯龙鱼，王明亚. 2016. 中国北方牧草种子生产的限制因素和关键技术 [J]. 科学通报，61 (2)：250-260.

毛培胜，王明亚，欧成明. 2018. 中国草种业的发展现状与趋势分析 [J]. 草学 (6)：1-6.

毛培胜. 2008. 浅析 AOSCA 种子认证体系在草种子生产中的应用 [J]. 草业科学，25 (11)：70-74.

孟和. 2016. 蒙古国草原畜牧业发展问题研究 [D]. 西安：西北师范大学.

内蒙古自治区统计局. 1991. 内蒙古统计年鉴 [M]. 北京：中国统计出版社.

内蒙古自治区统计局. 2001. 内蒙古统计年鉴 [M]. 北京：中国统计出版社.

倪印锋，王明利. 2018. 中国牧草产业地里集聚特征及影响因素 [J]. 经济地理 (6)：142-150.

聂振邦. 1995. 关于加快草原畜牧业发展的几点意见 [J]. 牧业通讯 (12)：5.

农业部. 2009. 全国奶牛优势区域布局规划 (2008—2015 年) [J]. 中国乳业 (3)：10-15.

农业部办公厅. 关于促进草牧业发展的指导意见 [Z]. 农办牧 [2016] 22 号.

农业部发展计划司编. 2003. 农业结构战略性调整理论政策与实践 [M]. 北京：中国农业出版社：155-156.

农业部赴美国草原保护和草原畜牧业考察团. 2015. 美国草原保护与草原畜牧业发展的经验研究 [J]. 世界农业 (1)：36-40.

农业部. 全国草食畜牧业发展规划 (2016—2020 年) [J]. 北方牧业，2016 (24)：35.

农业部. 2017. 全国草食畜牧业发展规划 [J]. 中国农业信息 (5)：3-10.

农业部. 2009. 全国肉牛优势区域布局规划 [J]. 农村养殖技术 (6)：4-6.

欧阳延生. 2006. 美国草种业的特点与启示 [J]. 江西畜牧兽医杂志 (6)：9-11.

潘国艳，欧阳竹，李鹏. 2007. 华北平原主要优质牧草的种植模式与产业发展方向 [J]. 资源科学 (2)：16-18.

潘庆民，薛建国，陶金，等. 2018. 中国北方草原退化现状与恢复技术 [J]. 科学通报 (17)：1642-1650.

潘卫仓. 2015. 紫花苜蓿在畜禽饲粮中的应用 [J]. 国外畜牧学，31 (1)：71-72.

彭宝安，高永革，王成章，等. 2011. 妊娠母猪饲粮中不同苜蓿鲜草替代量对其生产性能的影响 [J]. 草业学报，20 (4)：219-228.

浦华，张社梅，郑彦. 2008. 我国畜牧业技术进步的定量分析研究 [J]. 中国畜牧杂志 (14)：25-28.

齐梦凡，娄春华，朱晓艳，等. 2018. 苜蓿草粉水平对初产母猪生产和繁殖性能的影响 [J]. 草业学报，27 (10)：160 - 172.

钱贵霞，解晶. 2010. 中国原料奶供求矛盾及其影响解析 [J]. 内蒙古大学学报（哲学社会科学版），42 (5)：58 - 65.

全国畜牧业发展第十二个五年规划. 2011. [J]. 中国饲料 (24)：1 - 9.

全国畜牧总站. 2018. 牧草种子专业化生产的地域性 [M]. 北京：中国农业出版社.

全国畜牧总站. 2017. 中国草业统计 [M]. 北京：中国农业出版社.

全国畜牧总站. 2018. 中国草种管理 [M]. 北京：中国农业出版社.

任长忠，胡跃高. 2013. 中国燕麦学 [M]. 北京：中国农业出版社.

任继周，胡自治，牟新待，等. 1980. 草原的综合顺序分类法及其草原发生学意义 [J]. 中国草原 (1)：12 - 24，38.

任继周，胡自治，张自和，等. 1999. 中国草业生态经济区初探草业生态经济区 [J]. 草地学报，8（增）：12 - 22.

任继周. 2008. 草业大辞典 [M]. 北京：中国农业出版社.

任继周. 2012. 草业科学论纲 [M]. 江苏：江苏科学技术出版社.

任继周. 1984. 南方草山是建立草地农业系统发展畜牧业的重要基地 [J]. 中国草原与牧草 (1)：8 - 12.

任继周. 2015. 我对"草牧业"一词的初步理解 [J]. 草业科学，32 (5)：710.

任继周. 1962. 新疆草原工作的两个前提与一个核心问题 [J]. 新疆农业科学 (12)：472 - 475，471.

任继周. 2018. 中国农业伦理学导论 [M]. 北京：中国农业出版社.

任清，赵世锋，田益玲. 2011. 燕麦生产与综合加工利用 [M]. 北京：中国农业科学技术出版社.

邵长勇，王德成，尤泳，等. 2014. 我国牧草种子产业发展现状分析 [J]. 中国奶牛 (Z2)：9 - 12.

申强，朱博恩，张健，等. 2018. 利用信息化技术推动草牧业转型升级策略研究 [J]. 中国畜牧杂志，54 (9)：146 - 150.

沈海花，朱言坤，赵霞，等. 2016. 中国草地资源的现状分析 [J]. 科学通报，61 (2)：139 - 154.

沈秋采，杨涛，朱超，等. 2017. 基于目标规划的马饲料配方研究 [J]. 中国畜牧兽医 (9)：2668 - 2674.

师尚礼，曹致中. 2018. 论甘肃建成我国重要草类种子生产基地的可能与前景 [J]. 草原与草坪，38 (2)：1 - 6.

施蒂格勒. 1998. 产业组织和政府管制 [M]. 上海：上海人民出版社.

史耀峰. 2017. 牧草产业发展现状及未来发展趋势探析 [J]. 甘肃畜牧兽医，47 (9)：24 - 28.

书冬，洪志，广营．1986．阜城县建成农作物病虫害监测网络［J］．现代农村科技（11）：30．

四川畜牧兽医编辑部．2014．肉兔各阶段饲料配方推荐［J］．四川畜牧兽医（2）：47．

宋荣渊，孟庆祥．2019．阿根廷肉牛业考察报告——独具特色的肉牛产业链环节［J］．兽医导刊（7）：54－59．

宋增廷，王华朗．2017．木薯及其加工副产品的饲用价值［J］．中国畜牧杂志，53（5）：23－28．

宋振宇，张一为，孙志颖，等．2016．饲喂苹果渣与麦秸混合青贮对荷斯坦公牛增重及血液生化指标的影响［J］．中国奶牛，318（10）：5－8．

苏贵龙，张景艳，王磊，等．2016．牦牛瘤胃微生物降解纤维素及其资源利用的研究进展［J］．中国畜牧兽医，43（3）：695－699．

孙丙宇，贾秀芳，黄河，等．2018．基于物联网的草牧业管理决策系统在呼伦贝尔农垦的应用［J］．科学通报，63（17）：1703－1710．

孙芳，丁满臣，白晨．2016．日本家庭牧场农牧业纵横一体化规模经营启示［J］．日本问题研究，30（5）：8－16．

孙福田，王福林．2005．变弹性 C—D 生产函数测算农业机械化的贡献率方法［J］．东北农业大学学报（1）：75－77．

孙鸿烈．2000．中国资源科学百科全书［M］．北京：石油大学出版社．

孙娟娟．2007．添加剂对羊草青贮品质影响［D］．北京：中国农业大学．

孙楼，等．2018．马铃薯秧替代苜蓿对育肥羔羊生长性能和营养物质消化率的影响［J］．中国饲料（8）：88－92．

孙蕊，柴凤久，刘泽东，高海娟．2017．浅谈饲草业现状及其发展前景［J］．现代畜牧科技（9）：3－5．

孙维，武俊喜，钟志明，等．2017．西藏草牧业科技精准扶贫模式研究——以吉纳村为例［J］．科技促进发展，13（6）：449－454．

孙学钊，陈唯真，等．1998．山东省栽培牧草区划研究［J］．山东畜牧兽医（5）：18－21．

孙彦琴，魏金销，郭利亚，等．我国肉牛产业发展的现状及问题对策［J］．中国草食动物科学，2018，38（4）：64－67．

谭明交．2016．农村一二三产业融合发展：理论与实证研究［D］．武汉：华中农业大学．

谭支良，黄瑞林．2000．反刍动物能量代谢调控新技术［J］．中国饲料（7）：16－18．

汤进华，刘成武．2011．湖北省农业经济增长的科技贡献率分析［J］．资源开发与市场（10）：877－880．

田翠．2017．大力推广农作物病虫害绿色防控提升农产品质量安全水平［J］．农业与技术（22）：53．

田建华，陆泳霖．2018．2018 年上半年饲料工业运行情况分析与后市展望［J］．饲料广角

（7）：6-9.

汪武静，等. 2016. 美国苜蓿贸易—趋势、经验与启示［J］. 草业科学（33）：527-534.

王成杰. 2003. 北京地区苜蓿收获时期气候适宜性及干草调制技术的研究［D］. 北京：中国农业大学.

王成章，王恬. 饲料学，2011. 动物科学专业用［M］. 北京：中国农业出版社.

王成章，王恬. 2011. 饲料学［M］. 北京：中国农业出版社：1-14.

王春林，陈忠南，陈玉托. 2007. 从广东农业重大病虫害防控看"公共植保"和"绿色植保"的实践与思考［J］. 中国植保导刊（1）：40-42.

王春雨，等. 2017. 我国甘薯资源分布及饲用新模式探索［J］. 中国畜牧杂志，53（10）：122-126.

王道龙，刘国栋，邱建军，等. 2001. 我国营养体产业与种植业结构调整［J］. 中国农业资源与区划（6）：4-8.

王栋. 1955. 草原管理学［M］. 南京：畜牧兽医出版社.

王国刚，王明利，王济民，等. 2015. 中国草食家畜养殖的时空动态及其影响因素［J］. 地理学报（7）：1091-1100.

王海春，乔光华，刘玉满. 2015. 西北四省区规模奶牛场的技术经济和管理问题分析［J］. 经济研究参考（58）：41-51.

王昊，欧阳涛. 2012. 湖南省农业经济增长的科技贡献率分析［J］. 时代农机（7）：123-125.

王宏富. 2010. 农学通论［M］. 北京：中国农业大学出版社.

王惠生，张周，原积友，等. 2000. 反刍动物消化生理特点与旱区秸秆畜牧业的发展［J］. 中国牛业科学，26（5）：32-36.

王建华，茹藓，谢超杰. 2002. 中外种子认证体系的比较研究［J］. 种子（2）：45-47.

王杰. 2015. 构建循环发展的新型草牧业［N］. 西藏日报（汉），11-03（5）.

王金朔，金晓斌，曹雪，等. 2015. 清代北方农牧交错带农耕北界的变迁［J］. 干旱区资源与环境，29（3）：20-25.

王珏，寇巍，卞永存. 2009. 秸秆资源现状及秸秆沼气效益分析［J］. 环境保护与循环经济（12）：39-41.

王克军. 1981. 建立合理的草畜结构-提高饲草料利用的经济效果——关于畜牧业经济调整问题的一点看法［J］. 农业经济问题（7）：45-48.

王堃. 2018. 中国现代草业科学的发展及未来［J］. 农学学报，8（1）：67-70.

王莉兴，袁跃云，李波，等. 2012。云南畜牧业科技进步贡献率的测算与分析［J］. 中国畜牧业（8）：52-54.

王利伟. 2011. 重庆市农业科技进步贡献率分析［J］. 安徽农业科学（9）：5583-5584.

王琳. 2018. 改革开放40年中国经济发展阶段研究：基于经济长波理论视角［J］. 东南学术（4）：93-101.

王礚礚，冯艳秋，王玉庭．2018．以色列奶业发展经验及对中国的启示［J］．世界农业
　　（6）：158－162．

王明利，王济民，申秋红．2007．畜牧业增长方式转变：现状评价与实现对策［J］．农业
　　经济问题（8）：49－54．

王明亚．2018．施氮对老芒麦种子产量及产量因子的作用［D］．北京：中国农业大学．

王楠．2017．黑龙江省农业科技进步影响因素研究［D］．哈尔滨：东北农业大学．

王启现，李志强，刘振虎，等．2006．"十五"全国农业科技进步贡献率测算与2020年
　　预测［J］．农业现代化研究（6）：416－419．

王全喜，陈建兴，闵令江，等．2012．中国家驴品种遗传多样性及母系起源研究［J］．内
　　蒙古农业大学学报（自然科学版），33（2）：7－11．

王思远，等．2001．中国土地利用时空特征分析［J］．地理学报（56）：631－639．

王腾飞，潘培颖，陈文雪，等．2018．青贮苜蓿及不同添加水平的苜蓿草粉对初产母猪
　　繁殖性能、初乳成分及其仔猪生长性能的影响［J］．江西农业学报（6）：98－103．

王伟利，刘东升．2003．市场经济概论［M］．北京：中国商业出版社：188－189．

王文，陈平．2017．土地整治与山地草牧业现代化关系刍议——以云南省为例［J］．中国
　　畜牧业（22）：31－34．

王文略，王生林．2008．甘肃省贫困县农业科技贡献率的测算与分析［J］．甘肃科技
　　（2）：1－3．

王晓龙，王晓燕，米福贵．2018．浅谈畜牧业饲草料发展存在的问题及建议［J］．草原与
　　草业（2）：4－7．

王宣山．2011．现代棉花栽培原理与技术［M］．南京：东南大学出版社．

王彦华，李桂莲，郑爱荣，等．2015．关于发展农区草牧业的几点思考［J］．郑州牧业工
　　程高等专科学校学报，35（4）：28－30．

王勇，刘学义．2004．苜蓿产业发展前景［J］．内蒙古农业科技（1）：45－46．

王赟文，全景．2013．世界草业"三国演义"［J］．森林与人类（3）：42－51．

王宗礼．2009．牧草与粮食安全［J］．中国农业资源与区划，30（1）：21－25．

魏波，王慧君．2016．新疆牧草种子产业发展现状、存在问题及对策［J］．江西农业
　　（13）：28－29．

魏虹．2005．五大牧区草畜业结构优化与可持续发展能力建设［D］．中国农业科学
　　院，170．

魏后凯．2017．中国农业发展的结构性矛盾及其政策转型［J］．中国农村经济（5）：
　　2－17．

乌云花，等．2007．农户奶牛养殖与乳品加工业扩展［J］．农业经济问题（12）：62－
　　69，111．

吴成亮，高岚，林方杉．2007．2007广东省林业科技进步贡献率的测算与分析［J］．华南
　　农业大学学报（社会科学版）（4）：41－45．

吴菊安，祁春节. 2016. 农业经营方式的理论与方法：一个文献综述［J］. 世界农业
（10）：65-70.

吴曙雯，王人潮，陈晓斌. 2002. 稻叶瘟对水稻光谱特性的影响研究［J］. 上海交通大学
学报（农业科学版）（1）：73-76，84.

吴铁铮. 1986. 日本饲料作物种子产业的现状和展望［J］. 种子世界（12）：36-37.

吴晓玲. 2018. 抓住机遇迎接挑战全面提高种业创新水平［J］. 中国农技推广，34（10）：
3-5.

吴征镒. 1995. 中国植被［M］. 北京：科学出版社.

武拉平，秦应和. 2019. 2018 年我国兔业发展状况及 2019 年展望［J］. 中国畜牧杂志，
55（3）：152-156.

武拉平. 2017. 中国兔产业发展规划（2016—2025）［R］.

西班牙农业部网站［EB/OL］. http://www.marm.es/en/.

席鹏彬. 1998. 猪体内微生物对纤维利用的研究进展［J］. 国外畜牧学（2）：10-15.

席晓丽. 2008. 产业融合视角下的现代农业发展研究［D］. 福州：福建师范大学.

夏冰，王建强，张跃进. 2006. 中国农作物有害生物监控信息系统的建立与应用［J］. 中
国植保导刊（12）：5-7.

夏云. 2016. 探索建立产加销一体化发展模式做大做强饲草产业［C］. 西宁：第四届中
国草业大会.

向文琦. 2015. 我国渔业科技进步贡献率研究［D］. 上海：上海海洋大学.

肖爱民. 2007. 中国古代北方游牧民族调控羊繁殖的技术初探［J］. 自然科学史研究，26
（2）：192-201.

谢金玕. 2017. 广西牧草种子产业现状及建议［J］. 广西畜牧兽医，33（3）：125-127.

谢贞发. 2005. 产业集群理论研究述评［J］. 经济评论（5）：118-124.

辛鹏程，黄建华. 2019. 发酵 TMR 技术研究进展［J］. 中国畜禽种业，15（2）：49.

辛晓平，徐丽君，徐大伟. 2015. 中国主要栽培牧草适应性区划［M］. 第 1 版. 北京：
科学出版社.

新疆维吾尔自治区畜牧厅. 2016. 新疆马产业发展报告［J］. 新疆畜牧业（9）：8-33.

胥付生. 2017. 探究农作物病虫害绿色防控发展制约因素及解决对策［J］. 科技风（14）：
234-234.

徐建忠. 2016. 青海牧草良种繁殖及牧草种业发展思考［J］. 青海草业，25（2）：
22-24.

徐丽娟，冯军超，王亚新. 2016. 浅析农作物病虫害绿色防控发展制约因素［J］. 农业科
技与信息（13）：87-88.

徐胜，等. 2001. 我国草种业发展现状与对策［J］. 四川草原（4）：7-10.

徐文超. 2018. 提高肉牛采食量的技术措施［J］. 现代畜牧科技，48（12）：40.

徐晓明，张克春. 2011. 奶牛 TMR 饲料的研究进展［J］. 乳业科学与技术，34

（1）：45-47.

徐杨，邓亮，韩国才. 2018. 中国马驴种质资源登记管理研究 [J]. 中国畜牧杂志（8）：150-152.

许鹏. 2000. 草地资源调查规划学，草业科学专业用 [M]. 北京：中国农业出版社：13-17.

许鹏. 1985. 中国草地分类原则与系统的讨论 [J]. 四川草原（3）：1-7.

旭日干，任继周，南志标，等. 2016. 保障我国草地生态与食物安全的战略和政策 [J]. 中国工程科学，18（1）：8-16.

闫梅，李要南. 2017. 中国现代马业发展状况 SWOT 分析研究 [J]. 武汉商学院学报，31（5）：29-32.

闫旭文，南志标，唐增. 2012. 澳大利亚畜牧业发展及其对我国的启示 [J]. 草业科学，29（3）：482-487.

颜景辰. 2007. 中国生态畜牧业发展战略研究 [D]. 武汉：华中农业大学.

杨红先. 2016. 加拿大畜牧业的概况及特点 [J]. 中国畜牧（22）：50-52.

杨美璐，等. 2018. 2017 年国内家兔饲料研究进展 [J]. 饲料研究（3）：37-43.

杨明强，李世，郭庆然. 2004. 产业融合与产业竞争力相关性研究 [J]. 决策参考（10）：58-59.

杨青川，康俊梅，张铁军. 2016. 苜蓿种质资源的分布、育种与利用 [J]. 科学通报（2）：261-270.

杨青川，孙彦. 2011. 中国苜蓿育种的历史、现状与发展趋势 [J]. 中国草地学报（6）：95-99.

杨青川. 2012. 苜蓿种植区划及品种指南 [M]. 第 1 版. 北京：中国农业大学出版社.

杨双，朱玉芹，徐晓红. 2004. 吉林省畜牧业科技进步贡献率的测算 [J]. 吉林农业科学（3）：39-42.

杨伟光，李红，刘昭明. 2011. 黑龙江省牧草种子产业现状 [J]. 草业科学，28（11）：2061-2066.

杨文钰. 2002. 农学概论 [M]. 北京：中国农业出版社.

杨文钰. 2008. 农学概论 [M]. 第 2 版. 北京：中国农业出版社.

杨运生. 1984. 日本的草地研究概况 [J]. 世界农业（6）：21-23.

杨振海，李大鹏，黄涛，等. 2015. 调结构转方式求突破——浙江省草牧业发展情况调研 [J]. 农村工作通讯（10）：47-49.

杨振海. 2015. 多措并举—试点先行—加快发展草牧业 [J]. 中国畜牧业（16）：31-34.

杨忠，盛晓光，李平. 2014. 农作物病虫害绿色防控对策 [J]. 吉林农业（21）：90-90.

叶华，等. 2007. 浅谈牧草在养猪生产中的应用 [J]. 江西畜牧兽医（3）：21-23.

叶兴庆. 2016. 演进轨迹、困境摆脱与转变我国农业发展方式的政策选择 [J]. 改革（6）：22-39.

殷志扬，袁小慧. 2013. 我国奶牛养殖业布局及生产组织模式现状 [J]. 江苏农业科学，41 (8)：8 - 10.

尹晓青. 2018. "粮改饲"的山西朔州探索 [J]. 社会科学家 (2)：40 - 45.

于道全，杨长年. 2005. 坚持良种先行，大力发展新疆草种业 [J]. 新疆畜牧业 (2)：52 - 54.

于海龙，李秉龙. 2012. 中国奶牛养殖的区域优势分析与对策 [J]. 农业现代化研究，33 (2)：150 - 154.

于康震. 2016. 适应新形势—抓住新机遇—开创"十三五"草牧业发展新局面 [J]. 农村工作通讯 (17)：22 - 24.

于康震. 2015. 统一认识—明确任务—努力开创草牧业发展新局面 [J]. 中国畜牧业 (16)：19 - 22.

于丽媛，陈文汇，钱能志，等. 2014. 我国沙产业产值计算方法的改进和应用研究 [J]. 林业经济 (5)：78 - 83.

于刃刚，李玉红. 2003. 论技术创新与产业融合 [J]. 生产力研究 (6)：175 - 177.

于徐根，甘兴华，冯葆昌. 2016. 南方草种产业现状及发展对策 [J]. 中国畜牧业 (7)：29 - 31.

余东华. 2005. 产业融合与产业组织结构优化 [J]. 天津社会科学 (3)：72 - 76.

余庆明，郑红英. 2017. 作物病虫害绿色防控技术应用初探 [J]. 四川农业科技 (7)：41 - 43.

玉山江，托乎提·阿及德，肖海霞，等. 2016. 驴体况评分及营养需要的研究进展 [J]. 黑龙江畜牧兽医 (17)：53 - 58.

贠旭江. 2002. 发展营养体农业的理论基础和实践意义 [J]. 草业学报 (1)：65 - 69.

云锦凤. 2015. 抓住机遇，更新理念，加快草品种育种进程 [J]. 草原与草业 (1)：1 - 2.

昝林森，成功，闫文杰. 2016. 中国西部地区草牧业发展的现状、问题及对策 [J]. 科技导报，34 (17)：79 - 88.

泽柏. 2015. 因地制宜发展青藏高原社区畜牧业 [J]. 中国畜牧业 (19)：19.

曾亮，陈本建，李春杰. 2006. 甘肃省牧草种业发展现状及前景分析 [J]. 草业科学，23 (11)：61 - 65.

曾玉荣，张良强，黄怡. 2002. 福建省畜牧业科技进步贡献率的测算与分析 [J]. 福建农业学报 (3)：196 - 198.

翟保平. 1999. 追踪天使——雷达昆虫学 30 年 [J]. 昆虫学报 (3)：315 - 326.

张彩英，胡国良，曹华斌. 2010. 反刍动物瘤胃内环境的特点及调控措施 [J]. 中国畜牧兽医，37 (4)：18 - 20.

张瀚中. 2018. 添加剂对紫花苜蓿青贮品质的影响及饲喂效果评价 [M]. 北京：中国农业大学.

张健. 2007. 三峡库区牧草种植区划及适生牧草栽培利用技术研究 [D]. 重庆：西南大学.

张劲柏, 侯仰坤, 龚先友. 2009. 种业知识产权保护研究 [M]. 北京：中国农业科学技术出版社.

张坤, 张翔, 邓亮, 等. 2011. 内蒙古西乌珠穆沁旗现代民族马业发展态势研究 [J]. 中国畜牧杂志, 47 (14): 25 - 29.

张来武. 2015. 创新驱动城乡一体化发展的理论思考与实践探索 [J]. 中国软科学 (4): 1 - 7.

张磊. 2001. 产业融合与互联网管制 [M]. 上海：上海财经大学出版社.

张立中, 辛国昌. 2008. 澳大利亚、新西兰草原畜牧业的发展经验 [J]. 世界农业 (4): 22 - 24.

张利宇, 张富. 2017. 2016 年中国畜牧业统计 [M]. 北京：中国农业出版社, P27 - 36.

张亮, 张红香, 周道玮. 2018. 中国与国外饲草育种研究现状分析 [J]. 土壤与作物 (3): 324 - 330.

张明均. 2017. 牧草种子生产现状与对策研究. 中国畜禽种业 (1): 9.

张琼琼, 侯军岐, 杨思雨. 2017. 种业精品定位战略及其实施研究 [J]. 中国种业 (7): 1 - 5.

张睿, 张莉侠, 王晓华, 等. 2012. 1990—2010 年上海市农业科技进步贡献率的测算与分析 [J]. 上海农业学报 (3): 95 - 99.

张伟, 王长法, 胡洪杰. 2018. 山东特色驴产业发展对策研究 [J]. 中国农村科技 (4): 76 - 79.

张文奎. 1987. 日本农业地理 [M]. 北京：商务印书馆: 6 - 17.

张祥林, 尹玉琦, 崔星明. 1994. 侵染苜蓿的豇豆花叶病毒的研究 [J]. 植物病理学报, 24 (1): 67 - 73.

张晓霞, 等. 2019. 草牧业创新发展思路 [J]. 现代牧业, 3 (1): 31 - 34.

张新同. 2013. 奶牛全混合日粮 (TMR) 的应用调制技术 [J]. 北方牧业 (23): 24 - 25.

张雪娇, 侯军岐, 王纪元. 2016. 基于价值链的我国种业精细化服务管理研究 [J]. 中国种业 (9): 7 - 9.

张亚伟. 2015. 中国奶业竞争力影响因素研究 [D]. 北京：中国农业科学院.

张彦虎. 2015. 新疆草地农业发展模式研究 [D]. 石河子：石河子大学.

张洋, 王德成, 王光辉, 等. 2007. 我国牧草种子机械化加工的现状及发展 [J]. 农机化研究 (1): 1 - 3.

张英, 张斌, 许亚改, 等. 2019. 2017 年国外家兔饲料资源开发与利用研究进展 [J]. 饲料研究 (1): 101 - 103.

张英俊, 任继周, 王明利, 等. 2013. 论牧草产业在我国农业产业结构中的地位和发展布局 [J]. 中国农业科技导报, 15 (4): 61 - 71.

张英俊，王明利，黄顶，等. 2012. 我国牧草产业发展趋势与技术需求 [C]. 第二届 (2012) 中国草业大会：11-13.

张英俊，张玉娟，潘利，等. 2014. 我国草食家畜饲草料需求与供给现状分析 [J]. 中国畜牧杂志，50 (10)：12-16.

张英俊. 2017. 饲草作物在农业产业结构调整中的作用 [J]. 民主与科学 (1)：25-27.

张英俊. 2019. 我国饲草作物的产业发展 [J]. 中国乳业 (4)：3-9.

张莹，陈志飞，张晓娜，等. 2016. 不同刈割期对春播、秋播燕麦干草产量和品质的影响 [J]. 草业学报，25 (11)：124-135.

张永强. 2011. 中国蔬菜种子产业发展研究 [M]. 北京：中国农业出版社.

张智慧，等. 2017. 马铃薯渣的开发利用及在动物生产中的应用 [J]. 饲料研究 (3)：47-51.

张智山，余鸣，王赟文，等. 2008. 美国草种产业概况与启示——农业部赴美国草种生产加工与检验技术培训团总结报告 [J]. 草业科学，25 (2)：6-10.

张智山. 1997. 全国草地畜牧业现状及发展思路 [J]. 中国草地 (5)：2-6.

赵广彬. 2019. 论促进草原生态畜牧业发展的措施 [J]. 山西农经 (5)：94-95.

赵桂琴，慕平，魏黎明. 2007. 饲用燕麦研究进展 [J]. 草业学报 (4)：116-125.

赵海福，赵强. 2013. 国产苜蓿种类与分布及化学成分的研究 [J]. 中国奶牛 (14)：53-55.

赵景峰. 2019. 内蒙古牧草产业创新发展与典型模式 [J]. 草原与草业 (1)：6-11.

赵晓倩. 2010. 我国牧草供需现状分析及未来趋势预测 [D]. 兰州：兰州大学：10-20.

赵哲，白羽萍，胡兆民，等. 2018. 基于超效率 DEA 的呼伦贝尔地区草牧业生态效率评价及影响因素分析 [J]. 生态学报，38 (22)：7968-7978.

赵中华，杨普云. 2012. 2011 年全国农作物病虫害绿色防控工作进展 [J]. 中国植保导刊，32 (8)：17-19，16.

赵中华，周阳，杨普云. 2013. 2012 年全国农作物病虫害绿色防控工作进展 [J]. 中国植保导刊，33 (10)：69-72.

郑玉兰. 1989. 贵州建成我国第一个现代化牧草种子繁殖基地 [J]. 内蒙古草业 (3).

植草益. 2001. 信息通讯业的产业融合 [J]. 中国工业经济 (2)：24-27.

智研咨询. 2018. 2018—2024 年中国马饲养行业市场运营态势及发展前景预测报告 [R].

中国报告网. 2018 年我国种业发展历程、市场规模和市场份额分析. http：//free.chinabaogao.com/nonglinmuyu/201803/0315324F12018.html.

中国科学院. 1996. 中国草地资源图 [M]. 北京：科学出版社.

中国畜牧兽医年鉴编辑委员会. 2017. 中国畜牧兽医年鉴 [J]. 北京：中国农业出版社.

中国种子协会. 2012. 美国现代化种业发展及启示 [J]. 农村·农业·农民 (6)：10-13.

中华人民共和国国家统计局. 2017. 中国统计年鉴 2017 [J]. 北京：中国统计出版社.

中华人民共和国农业部. 2017. NY/T 2997—2016. 草地分类［S］. 北京：中国农业出版社.

中华人民共和国农业部畜牧兽医司，1996. 中国草地资源［M］. 北京：中国科学技术出版社.

钟天润. 2011. 总结经验，开拓创新，努力开创农作物病虫害防控工作新局面［J］. 青海农技推广，31（4）：5-8.

钟婉霞. 2010. 我国种业面临的机遇、挑战及对策［J］. 中国种业（5）：8-9.

周道玮，钟荣珍，孙海霞，等，2013. 草地畜牧业系统：要素、结构和功能［J］. 草地学报，21（2）：207-213.

周青平，颜红波，梁国玲，等. 2015. 不同燕麦品种饲草和籽粒生产性能分析［J］. 草业学报，24（10）：120-130.

周瑞，刘立山，郎侠，等. 2019. 甜菜块根和玉米秸秆混贮营养品质及有氧暴露期微生物数量分析［J］. 草地学报，27（1）：195-201.

周松涛，巩耀进，李海利，等. 2014. 优良牧草对家兔生产性能的影响［J］. 第四届（2014）中国兔业发展大会会刊：43-44.

周振华. 2003. 产业融合：产业发展及经济增长的新动力［J］. 中国工业经济（4）：46-52.

朱继东. 2015. 主要发达国家和地区的畜牧业支持政策及其借鉴［J］. 世界农业（6）：70-75.

朱建春，李荣华，杨香云. 2012. 近30年来中国农作物秸秆资源的时空分布［J］. 西北农林科技大学学报（自然科学版），40（4）：139-145.

朱留华. 2002. 丹麦草种业领军欧盟［J］. 中国花卉园艺（17）：20-21.

朱瑞博. 2003. 价值模块整合与产业融合［J］. 中国工业经济（8）：24-31.

朱旺生，陈双梅. 2004. 我国饲草种子工程建设面临的问题及发展对策［J］. 饲料工程师（3）：28-29.

朱希刚，刘延风. 1997. 我国农业科技进步贡献率测算方法的意见［J］. 农业技术经济（1）：17-23.

朱希刚，王蕴娴. 1985. 农业技术进步作用的测算结果［J］. 河南科技（10）：34-36.

朱希刚. 1994. 农业技术进步及其"七五"期间内贡献份额的测算分析［J］. 农业技术经济（2）：2-10.

朱希刚. 2006. 农业增效农民增收研究［M］. 北京：中国农业出版社：391-392.

朱希刚. 2002. 我国"九五"时期农业科技进步贡献率的测算［J］. 农业经济问题（5）：12-13.

邹范文. 1985. 中国畜牧业综合区划［J］. 农业区划（3）：70.

Allaby，M. 1998. Oxford Dictionary of Plant Sciences［M］. Oxford，UK：Oxford University Press.

Alshahwan I M, Abdalla O A, AlSaleh M A. 2017. Detection of new viruses in alfalfa, weeds and cultivated plants growing adjacent to alfalfa fields in Saudi Arabia [J]. Saudi Journal of Biological Sciences, 24 (6): 1336 - 1343.

Arima E Y, Barreto P, Araújo, Elis, et al. 2014. Public policies can reduce tropical deforestation: Lessons and challenges from Brazil [J]. Land Use Policy (41): 465 - 473.

Arizala F, Cavallo E, Galindo A. 2013. Financial development and TFP growth: cross - country and industry - level evidence [J]. Applied Financial Economics.

Bally N. 2005. Deriving managerial implications from technological convergence along the innovation process: a case study on the telecommunications industry [R]. Swiss Federal Institute of Technology.

Barratt B I P, Barker G M, Addison P J. 1996. Sitona lepidus Gyllenhal (Coleoptera: Curculionidae), a potential clover pest new to New Zealand [J]. New Zealand Entomologist (19): 23 - 30.

Basu P K. 1987. Longevity of Verticillium albo - atrum within alfalfa stems buried in soil or maintained without soil at various temperatures [R].

Casler M D, Walgenbach R P. 1990. Ground Cover Potential of Forage Grass Cultivars Mixed with Alfalfa at Divergent Locations [J]. Crop Science, 30 (4): 825 - 831.

Cecilia Ciepiela, Steve Warshawer. 2008. Study of grass fed beef as a value chain in North Central New Mexico and the San Luis Valley [R]. Taos: AIS Development.

Choi. D and Valikangas, L. 2001. Patterns of strategy Innovations [J]. European Management journal (19): 424 - 429.

Colin R Blackman. 1998. Convergence between telecommunications and other media [J]. Telecommunication Policy (3): 163 - 170.

Ellis F. 1992. Agricultural Policies in Developing Countries [M]. California: 75.

Evans E W, England S. 1996. Indirect Interactions in Biological Control of Insects: Pests and Natural Enemies in Alfalfa [J]. Ecological Applications, 6 (3): 920.

Farkas I. 2001. Artificial Intelligence in Agriculture 2001 [R].

Fatemi J. 1972. Fungi associated with Alfalfa root rot in Iran [J]. Phytopathologia Mediterranea, 11 (3): 163 - 165.

Field, T G., & Taylor, R E. 2003. Beef production and management decisions [R].

Gambardella A and Torrisi S. 1998. Does technological convergence imply convergence in markets? [J]. Research Policy (5): 445 - 463.

Garnett T. 2009. Livestock - related greenhouse gas emissions: impacts and options for policy makers [J]. Environmental Science and Policy (4): 491 - 503.

Ghalandar M, Clewes E, Barbara D J. 2010. Verticillium wilt (Verticillium albo - atrum) on Medicago sativa (alfalfa) in Iran [J]. Plant Pathology, 53 (6): 812 - 812.

GittoS, Mancuso P. 2015. The contribution of physical and human capital accumulation to Italian regional growth: a nonparametric perspective [J]. Journal of Productivity Analysis (1): 1-12.

Gopinath, Amade, Shane, Roe. 1997. Agricultural Competitiveness: The Case of the United States and Major EU Countries [J]. Agricultural Economics (16): 81-93.

Gopinath M, Kennedy PL. 2000. Agricultural Trade and Productivity Growth: A State-level Analysis [J]. American Journal of Agricultural Economics (5): 21-26.

Gotoh T, Nishimura T, Kuchida K, et al. 2018. The Japanese Wagyu beef industry: Current situation and future prospects - A review [J]. Asian Australasian Journal of Animal Sciences (7): 933-950.

Greensteiri Shane, Khanna Tarun. 1997. What does industrial convergence mean? [A] in: Yoffie D B. (ed.): Competing in the age of digital convergence [C]. Boston: Harvard business school Press.

Griffin G D, Waite W W. 1971. Attraction of Ditylenchus dipsaci and Meloidogyne hapla by Resistant and Susceptible Alfalfa Seedlingsl [J]. Journal of nematology, 3 (3): 215-219.

Grismer M E. 2001. Regional Alfalfa Yield, ETc, and Water Value in Western States [J]. Journal of Irrigation & Drainage Engineering, 127 (3): 131-139.

Gwin L. 2009. Scaling - Up Sustainable Livestock Production: Innovation and Challenges for Grass - Fed Beef in the U. S [J]. Journal of Sustainable Agriculture (2): 189-209.

Hassanein A M, Elbarougy E, Elgarhy A M. 2000. Biological control of damping - off, root - rot/wilt diseases of alfalfa in Egypt [R]. Egyptian Journal of Agricultural Research: 63-71.

Hofmann, R R. 1988. Anatomy of the gastro - intestinal tract [R]. The ruminant animal, digestive physiology and nutrition: 14-43.

Hosking G P, Gadgil P D, 俞东波. 1989. 新西兰森林病虫害防治——检疫及监测研究 [J]. 植物检疫 (5): 369-371.

Hossain Z, Gurr G M, Wratten S D. 2001. Habitat manipulation in lucerne (Medicago sativa L.): Strip harvesting to enhance biological control of insect pests [J]. International Journal of Pest Management, 47 (2): 81-88.

Hosseini S A, Mesdaghi M. 2008. Forage quality of five important grasses at Sar - Aliabad summer rangelands in Golestan province, Iran [C]. 2008 世界草地与草原大会.

Howard R J, Huang H C, Traquair J A. 1991. Occurrence of verticillium wilt of alfalfa in southern Alberta, 1980-86 [J]. Canadian Plant Disease Survey, 71 (1): 21-27.

Howell A B, Erwin T C. 1995. Characterization and persistence of Verticillium albo - atrum isolated from alfalfa growing in high temperature regions of southern California

[J]. Plant Pathology, 44: 734 - 748.

http: //www. vividict. com/ [DB/OL]. 2019 - 06 - 26.

Huang J, Zhao Y, Bai D, et al. 2015. Donkey genome and insight into the imprinting of fast karyotype evolution [J]. Scientific Reports (5): 17124.

Hughes R D, Woolcock L T, Hughes J A R A. 1987. Biological Control of the Spotted Alfalfa Aphid, Therioaphis trifolii F. Maculata, on Lucerne Crops in Australia, by the Introduced Parasitic Hymenopteran Trioxys complanatus [J]. Journal of Applied Ecology, 24 (2): 515 - 537.

Iqbal Z, Rashid M A, Pasha T N, et al. 2019. Effects of Physical Forms of Total Mixed Rations on Intake, Weaning Age, Growth Performance, and Blood Metabolites of Crossbred Dairy Calves [J]. Animals, 9 (8): 495.

Jenkins T C, Wallace R J, Moate P J, et al. 2008. Board - invited review: Recent advances in biohydrogenation of unsaturated fatty acids within the rumen microbial ecosystem [J]. Journal of Animal Science, 86 (2): 397 - 412.

Jeroen Guinée, Heijungs R, Koning A D, et al. 2006. Environmental impact of products (EIPRO) analysis of the life cycle environmental impacts related to the final consumption of the EU25 [R]. Madrid: European Commission.

Jordan, Scott. 2018. Yield to the resistance: The impact of nematode resistant varieties on alfalfa yield [J]. Natural Resource Modeling, 31 (2): e12150.

Kass M L, Soest P J V, Pond W G, et al. 1980. Utilization of dietary fiber from alfalfa by growing swine. 1. Apparent digestibility of diet components in specific segments of the gastrointestinal tract [J]. Journal of Animal Science, 50 (1): 175 - 191.

Kilcher M R. 1959. Grass - alfalfa seeding ratios and control of alfalfa domination in mixtures [J]. Grass and Forage Science, 14 (1): 29 - 35.

King R E, Sigrimis N. 2001. Computational intelligence in crop production [J]. Computers & Electronics in Agriculture (1): 1 - 3.

Kunimitsu Y, Iizumi T, Yokozawa M . 2014. Is long - term climate change beneficial or harmful for rice total factor productivity in Japan: evidence from a panel data analysis [R]. Paddy and Water Environment.

Laycock, W A. 1979. Introduction. in: French. N R. (ed.). Perspectives in Grassland Ecology [R]. Springer, New York: 204.

Liu B, Wang W, Zhu X, et al. 2018. Response of gut microbiota to dietary fiber and metabolic interaction with SCFAs in piglets [J]. Frontiers in Microbiology (9): 12.

Lund, H G. 2007. Accounting for the world's rangelands [J]. Rangelands, 29 (1): 3 - 10.

Malhotra A. 2001. Firm strategy in converging industries: an investigation of US commercial bank responses to US commercial – investment banking convergence [D]. Doctorial thesis of Maryland University.

Martin. 1993. Industrial Economics: Economic Analysis and Public Policy [M]. Prentice Hall.

Massumi H, Maddahian M, Heydarnejad J. 2012. Incidence of viruses infecting alfalfa in the southeast and central regions of Iran [J]. Journal of Agricultural Science & Technology, 14 (5): 1141 – 1148.

McDonald P., R A. Edwards, J F. D. Greenhalgh, C A. Morgan, L. A. Sinclair, and R. G. Wilkinson. Eds. 2010. Animal Nutrition [M]. 7th Ed. Harlow, Essex, England: Pearson Education.

Mckirdy S J, Jones R. 1995. Occurrence of alfalfa mosaic and subterranean clover red leaf viruses in legume pastures in Western Australia [J]. Australian Journal of Agricultural Research, 46 (4): 2 – 12.

Mensah R K. 2002. Development of an integrated pest management programme for cotton. Part 2: Integration of a lucerne/cotton interplant system, food supplement sprays with biological and synthetic insecticides [J]. PANS Pest Articles & News Summaries, 48 (2): 11.

Millen D D, Pacheco R D L, Meyer P M, et al. 2011. Current outlook and future perspectives of beef production in Brazil [J]. Animal Frontiers (1): 46 – 52.

Murray P J. 1991. Pests of white clover. Strategies for weed, disease and pest control in grassland: practical implications of recent developments and future trends [R]. Proceedings of the British Grassland Society Conference: British Grassland Society, Hurley, 8.1 – 8.7.

Nepstad D C, Stickler C M, Almeida O T. 2010. Globalization of the Amazon soy and beef industries: opportunities for conservation. [J]. Conservation Biology (6): 1595 – 1603.

Nicholas N P. 1975. Industry Evolution and Competence Development: the Imperatives of Technological Convergences [J]. International Journal of Technology Management (7): 726 – 731.

Pearson R A, Archeibald R F, Muirhead R H. 2001. The effect of forage quality and level of feeding on digestibility and gastrointestinal transit time of oat straw and alfalfa given to ponies and donkeys [J]. British Journal of Nutrition, 85 (5): 599 – 606.

Peter P, Aniko H, Janos G, et al. 2008. Effect of chopped alfalfa hay supplementation of the feedstuffs during pregnancy on breeding sows' reproductive performance [J]. Magyar Allatorvosok Lapja, 130 (4): 199 – 204.

Pourrahim R, Farzadfar S. 2014. Analysis of Coat Protein of Peanut stunt virus, Subgroup II Isolates from Alfalfa Fields in West Iran [J]. Journal of Phytopathology,

162 (7 - 8): 527 - 531.

Ramanathan R. 2001. A note on the use of the analytic hierarchy process for environmental impact assessment [J]. Journal of Environmental Management (1): 27 - 35.

Renee Cheung, Paul McMahon. 2017. Back to grass the market potential for U. S. grassfed beef [R]. New York: Stone Barns Center.

Ribaldi M, Panella A. 1958. On bacterial wilt of alfalfa (Medicago sativa, L.) caused by Corynebacterium insidiosum [J]. (McCull.) Jensen, in Italy, Euphytica, 7 (2): 179 - 182.

Russell J B. 2002. Rumen microbiology and its role in ruminant nutrition [M]. Cornell University.

Sanderson M, Frank Wätzold. 2010. Balancing trade - offs in ecosystem functions and services in grassland management [C] // Grassland in A Changing World General Meeting of the European Grassland Federation.

Schimper, A F W. 1903. Pflanzen - Geographie auf physiologischer Grundlage [M]. Fisher, Jena. English translation: 876.

Skot L, Timms E, Mytton L R. 1994. The effect of toxin - producing Rhizobiumstrains, on larvae of Sitonajlauescens feeding on legume roots and nodules [J]. Plant and Soil (163): 141 - 150.

Smith D G, Pearson R A. 2005. A review of the factors affecting the survival of donkeys in semi - arid regions of Sub - Saharan Africa [J]. Tropical Animal Health and Production, 37 (Suppl 1): 1 - 19.

Smith J E, Cole A W, Watson V H. 1974. Selective Smutgrass Control and Forage Quality Response in Bermudagrass - Dallisgrass Pastures1 [J]. Agronomy Journal, 66 (3): 424 - 426.

Society for Range Management. 1998. Glossary of terms used in range management. A definition of terms commonly used in range management [R]. Glossary Update Task Group, ed. Wheat Ridge.

Stanford E. 1960. Root - knot nematode resistant: Alfalfa varieties [J]. California Agriculture.

Steiger C. 2006. Modern Beef Production in Brazil and Argentina [J]. Choices (2): 105 - 110.

Summers C G. 1998. Integrated Pest management in Forage Alfalfa [J]. Integrated Pest Management Reviews, 3 (3): 127 - 154.

Thacker P A, Haq I. 2008. Nutrient digestibility, performance and carcass traits of growing - finishing pigs fed diets containing graded levels of dehydrated lucerne meal [J]. Journal of the Science of Food and Agriculture, 88 (11): 2019 - 2025.

Thomas J C, Wasmann C C, Echt C. 1994. Introduction and expression of an insect proteinase inhibitor in alfalfa Medicago sativa L. [J]. Plant Cell Reports, 14 (1): 31 - 36.

Truffer, Frederic, Buffi. 2012. Seasonal dynamics and prevalence of alfalfa fungal pathogens in Zanjan province, Iran. [J]. International Journal of Plant Production, 2 (4): 1735 - 6814.

Vandemark G J, Larsen R C, Hughes T J. 2006. Heritability of Resistance to Verticillium Wilt in Alfalfa [J]. Plant Disease, 90 (3): 314 - 318.

Varel V H, Robinson I M, Jung H G. 1987. Influence of dietary fibre on xylanolytic and cellulolytic bacteria of adult pigs [J]. Applied and Environmental Microbiology, 53 (1): 22 - 26.

Walaa I M, Zhang Z F, Ibrahim M H, et al. 2019. Experimental infection in mice with Erwinia persicina [J]. Microbial Pathogenesis (130): 38 - 43.

Wang J, Qin C, He T, et al. 2018. Alfalfa - containing diets alter luminal microbiota structure and short chain fatty acid sensing in the caecal mucosa of pigs [J]. Journal of Animal Science and Biotechnology (9): 9.

White F. 1983. The Vegetation of Africa: a descriptive memoir to accompany the Unesco/ AETFAT/UNSO vegetation map of Africa [R]. Natural Resources Research Series, France: UNESCO: 356.

Whitehead A G, Fraser J E, Nichols A J F. 2010. Variation in the development of stem nematodes, Ditylenchus dipsaci, in susceptible and resistant crop plants [J]. Annals of Applied Biology, 111 (2): 373 - 383.

Yoffie D B. 1997. Introduction: CHESS and competing in the age of digital convergence [A]. In: Yoffie D B. (ed.): Competing in the age of digital convergence [C]. Boston: Harvard business school Press.

Zhang Z F, Shi S L, Su J. 2018. First Report of Pink Seed of Lucerne Caused by Erwinia rhapontici in China [J]. Plant Disease, 102 (6): 1171.

图书在版编目（CIP）数据

草牧业分析报告 / 全国畜牧总站编 . —北京：中
国农业出版社，2020.3
ISBN 978-7-109-26642-1

Ⅰ.①草… Ⅱ.①全… Ⅲ.①牧草－畜牧业－研究报
告－中国 Ⅳ.①F326.3

中国版本图书馆 CIP 数据核字（2020）第 037798 号

中国农业出版社出版

地址：北京市朝阳区麦子店街 18 号楼
邮编：100125
责任编辑：赵　刚
版式设计：王　晨　　责任校对：刘飔雨
印刷：北京中兴印刷有限公司
版次：2020 年 3 月第 1 版
印次：2020 年 3 月北京第 1 次印刷
发行：新华书店北京发行所
开本：700mm×1000mm　1/16
印张：35.5
字数：570 千字
定价：120.00 元